U0788034

霍州年鉴

2018

霍州市地方志编纂委员会办公室 编

方志出版社

图书在版编目（CIP）数据

霍州年鉴. 2018 / 霍州市地方志编纂委员会办公室编. --北京：方志出版社，2018.8

ISBN 978-7-5144-3295-4

Ⅰ. ①霍… Ⅱ.①霍… Ⅲ.①霍州—2018-年鉴

Ⅳ. ①Z522.53

中国版本图书馆CIP数据核字（2018）第219765号

霍州年鉴（2018）

编　　者：霍州市地方志编纂委员会办公室
责任编辑：黄　彦

出 版 人：冀祥德
出 版 者：方志出版社
地址　北京市朝阳区潘家园东里9号（国家方志馆4层）
邮编　100021
网址　http://www.fzph.org
发　　行：方志出版社图书经销中心
电话（010）67110500
经　　销：各地新华书店
承　　印：山西省史志印刷厂

开　　本：889×1194　　1/16
印　　张：27.75
字　　数：640千字
版　　次：2018年8月第1版　　2018年8月第1次印刷
印　　数：001～500册

ISBN 978-7-5144-3295-4　　定　　价：218.00元

·版权所有 翻版必究·

《霍州年鉴》编纂委员会

顾　　问　崔山原

主　　任　黄晓君

副 主 任　郭宏生　郭丽华　朱源洪　刘元建
薛有生　王英才　张卫东　赵学惠

委　　员　时宏伟　段永存　张　斌　冯　婧　张建军　宋根宝　马耀华
赵记红　杨　军　赵雷斌　吴慧平　荀杏红　成红福　韩腊丽
白　明　师真富　韦建斌　李新平　赵　波　乔桂平　朱永忠
张全红　郭建国　侯晋川　王慧博　刘怀忠　胡文杰　孙杏锁
王林锁　张云峰　张建民　贾亚龙　朱壮军　赵建荣　杨令平
晋学清　张凤梅　李晋峰　董春波　董　娟　李国忠　李忠义
关文旗　孟援军　杜继保　贺立华　贾康民　赵红宏　刘国斌
陈　真　武　翔　李德云　米玉彬　董文华　成建忠　闫记红
郜崇栋　杜忠平　成晓文　朱全锁　李小涛　李晓燕　贾艳玲
张文萍　陈　英　朱泽军　安忠伟　朱壮平　张志坚　杨武锁
韩继斋　张忠民　洪海荣　闫会波　马魁东　周霍津　王建华
房　鹏　张　伟　闫会滨　徐水林　郭国彪　尚海虹　刘亚明
王　强

办公室主任　赵学惠（兼）

《霍州年鉴》编辑部

主　　编　赵学惠

副 主 编　乔小安　李亚平

责任编辑　郭秀东

编　　辑　赵　捷　曹荣华　王晓英　张　峰　伊　萌

排版校对　王晓英

摄　　影　李达鹏

霍山千山暮雪

雨后初晴七里峪景区

七里峪镇山广场

霍山神祇

霍窑遗址

2017 年 2 月 8 日，中国共产党霍州市第七届委员会第二次全体（扩大）会议

2017 年 3 月 14 日，霍州市第七届人民代表大会第二次会议

2017 年 2 月 16 日，霍州市三级干部大会

2017 年 3 月 13 日，中国人民政治协商会议第七届霍州市委员会第二次会议

2017年8月18日，临汾市委书记岳普煜（右二）在七里峪景区调研

2017年11月8日，临汾市委书记岳普煜（右二）视察环保工作

2017年11月23日，临汾市委书记岳普煜（右一）在前进社区指导工作

2017 年 8 月 4 日，临汾市委副书记、市长刘予强（左二）在霍东新区调研城市供水工程

2017 年 4 月 28 日，临汾市人大主任乔建军（右二）在七里峪调研

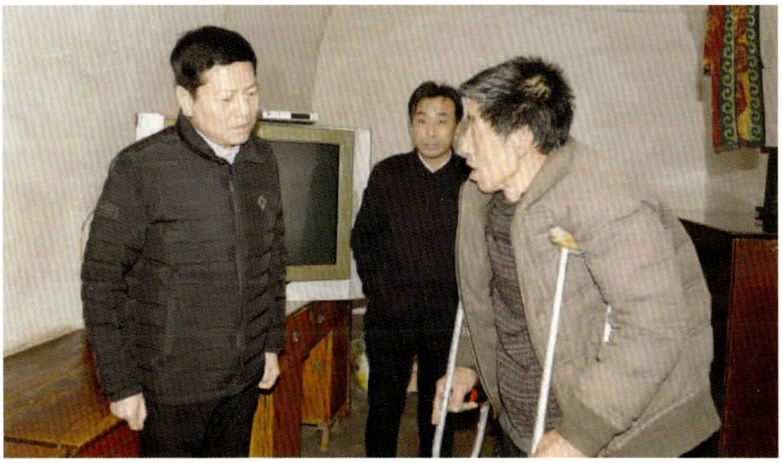

2017 年 1 月 2 日，霍州市委书记崔山原（左一）在段庄村慰问贫困户

2017 年 1 月 25 日，霍州市领导节前慰问一线职工

2017 年 1 月 4 日，霍州市委副书记、市长黄晓君在柳树腰村慰问贫困户

2017 年 2 月 15 日，霍州市委书记崔山原，市委副书记、市长黄晓君会见浙商

2017 年 3 月 24 日，霍州市委书记崔山原参加义务植树

2017 年 6 月 5 日，霍州市四套班子领导发放环保宣传资料

2017 年 7 月 5 日，霍州市领导宣传助力旅游开发

2017 年 9 月 8 日，霍州市庆祝第三十三个教师节暨表彰大会

2017年8月8日，霍州市举办全民健步走活动

2017 年 1 月 11 日，霍州市委宣传部、霍州市文联“送欢乐送春联”走基层活动

2017年4月5日，霍州市职业中专学校学子赴京实习

2017年5月24日，霍州市“保卫蓝天”万人签名活动

2017年5月23日，霍州市纪念毛泽东“在延安文艺座谈会上的讲话”75周年暨牛贵琥教授专题讲座

2017 年 5 月 21 日，
霍州市开展助残帮扶活动

2017 年 6 月 2 日，
霍州市领导与小朋友共庆“六一”

2017 年 6 月 17 日，霍州市南矿区集中供热工程项目启动仪式

2017 年 6 月 30 日，霍州市四套班子领导重温入党誓词

2017 年 7 月 6 日，霍州市食品安全宣传周启动仪式

2017 年 7 月 11 日，“中镇霍山・华夏州署”第九届文化旅游月开幕式

2017 年 7 月 11 日，梁衡故乡·美丽霍州系列活动暨人文辛置一日游启动仪式

2017 年 8 月 25 日，霍州市爱心助学大会

2017 年 9 月 1 日，中国首届产品博览会霍州产品获奖

2017 年 9 月 20 日，
霍州市科普宣传

2017 年 7 月 13 日，霍州
市人民医院下乡议诊

2017 年 10 月 27 日，“临
杭盟商·尧风霍然”发展论坛
暨招商引资推介会

2017 年 11 月 30 日，霍州市全民健身中心工程开工奠基仪式

2017 年 11 月 30 日，霍州市汾河流域生态治理工程开工仪式

2017 年 6 月 30 日，霍州市首家光伏并网

新能源汽车制造项目

文冠果生产项目

豆腐加工煤改气项目

序

古人云："治天下者，以史为鉴；治郡国者，以志为鉴。"地方综合年鉴，是以全面、系统、准确地记述上年度事物运动、发展状况为主要内容，汇辑一年内重要事件、文献和统计资料，按年度出版的资料性工具书。因此，它不仅能够存史，而且能够服务现实，具有重要的资政作用和史料价值。

霍州历史悠久，是华夏文明发祥地之一。据考证，早在旧石器时代，就有先民在此繁衍生息，辖区内唐尧遗址遗风随处可闻可见。从西周始称霍国，历代设县置邑，设郡置州，一直被视为宝地要地。霍州物华天宝，人杰地灵。从古到今，勤劳淳朴的霍州人民开拓进取，艰苦拼搏，励精图治，敢为人先，创造了辉煌的成就。2017年，中共霍州市委、霍州市人民政府团结带领全市党员干部群众，认真贯彻中央、省、市有关会议精神，以习近平新时代中国特色社会主义思想为指导，贯彻党的十九大精神，坚持以科学发展观统揽经济社会发展全局，紧紧围绕"进军省强市、全面达小康，共建文明开放幸福美丽新霍州"目标，解放思想，凝聚共识，抓住机遇，开拓创新，全市经济社会发展取得了显著成效。

《霍州年鉴》凝聚了采编人员的心血和汗水，体现了方方面面的支持和关爱，我们谨向参与编纂的全体工作人员表示衷心的感谢，并希望各级领导和广大干部认真通览，从中有所启迪，借鉴，建设和迎接霍州更加美好的明天！

中共霍州市委书记 崔山杲

霍州市人民政府市长 黄晓君

2018年8月8日

编辑说明

一、《霍州年鉴》旨在全面记载霍州市自然、政治、经济、文化、社会生态等各方面的新成就、新进展、新经验，充分反映霍州市地方特色，为社会各界了解霍州、认识霍州、研究霍州、建设霍州提供丰富、准确、翔实的市情信息。

二、《霍州年鉴》以马克思列宁主义、毛泽东思想、邓小平理论、“三个代表”重要思想、科学发展观、习近平新时代中国特色社会主义思想为指导，坚持辩证唯物主义和历史唯物主义的立场、观点和方法。遵循真实、准确、客观、公正的修志原则，致力科学、严谨、细致、规范的编撰方法，体现存史、资政、育人、服务的志书功能。

三、《霍州年鉴》记事断限为2017年1月1日至2017年12月31日。

四、本年鉴采用分类编排法，设栏目、类目、条目，少数内容在类目和条目之间增设分目，不同层次的标题用不同的字号、字体和辅助标志区别。条目为全书基本记述实体，个别条目由于内容较多分若干层次。

五、本年鉴的稿件资料均由市直有关部门、驻霍州单位和各乡（镇、街道）组织专人提供年鉴资料，市地方志编纂委员会办公室负责审核。所有数据由于统计来源、口径、方法、时间不同而有差异，以市统计局提供的资料为准。

六、本年鉴图文并茂，插有部分彩页。

七、本年鉴采用的稿件，作者署名在文尾，有的稿件因作者不详，未作署名，谨致歉意。

目　录

文　献

大事记

概　况

中国共产党霍州市委

霍州市人大常委会

霍州市人民政府

政协霍州市委员会

民主党派

群众团体

军 事

法 治

经济管理

财政税收

金　融

农　业

工　业

住建　环保

交通　邮电　通信

商业　贸易

教育　科技

文化　旅游

医药　卫生

社会生活

乡镇工作

驻霍州单位

受上级表彰单位

附　录

文　献

稳中求进　克难攻坚
筑牢进军省强市全面达小康的坚实基础

——2017年2月8日在中共霍州市委七届二次全体（扩大）会议上的报告

中共霍州市委书记　崔山原

一、2016年工作回顾

刚刚过去的2016年，是“十三五”规划的开局之年，也是霍州发展承上启下的重要一年。一年来，面对经济下行的严峻形势和艰巨繁重的发展稳定任务，市委团结带领全市干部群众，深入贯彻党的十八届五中、六中全会和习近平总书记系列重要讲话精神，紧紧围绕“进军省强市、全面达小康，共建文明开放幸福美丽新霍州”总体目标，适应新常态，开拓新思路，推动新发展，全市经济社会发展呈现出稳中有进、稳中向好、稳中提质的良好局面。

1. 宏观经济稳健运行。一年来，我们紧紧扭住发展这个第一要务，以转变经济发展方式为主线，以优化产业结构为抓手，以供给侧结构性改革为突破，促进煤企炭价止跌反弹，电企电价稳中有升，“一煤两电”扭亏转盈贡献利税，综合实力进一步增强。尤其是，我们以推进项目建设、扩大有效投资为抓手，实施百项重点工程，项目建设“六位一体”任务超额完成，位居临汾市前列，为经济增长提供了新的动能。

2. 产业结构持续优化。工业方面，霍东新产业聚集区基础设施不断完善，霍煤机电设备制造一期9个公司陆续投产，华润10万千瓦风能发电项目有序推进，液化天然气调峰储气项目成功试运营，亿能电器新能源汽车制造项目即将安装生产线，一批新的经济增长点加速形成。农业方面，“三大产业”推进有力，全市无公害蔬菜种植面积达3.6万亩，设施蔬菜面积达1.2万亩，优质干鲜果面积累计达6.5万亩，规模养殖场累计达290个。特别是积极探索新型经营模式，由国新能源投资2.6亿元，联合打造现代化种植园区，重点发展中药材和高附加值农产品种植加工，农业产业现代化步伐加快。旅游、“三产”方面，七里峪景区完成游客服务中心、客运站、停车场等设施建设，景区功能日趋完善；陶唐峪景区项目总规、详规编制完成，景区建设有序推进；霍州署保护修缮二期完成前期，启动国家AAAA级景区申报，等待复核；娲皇庙、观音庙、祝圣寺等一批文物修缮工程基本完成，为打造全域旅游奠定了坚实的基础。南街农贸市场基本完工，商贸物流、电子商务等现代服务业繁荣发展。

3. 城乡面貌整体跃升。完成东门桥改造、赵家庄小学天桥、中镇楼、霍煤广场、工商广场等一批市政工程，城市品位大幅跃升。新建扩建换热站12座，新增供热面积50万平方米，累计达到460万平方米，天然气新增1000余户，累计达到3.5万户，实现城区全覆盖。完成纬五路、迎宾南路、经三路北段等城市道路建设，实施城区街巷硬化全覆盖工程和村通水泥（油）路提质工程，城乡道路提档升级，广大人民群众出行更加便捷。启动“五城联创”工作，深入开展城乡垃圾清理、市容环境整治、交通秩序整治、工业污染治理，积极推进农村环境连片整治、乡村清洁等工程，实施汾河、南涧河、对竹河治理，完成造林面积1.79万亩，新增绿化面积20万平方米，推进饮水安全、电网改造、村庄绿化、大气污染防治等工作，城乡环境更加宜居。

4. 民生事业全面改善。完成了职教中心、劳动技校教学楼、退沙办许村、白龙镇寺庄、陶唐峪乡义旺幼儿园等工程，爱心助学蔚然成风，全市高考达二本线以上人数突破千人大关，连续四年大幅增长。举办3场大型人才招聘活动，启动事业单位招考工作，积极帮扶“4050”人员、下岗职工、退伍军人和大学毕业生实现就业，全年新增就业人口4680人。深化医药卫生体制改革，落实财政补贴药品差价政策，严格执行国家食药卫生标准，新医院建设正在办理前期手续，医疗卫生事业健康发展。按照“六个精准”的要求，稳步推进脱贫攻坚，新建了张望、孔涧、北益昌、柳树腰4个光伏扶贫项目，成功引种双季槐、油料牡丹等经济作物2800亩，开展免费专业技能培训班3期，为文冠果、古衙黄两个品牌申报了中证扶贫板，全年共完成1404人的脱贫摘帽，超额完成了年度目标任务。

5. 社会大局和谐稳定。扎实开展安全生产大排查大整治活动，彻底整治各类安全隐患1300余条，推动安全形势持续好转。出台“三三”信访工作机制，推行阳光信访、科学信访、人文信访、责任信访，进一步规范了信访程序，压实信访责任，信访事项化解率达到95%以上。启动全国平安县市创建工作，投资近千万元建设警务信息综合平台，扎实开展打黑除恶、打击“盗抢骗”、“黄赌毒”等严打整治专项行动，有力维护了社会大局稳定，群众社会安全感和满意度达到98.5%。

6. 党的建设全面加强。坚持“党要管党、从严治党”的方针，全面落实“两个责任”，切实加强党的思想、组织、纪律、作风和党风廉政建设。深入推进“两学一做”学习教育，开展“六讲”、“一带六联六促”、“四比四看四争”、“纪念红军长征胜利80周年暨霍州解放70周年”等系列活动，不断强化党员干部的思想政治教育。严肃换届纪律，匡正选人用人风气，配优配强各级班子，圆满完成了市乡两级集中换届，干部精神面貌焕然一新。扎实推进基层党建“7＋3”重点任务，落实“定查评”、“三会一课”、“党日活动”等制度，充分发挥党建在经济社会发展、集体经济破零、项目建设、脱贫攻坚等工作中的服务引领作用，基层组织的战斗力凝聚力显著增强。深入开展“四述两谈”活动，扎实推进监察体制改革，创新“清单定责”、“廉情预警”等机制，严肃党内政治生活，严防“四风”反弹回潮，严查群众身边腐败，进一步净化了全市政治生态。

一年来，我们不断加强和改进对人大、政协工作的领导，人大工作在发挥重大事项决策权、监督权和人事任免权三项职能上迈出了新步伐。人民政协致力于政治协商、民主监督和参政议政，极大地促进了各项工作。宣传部门狠抓意识形态工作，大力弘扬社会主义核心价值观，凝聚起了推动发展的正能量。政法部门主动担当维稳责任，全力创建全国平安县市，进一步优化了发展环境。统战部门全面加强宗教管理，积极联络民主人士，有效激发各界活力，为巩固统一战线作出了新的贡献。人武工作深入推进军民融合发展，在急难险重任务中当先锋、打头阵，为地方经济发展做出了积极贡献。还有，老干部、老促会、关工委、共青团、工会、科协、妇联等各项工作都取得了新的成绩。

这些成绩的取得，得益于临汾市委、市政府的正确领导；凝聚着全市 30 万干部群众的辛勤汗水；离不开各民主党派和社会各界的鼎力支持。在此，我代表市委常委会，向为全市经济社会发展作出突出贡献的广大干部群众和各级党组织，向所有关心支持霍州发展的人大代表、政协委员、各民主党派、工商联、各人民团体、各界人士，表示衷心的感谢并致以崇高的敬意！

成绩值得肯定，问题不容忽视。客观审视我市发展现状，还存在不少问题和不足：一是产业结构单一的局面还未从根本上转变，资源枯竭城市转型发展任重道远；二是生态环境亟待优化，空气质量标准不高，生态建设仍然需要持续发力；三是新形势下不稳定因素增多，信访问题仍有发生，安全工作压力加大，社会管理任务艰巨；四是党的建设仍然存在薄弱环节，干部队伍的思想观念与当前形势还有不适应，主动履职、敢于担当、依法办事、服务群众的能力和水平有待增强。这些问题制约着我市发展进程，必须在今后工作中积极应对、认真解决。

二、2017 年工作安排

2017 年是全面贯彻省十一次党代会精神、临汾市四次党代会精神和我市七次党代会精神的起步之年，是供给侧结构性改革的深化之年，也是霍州走出资源型城市转型发展新路的攻坚之年，做好今年各项工作意义重大。中央经济工作会议提出，坚持稳中求进总基调。省委要求全面实施创新驱动、转型升级战略，力促经济稳步向好和社会和谐稳定。当前，供给侧结构性改革成效逐步显现，煤电形势持续向好，这对我市经济发展提供了重要支撑。我们一定要研判形势，抢抓机遇，科学决策，积极作为，克难攻坚，主动转型，筑牢进军省强市、全面达小康的坚实基础。

2017 年工作的总体要求是：深入贯彻习近平总书记系列重要讲话精神和治国理政新理念新思想新战略，统筹推进“五位一体”总体布局，协调推进“四个全面”战略布局，落实省委“一个指引、两手硬”的重大思路和要求，认真贯彻中央、山西省、临汾市经济工作会议精神，坚持稳中求进总基调，坚持以提高质量和效益为中心，全面实施产业转型、城市提质、生态保护、民生改善、安全维稳、党建强基六大攻坚，为“进军省强市、全面达小康，共建文明开放幸福美丽新霍州”奠定坚实基础，以优异的成绩迎接党的十九大的胜利召开！

为实现上述目标，2017 年工作要继续发扬攻坚克难、积极作为的进取精神，认真贯彻中央、省、市提出的宏观经济政策，围绕“六大攻坚”，引导社会预期，增强发展信心，把各方面的积极性和创造力充分激发出来，推动经济社会发展取得实质性的进展。

（一）实施产业转型攻坚，推动深度转型、全面转型

供给侧结构性改革是中央制定的重大战略决策，也是霍州转型发展的必由之路、重

大机遇和治本良方。全市上下要把思想、行动和工作重点统一到上级部署要求上来，做好转型升级这篇大文章，促进新发展理念在霍州落地生根。

1. 深入推进“三去一降一补”。要全面完成供给侧结构性改革的“三去一降一补”五大任务。淘汰落后产能、无效产能、不安全产能，提升先进产能、安全产能、合规产能。抓住处理僵尸企业这个牛鼻子，做好企业兼并重组、人员分流安置、盘活退出企业的土地资源等工作。“一煤两电”要实施超低排放和节能技改，打造可持续发展的煤电产业“升级版”。促进金融服务的去杠杆，减轻企业负担，支持实体经济发展。加强融资平台建设和运用，大力推行“PPP”投资模式，畅通民间资本融资渠道，千方百计破解资金不足的瓶颈。壮大并用好政策性担保公司，做好专项建设基金项目申报，最大限度地保障重点项目建设融资需求。

2. 稳步推进工业“三大”战略。继续实施传统产业升级战略、新兴产业引领战略、产业园区驱动战略，建成具有霍州特色的新型工业体系。推进传统产业升级战略，按照淘汰低端、提升中端、发展高端的原则，以推进企业技术改造为抓手，聚焦新技术、新工艺、新装备、新模式等核心要素，加快产业优化升级步伐。鼓励霍煤集团推广使用新型开采技术、先进洗选技术，建设现代化矿井，稳定企业经营基本面，帮助其发展物流贸易、机械制造、建筑建材、新能源等转产项目，提升企业核心竞争力。支持国电、兆光抢抓电力体制改革的有利契机，打造高效、清洁、绿色产能，多方争取用电计划，力求适度足额发电，推进煤电一体化深度融合，使我市的能源优势、电力优势，转化为企业的成本优势、经济发展优势。推进新兴产业引领战略，围绕省十一次党代会提出的聚焦大数据云计算、互联网＋、电子信息、新能源、新材料、节能环保、高端装备制造等战略性新兴产业，加速培育各类新的市场主体。主动对接国家优惠政策，积极发展光伏发电和风能发电，重点推进总投资 15 亿元的华得宇光伏发电和总投资 8 亿元的七里峪风能发电项目，力争取得实质性进展。亿能新能源汽车项目要加快前期手续办理，争取早日开工建设。液化天然气调峰储气项目尽快投入正式运营，实现利税。推进产业园区驱动战略，按照省委、省政府推进经济开发区建设的要求，抓好对接落实，依托霍东新型产业区，科学规划，稳步实施，建设高标准的省级经济技术开发区，打造驱动发展新引擎。要加大园区招商引资力度，建立政府产业发展基金，引进专业投资机构建设经营，重点发展装备制造、高新科技、仓储物流、精细化工等新产业项目，尽快充实园区，吸引更多企业入驻，发挥规模集聚效应，形成新的经济增长极。

3. 扎实推进农业供给侧改革。霍州农业立地条件差，整体水平低，供给侧结构性改革的出路在特在优。要继续扶持发展无公害蔬菜、特色经济林、规模养殖、精品小杂粮等传统产业向现代农业迈进，加快实施文冠果、双季槐、油用牡丹、中药材等特色产业项目，力争把结构调优、产品做特、品质提高，培育高附加值的优势产业、优质产品。深化农村产权制度改革，认真落实中央关于农村土地所有权承包权经营权“三权分置”的意见，在完成土地确权的基础上，健全农村产权流转交易市场体系，促进土地流转，发展适度规模经营，增加农民财产性收入。要实施中低产田改造，加强水路渠系电网配套，提升农业基础设施的档次和水平。加大现有农产品品牌宣传推介力度，提升霍州特色农产品的质量和品牌效应。探索出台覆盖更多品种的补贴政策，重点扶持龙头企业、合作组织、种养大户、家庭农场做大做强，引导农民致富增收。

4. 全力推进第三产业集聚融合。按照创建国家级全域旅游城市目标，推进旅游景区景点体制机制改革，大力挖掘官衙文化、红色文化、廉政文化、锣鼓文化、剪纸文化、年馍文化等元素，发挥集聚效应，促进文化旅游产业与生态建设、项目建设、城市建设的深度融合。加快七里峪景区客运站、站前广场、景区漂流、滑雪场、综合度假区等工程，提升景区功能，丰富旅游项目，打造集观光、休闲、度假于一体的精品景区。陶唐峪要加快景区建设步伐，年内完成游步道、河道、餐厅等项目，建设独具特色的“江南水乡”实景。霍州署要启动二期修复工程，尽快恢复整体风貌，创建国家AAAA级景区。同时，启动娲皇庙、观音庙、宋代瓷窑、千佛崖、朱家大院、三教庙等附属景点修缮，依靠密集的、优质的旅游产品，打造旅游品牌。大力发展商贸物流业，培育一批服务本市、辐射周边的现代商贸物流企业，加快州署文化产业园、鼓楼商业区、南街农贸市场等商业网点提档升级，逐步形成购物、餐饮、娱乐、住宿于一体的特色商业街区，提升霍州旅游的承载力和融合度。

（二）实施城市提质攻坚，建设宜居城市、魅力城市

以新型城镇化为突破口，创新经营城市理念，突出基础设施建设和城市扩容提质，打造设施齐全、功能完善、环境优美、特色鲜明的宜居宜业新城。

1. 完善基础设施。严格按照城市规划，推进基础设施建设，全面优化空间布局，不断完善城市功能，方便群众生产生活。扎实推进水系、弱电、供气、供热、道路、网络等基础设施，建设“智慧城市”、“海绵城市”。热电联产要科学规划、合理布点、精准实施，消除市区盲点，尽快辐射城郊。天然气扩户要在扩大覆盖面的同时，大幅提高通气率，确保市民能按时用上优质天然气。要加强道路建设，实施新建北路、大众南路、光明路、经十路等工程，打通断头路，连通外环路，形成四通八达的交通网络。坚持“只拆不建”和“拆而少建”的原则，加大城市小广场、小绿地、小游园、停车场、公交站、景观大道、公共卫生间等建设力度，提升城市基础设施现代化水平。尤其是全力实施“一地两园四路”建设，一地即新水源地，两园即红崖堡紫薇园、南涧河湿地公园，四路即经二路、纬三路、迎宾南路、鼓楼西街西延，以上工程必须强力度推进、高标准实施，保质保量按期完成，打造成我市的精品工程、示范工程。

2. 加快扩容提质。继续实施城市扩容提质战略，稳步推进城中村、棚户区、旧商业区、旧工业区改造，促进霍州署文化产业示范园、东关赵家庄城中村连片改造等工程尽快完工交付使用。拓宽融资渠道，争取将东港湾、玻璃厂、大众南路、南环路路南等拆迁纳入棚改项目，拓展城市空间，打通城市道路，新建绿地游园，着力提升城市品位。加快霍东新区奥体中心、新医院、劳动技校等建设，力争早日竣工交付使用，尽快形成新的城区。特别是要按照房地产去库存的要求，进一步加强房地产市场监管，严厉打击违法建房、非法售房等行为，强化政策引导，扩大有效需求，打通去库存与棚户区和城中村改造之间、与农业转移人口进城购房

之间两个通道，促进房地产市场平稳健康发展。

3. 强化经营管理。树立经营城市理念，创新城市治理方式，建立长效管理机制，促进城市运营、管理、服务更加规范、更加科学、更加高效。严格落实门前“三包”制度，规范各类广告牌匾，加大市区清扫力度，整治街景，包装建筑，营造整洁、舒适、靓丽的城市景观。整治交通秩序，引导车辆有序通行、合理停放，严查重处不遵守交通规则的行为，创建高标准示范街区。加快综合行政执法体制改革，强化管理队伍建设，组建城乡综合执法局，打造一支纪律严明、管理有序、素质较高的管理队伍，加大对劳务、客运、金融、工商、食药等市场的监管，确保社会秩序井然，切实维护城市良好形象。

（三）实施生态保护攻坚，打造绿色家园、美丽家园

把生态文明建设放在突出位置，牢固树立“绿水青山就是金山银山”的理念，实行最严格的生态环境保护制度，统筹抓好源头治理、过程治理、重点治理、专项治理和系统治理，促进全市生态环境质量不断改善。

1. 深入推进“五城联创”。“五城联创”是对城市综合实力的全面评价，是硬指标、硬任务。要对照创建国家卫生城市、全国平安县市、国家全域旅游示范区、省级园林城市、省级环保模范城市的指标体系要求，明确任务、挂图作战，集中力量、合力攻坚，扫除影响创建的“拦路虎”“肠梗阻”，以国家卫生城市创建为龙头，抓好基础设施建设，全面提升市容环境，三年内全部创建成功，加快提升我市的核心竞争力和知名度、美誉度。

2. 铁腕治理环境污染。环境污染治理是当前及今后一段时期的政治任务，必须不折不扣地完成好。坚持源头预防，严格环保准入条件，认真执行“三同时”制度，鼓励发展低碳经济、绿色经济等新兴产业，坚决杜绝污染项目立项上马。坚持过程严管，加大工业污染治理力度，监督重点企业节能减排，确保达标排放；强力整治大气污染，全面加强雾霾治理，切实减少烟煤污染、秸秆焚烧、二次扬尘、机动车尾气等污染源，大幅增加一级天数，持续改善空气质量。坚持后果严惩，贯彻落实新《中华人民共和国环境保护法》和《中华人民共和国大气污染防治法》，严格执行“党政同责、一岗双责、部门履职、失职追责”制度，开展铁腕治污行动，严厉打击环境违法行为，提高环境保护整体水平。

3. 筑牢生态安全屏障。加快汾河、南涧河、对竹河流域生态修复，统一规划，综合治理，分步实施，早见成效。启动实施南涧河湿地公园建设，着力打造集湿地保护、生态观光、休闲娱乐等功能于一体的主题公园，增添城市绿肺，扮靓城市形象，成为市民户外活动的好去处。大力开展植树造林，推进矸石山、老矿区、荒山荒坡、工业废弃地等生态恢复，做好城市水源地保护工作，巩固乡村清洁工程、农村环境连片整治成果，不断提升全市生态环境质量，建设天蓝、地绿、水净的生态霍州。

（四）实施民生改善攻坚，保障底线民生、基本民生

在财力相对困难的情况下，要统筹好民生改善与经济发展的问题，优先保障民生投入，切实保住基本、兜住底线。

1. 扎实推进精准扶贫。贯彻落实中央、省市关于精准扶贫的战略部署，牢牢把握“六个精准”和“五个一批”扶贫政策，精

准施策，强力推进，圆满完成上级下达的目标任务。要加快以产业扶贫、教育扶贫、金融扶贫、生态扶贫为重点的项目建设，把各项政策、措施精准落实到位，激发内生动力，强化脱贫攻坚的支撑保障体系。落实脱贫攻坚责任制，市级领导要带头进村入户，查实情、出实招，在一线发现问题、解决问题。各驻村帮扶工作队、乡镇包村干部和村干部要各负其责、加强配合，立下军令状、制定硬措施、啃下硬骨头，确保贫困户如期脱贫摘帽，对完不成任务或弄虚作假的，要严肃问责。

2. 全力保障底线民生。不断加大对弱势群体的帮扶力度，继续推行四类困难家庭学生救助、市级领导包联孤儿、爱心助学、五保老人集中供养、重特困家庭救助等制度，落实重度残疾人护理补贴和困难残疾人生活补贴，做好重点人群就业工作，落实大学生就业促进计划和创业引领计划，支持农民工返乡创业，做好退役军人安置工作，托底帮扶零就业家庭，完成儿童福利院建设，坚决把民生底线兜住兜牢。

3. 完善基本公共服务。坚持普惠性、保基本、均等化、可持续方向，加大对社会事业投入力度，让群众的基本生活得到多重保障。办好人民满意的教育，稳步巩固提高义务教育均衡发展水平，统筹推进普通高中教育、职业教育、义务教育、学前教育、特殊教育全面协调发展，实施辛置镇中心幼儿园、市二中运动场改造等项工程。鼓励推动“大众创业、万众创新”，举办大型人才招聘会，圆满完成110名事业单位人员公开招录工作，充实教育、医疗和事业单位人才队伍。推进医药卫生一体化综合改革，稳定和加强基层计划生育队伍，落实好全面两孩政策，继续深化计划生育服务管理改革，大力推进健康教育与促进工程，实施残疾人康复中心、妇幼保健院、疾控中心、医疗垃圾处理厂等建设项目。加快实施住房安居工程，稳步推进沉陷区治理、地质灾害治理、整村搬迁与退宅还耕等工程，加大保障性住房建设，让群众住有所居。完善文体基础设施建设，广泛开展群众性文体活动，丰富群众精神文化生活。健全社会保障体系，完善大病医保和医疗救助制度，完成城镇居民医保和新农合医保整合，建立统一的城乡居民医疗保险制度，不断提高各类保险的覆盖面和最低标准，做到应保尽保，切实提升全市人民的幸福指数。

（五）实施安全维稳攻坚，创建平安霍州、和谐霍州

安全稳定是做好一切工作的前提和基础。要坚持以问题为导向，突出重点，抓住关键，落实责任，筑牢基础，推进社会治理体系和治理能力的现代化，实现人民安居乐业、社会安定有序、霍州长治久安。

1. 坚持不懈促安全。牢固树立安全发展理念，真正把安全生产作为生命线、高压线、责任线，时刻绷紧安全生产这根弦。要压实安全生产责任，坚持“党政同责、一岗双责”，按照管行业必须管安全、管业务必须管安全、管生产经营必须管安全和谁主管谁负责的要求，压实党委政府的领导责任、行业部门的监管责任、生产企业的主体责任。进一步深化重点行业领域的安全生产专项整治，采用“四不两直”的办法，对煤矿、非煤矿山、道路交通、学校医院、建筑施工、油气管道、危化物品、特种设备、食品药品、地质灾害、人员密集场所等行业领域开展安全隐患大排查大整治，彻底消除安全隐患。加大安全生产投入，坚决打击非法违法生产建设经营行为，严肃查处事故，严

格责任追究，促进安全生产形式持续稳定向好。

2. 持之以恒抓信访。严格执行“三三”信访工作机制，落实“红橙黄”三级预警，充分发挥乡村两级矛盾纠纷调解中心作用，切实把问题解决在当地、把矛盾化解在内部、把隐患消除在萌芽状态。进一步遏制增量、减少存量，重点围绕信访积案，加大处置力度，因案施策，逐案化解，做到一人一策、一案一策，化解信访矛盾，维护群众权益。要促进诉访分离，推行法律顾问接访，加强信访群众的法制教育和思想疏导，积极引导群众养成办事依法、遇事找法、解决问题用法、化解矛盾靠法的习惯，依法依规打击缠访、闹访、非法上访，实现信访“三零”目标。

3. 全力以赴保平安。围绕创建全国平安县市，大力推进社会治安综合治理，深化“六六创安”活动，健全治安防控体系，实施“天眼”工程，依法严厉打击各种违法犯罪行为，切实增强人民群众的安全感。深入推进法治霍州建设，落实党政权责清单，提高专项执法检查和监督水平，加快法治政府建设，深化司法体制改革，推进公正廉洁司法，开展“七五”普法教育，增进全民法治意识，全面加快依法治市进程。提高应急处置能力，加强应急队伍建设，完善应急预案，强化应急演练，妥善处置各类突发性事件。加强网络舆情监管，健全快速反应和沟通协调机制，提高对网上有害信息的监测研判预警和处置能力，为全市改革发展提供良好的舆论氛围。

（六）实施党建强基攻坚，推进党要管党、从严治党

事业成败，关键在党；管党治党，务必从严。全市各级党组织一定要保持战略定力，坚持严字当头，真管真严，敢管敢严，长管长严，推动全面从严治党取得更大成效。

1. 坚持思想建党，加强理论武装。全市各级党组织和广大党员干部要深入学习党的十八大、十八届三中四中五中六中全会精神和习近平总书记系列重要讲话精神，按照上级要求认真学习贯彻落实党的十九大精神，不断提高思想觉悟、党性修养和理论水平，切实增强政治意识、大局意识、核心意识、看齐意识。要认真学习贯彻《关于新形势下党内政治生活的若干准则》和《中国共产党党内监督条例》，教育和引导各级干部讲政治、知敬畏、守规矩，坚定不移地执行党的决策部署，坚决维护中央的权威，令行禁止、政令畅通。大力推进思想解放，通过“走出去、引进来、沉下去”大规模培训干部，教育党员干部从煤炭依赖、内陆封闭、求稳守成等思维定势和行为习惯中解放出来，以思想大解放推动霍州经济大发展、社会大进步。

2. 强化干部支撑，锻造过硬队伍。党要管党，首先是管好干部；从严治党，关键是从严治吏。要加强各级领导班子建设，健全民主集中制，完善议事决策机制，强化班子整体功能与合力，建设政治坚定、担当有为、勤政为民、清正廉洁的领导集体。尤其是七届常委和全体委员要带头增强自律意识、标杆意识、表率意识，凡是要求党员干部做到的，自己首先做到，凡是要求党员干部不做的，自己首先不做。要按照好干部20字标准，坚持“德才兼备、以德为先、以廉为基”的用人导向，真正让忠诚干净担当、为民务实清廉、奋发有为、锐意改革、实绩突出的干部得到褒奖和重用，让阳奉阴违、弄虚作假、不干实事、不敢担当的干部没有

市场、受到惩戒。从严从实教育管理监督干部，健全完善民主生活会、“三会一课”、双重组织生活会、民主评议党员等制度，用足用好批评和自我批评这一武器，切实解决“重选轻管”问题，营造积极健康的党内政治生活局面。要改进干部考核体系和方法，大力开展干部“履职担当亮相”活动，制定出台对干部的容错纠错工作机制，为担当的人担当，为负责的人负责，在全市营造干事创业、敢于担当、奋发有为的浓厚氛围。大力实施人才引进培养工程，注重挖掘乡土人才、用足用活实用人才、大力引进高层次人才，为我市发展提供人才支撑。

3. 注重固本强基，夯实基层基础。基层党组织是党全部工作和战斗力的基础。加强“基层组织、基础工作、基本能力”建设，大力实施“三基”便民服务工程，镇村两级设立“三基”便民服务中心，全面落实“三务”公开，积极推进痕迹化管理，真正建强基层组织战斗堡垒。不断壮大村级集体经济，每个乡镇重点打造1－2个具有推广性的示范村，以点带面、逐步推广，力争2020年全市80%以上的行政村集体经济收入不低于5万元，3000人以上的村不低于10万元。加大对基层党建工作的支持保障力度，落实村（社区）党建工作经费，逐步提高“两委”主干报酬待遇。强化“带头人”队伍建设，选拔优秀村党组织书记，继续开展“领头雁”培训行动，切实加强基层党务工作者队伍建设。坚持“建、管、用”并重，推进村级组织活动场所提档升级，打造3－5个设施齐全、功能完善，面积达500平方米以上的高标准社区。进一步强化机关党建工作，健全组织设置，完善工作机制。加大非公经济组织和社会组织“两个全覆盖”力度，不断夯实党在各领域的执政基础。

4. 从严纠风执纪，全面落实责任。从严治党关键在落实责任。各级党组织要把党风廉政建设摆在更加突出的位置，定期分析研究，及时解决问题，切实担负起统一领导、直接主抓、全面落实的重大责任。各级党组织书记要履行“第一责任人”职责，班子成员要落实“一岗双责”，做到任务明确到人，责任落实到位。纪检监察机关要围绕履行监督责任，加大“三转”力度，突出主业主责，有效运用监督执纪“四种形态”，常用第一种形态，善用第二种形态，慎用第三种形态，敢用第四种形态，切实执好纪、问好责、把好关。扎实推进国家监察体制改革试点工作，3月底完成机构转隶和挂牌，6月底实现人员深度融合，接受上级评估验收。要继续保持反腐败高压态势，严格落实责任清单、工作约谈、党委巡察、监督提醒和“四述两谈”等工作机制，紧盯老问题，关注新动向，坚决防止“四风”反弹回潮，彻底根除群众身边的腐败。要严肃责任追究，坚持“一案三查”，对造成不良影响的典型案件，既要严肃问责当事人，还要追究相关主体责任和监督责任，以“违规违纪之事”倒查“管人管事之人”，以严明的纪律推动“两个责任”的落实。

进一步加强和改进对人大、政府、政协工作的领导，认真做好宣传、政法、统战、党校、人武等方面的工作，充分发挥好工青妇、科协、老干部、老促会、关工委等群团组织作用。宣传工作要抓好中共十八大、十八届三中四中五中六中全会和习近平总书记系列重要讲话精神的学习宣传，加强新闻舆论监督，营造率先发展的浓厚氛围。政法工作要服从服务于全市发展大局，推进依法治市，发挥保驾护航作用。统战工作要重点做好党派和宗教工作，不断巩固爱国统一战线，为经济社会发展凝聚最广泛的力量。人武工作要围绕改革落地，强化党管武装，深入推进军民融合发展，加强国防动员力量建设，继续保持全省先进。

霍州正处在一个继往开来的重要历史时期，宏伟的蓝图鼓舞着我们，艰巨的任务鞭策着我们，崇高的使命激励着我们。让我们市委一班人紧密团结在以习近平总书记为核心的党中央周围，带领全市30万干部群众，以饱满的热情、坚定的信心、务实的作风，奋力开创“进军省强市、全面达小康，共建文明开放幸福美丽新霍州”辉煌篇章，以优异的成绩迎接党的十九大胜利召开！

政府工作报告

——2017年3月15日在霍州市第七届人民代表大会第二次会议上

霍州市人民政府市长　黄晓君

二〇一六年工作回顾

2016年，全市上下在市委的坚强领导下，紧紧围绕“进军省强市，全面达小康，共建文明开放幸福美丽新霍州”的奋斗目标，统筹创新、协调、绿色、开放、共享的发展理念，坚持稳中求进总基调，认真落实供给侧结构性改革措施，扎实推进产业转型、城乡建设、生态治理、改革攻坚、民生改善、社会管理等各项工作，全市经济社会发展实现了稳中向好，稳中有进。

——着力稳增长，经济发展稳中向好。一年来，我们主动适应经济发展新常态，积极应对经济下行压力，全力调结构、稳增长、促发展。2016年，全市生产总值完成70.8亿元，工业增加值完成29.4亿元，固定资产投资完成139.6亿元，一般公共预算收入完成5.85亿元；社会消费品零售总额完成33.3亿元，增长6.6%；城镇常住居民人均可支配收入完成26998元，增长6.1%；农村常住居民人均可支配收入完成12143元，增长5.7%。各项指标完成了预期目标。

——着力调结构，转型发展步伐加快。突出工业转型。霍煤机电制造一期6个公司陆续投产，液化天然气调峰储气项目成功试运营，亿能电器新能源汽车制造项目有序推进，成为我市转型发展的又一亮点。突出农业增效。蔬菜种植面积达到3.6万亩，优质干鲜果种植面积达到7万亩，粮食播种面积稳定在27万亩以上，规模养殖企业达到62家。同时，打造了国新能源现代农业示范园区中药材种植基地和文冠果茶、太岳核桃、三教小杂粮等特色农产品龙头企业。突出三产提档。七里峪景区游客服务中心、景区停车场相继完工。陶唐峪开发项目开工建设。霍州署4A级景区申报工作进入关键阶段。许村传统古村落保护修缮工程启动实施，全域旅游示范区创建全面推开。南街农贸市场建成完工，乐村淘网络、固德网络等电商平台和一批物流企业发展壮大。招商引资共达成投资意向12项，投资总额169亿元。

——着力抓统筹，城乡面貌焕然一新。修订编制了《霍州市“十三五”近期建设规划》、《霍州市综合交通体系规划》等城市规划，为“十三五”科学布局城市发展奠定了基础。新建南路城中村改造、橡胶厂棚户区改造等一批保障房项目顺利完工。中镇楼、赵家庄人行天桥、东门桥改造等一批市政工程相继竣工。纬五路、新建南路、经三路北段等一批城市道路建成通车。城市集中供热面积达到460万平方米，天然气用户达到38000户。全年新建和改造城市道路10.51公里，城市供水、供气、雨污管网52.85公里。持续引深农村人居环境改善，完成4所农村老年人日间照料中心、3所农村公办幼儿园建设。扎实推进采煤沉陷区治理，共签订搬迁协议705户，拆迁95户，完成投资8516.4万元。不断改善农村群众出行条件，完成9条村通水泥（油）路共30.7公里。推进了农村地质灾害搬迁、农村危房改造等工作。

——着力优环境，生态质量稳步提升。扎实开展了城乡环境卫生整治系列活动。加快推进了南涧河、对竹河综合治理。大力实施植树造林和城市绿化工程，完成营造林面积1.79万亩，新增城市绿化面积20万平方米。严格落实节能减排目标责任制，完成了燃煤发电机组超低排放改造工程，辛置污水处理厂建成试运行，淘汰黄标车、老旧车456辆。积极应对入冬以来出现的重污染天气，集中开展了环保突出问题大整治、铁腕治污、控硫治污等专项行动。全年二级以上天数204天，其中一级天数80天。

——着力惠民生，群众福祉持续增进。教育工作被确立为临汾市唯一的《义务教育学校管理标准》省级试点县，高考再创佳绩，二本以上达线1088人。社会保障体系不断健全，城乡养老、医疗、失业、工伤等社会保险的覆盖面和保障标准进一步提高。大力推进城乡居民医保制度整合，圆满完成新农合移交工作。有序推进公立医院改革，积极落实财政补贴药品差价政策，群众“看病难、看病贵”问题得到有效缓解。社会救助制度更加完善，特别是广泛推行了“救急难”制度，全年共救助4395人次，发放救助资金320万元。持续开展爱心助学活动，458名学生受到救助。高度重视创业就业，全年新增就业岗位6000余个，新增就业人员4680人。建成各类保障性住房523套，超额完成上级任务。聚力脱贫攻坚，全市共派出干部驻村帮扶工作队105支，实现精准脱贫帮扶全覆盖，全年共脱贫1404人，超额完成上级任务。

——着力促改革，发展活力不断增强。大力实施“金融振兴”战略，设立了战略新兴产业、文化和旅游产业投资基金，成立了中小企业融资担保有限公司和经济建设投资有限公司，为职教中心融资2470万元，为霍东新区供水工程等5个项目争取农发行贷款1.2亿元融资计划，破解了重点项目和中小企业的融资难题。积极推进企业挂牌上市，文冠果科技在“新四板培育板”成功挂牌，亿能电器即将在“新三板”挂牌。全面推进“营改增”改革，深入开展涉煤收费清理规范工作，规范、取消、停征7项行政事业性收费，下调了部分企业、单位保险费率，帮助企业降低了运营成本。全面落实上级“放管服”改革政策，极大地方便了群众办事创业。土地确权工作快速推进，林权制度改革巩固提升，土地经营流转工作扎实开展，激活了农村各项生产要素，赋予了农民群众更多的财产权和收益权。

——着力保安全，社会秩序和谐稳定。全力抓好安全生产工作，彻底排查整治各类安全隐患1300余条，杜绝了重特大事故的发生。加强信访维稳工作，积极落实“三三”信访工作新机制，信访事项化解率达到了95％以上。狠抓社会治安综合治理，严厉打击各种违法犯罪活动，命案侦破率保持100％的记录，群众社会安全感和满意度进一步提高。

——着力转职能，行政效能显著提高。坚持依法行政，自觉接受人大工作监督、法律监督和政协民主监督，办理人大代表建议71件、市政协提案124件。扎实开展“两学一做”学习教育，全力推进“廉洁政府、高效政府”建设。积极推行“13710”工作法，强化工作督办、跟踪问效，狠抓工作落实，省长热线、市长热线以及群众的来信来访得到及时办理和回复，政府工作效率进一步提高，执行力、公信力进一步增强。

同时，财税部门加大征管力度，创新理财方式，实现了收支平衡；审计部门强化对政府投资工程的审计；政府采购中心严格集中采购，保证了财政资金的高效使用；供电、气象、邮政、通信等部门积极服务地方发展，做出了新贡献。统计、档案、残联、老龄、关工委、老促、宗教、地震、史志、人防、人武等各项事业都取得了新成效。各乡镇、街道办围绕中心，服务大局，都为我市经济社会健康发展不懈努力，做出了新成绩。

过去的一年，我们上下齐心，克难攻坚，各项工作均取得了丰硕成果。这是市委总揽全局、坚强领导的结果，是市人大、市政协大力支持、有效监督的结果，是全市干部群众团结一心、顽强拼搏的结果，凝聚着全市人民的智慧、心血和汗水。在此，我代表市政府向各位代表、各位委员及全市广大干部群众，表示衷心的感谢并致以崇高的敬意！

在充分肯定成绩的同时，我们也要清醒地看到，全市经济社会发展还存在不少困难和问题：一是结构性问题依然突出。煤炭、电力依然是我市工业经济的主导，“一煤独大”结构性矛盾远未从根本上解决，新装备、新材料、新能源、电商物流以及文化旅游等新型产业还未形成规模。二是财政增收节支较为困难。传统税源发展吃力，新兴税源尚未产生规模效益，同时保工资、保运转、保民生等刚性政策性支出必须保证，依然摆脱不了“吃饭财政”的困局。三是城乡发展还不平衡。农村基础设施还不完善，贫困人口依然存在，社会事业欠账较多，人民群众的幸福感和满意度仍待进一步提高。四是安全环保约束加剧。安全生产形势虽然总体平稳，但基础仍不牢靠，安全隐患依然较多。生态基础依然脆弱，环境污染治理任务依然艰巨繁重。所有这些问题都影响制约着我市的发展进程，必须在今后的工作中主动出击，积极应对，认真解决。

二〇一七年工作安排

2017年，是实施“十三五”规划、全面深化改革的关键之年，也是我市经济发展走出困境实现企稳回升的攻坚之年。今年政府工作的总体要求是：深入贯彻习近平总书记系列重要讲话精神和治国理政新理念新思想新战略，统筹落实省委“一个指引，两手硬”的重大思路和临汾市委“345”发展战略，按照市委七届二次全会工作要求，坚持稳中求进总基调，以提高发展质量和效益为中心，以“五城联创”为统领，奋力推进工业转型、农业增效、文旅提档、城市提质、改革创新、生态优化、安全稳定、民生改善等八项工作，进一步凝聚共识，克难攻坚，为实现“进军省强市，全面达小康，共建文明开放幸福美丽新霍州”的目标而努力奋斗，以优异成绩迎接党的十九大胜利召开。

根据上述总体要求，今年我市经济社会发展的预期目标是：地区生产总值完成75亿元，增长4%。工业增加值完成30亿元。社会消费品零售总额完成35亿元，增长6%。一般公共预算收入完成5.7亿元。城镇居民人均可支配收入达到28750元，增长6.5%。农民人均纯收入达到13000元，增长7%。固定资产投资完成临汾市定任务。节能减排等约束性指标完成省、市下达的任务。

完成上述目标任务，要突出抓好以下八个方面的工作：

（一）突出绿色低碳，奋力推进工业转型升级

工业是强市之本。必须牢牢抓住，聚力推进，围绕经济开发区建设，着力打造工业经济升级版。

建好经济技术开发区。围绕“兴产业、强实体、提品质、增实效”的思路，依托已初具规模的新产业聚集区，按照“整合、改制、调规、扩区”的要求，规划建设面积为32.5平方公里的霍州经济开发区。建立政府产业发展基金，引进投资机构开发经营园区，大力发展新型产业、高新产业。今年重点推进开发区一期建设，科学布局装备制造、新能源汽车、电商物流、新材料制造等产业，着力构建多元稳固、低碳高效的现代产业体系，打造经济发展新引擎。

推动工业转型升级。全力扶持霍煤机电制造等6家制造企业继续做大做强，服务好亿能新能源汽车制造项目，尽快完成生产线安装，力争年内投产达效。重点推进华得宇光伏发电项目，确保6月并网发电。加快推进七里峪风能发电项目，力争年内取得进展。落实政策要求，创造良好条件，推动液化天然气项目尽快投入正式运营，早日入统入规，形成新的经济增长点。同时，积极帮助霍煤、霍电、兆光等大型企业在延伸产业链条、实施技术创新、培育新型产业等方面求突破，为稳增长、调结构、促转型创造良好条件。

力促民营经济壮大。全面贯彻落实中央、山西省、临汾市关于扶持中小微民营企业的一系列政策措施，设立中小微企业扶持资金，出台扶持中小企业专项资金管理办法，在手续办理、审批服务、资金扶持、学习培训等方面给予民营企业更多的支持和帮助。不断扩大政府购买社会服务范围，鼓励民营企业涉足基础设施建设和公共服务领域。坚决打击各类乱收费、乱摊派和“吃拿卡要”违法行为，进一步规范各类涉企行政性收费，为民营企业发展壮大提供良好环境，努力形成小企业铺天盖地、大企业顶天立地的发展局面。

（二）突出特色优质，奋力推进农业提质增效

农业是稳市之基。我们要深入推进农业供给侧结构性改革，落实强农惠农政策，拓展农民就业增收渠道，加快培育农业农村发展新动能，全面推动“三农”工作取得新成效。

建设现代农业。以园区建设和基地建设为依托，大力发展功能农业，把“结构调优、产业调强、品质调高、产品调特”。今年重点是实施“一园五基地”建设。“一园”就是西张垣现代农业生态示范园，以打造高效现代农业示范园区为重点，盘活固定资产，理顺管理体系，规范运营模式，不断提升经济效益。“五基地”就是优质干鲜果基

地、规模养殖基地、小杂粮基地、中药材基地、文冠果基地。优质干鲜果基地，要巩固拓展西张垣、罗涧山优质核桃产业，发展壮大李曹、三教优质苹果种植。要大力发展干鲜果深加工产业，扶持壮大田牧禾、裕鑫博康、健峰生态等干鲜农产品深加工企业做大做强，申请无公害农产品、绿色食品、有机农产品和农产品地理标志，拓展销售渠道，打造知名品牌。规模养殖基地，要以发展集“繁育、养殖、加工、销售”为一体的综合性养殖企业为目标，继续加大对同兴禽业、绿源乳业、聚盛牧业等企业的扶持力度，全面提升我市养殖业的市场竞争力。小杂粮基地，要扩大三教、李曹、陶唐等沿山乡镇小杂粮种植规模，提升产品品质，发展订单农业，进一步提高市场份额。中药材基地，要加强与国新能源的合作，以西张垣农业生态园区为中心，发展黄芪、半夏等高品质中药材种植，辐射带动周边农户大力发展中药材种植业，形成规模效应。文冠果基地，要以文冠果科技公司为龙头，进一步扩大种植面积。深入挖掘文冠果的药用、食用以及工业原料价值，新上文冠果叶提取和油脂加工两条生产线，开发更多新产品投放市场，打造文冠果种植开发全国知名品牌。

夯实农业基础。完成李曹柏乐片高标准农田改造工程，启动李曹镇北片综合开发和什林北垣高标准农田建设，持续推进小型农田水利重点县建设工程，发展高效节水灌溉面积2万亩，进一步提高农业综合生产力。实施大张镇、李曹镇、三教乡、辛置镇乡村生态绿色走廊建设工程，改善农村生态环境，为农业生产创造良好条件。全面推广节水灌溉、机械化耕作、深耕深松、测土配方施肥等农业技术，不断提升科技对农业的贡献率。

打赢脱贫硬战。持续推进光伏产业扶贫、生态扶贫、就业扶贫、教育扶贫、金融扶贫等扶贫措施，重点发展分布式屋顶光伏发电项目，继续扩大沿山地区文冠果、油料牡丹等经济作物种植规模。坚持开展贫困户就业技能免费培训，积极引导贫困群众参与生态建设、环境卫生、护林防火、河道管护等方面工作，增加贫困群众收入。充分发挥市级领导、驻村干部和村居两委在扶贫工作中的作用，坚决做到“群众不脱贫，干部不收兵”，积极为贫困群众解难事、办好事，确保年内完成1800人的脱贫攻坚任务。

（三）突出文旅品牌，奋力推进三产繁荣壮大

三产是兴市之源。我们要持续打造“中镇霍山·华夏州署”旅游品牌，破解体制机制障碍，加大景区（景点）建设力度，推动现代服务业不断壮大，着力构建文旅产业与商贸服务相融相促、共同提升的三产服务体系。

打造文旅品牌。加快推进旅游景区景点体制机制改革，成立旅发委，健全完善管理制度和工作机制，着力打造“一署两峪三小镇”，推动旅游景区（景点）专业化、公司化、市场化运营，加快创建国家级全域旅游示范区。霍州署，要尽快启动二期修复工程，着力创建国家AAAA级景区。七里峪景区，加快推进客运站、站前广场、滑雪场、综合度假区等工程建设，启动实施野生动物园、景区漂流等项目，健全景区功能，丰富旅游项目，打造集观光、休闲、度假于一体的精品景区。陶唐峪景区，要加快建设步伐，年内完成游步道、河道、餐厅等项目，打造独具特色的“江南水乡”景观。三个特色小镇，一是围绕传统村落文化、状元

文化和梁衡文化，打造许村、贾村、下马洼特色文化小镇。二是围绕七里峪、陶唐峪景区开发，引导鼓励周边群众发展旅游接待、餐饮住宿、休闲娱乐等民宿民俗产业，打造七里峪村、峪里村、茹村等特色旅游小镇。三是大力发展印刷出版、文化装饰、影视动漫制作、广告创意等文化产业，建设文化创意小镇。

促进文旅融合。着力实施娲皇庙、观音庙、宋代瓷窑、千佛崖、三教庙和许村传统古村落的保护性开发，加强对各类非物质文化遗产的保护，深入挖掘廉政文化、官衙文化、锣鼓文化、面塑文化、民俗文化等文化元素，促进文化与旅游的深度融合。扶持壮大年馍、剪纸、布艺、传统小吃等民俗文化产业发展，着力培育和打造民俗文化品牌。组织举办第九届“中镇霍山·华夏州署”文化旅游月和全市锣鼓大赛，为申报“万人威风锣鼓”吉尼斯世界纪录奠定基础。编制全市旅游路书，丰富四季旅游内涵，筹划精品旅游线路，加强宣传推介，以点带面、以城带村，推动实现全年全域旅游，不断增强霍州文化旅游的号召力，努力打造充满魅力的旅游目的地。

壮大现代服务业。充分发挥我市区位、交通优势，重点发展三大服务业：一是金融服务业。继续发挥我市城建投、经建投等融资机构作用，积极对接国开行、农发行等政策性银行，争取更多的政策性贷款，推动重点项目建设。加快市场化融资步伐，大力推广 PPP 等投融资模式，进一步畅通民间资本融资渠道。加强企业的上市引导和培育，年内实现我市企业“新三板”挂牌“零突破”。二是物流服务业。以经济开发区为载体，扶持培育现代物流企业。今年着力启动联源物流园区建设，打造社会化、专业化、信息化的现代物流基地。依托圆通、中通、顺丰、韵达等物流公司，加快培育一批现代物流企业。三是商贸服务业。完善电子商务发展规划，加快培育我市电商服务平台和孵化园建设，扶持乐村淘、固德网络、金蚂蚁等电商平台，推动物联网、大数据和智能装备等新兴产业的发展，推进电子商务与商贸流通的融合。大力扶持鼓楼地下商业街、华怡商场、南街农贸市场、中镇商贸城、现代家俱装饰广场等商企做大做强，推动三产上档升级。

（四）突出创新驱动，奋力推进改革不断深化

改革开放是推动发展的根本动力。我们要紧紧围绕供给侧结构性改革主题，持续推进重点领域关键性改革，更好地发挥改革创新的牵引作用，促进改革活力不断释放。

推动“三去一降一补”。鼓励引导煤电企业调整产业结构，消减过剩产能，创新经营模式，提高经济效益，实现优化升级、转型发展。在城市棚户区、城中村改造和采煤沉陷区治理中，不断提高货币化安置比例，鼓励群众直接购买商品住房，积极化解房地产库存。充分发挥中小企业融资担保有限公司作用，与各类金融机构合作，化解各类企业融资难题。继续深入推进行政审批制度和“商事制度”改革，坚决取消不合理、不规范行政事业性收费，切实降低企业运营成本。

深化农业农村改革。扎实推进农业供给侧结构性改革，完成农村集体土地确权登记颁证工作，加快农村土地流转，促进土地向专业大户、农民专业合作社、家庭农场集中，发展多种形式的适度规模经营。大力培育新型农业经营主体和服务主体，加强农民合作社规范化建设，积极引导社会力量参与

农业、农村发展，重点发展一批农业生产、加工、物流、销售、服务等方面的新型农业经营主体。加强农村集体“三资”管理，全面开展农村集体资产清产核资，积极开展农村集体产权、国有林场、水权制度、小型水利工程产权和农业水价等多项改革，为农业农村发展注入新的活力。

加大招商引资力度。制定出台新的招商引资优惠政策，积极组织相关部门和企业参加省内外招商引资活动，充分发挥我市的资源禀赋和区位优势，吸引一批机电制造、新型材料、清洁能源等新兴产业项目入驻我市，提升我市产业层次和发展水平。同时，加快实施创新创业孵化园项目，深化同省内外科研院所和商业组织的沟通合作，大力开展招才引智工作，引进储备一批高技术创新创业人才，促进我市新型业态和创新项目的竞相迸发。积极开展“迎老乡、回故乡、建家乡”活动，适时召开霍商大会，发动霍州籍在外人士宣传霍州、投资霍州、建设霍州。

（五）突出宜居宜业，奋力推进城乡协调发展

建设宜居城乡是广大群众的热切期盼和小康目标的重要内容。我们将以“五城联创”为统领，以扩容提质为目标，以加强管理为抓手，全面推进城乡协调发展，建设宜居宜业的魅力家园。

实施“两区两河”改造工程，加快城市建设。老城区以提质为重点，大力开展城市棚户区改造工作，启动实施大众南路、北关铁路家属区、南环路农贸市场、新建南路等一批城市棚户区改造项目。加快推进霍州署文化产业示范园工程，进一步改善群众居住条件。着力实施光明路改造、汇泽园道路配套、桥西街改造等城区道路工程，进一步提升老城区公共设施水平，提升城市形象。新城区以扩容为目标，继续推进水暖电气路等基础设施建设，加快实施经二路北段、迎宾南路、纬三路东段、经十路等新区道路配套工程，全面推进新医院、全民健身中心、第二消防站等项目建设，全面完成霍东新区供水工程，持续推动热电联产集中供暖和天然气管网东扩工程。引进建设一批宾馆酒店、休闲健身场馆、文化娱乐场所和创新创业基地，着力打造集文化娱乐、休闲健身、教育医疗、住房安居、行政办公等为一体的现代新区。“两河”以生态修复为中心，结合省级园林城市和环保模范城创建，实施汾河、南涧河生态修复工程，建设南涧河湿地公园和北岸景观大道，推进红崖堡紫薇园建设，形成城区绿色景观带和滨水休闲带。同时，大力推进植树造林工程，年内完成1.28万亩营造林任务。加快沿山、沿河、沿路绿化带建设，加快机关、学校、社区、企业绿化，新增城市绿地面积10万平方米，全力打造生态宜居新城。

实施卫生清洁工程，加强城乡管理。围绕全国卫生城市和省级园林城市创建，以开展环境卫生百日综合整治活动为抓手，集中对城乡垃圾、市容环境、交通秩序、门店牌匾、沿街摊点等方面的脏乱差现象进行专项治理，从严整治占道经营、乱堆乱放、乱贴乱画、乱搭乱建等违规违法行为，坚决清除城中村、居民区的卫生死角。健全环卫基础设施，合理配置环卫保洁人员，完善环境卫生市乡村三级网格化管理机制，责任到人，形成长效，确保垃圾及时倾倒、路面及时清扫、“四堆”及时清理。同时，要引深文明创建，倡导文明风尚，提升市民素质，特别是要持续改革殡葬陋习，维护良好的城市秩序，以文明和谐的城市环境，迎接省级文明

城市的验收。

实施美丽乡村创建工程，统筹城乡发展。持续引深农村环境整治和美丽宜居示范村创建工作，巩固提升2个省级示范村、2个临汾市级示范村创建标准。不断完善农村水、电、气、路等公共基础设施，切实抓好农村饮水安全、采煤沉陷区治理、地质灾害治理等工作，实施农村垃圾清理、改水改厕、饮水安全巩固提升等工程，年内完成所有学校和公共机构改厕工作。大力开展新型农村社区和现代产业园区“两区同建”，启动大张镇贾村美丽乡村建设锦绣花园二期工程，围绕民俗旅游、特色农业、传统文化、农产品加工等产业，带动一批有特色、有亮点，有产业、有内容的“两区同建”示范村庄，进一步改善农村环境面貌，实现城乡协调发展。

（六）突出治污控霾，奋力推进生态环境持续优化

环境污染是发展之患、民心之痛。我们要以壮士断腕的决心，发扬铁的担当尽责、铁的手腕治患、铁的心肠问责、铁的办法治本的“四铁精神”，像保护生命一样保护好生态环境，坚决打好打赢生态环境治理攻坚战，争创省级环保模范城。

狠抓工业污染治理。坚持红线管理、提标改造、超低排放，严格落实停产限产、错峰生产、驻厂监管、常态突查等措施，对火电和其他涉气工业企业实施深度治理。启动实施常鑫陶瓷公司“煤改气”改造。6月底前完成国电霍州发电厂2号机组超低排放改造。年内完成辛置矿矸石山治理，加快推进霍煤集团其余5座矸石山治理修复。启动霍煤干河煤矿至白龙洗煤厂管状皮带运输走廊和辛置矿管状皮带运矸系统建设。关停、改造、整合全市所有“小散乱污”企业。

狠抓燃煤污染治理。强制取缔建成区及周边33户营业性燃煤茶浴炉，推进“煤改气”、“煤改电”等清洁能源改造工作，加快天然气扩户，年内新增天然气用户不低于3500户。实施辛置矿区热电联产集中供热置换工程，完成置换135万平方。年内实现主城区集中供热全覆盖、天然气覆盖率达到95%以上，并逐步向大张、南环、白龙等城郊乡镇延伸覆盖。

狠抓面源污染整治。强化扬尘治理，严格落实建筑工地施工围挡、物料覆盖、车辆冲洗、地面硬化、洒水抑尘5个100%措施，新购置无尘清扫车、雾炮车11台，加大主要道路及交通干线保洁频次。强化餐饮油烟治理，持续推进市区夜市烧烤、露天摊点专项整治，确保建成区所有餐饮企业油烟达标排放。强化机动车污染防治，持续推进老旧车辆淘汰，减少尾气排放污染。在建成区规划投放1000余辆公共自行车，基本实现公交纯电动化、出租车燃料清洁化。

狠抓水土污染防治。坚持做好饮用水源地规范化建设，年内完成霍东新区供水工程。严格实施汾河、南涧河排污监管，6月底前确保辛置南矿区污水处理厂正式投入运行，进一步提升地表水水质。扎实推进团柏煤矿矿井水深度治理，拓宽中水利用途径，提高废水复用量。认真落实《土十条》，编制并实施土壤污染防治行动计划。通过铁腕整治，创建天蓝、地绿、水清的优美生态环境。

（七）突出和谐平安，奋力推进安全稳定工作

牢固树立“总体安全观”，强化“发展决不能以牺牲安全为代价”的红线意识，进一步强化安全监管，推进社会治理创新，为

全市经济发展提供可靠的安全保障。

全力抓好安全生产。坚持“党政同责、一岗双责、履职尽责、失职追责”，进一步压实党委政府的领导责任、行业部门的监管责任、生产企业的主体责任，全面加强安全生产监管。进一步深化重点行业领域的安全生产专项整治，采用不发通知、不打招呼、不听汇报、不用接待、直奔基层、直插现场的“四不两直”工作法，对煤矿、非煤矿山、道路交通、食品药品、建筑施工、燃气管道、危化品生产经营等重点行业领域开展安全隐患大排查大整治。实施企业重大隐患、事故挂牌和黑名单制度。强化安全教育，加强队伍建设，健全应急预案，不断提高应对突发事件的能力，确保全市安全生产形势持续向好。

全力化解社会矛盾。围绕“事要解决”的理念，严格执行“三三”信访工作机制，继续推行领导包案、固定接访、带案下访等制度，畅通群众诉求渠道。发挥乡村两级矛盾纠纷调解中心作用，切实把矛盾纠纷最大限度的化解在基层、解决在萌芽。加强信访群众法制教育和思想疏导，坚决打击缠访、闹访、非法上访，推动信访秩序持续好转。

全力创新社会治理。围绕全国平安县市创建，不断推进社会治安网格化管理。加快实施“天眼”工程，进一步健全治安防控体系。严厉打击各种违法犯罪行为，全面加强城中村、学校周边等重点区域治安管理，进一步提高群众的社会安全感。扎实开展“七五”普法教育，增强全民法制意识，加快依法治市进程。

（八）突出共建共享，奋力推进民生持续改善

政之所行，民生为先。我们要从解决群众最关心、最直接、最现实的问题入手，竭尽全力办实事，不遗余力惠民生。

持续抓好教育提质。巩固提升义务教育均衡发展水平，加强教育教学管理，统筹推进普通高中教育、职业教育、义务教育、学前教育、特殊教育全面协调发展，继续引申《义务教育学校管理标准》省级实验县创建工作。完成职教中心建设工程，加快技工学校建设进度，启动实施霍东新区小学、辛置镇中心幼儿园和市二中运动场改造工程。招聘50名优秀大学毕业生充实教师队伍，进一步优化师资结构，全面提升教育教学质量。

持续加强卫计服务。深入推进医药卫生体制改革，抓好市、乡、村三级医疗卫生机构建设，提高硬件水平，提升人员素质，优化服务质量。加快实施新医院、疾病预防控制中心、卫生监督所、残疾人康复中心等项目。积极推进公立医院改革，深入开展家庭医生签约服务，巩固完善基本药物制度。全面建设城乡统筹的医疗卫生保障体系，免费开展孕前优生健康检查工作。持续推进计生工作改革，不断提高管理服务水平，确保人口素质持续提升。进一步加强流行性疫病防治，大力普及疫病防控知识，提升公共卫生应急工作水平，坚决杜绝各类突发公共卫生事件。

持续完善社保体系。按照“广覆盖、保基本、多层次、可持续”的方针，不断扩大社会保险覆盖面。城镇医保参保率要达到97%，城乡养老保险覆盖面达到100%，新农合参合率达到97%。加快推进社会保障体系建设，加大弱势群体帮扶力度，推动社会福利和慈善事业发展，年内完成儿童福利院建设项目。不断推进四类困难家庭学生救助、大病救助、市级领导包联孤儿等救助机

制，切实保障广大人民群众特别是困难群众的基本生活。

持续扩大创业就业。大力推动大众创业、万众创新，完善公共就业服务体系，加强劳动力职业技能培训和创业培训，举办人才招聘大会，促进人才交流。做好退役军人转业安置、就业困难人员托底帮扶、残疾人就业援助等工作，全年新增就业岗位5000个，完成110名事业单位人员招聘工作，全面清除“零就业”家庭。

在做好上述工作的同时，还要深入推进军民融合发展，加强国防动员和后备力量建设，支持驻霍部队和人防建设；关心青少年、儿童健康成长，支持工会、妇联、共青团等人民团体工作；认真做好审计、统计、工商质监、档案、地震、宗教和老龄等各项工作；继续开展第三次全国农业普查。

加强政府自身建设

面对发展的重任、人民的期盼，我们要进一步加强和改进政府自身建设，努力建设负责任、有作为、人民满意的政府。

建设思想解放的创新政府。加强干部政治理论、金融、法律、科技、互联网等方面的学习培训，打造一支政治坚定、思想先进、业务精通、作风优良的学习型、服务型干部队伍，切实增强管理水平和创新能力。加快推进政府工作思路创新、机制创新、方法创新和管理创新，克服僵化保守思想，打破条条框框约束，勇于推陈出新，探索新路子、形成新观念、提出新方案，着力在影响霍州发展的“短板”上下功夫，在制约发展的“瓶颈”上求突破，促进各项工作更好落实、各项事业更快发展。

建设行为规范的法治政府。坚持法无授权不可为、法定职责必须为，健全“两单”制度，规范行政执法行为。完善重大事项公众参与、专家论证、风险评估和政府决策相结合的决策机制，规范政府依法决策程序。认真执行市人大及其常委会的决议、决定，支持政协参政议政，虚心听取和采纳意见建议。创新人大代表意见建议、政协委员提案办理机制，努力提高办理质量。

建设勤政为民的高效政府。认真落实“13710”工作制度，建立电子政务平台，完善目标责任考核体系，推行重点工作限时办结、通报公示，确保各项决策和既定事项在规定时限内全面落实。持续推进简政放权、放管结合、优化服务改革，减少政府对市场的干预，促进市场公平竞争，最大限度让利于民。积极构建“互联网＋政务服务”平台，进一步方便群众办事，以政府的“效能指数”提升群众的“幸福指数”。

建设风清气正的廉洁政府。坚持底线思维，严格落实党风廉政建设主体责任，切实加强政府系统反腐倡廉建设。紧抓土地招拍挂、工程招投标等公共资源交易领域和关键环节，强化行政监察和审计监督，扎紧织密制度笼子，从源头上预防腐败行为发生。坚决纠正不正之风，坚定不移惩治腐败，营造风清气正的政务环境。

蓝图绘就，重任在肩。让我们在中共霍州市委的坚强领导下，在市人大、市政协和社会各界的监督支持下，撸起袖子加油干，扑下身子抓落实，为实现“进军省强市、全面达小康，共建文明开放幸福美丽新霍州”的宏伟目标而努力奋斗！

霍州市人民代表大会常务委员会工作报告

——2017 年 3 月 16 日在霍州市第七届人民代表大会第二次会议上

霍州市人大常委会主任　陈占平

六个月以来的主要工作

肩负着时代赋予的光荣使命和神圣职责，在历届人大常委会打下的坚实基础上，市七届人大常委会自去年 8 月产生并开展工作。在市委的正确领导下，常委会认真贯彻党的十八大和十八届三中、四中、五中、六中全会精神，深入学习习近平总书记系列重要讲话精神和治国理政新理念新思想新战略，始终坚持党的领导、充分发扬民主和严格依法办事有机统一，紧紧围绕“进军省强市、全面达小康，共建文明开放幸福美丽新霍州”的总体目标，认真履行宪法和法律赋予的各项职权，不断创新人大工作的方式方法，提升队伍素质，增强监督实效，适应新常态，展现新作为，充分发挥人大在改革、发展、稳定中的作用，为加快推进全市经济社会发展作出了积极贡献。半年来，共召开常委会会议 4 次，主任会议 10 次，听取和审议“一府两院”专项报告 8 项，作出审议意见 8 项，决议决定 6 项，任免国家机关工作人员 36 人，组织人大代表开展专项视察、调研、执法检查等活动 15 次，有效发挥了地方国家权力机关的作用。

一、坚持党的领导，把牢政治方向

常委会始终将人大工作融入市委工作大局，坚持重要会议、重要工作、重大事项及时向市委请示汇报，听取市委意见，服从市委决定，做到思想上合心、工作上合力、部署上合拍，确保与市委保持高度一致。

一是增强政治定力。坚持以习近平总书记系列重要讲话精神为根本遵循，把依法履职，积极作为，砥砺奋进作为开展工作的重要基础。通过对《中国共产党党内监督条例》和《关于新形势下党内政治生活的若干准则》等党内法规进行系统学习和专题研讨，使党组成员及党员干部进一步增强了“四种意识”，坚定了“四个自信”。

二是突出中心位置。全面贯彻市委意图，坚持把市委作出的重要部署和正确决策，及时通过法定程序做出相应的决议决定，保证党的路线方针政策、国家相关法律法规和市委重大决策部署得到全面落实，使党的主张转变为国家意志和人民群众的自觉行动。

三是依法人事任免。坚持党管干部原则和人大依法行使任免权相结合，通过听取工作情况报告、落实任前法律考试、颁发任命书、向宪法宣誓等制度，增强了拟任人员的法律意识、责任意识和接受人大监督的意识，激发了依法行使权力的使命感和自觉性。

二、主动履职尽责，服务全市大局

常委会紧紧围绕市委决策部署确定工作要点，找准人大工作切入点和着力点，促进了“一府两院”各项工作的高效开展和扎实推进。

一是加强计划预算监督。按照监督法和预算法的规定，听取和审议了市政府 2015 年财政决算和工作情况的报告、2015 年财政预算执行情况和其他财政收支情况的审计报告、审计查出问题整改情况的报告等，在肯定计划完成情况和预算收支成效的同时，要求市政府高度重视，强化措施，切实解决经济运行中面临的困难和问题，确保计划和预算执行的规范运行；加大对预算执行及部分财政专项资金使用情况的监督，督促加强预算管理，严格预算执行，确保财政资金合理安排和有效使用；支持审计部门依法履行职权，维护财政经济秩序，提高资金使用效益。

二是及时化解信访矛盾。始终把受理群众来信来访作为解决问题、增进和谐的重要窗口，按照全国人大提出的“分别受理、综合分析、统一交办、限期反馈、严格监督”的要求，认真做好人大信访工作，共接待群众来访 50 人（次），办理来信、来访 10 件（次），向“一府两院”转办、交办案件 8 件。

三是全力助推脱贫攻坚。脱贫攻坚是重大政治任务，也是第一民生工程。常委会坚持把其作为监督工作的重中之重，组织带领代表积极深入 12 个乡（镇）、街道办和 20 余个基层农村，就全市扶贫工作推进情况开展了视察调研工作，提出意见建议 20 余条，推动了扶贫措施的有效落实。

四是高度重视环境保护。去年 11 月，就市政府在防霾、治污、减排、降尘等方面应对措施的落实情况，常委会组织开展了对霍州煤电、兆光电厂、国电霍州发电厂等重点工业企业的日常生产经营、原材料供应运输、废弃物存放等情况的走访调研视察活动，提出意见建议 10 余条，推动了全市“铁腕治污”行动。同时，针对去年我市环境状况及环境目标完成情况，常委会听取审议了市政府的工作报告，进行了满意度测评，并提出了加大环境保护宣传力度、落实环境保护责任、提高环境执法能力等审议意见，促进了市政府有关部门环保工作的扎实推进。

五是大力推进严格执法。积极弘扬宪法精神，紧扣依法治市主线，听取和审议市政府《关于“六五”普法工作和“七五”普法规划落实情况的报告》，对过去五年法治宣传教育工作在服务经济社会发展、维护社会和谐稳定、建设法治霍州中的作用给予了肯定，并对今后五年的普法工作从推进学习宣传、推动全民用法、增强教育针对性等五个方面提出了明确要求；加强对法规制度建设的监督，完成了《霍州市城市污水处理费征收管理办法》、《霍州市公共机构节能办法》规范性文件的备案审查；配合省、临汾市人大开展《中华人民共和国国防教育法》的执法检查，推动工作落实。同时，按照《山西省各级人民代表大会常务委员会监督司法工作办法》的要求，首次召开监督司法工作会议，出台实施意见，制定联席制度，强化评议考核，促进司法机关提升执法效能，加强严格执法，营造我市经济社会发展的良好法治环境。

六是持续推动民生改善。立足霍州经济社会发展实际，顺应人民新期待，回应群众新关切，倾力维护民生福祉，使发展成果更多惠及群众。就全市义务教育均衡发展情况，常委会成立专题调研组，深入实验小学、大张一中、煤电二中等 12 所学校进行了实地察看走访，向市政府提出了提高思想认识、加大教育投入、加强队伍建设、创新管理模式、加强督导评估等方面的建议 8 条；听取审议了市政府《关于我市农村土地确权工作开展情况的报告》，提出了切实履行职责、妥善化解矛盾、加速成果运用等六方面的审议意见；对《中华人民共和国计量法》贯彻落实情况开展执法检查，提出了加快技术机构建设和提高检测能力、加大对医用计量器具的检测检定工作力度、深入集贸市场对计量器具进行抽检等方面的10余条建议，努力使常委会的各项工作在改善民生、维护群众切身利益上发挥有效作用。

三、发挥代表作用，增强履职能力

按照提高素质、完善制度、规范活动、提供保障的要求，充分尊重代表的主体地位，加强和改进代表工作，认真做好委员和代表的教育、引导、管理，支持和保障依法履行职责，提升履职水平和工作能力。

一是提升素质展形象。完善学习平台建设，健全代表培训制度，通过以会代训、订阅学习资料、外出参观学习、参加知识竞赛等多种形式强化代表工作，有效提高了代表的综合素质、业务水平和履职能力。在全省首次组织的市、县、乡三级人大代表人大及相关法律知识竞赛中，我市代表队荣获临汾市第一名的佳绩。

二是创新方式激活力。围绕全市工作大局，在环境整治、精准扶贫等工作中，组织以乡镇代表为主体的活动小组开展调研视察帮扶活动10余次，提升了基层人大的工作效能。积极配合“三晋环保行”和“平阳环保行”开展工作，监督环境整治工作的扎实推进。建立代表活动微信平台，适时发布信息，及时解惑答疑，协调解决代表在工作中遇到的困难和问题，增进了联系，交流了思想，形成了共识，提升了代表履职的责任观念和实干意识。

三是强化督办促落实。坚持把代表建议、意见的办理落实作为激发代表履职动力的一项重要工作。向市政府交办市七届人大一次会议代表意见建议71件，并把天然气东扩、加快推进陶唐峪旅游区开发等8类15件重点建议列为重点督办对象，通过专题听取汇报、实地检查等方式推动落实。同时，在常委会会议上组织委员、乡镇人大主席、街道办人大工委主任、重点督办建议领衔代表共同对办理情况进行满意度测评，并将测评结果通过新闻媒体向社会进行公布。通过持续跟踪监督，使加快推进河西区集中供热供气、解决工业路西张口交通安全隐患等建议得到有效办理。一批代表关注、群众关心的难点、热点问题得到圆满解决，进一步激发了代表的主体活力和工作热情，得到社会各界的广泛好评。

四、加强自身建设，提升工作水平

常委会始终把自身建设摆在突出位置，坚持从抓学习、强素质、提水平入手，完善各项制度，改进机关作风，自身建设得到有效加强，机关服务水平不断提升，干部职工的工作能力全面提高。

一是转作风，凝聚工作合力。深入开展“两学一做”学习教育，通过集体学习、个人自学、专题研讨、讲授党课、观看警示教育片等方式，使政治意识、大局意识、核心意识、看齐意识内化于心、外化于行，进一步提高了机关干部职工的政治觉悟、综合素质和工作能力；按照市委的统一部署，组织开展“讲政治、知敬畏、守规矩”专项治理活动，促使全体党员真正做到政治上讲忠诚、思想上知敬畏、行动上守规矩，努力营造风清气正的良好氛围；落实全面从严治党责任，组织机关党支部换届，促进干部职工强化底线思维，筑牢思想堤坝，保持清正廉洁。

二是建制度，规范日常行为。坚持民主决策、依法决策和科学决策，健全议事程序和工作流程，先后完善了人大常委会议事规则、人大常委会组成人员工作守则等10项规章制度，努力做到决策过程的科学民主和结果的公正合理，进一步推进了常委会各项工作的制度化、规范化和程序化。

三是重规范，加强廉政建设。按时制定和及时完善领导班子和党组成员党风廉政建设责任清单，积极践行党员领导干部廉洁从政的各项要求，认真落实党风廉政建设“两个责任”，主动履行“一岗双责”，严格执行中央“八项规定”，坚决反对“四风”，时刻把政治纪律和政治规矩挺在前面，树立了人大机关党员干部的良好形象。

四是勤沟通，夯实工作基础。加强与上级人大和兄弟县市的交流和联系，主动学习成功经验和有益做法，通过县市交叉检查、赴深圳人大培训基地学习等活动，促使代表不断适应新形势、承担新任务、符合新要求。同时，加大对基层人大工作的指导力度，通过邀请各乡镇人大主席、街道办人大工委主任、部分人大代表列席常委会会议的做法，促进了全市人大工作水平的全面提高。

五是抓宣传，营造良好氛围。坚持办好常委会会刊的印发和人大常委会网站建设等工作，有效依托内部刊物和新闻媒体，加大人民代表大会制度、人大及其常委会、人大代表依法行使职权的宣传报道力度，扩大了社会影响力。同时，出版发行《霍州市人大志》，积累和保存了人大文献史料，增强了人大制度、人大工作和民主法制建设的宣传效果。

经过全体组成人员的共同努力，常委会较好地完成了市七届人大一次会议既定的工作任务，实现了开好局、起好步的预期目标。这些成绩的取得，是市委正确领导，全市各级人大代表、常委会组成人员共同努力的结果，是“一府两院”及有关单位密切配合、基层人大和广大群众大力支持的结果。在此，我代表市人大常委会，向长期以来关心、支持我市人大工作的各级领导和广大干部群众，向全市各级人大代表表示衷心的感谢和崇高的敬意！

人民代表大会制度是实现中国特色社会主义民主的基本形式，也是人民行使国家权力的根本途径。回顾本届常委会半年来的工作，我们对坚持和完善人民代表大会制度有了更深的认识和体会。坚持党的领导是做好人大工作的根本保证；严格依法履职是做好人大工作的关键所在；践行以民为本是做好人大工作的本质要求；发挥代表作用是做好人大工作的重要基石；勇于开拓创新是做好人大工作的不竭动力。站在新起点，面对新要求，我们要齐心协力加油干，不忘初心勇向前，使人大工作体现时代性，富于创造性，增强实效性，为霍州经济社会发展做出新的贡献！

今年的主要任务

2017年是全面贯彻省十一次党代会精神、临汾市四次党代会精神和我市七次党代会精神的起步之年，是供给侧结构性改革的深化之年，是我市走出资源型城市转型发展新路的攻坚之年，也是新一届市人大及其常委会工作的提升之年。常委会工作的总体要求是：在中共霍州市委的坚强领导下，全面贯彻落实党的十八大、十八届三中、四中、五中、六中全会和习近平总书记系列重要讲话精神，坚持党的领导、人民当家作主和依法治国的有机统一，全面履行宪法法律赋予的职责，紧扣全市发展大局，创新各项工作机制，依法行使人大职权，不断提高工作水平，为促进精准扶贫、改善生态环境、保障民生福祉、维护社会稳定、推进法治建设而积极努力。围绕工作总体要求，要着力做好以下五方面工作：

一、以坚定政治方向为引领，在落实市委部署上有新成效

全面落实市委关于加强人大工作的总体部署和有关要求，自觉把坚持党的领导贯穿于依法履职的全过程，主动在大局中谋划和推进人大工作，保证和发展人民当家作主，全面落实依法治国基本方略，确保全市人大工作依法有序开展。紧扣群众普遍关注的脱贫攻坚、安全生产、社会治安、民生保障等热点、难点、焦点问题，开展视察、调研等形式的活动，适时进行跟踪督查，推动部门改进工作。围绕市委七届二次全会的工作部署，听取和审议市政府关于城市基础设施建设、农业发展、文化强市等工作完成情况的报告，提出合理化的意见建议，持续推动各项重点工作有效落实。

二、以推动科学发展为己任，在履行法定职权上有新贡献

围绕全市中心工作确定人大工作重点，适时把事关全市改革发展稳定和直接关系人民群众切身利益的重大事项、重大问题列入常委会会议议题，依法作出决议、决定，为推进科学发展提供法治保障。加强经济运行监督，强化对国民经济和社会发展计划、财政预决算执行情况和其他财政收支审计情况进行监督检查，努力推动经济社会持续健康协调发展。坚持党管干部原则，把市委意图与人民当家作主、党内工作程序与人大法定程序有机统一起来，依法行使人事任免权。突出任后监督，督促和支持被任命人员干事创业，自觉服务人民群众、服务经济社会发展。抓好对重点单位和关键部门的“三账监督”工作，增强依法依规办事的意识，促进各项工作目标顺利完成。监督、支持和推动“一府一委两院”用法治的思维规范权力运行、用法治的手段解决社会矛盾、用法治的方法满足民生需求，共同推动法治霍州建设稳步前进。

三、以汇聚民智民力为根本，在发挥代表作用上有新提升

完善服务和管理机制，尊重代表主体地位，改进代表服务方式，支持代表开展工作，切实增强代表工作实效。加大对乡镇人大的工作指导力度，密切常委会与代表、代表与人民群众之间的联系，积极引导各代表小组依法开展视察、检查、调研等活动，推进乡镇人大工作的规范化和高效化。改进和加强代表意见建议办理工作，加大协调督办、跟踪督办、现场督办和重点督办力度，积极探索满意率与解决率相统一的有效形式，提高办理质量和工作效率。

四、以维护和谐稳定为重点，在推进法治建设上有新突破

紧紧围绕全市改革发展大局，坚持法律监督工作不动摇，通过执法检查、工作视察、听取和审议部门工作报告的形式，加强法律实施情况的监督检查，切实维护人民群众的合法权益。强化监督司法工作，推动司法体制改革，完善司法程序，提高司法公信力，促进司法部门严格执法。加强依法行权，主动介入政府规范性文件的制定、论证和审查工作，并对执行情况予以监督，发现问题及时纠正。高度重视信访工作，认真办理好人民群众关于行政执法、司法公正方面的信访案件，全力维护公平正义。积极配合山西省和临汾市人大常委会开展的执法检查、制定法律法规的立法调研等活动，为做好立法工作提供有力支持。

五、以提升履职能力为目标，在加强自身建设上有新进步

要巩固好“两学一做”学习教育成果，继续开展好“讲政治、知敬畏、守规矩”专项治理活动，切实加强党风廉政建设，进一步完善议事规则和工作制度，引导干部职工自觉做到在法治的轨道上用权，在制度的约束下干事，在履职的过程中律己。要不断创新方式方法，组织好广大代表及常委会工作人员的学习培训，提高代表素养，增强履职能力。要践行群众路线，加强调查研究，听民声问民情，纳忠言汇民智，惠民生促发展，为审议决策提供参考依据和民意基础。要强化与上级人大常委会的汇报衔接和兄弟县市人大常委会的联系交流，学习借鉴先进经验，探索工作办法途径，不断提升常委会工作的科学化、规范化、民主化水平。

新的目标开启了新的希望，新的征程承载着新的使命。让我们在市委的坚强领导下，同心同德、振奋精神，不忘初心、继续进发，努力做到在解放思想上有新飞跃，在能力提升上有新进步，在解决问题上有新成效，在创新机制上有新突破，为深入推进全市民主法治建设和实现“进军省强市、全面达小康，共建文明开放幸福美丽新霍州”宏伟目标而努力奋斗！

在霍州市七届人大二次会议闭幕式上的讲话

——2017 年 3 月 17 日

中共霍州市委书记　崔山原

霍州市七届人大二次会议圆满完成了各项议程，就要胜利闭幕了。会议期间，各位代表和列席会议的同志，以饱满的政治热情和高度的责任感，认真履行职责，充分发扬民主，严格依法办事，充分体现了热爱霍州、心系百姓的责任情怀，展示了胸怀大局、积极进取的精神风貌。这次会议开得很好、很成功，是一次统一思想、求真务实、凝心聚力、鼓劲加油的大会，必将极大地激励全市上下进一步振奋精神、坚定信心、再接再厉、扎实工作，为实现“进军省强市、全面达小康，共建文明开放幸福美丽新霍州”的宏伟目标而努力奋斗。在此，我代表市委，向大会的圆满成功表示热烈的祝贺！向全体代表和列席会议的同志们致以崇高的敬意！

这次大会选举程军同志为市监委会主任。这是我市深化国家监察体制改革试点工作的重要环节，我们要按照省、市要求，把握时间节点，持续推进改革试点工作，向省委和临汾市委交一份合格答卷。

过去的一年，是我市经济社会发展取得新成效、各项事业取得新进步的一年。一年来，面对经济下行的严峻形势和艰巨繁重的发展改革稳定任务，我们深入学习贯彻习近平总书记系列重要讲话精神，全面落实省委“一个指引、两手硬”的重大思路和要求，认真落实临汾市“345”战略部署，推动全市经济社会发展实现了稳中有进、稳中向好、稳中提质。我们立足长远定目标，胜利召开了市第七次党代会，确定了十三五“进军省强市、全面达小康，共建文明开放幸福美丽新霍州”的奋斗目标，圆满完成了市乡两级集中换届，在全市上下进一步统一了思想，坚定了方向，凝聚了力量。我们旗帜鲜明抓发展，实施了百项重点工程，超额完成了项目建设“六位一体”任务，煤企炭价止跌反弹，电企电价稳中有升，“一煤两电”扭亏转盈贡献利税，全市经济在困难中稳健运行、逐步向好。我们全力以赴促转型，霍煤机电设备制造一期9个公司陆续投产，华润10万千瓦风能发电项目有序推进，液化天然气调峰储气项目成功试运营，亿能电器新能源汽车制造项目即将安装生产线，“一署两峪”等景区开发建设取得实质进展，为今后发展积蓄了强大动能。我们倾心尽力惠民生，建成了纬五路、迎宾南路、经三路北段等城市道路；完成了东门桥改造、赵家庄小学人行天桥、中镇楼、霍煤广场、工商广场等市政工程；新建扩建了换热站12座、新增天然气用户1000余户，实现了城区全覆盖；加大脱贫攻坚力度，全年共完成1404人的脱贫摘帽，人民群众的获得感和满意度大幅度提升。我们多措并举治环境，启动了“五城联创”，实施了汾河、南涧河、对竹河治理，完成造林面积1.79万亩，新增绿化面积20万平方米，全市城乡环境更加宜居。我们持之以恒转作风，坚持“巩固、深化、提高”方针，扎实开展“两学一做”学习教育，层层压实全面从严治党“两个责任”，始终保持惩治腐败的高压态势，持续改进工作作风，政治生态更加清明，党风政风焕然一新。

这些成绩的取得，是临汾市委坚强领导、历届班子团结实干、全市干部履职尽责、30万群众辛勤付出的结果，也凝聚着市人大常委会和全体人大代表的智慧、心血和汗水。一年来，市人大及其常委会紧紧围绕市委中心工作，全面依法履行职责，在服务经济发展、保障改善民生、维护公平正义、促进民主法治、加强自身建设等方面做了大量卓有成效的工作。对此，市委是十分认可的，人民群众是非常满意的。这里让我们以热烈的掌声，向市人大及各位代表一年来所付出的辛勤努力，表示衷心的感谢！

今年是党的十九大召开之年，是决胜全面小康的关键之年。市委七届二次全会和全市三级干部大会提出：要坚持稳中求进总基调，坚持以提高质量和效益为中心，全面实施产业转型、城市提质、生态保护、民生改善、安全维稳、党建强基六大攻坚，为“进军省强市、全面达小康，共建文明开放幸福美丽新霍州”奠定坚实基础，以优异的成绩迎接党的十九大的胜利召开。做好今年的工作，任务艰巨、责任重大，需要我们牢固树立抓落实重于一切的理念，实干、实干、再实干，落实、落实、再落实，以时不我待、只争朝夕的紧迫感推动各项决策部署落地生根、开花结果，奋力取得进军省强市的新突破，迈出全面达小康的新步伐。借此机会，我提几点希望和要求：

一、树立看齐意识，坚定正确政治方向

坚定正确的政治方向，是做好一切工作的灵魂和统帅，是各项事业取得成功的根本保证。全市各级各部门，必须切实增强“四个意识”特别是核心意识、看齐意识，坚定维护以习近平同志为核心的党中央权威，坚定不移地向党中央看齐，向党的理论和路线方针政策看齐，向党中央决策部署看齐，听党话、跟党走。要坚持用习近平总书记系列重要讲话精神武装头脑、指导实践，自觉在总书记重要讲话精神中找方向、学方法，经常对标对表，不断校正紧跟，真正做到认识上一致、思想上统一、政治上同心、行动上同步。要紧密联系实际，做好结合文章，坚持从政治和全局的高度思考谋划工作，做任何工作都要以贯彻党中央、省市的决策部署为前提。要强化大局观念，坚持在大局下定位、大局下行动，中央提倡的坚决响应，中央要求的坚决照办，中央禁止的坚决杜绝。特别是要牢固树立对标一流、争创一流的理念，对照中央、省、市的部署要求，明确改进工作的举措，提升做好工作的标准，时刻想着中央、省市精神贯彻好了没有，还有什么差距，从哪些方面努力改进，真正把中央和省市决策部署转化为促进霍州改革发展稳定的工作思路、方法举措、实际效果，努力创造经得起时间和群众检验的一流业绩。

二、强化使命担当，牢牢把握第一要务

加快转型、推动发展是当前我们面临的首要任务。这次大会《政府工作报告》已经作出了具体安排部署，必须不折不扣地落实到位。这里，我重点强调以下五个方面的工作。

一要强力推进产业转型。全力实施传统产业升级、新兴产业引领、产业园区驱动“三大”战略，积极筹建霍州经济开发区，加大对“一煤两电”的帮扶力度，加快推进华得宇光伏发电、七里峪风能发电、亿能新能源汽车、液化天然气调峰储气等项目，打造经济发展新引擎。要深化农业供给侧结构性改革，巩固无公害蔬菜、特色经济林、规模养殖、精品小杂粮等传统产业，大力发展文冠果、双季槐、油用牡丹等特色产业，引导农民致富增收。要加快“一署两峪”等景区的开发建设，创建国家全域旅游示范区，建设AAAA级景区，打造文化旅游战略性支柱产业，推进三产集聚融合。要抓紧实施总投百亿元的61项重点项目，挂图作战，限定时限，全力推进，确保完成，为经济发展提供强力支撑。要坚持精准招商，抢抓项目融资的最佳机遇期，积极承接东部地区加工贸易产业转移，争取上马或引进一批对全市经济社会发展具有引领作用的大项目、好项目。

二要倾力打造魅力城市。围绕建设区域性中心城市的目标，坚持“旧城借力发展、新区加大投入”双轮驱动，推进扩容提质、完善基础设施、强化经营管理，打造功能完备、特色鲜明、宜居宜业的美丽家园。要加快旧城区改造步伐，推进城中村、棚户区、旧商业区、旧工业区改造，完成霍州署文化产业示范园、东关赵家庄城中村连片改造，启动东港湾、玻璃厂、大众南路、南环路路南等拆迁，打造新景，拓展空间，提升品位，扮靓形象。要加大霍东新区投入，抓紧实施奥体中心、新医院、经二路、纬三路、迎宾路等项目，充实新区内涵，提升新区档次。

三要全面整治生态环境。以持续引深“五城联创”为抓手，开展声势浩大的城乡爱国卫生清洁运动，进一步整治环境卫生、门店牌匾、乱设摊点、交通混乱等问题；要全面完成“一地两园四路”建设，扎实推进热电联产、天然气扩户向城郊延伸，为推进节能减排、实现蓝天碧水提供坚实支撑；要深入开展铁腕治污行动，严厉打击环境违法行为，坚决清理“土小散污”企业、关停小锅炉、治理臭水沟、根除污染源，不断提升全市生态环境质量。要加快推进汾河、南涧河、对竹河等治理工程，强力实施造林绿化，启动南涧河湿地公园建设，推进矸石山、老矿区、荒山荒坡、工业废弃地等生态恢复，使人居环境实现更大提升。

四要持续推进民生改善。打好精准脱贫攻坚战，强化组织领导，夯实基层基础，实施“挂图作战”，全面落实产业扶贫、教育扶贫、金融扶贫、生态扶贫等政策，确保完成年度脱贫任务，为2018年底实现全面脱贫打下坚实基础。要继续推行四类困难家庭学生救助、市级领导包联孤儿、爱心助学、五保老人集中供养、重特困家庭救助等制度，坚决把民生底线兜住兜牢。要继续加大对教育事业的投入，扩大各类社会保障的覆盖，实施残疾人康复中心、妇幼保健院、疾控中心、医疗垃圾处理厂等建设项目，不断提升全市人民的幸福指数。

五要全力维护社会稳定。狠抓社会综合治理，不断引深“六六创安”活动，健全治安防控体系，依法严厉打击各种违法犯罪行为，切实增强人民群众的安全感。坚持“党政同责、一岗双责”，按照管行业必须管安全、管业务必须管安全、管生产经营必须管安全和谁主管谁负责的要求，压实安全生产责任，深化重点行业领域的安全生产专项整治，扎实开展安全隐患大排查大整治，彻底消除安全隐患。严格执行“三三”信访工作机制，落实“红橙黄”三级预警，充分发挥乡村两级矛盾纠纷调解中心作用，有效破解信访难题，积极化解矛盾纠纷，切实把各类隐患解决在萌芽状态。总之，我们要始终抓住发展这个第一要务不动摇，坚持以新发展理念统领发展全局，着力破解制约发展的深层次矛盾和问题，奋力开创霍州经济社会发展的崭新局面。

三、转变工作作风，全力以赴抓好落实

“空谈误国，实干兴邦”。我们看准的事情，要坚定不移；作出的承诺，要确保兑现，推动改革发展各项事业不断向前。

一要率先垂范抓落实。大力倡导以上率下的工作方法，弘扬敢于担当的优良作风，下功夫解决好“愿担当”“敢担当”“会担当”的问题，要认真贯彻省委鼓励干部担当作为和合理容错“两个办法”，强化正向激励，为敢担当的干部担当，为敢负责的干部负责。对一些干部在工作中出现的一些失误、失败，要有更多宽容、包容，最大限度保护好干部解放思想、创新创造的积极性，真正让敢想敢干、创新创造在全社会蔚然成风，形成推动霍州发展的强大正能量。

二要深入实际抓落实。要自觉践行党的群众路线，践行“三严三实”和合格党员标准，说实话、办实事、求实效、不唱高调子、不摆花架子。要艰苦奋斗，厉行节约，不搞劳民伤财的政绩工程和形象工程。要深入基层，深入群众，努力为群众办实事、解难事，破解发展难题。

三要分解责任抓落实。这次人代会对今年实施的各项重点工程、中心工作都进行了安排部署，制定了具体的目标任务，各乡镇、各部门要主动承接、对号入座，明确自己担负的任务，找准存在困难和问题，拿出具体实施方案，脚踏实地推动工作。要明确责任人、明确工作重点、明确阶段性目标、明确责任追究办法，让每一位干部都成为加快发展的参与者，主动投身经济社会发展主战场。

四要督查问责抓落实。抓落实，必须抓督查问责。要加强对各乡镇、各部门“一把手”的监督考核，对年底不能完成目标任务的乡镇部门，当年不得评优，班子成员不得评模、晋升，“一把手”要公开作出检查。要加大问责力度，对安排部署了的工作，及时跟踪问效；对督查通报了的问题，及时问责到人；对那些不干实事、不担责任、四平八稳混日子的干部，要严肃问责。总之，要以强有力的问责，问出雷厉风行的好作风，确保这次人代会确定的各项目标任务一桩桩、一件件落到实处，干成干好。

四、加强自身建设，全面提升履职水平

面对改革发展的新任务、新要求，面对人民群众的新期待，各级各部门要进一步加强自身建设，不断提升履职水平。市人大要以正在开展的“讲政治、知敬畏、守规矩”专项治理活动为契机，进一步加强自身建设，积极创新工作方式，提升履职水平，真正以积极进取的态度和扎实过硬的作风，努力开创人大工作新局面。要争做学习的表率，认真学习习近平总书记系列重要讲话，学习宪法、地方组织法及有关法律、法规，学习人大工作业务知识，努力打造一支素质高、作风好、业务熟的人大队伍。要争做团结的表率，班子成员要加强沟通、增进理解，互相支持、互相配合，步调一致、精诚团结，齐心协力推动各项工作。要争做守纪的表率，坚持把纪律和规矩挺在前面，时时把讲政治贯穿在工作、学习、生活的方方面面、角角落落，自觉在思想上政治上行动上同党中央保持高度一致，与省市同频同振、同步同拍。全体人大代表，要主动适应形势需要，认真学习党的理论、宪法法律及人大业务知识，不断提高履职能力；要广泛联系选民，“身”入基层，“心”入百姓，“情”入群众，问政于民、问需于民、问计于民，不遗余力为群众办实事、做好事、解难事；要珍惜荣誉，严格自律，谨言慎行，模范地遵守宪法和法律，切实维护人大代表的良好形象。政府及其职能部门，要围绕《政府工作报告》确定的发展任务，咬定目标，倒排工期，责任到人，抓好落实，全力推动经济社会平稳健康发展；要虚心接受人大及其常委会的监督，严格执行人大的决议决定，认真办理人大代表的意见、建议。市法院和市检察院，要加强队伍建设，推进司法体制改革，严格执法、公正司法，坚决维护公平正义，为全市发展稳定提供有力的法律保障。各级各部门，要积极支持人大依法行使职权，认真对待人大代表的批评与意见，积极办理人大代表议案，做到件件有落实、事事有回音，把全市干部群众的聪明才智、创造活力，凝聚到推动全市改革稳定发展大局上来。

让我们牢记党和人民的重托，倍加珍惜手中的权力，以党的十八大和十八届五中、六中全会精神为指引，在中共山西省委和临汾市委的坚强领导下，团结带领全市人民抢抓机遇、乘势而上，为进军省强市、全面达小康，共建文明开放幸福美丽新霍州而努力奋斗，以优异的成绩迎接十九大的胜利召开！

谢谢大家！

紧扣发展主题　聚力转型攻坚
全力建设文明开放幸福美丽新霍州

——2017年2月16日在全市三级干部大会上的讲话

霍州市人民政府市长　黄晓君

今天，我们隆重召开全市三级干部大会，这是在我市经济社会发展进入转型突破的重要阶段，进军省强市、全面达小康的关键时期召开的一次重要会议，会议的主要任务是深入贯彻党的十八届五中、六中全会，习近平总书记系列重要讲话和中央、省、临汾市经济工作会议及我市七届二次全委会议精神，回顾总结2016年的工作，安排部署今年的工作任务，进一步动员全市上下振奋精神，再鼓干劲，紧扣发展主题，聚力转型攻坚，全力建设文明开放幸福美丽新霍州。随后，崔书记还要作重要讲话，希望大家深刻领会，抓好落实。下面，我先讲三点意见：

一、肯定成绩，认清形势，牢固树立推动转型发展的信心和决心

2016年，全市上下在市委的坚强领导下，紧紧围绕“进军省强市，全面达小康，共建文明开放幸福美丽新霍州”的奋斗目标，统筹创新、协调、绿色、开放、共享的发展理念，坚持稳中求进总基调，认真落实供给侧结构性改革，扎实推进产业转型、城乡建设、生态治理、改革攻坚、民生改善、社会管理等各项工作，实现了经济社会的稳健发展。

1. 经济发展缓中趋稳。一年来，我们主动适应经济发展新常态，积极应对经济下行压力，全力调结构、稳增长、促发展，实现了整体经济缓中趋稳、稳中有进。以项目建设为引擎，实施了总投资近200亿元的百项重点工程，切实抓好项目受理大起底，深入开展项目开工“百日攻坚”行动，年度重点项目建设“六位一体”任务超额完成。2016年，全市生产总值完成70.8亿元，工业增加值完成29.4亿元，固定资产投资完成139.6亿元，公共财政预算收入完成5.85亿元；社会消费品零售总额完成33.3亿元，增长6.6%；城镇常住居民人均可支配收入完成26998元，增长6.1%；农村常住居民人均可支配收入完成12143元，增长5.7%。各项指标完成了预期目标。

2. 产业结构逐步优化。突出工业转型。霍煤机电制造一期6个公司陆续投产，华润10万千瓦风能发电项目扎实推进，液化天然气调峰储气项目成功试运营，亿能电器新能源汽车制造项目成功落地，生产线安装有序推进，成为我市转型发展的又一亮点。突出农业增效。持续推进无公害蔬菜、特色经济林、规模养殖“三大产业”，全市新增设施蔬菜1200亩，累计达到1.2万亩；完成果园改造4000亩，核桃林改造5000亩，特色经济林经济效益显著提升；扶持壮大了同兴禽业、绿源乳业、聚盛牧业等规模养殖企业，打造了国新能源现代农业示范园区中药材种植基地，拓展了特色农业新领域。培育发展了文冠果茶、太岳核桃、三教小杂粮等特色农产品龙头企业。突出三产提档。七里峪景区游客服务中心、景区停车场相继完工，滑雪场二期启动实施。陶唐峪开发项目开工建设。霍州署AAAA级景区申报工作进入关键阶段，许村传统古村落保护修缮工程启动实施，全域旅游示范区创建全面推开。南街农贸市场建成完工，州里商业文化街、鼓楼地下商业街等商贸市场运行良好，引进了乐村淘网络科技、赶集网、苏宁易购、固德网络等4家电商平台，发展了圆通、顺风、中通等20余家物流公司，商贸服务业进一步繁荣。积极参加中博会、能博会等招商活动，招商引资共达成投资意向12项，投资总额196亿元。

3. 城乡面貌焕然一新。修订编制了《霍州市“十三五”近期建设规划》《霍州市综合交通体系规划》等城市规划，为“十三五”科学布局城市发展奠定了基础。东关赵家庄城中村改造、霍煤开元小区建设、橡胶厂棚户区改造等一批保障房项目顺利完工。中镇楼、赵家庄人行天桥、东门桥改造等一批市政工程相继竣工，纬五路、新建南路、经三路北段等一批城市道路建成通车。新建换热站11座，新增城市集中供热面积55万平方米，达到460万平方米。天然气扩户4000余户，达到38000户。全年新建和改造城市道路10.51公里、城市供水管网7.93公里、供气管网17.7公里、雨污管网27.22公里，城市功能日益完善。持续引深农村人居环境改善，扎实推进完善提质、农民安居、环境整治、宜居示范四大工程，完成4所农村老年人日间照料中心、3所农村公办幼儿园建设，扎实推进采煤沉陷区治理，完成涉及7个乡镇的可研报告，签订搬迁协议245户，拆迁49户，完成投资2959万元。不断改善农村群众出行条件，完成9条村通水泥（油）路共30.7公里。大力推进了农村地质灾害搬迁、农村危房改造等工作，农村人居环境有效改善。

4. 环境质量持续改善。以改善人居环境、建设美丽乡村为统领，扎实开展了城乡环境卫生整治系列活动。加快推进了汾河、南涧河、对竹河综合治理。大力实施植树造林和城市绿化工程，完成营造林面积1.79万亩，新增城市绿化面积20万平方米。严格落实节能减排目标责任制，完成了总投资11.1亿元的电力行业燃煤发电机组超低排放改造工程，辛置污水处理厂建成试运行，淘汰黄标车、老旧车456辆。积极应对入冬以来出现的重污染天气，全面落实企业限产限排、建筑施工管理、市区街路单双号限行、大货车城区禁行、面源污染控制等防治措施。特别是对省委、省政府和临汾市环保督察组指出的问题，认真彻底整改，对相关责任人进行了严肃问责处理，并举一反三，集中开展了环保突出问题大整治、铁腕治污、控硫治污等专项行动。全年二级以上天数204天，其中一级天数80天。

5. 民生福祉持续增进。教育工作被确立为临汾市唯一的《义务教育学校管理标准》省级试点县，高考再创佳绩，二本以上达线1088人。社会保障体系不断健全，城乡养老、医疗、失业、工伤等社会保险的覆盖面和保障标准进一步提高。大力推进城乡居民医保制度整合，圆满完成新农合移交工作。有序推进公立医院改革，落实财政补贴药品差价政策，群众“看病难、看病贵”问题得到有效缓解。社会救助制度更加完善，保障更加有效，特别是广泛推行了“救急难”制度，全年共救助4395人次，发放救助资金320万元。高度重视创业就业，全年新增就业岗位6000余个，新增就业人员4680人。建成各类保障性住房523套，超额完成上级任务。举全市之力推进脱贫攻坚，全市各部门、各单位共派出干部驻村帮扶工作队105支、315人，实现贫困户精准帮扶全覆盖，全年共实现1404人脱贫，脱贫攻坚首战告捷。

6. 改革发展成绩显著。大力实施“金融振兴”战略，设立了战略新兴产业、文化和旅游产业投资基金，成立中小企业融资担保有限公司和经济建设投资有限公司，为职教中心融资2470万元，为霍东新区供水工程等五个项目争取农发行贷款1.2亿元融资计划，着力破解重点项目和中小企业的融资难问题。积极推进企业挂牌上市，文冠果科技在“新四板培育板”成功挂牌，亿能电器在“新三板”即将挂牌。全面推进“营改增”改革，深入开展涉煤收费清理规范工作，规范、取消、停征7项行政事业性收费，下调了部分企业、单位保险费率，切实帮助企业降低了运营成本。全面落实上级“放管服”改革各项政策，持续推进行政审批制度改革，极大地方便了群众办事创业。大力推进农村产权制度改革，土地确权工作快速推进，林权制度改革巩固提升，土地经营流转工作扎实开展，激活了农村各项生产要素，赋予了农民群众更多的财产权和收益权。

7. 社会秩序和谐稳定。全力抓好安全生产工作，彻底排查整治各类安全隐患1300余条，杜绝了重特大事故的发生。加强信访维稳工作，出台《“三三”信访工作新机制》，信访事项化解率达到了95%以上。狠抓社会治安综合治理，严厉打击各种违法犯罪活动，命案侦破率保持100%的记录，群众社会安全感和满意度进一步提高。

8. 行政效能不断提升。一年来，我们扎实开展“两学一做”学习教育，全力推进“廉洁政府、高效政府”建设。尤其是我们积极推行“13710”工作法，强化工作督办、跟踪问效，狠抓工作落实，省长热线、市长热线以及群众的来信来访得到及时办理和回复，政府工作效率进一步提高，执行力、公信力进一步增强。

回顾过去的一年，我们上下齐心，克难攻坚，实现了经济社会的健康平稳发展。这是市委正确决策、坚强领导的结果，是市人大、市政协有效监督、鼎力支持的结果，倾注着社会各界的智慧和力量，饱含着广大干部群众的心血和汗水。在此，我谨向大家表示衷心的感谢并致以崇高的敬意！

在充分肯定成绩的同时，我们也要清醒地看到，全市经济社会发展还存在不少困难和问题：一是结构性问题依然突出。煤炭、发电依然是我市工业经济的主导，新装备、新材料、新能源、电商物流以及文化旅游等新型产业还没有形成规模。二是项目投资持续下行。从去年固定资产投资来看，比上年下降了15.3个百分点，呈现出的是增速下滑、降幅较大、低速运行的态势，形势不容乐观。三是财政增收节支较为困难。传统税源发展吃力，新兴税源尚未产生规模效益，同时保工资、保运转、保民生等刚性政策性支出必须保证，依然摆脱不了“吃饭财政”的困局。四是安全环保约束加剧。安全生产形势虽然总体平稳，但基础仍不牢靠，安全隐患依然较多。生态基础依然脆弱，尤其是雾霾问题日益成为人民群众关注的焦点，治理任务依然艰巨繁重。所有这些问题都影响制约着我市的发展进程，必须在今后的工作中主动出击，积极应对，认真解决。

二、真抓实干，聚力攻坚，奋力开创经济社会发展新局面

2017年，是实施“十三五”规划、全面深化改革的关键之年，也是推动我市经济发展企稳回升的攻坚之年。中央经济工作会上，提出了以新发展理念为指导、以供给侧结构性改革为主线的政策框架，突出强调了稳中求进工作总基调。省委、省政府要求加快转型综改、创新驱动，加快发展文化旅游业、信息技术产业、新兴潜力产业、现代服务业，推动山西振兴崛起。临汾市委、市政府提出了走出“崇尚创新、注重协调、倡导绿色、厚植开放、推进共享”的新路径。我们一定要紧紧抓住全省转型综改的历史机遇和我市资源枯竭城市转型的有利政策，进一步坚定信心，聚力攻坚，全力推进经济社会各项事业持续健康发展。

基于对当前形势的分析把握，今年全市经济工作的总体要求是：深入贯彻习近平总书记系列重要讲话精神和治国理政新理念新思想新战略，以中央、省、临汾市经济工作会议精神为指导，按照市委七届二次全委会安排部署，坚持稳中求进总基调，围绕“经济开发区建设、五城联创、民生改善”三大战略布局，突出抓好工业转型、农业增效、文化振兴、旅游开发、城市提质、环境改善、社会事业等工作，凝聚共识，克难攻坚，为实现“进军省强市，全面达小康，共建文明开放幸福美丽新霍州”的目标而努力奋斗，以优异成绩迎接党的十九大胜利召开。

根据上述总体要求，今年我市经济社会发展的预期目标是：地区生产总值完成75亿元，增长4%。工业增加值完成30亿元。社会消费品零售总额完成35亿元，增长6%。全市公共财政预算收入与上年持平，力争完成6亿元。城镇居民人均可支配收入达到28750元，增长6.5%。农民人均纯收入达到13000元，增长7%。固定资产投资待新的统计口径确定后，根据临汾市定目标确定我市增长目标。节能减排等约束性指标，要确保全面完成省市下达的年度任务。

为完成上述目标任务，我们要着力在三大战略布局上求突破：

（一）以开发区建设为统领，在推进经济转型发展上求突破

我们要紧紧围绕“兴产业、强实体、提品质、增实效”的思路，依托已初具规模的新产业聚集区，按照“整合、改制、调规”的要求，规划建设面积为32.5平方公里的霍州经济开发区。要加大招商引资力度，建立政府产业发展基金，加强项目储备，引进投资机构开发经营园区，引进新型产业、高新产业入驻园区，布局装备制造、新能源汽车、电商物流、农副产品加工、新材料制造等产业，着力构建多元稳固，低碳高效的现代产业体系，打造经济发展新引擎。

工业推进转型升级。以园区建设为承载，在开发区内重点布局发展高新装备制造、煤矿机电制造、新能源汽车制造、新材料制造等战略性新兴产业。要全力扶持霍煤机电制造等6家制造企业继续做大做强，服务好亿能新能源汽车制造，尽快完成生产线安装。要以产业结构调整为驱动，重点推进华得宇光伏发电和七里峪风能发电项目，力争年内取得实质性进展。液化天然气项目要尽快投入正式运营，实现利税，早日入统入规，形成新的经济增长极。同时，要不遗余力帮助霍煤、霍电、兆光等大型企业在延伸产业链条、拓展经营范围、实施技术创新、培育新型产业等方面求突破，锤炼产业航母，成为我市经济破浪前行的强劲动力。

农业推进提质增效。全面推进农业供给侧结构性改革，以园区建设和基地建设为依托，大力发展功能农业，把“结构调优、产业调强、品质调高、产品调特”。重点实施“一园五基地”建设。“一园”就是西张垣现代农业生态示范园，要以打造高效现代农业示范园区为重点，盘活固定资产，理顺管理体系，规范运营模式，不断提升经济效益。“五基地”就是优质干鲜果基地、中药材基地、规模养殖基地、小杂粮基地、文冠果基地。优质干鲜果基地，要巩固拓展西张垣、罗涧山优质核桃产业，发展壮大李曹、三教优质苹果种植。要大力发展干鲜果深加工产业，延伸产业链条，申请无公害农产品、绿色食品、有机农产品和农产品地理标志，拓展销售渠道，打造知名品牌。规模养殖基地，要以发展集“繁育、养殖、加工、销售”为一体的综合性养殖企业为目标，继续加大对同兴禽业、绿源乳业、聚盛牧业、健峰养殖等企业的扶持力度，全面提升我市养殖业的市场竞争力。小杂粮基地，要扩大三教、李曹、陶唐等沿山乡镇小杂粮种植规模，提升产品品质，发展订单农业，进一步提高市场份额。中药材基地，要加强与国新能源的合作，以西张垣农业生态园区为中心，发展黄芪、半夏等高品质中药材种植，辐射带动周边农户大力发展中药材种植业，形成产业集群效应。文冠果基地，要以文冠果科技公司为龙头，进一步扩大种植面积，今年力争达到3000亩。深入挖掘文冠果的药用、食用以及工业原料价值，开发更多新产品投放市场，打造文冠果种植开发全国品牌。同时，要全面完成农村集体土地确权登记颁证工作，加快农村土地流转，促进土地向专业大户、农民专业合作社、家庭农场集中，发展多种形式的适度规模经营，真正壮大“一园五基地”实力。要加大农田水利基础设施建设，完成柏乐片高标准农田改造工程，启动实施李曹镇北片综合开发项目。持续推进小型农田水利重点县建设，广泛推广深耕深松、测土配方施肥、节水灌溉、秸秆还田等先进农业技术，进一步提升我市的农业综合生产力。

三产推进多元发展。充分发挥区位、交通优势，推动各类要素充分集聚，重点发展三大服务业：一是金融服务业。充分发挥我市城建投、经建投等融资机构作用，积极对接国开行、农发行等政策性银行，争取更多的政策性贷款，推动重点项目建设。设立中小企业发展专项基金，扶持中小微企业发展。加快市场化融资步伐，大力推广PPP等投融资模式，进一步畅通民间资本融资渠道。加强企业的上市引导和培育，年内实现我市企业“新三板”挂牌“零突破”。二是物流服务业。以经济开发区为载体，扶持培育现代物流企业。今年着力启动联源物流园区建设，打造社会化、专业化、信息化的现代物流基地。依托圆通、中通、顺丰、韵达等物流公司，加快培育一批现代物流企业。三是商贸服务业。完善电子商务发展规划，加快培育我市电商服务平台和孵化园建设，扶持乐村淘、固德网络、金蚂蚁等电商平台，加快打造智慧数字霍州，推动物联网、大数据和智能装备等新兴产业的发展，推进电子商务与商贸流通的融合。大力扶持鼓楼地下商业街、华怡商场、南街农贸市场、中镇商贸城、现代家俱城等商企做大做强，推动三产上档升级。

（二）以“五城联创”为统领，在建设美丽宜居城乡上求突破

“五城联创”是我市“十三五”时期的重点工作，是优化霍州发展环境的必然选择，是一项全方位的惠民工程。我们一定要坚持以创建国家全域旅游示范区、国家卫生城、省级环保模范城、省级园林城、全国平安县市为目标，紧抓不懈，全力推进，久久为功，善作善成。今年要着力实施“五大工程”。

1. 实施“两区”“两河”改造工程，改善城乡人居环境。老城区要以提质为重点，大力开展城市棚户区改造工作，启动实施大众南路、北关铁路家属区、南环路农贸市场、新建北路、东关、赵家庄等一批城市棚户区改造项目。加快推进霍州署文化产业示范园、山西橡胶厂棚户区改造等工程，进一步改善群众居住条件。着力实施光明路改造、汇泽园道路配套、桥西街改造等城区道路工程，推进红崖堡紫薇园建设，进一步提升老城区公共设施水平，提升城市形象。新城区要以扩容为目标，继续推进水暖气路等基础设施建设，加快实施经二路北段、迎宾南路、纬三路东段、经十路等新区道路配套工程，全面推进新医院、全民健身中心、第二消防站等项目建设，全面完成霍东新区供水工程，持续推动热电联产集中供暖和天然气管网东扩工程。引进建设一批宾馆酒店、休闲健身场馆、文化娱乐场所和创新创业基

地，着力打造集文化娱乐、休闲健身、教育医疗、住房安居、行政办公等为一体的现代新区。“两河”要以生态修复为中心，结合省级园林城市和环保模范城创建，实施汾河、南涧河生态修复工程，建设南涧河湿地公园和北岸景观大道，形成城区绿色景观带和滨水休闲带。同时，广大农村要以改善人居环境为引领，完善农村水、电、气、路等基础设施建设，切实抓好农村饮水安全、采煤沉陷区治理、地质灾害治理和农村厕所改造等工作，实现城乡统筹发展。

2. 实施旅游崛起工程，推动全域旅游发展。要加快推进旅游景区景点体制机制改革，发挥集聚效应，激发市场活力，深度整合各类旅游资源和经营主体，着力打造“一署两峪三小镇”，加快创建国家级全域旅游示范区。霍州署要尽快启动二期修复工程，着力打造 AAAA 级景区。七里峪景区要加快推进客运站、站前广场、滑雪场、综合度假区等工程建设，启动实施野生动物园、景区漂流等项目，健全景区功能，丰富旅游项目，打造集观光、休闲、度假于一体的精品景区。陶唐峪景区要加快建设步伐，年内完成游步道、河道、餐厅等项目，打造独具特色的“江南水乡”景观。三个特色小镇，一是围绕传统村落文化、状元文化和梁衡文化，打造许村、贾村、下马窊特色文化小镇。二是围绕七里峪、陶唐峪景区开发，引导鼓励周边群众发展旅游接待、餐饮住宿、休闲娱乐等产业，打造七里峪村、峪里村、茹村等特色旅游小镇。三是大力发展印刷出版、文化装饰、影视动漫制作、广告创意等文化产业，建设文化创意小镇。

同时，要着力实施娲皇庙、观音庙、宋代瓷窑、千佛崖、三教庙和许村传统古村落的保护性开发工程。深入挖掘廉政文化、官衙文化、锣鼓文化、面塑文化、民俗文化等文化元素，促进文化与旅游的深度融合，做大做强文旅产业。要组织举办第九届“中镇霍山·华夏州署”文化旅游月，争创“万人威风锣鼓”吉尼斯世界纪录，开辟精品旅游线路，进一步增强霍州文旅发展的引力和张力。积极开展“迎老乡、回故乡、建家乡”活动，发动霍州籍在外人士宣传霍州、投资霍州、建设霍州。

3. 实施污染治理工程，提高生态环境质量。要牢固树立“绿水青山就是金山银山”的环保理念，要像保护生命一样保护好生态环境。具体要围绕环保模范城创建，突出四个狠抓：一是狠抓工业污染治理。年内完成辛置矿矸石山治理，加快推进霍煤集团其余5座矸石山治理修复，启动霍煤干河煤矿至白龙洗煤厂管状皮带运输走廊和辛置矿管状皮带运矸系统建设。关停、改造、整合全市所有“小散乱污”企业。6月底前完成国电霍州发电厂2号机组超低排放改造。二是狠抓燃煤锅炉整治。强制取缔建成区及周边33户营业性燃煤锅炉，加快天然气、热电联产集中供热扩户工程，推进“煤改气”、“煤改电”等清洁能源改造工作，确保年内实现主城区集中供热全覆盖、天然气覆盖率达到95%以上，并逐步向大张、南环、白龙、辛置等城郊乡镇延伸覆盖。三是狠抓面源污染整治。新购置无尘清扫车、雾炮车11台，加大路面清扫力度和频次。加强建筑工地抑尘防护，施工车辆实行全封闭运输。整治取缔露天烧烤，杜绝露天焚烧秸秆垃圾，建成区内餐饮行业必须加装油烟净化装置。加快推进老旧车、黄标车淘汰，在市区规划投放1000余辆公共自行车，基本实现公交纯电动化、出租车燃料清洁化。四是狠抓水污染治理。严格实施汾河、南涧河排污监管，坚决杜绝污水直排河道。辛置南矿区污水处理厂6月底要正式投入运行。要通过铁腕整治，创建天蓝、地绿、水清的优美生态环境。

4. 实施卫生清洁工程，打造美丽宜居新城。围绕全国卫生城市和省级园林城市创建，集中开展城乡垃圾、二次扬尘、市容环境、交通秩序、门店牌匾、沿街摊点等方面专项整治，重点治理脏乱差问题，从严整治占道经营、乱堆乱放、乱贴乱画等不文明行为，坚决清除城中村、居民区的卫生死角。健全城乡环卫基础设施，合理配置环卫保洁人员，完善环境卫生市乡村三级网格化管理机制，责任到人，形成长效，确保垃圾及时倾倒、路面及时清扫、“四堆”及时清理。持续引深农村环境整治和美丽宜居示范村创建工作，巩固提升2个省级示范村、2个临汾市级示范村创建标准，大力开展新型农村社区和现代产业园区“两区同建”工作，启动大张镇贾村美丽乡村建设锦绣花园二期工程，带动一批有特色、有亮点，有产业、有内容的“两区同建”示范村庄。同时，大力推进植树造林工程，年内完成1.28万亩营造林任务。加快沿山、沿河、沿路绿化带建设，加快机关、学校、社区、企业绿化，新增城市绿地面积10万平方米，全力打造生态宜居新城。

5. 实施平安创建工程，维护社会和谐稳定。安全工作要牢固树立“发展决不能以牺牲安全为代价”的红线意识，时刻绷紧安全生产这根弦，坚持“党政同责、一岗双责”，进一步压实党委政府的领导责任、行业部门的监管责任、生产企业的主体责任。以铁的担当尽责、铁的手腕治患、铁的心肠问责、铁的办法治本，全面加强安全生产监管。要进一步深化重点行业领域的安全生产专项整治，采用不发通知、不打招呼、不听汇报、不用接待、直奔基层、直插现场的“四不两直”办法，对煤矿、非煤矿山、道路交通、学校医院、建筑施工、燃气管道、危化品生产经营等重点行业领域开展安全隐患大排查大整治。实施企业重大隐患、事故挂牌和黑名单制度。强化安全教育，加强队伍建设，健全应急预案，不断提高应对突发事件的能力，确保全市安全生产形势持续向好。信访工作要围绕“事要解决”的理念，严格执行“三三”信访工作机制，继续推行领导包案、固定接访、带案下访等制度，畅通群众诉求渠道。发挥乡村两级矛盾纠纷调解中心作用，切实把矛盾纠纷最大限度的化解在基层、解决在萌芽。加强信访群众法制教育和思想疏导，坚决打击缠访、闹访、非法上访，推动信访秩序持续好转。社会综治工作要围绕全国平安县市创建，不断推进社会治安网格化管理。要加快实施“天眼”工程，进一步健全治安防控体系。要严厉打击各种违法犯罪行为，全面加强城中村、学校周边等重点区域治安管理，进一步提高群众的社会安全感。要扎实开展“七五”普法教育，增强全民法制意识，加快依法治市进程。

（三）以改善民生为统领，在增强人民群众的获得感上求突破

我们要从解决群众最关心、最直接、最现实的问题入手，竭尽全力办实事，不遗余力惠民生，让人民群众尽享改革发展成果。

持续推进脱贫攻坚。今年是实施脱贫攻坚的关键之年，全市上下要高度重视，按照“分类施策、多措并举”的原则，持续推进光伏产业扶贫、生态扶贫、就业扶贫、教育扶贫、金融扶贫等扶贫措施。重点发展分布式屋顶光伏发电项目，继续扩大沿山地区双季槐、油料牡丹等经济作物种植规模，坚持

开展贫困户就业技能免费培训，积极引导贫困群众参与生态建设、环境卫生、护林防火、河道管护等方面工作，增加贫困群众收入，提高生活水平。同时，要充分发挥市级领导、驻村干部和村居两委在扶贫工作中的作用，坚决做到“群众不脱贫，干部不收兵”，积极为贫困群众解难事、办好事，不断提升我市精准扶贫工作质量和水平，确保年内完成3800人的脱贫攻坚任务。

持续抓好教育提质。巩固和提升义务教育均衡发展水平，统筹推进普通高中教育、职业教育、义务教育、学前教育、特殊教育全面协调发展，继续引深《义务教育学校管理标准》省级实验县创建工作。完成职教中心建设工程，加快技工学校建设进度，启动实施霍东新区小学、辛置镇中心幼儿园和市二中运动场改造工程。招聘50名优秀大学毕业生充实教师队伍，进一步优化师资结构，全面提升教育教学质量。

持续提升卫计服务。深入推进医药卫生体制改革，抓好市、乡、村三级医疗卫生机构建设，提高硬件水平，提升人员素质，优化服务质量。要加快实施新医院、妇幼保健院、疾病预防控制中心等建设项目。积极推进公立医院改革，深入开展家庭医生签约服务，巩固完善基本药物制度。全面建设城乡统筹的医疗卫生保障体系，免费开展孕前优生健康检查工作，为60岁以上老人免费体检。持续推进计生工作改革，不断提高管理服务水平，确保人口素质持续提升。进一步加强流行性疫病防治，大力普及疫病防控知识，提升公共卫生应急工作水平，坚决杜绝各类突发公共卫生事件。

持续完善社保体系。按照“广覆盖、保基本、多层次、可持续”的方针，不断扩大社会保险覆盖面。城镇医保参保率要达到97%，城乡养老保险覆盖面达到100%，新农合参合率达到97%。加快推进社会保障体系建设，加大弱势群体帮扶力度，推动社会福利和慈善事业发展，年内完成儿童福利院建设项目。不断完善大病救助、市级领导包联孤儿等爱心救助，切实保障广大人民群众特别是困难群众的基本生活。

持续加强就业创业。大力推动大众创业，万众创新，完善公共就业服务体系，加强劳动力职业技能培训和创业培训，举办人才招聘大会，促进人才交流。做好退役军人转业安置、就业困难人员托底帮扶、残疾人就业援助等工作，全年新增就业岗位5000个，完成110名事业单位人员招聘工作，全面清除“零就业”家庭。

持续改进工作作风。要始终保持为民务实的工作作风和奋发有为的精神状态，不断增强改革意识、创新意识和进取意识。继续深化行政审批制度和商事制度改革，精简审批项目，减少办事程序，推进工作高效运转。特别是要落实“13710”工作法要求，强化督查，跟踪问效，严格考核，盯住不落实的事，追究不落实的人，以高效务实的工作作风保证各项工作任务顺利完成。

三、齐心协力，苦干实干，全力做好当前各项工作

同志们，“一年之计在于春”，节庆已过，大家要收心回神，统筹做好当前各项工作。

一要全力推进重点项目建设。年后上班第二天，市委就组织召开了重点项目汇报会，基本确定了2017年计划启动实施的61项重点项目。随着天气转暖，项目施工的黄金期已经到来，各重点项目牵头单位要抢时间、争主动，细化时间节点和目标进度，迅速掀起项目建设高潮。

二要全力确保经济平稳运行。各乡镇、街道办和市直各部门要对照全年经济指标特别是目标责任考核各项指标，认真谋划工作，制定进度计划，确保工作顺利推进。特别是商务、财税、发改等经济管理部门要强化对企业的协调服务，主动深入企业，调查研究，及时帮助企业解决生产经营中存在的困难和问题，保障企业正常运行，努力实现首季“开门红”。

三要全力维护社会安全稳定。要牢固树立“总体安全观”，按照骆惠宁书记“三个坚决”和楼阳生省长“四铁要求”，结合当前安全生产实际，重点抓好森林防火、私挖滥采、建筑施工、动物疫病、食药卫生、道路交通等方面的安全生产工作，坚决杜绝重大安全生产事故发生。同时，要妥善处理退伍士兵安置、房地产遗留问题等方面的涉访涉诉问题，积极化解各类矛盾纠纷，全力做好全国“两会”期间的信访维稳工作。

四要全力抓好当前环保工作。环保部第一季度空气质量专项督查组已于昨天进驻临汾，这是对环保工作尤其是重污染天气应对工作的一次全面检阅，更是一次严厉的督政，大家切不可麻痹大意，掉以轻心。前一段时间，我们制定了《环保突出问题整改工作实施方案》，对今年和今后一段时期的环保重点工作进行了具体部署，各乡镇、街道办、各职能部门要对照方案要求，加快推进供热、供气、燃煤锅炉改造、“土小散污”企业治理等各项工作，不折不扣地完成好各项治理任务，推动我市环境质量取得明显改观，确保能够经受起督政检查。

五要全力保障春耕春播。马上就要进入春耕春播期，农业、水利、农机、供电等部门及各乡镇、街道办要搞好机井、泵站、管道的维护检修，保障油电供应，组织农民搞好春耕春播春浇。农口部门要加强技术指导，组织农技人员深入田间地头，帮助农民搞好果树修剪和小麦田间管理。尤其春耕春播期间，要加强宣传防护，杜绝农民在田间地头焚烧秸秆荒草。清明上坟期间，要重点加强防火工作。同时，还要及早抓好春季植树造林工作。

今年的各项目标已经明确，任务艰巨，使命光荣。让我们在市委的坚强领导下，撸起袖子，甩开膀子，攻坚克难，奋勇前行，圆满完成今年的各项目标任务，为实现“进军省强市，全面达小康、共建文明开放幸福美丽新霍州”的宏伟目标而努力奋斗！

中国人民政治协商会议
第七届霍州市委员会常务委员会工作报告

——2017 年 3 月 14 日在政协第七届霍州市委员会第二会议上

霍州市政协主席　薛泽会

我受中国人民政治协商会议第七届霍州市委员会常务委员会委托，向大会报告工作，请各位委员审议，并请列席会议的同志提出意见。

七届一次会议以来工作回顾

2016 年是我市全面实施“十三五”规划的开局之年，是霍州发展克难攻坚、奋力开拓的一年，也是市政协继往开来、开创新局的一年。去年8月，市政协顺利完成换届，七届市政协委员会肩负新使命，承载新希望，开始了新征程。新一届市政协常委会在中共霍州市委的坚强领导下，在市人大、市政府和各部门的大力支持下，牢牢把握两大主题，紧紧围绕发展大局，切实履行三大职能，充分发挥协商民主重要渠道和专门协商机构作用，团结动员社会各界，以倾力服务大局、真情服务群众、全力服务发展为目标，尽精诚之力、建睿智之言、献务实之策、谋创新之举，调查研究扎实深入，协商议政成果突出，民主监督实效增强，团结联谊广泛拓展，为加快发展和增进民生福祉作出了积极的贡献。

一、围绕中心，服务大局，政治协商规范有序

紧扣发展第一要务，充分发挥专门协商机构优势，创新举措，主动作为，不断深化协商民主，提升协商质量，让党政决策更接地气。

——围绕大局开展全面协商。七届一次会议期间，听取并讨论“一府两院”工作报告，全方位协商全市政治、经济、文化、社会、生态文明建设，就市委、市政府提出的奋斗目标进行充分协商讨论，市党、政主要领导到委员小组与委员们面对面协商议政，共谋发展良策。委员在发言中提出的有关经济转型升级、民主法制建设、生态建设等方面的意见建议，得到了市委、市政府的高度重视，多条意见建议在出台的相关政策中得到体现。主席会议围绕国民经济和社会发展主要指标、财政预算和重点实事工程安排等重大事项开展协商，积极建言献策。举行政情通报会，听取市政府半年工作情况通报，为加快我市经济社会发展议政建言。与市政府开展协商对接，就优化投资环境、规范执法行为、创新提案办理机制等课题坦诚开展协商讨论，探讨解决办法，有力助推工作落实。

——紧扣中心开展专题协商。为提高专题协商效果，常委会议精心选择议题，组织协商讨论，提出意见建议，取得了积极效果。先后就“农田水利保护建设”“乡村清洁工程”“七里峪景区旅游发展”“天然气扩户”“安居工程和东门桥扩建改造”“养殖业发展”等方面召开了6次专题协商会，与相关部门进行互动交流，提出了针对性强的意见建议，被职能部门采纳。召开常委协商会，协商通过了《关于我市天然气扩户情况的建议案》和《关于我市旅游区域协调发展的建议案》，对相关工作提出建设性意见，报送市委、市政府决策参考。

——把握重点开展对口协商。各专委会和界别加强与政府职能部门的沟通联系，利用对口协商平台，掌握部门工作动态，助推难题解决。市政协社法委就“大力推进职业教育”与市教科局进行对口协商；提案信息委就“加强学校团的建设”与团市委对口协商；工商联界与中小企业服务部门开展对口协商，推动民营经济转型升级；科技界与市科协对口协商，商讨解决在科技创新中遇到的难题；农业界就现代农业发展与市农林委开展对口协商，为农业提质增效集思广益。各专委会还主动就新农村建设、中小企业发展等多个专题进行调研，开展对口协商，为有关部门完善政策、改进工作建言献策。

二、拓宽渠道，创新载体，民主监督稳步推进

坚持把民主监督贯穿于政协履行职能的全过程，不断探索有效途径，民主监督力度不断加强。

——组织民主监督工作。市政协创新监督形式，根据委员的工作岗位、个人专长和界别特点，选择素质高、议政能力强的委员开展民主监督，先后对市法院、安监局、住建局、环保局等部门开展专项民主监督。委员们通过专题调研、征集意见建议和座谈评议等形式，认真开展督查工作。通过听取工作通报、察民情、访民意等形式，听取各界对相关部门的意见建议，发挥自身专长，提出的“为城市地下管线建立数据库”、“乡镇（街道）要配足安全监管人员”、“多管齐下推进畜禽养殖污染治理”、“扶植示范户引导高效农业发展”等20多条针对性较强的意见建议，引起有关领导重视。

——推进民主评议工作。先后委派政治素质好、工作热情高、业务能力强、具有专业特长的民主监督员近100人次，采取“领导＋专家＋委员”的模式组建监督小组，对执纪执法部门、公共服务行业以及群众关心的热点难点问题进行民主监督，促进部门和行业转变作风、提升服务质量。选取2～3个事关全市经济社会发展的重点部门开展民主评议，提出严肃中肯的意见建议20多条，被评单位认真整改，工作作风进一步改进，工作效能进一步提升。

——抓好提案办理落实。七届一次会议以来，市政协积极拓展参政空间，充分发挥利益整合作用，努力为民建言，推进社会各项事业的发展。在提案工作方面，坚持和完善主席会议督办重点提案、专委会对口督办、提案委协调督办、委员参与督办等制度，采取情况通报、专项视察、协商座谈和办理工作“回头看”等多种方式，加大提案督办力度。市委、市政府和各承办单位高度重视提案办理工作，委员们提出了劳动就业、教育医疗、社会保障、环境保护、食品安全、交通出行和社会稳定等事关民生的一大批提案，得到了承办单位的重视，所提的建议在有关政策文件、重要规划和部门工作中得到了较好体现。七届一次会议期间立案的132件提案，现已全部办理完毕，委员满意率98％以上。团市委、旅游等部门还专门组织提案人进行座谈会，征求意见。

三、聚焦发展，关注民生，参政议政扎实有效

牢固树立“参政为民、促进发展”理念，着眼霍州发展大局，坚持把服务发展、改善民生作为参政议政重点，顺时而谋，应势而为，卓有成效地开展调研献策活动。

——深入开展调查研究。按照“少而精”的原则，在多方征求意见的基础上，2016年确定了7个重点调研课题。9月，市政协组织政协委员对群众广泛关注的安民路建设工程及上跨南同蒲铁路立交桥工程两项重点工程建设情况进行了实地视察调研，听汇报，查资料，随后，针对加快工程建设工期、加强维护、配套设施优化、工程建设进度信息公开等问题各抒己见，提出了建设性的意见和建议，得到了城建等有关部门的肯定和采纳。12月，围绕农村环境卫生整治情况进行调研。深入社区，深入农村，了解我市农村环境卫生整治连片项目建设现状，分析存在的问题，研究对策方案，提出的“完善管理体制、科学规划布局、改善设施环境、加大财政补贴、市村挂钩帮扶”等8条建议得到环保等有关部门的肯定。在认真完成重点调研课题的同时，我们还围绕如何推进我市旅游发展开展调研，邀请、组织市相关职能部门召开座谈会，认真分析了我市当前旅游工作的发展现状，提出了“注重生态保护，优先建设配套设施，逐步完善旅游功能，高标准规划、高品位建设和高水平管理”等多条具体实施建议。

——重视做好社情民意工作。为进一步加强收集和反映社情民意工作，市政协专门出台了《关于加强反映社情民意工作的意见》，在各委组、政协机关中聘请多名社情民意信息员，形成社情民意工作网络，同时对信息员加以培训。按照“扩大数量，提高质量，增强实效”的工作思路，充实完善社情民意信息工作管理机制和考核办法，坚持在履职过程中认真收集社会各界的意见建议，及时以《社情民意》形式进行反映，为市委、市政府掌握社情、了解民意提供重要渠道。一年来，共向上级政协组织和市委、市政府报送80余条社情民意信息，其中1篇被全国政协录用。我市的信息工作在临汾市排名靠前。

——积极参与和助推中心工作。市政协领导班子成员积极投身经济建设和社会发展第一线，到所联系的部门、乡镇（街道）、村（社区）和企业指导工作，帮助梳理存在的困难和问题，并积极协调处理。七届一次会议以来，市政协坚持围绕全市各项重大项目推进开展调研、视察，听情况、议难题、献实策，就加快重大项目推进与相关部门探讨交流，20多条建议直接转化为相关部门的工作措施。一年来，我们结合“两学一做”学习教育，扎实抓好“精准扶贫结对帮扶到村到户”工作，采取“三联三包”结对帮扶方式，联系3个贫困村，帮扶6户贫困户，18口人，选派骨干人员到村入户结对开展帮扶工作。先后开展脱贫攻坚协商3次、调研视察5次，在机关发动干部职工为贫困户捐款捐物，节假期间慰问贫困户，及时协调有关部门给予相应的社会救助，积极为联系贫困村协调落实扶贫项目资金。

四、突出主题，彰显优势，联谊工作凝心聚力

围绕团结和民主两大主题，充分发挥政协纽带作用，努力做好联谊交流、协调关系工作，为和谐霍州建设凝心聚力。

——加强与各界联络联谊。充分发挥党派团体在政协工作中的骨干作用，积极鼓励支持各民主党派、工商联、无党派人士和人民团体参加政协活动。凡组织有关全市重大问题的协商会议，都请各民主党派负责同志出席；市政协开展的调查研究和视察活动，邀请民主党派的同志参加；积极支持各民主党派以各自组织的名义发表意见、提出建议，尽可能为各民主党派参政议政创造条件。同时积极加强与省、临汾市和兄弟县市政协的联谊交流，协助上级政协在我市开展调研视察活动。通过联谊，既展示了我市政协委员的风采，又宣传了我市转型跨越发展的成功经验。

——组织委员服务社会。七届一次会议以来，市政协动员和组织政协委员积极开展扶贫帮困、结对助学等公益活动。文体新闻界的政协委员开展了为抗战老兵送温暖活动，送去爱心物资；经济企业界委员为敬老院送衣物，帮助解决实际困难；政协委员广泛开展捐款捐物献爱心、扶贫助教送温暖活动，积极开展志愿服务活动，开展送文化、卫生、科技“三下乡”活动，在传承爱心中诠释委员责任，在扶贫济困中体现委员担当。全年累计资助贫困学生30余名，办实事100多件，义诊300余人，走访慰问贫困户50余户，捐资捐物100余万元。

——提升文史工作综合功能。七届一次会议以来，我们认真做好文史资料的征集、编辑工作，将征集霍州抗战老兵事迹资料、霍州古树名木和古建筑民居资料作为政协文史工作重点来抓，目前，三大专辑基本框架和资料征集初步完成，即将正式编印成册。与此同时，按照省、市政协安排，按时高质地完成了上级政协交付的文史资料的搜集、整理、上报工作。

五、转变作风，夯实基础，自身建设逐步加强

切实把政协自身建设摆上重要位置，不断解放思想、开拓创新，着力提升履职的能力和水平。

——“两学一做”活动深入开展。七届一次会议以来，市政协党组努力发挥在政协工作中的领导核心作用，全面落实党建工作责任制，抓班子、带队伍、正风气、优环境、促发展。认真履行“一岗双责”，抓好委员队伍建设和政协机关干部队伍建设，营造了风清气正的良好氛围。扎实开展了“两学一做”学习教育和“讲政治、知敬畏、守规矩”专项治理活动，坚持开门纳言，广泛征求意见，并提出即知即改相关举措，对政协提案、走访委员、公务接待等7个方面的工作制度进行梳理，重新制定“政协领导走访委员制度”、“关于委员密切联系群众的意见”等多项制度，使政协履职工作进一步制度化、规范化。

——委员界别作用充分发挥。针对换届后新委员较多的情况，邀请临汾市政协专业人士对全体委员开展了集中培训辅导，帮助委员了解政协性质、地位和作用，熟悉自身职责，认真履行职能。同时还多次有针对性地对委员进行了人民政协知识、书写提案和反映社情民意信息的培训。七届一次会议以来，市政协在全市政协委员中，开展了“建诤言、知民意、办实事”活动，进一步增强了委员的责任感和使命感，为有效履行职能、做好政协工作奠定了基础。先后以“政协委员调研月”和“界别活动月”为载体，组织委员走进基层，服务社会，增强了政协委员履职能力，提高了委员参政议政的整体素质。

——机关服务能力有效提升。市政协通过党组扩大会、机关集中学习会等载体，认真学习重要会议精神，掌握政协理论知识，着力提高业务能力和服务水平。换届后，结合新形势和市政协实际，修订、完善了《政协提案和社情民意信息工作考核办法》、《政协霍州市委员会常务委员会议事规则》、《政协第七届霍州市委员会委员管理办法》、《关于反映社情民意信息工作的奖惩办法》等制度，避免了工作随意性，形成了规范有序的运行机制，机关干部的办文、办会、办事能力稳步提升。

市政协七届一次会议以来取得的成绩，是市委正确领导，市人大、市政府及各有关部门大力支持，社会各界密切配合，政协各参加单位和全体政协委员共同奋斗的结果。在此，我代表市政协常委会，向所有关心和支持政协工作的同志们、朋友们，致以崇高的敬意和衷心的感谢！

回顾换届以来几个月的工作，我们清醒地看到，虽然我们的工作已经开局，但许多工作还需进一步落实和加强。比如协商民主的作用体现不充分，民主监督力度有待加强，界别、委员智力议政的作用发挥不明显，界别民意渠道的功能发挥还不够充分等等，这些问题将在今后的工作中认真加以改进。

2017年工作建议

2017年是实施“十三五”规划的重要一年、是推进供给侧结构性改革的深化之年，也是贯彻中央、省、临汾市关于政协工作新部署新要求的重要一年。市政协常委会今年工作的总体要求是：要全面贯彻中共中央重大决策部署和习近平总书记系列重要讲话精神及治国理政新理念新思想新战略，深入落实市委七届二次全委会议和三级干部大会精神，紧紧围绕我市“经济开发区建设、五城联创、民生改善”的“三大战略布局”和“八大重点工作任务”，充分发挥协商民主重要渠道和专门协商机构作用，为“进军省强市、全面达小康，共建文明开放幸福美丽新霍州”作出新贡献。

一、发展为先，务实履职，为转型跨越献良策

紧扣发展重点，充分履职同频共振，坚持把加强党的领导贯彻到政协工作各环节、全过程，把围绕党委政府中心工作和“十三五”规划实施建言献策作为最大着眼点，发挥政协人才智力优势，为党委政府科学决策提供更契合当前形势、更具有参考价值的“金点子”。全年要重点开展7项调研课题：一是全域游的开发与推进（由提案信息委承办）；二是社区管理服务创新（由提案信息委承办）；三是推进我市招商引资工作（由经济科技委承办）；四是新兴产业转型发展（由经济科技委承办）；五是传统古村落保护性开发（由统宣文史委承办）；六是义务教育均衡发展（由社会法制委承办）；七是城乡大气污染治理（由社会法制委承办）。通过在掌握大量第一手资料的基础上对调研结果全方位、多角度论证，做到调研立论能有新观点、能出新论点，提出对策建议，供市委、市政府决策参考，真正发挥“智囊团”“人才库”的作用。

二、民生为本，倾情履职，为改善民生建诤言

践行为民宗旨，情系百姓同声共应，把民生改善作为政协履职的重要落脚点。一要深入贯彻中央、省委《关于加强和改进人民政协民主监督工作的意见》，探索建立以界别为基础、以专题为重点、以对口为纽带、以座谈为主要方式的协商制度，使民主监督成为促进部门工作、维护群众利益的重要方式。二要继续深入开展“政协委员调研月”和“界别活动月”活动，进一步健全协商民主制度。三要完善社情民意信息网络，提高信息质量，更好地发挥社情民意信息“直通车”作用。四要认真开展“提案工作质量年”活动，着力提高提案质量、办理质量和服务质量，把提案工作作为“民心工作”，充分发挥提案在保障和改善民生中的积极作用。五要把为民服务作为重要责任，继续开展送文化、卫生、科技“三下乡”活动，鼓励委员积极参与各种公益活动，真心实意地为群众办实事、解难事、做好事。今年要重点围绕农业供给侧改革重点工程项目建设、小杂粮基地和文冠果基地建设、城市道路基础设施建设、社会养老福利项目建设、重点行业领域的安全生产专项整治、健全治安防空系统等6项民生热点搞好调研视察。

三、合力为重，协力履职，为和谐稳定增共识

突出两大主题，促进和谐同舟共济，把增进共识、凝聚人心、汇聚力量作为政协服务改革发展的切入点，坚持大团结大联合，努力为改革发展寻求最大公约数、增进最大共识度、汇聚最大正能量。一是加强与各民主党派和无党派人士、各人民团体和各界人士的沟通联系，支持他们通过政协舞台合作共事，履行职责，发挥作用。密切与侨眷、侨属的联系，不断巩固壮大爱国统一战线。二是坚持定期走访各界人士制度，加强与民族宗教界和新经济阶层人士的团结，共同为促进经济社会和谐发展服务。三是充分发挥政协桥梁纽带作用，动员广大政协委员，广泛联系走访霍州在外企业家，积极招商引资，吸引他们返乡创业。四是继续广泛开展文史研究和文化交流等活动，助推非物质文化遗产的抢救、保护、传承工作。认真做好文史资料征编工作，发挥好政协文史的“存史、资政、团结、育人”的作用。今年要编印出版关于“抗战老兵亲历亲述回忆录”、“霍州古树名木”、“古霍民居”“政协文史资料合辑”等四辑专题文史资料，留存地域传统文化等方面的历史记忆，助力“文化兴市”战略。五是加强与各界别、各阶层群众的联系，积极协助党委政府做好协调关系、理顺情绪、化解矛盾的工作，为营造政通人和的社会氛围，身体力行，尽心尽力。

四、创新为要，科学履职，为民主建设搭平台

把握时代特征，协商民主同向共行，把扎实推进协商民主作为政协工作的着力点，聚焦社会和经济发展的新常态，充分发挥协商民主的重要渠道作用。一要认真落实好省、临汾市政协会议精神，进一步健全和完善政治协商的各项制度，政协委员要主动适应新常态，增强责任感和使命感，凝聚智慧力量，为实现新跨越、重塑新动力、赢得新希望，谋划新对策。二要为委员更好地了解情况、把握政策，邀请有关专家学者作就学习贯彻中央决策部署和政协理论开展专题学习辅导报告。三要创新协商方式，针对深化行政审批改革、城区交通管理、推进旅游产业发展等一些重要领域性问题协商建言，为委员参政议政、发表意见提供更多机会。四要进一步探索基层民主协商的途径和方法，进一步强化委员服务管理，深入推进委员界别活动组开展“建诤言、知民意、办实事”活动。

五、自身为基，用心履职，为政协工作强保障

加强自身建设，塑造形象同心共勉，把巩固“三严三实”、“两学一做”和“讲政治、知敬畏、守规矩”活动成果作为政协自身建设的关键点，全面增强政治意识、大局意识、核心意识、看齐意识。一要充分发挥委员主体作用，要按照“懂政协、会协商、善议政”的要求，加大委员教育培训力度，打造一支素质好、履职好、形象好的委员队伍，提升委员履职水平。中共十九大召开后，深入学习贯彻中共十九大会议精神，努力使政协履职更加契合中心任务，更加体现人民群众心声。二要引导委员增强法治意识，争做社会主义法治的模范践行者；倡导委员诚实做人、诚信做事，争做移风易俗的先锋带头者。三要建立健全委员履职档案，落实委员履职情况通报制度和考核制度，探索建立委员诫勉劝退机制。四要突出抓好专委会和界别建设，加强专委会之间、界别之间、专委会与界别、专委会与党政部门之间的工作联动协作和交流，积极探索开展界别活动新方法新途径，发挥好界别召集人的带头组织作用。五是加强政协机关建设，按照“宽松、团结、活力、严谨、务实”的要求，建设学习好、作风好、服务好的政协机关，为政协有效履行职能、顺利开展工作提供有力保障。

在全国政协新年茶话会上，习近平总书记指出，“一个时代有一个时代的主题，一代人有一代人的使命。”每一届政协人都应该尽好自己的使命和担当，让我们更加紧密地团结在以习近平同志为核心的中共中央周围，在中共霍州市委的坚强领导下，齐心协力，深入履职，不忘初心，继续前进，和衷共济谋发展，携手走好新长征，为“进军省强市、全面达小康，共建文明开放幸福美丽新霍州”作出新贡献，以履职尽责的优异成绩迎接中共十九大的胜利召开！

霍州市人民法院工作报告

——2017 年 3 月 17 日在霍州市第七届人民代表大会第二次会议上

霍州市人民法院院长　任　军

现在，我代表霍州市人民法院向大会报告工作，请予审议，并请市政协委员和列席同志提出意见。

2016 年工作回顾

2016 年，在市委的坚强领导，市人大及其常委会的有力监督和市政府、市政协及社会各界的关心支持下，市法院全面贯彻党的十八大和十八届三中、四中、五中、六中全会精神，深入学习贯彻习近平总书记系列重要讲话精神，紧紧围绕“努力让人民群众在每一个司法案件中感受到公平正义”的目标，坚持司法为民、公正司法主线，忠实履行宪法和法律赋予的职责，扎实推进司法改革，全力维护社会稳定，各项工作不断取得新进展。

一、认真履行审判职责，全力服务法治霍州建设

一年来，市法院始终把执法办案作为第一要务，全面加强审判和执行工作，共受理各类案件 1270 件，审执结 1217 件，结案率 95.8%，为我市经济社会又好又快发展做出了应有贡献。

依法惩治犯罪，促进社会稳定。全年共受理各类刑事案件 118 件，审结 111 件，结案率 94.3%，共判处罪犯 137 人。依法审结故意伤害、绑架、强奸等严重暴力犯罪案件 25 件，判处罪犯 29 人，维护人民群众合法权益，增强人民群众的安全感。依法审结“两抢一盗”、交通肇事、诈骗等犯罪案件 48 件，判处罪犯 64 人，维护公共安全，促进社会稳定。依法审结贪污、贿赂等职务犯罪案件 12 件，判处罪犯 17 人，始终保持惩治腐败的高压态势。

妥处民事纠纷，促进社会和谐。全年共受理各类民商事案件 775 件，审结 737 件，结案率为 95.1%，调解结案 229 件，撤诉结案 242 件，调撤率为 63.9%。依法审结人身损害赔偿、劳动争议等事关群众切身利益案件 112 件，促进群众安居乐业。依法审结买卖、借款、物权、劳动争议等纠纷案件 262 件，做到居中裁判、平等保护，惩治恶意违约行为，规范市场经济秩序。积极推进家事审判方式和工作机制改革，对未成年人、妇女和老年人等弱势群体重点保护，共审结 275 件，维护家庭和睦，社会和谐。

化解行政争议，促进依法行政。依法保障行政相对人合法权益，全年共审查、受理行政诉讼案件 36 件，审结 30 件，结案率为 83.3%。支持行政机关依法作为，办结非诉执行案件 2 件。积极应对行政案件数量大幅上升，案件类型增多、化解难度不断加大的趋势，积极推进行政机关负责人出庭应诉制度，加强与行政机关的良性互动，关注行政相对人的诉求，提高行政审判水平，促进依法行政。

加强执行工作，促进社会诚信。全年共受理执行案件 330 件，执结 327 件，执结率达 99.1%。紧紧围绕“用两到三年时间基本解决执行难”的目标，大力开展执行大会战，清理涉民生案件，执结 11 件，执结到位金额 32.2 万元；清理涉金融案件 77 件，执结到位金额 458 万元。对失信被执行人加大惩戒力度，公开曝光 215 人次，司法拘留 24 人次。持续开展打击“拒执犯罪”专项行动，依法严惩“老赖”，向公安机关移送犯罪线索 5 件 5 人。

二、坚持司法为民宗旨，满足人民群众多元司法需求

一年来，市法院树立以人民为中心的司法理念，强化司法为民意识，尊重当事人，理解、体谅当事人，增强司法为民的情怀。完善司法便民利民的各项措施，努力让人民群众在每一个司法案件中感受到公平正义。

着力深化便民举措，切实提高群众获得感。市法院进一步加强诉讼服务中心建设，增设调解室、来人来访接待室，全年共接待诉讼群众 3000 余人次。实行刷卡缴纳诉讼费，让数据多跑路，让群众少跑腿，缩短立案时间，缩短结案周期，降低群众诉累。积极探索多元化纠纷解决机制，推进案件繁简分流和小额速裁。帮助弱势群体，依法为经济确有困难的当事人减、缓、免诉讼费 19800 元。认真落实司法救助制度，审核发放司法救助金 7 万余元，让困难群众感受到司法的关爱。全面落实立案登记制，做到依法应当受理的案件有案必立、有诉必理，提高了立案效率，充分保障当事人诉权。实行院领导值班接访制度，从周一至周五每天都有一名院领导在来人来访接待室轮流接访，全年院领导共接待群众 500 余人次，当场化解疑难、复杂问题 100 余件，做到面对面答疑解惑，认真做好思想疏导、法律宣传以及矛盾化解工作。

深入推进司法公开，切实提高司法透明度。市法院以信息化建设为抓手，积极推进审判流程公开、裁判文书公开、执行信息公开三大平台建设，安装了案件信息查询系统，完善了人民法院数据集中管理平台，优化资源配置，建立统一协调、高效运行的综合信息平台，发挥服务、管理、监督的综合功能。建成了 6 个“数字法庭”，实现了远程提讯和庭审，并进行全程同步录音录像。进一步加大涉诉信访工作力度，建成了远程视频接访系统，变走访为网络视频接访，实现了接访人和上访人的同步交流，逐步构建起开放、动态、透明、便民的阳光司法新机制。

三、扎实推进司法改革，努力创新审判管理新机制

实行法官员额制是司法体制改革的重要内容之一。自司法体制改革工作启动以来，市法院根据省高院、市中院要求，制定了《霍州市人民法院司法体制改革首批入额法官遴选实施方案》和《霍州市人民法院法官遴选考核评分办法细则》。在员额法官遴选工作中，坚持公正、公开、择优的原则，通过申请报名、资格审查、入额笔试、民主测评、业绩考核、张榜公示等环节，经省法官遴选委员会审核、公示，确定 21 名法官为首批员额法官，顺利完成了遴选工作任务。市法院组建了以员额法官为主体的 8 个审判团队，确立了 2 名员额法官＋1 名法官助理＋2 名书记员的团队审判模式。同时，出台了《霍州市人民法院关于案件分配的规定（试行）》、《霍州市人民法院司法责任制的实施细则（暂行）》等制度，确保员额法官依法独立公正履行审判职责，深入推进市法院司法体制改革工作。

四、积极推进从严治院，努力开创队伍建设新局面

市法院以作风建设为抓手，从党的建

设、教育培训、廉洁自律、改善干警待遇等方面全方位加强队伍建设，使队伍的总体战斗力得到显著提升。2016年，市法院什林法庭被临汾市妇联授予维权先进集体；法警队队长曹明华被临汾中院评为优秀党员；立案庭负责人韩卫远、执行局干警蔡军、法警队政委宋绣君被临汾市中院授予个人嘉奖；办公室干警成军鹏被临汾市社会治安综合治理委员会授予综治工作先进个人。

加强思想作风建设，增强服务意识。始终把法院工作置于党的绝对领导之下，涉及全院的重大工作部署、重要人事安排、重要改革事项及时向市委和市委政法委汇报。坚持抓党建带队建促审判，完成了院总支委员会和4个支部委员会的换届工作，并扎实开展了“两学一做”学习教育活动，“把纪律挺在前面”、“干部驻村精准帮扶工作”等主题教育活动，增强了“四个意识”，确保法院工作的正确方向。2016年，临汾市、霍州市委组织部多次来检查指导“两学一做”学习教育开展情况，对市法院的工作给予了充分肯定。

加大人才培养力度，增强司法能力。坚持人才兴院，树立“竞争择优”的用人导向，激发队伍干事创业热情。采取政治轮训、业务培训、岗位练兵等方式，对全院干警分层、分级、分类培训，着力提升综合素质。去年，积极与国家法官学院沟通联系，先后分5批次对刑事、民事、行政、执行等业务庭室的50余名干警都进行了培训。还选派干警30余人次，参加了最高院、省高院、市中院举办的各项审判业务培训。对换届选任的10名人民陪审员进行了专项培训。

强化党风廉政建设，保持司法廉洁。认真落实“两个责任”，狠抓“一岗双责”，筑牢拒腐防变防线。严格贯彻落实中央八项规定、“五个严禁”、法官任职回避和“四述两谈”等规定，严格执行重大事项报告、述职述廉等制度。着力规范法官与当事人、律师、特殊关系人、中介组织接触交往行为。防范司法干扰，对领导干部干预司法活动、插手具体案件处理，以及法院工作人员过问案件，实行全程留痕。2016年，全院未发生违法违纪案件。

加强基础设施建设，切实改善干警待遇。积极为全体干警创建舒适整洁的工作环境，切实解决全院干警的后顾之忧。

2016年，在市委、市政府的大力支持下，积极与相关部门沟通联系，对法院大院进行了地面硬化、植树绿化；投资55万元对院机房网络线路进行改造升级；投资30余万元，对全院的监控系统进行了改造；投资1万余元，为每个办公室安装了电话。积极与市委组织部、市人社局、市财政局协调，对全院干警的工资（从2006年至2016年）进行了套改、补发，并对36名符合条件的干警进行了职务与职级并行工资套改。落实国家带薪休假相关制度，全院95%干警在2016年均进行了休假。与市医保中心沟通联系，为全院在职和离退休的103名干警补交了从2006年至2016年的大病医疗保险67980元。

五、自觉接受监督，不断改进法院工作

自觉接受监督，是人民法院公正司法的重要保障。一年来，市法院不断增强自觉接受监督的意识，推进司法公开，提高司法公信力。

依法接受人大监督。切实把法院各项工作置于人大监督之下，积极向人大及常委会报告工作。认真接受市人大常委会对司法公开等工作的专项审议，严格按照审议意见抓好整改落实。严格落实霍州市人大常委会监督司法工作联席会议制度，认真办理人大代表建议4条，人大转办的案件8件，均在规定时间及时答复。

认真接受政协民主监督。进一步加强与政协机关、各民主党派、工商联、无党派人士的联络，及时通报法院工作。去年，向市政协通报法院工作1次。

依法接受检察机关诉讼监督。积极配合检察机关履行诉讼监督职责，高度重视检察机关对裁判提起的抗诉和提出的检察建议，共同维护司法公正。2016年，共接受市检察院检察建议6件，已全部落实。

自觉接受社会监督。进一步完善群众旁听庭审、诉讼档案查询等制度，努力满足群众对法院工作的知情权、参与权、表达权和监督权，2000余人次走进法院参加了庭审。深化人民陪审员制度改革，强化经费保障，扩大参审案件范围，保障参审权利。2016年，55名人民陪审员共参加陪审案件957件，陪审率为78.6%，进一步增强了法院工作的透明度，提升了审判的公平公正。

各位代表，2016年，市法院各项工作取得了一定成绩，这些成绩的取得是市委的坚强领导、市人大及其常委会的有力监督、市政府的大力支持、市政协民主监督的结果，是各位代表、委员倾心帮助的结果。在此，我代表法院全体干警向各位代表、各位委员和社会各界给予法院工作的关心、理解和支持表示由衷的感谢！

在看到成绩的同时，我们也清醒地认识到。市法院工作还存在一些问题、困难和不足：一是审判力量严重不足，尤其是法官断层问题日益凸显。目前，市法院35－45岁的法官较少，法院后备人才储备面临着较大挑战。二是一些法官现有的司法能力还不能完全适应形势的需要，干警的思想观念、司法理念与当前工作的新形势、新要求还不相适应；三是个别法官工作方法简单，服务观念淡薄，不能适应人民群众多元化司法需求。对此，在今后的工作中，我们将采取有力措施，认真加以解决。

2017年工作安排

2017年，是全面深化司法体制改革的决战之年，市法院工作的总体思路是：全面贯彻党的十八大和十八届三中、四中、五中、六中全会精神，深入学习习近平总书记系列重要讲话精神，坚持党对人民法院的绝对领导，牢固树立“四个意识”，增强政治责任感，充分发挥审判职能作用，稳妥推进司法改革，努力打造过硬队伍，全力维护社会稳定，为创建文明开放幸福美丽新霍州提供有力的司法保障。为此，我们要重点抓好以下工作：

一是以更大的作为服务全市大局。切实肩负起人民法院在“十三五”规划实施中的职责使命，认真按照市委的总体部署，紧紧围绕“六大攻坚”，坚持稳中求进工作总基调，贯彻落实新发展理念，主动加强司法应对，推进供给侧结构性改革。围绕“三去一降一补”，主动服务全市经济工作主线，妥善审理涉及“一煤两电”在转型升级和优胜劣汰过程中发生的案件。严厉惩处破坏环境犯罪行为，推进大气污染防治工作。充分发挥法治引领作用，大力弘扬社会主义核心价值观，加强意识形态阵地建设。

二是以更高的标准实行公平正义。严厉打击危害公共安全和社会治安的犯罪，提升公众安全感。依法审理贪污贿赂犯罪案件，推动反腐败斗争深入开展。健全冤假错案防范机制，强化证据裁判意识，确保每一起案件都经得起历史检验。依法公正审理各类行政案件，助推法治政府建设。充分运用信息化平台，加大对失信被执行人信用惩戒力度，努力实现“用两到三年时间基本解决执行难”的总目标。

三是以更实的举措践行司法为民。加快推进智慧法院建设，实现信息化与立案、审判、执行工作的深度融合，满足人民群众多元司法需求。认真审理医疗、教育、就业等涉民生案件，加强妇女、儿童、老人、残疾人权益保护。拓宽司法救助范围，减轻涉诉困难群众负担。加强人民法庭、巡回法庭的审判工作，把司法服务送到群众身边。

四是以更快的步伐推进改革创新。按照省高院、市中院关于司法体制改革的安排部署，锲而不舍推进司法责任制改革，落实法官员额制、审判辅助人员制度、司法人员职业保障等各项政策措施，着力解决影响司法公正和制约司法能力的深层次问题，让改革活力充分释放出来。建立健全人员分类管理、审判权力运行和责任追究、司法职业保障等机制，切实提高改革整体效能。认真抓好家事审判方式和工作机制改革试点工作，注重从理念、制度、机制上积极进行探索，注重对家事案件当事人人格利益和情感纠纷的调处。加快推进以审判为中心的刑事诉讼制度改革，深入推进刑事诉讼案件庭审实质化，发挥审判特别是庭审在查明事实、认定证据、保护诉权、公正裁判中的重要作用。

五是以更严的要求加强自身建设。坚决落实中央《关于新形势下加强政法队伍建设的意见》，牢固树立“四个意识”，进一步落实党风廉政建设“两个责任”，严格党内政治生活，自觉践行廉洁自律各项规定，切实改进司法作风。继续深入开展“四述两谈”制度，完善惩治和预防腐败体系，加大对违纪违法行为的查处力度，以零容忍态度坚决惩治司法腐败。深入开展“讲政治、知敬畏、守规矩”专项治理活动，增强政治定力，严明各项纪律。加强审判执行管理，坚决杜绝审判执行工作中“不作为、慢作为”的问题，不断改进工作作风，努力建设一支信念坚定、执法为民、敢于担当、清正廉洁的法院队伍。

2017 年，法院工作任务艰巨、使命光荣。我们将在市委的坚强领导下，在市人大及其常委会的有力监督下，在市政府、市政协及社会各界的大力支持下，认真落实本次会议精神，牢固树立“四个意识”，坚持以人民为中心的发展思想，主动服务经济工作主线，攻坚克难，忠诚履职，为全市经济发展和社会稳定提供强有力的司法保障，以优异成绩迎接党的十九大胜利召开！

附：

报告中有关用语说明

1. 家事审判方式和工作机制改革：最高法院决定，从 2016 年 6 月起在全国法院选择 100 个左右的基层法院和中级人民法院，开展为期两年的家事审判方式和工作机制改革。家事审判所调整的亲属关系具有不同于普通财产案件的人身性、敏感性和社会性特点，对专业化、人性化审判的要求日益凸显。针对家事审判的特点，从审判组织、财产申报、证明标准、调解工作、制止家暴、诉讼程序等多个方面进行家事审判专业化的探索。

2. 用两到三年时间基本解决执行难：2016 年 3 月在十二届全国人大四次会议上，最高人民法院院长周强在工作报告中明确提出“用两到三年时间，基本解决执行难问题”，引发社会普遍赞誉和广泛共鸣。今后一个时期，各级法院要坚持以信息化建设为抓手，着力强化执行规范化建设和专业化建设，切实完善执行体制机制，努力实现执行工作各个领域的深刻变革，达到基本解决执行难的总体目标。

3. 各类案件：指刑事、民事、行政等三大诉讼中的一审、再审案件以及民事执行、非诉行政执行等案件。

4. 行政案件跨区域集中管辖：是指为优化行政审判司法环境、更好地保护行政相对人的诉权而采取的一项改革措施。根据省高院制定的《关于跨行政区域集中管辖行政案件的实施办法》，从2016年5月1日起，我市管辖洪洞、隰县、汾西、永合4个县的行政诉讼案件。

5. 矛盾纠纷多元化解机制：是指建立健全诉讼与非诉讼相衔接的矛盾纠纷解决机制，其主要任务是充分发挥审判权的规范、引导和监督作用，完善诉讼与仲裁、行政调处、人民调解、行业调解以及其他非诉讼纠纷解决方式之间的衔接，最大程度地满足当事人的多元司法诉求。

6. 执行大会战：全省法院从2016年5月9日至10月31日开展为期半年的集中执行大会战，重点清理“涉民生、涉金融、涉特殊主体、立案一年以上有财产未结案件”，为基本解决执行难清理“包袱”。

7. 失信被执行人信用惩戒：人民法院依照法定程序，将具有履行能力而不履行生效法律文书确定的义务，并具有转移财产规避执行等6种情形的被执行人列入失信名单，通过向社会公布、向相关单位通报其个人信息和拒不履行的情况等方式，对其进行信用惩戒，促使其主动履行义务的一项制度。

8. 法官员额制：是人民法院司法改革的重要内容之一，就是将人民法院人员分为法官、审判辅助人员和司法行政人员三类，根据法院辖区经济社会发展状况、人口数、案件数等确定法官数量，对法官在编制限额内实行员额管理。

霍州市人民检察院工作报告

——2017年3月17日在霍州市第七届人民代表大会第二次会议上

霍州市人民检察院检察长　王志刚

我代表霍州市人民检察院向大会报告工作，请予审议。并请市政协委员和列席会议的同志提出意见和建议。

2016年检察工作回顾

2016年，我院在市委和上级检察机关的正确领导下，在市人大及其常委会的有力监督下，在市政府、市政协以及社会各界的大力支持下，深入贯彻落实党的十八大和十八届三中、四中、五中、六中全会精神，坚持以习近平总书记系列重要讲话精神为指导，紧紧围绕全市中心工作，忠实履行宪法和法律赋予的职责，深入推进司法体制改革，全力配合搞好监察体制改革，各项业务工作取得了大踏步跨越。在临汾市检察院年终考评中，反贪工作荣获第一，全院工作位居第三，被评为“先进检察院”，我院各项工作受到市委和上级检察机关的肯定。

一、坚持服务全市工作大局，积极保障经济社会发展

（一）主动服务中心工作。制定出台《市人民检察院关于进一步充分发挥检察职能，为全市经济社会发展服务的意见》；围绕我市重点工作，积极参与整顿规范市场经济秩序，查办支农惠农资金管理使用等领域职务犯罪案件12件17人；推动行政执法机关与检察机关信息共享、案情通报、案件移送等制度落实，督促行政执法机关向公安机关移送涉嫌犯罪案件3件。

（二）加大保障群众食品安全和维护群众切身合法权益的行动。针对破坏环境和危害食品药品专项监督活动，同我市环保、卫生、食药、国土资源等行政执法单位加强合作，推动两法衔接。同时，积极监督市人力资源和社会保障局移交市公安局立案侦查拒不支付劳动报酬案件。

（三）切实保护民生民利。开展查办涉农惠民领域职务犯罪专项工作，查办贪污、挪用惠农资金的职务犯罪。认真落实检察长接访制度，建立来信、来访、电话、接访“四位一体”的信访渠道，建成集控告、举报、申诉、查询于一体的综合受理平台，有效引导当事人在法治轨道上表达诉求、维护权益。共受理群众来信来访55件（次），其中检察长接访29件（次）。认真开展“精准扶贫”工作，帮助困难家庭14户。

二、筑牢平安长城，努力保障社会大局稳定

（一）全力维护社会安全稳定。严厉打击各类刑事犯罪，全年共受理公安机关提请批准逮捕的各类刑事案件84件111人，审结83件110人，批准逮捕57件75人，不批准逮捕26件35人，追捕漏犯1人；公诉部门共受理各类刑事案件137件179人，办结119件164人，其中提起公诉案件共计104件142人，不起诉案件11件16人。

（二）加强对执法部门监督。向侦查机关发出纠正违法通知书28份，向审判机关发出纠正审理违法通知书6份，追诉漏犯4人，追诉漏罪5人，提出抗诉3件3人，市院支持抗诉案件1件1人，对51名犯罪情节轻微、危害不大的嫌疑人作出不捕、不诉决定。

（三）高度重视未成年人犯罪。实行捕诉一体化工作模式，对涉嫌犯罪的未成年人坚持“少捕、慎诉”，教育感化犯罪的未成年人。在起诉阶段对17名没有委托辩护人的未成年犯罪嫌疑人，提供了法律援助，对于判处缓刑等轻刑罚的7名未成年人积极回访帮教，帮助其尽早回归社会。

三、惩治预防职务犯罪，积极推进反腐倡廉工作

（一）加大查办案件力度。反贪部门共立查案件12件17人，其中贪污案10件15人，挪用公款案件1件1人，受贿案件1件1人，现已全部侦查终结并移送，收到人民法院判决7件9人均为有罪判决；反渎部门立案侦查3件5人，其中玩忽职守类案件2件4人，滥用职权案件1件1人，全部侦查终结。特别是在卫生医疗、扶贫领域查办职务犯罪案件中，查处处级1名、科级3名。尤其是查办上级检察机关指定管辖的长治医学院附属和济医院院长闫某受贿案，是我院重建以来查办的级别最高、金额最大的职务犯罪案件，挽回经济损失300余万元，取得良好的社会效果和法律效果。有力促进了我市党风廉洁建设和反腐败工作，彰显了市委从严治党、依法惩治腐败的鲜明态度和坚定决心。

（二）狠抓办案质量和办案安全。严格依法办案，使每一起案件都经得起历史的检验，依法文明办案，切实维护当事人的合法权益；将廉洁办案作为公正执法的重要内容，所有办案费用和办案用车全部由院里提供保障，坚决确保办案质量和办案安全，全年没有出现案件质量问题和办案安全事故。

（三）深入推进预防工作。完善侦防一体化工作机制，对所办案件实行一案一分析，一案一帮扶、一案一教育，发出检察建议11件；加强行业预防，在政府采购、工程招投标等领域提供行贿犯罪档案查询380次；制作《网络3D廉政教育馆》上线运行，散发宣传资料3万余份，接受宣传人数2万余人；全面开展“阳光百姓工程”工作，共纳入监管涉农项目87项，涉农资金两亿余元，在全市12个乡镇199个行政村均悬挂了“阳光百姓工程”公示栏，对涉农项目流程进行公示，接受群众监督。此项工作受到市委和上级检察院的肯定，内蒙古自治区通辽市人民检察院来我院进行调研和学习。

四、强化诉讼活动监督，切实维护司法公平公正

（一）强化刑事诉讼监督。开展对公安机关刑事立案后未提请逮捕案件和积案情况专项监督活动，对公安机关进行执法检查，对监督范围内的案件统一录入，督促案件按流程及时办理。同时对于已经起诉的简易程序的案件，建议人民法院集中开庭，以节约诉讼资源。

（二）强化刑事执行监督。严格落实减刑、假释和暂予监外执行同步监督机制，集中清理判处实刑罪犯未执行刑罚专项活动和财产刑执行专项检察活动。深入推进“强化责任意识　落实监督职能”专项整治活动。对相关部门送达纠正违法通知书共计78份，发出检察建议3份。

（三）强化民事行政诉讼监督。集中开展“查办虚假诉讼专项监督活动”，维护正常的诉讼秩序。共受理民事申请监督案件39件，审结38件，其中支持起诉15件，督促起诉2件，执行监督20件，生效判决监督1件，发出检察建议22件。

五、贯彻从严从实要求，努力打造过硬检察队伍

（一）狠抓队伍思想政治建设。深入学习贯彻党的十八大、十八届三中、四中、五中、六中全会精神，坚持用习近平总书记系列重要讲话精神武装检察干警头脑，始终保持政治上的清醒和坚定，在思想上行动上同以习近平同志为核心的党中央保持高度一致。扎实开展“两学一做”学习教育，引导检察干警坚定理想信念、强化宗旨意识，切实打牢严格执法、公正司法的思想根基。

（二）积极推进队伍专业化建设。深入开展“建设学习型党组织、创建学习型检察院、争当学习型检察官”活动，广泛开展各类岗位练兵活动，积极举办干警素能、专项业务等培训，先后组织39名干警参加上级组织的各类培训。

（三）加强队伍纪律作风建设。牢固树立“打铁还需自身硬”的理念，严格落实“两个责任”，层层签订《党风廉政建设目标管理责任书》，推动责任落实。扎实开展“纪律教育年”和“把纪律挺在前面”等专题教育活动，切实强化干警严守纪律、挺纪在前，坚守底线的意识。全面贯彻《中国共产党廉洁自律准则》、《中国共产党纪律处分条例》和《中国共产党问责条例》，通过警示约谈等多种形式，筑起“防火墙”，避免违规违纪甚至违法问题的发生。

六、持续加强内外监督，确保严格规范文明执法

（一）自觉接受人大监督。认真落实市

人大常委会部署要求，学习贯彻会议精神、落实人大代表建议、批评和意见。主动向人大及其常委会报告重要工作，积极配合人大代表视察、专题调研和执法检查。重视与人大代表的经常性联系，对征得的批评、意见和建议都进行了认真研究，并在工作中努力改进。认真办理人大及其常委会交办的案件。对受理人大代表提出的议案、建议和案件，全部办结并及时答复。

（二）自觉接受民主监督和社会监督。主动向政协通报检察工作情况，邀请参加座谈、视察、专题调研，认真听取意见，建立联席机制，自觉接受民主监督。深化检务公开，完善新闻发布、公开审查、公开听证等制度，开展检察开放日、检察长接待日、“开门评检”等活动，拓宽人民群众有序参与和监督检察工作渠道，邀请社会各界人士走进检察机关，零距离感受检察工作，有效保障人民群众对检察工作的知情权、建议权、批评权。

（三）自觉加强内部监督制约。严格执行司法办案各环节操作流程和检察机关司法工作基本规范，全面推行统一业务应用系统，所办案件从受理到结案全部在网上流转，法律文书拟制、审批均在网络系统内进行。严格执行最高检颁布的职务犯罪侦查工作八项禁令，全面推行和完善讯问职务犯罪嫌疑人全程同步录音录像制度，严格执行职务犯罪案件审查逮捕上提一级等制度。

七、精心谋划稳步推进，确保改革任务落地生根

成立司法体制改革领导小组，对我院人员编制、思想情况进行摸底，针对我市特点及早制定预案。经过民主推荐、业务考核、遴选考试等程序，并报省法官检察官遴选委员会审核，确定首批员额检察官 15 名。同时，全力配合监察体制改革。坚决贯彻落实党中央关于深化监察体制改革的重要指示精神，对职务犯罪侦查和预防部门的机构、编制、装备和人员情况进行了调查摸底和登记造册；对案件线索认真梳理、加强管理，确保完整移交。

各位代表，过去一年我院各项检察工作所取得的成绩，得益于市委和上级检察院的正确领导，得益于人大及其常委会的有力监督，得益于政府、政协以及社会各界和广大人民群众的大力支持和帮助。在此，我代表全院干警向大家表示崇高的敬意和衷心的感谢！

回顾过去一年的工作，我们也清醒的认识到，检察工作还存在一些不容忽视的问题。主要是：对检察机关职能调整后工作机制创新研究不够，法律监督的力度还需要进一步加强；检察职能的发挥还不够充分；与市委、上级院的要求和广大人民群众的期待还有一定差距；干警的整体素质还不能完全适应新任务要求；队伍纪律作风建设有待于进一步加强。对此，我们将高度重视，积极采取措施，认真研究解决。

今年的工作安排

2017 年是我们党和国家历史上具有特殊重要意义的一年，也是检察机关适应形势任务新变化、开创工作新局面的关键之年。我院将认真贯彻落实党的十八大、十八届三中、四中、五中、六中全会和习近平总书记系列重要讲话精神，坚决执行市委和上级检察院决策部署，紧紧围绕全市中心工作，强化法律监督、自身监督和队伍建设，有效确保社会和谐稳定，努力维护司法公平正义，深入推进司法体制改革，为我市“进军省强市，全面达小康，共建文明开放幸福美丽新霍州”提供坚强有力的司法保障，以优异的成绩迎接党的十九大胜利召开！

一、努力在维护社会安全稳定上有新贡献

今年将召开党的十九大，创造和谐稳定的社会环境十分重要。检察机关将发挥检察职能，全力做好保安全、护稳定工作。要严厉打击严重暴力、涉黑涉恶、“两抢一盗”、黄赌毒等影响社会大局稳定和危害公共安全的犯罪，切实提升人民群众安全感。要深入推进打击整治电信网络诈骗专项行动、网络谣言专项行动。要做细做实检察环节社会治安治理工作，加大对欺压百姓、胡作非为的“村霸”和宗族势力的整治力度，主动邀请人大代表、政协委员和人民监督员参与涉法涉诉信访化解，积极做好检察环节可能演化成群体性事件重大矛盾的化解工作。

二、努力在服务经济社会发展上有新作为

围绕全市中心工作部署，把防控风险，服务发展摆在更加突出的位置。要严厉打击扰乱金融秩序、破坏社会主义市场经济秩序的犯罪活动，重点打击非法吸收公众存款、集资诈骗等涉众型经济犯罪。要持续开展“破坏环境资源犯罪和危害食品药品安全犯罪”专项立案监督活动，严厉惩处污染水源、土壤、大气和食品药品流通领域商业贿赂、非法经营犯罪等犯罪，切实加大对生态环境和人民身体健康的保护力度。要严厉打击干扰企业生产经营、侵犯企业合法权益的各种违法犯罪活动，严格区分经济纠纷与经济犯罪、企业正当融资与非法集资等界限，依法维护企业、公民产权和合法权益，努力营造公平、公正、透明、稳定的法治化营商环境。要加强对非公有制经济的保护，确保民营企业健康发展。

三、努力在强化检察监督工作上有新成效

积极适应检察职能重大调整后的法律监督新形势，以做强、做实法律监督主业为目标，努力构建法律监督新模式。要加强刑事立案、侦查活动监督，坚决纠正有案不立、以罚代刑、插手经济纠纷等问题，强化冤错案件源头预防。要构建以抗诉为中心的刑事审判监督格局，把监督纠正个案与监督纠正普遍性问题结合起来，坚决纠正定罪不当、量刑严重失衡、审判程序违法等问题。持续强化刑事执行检察监督，重点做好刑罚交付、变更执行和羁押必要性审查等工作，深入推进“集中清理判处实刑罪犯未执行刑罚”专项活动和财产刑执行检察监督工作。要加强民行检察工作，以加强对公权力监督为核心，健全多元化民事检察监督格局，常态化开展虚假诉讼监督工作，统筹推进行政生效裁判、审判程序和执行活动监督。要加大刑事申诉检察办案力度，坚决监督纠正冤错案件，重视做好司法救助工作。

四、努力在加强检察队伍建设上有新提升

坚定不移维护党中央权威和集中统一领导，更加自觉把习近平总书记系列重要讲话精神作为检察工作的根本遵循，确保市委和上级检察机关重大决策部署在我院得到不折不扣的执行。要以“讲政治、知敬畏、守规矩”专项活动为契机，教育引导检察干警明原则、知底线、知敬畏，严守党的政治纪律和政治规矩，严格遵守各项检规检纪，把对党的绝对忠诚落实到做人做事、司法办案的各个环节。要进一步加强班子建设，着力打造坚强有力、奋发有为的领导班子。要更加重视检察队伍专业化、职业化建设，坚持思想教育与业务培训相结合，不断提高检察干警的整体素质。要大力加强党风廉政建设，严肃查处检察干警违纪违法行为，努力营造风清气正、干事创业的良好生态。

五、努力在稳步推进体制改革上有新进展

要锲而不舍推进司法体制改革，以钉钉子精神狠抓落实，确保司法体制改革各项工作任务按照既定的时间点、路线图落地。要按照市委和上级检察院的统一安排部署，以高度的政治责任感和使命感，加强联系，全力配合，高标准做好职能划转和业务衔接等各项工作，确保我市监察体制改革任务顺利进行。

各位代表，2017年，我院决心在市委和上级检察院的领导下，在市人大及其常委会和社会各界的监督支持下，坚决贯彻落实本次大会决议，敢于担当，真抓实干，锐意进取，撸起袖子加油干，奋力开创检察工作新局面，为我市“进军省强市、全面达小康，共建文明开放幸福美丽新霍州”作出新的更大的贡献，以优异的成绩迎接党的十九大胜利召开！

关于霍州市2016年国民经济和社会发展计划执行情况与2017年国民经济和社会发展计划草案的报告

——2017年3月15日在霍州市第七届人民代表大会第二次会议上的报告

霍州市发展和改革局局长 李新平

受市人民政府委托，我向大会报告霍州市2016年国民经济和社会发展计划执行情况，以及2017年国民经济和社会发展计划草案，请予以审议，并请市政协委员和其他列席人员提出意见。

一、2016年全市经济社会发展工作回顾

2016年是全面建成小康社会决胜阶段的开局之年。一年来，面对复杂严峻的经济形势，全市上下在市委、市政府的坚强领导下，紧紧围绕“进军省强市、全面达小康，共建文明开放幸福美丽新霍州”总体目标，主动适应经济发展新常态，坚持稳中求进工作总基调，适度扩大总需求，着力推进供给侧结构性改革，积极引导市场预期，有效应对风险挑战，全市经济社会发展呈现出稳中有进的态势，实现了“十三五”良好开局，为全面建成小康社会奠定了坚实基础。

2016年，全市地区生产总值完成70.8亿元，规模以上工业增加值完成29.4亿元，固定资产投资完成139.6亿元，一般公共预算收入完成5.85亿元；社会消费品零售总额完成33.3亿元，增长6.6%；城镇居民人均可支配收入完成26998元，增长6.1%；农村居民人均可支配收入完成12143元，增长5.7%。

（一）积极推进供给侧改革，“三去一降一补”成果显著

去产能任务按时完成。召开全市推进煤炭供给侧结构性改革工作会议，关闭霍州煤电什林煤业，去煤炭产能90万吨，全面完成年度煤炭行业化解产能任务。去库存压力明显缓解。完成棚户区改造700套，积极应对商品房去库存压力，全年累计销售商品房41791平方米。去杠杆稳妥推进。设立战略新兴产业、文化和旅游产业投资基金，成立中小企业融资担保有限公司和经济建设投资

有限公司，为职教中心融资2470万元，着力破解重点项目和中小企业的融资难问题。积极推进企业挂牌上市，文冠果科技在“新四板培育板”成功挂牌，亿能电器在“新三板”即将挂牌。降成本成效显著。全面推进“营改增”改革，打通企业抵扣链条，减轻企业税负，深入开展涉煤收费清理规范工作，规范、取消、停征7项行政事业性收费，下调了部分企业、单位保险费率，助力企业降低运营成本。补短板力度加大。着力补齐创新驱动和民营经济两块短板，初步拟定《霍州市关于推进科技创新的实施意见》和《霍州市“市长创新奖”奖励办法》，将科技研发经费及专利申请资金纳入市财政预算。培育申报高新技术企业1家，成功申报市级技术研究中心1家，完成技术交易登记2163万元，申请专利84件，完成有效发明24件，超额完成年初预计目标。建立“小升规”培育库，培育出“小升规”企业1户。鼓励民营经济发展，新增中小微企业210户，达到1045户，共吸纳从业人数14580人。

（二）着力实施转型综改，改革成效逐步显现

深化行政审批制度改革。全面落实“放管服”各项改革政策，持续推进行政审批制度改革，优化审批流程，提高审批效率，承接、取消、下放、调整行政审批事项11项，成功完成市投资项目在线审批监管平台与省、临汾市平台的联网对接。同时，深入落实“两集中、两到位”工作，不断创新事中事后监管方式，“双随机、一公开”工作扎实推进，极大地方便了群众办事创业。扎实推进农村改革。大力推进农村产权制度改革，加速实施土地确权工作，巩固提升林权制度改革，扎实开展土地经营流转工作，有效激活农村各项生产要素。完成农村产权交易中心软件的采购工作，并投入运行。实现省市县三级美丽宜居示范村投资2481万元，为农村建设提供坚强保障。圆满完成机关单位公车改革。组织召开机关公务用车处置拍卖大会，共拍卖车辆167辆，拍卖金额370余万元，全面落实机关单位车改交通补助发放工作，机关公车改革任务圆满完成。

（三）持续推动产业转型，结构调整稳中有进

深入推进三大产业结构调整，夯实农业基础，促进工业转型，培育壮大新兴产业，大力发展服务业，全市三大产业结构由2015年的4.5∶65.2∶30.3转变为5.2∶61∶33.8，经济结构进一步升级。农业基础进一步夯实。2016年，全市完成农业增加值3.7亿元，同比增长6%。粮食总产量达8197.2万公斤，蔬菜总产量达5770万公斤，新发展设施蔬菜1200亩，完成果园改造4000亩，改造核桃林5000亩，新发展中药材1000亩。宇鹏养殖专业合作社、嘉隆养殖建设项目稳步推进，畜牧业出栏量总体稳步增长。工业转型再添亮点。霍煤机电制造一期6个公司陆续投产，液化天然气调峰储气项目实现试运营，亿能新能源汽车制造项目成功落地，生产线安装有序推进。现代服务业加快发展。南街农贸市场建成完工，鼓楼地下商业街、州里商业文化街等商贸市场运行良好，引进乐村淘网络科技、赶集网、苏宁易购、固德网络等4家电商平台，发展圆通、顺风、中通等20余家物流公司，商贸服务业不断繁荣。文化旅游业蓬勃兴起。七里峪景区入口片区广场、滑雪场体育拓展综合度假区、汽车客运站等项目基本完成，霍州署文化产业示范园文化旅游配套区项目持续推进，许村古村落环境治理项目前期手续

完成，举全市之力由“景点旅游模式”向“全域旅游模式”转变。加大旅游宣传力度，巩固与去哪儿网、同程网、携程网等国内知名旅游网站的合作，成功签订网络宣传推介协议。

（四）有序开展项目建设，经济增长支撑有力

积极推进重点项目建设。2016年，全市实施的重点项目共计79项，涉及重点项目总投资金额181.95亿元，当年计划完成投资120.04亿元，实际完成120.75亿元，为计划的100.59%。其中，省级监测项目8项，总投资54.3亿元；市、县级监测项目71项，总投资127.65亿元。强力推进“百日攻坚”行动。梳理出5000万元以上未开工项目16项，总投资48.07亿元。截至行动结束，已开工项目12项，开工率达到75%，其中，霍煤集团南矿区污水处理建设项目和大众路富世嘉华小区建设项目已全面完工，“百日攻坚”行动成效显著。不断加大招商引资力度。依托“民企入晋”有利契机，参加“华夏之根、文明之旅”招商引资推介会、北京市中国职工之家招商引资推介会和太原能源博览会等招商活动，积极招商引资，共达成投资意向12项，投资总额169亿元。积极争取上级资金支持。2016年，共争取到上级资金15898万元，其中，争取到国家资源枯竭城市转型资金14900万元，安民路建设项目和儿童福利院建设项目分别争取到中央预算内资金600万元和398万元，为项目单位解决了部分资金难题。

（五）稳步推进新型城镇化建设，城乡统筹步伐加快

完善城市建设规划体系。坚持统筹规划、优化布局、建管并重、有序推进的原则，不断优化城市建设规划用地体系。修订编制《霍州市“十三五”近期建设规划》和《霍州市综合交通体系规划》，为“十三五”科学布局城市发展奠定了重要基础。2016年，全市常住人口城镇化率达到63.8%。加快中心城市建设。新建南路东关赵家庄棚户区改造二期、橡胶厂棚户区改造、大众路东二巷道路扩建及旧城改造、开元名都等项目顺利推进。中镇楼、赵家庄人行天桥、东门桥改造相继竣工，纬五路、新建南路、经三路北段等城市道路建成通车，城市品位不断提升。加强城乡基础设施建设。新建换热站12座，新增城市集中供热面积55万平方米，达到460万平方米。天然气扩户4000余户，达到38000户。全年新建和改造城市道路10.51公里、城市供水管网7.93公里、供气管网17.7公里、雨污管网27.22公里，城市功能日益完善。持续改善农村人居环境。扎实推进完善提质、农民安居、环境整治、宜居示范四大工程，大力推进农村地质灾害搬迁、农村危房改造等工作，农村人居环境有效改善。完成3所农村公办幼儿园建设，扎实推进采煤沉陷区治理，完成涉及7个乡镇的可研报告，签订搬迁协议705户，拆迁95户，完成投资8516.4万元。不断改善农村群众出行条件，完成9条村通水泥（油）路共30.7公里。

（六）继续推进环境整治，生态建设力度加大

加大环境治理力度。以“大气污染防治行动”为抓手，多措并举，重拳出击，狠抓大气污染防治，全市大气环境质量稳步改善。国电霍州发电厂超低排放改造项目已完成脱硫系统＃1AFT塔土建工作。辛置镇污水处理厂设备安装完成85%，厂外管网敷设完工，全线通水。霍州市化学工业有限责任公司被责令停产。全市共取缔取暖锅炉753

台，淘汰黄标车、老旧车456辆。积极引导企业第三方治理工作，完成山东三融环保工程有限公司对兆光电厂实施环境污染第三方治理。以居委会和村委会为建设单位，全面开展城乡工程，建成垃圾处理点157处，乡镇垃圾转运站6座，清扫面积达249万平方米，受惠村民数达18.7万人。强化生态修复建设。加快推进汾河、南涧河、对竹河综合治理。大力实施城市绿化和植树造林工程，新增城市绿化面积20万平方米，完成营造林面积1.79万亩，其中，育苗面积达5300亩，为生态持续改善提供了充足后劲。

（七）着力保障民生改善，社会事业全面进步

扎实推进脱贫攻坚。实施了精准扶贫、产业扶贫、光伏扶贫、教育扶贫、金融扶贫搬迁等扶贫工程。产业扶贫方面，投资364万元实施了4个乡村光伏电站扶贫项目。生态扶贫方面，在白山、柳树腰等沿山村庄引进发展了双季槐、油料牡丹等经济作物。教育扶贫方面，开展免费专业技能培训班3期，为贫困户大学生发放了“雨露计划”补助金。金融扶贫方面，为文冠果、古衙黄两个品牌申报了中证扶贫板。另外，通过政府购买服务的方式，安排有劳动能力的贫困人口从事环卫、保安、护路等工作，并为全市贫困人口缴纳了大病保险，为1618名贫困人口办理了农村低保，通过政府兜底，切实守住精准脱贫保障线。积极拓展就业渠道。成功举办春季和秋季大型人才招聘会，提供就业岗位6000余个，创业就业745人，失业人员再就业1486人，就业困难人员再就业389人，转移农村劳动力3935人。城镇登记失业率控制在了4%以内，均超额完成了全年任务。努力发展社会事业。开展国家卫生县城创建工作，教育工作被确立为临汾市唯一的《义务教育学校管理标准》省级试点县，高考再创佳绩，二本以上达线1088人。启动了全民健身中心建设项目，直播卫星“户户通”建设任务全面完成。全面加强社会保障。大力推进城乡居民医保制度整合，圆满完成新农合移交工作。有序推进公立医院改革，落实财政补贴药品差价政策，群众“看病难、看病贵”问题得到有效缓解。城乡养老水平进一步提高，建成4所农村老年人日间照料中心，全市12个乡镇及街道办至今已建成10所老年人日间照料中心，并成功投入运行。社会救助制度更加完善，广泛推行“救急难”制度，全年共救助4395人次，发放救助资金320万元。建成各类保障性住房523套，超额完成上级任务。

在总结成绩的同时，我们也必须清醒地认识到，我市经济社会发展还存在许多困难和问题：产业结构不合理，高新技术和新兴产业急需推进；固定资产投资增长乏力，项目带动经济发展的后劲不足；城乡基础设施建设有待加强，小微企业融资难、融资贵的问题仍需跟进解决；生态环境问题突出，污染治理任务艰巨，给经济发展和城乡居民生活带来一定影响。面对这些矛盾和问题，我们要增强忧患意识，强化底线思维，采取有力措施，认真加以解决。

二、2017年全市经济社会发展总体安排和主要任务

2017年是实施“十三五”规划的重要一年，也是深化供给侧结构性改革和转型综改的关键一年。今年全市经济社会发展的总体要求是：全面贯彻党的十八大和十八届三中、四中、五中、六中全会精神，认真落实中央、省、市经济工作会议精神，按照市委七届二次全委会和三级干部大会安排部署，

围绕“经济开发区建设、五城联创、民生改善”三大战略布局，牢固树立新发展理念，把握引领经济发展新常态，坚持稳中求进总基调，坚持深化供给侧结构性改革与深化转型综改试验区建设有机结合，坚持以提高发展质量和效益为中心，加快培育发展新动能，促进经济社会平稳健康发展，以优异成绩迎接党的十九大胜利召开。

2017年全市国民经济和社会发展主要目标的建议是：

预期性指标：地区生产总值完成75亿元，增长4%。工业增加值完成30亿元。社会消费品零售总额完成35亿元，增长6%。一般公共预算收入完成5.7亿元。城镇居民人均可支配收入达到28750元，增长6.5%。农民人均纯收入达到13000元，增长7%。固定资产投资待新的统计口径确定后，根据临汾市定目标确定我市增长目标。

约束性指标：资源节约方面，万元地区生产总值能耗、二氧化碳排放量、用水量降幅等指标全面完成临汾市下达任务。环境质量方面，二氧化硫、化学需氧量、氨氮、氮氧化物减排幅度、市区空气质量优良天数比例、劣V类水体比例均要努力完成临汾市下达任务。民生改善方面，农村贫困人口脱贫1800人，城市棚户区住房改造完成临汾市定任务。

为顺利实现上述目标，全市上下要按照市委、市政府的统一部署，坚持发展这一硬道理，抓住改革这一“牛鼻子”，既注重宏观调控，又狠抓微观落实，坚定信心，攻坚克难，努力走出经济和环保的困难局面，实现坚实起步。重点抓好以下五个方面工作：

（一）注重“供改”“综改”相结合，深化关键领域改革

抓住转型综改的重大机遇，坚持“供改”和“综改”相结合，统筹推进“三去一降一补”、农业供给侧、开发区、投融资体制等一系列改革，进一步解放思想，大胆探索，先行先试。着力推进“三去一降一补”。坚持把去产能和提高先进产能结合起来，不断培育发展先进产能，实现产业优化升级。坚持把房地产去库存与城镇化建设结合起来，把商品房库存消化周期控制在合理空间。坚持把去杠杆与防范化解金融风险结合起来，提高金融服务实体经济水平，稳妥处理各类金融风险。引导企业降本增效，提高企业资金周转效率。补短板要继续围绕脱贫攻坚、创新驱动、基础设施建设、生态环境、社会事业等实施一批项目，着力补齐发展短板。深入推进农业供给侧改革。坚持把推进农业供给侧结构性改革与农业增效、农民增收结合起来。在发展功能农业、开发功能食品上用力，把产品调特、品质调高、产业调强、结构调优，推动农产品绿色化、品牌化、规模化发展。重点推进“一园五基地”建设，着力打造西张垣现代农业生态示范园，加快推进优质干鲜果基地、中药材基地、规模养殖基地、小杂粮基地、文冠果基地等基地建设。支持骨干企业引进优良品种，加强品牌建设，延伸产业链，提高附加值，增加农民收入。创新投融资体制机制。充分发挥我市城建投、经建投等融资机构作用，积极对接国开行、农发行等政策性银行，争取更多的政策性贷款，推动重点项目建设。加快市场化融资步伐，大力推广PPP等投融资模式，进一步畅通民间资本融资渠道。加强企业的上市引导和培育，年内实现我市企业“新三板”挂牌“零突破”。

（二）聚焦实体经济发展，深度优化产业结构

培育壮大新兴产业。以开发区建设为承

载，全力扶持霍煤机电制造等6家制造企业继续做大做强，大力推进亿能新能源汽车制造，尽快完成生产线安装。着力实施华得宇光伏发电项目，年内保证完工。积极推进液化天然气项目入统入规，实现利税，形成新的经济增长极。做强做优文化旅游产业。加快推进旅游景区景点体制机制改革，发挥集聚效应，激发市场活力，深度整合各类旅游资源和经营主体，突出功能特色，着力打造“一署两峪三小镇”，加快创建国家级全域旅游示范区。投资15亿元的霍州署要尽快启动二期修复工程，着力打造AAAA级景区。总投资1.99亿元的七里峪景区要持续完善客运站、站前广场、滑雪场、综合度假区等建设项目。投资3.5亿元的陶唐峪景区要加快建设步伐，打造独具特色的“江南水乡”景观。围绕特色文化小镇、特色旅游小镇、文化创意小镇，加快推进文化产业发展。同时，着力实施娲皇庙、观音庙、宋代瓷窑、千佛崖、三教庙和许村传统古村落的保护性开发工程。深入挖掘廉政文化、官衙文化、锣鼓文化、面塑文化、民俗文化等文化元素，促进文化与旅游深度融合。加快发展现代服务业。着力启动联源物流园区建设，加快培育一批现代物流企业，打造社会化、专业化、信息化的现代物流基地。完善电子商务发展规划，加快打造智慧数字霍州，推动物联网、大数据和智能装备等新兴产业的发展，推进电子商务与商贸流通的融合。做大做强鼓楼地下商业街、华怡商场、南环路农贸市场、中镇商贸城、现代家俱城等商企，推动三产上档升级。改造提升传统产业。坚持以“减量提质、做大做强”为目标，持续加大煤、电等传统产业技术改造力度，延伸产业链，提高附加值。不遗余力帮助一煤两电等大型企业在延伸产业链条、拓展经营范围、实施技术创新、培育新型产业等方面求突破，为我市经济发展提供强劲动力。

（三）促进城乡统筹发展，加快推进新型城镇化

以“五城联创”为统领，坚持以创建国家全域旅游示范区、国家卫生城、省级环保模范城、省级园林城、全国平安县市为目标，紧抓不懈，全力推进。稳步推进城乡建设。大力开展棚户区改造工作，着力推动大众南路棚户区改造、南环路棚户区改造、光明路棚户区改造、李曹城中村改造、李诠庄棚户区改造和西张大张城中村改造等项目。稳步推进投资2亿元的山西橡胶厂棚户区改造工程，着力实施投资1232万元的汇泽园道路配套和投资2661万元的桥西街改造等道路工程，加快推进投资721.6万元红崖堡紫薇园建设，进一步提升城乡形象。不断丰富城市功能。全面推进投资3.28亿元的新医院、投资2亿元的全民健身中心等项目建设，继续推进水暖气路等基础设施建设，加快实施投资2900万元的经二路北段、投资3200万元的迎宾南路、投资5600万元的纬三路东段、投资3900万元的经十路等新区道路配套工程，全面完成投资5600万元的霍东新区供水工程，持续推动热电联产集中供暖和天然气管网东扩工程。引进建设一批宾馆酒店、休闲健身场馆、文化娱乐场所和双创基地，不断健全城市功能。持续优化城乡环境。抓住“五城联创”的宝贵机遇，继续关注和投资大张镇贾村、李曹镇石鼻村2个省级美丽乡村创建，三教乡龙泉村、退沙办许村2个临汾市级美丽乡村创建，以及辛置村、陈村、周村、茹村、李诠庄、红崖堡、永和村、西街8个村（居）的美丽宜居示范村建设等工作，持续推进“美丽乡村”

建设高潮。加快实施南涧河生态修复和投资7.3亿元的百里汾河（霍州段）治理与生态修复工程，加快建设投资9530万元的南涧河湿地公园—北岸景观项目。以改善人居环境为引领，完善农村水、电、气、路等基础设施建设，切实抓好农村饮水安全和农村厕所改造等工作，实现城乡统筹发展。

（四）聚焦生态文明建设，加大环境治理力度

加大环境污染治理力度。以“控煤、治污、管车、降尘”为抓手，完善治理机制。开展企业违法排污、煤烟污染治理、黄标车及老旧车淘汰、扬尘整治、秸秆禁烧等专项整治，在城区重点提高集中供热覆盖率，城市周边区域重点推进“煤改电”“煤改气”工程，确保大气环境质量明显好转。加快启动霍煤干河煤矿至白龙洗煤厂管状皮带运输走廊和辛置矿管状皮带运矸系统建设，力争6月底前完成国电霍州发电厂2号机组超低排放改造，年内完成辛置矿矸石山治理，关停、改造、整合全市所有“小散乱污”企业。加快推进生态修复治理。加快实施涉及9个乡镇街道办，103个行政村的新一轮退耕还林工作。推进红枣、核桃等传统经济林规模化发展，大力促进我市沿山村庄种植油料牡丹、双季槐、地黄等药材等特色经济林作物。持续推进采煤沉陷区、地质灾害区的生态环境治理修复重点工程。加大节能减排工作力度。继续实施产业低碳化、主要污染物减量化、交通清洁化、新能源利用规模化等一批典型示范项目，加快重点行业提标改造，推动煤矸石、粉煤灰等大宗工业固废综合利用。积极推进纯电动公交车、公共自行车、出租车燃料清洁化等项目，尽快购置无尘清扫车、雾炮车，加大路面清扫力度和频次。严格实施汾河、南涧河排污监管，坚决杜绝污水直排河道。总投资7900万元的辛置南矿区污水处理厂6月底要正式投入运行。加强低碳宣传，积极应对气候变化。

（五）分享经济发展成果，切实保障改善民生

全面推进精准扶贫工作。按照“分类施策、多措并举”的原则，持续推进光伏产业扶贫、生态扶贫、就业扶贫、教育扶贫、金融扶贫等扶贫措施。充分发挥市级领导、驻村干部和村居两委在扶贫工作中的作用，不断提升我市精准扶贫工作质量和水平。积极促进教育事业发展。强力推进普通高中教育、职业教育、义务教育、学前教育、特殊教育等五大教育工程。继续引深《义务教育学校管理标准》省级实验县创建工作。加快实施投资1894万元的技工学校公共实训基地建设项目，继续推进投资700万元的辛置镇中心幼儿园项目、投资1000万元的市二中运动场改造工程和投资8800万元的义务教育均衡发展项目。招聘50名优秀大学毕业生充实教师队伍，进一步优化师资结构，全面提升教育教学质量。持续提升卫计服务。持续深化医改，积极推进公立医院改革，尽快启动新医院、妇幼保健院、疾病预防控制中心等建设项目，加快实施总投资440万元的大张镇、白龙镇、三教乡卫生院建设项目。稳步实施全面两孩政策，加强生育全程医疗保健服务；坚持预防为主，加强重大疾病防控；贯彻落实《中医药法》，进一步加快中医药事业发展；实施科教兴医战略，提升医务人员技术服务水平。保障物价水平基本稳定。建立健全市场价格预警预测机制，对关系国计民生的重要商品、大宗商品加强监测。进一步推进医疗价格改革，打破以药养医的格局。按照“降成本、减负

担”的原则，提高价格政策服务水平。加强行政事业收费监管，建立收费单位报告例会制度，进一步规范收费行为。做好价格监督检查和反垄断工作，稳妥实施价格执法“双随机”方式，发挥“12358”价格举报信息平台作用，为化解价格矛盾提供有力支撑。全力推进创业就业。以创新引领创业，以创业带动就业。对就业困难群体，加大就业援助力度。大力推动大众创业万众创新，完善公共就业服务体系，加强职业培训、就业服务、劳务对接、退役军人转业、残疾人就业援助等工作，举办人才招聘大会，推动就业创业取得新成效。

“万里征程风正劲，千钧重任再扬帆”，2017年让我们在市四大班子的坚强领导和监督支持下，继续保持良好的精神状态，撸起袖子加油干，求真务实勇当先，努力完成全年各项工作任务，为进军省强市、全面达小康，共建文明开放幸福美丽新霍州作出新的更大的贡献！

霍州市2016年财政预算执行情况和2017年财政预算（草案）的报告

——2017年3月15日在霍州市第七届人民代表大会第二次会议上

霍州市财政局局长　王英才

受市人民政府委托，现将霍州市2016年财政预算执行情况和2017年财政预算（草案）提请市七届人大二次会议审议，并请市政协委员和各位列席人员提出意见。

一、2016年财政预算执行情况

2016年，我市财政在市委、市政府的正确领导下，全面贯彻落实中央、省、临汾市各项决策部署，主动适应经济发展新常态，认真执行市七届人大一次会议通过的各项决议，围绕全市经济工作部署，贯彻落实各项财政政策，提高公共财政基本保障水平，全力确保了民生、运转、发展等方面的资金需求，预算执行情况良好平稳。

（一）一般公共预算执行情况

2016年受经济持续下行，工业经济持续回落，煤炭价格大幅下降等因素影响，同时受财政收入减少和支出需求刚性增长双重挤压，财政收支矛盾突出，预算平衡压力巨大。为应对困难挑战，我市财政部门坚持“紧日子、保工资、保运转、保民生”的原则，积极争取上级财政支持，调整优化支出结构，加大资金统筹力度，积极盘活存量资金，多措并举缓解财政困难，尽最大努力稳定预算执行。经过“一财两税”及各部门的共同努力，2016年全市一般公共预算收入完成58547万元，为预算的86.53%，同比下降12.64%。

2016年全市总财力为186467万元，其资金构成为：一般公共预算收入58547万元，上级补助收入83073万元，上年结余24088万元，债券转贷收入15355万元，调入预算稳定调节基金3933万元，政府性基金调入1471万元。2016年一般公共预算支出165031万元，为预算的94.46%，同比增长1.98%。上解上级支出895万元，一般债券还本支出10855万元，结转下年9686万元，实现了当年收支平衡。

2016年预算收支执行情况如下：

（1）主要收入项目完成情况

税收收入完成 38053 万元，为预算的 97.18%，下降 17.45%。其中：增值税完成 14324 万元，为预算的 168.10%，增长 76.56%；营业税完成 2808 万元，为预算的 40.29%，下降 70.57%（主要是 2016 年 5 月 1 日起，营业税全部改征增值税）；企业所得税完成 764 万元，为预算的 55.89%，下降 72.85%；个人所得税完成 994 万元，为预算的 78.89%，下降 20.92%；资源税完成 1842 万元，为预算的 76.43%，下降 21.21%；城市维护建设税完成 5022 万元，为预算的 83.98%，下降 14.45%；房产税完成 2250 万元，为预算的 107.14%，下降 51.86%；印花税完成 2267 万元，为预算的 143.48%，增长 53.18%；城镇土地使用税完成 5552 万元，为预算的 81.42%，下降 30.42%；土地增值税完成 256 万元，为预算的 49.23%，下降 54.04%；车船税完成 792 万元，为预算的 134.24%，增长 23.36%；耕地占用税完成 712 万元，为预算的 136.92%，增长 80.71%；契税完成 470 万元，为预算的 90.38%，增长 7.31%。

非税收入完成 20494 万元，为预算的 91.08%，下降 2.04%。其中：专项收入完成 4361 万元，为预算的 65.68%，下降 24.22%；行政事业性收费收入完成 1567 万元，为预算的 13.36%，下降 86.48%；罚没收入完成 2151 万元，为预算的 90.76%，增长 4.72%；国有资源（资产）有偿使用收入完成 12230 万元，为预算的 782.47%，增长 802.58%（省返还资源价款一次性收入 11567 万元占比较大）。

（2）主要支出项目执行情况

教育支出执行 34016 万元，为调整预算的 97.48%，同比增长 5.13%；医疗卫生与计划生育支出执行 18300 万元，为调整预算的 95.13%，同比增长 12.33%；社会保障和就业支出执行 26156 万元，为调整预算 100%，同比增长 1.35%；文化体育与传媒支出执行 2042 万元，为调整预算的 92.99%，同比增长 1.74%；节能环保支出执行 6082 万元，为调整预算的 100%，同比增长 59.30%；农林水支出执行 15697 万元，为调整预算的 83.95%，同比增长 16.89%；科学技术支出执行 357 万元，为调整预算的 100%，同比增长 43.95%；国土海洋气象等支出 6312 万元，为调整预算的 87.21%，同比下降 42.81%；住房保障支出执行 8689 万元，为调整预算的 79.77%，同比增长 44.38%；城乡社区支出执行 10555 万元，为调整预算的 89.86%，同比下降 47.25%。

其他项目支出情况：一般公共服务支出执行 16694 万元，为调整预算的 99.30%，同比增长 31.06%；公共安全支出执行 10065 万元，为调整预算的 96.94%，同比增长 4.55%；交通运输支出执行 6255 万元，为调整预算的 97.73%，同比下降 0.82%；资源勘探信息等支出 881 万元，为调整预算 100%，同比增长 8.23%；商业服务业等支出 2547 万元，为调整预算的 88.28%，同比增长 217.19%；粮油物资管理事务支出执行 33 万元，为调整预算的 37.08%，同比下降 83.90%；债务付息支出执行 350 万元，为调整预算的 100%，同比增长 97.74%。

（3）转移支付执行情况

2016 年，中央、省、临汾市对我市转移支付 83073 万元，减少 7.43%。其中：一般性转移支付 60388 万元，减少 2.05%；专项转移支付 22685 万元，减少 19.24%。

（二）政府性基金预算执行情况

2016 年，政府性基金预算收入完成

6193万元，增长18.71%；政府性基金支出执行10900万元，为调整预算的90.83%。

（三）社会保险基金预算执行情况

2016年，全市社会保险基金预算收入完成31759.33万元，为预算的99.07%；预算支出执行27080.85万元，为预算的79.90%，收支结余4678.48万元。

（四）债务情况

2016年，我市政府债务率为28%，比2015年增加4个百分点。

（五）“三公”经费预算执行情况

经汇总，2016年“三公”经费支出执行870万元，为预算的89.51%，下降53.55%。其中，因公出国（境）经费0万元；公务接待费209万元，为预算的67.20%；公务用车购置及运行维护费661万元，为预算的100%。

二、落实市七届人大一次会议预算决议工作情况

（一）狠抓财源挖潜，较好完成财政收支任务

2016年，面对经济下行压力持续加大，骨干税源企业经营困难等严峻形势，财政部门增强大局意识，主动作为，与国、地税部门协调联动、密切配合，坚持执行旬碰头、月分析例会制度，加强沟通协调，强化分析研判，把保障财力作为重点来抓。一是加强税源监控，定期分析税收形势。多次深入霍州煤电集团、国电霍州发电厂、兆光电厂等重点企业调研，召开财税联席会议，协调财税征收工作。二是规范征管行为，提高收入质量。深查细找征管工作中的薄弱环节，加强各类潜力税源和零散税源管理，采取有效措施，堵漏增收，确保了税收均衡入库。三是加强非税收入管理，确保及时入库。认真清理已取消的行政事业性收费项目，进一步完善非税收入管理系统，确保非税收入及时、规范、足额上解入库。四是盘活财政存量资金，统筹用于全市经济社会发展亟需的领域。继续强化结转结余资金清理，盘活部门预算结余资金及结转两年以上的专项资金。

（二）积极筹措资金，服务全市经济建设大局

2016年，我们积极协同各职能部门多方争取各类资金27239.66万元，在农发行融资2470万元。其中：节能减排综合示范项目2092.71万元（包括霍州煤电污水处理1784.65万元，兆光电厂节能改造308.06万元）；农村地质灾害治理560.42万元；农业综合开发项目资金245万元；保障房基础设施配套600万元；社会福利院建设398万元；农村公路建设156万元；天然林资源保护工程230万元；成品油改革补贴475.3万元。同时，积极调剂、拨付各类项目资金，确保了全市重点工程建设资金需要。其中累计拨付城市道路建设及绿化资金17918.95万元，拨付各项交通建设资金4074.71万元，拨付橡胶厂、霍州署、大众路、南环路农贸市场等棚户区改造资金1640.79万元等，有力促进了我市城市基础设施建设，改善了人居环境，拓展了城市发展空间。

（三）突出民生重点，实现民生福祉持续增进

持续推进以保障和改善民生为重点的社会建设，财政普惠于民取得显著成效。2016年全市民生支出145624万元，同比增长4.60%，占一般公共预算支出的88.24%。

一是及时安排涉农资金，大力促进“三农”发展。全年共拨付涉农资金15854.21万元，同比增长了18%。在落实各项惠农政策方面，通过“一卡通”方式发放农业支持

保护补贴 1738.16 万元；支付农机具购置补贴 147.75 万元；发放退耕还林资金 263.73 万元；发放低收入农户冬季取暖货币化补贴 1377.86 万元；拨付农业防灾减灾稳产补助资金 92.5 万元，切实使党的政策惠及全市 59907 余农户。在支持农业农村发展方面，全面落实村级公益事业“一事一议”财政奖补政策，项目涉及 10 个乡镇（办）36 个村，涵盖农村小型水利建设、桥涵建设、道路硬化工程、文化活动广场建设、绿化美化工程等五大类，总投资 1071.27 万元，拨付财政奖补资金 743.69 万元。

二是加大教育投入力度，促进教育协调发展。全年教育支出达到 34016 万元，同比增长了 5.13%。在生均经费和公用经费按进度拨付的基础上，重点支持了均衡发展奖补资金 300 万元、校舍维修资金 416 万元、均衡信息化工程 600 万元，幼儿园改扩建资金 340 万元，义务教育阶段家庭困难寄宿生补助 111.67 万元，补助学生 996 人；拨付 1463.89 万元解决了市职业中专学校新校区建设、实训基地建设及学生各项补助资金缺口。

三是完善社保体系建设，加大社会保障力度。医疗卫生事业方面，全面推进公立医院综合改革，拨付取消基本药品加成收入补贴资金 221.46 万元，公立医院改革奖补资金 300 万元，新购置了两辆急救车及设备。基本公共卫生服务经费财政补助标准由 40 元提高到 45 元，财政配套资金全部到位；落实了新农合财政补助标准由 380 元提高到 420 元，本级配套资金 863.47 万元。全年共拨付就医补偿资金 6883.94 万元，其中，住院就医补偿患者 201781 人次，门诊补助 170221 人次，拨付补偿资金 1647.27 万元，大病医疗支出 357.94 万元，切实减轻了农民的就医负担。社会保险福利事业方面，建立统一的城乡居民基本养老保险制度，拨付城乡居民基本养老金 2167.42 万元；救助“四类”家庭在校贫困生 1027 人，发放救助金 120 万元；救助贫困大学生 108 人，发放救助金 76.26 万元；低收入家庭重病重残救助 87 人，拨付救助金 2.29 万元；80 岁以上高龄补助 2108 人，发放救助金 271.1 万元；发放城乡低保金 1864.76 万元；落实农村五保供养政策，五保供养对象 521 人，拨付供养资金 383.8 万元；落实残疾人救助相关政策，对一、二级重度残疾 1679 人发放护理补贴 94.29 万元、困难残疾人 706 人发放生活补贴 41.04 万元。保障性住房方面，加大廉租房建设资金投入，安排资金 1160 万元购置了 121 套公共租赁房；拨付城镇低收入住房保障家庭租赁补贴资金 96.34 万元，惠及保障户 468 户。就业创业工作方面，我们通过加强基层就业平台建设、强化职业技能培训、开发公益性岗位等方式，积极推进再就业工作。全年拨付基层就业平台经费 68.9 万元，举办创业培训班 6 期，拨付创业培训费 19.4 万元；农村劳动力职业技能培训 23 期，培训费 68.8 万元；发放公益性岗位补贴 387.27 万元；拨付政府购买基层公共服务岗位补助 111.9 万元。

（四）加强财政管理，努力提升科学理财水平

一是进一步完善预算管理，强化预算约束。按照“全口径”预算管理要求，对 2016 年部门预算编制进行改革与优化，细化基础信息录入，完善了财政供养人员基本信息、遗属补助人员信息、办公房屋建筑物情况、信息化建设运行维护情况等内容，不断提高部门预算编制精准度；同时，进一步完善预决算公开制度，建立预决算信息公开的长效

机制，打造阳光财政；坚持量入为出、收支平衡的原则，严格控制一般性支出，做到“三公”经费只减不增，2016年全市“三公”经费同比减少了53.55%。

二是完善国库集中支付管理。严格落实部门预算与支出标准，从抓支出凭证的合法性、真实性、规范性入手，严把支出审核关。全年通过大平台办理集中支付业务19227笔，涉及财政资金18.13亿元，确保了资金的及时拨付、准确办理和安全高效。为进一步加强财政信息化建设，启动了国库集中支付系统由cs系统向bs系统的升级工作，65家部门单位升级后，将通过互联网实现单位业务数据与财政相关系统实时交互，可同步查询、打印相关表格、凭证，从而提高工作效率。

三是全面推行财政投资评审工作。积极推行投资评审、绩效评价、预算编制“三位一体”的管理机制，制定出台了《霍州市财政投资评审管理办法》，完善了工作流程，建立了复核制度，对财政性投融资50万元以上的建设项目的工程概算、预算等进行评价审查。全年共评审政府性投资工程项目36个，项目送审投资额20173.21万元，审定金额19197.53万元，审减资金975.68万元，核减率4.84%，节约了政府投资，提高了财政资金使用效益。

四是加强政府采购管理。2016年我们大力推进政府采购的电子信息化平台建设，结合各部门日常办公需求，制定出台了《霍州市2016年度日常办公设备采购限额标准》，统一了19类办公设备采购限价。全年共监督完成集中采购目录采购业务244笔，预算资金5355.61万元，实际采购金额4951.247万元，节约率7.55%，监督备案各单位分散采购业务251笔，采购资金203万元。

五是强化国有资产管理。全面规范资产配置、使用、处置等各环节的管理，构建国有资产管理全过程的有效监管体系。为摸清我市行政事业单位“家底”，夯实管理基础，认真开展了全市行政事业单位国有资产清查工作，各单位资产全部登录资产平台。全面完成公务用车制度改革，对146辆公务用车进行公开拍卖，拍卖收入324.43万元，溢价率达到91%；报废处置车辆62辆，处置收入1.86万元。

六是加强政府性债务管理。全面完成了财政部安排的地方政府债务清理甄别工作，按规定使用管理专项政府债券和一般债券，将债务收支全面纳入预算管理，切实防范和化解财政风险。截止2016年年底，我市地方政府债务余额为60258.71万元，政府债务率在临汾市各县、市居较低水平。

在加强财政管理的同时，我们进一步完善财政各项管理制度，出台《霍州市财政局预算执行及业务程序管理办法》《霍州市大额资金使用管理办法》《关于实行上级专项资金书面告知方式的通知》《关于精简优化政府采购审批管理流程的通知》等规定，细化工作程序、明确工作责任，强化刚性约束，促进财政工作规范化和科学化。

在总结成绩的同时，我们也清醒地看到财政运行中存在的一些矛盾和问题：一是受国家政策影响，以及节能减排、环保限产、化解产能等影响，经济下行压力依然较大；二是刚性支出规模扩大，财政收支矛盾突出，财政平衡和资金保障压力巨大；三是预算“重编制、轻管理”，绩效评价需进一步加强；四是各部门执行《中华人民共和国预算法》的意识不强。对于这些问题，我们必须高度重视，采取有力措施，切实加以解决。

三、2017年财政预算草案

2017年是全面贯彻山西省、临汾市和我市党代会精神的起步之年，是供给侧结构性改革的深化之年，也是霍州走出资源型城市转型发展新路的攻坚之年。做好2017年各项财政工作，关系全市实施“六大攻坚”，共建文明开放幸福美丽的新霍州大局，意义十分重要。

（一）2017年预算安排原则

全面贯彻党的十八大、十八届五中、六中全会和中央、省、临汾市财政工作会议精神，落实市委七届二次全会及三干会议部署，综合考虑全市财政经济发展的各种因素，2017年全市财政预算编制原则如下：

——积极稳妥，量入为出，坚持收支平衡。

——统筹兼顾，突出重点，集中财力办大事。

——勤俭节约，过紧日子，从严从紧编制预算。

——应收尽收，必保尽保，实行收支全口径管理。

——讲求绩效，绩效为先，安排财政资金绩效先行。

（二）2017年收支预算

1.2017年全市一般公共预算收入预期57430万元，比上年完成数下降1.91%。其中：税收收入45000万元，增长18.25%；非税收入12430万元，下降39.35%，主要是2016年收入中包括省返还资源价款一次性因素，2017年不再有此项收入。一般公共预算支出安排125799万元，同口径减少20.64%。资金来源为：一般公共预算收入57430万元，上级补助收入58683万元，上年结转9686万元。

主要支出项目安排情况是：一般公共服务支出11825万元，同口径（下同）增长1.98%；公共安全支出8867万元，增长16.82%；教育支出27544万元，下降10.04%；科学技术支出293万元，增长17.20%；文化体育与传媒支出1418万元，增长4.11%；社会保障和就业支出20141万元，下降20.15%；医疗卫生与计划生育支出16704万元，增长1.61%；节能环保支出1789万元，下降52.66%；农林水支出12102万元，下降28.73%；国土海洋气象等支出3126万元，下降60.19%；住房保障支出6070万元，下降30.61%。

2017年，我市财政将面临非常困难的“紧日子”，在当前财政收入持续下滑、刚性支出有增无减的严峻形势下，收支平衡压力进一步增大，为确保编制无赤字预算，我们通过优化财政支出结构、大力压减一般性支出、动用预算稳定调节基金、盘活财政存量资金，以及加大政府性基金和行政性收费调入公共预算统筹等措施，平衡编制了预算盘子，在保工资、保运转、保民生的前提下，其他项目支出区分轻重缓急、量力而行安排。

2.政府性基金预算

2017年政府性基金预算收入7983万元，比上年完成数下降40.77%；预算支出安排7983万元，同口径下降13.38%。

3.社会保险基金预算

2017年全市社会保险基金预算收入安排57745万元，预算支出安排64777万元，滚存结余12150万元。

4.“三公”经费预算

经汇总，2017年全市安排“三公”经费预算843万元，较2016年预算减少129万元，下降13.27%。其中：因公出国（境）经费0万元；公务车辆运行维护费645万元，减少 16 万元；公务接待费 198 万元，减少 113 万元。

以上预算安排的具体情况详见《2016 年全市预算执行情况及 2017 年预算（草案）》。

三、完成 2017 年预算任务的主要措施

（一）持续强化财政收支管理，确保实现收支平衡

加大财政收入征管力度，严格规范征缴非税收入。坚决防止和纠正收取“过头税”、乱收费和采取“空转”方式虚增财政收入的行为。大力压缩一般性支出，调整优化支出结构。切实加强预算执行管理，及时批复下达部门预算，督促做好项目实施准备工作，确保预算一经下达能够立即执行，提高支出执行到位率。对预算执行进度缓慢或者预计年内难以执行的资金，及时收回调整用于亟需支持的领域。进一步加大争取中央、省级财政支持力度，积极主动向上反映我市财政运行困难，密切跟踪中央和省级市级政策制定、资金分配相关情况，认真做好对接和政策资金配套衔接等工作，争取中央、省、市财政在转移支付、政府债券、项目资金等方面的支持。

（二）持续落实积极财政政策，促进经济平稳运行

支持落实供给侧结构性改革“三去一降一补”重点任务。严格落实好国家和省、市已出台的各类减轻实体经济负担的政策措施，大力清理涉企收费，减轻企业负担，促进企业健康发展。加大对“一煤两电”的帮扶力度，努力培植、稳定纳税大户，稳固财政收入基础。大力支持工业转型升级，推动农业提质增效，城市扩容提质；加大城市基础设施建设投入，环境整治保护投入；统筹安排“五城联创”资金，落实各项扶贫资金，全力保障民主支出。同时加强沟通协作，做好项目申报和已申报项目的跟踪管理，积极争取上级政策和资金支持，充分发挥财政政策和资金的导向作用，集中力量支持全市经济建设和重点项目。积极发挥财政融资平台和担保公司职能作用，与政策性银行有效对接，促进项目建设和中小企业发展。广开合作模式，利用社会资本加快我市文化、体育、生态、旅游、基础设施等项目建设。探索推进 PPP 示范项目，增强 PPP 项目吸引力，改变我市项目落地难、推进慢、资金缺的局面。

（三）持续加大资金整合力度，支持脱贫攻坚和惠农政策落实

加大涉农资金统筹整合力度，对零散的支农资金集中整合使用，提高资金的使用效率。持续推进“一事一议”财政奖补工作，把美丽乡村建设纳入“一事一议”，支持农村公益事业建设。大力支持扶贫产业发展，扎实推进农业“三项补贴”改革工作，大力支持耕地地力保护和粮食适度规模经营，推动支农政策由价格补贴向收入补贴转型调整，由倾向于保面积、增产量向支持农业转型升级和提高质量效益转变，不断提升支农政策的指向性、精确性和实效性。

（四）持续调整优化支出结构，有效保障重点领域支出

围绕人的全面发展，守住底线、突出重点、完善制度、引导预期，下大力气做好兜底性、基础性和发展性民生工作。按照学前教育协调发展，义务教育均衡发展，普高教育内涵发展，职业教育大力发展，民办教育健康发展的思路，统一城乡义务教育学生“两免一补”政策。改善义务教育薄弱学校办学基本条件。支持构建现代职业教育体系，认真落实学生资助政策。统筹运用税收优惠、融资担保、贷款贴息等政策措施，扶

持大众创业，万众创新，以创业带动就业。完善社会保障体系，继续提高退休人员基本养老金水平、城乡居民基本医疗保险财政补助、基本公共卫生服务经费和大病医疗保险筹资标准。全面推进完善公立医院综合改革，落实财政补贴政策。

（五）持续深入推进财政改革，全面提高依法理财水平

通过规范和加强管理，用制度和机制让资金高效流动，使有限的财力发挥最大效益。一是深化部门预算改革，进一步细化预算编制，提高年初预算到位率。二是加大财政资金统筹力度，将新增建设用地土地有偿使用费等基金调整转列一般公共预算，落实关于排污费、水资源费等取消以收定支、专款专用的规定。三是推行预算绩效管理，扩大预算绩效目标管理范围，加强预算绩效运行跟踪监控，强化对重点民生支出和重大专项支出的绩效评价，注重评价结果运用，逐步实现所有预算资金绩效管理全覆盖。四是建立健全预决算公开机制，严格落实公开主体责任。五是加强库款管理与预算编制的衔接，对于存量资金较多的单位或项目，相应压减预算规模。六是推行用政府购买服务的方式将公共性和公益性等公共服务交由社会力量承担，切实推动“花钱办事”替代“花钱养人”。

各位代表：做好 2017 年财政工作，任务繁重，责任重大，让我们在市委、市政府的正确领导下，在市人大、市政协的监督支持下，克难攻坚，拼搏争先，奋勇前行，聚精会神做好全年财政工作，为实现“进军省强市、全面达小康，共建文明开放幸福美丽新霍州”的宏伟目标而作出新的贡献！

大事记

1月

1日，霍州市召开专题会议，安排部署做好当前脱贫攻坚工作和迎接考核评估工作。霍州市领导崔山原、高雅铭、郭宏生、张发宁、王英才出席会议，脱贫攻坚领导组各成员单位、各乡（镇、街道）等相关部门负责人参加会议。

2日，霍州市委书记崔山原深入辛置镇段庄村走访慰问贫困户，就脱贫攻坚等重点工作进行调研。市委常委、市委秘书长郭宏生，市扶贫办、驻村工作队等相关负责人一同调研。

4日，霍州市委副书记、市长黄晓君深入白龙镇调研镇、村两级精准扶贫工作，入户走访、慰问贫困户。政府副市长张发宁一同调研。

4日，临汾市安全生产大检查暨目标责任考核督察组一行莅临霍州市，考核全市安全生产目标责任工作。霍州市领导黄晓君、张伟兴及相关部门负责人参加汇报会。市委副书记、市长黄晓君就霍州市2016年度安全生产工作情况进行汇报。临汾市安全生产大检查暨目标责任考核督察组听汇报、查资料，对霍州市安全生产目标责任工作给予肯定。

5日，霍州市委副书记、市长黄晓君主持召开市委常委会，研究遴选基层党（工）委推荐的全省出席党的十九大代表候选人初步人选。市委常委、市委组织部部长牛福生宣读《霍州市推荐山西省出席党的十九大代表候选人初步人选建议名单》。会议举手表决通过建议名单。

5日，霍州市委副书记、市长黄晓君主持召开市委全委扩大会议。黄晓君传达山西省委十一届二次全体会议暨经济工作会议精神，安排部署当前工作；市委常委、市委组织部部长牛福生宣读《霍州市推荐山西省出席党的十九大代表候选人初步人选建议名单》。

6日，霍州市委副书记、市长黄晓君主持召开政府常务会议，研究全市重点项目融资等工作。市领导刘国平、郭丽华、张伟兴、晋学斌、刘元建、吕文博、张谦、王英才参加会议。部分退休老干部、人大代表、政协委员及环保、住建、安监、审计、文化、招商、交运等部门负责人列席会议。

9日，临汾市落实山西省环保督查组发现问题整改工作安排部署会议召开后，霍州市就督查组反馈的环保问题及办理落实情况紧急召开会议，对环保整治工作再部署。政府副市长晋学斌出席并主持会议，住建局、水利局、环保局、公路段、各乡（镇、街道）负责人，霍州煤电集团、兆光发电厂、霍州发电厂等驻霍企业负责人参加会议。

11 日，由山西省环保厅评估中心主任罗邱生带队的省“铁腕治污”行动督察组莅临霍州市，督查“铁腕治污”专项行动进展落实情况。政府副市长晋学斌向督察组汇报霍州市“铁腕治污”行动工作进展、存在问题及下一步工作规划。

12 日，临汾市创建国家级卫生城市检查指导组在霍州市检查，霍州市政府副市长晋学斌，市爱卫办、住建局、环保局、卫计委、食药局、水利局、交警队、疾控中心等单位负责人参加会议。

17 日，霍州市委书记崔山原主持召开市委常委扩大会议。崔山原传达在中央党校学习培训的精神。会议研究通过《霍州市七届二次全委会工作报告》《霍州市推进旅游景区（景点）体制机制改革创新实施方案》《霍州市委关于在全市开展“讲政治、知敬畏、守规矩”专项治理活动实施方案》《2016 年度领导班子工作总结》；听取全市加强环境保护工作进展情况。

17 日，霍州市召开应对重污染天气三级干部大会，传达贯彻临汾市政府重污染天气紧急工作会议精神和《临汾市关于加强重污染天气二氧化碳管控的紧急通知》要求，安排部署霍州市当前应对重污染天气工作。市四套班子在家领导出席会议，市直各部门、各条管单位主要负责人、各乡（镇、街道）党政负责人、农村两委主干以及霍煤、霍电、兆光等驻霍重点企业相关负责人 400 余人参加会议。会议由市委副书记、市委统战部部长、市委党校校长高雅铭主持。

18 日，霍州市召开市乡党委书记抓基层党建工作“面对面”专项述评会。市四套班子在家领导出席会议，临汾市委人才办副主任王瑞对会议进行指导。各乡（镇、街道）、市直单位主要负责人等参加会议。市委书记崔山原主持会议并作重要讲话。

24 日，霍州市 2016 年度目标责任考核会在市委党校六楼会议室召开，临汾市年度目标责任考核全体成员，霍州市领导崔山原、黄晓君出席会议。会议由市委书记崔山原主持。市全委会成员及其他市级干部、党政部门、人民团体、乡（镇、街道）党政负责人等共 90 余人参加会议。

25 日，霍州市领导崔山原、黄晓君、高雅铭、陈占平、薛泽会、郭宏生、郭丽华等深入一线企业和单位，检查节前安全生产工作，走访慰问春节期间坚守岗位的一线干部职工，送上新春祝福。

2 月

3 日，春节假期后的第一个工作日，市委书记崔山原，市委副书记、市长黄晓君到市农林委，就精准扶贫工作进行检查，市领导高雅铭、郭宏生、牛福生、张发宁等一同检查。

4 日，霍州市委书记崔山原主持召开重点项目汇报会。听取相关部门项目进展情况汇报，分析存在的困难和问题，并就下一步抓好重点项目建设工作进行安排部署。市领导黄晓君、高雅铭、郭宏生、张伟兴、张发宁、晋学斌、刘元建、吕文博、张谦、王英才等出席会议。市住建、水利、旅游、招商等部门负责人参加会议。

8 日，中共霍州市委七届二次全体（扩大）会议在市委新三楼会议室召开。会议总结回顾 2016 年工作，安排部署 2017 年工作。会议由市委书记崔山原主持。市委委员、候补委员，不是市委委员、候补委员的其他市级领导，各乡（镇、街道）党政负责人、市直各行政事业单位一把手、各条管单位负责人参加会议。市委书记崔山原代表市委常委会作题为《稳中求进克难攻坚筑牢进军省强市全面达小康的坚实基础》的工作报告。与会市委委员分组讨论《市委常委会工作报告》，市委常委、市委秘书长郭宏生通报分组讨论情况。会议表决通过《关于市委常委会工作报告的决议（草案）》。

14 日，霍州市委书记崔山原主持召开市委常委会，研究讨论三级干部大会报告和七届二次纪委全会工作报告；学习中办〔2016〕44 号文件精神。市委常委、市委宣传部部长、三教乡党委书记郭丽华传达中办〔2016〕44 号文件的指示精神，对文件精神的精髓进行解读和强调。会后，观看警示片《打铁还需自身硬》。

15 日，霍州市委书记崔山原，市委副书记、市长黄晓君接见在霍州市考察旅游文化产业的山西省经贸集团总经理刘顺平一行。政府副市长吕文博，政协副主席薛有生、王英才等陪同考察。

15 日晚，霍州市委书记崔山原，市委副书记、市长黄晓君接见浙江向上创业控股集团董事长裘利兴、总裁裘宁敏先生，就推进霍州与向上创业小镇合作项目进行接洽。

16 日，霍州市三级干部大会召开，会议总结盘点 2016 年工作成绩，安排部署 2017 年工作任务。全市副县级以上领导，担任过县级实职的老领导，霍煤集团、霍州发电厂、兆光电厂等驻霍企业领导，各行政事业单位、条管单位负责人，各乡（镇、街道）班子成员，农村党支部书记、村委主任，人大工委主任、政协专委主任等共 700 余人参加会议。会议由市委副书记、市委统战部部长、市委党校校长高雅铭主持。市委副书记、市长黄晓君作题为《紧扣发展主题聚力转型攻坚，全力建设文明开放幸福美丽新霍州》的讲话。市委书记崔山原作题为《主动作为敢于担当，奋力开创进军省强市全面达小康的崭新局面》的讲话。

16 日，霍州市委书记崔山原在鼓楼东街视察赵家庄小学人行天桥工程。政府副市长晋学斌、住建局负责人等陪同视察。

16 日，由临汾市委宣传部副部长王全民带队的测评组对霍州市 2016 至 2017 年度省级精神文明创建活动先进集体进行推荐测评。市委书记、市文明委主任崔山原出席汇报会并讲话，市委常委、市委宣传部部长、三教乡党委书记郭丽华主持会议，市政协副主席、财政局局长王英才出席会议。

27 日，“梁衡杯”书画展开幕式在霍州市一中梁衡研究会举行，市领导黄晓君、高雅铭、郭宏生、郭丽华、朱源洪、刘元建、吕文博、薛云彪、王英才等出席开幕仪式，梁衡研究会成员、市委宣传部、文化局、新闻信息中心、广播电视服务中心、文联、党史办、市一中班子成员等参加开幕式，参观书画展。

27 日，霍州市 2017 年文化、科技、卫生“三下乡”活动在退沙街道什林村启动。市领导黄晓君、郭丽华、朱源洪、刘元建、吕文博、薛云彪等出席活动。市委副书记、市长黄晓君宣布“三下乡”活动启动。相关部门参加“三下乡”活动。

28 日，山西省脱贫攻坚工作电视电话会议召开。会议传达学习省委书记骆惠宁对全省脱贫攻坚工作的重要讲话精神。霍州市领导牛福生、张发宁、各乡（镇、街道）及各相关部门负责人在霍州分会场参加会议。会后，霍州市市委常委、市委组织部部长牛福生就全市脱贫攻坚工作进行再安排。

3月

3日，中共霍州市第七届纪律检查委员会第二次全体会议在市委党校六楼会议室召开。市委书记崔山原出席会议并讲话。市领导黄晓君、郭宏生、田晋川、程军、牛福生、郭丽华、田辉等出席大会，会议由市委常委、纪委书记程军主持。副县级以上领导，各乡（镇、街道）党（工）委书记、乡镇长（主任）、纪（工）委书记、纪（工）委副书记，市纪委委员，市直单位及条管单位主要负责人、纪检组长或分管纪检工作的领导，市委巡查办、巡察组全体人员，市纪委机关全体人员参加会议。会上程军作题为《深化监察体制改革，强化执纪问责，着力推动全面从严治党向纵深发展》的工作报告。市委书记崔山原就党风廉政建设和反腐败工作提出要求。

3日，临汾市委常委、市委宣传部部长、临汾市政府大气污染防治霍州督查组组长李朝旗深入霍州市就“煤改气”工作进行督查。霍州市领导崔山原、黄晓君、郭丽华、晋学斌及环保、大张镇相关负责人陪同。

3日，霍州市举行“同筑中国梦·共度书香年”音乐朗诵展演暨颁奖典礼，市领导崔山原、郭宏生、郭丽华、朱源洪、吕文博、薛云彪观看展演，为获得特等奖、一等奖、二等奖、三等奖、优秀奖的代表队颁奖。

6日，临汾市委常委、市委统战部部长张建平在霍州市就统战工作进行调研。霍州市领导崔山原、黄晓君、高雅铭、张伟兴出席座谈会陪同调研，市委书记崔山原主持座谈会。

6日，市委副书记、市长黄晓君主持召开市政府党组会议，传达学习习近平总书记在中央政治局民主生活会上的重要讲话精神。政府党组成员郭丽华、张伟兴、张发宁、晋学斌、刘元建、吕文博、张谦等参加会议。

7日，霍州市召开重点项目汇报会。研究讨论霍州市全民健身中心、霍州市人民医院（新医院）建设项目规划设计方案。市四套班子在家领导出席汇报会，老干部代表、相关部门负责人参加汇报会。市委书记崔山原提出要求。汇报会后，市委中心组成员集中传达学习山西省第十一次党代会精神。

8日，霍州市七届人大常委会第四次会议召开。市人大常委会主任陈占平，副主任安志勇、朱源洪、张根生、孟援斌等出席会议。政府副市长张伟兴、法检两院负责人，部分乡（镇、街道）人大主席（工委主任）列席会议。人大常委会副主任张根生主持会议。会议决定霍州市七届人民代表大会第二次会议3月15日召开。

9日，由环保部华北督查中心处长姜维带领的环保部第一季度空气质量专项督查组在霍州市督查环境保护工作，霍州市领导崔山原、黄晓君、高雅铭、晋学斌等陪同督查。

10日，霍州市委常委班子召开“两学一做”专题民主生活会。市委书记崔山原主持会议并作总结表态发言，市委常委班子成员黄晓君、高雅铭、田晋川、李峰、牛福生、郭丽华、田辉参加会议，市人大常委会主任陈占平，市政协主席薛泽会列席会议。

13至16日，政协第七届霍州市委员会第二次会议召开，158名政协委员参会。市领导崔山原、黄晓君、高雅铭、陈占平、程军、牛福生等出席会议。会议审议通过政协主席薛泽会代表《政协第七届霍州市委员会常务委员会所作的工作报告》，审议通过薛有生代表《政协第七届霍州市委员会常务委员会关于七届一次会议以来提案工作情况的报告》。听取并讨论政府市长黄晓君在霍州市七届人大二次会议上所作的《政府工作报告》以及其他报告。中共霍州市委书记崔山原作讲话。会议期间，全体委员参观霍州署廉政教育基地。

3 月 14 至 17 日，霍州市七届人大二次会议召开。会议审议通过市长黄晓君所作的工作报告。听取和审议检察长王志刚所作《霍州市人民检察院工作报告》；听取和审议法院院长任军所作《霍州市人民法院工作报告》；听取并审议人大常委会主任陈占平所作《霍州市人大常委会工作报告》；会议审查和通过市人民政府提出的《关于霍州市 2016 年财政预算执行情况和 2017 年财政预算草案的报告》《关于 2016 年国民经济和社会发展计划执行情况与 2017 年国民经济和社会发展计划草案的报告》。

17 日，在霍州市七届人大二次会议上，霍州市委常委、市纪律检查委员会书记程军当选为霍州市监察委员会主任；17 日上午 10 点整，市七届人大常委会第五次会议通过霍州市监察委员会副主任、委员的任命，标志着霍州市监察委员会正式成立。

17 日，新成立的霍州市监察委员会召开第一次干部大会。临汾市纪律检查委员会副书记、监察委员会副主任任建英，受临汾市纪律检查委员会、临汾市监察委员会委托出席会议并讲话。霍州市市委书记、市深化监察体制改革试点工作小组组长崔山原出席会议并讲话。霍州市市委常委、市纪律检查委员会书记、市监察委员会主任、市深化监察体制改革试点工作小组副组长兼办公室主任程军主持会议。田晋川、牛福生、安志勇、王志刚等出席会议。会后，临汾市纪律检查委员会、监察委员会副主任任建英与霍州市领导崔山原、黄晓君、田晋川、程军、牛福生、安志勇、王志刚等到市纪律检查委员会、监察委员会办公场所进行检查指导。

21 日，霍州市举行《赵城金藏》珍藏版认领交接仪式，将认领的 10 卷交于市档案馆永久保存。霍州市档案馆成为山西省首家认领“国宝”的国家综合档案馆。临汾市文化局局长董凤妮、赵城金藏文化促进会会长王富山及临汾市文化局、档案局相关负责人，霍州市领导崔山原、高雅铭、薛泽会、郭宏生、郭丽华、朱源洪、晋学斌、王英才及文化、市志等相关部门出席认领交接仪式。政府副市长晋学斌主持仪式。

24 日，霍州市四套班子领导和相关单位工作人员在霍东大道经十路参加春季义务植树活动。

24 日，全市党务工作会议在市委三楼会议室召开。市四套班子在家领导出席会议，市委书记崔山原作讲话，市委副书记、市长黄晓君主持会议。市委副书记、市委统战部部长、市委党校校长高雅铭作统战工作报告；市委常委、市委组织部部长牛福生作组织工作报告；市委常委、市委宣传部部长郭丽华作宣传工作报告。各乡（镇、街道）党政一把手和分管组织、宣传、统战副职，市直工委书记、非公工委书记及党组织关系在霍的条管单位负责人参加会议。会议总结 2016 年党务工作，部署安排 2017 年党务工作。

28 日，在霍州署广场，霍州市委常委、组织部部长牛福生为 47 名优秀年轻干部挂职锻炼的干部壮行，此次挂职锻炼周期为 2 个月，挂职地点为江苏、浙江、安徽。

29 日，霍州市委书记崔山原带领市环保、住建、水利、交警、爱卫、两办督查组及部分乡（镇、街道）等部门负责人对霍州市环境卫生整治、市容市貌、园林建设等工作进行督查。市委常委、市委秘书长郭宏生，市委常委田辉，政府副市长晋学斌等陪同督查。

31日，霍州市委副书记、市长黄晓君，政府副市长张发宁带领农林委、消防、公安等部门负责人对春季森林防火工作进行检查。黄晓君要求各相关部门要加大春季森林防火宣传，加强设备维护，全力做好春季森林防火工作。

31日，霍州市农村工作暨脱贫攻坚工作会在市委三楼会议室召开。市领导崔山原、黄晓君、高雅铭、安志勇、张发宁、薛有生等出席会议，市农村工作、市脱贫攻坚领导组成员单位负责人，各乡（镇、街道）党政“一把手”，各脱贫攻坚驻村帮扶工作队，市农林委班子成员及扶贫办、下乡办等相关人员参加会议。会议由市委副书记、市委统战部部长、市委党校校长高雅铭主持。市委书记崔山原向12个乡（镇、街道）签定脱贫攻坚责任状，市委副书记、市长黄晓君就如何做好当前农业农村工作进行部署安排。

4月

10日，临汾市委副书记雷健坤带领临汾市农委等部门负责人深入霍州市，就农业农村、脱贫攻坚、农业产业发展等工作进行调研。霍州市领导崔山原、黄晓君、高雅铭、郭宏生、郭丽华、张发宁、薛有生、胡韩平等陪同。

12日，霍州市政法工作会议召开。会议总结2016年政法工作，部署2017年工作任务。霍州市领导崔山原、郭宏生、田晋川、孟援斌、张发宁、王英才等出席会议，公、检、法、司负责人，各乡（镇、街道）党政正职及分管综治工作副职，综治成员单位一把手，政法系统中层以上干警等260余人参加会议。会议由市委常委、市委秘书长郭宏生主持。

12日，霍州市委书记崔山原在白龙镇白龙村、辛置镇下马洼村和霍东新产业园区查看华得宇光伏发电、特色文化小镇、亿能新能源汽车等重点项目。市委常委、市委秘书长郭宏生陪同。

12日，霍州市在辛置镇郭庄村千佛崖佛像文物挖掘工作中，发现大量雕刻精美的石雕佛像。新出土的佛像成型约在北魏至唐代期间，距今约1400余年，具有很高的文物价值和研究价值。

14日，霍州市委书记崔山原主持召开市委常委（扩大）会议。市政府副市长张伟兴、张发宁、晋学斌分别汇报各自分管的安全、征地、环保等工作。市住建、水利、文化、交运、旅游等部门负责人汇报各项目推进情况。

14日，霍州市召开2017年第一季度经济分析暨项目建设和金融工作对接会议。市领导黄晓君、张伟兴、张谦、王英才出席会议，各相关职能部门、金融机构及霍州市重点企业的负责人参加会议。

17日晚，霍州市庆“五一”第七届职工篮球赛在霍州市灯光球场拉开帷幕。霍州市领导崔山原、黄晓君、田晋川、程军、李峰、孟援斌、张伟兴、张发宁、刘元建、吕文博、薛有生、计军亚等出席开幕式。政府副市长吕文博致开幕词。市领导崔山原、田晋川、张伟兴分别作为市委代表队和政府代表队的普通队员参加比赛。

21日，霍州市委书记崔山原，市委副书记、市长黄晓君对大张镇、李曹镇、三教乡百日环境综合整治工作情况进行观摩。市委常委、市委秘书长郭宏生，市委常委、市委宣传部部长郭丽华，政府副市长张伟兴、晋学斌及环保、住建、水利等部门负责人陪同。

26日下午，霍州市总工会举办“霍州梦·劳动美”全市职工“庆五一”书画大赛颁奖仪式在市文体活动中心举行。市领导黄晓君、高雅铭、朱源洪、刘元建、吕文博、薛有生，市总工会、旅游局、文化局、文联等相关单位负责人及百余名书画爱好者参加颁奖仪。市委副书记、市长黄晓君在颁奖仪式上作讲话。

27日，霍州市宗教工作会议召开。市领导崔山原、高雅铭、田辉、张根生、张伟兴、王英才等出席会议，市民族宗教工作领导组成员单位主要负责人，各乡（镇、街道）党（工）委书记及分管统战宗教工作副职，统战部、宗教局全体人员，宗教界人士参加会议。会议由市委副书记、市委统战部部长、市委党校校长高雅铭主持。市委书记崔山原作讲话。

28日，临汾市人大常委会主任乔建军深入霍州市调研。霍州市委书记崔山原，市委副书记、市长黄晓君，市人大常委会主任陈占平，市委常委、市委秘书长郭宏生，市委常委田辉等陪同。

29日，霍州市召开环境保护工作紧急部署会议，传达中央第二环境保护督察组督察山西工作动员会议精神，对全市做好迎接督察相关工作进行安排部署。市领导崔山原、黄晓君、高雅铭、田晋川、程军等出席会议，各乡（镇、街道）、市直各单位及驻霍企业负责人参加会议。市委副书记、市长黄晓君主持会议。

30日，霍州市解决中央环保督察组交办案件暨“举一反三”整改紧急会议在政府八楼会议室召开。市领导黄晓君、张伟兴、张发宁、晋学斌、王英才等出席会议，各乡（镇、街道）党政一把手、市直部门负责人参加会议。黄晓君传达临汾市市长刘予强约谈霍州市政府主要负责人的相关内容和要求。

5月

4日，霍州市委副书记、市长黄晓君到开元街道召开环境卫生及豆腐作坊整治现场工作会，政府副市长晋学斌出席会议，环保局、爱卫办、住建局、食药局、大张镇、开元街道、鼓楼街道、南环路街道、北环路街道，华润燃气霍州分公司等部门及相关企业负责人参加会议。

4日，霍州市委书记崔山原主持召开四套班子联席会议。学习《环保应知应会知识》，对当前环保工作进行安排。市委书记崔山原，市委副书记、市长黄晓君分别作讲话。会议宣读《全市群团改革实施方案》；听取工会、团委、妇联等部门负责人就各自改革情况的汇报。

4日，霍州市人武部召开党委扩大会议暨党管武装述职会议。市委书记、人武部党委第一书记崔山原，市委常委、市人武部部长李峰，人武部政委卢卫红出席会议，各乡（镇、街道）、市国动委、国教委主要成员单位负责人、全体专武干部等参加会议。会议对先进单位和个人进行颁奖表彰。

8日上午，临汾市委书记岳普煜在霍州市调研环境卫生综合整治等工作。霍州市领导崔山原、黄晓君、高雅铭、郭宏生、晋学斌、霍煤集团董事长王永革等陪同。

9日，临汾市政府副市长胡小濛在霍州市调研旅游体制机制改革。临汾市文物旅游局局长李艾珍，霍州市领导崔山原、黄晓君、薛有生陪同。座谈会上，市委副书记、市长黄晓君汇报霍州市旅游体制机制改革基本情况。

9日，霍州市委副书记、市委统战部部长、市委党校校长高雅铭到大张、三教2个试点乡镇以及山西霍州国新液化天然气有限公司、祁临高速霍州收费站，就总工会、团市委、妇联等群团组织改革工作推进情况进行实地调研。

9日，霍州市召开农村（社区）"两委"换届前期准备工作会议。市领导牛福生、张发宁、任军、王志刚等出席会议，各乡（镇、街道）及相关单位负责人等参加会议。会议对农村（社区）"两委"换届前期准备工作进行安排部署。市委常委、组织部部长牛福生就做好换届前期准备工作作强调。

10日，霍州市委书记崔山原，市委副书记、市长黄晓君带领住建、爱卫、环保、水利、交警、运管、公路段等职能部门负责人，对重点区域、重点部位的环保及环境整治工作进行检查指导。

10日晚8时，全市环境卫生整治紧急会议召开。市领导黄晓君、张伟兴、晋学斌出席会议，市直相关部门、各乡（镇、街道）、霍煤集团、霍州国电、霍州兆光发电、公路段、高速路口收费站等部门主要负责人参加会议。会议由政府副市长张伟兴主持。黄晓君作强调。

16日，临汾市委办公厅副调研员、临汾市群团工作改革领导组办公室主任刘生明一行莅临霍州市，就霍州市群团改革工作进行调研。霍州市委副书记、市委统战部部长、市委党校校长高雅铭陪同。通过实地查看、听取汇报、座谈交流，刘生明对霍州市群团改革情况给予肯定并提出希望。

18日，霍州市召开四套班子联席会议。市委书记崔山原主持并作讲话。会议研究"两学一做"学习教育常态化制度化及"维护核心见诸行动"专题教育活动县级党组织8项工作及基层支部5项任务；通报全市近期环保工作开展情况及中央环保督察组转办案件办理整改情况及重点项目进展情况。

26日，霍州市委副书记、市长黄晓君带领食药、安监、住建、教科、工商质监、消防、交警等单位负责人对全市安全工作进行检查。政府副市长晋学斌、吕文博陪同。

26日，由山西省住建保障处处长王恩茂带队的督查组到霍州市，就保障性住房工作推进情况进行督查。临汾市住建局等部门负责人、霍州市领导黄晓君、晋学斌等陪同。在市委党校召开2017年全省保障性住房工作专项督查（临汾）反馈会。侯马、尧都、安泽等县市区住建局负责人参加会议。

29日，在连续蝉联三届"中国文化艺术之乡"的霍州，"尧风古韵·中镇霍山"大型诗歌朗诵会在七里峪镇山广场举行。山西省作协主席、党组书记杜学文，临汾市委常委、市委宣传部部长黄翠莲，山西省文联副主席、临汾市文联主席王富山出席盛会并作重要讲话。霍州市四套班子领导与近千名诗歌爱好者参加。霍州市委副书记、市长崔山原致欢迎辞。临汾市委常委、市委宣传部部长黄翠莲代表临汾市委、临汾市人民政府作讲话。省作协主席杜学文提出希望。

6月

2日下午，霍州市委副书记、市长黄晓君，政府副市长晋学斌到太原炬能再生能源供热有限公司霍州分公司，就推进全市供热工程建设进行现场办公。黄晓君提出要求。

5日，是第46个世界环境日，霍州市领导崔山原、黄晓君、高雅铭、陈占平、田辉、晋学斌、刘元建一行冒雨在霍州署署前广场、鼓楼地下商业街、鼓楼东大街、鼓楼西大街、现代家俱城、霍煤集团辛置矿等各个宣传活动现场向过往群众、商场商户、企业职工发放宣传资料，宣传环保知识。

5日，由中共霍州市委、霍州市人民政府主办，霍州市总工会、共青团霍州市委、霍州市妇联、霍州市环保局承办的“绿色追梦”霍州市2017环保主题文艺晚会在霍州煤电文化活动中心举行，霍州市四套班子领导、全市劳动模范、各职能部门及各乡（镇、街道）负责人及数千群众观看表演。

7日，中国网库集团副总裁蔡广庆一行到霍州市，就农产品、传统优势产业发展情况进行考察。霍州市委书记崔山原，市委副书记、市长黄晓君，市委常委、市委秘书长郭宏生，政府副市长晋学斌陪同。

7日上午9时，霍州市领导崔山原、高雅铭、陈占平、薛泽会、郭宏生、程军、朱源洪、吕文博、王英才和招生委员会成员单位负责人，到霍州市第一中学进行高考巡视，查看考点情况。

8日，霍州市委书记崔山原，市委常委、市委秘书长郭宏生，政府副市长张伟兴到兆光发电厂、华得宇光伏发电项目现场，就企业安全生产、经济运行等情况进行调研。市公安、安监、国土、招商、经信、供电、白龙镇等部门负责人陪同。通过实地查看，听取汇报，崔山原提出要求。

9日，霍州市工商联（总商会）召开非公经济人士座谈会。市委书记崔山原，市委副书记、市委统战部部长、市委党校校长高雅铭，政府副市长晋学斌出席会议，市工商联班子成员及各非公经济负责人参加会议。

11日，临汾市政协主席、临汾市城乡环境集中整治行动领导组常务副组长陈小洪带领领导组及办公室成员，对霍州市高铁沿线环境集中整治情况进行调研。霍州市委书记崔山原，市委常委、市委宣传部部长郭丽华，政府副市长张伟兴、晋学斌陪同。

12日上午，霍州市第一期青年干部主体班在市委党校开班。市委副书记、市委统战部部长、市委党校校长高雅铭，市委常委、市委组织部部长牛福生，市委党校常务副校长胡韩平出席开班仪式。牛福生主持会议。高雅铭、牛福生分别作强调。此次培训为期1个月。

17日，霍州市南矿区集中供热工程项目开工启动仪式在兆光发电厂举行。山西省万人入企服务小组、省政府办公厅处长郝雄伟出席启动仪式，霍州市领导崔山原、晋学斌、王英才等参加仪式。

20日，霍州市委书记崔山原主持召开环境集中整治工作推进会，对当前环境整治工作中存在的问题进行分析，对下一步工作进行安排。市领导郭宏生、安志勇、朱源洪、孟援斌、张发宁、晋学斌、吕文博、薛有生、王英才及城乡环境集中整治行动领导组成员参加会议。崔山原作讲话。

21日，临汾市人大常委会主任乔建军在霍州市李曹镇、霍煤工业园区、兆光发电厂等地，就信访稳定及安全生产工作进行调研。霍州市领导崔山原、陈占平、郭宏生、张伟兴陪同。

21至22日，山西省副省长张复明带领山西省文化厅、旅发委等部门负责人一行莅临霍州市，就霍州市旅游文化发展工作进行调研。临汾市委副书记、市长刘予强，临汾市委常委、常务副市长王振宇及霍州市委书记崔山原，市委常委、市委秘书长郭宏生，政府副市长吕文博、张谦等陪同。

27日，霍州市委书记崔山原以“维护核心、见诸行动，争做践行‘五个坚持’的表率”为题，为市委办党支部第一小组党员干部上党课，以普通党员身份参加支部组织生活。市委常委、市委秘书长郭宏生参加学习。

28日，临汾市召开“三基建设”暨巡视巡察整改自行“回头看”推进电视电话会，学习贯彻全省“三基建设”推进会精神，对全市加强“三基建设”工作进行安排部署。霍州市领导崔山原、高雅铭、郭宏生、程军、牛福生、郭丽华及有关部门负责人在霍州分会场参加会议。

28日，临汾市委常委、常务副市长王振宇带领市发改、国土、住建等部门相关负责人到霍州市调研采煤沉陷区综合治理工作。霍州市领导崔山原、郭宏生、郭丽华、晋学斌、王英才陪同。

29日，霍州市组织收听收看全省干部大会，学习贯彻习近平总书记视察山西重要讲话精神，对全省学习宣传、贯彻落实习近平总书记重要讲话精神作出总体部署。霍州市四套班子在家领导，各乡（镇、街道）主要负责人，干部驻村精准帮扶工作队队长，驻村第一书记在霍州分会场参加会议。

30日，临汾华得宇新能源有限公司霍州市白龙镇10兆瓦光伏发电项目剪彩暨并网仪式在白龙村举办，市委书记崔山原，市委常委、市委秘书长郭宏生，政府副市长晋学斌出席仪式。

7月

3日，霍州市组织收听收看临汾市干部大会，学习贯彻习近平总书记视察山西重要讲话精神，贯彻落实省委对全省学习宣传、贯彻落实习近平总书记重要讲话精神作出的总体部署，安排临汾市学习贯彻落实习近平总书记重要讲话精神工作。霍州市四套班子在家领导，各乡（镇、街道）党工委书记，各单位驻村工作队队长，驻村第一书记，扶贫办、下乡办全体人员在霍州分会场参加会议。

4日，临汾市召开优化营商环境电视电话会，贯彻落实全省优化营商环境会议精神，研究全市当前营商环境存在的问题，安排部署优化营商环境“九大专项行动”。霍州市四套班子在家领导在霍州分会场参加会议。

7日，临汾市委书记岳普煜在霍州市调研重点项目建设、环境综合整治等工作。霍州市领导崔山原、黄晓君、高雅铭、郭宏生等陪同。岳普煜先后深入七里峪景区建设项目、霍东新区城市供水工程项目、亿能公司新能源电动汽车项目、华得宇光伏发电项目建设现场，实地查看项目建设进展情况。

11日，“中镇霍山·华夏州署”第九届文化旅游月拉开序幕。临汾市人大常委会主任乔建军宣布旅游月开幕，临汾市委常委、市委宣传部部长李朝旗作重要讲话，霍州市委书记崔山原致辞，市委副书记、市长黄晓君主持开幕式。

14日，霍州市召开2017年度目标责任考核安排会，市四套班子在家领导出席会议，各乡（镇、街道）党政负责人、市直各单位、部分条管单位主要负责人共计170余人参加会议。会议由市委副书记，市长黄晓君主持。

14日，霍州市召开“三基建设”动员大会，市四套班子在家领导出席会议，各乡（镇、街道）党政负责人、市直各单位、部分条管单位主要负责人170余人参加会议。会议由市委副书记、市长黄晓君主持。

19日上午，霍州市召开经济责任等五项审计进点会。临汾市审计局党组成员、副局长毛志中，临汾市审计局经济责任科科长、霍州审计组组长曹建平，霍州市委书记崔山原，市委副书记、市长黄晓君，各乡（镇、街道）及市直有关部门负责人参加会议。会议宣读审计通知书和该次审计的内容和重点。崔山原作任职霍州市人民政府市长期间的述职报告。毛志中作讲话。会议进行民主测评。

20日，在第九届文化旅游月期间，霍州市召开霍山文化研究成果交流研讨会，从更新的视角、层次，发掘霍山文化新内涵，提升霍州文化的知名度和影响力。山西大学语言文字学教授冯莲珍、临汾市政协文史研究员周文杰、临汾三晋文化研究会副会长蔺长旺，霍州市领导崔山原、郭丽华、吕文博、薛有生，文联、市志办、文化局、旅游局、档案局等部门负责人及三晋文化研究会部分专家参加研讨会。研讨会由政府副市长吕文博主持。

27日，霍州市召开医疗组建筹备会，贯彻中央和省委、省政府改革部署，推进霍州市深化医改相关工作。市领导崔山原、黄晓君、刘元建、王英才出席会议，政府办、组织部、宣传部、编办、工会、卫计局等部门相关负责人参加会议。会议由政府副市长刘元建主持。市委书记崔山原，市委副书记、市长黄晓君分别提出要求。

27日，霍州市召开“迎老乡游故乡建家乡”恳谈会。市四套班子在家领导出席会议，来自全国各地的霍州籍晋商及中华霍氏联谊会代表、在霍投资发展的客商代表等60余人受邀出席大会。会议由市委副书记、市委统战部部长、市委党校校长高雅铭主持。市委书记崔山原致辞。市委副书记、市长黄晓君作讲话。

28日，霍州市召开经济技术开发区可研报告专题论证会，市领导崔山原、黄晓君、陈占平、薛泽会、郭丽华、张伟兴、张发宁、吕文博、张谦、王英才及商务、住建、国土、环保、招商、教科、编办、食药、各乡（镇、街道）负责人参加会议。

8月

1日，由临汾市政协副主席杨益民带领的临汾市城乡环境集中整治第三督察组莅临霍州市，就农村环境集中整治行动进展情况进行督查。市领导崔山原、黄晓君、晋学斌出席座谈会，市爱卫、住建、水利、农林委、环保、交运、旅游、各相关乡（镇、街道）等负责人参加座谈会。市委副书记、市长黄晓君就霍州市城乡环境集中整治行动情况及下一步工作计划向督察组进行汇报。

1日，霍州市委书记崔山原检查霍州市集中供热扩户工程，市委常委、市委秘书长郭宏生及住建部门负责人陪同。崔山原一行到鼓楼街道西街居委会、北环路街道邢家泉换热站、开元街道李诠庄村换热站施工现场，了解各换热站建设施工进展和扩户面积等情况。

3日，临汾市委宣传部调研督导组到霍州市，就霍州市宣传思想文化工作进行调研督导。市委书记崔山原，市委常委、市委宣传部部长郭丽华，文化局、文联、新闻信息中心、广电中心、党史办、新华书店、宣传部全体人员参加汇报会。郭丽华汇报霍州市的宣传思想文化工作。督导组深入到市委办、政府办、宣传部、开元街道、财政局等24家文明单位进行督导检查。

3日，临汾市政协主席、城乡环境集中整治行动领导组常务副组长陈小洪莅临霍州市，就环境集中整治进行调研。霍州市领导崔山原、晋学斌、薛有生陪同。通过听取汇报，实地查看，陈小洪对霍州市环境集中整治情况给予肯定。

3至4日，国家发改委振兴司司长周建平率队莅临霍州市，就资源型城市转型发展工作进行调研。山西省发改委副主任刘锋，临汾市委常委、常务副市长王振宇，霍州市领导崔山原、黄晓君、郭宏生、张伟兴、晋学斌、王英才及相关部门负责人等陪同。通过实地考察和听取汇报。

4日，临汾市委副书记、市长刘予强深入霍州市调研。临汾市委常委、常务副市长王振宇，霍州市领导崔山原、晋学斌等陪同。刘予强一行在市安民路至漪汾路污水管网收集工程、开元街道李诠庄豆腐加工作坊、霍煤集团亿能新能源电动汽车制造项目、鑫钜出行共享电动车项目、霍东新区城市供水工程就煤改气、汾河污水治理、生态环保、转型发展实地调研。

7日，霍州市特邀中国国防大学战略教研部教授、博士生导师、军事史专家，国防大学军事历史学科带头人徐焰少将开展国防教育专题讲座，市四套班子在家领导与市直各有关单位，各乡（镇、街道）负责人及人武部、驻霍部队官兵共同聆听讲座。

10日，曹端文化研究会召开，来自北京、河南、山西的专家学者与曹端后人代表、霍州市曹端文化研究会会员一同研究探讨曹端理学思想，交流分享曹端文化研究成果，打造曹端文化品牌。霍州市领导郭丽华、朱源洪、吕文博、薛有生等出席曹端文化研讨会。市政法委、纪检委、宣传部、市志办、党史办、文联、教科局、文化局、档案局、审计局等部门负责人参会，政府副市长吕文博主持研讨会。市委常委、宣传部长郭丽华在研讨会上致辞。

10至11日，霍州市举办市级领导学习习近平总书记视察山西重要讲话精神集中封闭培训班。市四套班子在家领导参加培训。市委书记崔山原主持。市级领导分别登台授课。

15日，霍州市重点项目建设推进会召开。霍州市领导崔山原、郭宏生、张伟兴、张发宁、晋学斌、张谦、王英才等出席会议。全市重点项目相关单位负责人参加会议。

18日，霍州市召开脱贫攻坚推进会。市委副书记、市长黄晓君，市委副书记、市委统战部长、市委党校校长高雅铭，市委常委、宣传部长郭丽华出席会议。市脱贫攻坚领导小组成员单位负责人，各乡（镇、街道）书记、党工委书记等50余人参加会议。会议由高雅铭主持。黄晓君、高雅铭分别作强调。

18日，临汾市重点项目观摩团深入霍州市观摩。临汾市领导刘予强、雷健坤、乔建军、陈小洪、张建平、王振宇等，霍州市领导崔山原、黄晓君、郭宏生、张发宁、吕文博及临汾市相关部门负责人，各县（市、区）长参加观摩活动。观摩团一行在霍州市七里峪景区开发二期建设项目、霍煤集团亿能电气有限公司新能源电动汽车制造项目、太原炬能再生能源供热有限公司霍州分公司热电联产集中供热扩户工程进行实地观摩。

23 日，霍州市第三轮巡察工作动员部署会召开，安排部署市委第三轮巡察工作。市委常委、纪委书记、监委主任、市委巡察工作领导小组组长程军出席会议，市委常委、市委组织部部长牛福生主持会议。市委巡察工作领导小组成员、巡察办、巡察组全体成员，被巡察单位主要负责人及联络员 50 余人参加会议。

25 日，霍州市医疗集团揭牌成立。临汾市卫计委主任王山、副主任吴国平，霍州市领导崔山原、黄晓君、刘元建、王英才等出席揭牌仪式，市医改领导组成员单位负责人、公立医院管理委员会成员、霍煤总医院负责人以及卫计系统干部职工参加揭牌仪式。临汾市卫计委主任王山和霍州市委书记崔山原为“霍州市医疗集团”和“霍州市医疗集团人民医院”揭牌。揭牌仪式由政府副市长刘元建主持。市委副书记、市长黄晓君作致辞。

25 日上午，由霍州市委、市政府主办的 2017 年四类贫困家庭学生救助暨爱心助学活动在中镇文化广场举行。现场救助学生 4069 人，捐助善款 128 余万元。市四套班子在家领导，副科级以上干部，捐助企业、单位负责人和受助学生代表及家长、市一中部分师生 3000 余人参加。市委副书记、市长黄晓君主持会议。市委书记崔山原作讲话。

31 日，临汾市抓党建转作风促脱贫攻坚工作推进电视电话会议召开。会议贯彻全省“践行习总书记视察山西重要讲话精神抓党建促脱贫攻坚暨深度贫困整村搬迁”现场推进会议精神，安排部署临汾市相关重点工作。霍州市领导高雅铭及市直脱贫攻坚领导组组长、副组长，各乡（镇、街道）党（工）委书记、乡长（主任）、纪检书记，派驻市直各单位纪检组长，各扶贫工作队队长、驻村第一书记，纪委、监委、组织部各科室负责人等在霍州分会场参加会议。

9 月

1 日，从中国首届特色旅游商品博览会上传来喜讯，霍州市选送的鸣梦老粗布、地珍坊枣夹核桃，在全国各省市以及世界 60 余个国家和地区 1.3 万余件商品中，分别荣获民族旅游纺织品类金奖、民族旅游特色食品类银奖。

7 日，霍州市举办“送教下乡”培训班，市四套班子在家领导、各乡（镇、街道）班子成员、市直单位党政一把手、市文物局、旅游局、霍山风景区管委会全体人员共计 300 余人参加会议。

7 日，霍州市委副书记、市长黄晓君到大众路美食城，就美食城改造进展情况进行检查指导。黄晓君通过实地查看、听取汇报等方式，了解改造进展情况，提出要求。黄晓君一行在紫薇园项目施工现场进行检查。

8 日，霍州市召开庆祝第 33 个教师节暨表彰大会。市四套班子在家领导出席会议，各乡（镇、街道）负责人、分管副职，市直相关部门负责人，市关工委、爱心助学基金会负责人，乡镇、市直、厂矿各中小学校长、民办学校校长，受表彰的先进集体代表和先进个人，宗荣禄基金会成员及受奖学生，“三优”工程受表彰人员，教科局机关全体等共计880余人参加会议。会议由市委副书记、市长黄晓君主持。市委书记崔山原，市委副书记、市长黄晓君作讲话。

11日，临汾市“红色护照”主题示范活动霍州市启动仪式在市实验小学举行。霍州市委常委、市委宣传部部长郭丽华，政府副市长吕文博出席仪式，市委宣传部、市教科局、共青团霍州市委、市档案局、市卫计局、市红十字会、各爱国主义教育基地相关负责人及实验小学全体师生参加仪式，仪式由政府副市长吕文博主持。

20至21日，霍州市委副书记、市长黄晓君深入部分乡镇就采煤沉陷区工作进行调研。市委常委、常务副市长刘国平，住建、国土、发改等相关部门负责人陪同。黄晓君作强调并提出要求。

22日，霍州市与中国网库集团就文冠果产业电商基地正式签约，标志霍州市将与中国网库集团共同打造中国文冠果产业电商基地。霍州市领导崔山原、黄晓君、张谦及中国网库集团总裁邱广志出席签约仪式。签约仪式由市政府副市长张谦主持，市委书记崔山原作讲话，市委副书记、市长黄晓君代表市政府同中国网库集团签约。

26日，临汾市委法治建设督察组对霍州市法治建设第一责任人履职情况进行督察。霍州市领导崔山原、黄晓君、高雅铭、田晋川、孟援斌、王英才等参加会议。市委书记崔山原，市委副书记、市长黄晓君分别就履行推进法治建设第一责任人履职情况进行汇报。督察组提出希望。

27日，霍州市总工会第三次代表大会召开。来自全市各条战线的132个职工代表出席大会。会议总结市总工会第二次代表大会以来的工作，安排部署今后五年的主要任务。临汾市总工会副主席张宏杰，霍州市领导崔山原、高雅铭、孟援斌、吕文博、薛有生等出席会议。市委副书记、市委统战部长、市委党校校长高雅铭主持会议。

28日，星光大道2017山西临汾赛区选手选拔活动暨《星光大道助力山西脱贫攻坚宣传活动》在霍州市中镇文化广场举行。来自曲沃、隰县、尧都、乡宁、霍州等县市的选手展示自己的风采。霍州市委常委、宣传部部长郭丽华，宣传部班子成员，驻村扶贫工作队参加活动。

10月

12日，山西省村（社区）“两委”换届工作动员电视电话会召开。会议对全省村（社区）党组织和第十一届村民委员会、第六届社区居民委员会换届选举工作进行安排部署。霍州市领导崔山原、田晋川、程军、牛福生、郭丽华、张伟兴、王英才等在霍州分会场参加会议。

18日上午9时，中国共产党第十九次全国代表大会在北京人民大会堂举行。霍州市委书记崔山原、市委副书记、市长黄晓君，各界党员干部群众、驻霍部队、武警官兵收听收看十九大开幕盛况。

18日，山西省委组织部副部长、省人社厅党组书记、厅长白秀平一行深入霍州市，就民生领域改革、待遇调整事项推进落实及基层人社工作创新情况等工作进行调研。霍州市领导崔山原、黄晓君、郭宏生及市人社局负责人等陪同。

22日，霍州市委书记崔山原深入鼓楼西街诚瑞源广场建设项目，检查项目改造工程进展情况。市委常委、市委秘书长郭宏生陪同。

23日，霍州市创建省级文明城市推进会在市委三楼会议室召开。市委书记崔山原出席会议，各乡（镇、街道）、市直相关单位相关负责人参加会议，会议由市委常委、市委宣传部长郭丽华主持。

25日，霍州市召开全市村（社区）“两委”换届选举工作会议，传达贯彻全省、临汾市村（社区）“两委”换届选举工作会议精神，安排部署霍州市村（社区）“两委”换届选举工作。市领导崔山原、陈占平、薛泽会、郭宏生、田晋川、程军、牛福生、郭丽华等出席会议，“两委”换届领导小组成员、领导小组办公室各工作组成员，霍州煤电、国电负责人，各乡（镇、街道）负责人等参加会议。市委常委、政法委书记田晋川主持会议。

27日，由霍州市委、市政府承办的2017“临杭盟商·尧风霍然”发展论坛暨招商引资推介会在杭州国际博览中心举行。浙江省工商联党组成员、副主席郑宪宏，中国民主建国会中央委员、浙江省政协常委、经济委副主任、浙江省国际商会常务副会长黄小杭，杭州市政府副秘书长李强煜，临汾市委副书记、市长刘予强，副市长王延峰及霍州市领导崔山原、黄晓君、郭宏生、刘国平、郭丽华、张伟兴、刘元建、吕文博、张谦、王英才、门保生等出席会议。浙晋两地商界、企业界人士，临汾市各县（市、区）负责人，中央、省、市新闻媒体记者参加会议。

31日，中国国民党革命委员会霍州市第七次全体党员大会召开。民革临汾市委主委李云岗，霍州市委副书记、市委统战部部长、市委党校校长高雅铭出席会议。

11月

2日，霍州市委副书记、市长黄晓君，政府副市长晋学斌到力陶源储煤场、开元街道李诠庄豆腐加工厂、南涧河污水管网施工现场等地，就群众关心的民生领域工作实地督查。市安监局、环保局、李曹镇、三教乡、陶唐峪乡、开元街道、公安交警等负责人陪同。

5日，山西省扶贫领域不正之风和腐败问题专项治理工作动员电视电话会召开。霍州市领导崔山原、黄晓君、高雅铭、程军、张伟兴、王英才及组织部、各乡（镇、街道）、下乡办、扶贫办、市委办、政府办等相关单位负责人在霍州分会场参加会议。

14日，中国共产党霍州市第七届委员会第三次全体会议召开。不是市委委员和候补委员的市级领导，各乡（镇、街道）党政负责人，两办副主任，市纪委常委、组织部副部长，市直各单位负责人，系统管理单位负责人，市人大、市政协各专门委员会和工作机构主要负责人，出席省党代会的代表和部分基层党代表，列席会议。市委书记崔山原主持并作讲话。会议全面贯彻落实党的十九大和十九届一中全会精神，按照山西省委十一届五次全会、临汾市委四届三次全会的要求，对全市学习宣传贯彻党的十九大精神作出全面部署，就做好当前工作提出要求。

15日，霍州市扶贫领域不正之风和腐败问题专项治理暨省脱贫督导反馈意见整改会议召开。市领导崔山原、黄晓君、高雅铭、程军、牛福生、张发宁、王英才等出席会议，市脱贫攻坚领导组成员单位负责人，各乡（镇、街道）党政一把手及分管副职、各驻村帮扶工作队队长、“第一书记”及扶贫办、下乡办等180余人参加会议。市委副书记、市长黄晓君主持会议。

20日，临汾市人大常委会主任乔建军在霍州市督查秋冬季大气污染防治工作。霍州市委书记崔山原，市委副书记、市长黄晓君，市人大常委会副主任朱源洪，政府副市长晋学斌等陪同。

22日，临汾市委宣讲团在霍州市举办党的十九大精神专题报告会。临汾市委宣讲团成员、市委组织部常务副部长武卫东作宣讲报告。市四套班子在家领导、各乡（镇、街道）、市直单位负责人、驻村“第一书记”及“两学一做”联络组组长等400余人现场聆听报告。市委书记崔山原主持报告会并讲话。

23日，临汾市委书记岳普煜就落实习近平总书记大兴调查研究之风的号召和山西省委部署，到霍州市宣讲党的十九大精神，调研经济社会发展、“三基建设”等方面工作。霍州市领导崔山原、高雅铭、牛福生、张发宁等陪同。

30日，霍州市委书记崔山原宣布汾河流域生态治理工程的正式开工，霍州市擂响2017年“冬季行动”的战鼓，市四套班子在家领导出席仪式并为工程奠基培土。市委副书记、市长黄晓君作讲话。政府副市长张发宁、吕文博分别主持奠基仪式。大张镇、南环路街道、施工方负责人作表态发言。

12月

3至4日，由临汾市委组织部各部务委员，各县、市（区）委组织部部长组成的“三基建设”观摩团在霍州市观摩，并召开观摩总结会。临汾市委常委、市委组织部部长刘文华出席会议。霍州市领导崔山原、黄晓君、高雅铭、牛福生等陪同。

5日，霍州市委书记崔山原在政府八楼会议室主持召开环保“冬防”工作推进会。市领导黄晓君、郭宏生、刘国平、张伟兴、晋学斌、刘元建、吕文博、张谦等出席会议，市直各单位、各乡（镇、街道）及相关企业负责人参加会议。崔山原、黄晓君分别作讲话。

12日，霍州市在霍煤集团文化活动中心举行“不忘初心砥砺前行”2017年人民警察荣休仪式，为75个退休民警颁发荣休纪念章和荣休证书。霍州市四套班子在家领导，临汾市公安局相关负责人，检法司领导班子成员、全体民警参加仪式，共同观看晚会。市委书记崔山原，市委副书记、市长黄晓君向荣休老同志颁授荣休纪念章和荣休证书，向他们致以敬意。

12日，中国科学院产业投资管理特聘专家丛宝明一行到霍州市，就霍州市节能环保产业项目选址进行考察。市委书记崔山原、政府副市长吕文博陪同。市经信局、环保局、发改局、教科局、住建局等相关负责人参加会议。

13日，临汾市深化监察体制改革试点工作视频会召开。会议贯彻全省深化监察体制改革试点工作会议精神，对临汾市深化监察体制改革试点工作进行安排部署。霍州市领导崔山原、高雅铭、程军、任军、王志刚等在霍州分会场参加会议。

13日，霍州市政府召开第二十七次常务扩大会议。市领导崔山原、黄晓君、刘国平、张发宁、晋学斌、刘元建、吕文博、张谦、王英才等出席会议，各乡（镇、街道）、市直有关部门负责人及部分人大代表、政协委员参加会议。会议由市委副书记、市长黄晓君主持。

14日，山西省人大常委会党组副书记、副主任胡苏平一行到霍州市，就社会经济转型发展、文物旅游产业发展进行调研。临汾市人大常委会主任乔建军，霍州市领导崔山原、黄晓君、陈占平、薛有生等陪同。

15日，霍州市委、市政府举行2017年“送温暖、献爱心”社会捐助活动。市委书记崔山原，市委副书记、市长黄晓君等市级领导带头捐款，表达对困难群众的浓浓关爱之情。市委、人大、政府、政协及相关单位人员捐款5.38万元。

19日，霍州市委书记崔山原主持召开中心组学习暨四套班子联席会。传达学习习近平总书记《关于进一步纠正四风强化作风建设》的重要批示精神、省委巡视工作领导组《关于推进市县巡察统筹工作的实施意见》和《中共中央政治局贯彻落实中央八项规定的实施细则》。

21日，霍州市举行霍州市城市管理综合行政执法局成立揭牌仪式。市领导崔山原、黄晓君、郭宏生、牛福生、朱源洪、晋学斌、薛有生、王英才等出席仪式。各乡（镇、街道）、市直有关单位负责人及执法队员参加仪式。仪式由政府副市长晋学斌主持。崔山原、黄晓君为“霍州市城市管理综合行政执法局”揭牌。

26日，霍煤集团煤矿安全监管体制改革对接会议在政府八楼会议室召开。市领导崔山原、黄晓君、张伟兴，霍州煤电集团公司总经理戎生权出席会议，各乡（镇、街道）、市直有关单位、霍煤集团公司等负责人参加会议。

27日，由霍州市关心下一代工作委员会主办，市教科局承办的霍州市中小学生“中华魂”读书活动“辉煌与梦想”主题演讲赛在市青少年活动中心举行。市委副书记、市委统战部长、市委党校校长高雅铭，临汾市关工委副主任王三星出席活动，观看比赛。

概　况

【地理位置】　霍州市以霍山而得名，位于山西省中南部，临汾市北端，地理坐标为东经 111°38′—112°03′，北纬 36°26′—36°42′，东枕霍山（太岳山）与古县、长治市的沁源县毗邻，西望吕梁山与汾西县相连，南有汾水一脉相通，和洪洞县接壤，北靠韩信岭同晋中市的灵石县交界。境内地势险要，自古为南北交通要冲，素有中州重镇、河东屏障之称。汾河、南同蒲铁路、108 国道、大运高速公路、大西高铁、霍永高速公路贯穿全境。以霍州城为起点，东距沁源县城 79 公里；东南距古县县城 72 公里；南至洪洞县城 46 公里，至临汾市区 72 公里；西至汾西县城 26 公里；北至灵石县城 50 公里，至省会太原市 199 公里；东北至首都北京 703 公里。境域内东西宽 36 公里，南北长 30 公里，总面积 765.39 平方公里。

【地形、地貌】　霍州市地处霍山背斜与吕梁隆折带之间，地层出露较为完整，受地层地质影响，境内四周环山，中间低洼，山高塬阔，丘陵起伏，山谷梁峁，台塬阶地，沟堰河滩俱全，境内山地丘陵为主，山地主要分布在市境东部，是太岳山断隆的一部分。霍山是霍州市最大山脉，是中华五代分封五岳五镇十大名山之一的中镇，霍山跨越洪洞、古县、安泽、沁源、灵石、介休、霍州 7 县市，其在霍州部分，全长 53 公里，总面积 234 平方公里。霍山重峦叠嶂，险峰峻岭极多，较大山峰有老爷顶、莲花山、摩天岭、溺陀翁、金沟墁、五龙壑，其中老爷顶是霍山主峰，海拔 2346.8 米，位于市境东南端，距市区 35 公里，五龙壑是霍山最高峰，海拔 2504.3 米，位于三教乡东北，距市区 40 公里。总体上东北高，西南低，山地丘陵占总面积的 68.9%，平原占 31.1%。

【气候条件】　霍州市的气候属温带大陆季风气候，总的特征是：四季分明，区域间差异较大，冬季寒冷干燥，夏季炎热多雨，冬夏长，春秋短，降水山区多于平川，云量少，日照足。境内气温受地形影响较大，一般平川温暖，山区凉寒，由于大陆性影响，季节变化大，年际变化大。年平均气温为 12.4℃，1 月为最冷月，平均气温 −3℃，7 月为最热月，平均气温 26℃。境内年降水量为 435.3 毫米。全年降水集中在 6 至 9 月，山区降水偏多，丘陵、河谷降水偏少。境内年日照时数介于 1300 至 3000 小时之间，一年中以 4 至 8 月最多，为 210 至 300 小时，12 月最少。霍州市风向多偏北、西北、北、南、西南。河谷风力较小，塬上风力较大，春夏之交常有寒流或雷雨。

【土地资源】　霍州市土地面积为 114.8 万亩，其中已开发利用 86.27 万亩，占土地总面积的 75.14%，土地资源共分为耕地、园地、林地、城镇村及工矿用地、交通用地、水域、未利用土地等八大类型，耕地面积为 32.84 万亩，园地面积为 1.65 万亩，林地面积为 38.84 万亩，牧草地总面积为 5.8 万亩，城镇村及工矿用地面积 9.45 万亩，交通用地面积为 1.91 万亩，水域用地为 1.53 万亩，未利用土地面积 28.54 万亩，主要是荒草地、田坎、盐碱地、沼泽地、沙地、裸土地、裸岩地以及其他未利用土地。

【水资源】 霍州市水资源总量为 17.79 亿立方米，其中平均地表径流量为 5720 万立方米，地下水蕴藏量为 2450 万立方米，河道径流量 16.98 亿立方米。

霍州市境内共有大小河流 32 条，汾河是境内第一大过境河流，年平均流量 16.5 亿立方米，其他较大的河流有：南涧河、北涧河、西涧河、姚村河等，这些河流多为季节性河流，大都从高原、山地流入平原，落差大，水流急，含砂量多。全市蓄水工程有小型水库两座，总库容量为 156 万立方米。霍州市地下水，根据地质类型可分为孔隙水、裂隙水、裂隙溶岩水等 3 个含水组和 5 个含水层，蕴藏量为 2450 万立方米。霍州市泉水散布于霍山石山区、丘陵区、沿河横槽地区，境内出露源泉 49 处，其中郭庄泉清水涌出量最大，为 8.86 立方米/秒。沿东部霍山山峪有很多山间小溪流出，因霍山山区降雨量较为充裕，植被覆盖较好，长年溪流不断，但出山口进入洪积扇即大部渗漏。

【矿产资源】 霍州市矿产资源丰富，经探查其中 13 种储量较大，主要有煤炭资源、耐火粘土、石膏、铝土、白云岩、磷矿、石灰石、铁矿石等。质量优，开采价值高。霍州煤炭资源丰富，埋藏从市境南端的辛置镇、陶唐峪乡直到北端的退沙街道、师庄乡均有分布，煤层埋藏面积为 350 平方公里，探明储量为 62.5 亿吨，煤种有低硫肥煤、肥气煤、肥焦煤，为全国稀有的优质煤田之一。霍州素有“山西煤乡”之称。金属矿产资源种类多，主要有铝、铜、铁、钴和稀有元素矿产，其中铝土矿储量大，什林铝土矿区面积约 10 平方公里，储量为 2000 万吨，达到大型矿床规模。

非金属矿产已探明有 10 多种，储量可观，品位上乘，具有开采价值，宋元时期“霍窑”陶瓷以质地优良，工艺精湛，造型优美而著称，成为皇室贡品，北京、英国伦敦等博物馆现存有霍州古陶瓷珍品，其他矿产有白云岩、硅线石、石英、长石、石英砂、耐火粘土、电石灰岩、黑砂石、石膏、紫砂石、磷矿、辉绿岩等。

【生物资源】 霍州市生物资源品类繁多，主要粮食作物有小麦、玉米、谷子、大豆薯类等，经济作物有棉花、油葵、油菜和各类蔬菜，天然牧坡辽阔，草种丰富，有牧草地总面积 57982 亩，天然牧草地共分为亚高山草甸类，灌木草丛类、山地灌丛类等三大类，野生植物有草本植物，木本植物和可食用植物，植物有 124 种，其中树木、乔灌木 76 种，主要有松树、云杉、柏树等，野生动物有飞禽、走兽及其他。

【人口】 霍州市人口分布于平川，丘陵山区，平川人口高于丘陵山区，2017 年，全市总人口 309803 人，其中男 161018 人，女 148735 人；城镇人口 134324 人，乡村人口 175479 人；2017 年人口抽象调查，全年全市出生人口 2990 人，死亡人口 1934 人，自然增长率为 3.62‰。

【民族】 霍州境内系汉族聚居地，少数民族人口均因工作、婚姻等原因迁入，主要分布在鼓楼街道、北环路街道、开元街道及辛置镇、李曹镇、三教乡等乡（镇、街道）。根据 2010 年第六次人口普查，霍州市共有蒙古、回、维吾尔、苗、彝、壮、满、瑶、白、土家、哈萨克、黎、佤、土、怒15个少数民族277人，占全市人口的0.10%。外国人加入中国籍1人，为女性。

【宗教】 霍州市有佛教、道教、天主教、基督教四大宗教，全市有合法的宗教活动场所42处，信教群众3万余人，其中信仰佛教1.2万人，信仰道教2500人，信仰天主教9000人，信仰基督教8000人，佛教接受登记的场所共7处，分别是：祝圣寺、赵家庄活动点，水月庵、宋庄活动点、辛置活动点、白龙活动点、退沙活动点，分布在霍州辖区内的12个乡（镇、街道）。

【国民经济与社会发展】 全市生产总值完成78.2亿元，比2016年下降7.5%。其中，第一产业增加值3.8亿元，同比增长3.6%，第二产业增加值47.9亿元，同比增长7.7%，第三产业增加值26.5亿元，同比增长7.6%。2017年，霍州市农作物种植面积19943公顷，比2016年增长0.1%。其中，粮食种植面积18734公顷，同比增长0.1%；油料作物种植面积122公顷，同比下降4.2%；棉花种植面积25公顷，同比增长7.3%；玉米种植面积6285公顷，同比增长1.9%；小麦种植面积10952公顷，同比增长0.9%。2017年，粮食产量87066吨，比2016年增产2.5%。其中，夏粮产量44081吨，同比增产5%；秋粮产量42985吨，产量与2016年持平。2017年底，霍州市有规模以上工业企业18家，工业增加值比2016年增长6.5%。全市共产原煤779.5万吨，下降3.76%；精煤468.9万吨，下降21.54%；发电113.3亿千瓦时，同比增长1.62%。规模以上工业企业实现主营业务收入115.6亿元，同比下降2.4%。其中国有企业11.8亿元，同比增长8.3%；股份制企业86.9亿元，下降6.5%；外商投资企业16.9亿元，同比增长16.6%。规模以上工业实现利润4.6亿元，同比下降12.4%；规模以上工业企业实现利润亏损3.96亿元，亏损企业亏损额4.8亿元，2017年全市建筑业实现增加值6亿元，增长17%。2017年，全市参加基本养老保险的人数为116854人，参加基本医疗保险的人数为124786人，比2016年末增加4486人，参加失业保险的人数为12915人。2017年，全市纳入城市最低生活保障的居民2966人，纳入农村最低生活保障的居民2639人。

中国共产党霍州市委

综　述

霍州市位于山西省中南部，临汾市北端，总面积765.39平方公里，下辖3个乡、4个镇、5个街道，199个行政村（居），24个社区，总人口309803人。全市共有党员14588人，其中女党员3279人，预备党员186人，基层党委12个，街道党工委5个，市直工委1个，非公经济组织和社会组织工委1个，基层党总支41个，基层党支部651个。其中乡镇党委7个，街道党工委5个，党总支11个，党支部282个，共有党员8640人，建制村中有党组织213个，农村党员6987人；市直党委3个，党总支29个，党支部247个，共有党员5371人；非公有经济组织党委2个，党支部67个，党员440人；社会组织有党总支1个，党支部55个，党员137人。

【加强党的建设】 2017年，中共霍州市委坚持“党要管党、从严治党”的方针，落实“两个责任”，以“两学一做”学习教育常态化制度化、“维护核心见诸行动”主题教育为统领，以“三基建设”为抓手，加强领导班子、干部队伍、基层组织、队伍建设，结合实际，在学懂、弄通、做实上下功夫，使党的十九大精神在霍州落地开花结果。

1. 党建工作稳步推进。中共霍州市委开展学习习近平总书记视察山西重要讲话精神集中培训、“七一”党员干部授课、基层党组织书记党课赛讲以及全省开展万名干部大调研等活动，转变工作作风，筑牢领导班子根基。以“五个一”主题党日、“双亮双评双考”、送党到基层、“三联三定一争创”活动为主要载体，选派47个优秀年轻干部赴苏、浙、皖三省挂职锻炼，提振党员干部信心，增强干部队伍活力。把解决突出问题作为突破口，督促落实“三会一课”，提出规范支部建设的30条意见，整改各基层党组织查摆问题1632个，印制派发“六簿一册”，实现基层组织规范化管理。成立12个联络督导小组，围绕“8+5”重点任务，制定涉及6个方面38项任务的督导工作台账，组织开展4轮督导，限期整改发现的问题，对党员干部队伍起到震慑、鼓励作用。完成197个村党组织的换届选举任务，加强党的建设。

2. 三基建设成效显著。霍州市确定实施27项重点任务，拨付专项资金3193万元。在全市将各类党务政务大数据进行整合，建立微信平台和触摸查询系统，实现全市便民服务“一张网”；在乡（镇、街道）建立便民服务中心，整合党建、卫计、民政、残联、国土等基层站所职能，高效快捷服务群众；在农村（社区）完成160个村的便民服务站建设，为群众办理具体事务。打造公安局、前进社区和非公党群服务中心等全省一流的党建先进典型，山西省内数十家单位前来参观学习，树立新时代“霍州形象”。

3. 党风廉政建设全面加强。霍州市集中力量开展党风廉政建设首轮巡察和侵害群众利益不正之风及扶贫领域专项巡察，严肃查处发生在群众身边的不正之风和腐败问题，高质量完成监察体制改革。履行监督职责，处分处理 34 人次；推进监察体制改革，全年处置各类问题线索 329 次、183 件；市委巡查工作领导小组完成三轮巡查工作，发现共性问题 60 个，问题线索 55 件，通过专项治理、跟踪督导、严格问责，发挥巡查监督的“利剑”作用。严肃处置“四风”问题 35 人，综合运用“四种形态”处置 238 人，全面加强党风廉政建设。

【经济社会发展】 2017 年，中共霍州市委团结带领全市各级党组织、全体党员干部群众，统筹推进经济、政治、文化、社会、生态文明等各项事业发展，全市呈现出经济平稳运行、产业优化升级、改革推进有序、民生持续改善、社会和谐稳定、生态治理有力的良好局面。

1. 产业升级步伐加快。第一产业方面，“一园五基地”建设初具规模，西张垣现代农业生态示范园中药材基地种植各类中药材 130 亩；干鲜果基地发展苹果 4 万亩、核桃 3 万亩；规模养殖基地新增各类养殖企业 60 个；小杂粮种植面积 4 万亩；文冠果基地累计种植面积 8000 亩。第二产业方面，省级经济技术开发区筹建工作有序推进。投资 2.6 亿元的亿能新能源电动车制造项目投入生产，年产电动汽车 1.8 万辆，实现产值 6.3 亿元。投资 15 亿元的华得宇光伏发电项目，一期工程 6 月底并网发电，预计三期工程建成后年发电量 3 亿千瓦时，实现产值近亿元。第三产业方面，全域旅游示范区创建工作扎实推进，霍州署、七里峪、陶唐峪等精品旅游景点深度开发，贾村娲皇庙、许村传统古村落、梁衡文化村、千佛崖、悬泉山、油盆峪等一批旅游景点逐步兴起，“全景霍州、全域旅游”初具雏形。旅游景区体制机制改革深入推进，设立 20 亿元文化旅游产业投资发展基金，成立霍州市文化旅游发展有限公司，可融资 12 亿元助力文化旅游产业发展。州署文化产业示范园、南街农贸市场等一批大型商贸中心投入运营，乐村淘网络、固德网络等电商平台和联源、顺丰、申通等一批物流企业入驻霍州，商贸服务业发展活力增强。举办 2017“临杭盟商·尧风霍然”发展论坛暨招商引资推介会，签约资金达 36.32 亿元，与苏州盈创 3D 建筑打印、温州申欧新能源汽车、北京网库集团、华夏幸福产业投资基金等企业达成投资落地意向，招商引资成果丰硕。

2. 民生事业全面发展。脱贫攻坚成效显著，霍州市建成扶贫光伏电站 950 千瓦，发展扶贫生态林 5600 余亩，安置贫困人口就业 62 人，发放“五位一体”扶贫贷款 600 万元，资助贫困大学生 42 人，完成全年 1800 人脱贫任务，贫困群众增收渠道扩宽，脱贫攻坚战果显现。社会事业全面进步，圣佛小学主体完工、市二中运动场投入使用、公办幼儿园进展顺利，改善办学条件，霍州市被确立为临汾市唯一的义务教育学校管理标准省级试点县。公立医院改革有序推进，霍州市医疗集团挂牌成立，基本药物制度全面落实。文体活动蓬勃发展，投资 2 亿元的全民健身中心开工。提高城乡养老、医疗、失业、工伤等社会保险覆盖面和保障标准，健全社会保障体系。重视创业就业，公开招聘110余个事业单位人员，充实到基层一线，拓展就业渠道，全年新增就业人员4600余人。社会救助制度完善，实施低保线、贫困线“两线合一”工作，儿童福利院项目主体完工，爱心助学共收到捐助善款128余万元，救助学生4069人。建成各类保障性住房205套，落实保障性住房开工任务500套，改善困难群众的居住条件。城市面貌焕然一新，纬三路、经十路、迎宾南路、桥西街改造、红崖堡紫薇园、赵家庄人行天桥等项目竣工投入使用，城市污水管网配套、垃圾处理厂改造、辛置南矿区污水处理厂等项目全部完工，橡胶厂棚户区改造、州署文化产业园还迁楼、阳光首府等项目进展顺利，完善城市功能。围绕“建好、管好、护好、运营好”公路的目标，投入5.18亿元用于公路建设、管护，优化城乡路网。

3. 发展环境优化。霍州市抓安全生产，开展安全生产大排查大整治活动，排查生产经营单位1328家，关闭取缔24家，彻底整治各类安全隐患1300余条，杜绝重特大事故发生。推行信访“三三”工作机制，探索化解信访问题四种办法，聘请5个法律顾问接访，处置涉军、房地产、下岗职工、集中供热、拖欠农民工工资等系列矛盾纠纷，信访事项化解率攀升。加强综合治理，推进全国平安县市创建，开展打击“两抢一盗”、整治民爆物品、维护交通治安秩序等专项行动，完成中共十九大维稳安保任务，营造和谐稳定的社会环境。

4. 生态建设成效显著。霍州市树立“绿水青山就是金山银山”的理念，加大资金投入，推进铁腕治污、项目治污、科学治污，掀起生态文明建设新高潮。整治城乡环境，开展城乡垃圾清理、市容环境整治、食品加工作坊“煤改气”、土小散乱污企业专项整治、燃煤锅炉清洁能源置换、矸石山高标准治理等系列专项行动，环境违法案件查处率达到100%。推进工业企业深度治理，完成兆光、国电燃煤发电机组超低排放改造；启动团柏矿管状运煤走廊、辛置矿管状皮带运矸系统和霍候一级路全天候监控系统。加快生态修复，实施汾河、南涧河、对竹河生态综合治理和绿化造林工程，全年新增绿化造林面积1.12万亩。加大环保基础建设，投资3.3亿元新建换热站51座，新增集中供热面积450万平方米；投资900余万元对城区直排汾河的4处污水口进行处理；投资3800余万元，启动朝阳污水处理厂二期建设，确保建成区污水收集率达到100%。中央、省、市环保督导发现的问题，严格标准，扎实整改，推动全市生态环境质量持续向好。

5. 深化改革稳步推进。霍州市制定《霍州市全面深化改革领导小组2017年工作要点》，明确六大领域40类57项工作任务，建立全市改革任务“总台账”和市级领导各自“分台账”，明确牵头单位和进度表，确保各项改革任务稳步推进、落到实处。深化“放管服”改革，承接行政审批事项9项，取消行政审批事项4项；落实“五证合一、一照一码”“两证整合”等改革措施，经济发展环境优化。深化农村综合改革，完成监察体制改革、城市执法体系改革、司法体制改革、群团工作改革等重点任务，保证党中央和山西省市决策部署落地见效。

【领导班子】

书　记：

崔山原（2016.08—2017.12）

副书记：

黄晓君（女，2016.08—2017.12）

高雅铭（2016.08—2017.12）

常　委：

刘国平（2011.06—2017.12）

李　峰（2015.08—2017.12）

牛福生（2016.07—2017.12）

郭宏生（2016.08—2017.12）

田晋川（2016.08—2017.12）

程　军（2016.07—2017.12）

郭丽华（女，2016.08—2017.12）

田　辉（2016.09—2017.09）

（薛忠华）

中共霍州市委办公室

【概况】 霍州市委办公室工作人员 38 人，中共党员 37 人，正科级干部 8 人，副科级干部 7 人，一般人员 23 人，市委办下设 9 个科室，其中综合科、材料信息科、政工科属内含科室，接待处、督查室、机要室、保密局、台湾事务工作办公室、信息化中心属挂靠单位。

2017 年，霍州市委办公室围绕市委中心工作，突出“搞好服务、提升素质”两大重点，发挥中枢纽带职能和参谋助手作用，适应新常态、谋求新作为、引领新发展，完成市委、市委领导交办的工作任务，各项工作再上新台阶。

【队伍建设】 2017 年，霍州市委办公室以“两学一做”学习教育常态化制度化，维护核心见诸行动主题教育活动为载体，以“建设一流队伍、争创一流业绩”为目标，加强自身建设，提高办公室人员的综合素质。抓学习，业务素质有新提升。把学习作为提高办公室工作人员思想政治水平的重要举措，加大理论、业务学习力度，达到提高认识、解决问题、促进工作目的。在学习内容上，突出三个重点。以党的十九大精神为主线，学习党章和习近平总书记系列重要讲话，提高办公室人员的理论素养和党性修养，提高服务决策的能力。加强业务知识学习，加强岗位训练，提高服务效率和水平。在学习方法上，坚持三个结合。坚持个人自学与集体学习相结合、走出去学与请进来学相结合、书本上学与实践中学相结合，形成一套符合实际的科学学习制度。结合学习习近平总书记视察山西重要讲话精神，带头组织开展多次学习研讨，机关人员学习笔记 3 万余字，结合自身思想和工作实际，查找问题、剖析原因，加以整改。在学习制度上，做到三个到位。即学习计划制定到位，学习制度坚持到位，督促落实到位，采取“三查一看”考核办法，查学习计划、查学习笔记、查学习记录、看学习效果，确保督促到位和效果到位。抓管理，办事效率有新提高。深化办公室内部管理，制定完善办公室工作制度，对文秘、值班、督查等工作细化、量化，明确岗位职责，保证办公室工作高效运转。制定“四个一”值班工作制度，办公室 24 小时有 1 个带班秘书长、1 个机要保密人员、1 个保卫人员、1 个值班人员，遇到突发事件都能在第一时间得到解决。抓作风，干部形象有新变化。指导市委系统 15 个支部完成党员关系清查整理规范工作，完成办公室党支部换届任务，打造标准化的党员活动阵地。

【文秘工作】 2017 年，霍州市委办公室文稿起草上，要求文秘人员“站得高、想在前、思长远”，从全局高度发现、分析和思考问题，吃透上情、掌握下情、了解外情，从平时的言谈、请示批示中领会领导思路，确保文稿起草有高度、深度和广度，贴近中心、贴近实际、贴近领导思路。全年共起草各类讲话稿、典型材料、情况汇报230余篇，印发指导全市工作的市委和市委办文件110余篇。信息工作，坚持“全员参与”，共收集采编《霍州信息》90余期，300余条，连续六年位居临汾市前列。

【综合工作】 2017年，霍州市委办公室提升会务工作的科学性，做到重要会议办出质量，日常会议办出效率，对外交往的会议办出形象。组织承办市委常委会、市四套班子联席会、全市性大会等大型会议60余次，承办旅游月等大型活动10余次。加强值班工作，建立健全日常值班制度、值班日志制度、重大节假日带班制度、突发应急预案等制度，24小时无缝隙值班，保证上传下达畅通、高效、准确。

【督查工作】 2017年，霍州市委办公室按照“突出重点、抓住关键、健全机制、创新手段”的工作思路，凡是重大决策、领导批示和群众反映，组织督促检查，了解情况、反馈信息、提出建议。全年督查重点工作70余次，下发督办通知30份，编发《督查简报》18期，撰写报送《督查专报》13期。2017年，接收各类群众反映信息18余件，按时办结，办结率100%，自全省社情民意通道开通后，霍州28件被山西省委社情民意通道“办得好”栏目通报表扬。

【机要保密工作】 2017年，霍州市委办公室组织保密检查5次，全年接收文件2200余份。明报1200余份，密报1000余份，要求收报工作做到在10分钟内签收，第一时间送达领导批示，全年未发生一起压报、漏报、误报、错发事件。组织保密警示教育展览会以及霍州市保密专管员培训会等活动，推进全市保密工作。

【党务内网工作】 2017年，霍州市委办公室强化电子办公应用，搭建党务内网平台，确保大组工网、纪检专网及全省编办网络终端的正常运行。坚持实时实地监控，抓好电子政务内网（党政网）的安全保密体系建设，建立健全网络运行维护制度和安全保密规章制度，加强密码、密钥、密码机管理和内网计算机联网操作管理，全年无一例泄密事件和重要数据丢失现象发生。加强门厅电子显示屏的管理，滚动播放上级重大方针、政策及霍州市不同阶段中心工作的宣传口号，发布各类通知，营造工作氛围，提升部门形象。

【对台工作】 2017年，霍州市委办公室维护“唐风元韵·臻美霍州”对台宣传网站，为台湾民众直观认识霍州、了解霍州、品味霍州、亲近霍州提供实用信息；召开第五届“美丽家园·幸福霍州”迎中秋台胞台属座谈会，赴台参加第五届晋台经贸交流合作恳谈会和高雄文化旅游合作交流会，使霍台情人联谊形成常态；开展以现代农业、文化创意为主题的产业交流，把霍州市的文冠果茶、枣夹核桃等产品展销到台湾。协调有关部门对部分年老体弱、生活困难的台属增加并补发生活补贴；对台属坚持不定期走访和重大节日集体慰问，对提出的困难和问题，凡是符合政策要求的予以解决。

【参谋助手作用】 2017年，霍州市委办公室站在全局的高度想问题、出主意、动脑筋。在起草七届四次全委会报告的过程中，深入基层调查研究，征求各乡镇、各部门和老干部的意见建议，提出围绕“把握新时代，肩负新使命，奋力开启霍州全面建成小康社会新征程”总目标，适应经济发展新常态，把握稳中求进总基调，统筹推进创新发展、协调发展、绿色发展、开放发展、共享发展，加快工业转型，推进农业增效，提升三产水平，打造宜居城市，优化发展环境，增进群众福祉，坚持党要管党、从严治党，开创霍州经济社会发展的崭新局面发展战略的工作建议。

【服务重点工程】 2017年，霍州市委办公室围绕市委确定的重点工程，为工程建设尽最大努力。霍州市年初确定的总投资超百亿重点工程，事关经济社会发展全局，事关霍州30万人民福祉。市委办公室在每项工程实施中都至少有1名副秘书长参与其中，出谋划策、协调配合、督查落实，推进重点工程实施。

【服务基层群众】 2017年，霍州市委办公室在信访工作方面，坚持“预防为主、防治结合、综合化解”的原则，做好群众来访接访工作，倾听群众反映诉求，告知群众信访程序，维护群众信访秩序，处理群众反映的各类问题。推进“三级联动，三项制度，三抓三促”的“三三”信访工作机制，从源头上抓信访，增强信访稳定工作的预见性、前瞻性，把矛盾纠纷化解在萌芽状态。

【党风廉政建设】 2017年，霍州市委办公室强化党风廉政建设主体责任和监督责任，坚决贯彻中央、省、市关于转变工作作风的各项规定，加强对执行党内政治生活若干准则、党内监督条例情况的监督检查，对主体责任、监督责任、领导责任和岗位责任列出清单，一旦党员干部存在违纪风险或苗头倾向，立即进行廉情预警提醒，把党员干部违纪风险降到最低。班子成员严格遵守党的政治纪律、组织纪律、工作纪律，加强廉洁自律，严格规范自己的行为，要求别人做到的自己首先做到，要求别人不做的自己首先不做。强化法治理念，坚持以法治思维和法治方式处理具体问题，做到法定职责必须为、法无授权不可为，提高依法办事的能力和水平。倡导艰苦奋斗、勤俭办事的作风，日常接待、办公用房、公车使用和处理公务坚持按规矩办事，没有利用工作职权谋取过特殊利益，树立党员领导干部的良好形象。

【领导班子】

秘书长（办公室主任）：

郭宏生（2016.08—2017.12）

副秘书长（办公室副主任）：

杨五锁（2008.08—2017.12）

胡文杰（2011.04—2017.03）

史学选（2013.04—2017.12）

时宏伟（2013.04—2017.12）

（薛忠华）

组织工作

【概况】 中共霍州市委组织部是市委主管组织和干部工作的职能部门，担负着全市各级领导班子和基层组织建设、干部选拔任用、干部教育监督、大学生村干部管理、人才工作等任务，下设办公室、干部科、干部综合科、干部教育科、干部监督科、组织一科、组织二科、组织三科、人才办、大学生村官管理办公室、电教中心、信息中心、党代表联络组办公室13个科室。2017年，霍州市委组织部以习近平新时代中国特色社会主义思想和党的十九大精神为指导，以“两学一做”学习教育常态化制度化、“维护核心见诸行动”主题教育为统领，以“三基建设”为抓手，加强领导班子、干部队伍、基层组织、党员队伍、人才队伍和组织部门自身建设，为霍州经济社会发展提供组织保证。

【“两学一做”学习教育】 市级党组织

以上率下、当好示范。以霍州市委中心组学习为主要形式，市级领导干部带头学习习近平总书记在山西视察重要讲话、十八届六中全会、《中国共产党党委（党组）理论学习中心组学习规则》、中办通讯〔2017〕14号文件、省委《实施方案》和临汾市委工作安排等内容，开展“深刻理解确立习近平总书记核心地位的重大意义和实践要求”主题交流研讨。2017年8月10至11日，市委中心组以习近平总书记视察山西重要讲话精神为主要内容，对县级领导进行为期2天集中封闭式培训，霍州市委书记崔山原亲自授课，其他市委常委和市人大常委会主任、市政协主席轮流授课、研讨交流。基层党组织抓在手上、夯实基础。制定下发《关于在推进“两学一做”学习教育常态化制度化中进一步抓实基层党支部的意见（试行）的通知》，提出规范支部建设30条意见；制定出台《关于进一步规范“三会一课”制度的意见》《党支部（党小组）组织生活会实施细则（试行）》，全市统一印制“三会一课”、党小组会议、发展党员工作会议、民主生活会及组织生活会、党员活动日、党委（党组）会议等6类会议记录簿，7月在全市基层党组织推行使用，推进基层组织规范化管理。“七一”期间，开展霍州历史上的第一次支部书记“党课赛讲”活动，14个基层支部书记精心备课、登台赛讲；下发《习近平总书记的成长之路》《习近平的七年知青岁月》等学习资料至全市各基层党组织，做到真学实学。围绕庆祝建党96周年，在全市基层党组织中开展以“一次走访慰问、一次主题党课赛讲、一次交流研讨、一次专题组织生活会、一次党性教育活动、一次好基地讲好故事活动、一次集中宣传、一次理论测试”为内容的“八个一”系列活动，组织市、乡、村近万名党员干部参加主题党日活动，重温入党誓词，参观“风雨征程复兴路”档案图片展；动员全市党员参加全省“两学一做”学习教育系列知识竞答，2人在山西省首轮知识竞答中荣获一等奖；开展以“亮明党员身份、亮明工作职责，履职情况评价、社会满意评价，日常工作考核、年度业绩考核”为内容的“双亮双评双考”活动，增强党员的责任感、荣誉感和使命感。发挥“两学一做”学习教育常态化制度化示范点带动作用，确定1个临汾市级示范点，38个县级示范点，每个示范点确定1个市级领导、1个乡（镇、街道）党政主要责任人、1个组工干部包联，确保示范点起到示范带动作用。

【队伍建设】 2017年，霍州市委组织部制定下发《关于进一步加强全市各级领导班子思想政治建设的实施意见》《霍州市激励干部担当作为干部创业实施办法（试行）》《霍州市支持干部改革创新合理容错实施办法（试行）》《霍州市市管干部动议酝酿任免议事规则（试行）》《霍州市市管干部推荐考察工作细则》《科级干部监督管理办法》《股级干部任免管理办法》等规范性文件，对4个工作不力的科级干部进行提醒谈话。创新实施科级干部“履职担当亮相”工程，全市600余个在岗的科级干部（含条管单位）围绕“1 + 3 + X”目标制定履职清单2200余项。“1”即承担的本职工作和山西省定、临汾市定重点工作任务；“3”即在市级或乡（镇、街道）层面要解决的三个突出问题（安全稳定、环境整治、拆违拆乱）；“X”即若干项创新工作任务。通过对履职目标公示亮相，采用月调度、季督查、年底考核等办法，倒逼每个科级干部脚踏实地、真抓实干。按照《党政领导干部选拔任用工作条例》规定要求和程序，配合市人大召开七届人大二次会议，完成市监察委员会主任、副主任、委员选举工作；配合统战部完成市工商联换届选举工作，配合工青妇部门完成群团改革人事配备工作；对部分单位空缺职位进行配备；完善党组单位的设置及成员的配备工作。完成2017年全省党群系统公务员招考中8名入围人员的考察工作和2014年、2015年考录的16名公务员登记工作。根据法检上划有关政策，对上划和转隶到监委的16个人员信息进行审核，配合完成法检两院员额套改工作、法院、检察院单独职务序列评定工作和法检上划初步工作。推进职务职级并行工作，审核批复177人，其中164人经部务会研究通过，13人审核批复待上会研究。

【333工作法】 2017年，霍州市委组织部重点突出“三基建设”，实行以“搭建三级平台、强化三大保障、实现三个突破”为内容的“333”工作法，加强基层党建工作。搭建“三级平台”。市级层面，将各类党务政务大数据进行整合，建立微信平台和触摸查询系统，打造霍州“智慧党建”服务平台。乡（镇、街道）层面，投资200余万元，在全市12个乡（镇、街道）建立便民服务中心，整合党建、卫计、民政、残联、国土等基层站所职能，实行“一站式办公”“一条龙服务”，打造乡镇审批、村级代办、信访接待、法律援助、政策咨询、便民惠民为一体的综合性服务平台。农村（社区）层面，依托农村（社区）活动场所建立“三基”便民服务站，实行“两委”干部轮流“坐班”制度，为百姓办理具体事务，服务群众。

【三个保障】 2017年霍州市组织部强化组织保障。成立以市委书记崔山原为组长的“三基建设”领导小组，将全市100项重点任务进行分解，实行挂图作战，根据每项任务牵头单位成立20余个综合行动小组，形成有牵头单位、有配合单位、有完成时限、有目标要求的工作体系。

【制度保障】 2017年，霍州市组织部完善党费收缴管理、困难党员的激励关怀等10项原有制度，新制定优秀基层党组织书记奖励、基层党组织书记年度轮训等8项制度，建立健全岗位责任制、服务承诺制、首问负责制、限时办结制、AB岗制、一次性告知制、工作计划规范管理制度、13710工作制度8项制度，形成制度体系，促进各项工作规范有序开展。

【激励保障】 2017年，霍州市组织部把农村“两委”主干基本报酬、社区工作经费及服务群众专项经费、乡镇干部周转房等13项经费全部列入市财政预算，总拨付资金3193万元。市财政设立“农村集体经济发展壮大专项补助资金”，支持农村集体经济的壮大发展。全市集体经济收入5万元以上84个村，占比42.2%。投资650余万元加快周转房建设，全市改扩建3处、新建4处，建周转房82套，总建筑面积3534平方米。深化“双十工程”，对创建达标的明星、红旗支部书记，给予每月510元和410元的财政补贴。

【三个突破】 2017年，霍州市委组织部基层组织规范化实现突破，推动社区活动场所提档升级，完成9个社区场所的提档升级任务。市政府召开协调会，将前进社区闲置的1700平方米实验小学无偿供社区使用，投资320余万元完成社区改造任务。推进非公和社会组织“规范建设年”活动，建立规范建设清单，按照“三查三评”方式开展规范建设验收工作；成立非公和社会组织工委，配齐工委领导班子，组建非公党委和社会组织党总支，新建非公党群服务中心，完善非公企业党群服务体系。非公企业组建69个党支部，党组织覆盖率88%，工作覆盖率100%。社会组织组建56个党支部，党组织覆盖率98%，工作覆盖率100%。制定《关于加强全市各级各类中小学校及幼儿园党的建设工作的实施办法》，公办中小学校实现党的组织和党的工作全覆盖，部分民办学校建立党组织。4个省属国有企业全部将党建工作要求纳入公司章程，明确党组织研究讨论是国有企业董事会、经理层决策重大问题前置程序。截至2017年12月29日，完成全市农村（社区）“两委”换届选举工作。基础工作体系化实现突破。举办加强基础工作建设培训推进会，对各乡（镇、街道）、市直党政群机关事业单位分管“三基建设”领导和业务骨干进行专题培训，各乡（镇、街道）、市直党政群机关事业单位制定“一目录一流程三手册”，推进基础工作达标，厘清部门职责、岗位标准、工作流程、法规依据等，实现单位精细化管理。基本能力专业化实现突破。通过农村“领头雁”培训、乡镇挂职干部岗前培训、挂职锻炼、干部大讲坛、送教下乡、专题培训、外出培训方式，加强干部教育培训，提升干部基本能力。

【干部教育】 2017年，霍州市委组织部邀请全国知名区域经济专家马种会及省市专家，对市级领导、乡镇部门负责人及部分农村“两委”主要干部等680余人，就产业转型升级、新型城市化、服务业综合改革等内容进行专题培训；邀请国防大学徐焰将军对330名副科级以上干部进行国防建专题培训；确立南塔烈士陵园、霍州署2处党性教育基地，接受党性教育3300余人；举办“学习习近平视察山西讲话进基层”主题宣讲报告会和“学习贯彻党的十九大精神宣讲报告会”，培训科级干部690余人次。在全市选派47名优秀年轻干部赴苏、浙、皖3省进行2个月的挂职锻炼。外挂干部撰写心得体会94篇、调研报告47篇，提出城市建设、旅游升级、工业发展各方面建议200多条，与浙江元成园林集团、浙风旅游集团公司达成城市园林建设、旅游包装宣传2个投资意向；举办霍州市首期青年干部主体班，对挂职归来的47名年轻干部进行为期1个月延伸培训，提升年轻干部能力素质。党的十九大召开后，拟定党员干部学习贯彻党的十九大精神培训计划，购买《党的十九大报告学习辅导百问》、新党章700余套，对全市副科级以上干部开展集中轮训。全年赴省委组织部调训学习4人，赴临汾市委组织部调训学习113人次。

【人才工作】 2017年，霍州市委组织部对市委联系的专家进行年度考核，更新市委联系专家人才3人，推荐临汾市委联系的优秀专家2人。制定《霍州市高层次人才引进管理暂行办法》《关于鼓励本土人才回归家乡干事创业的实施意见》，支持3名在外人才回霍州市创办文冠果公司、老猫鱼吧、裕鑫博康食品公司等企业。聘请著名学者、原《人民日报》副总编辑梁衡为霍州一中名誉校长。邀请中国科学院研究员王力华到霍举办文冠果资源利用技术培训，培训农村实用人才70余人。组织40余位老龄人才在下马洼村、梁衡文化园等乡村旅游建言献策。在京霍州籍在外人才组织捐资捐助活动，为京霍情爱心奖（助）学金源源不断注入善款。霍州籍原大张一中毕业的学生、浙江温州阳光教育科技有限公司董事长靳军代表三兄弟共同为母校捐赠价值3万元教学仪器和

2万元奖学金。

【自身建设】 2017年，霍州市委组织部实行组工干部日志制度，机关每个组工干部对工作中的经验方法、问题思考、探索性做法实行每日一记、全程纪实，做到以记促学、以记促思、以记促干。实行组工干部大课堂制度，每个组工干部结合工作实际和岗位职责，突出“理论业务、政策法规、实战经验”内容，以PPT形式自主备课，定期轮流登台授课，部领导对当期授课内容进行点评，参加人员互动交流，提升组工干部提笔能写、张口能说、遇事能办的能力。实行组工干部全员办信息制度，编发组工信息150余条，在省级媒体刊发消息3条、署名文章2篇，临汾市级媒体刊发消息50余条、署名文章3篇。实行组工干部联系点制度，聚焦基层党建重点任务、脱贫攻坚等工作，全体组工干部直接包联乡（镇、街道）、农村（社区），每月定期到联系点下乡调研、指导工作，解决群众难题，树立组工干部为民务实形象。

【领导班子】

部　长：

牛福生（2016.07—2017.12）

副部长：

韦建兵（2002.07—2017.12）

宋根宝（2007.07—2017.12）

薛国平（2011.04—2017.03）

刘树华（2013.10—2017.12）

（蔡亮）

纪律检查

【概况】 中国共产党霍州市纪律检查委员会是党内监督专责机关，职责是监督、执纪、问责；霍州市监察委员会是行使国家监察职能的专责机关，依法履行监督、调查、处置职责。霍州市第七届纪委班子和第一届监委班子分别于2016年8月和2017年3月选举产生，班子成员9人。霍州市纪委监委机关内设13个行政室，下设1个事业单位，核定室主任14人。

【“讲知守”专项治理】 2017年，霍州市纪委强化组织领导。制定《关于在全市纪检监察系统开展“讲政治、知敬畏、守规矩”专项治理活动的实施方案》，成立专项治理活动领导组，设立综合小组、督查小组和案件小组，结合实际，细化工作责任，创新活动方式，强化对专项治理活动的组织领导。纪委监委班子成员按照《实施方案》进行学习、剖析，发扬率先垂范、崇尚实干、狠抓落实，把自己摆进去，做好组织者，做好带头人，对每个环节的重点工作、重点任务和前后衔接都亲自参与、亲自落实，带头进行“双学双查双定”，树好标杆，成为“讲政治、知敬畏、守规矩”的表率。强化督导检查，分6个督导组，由纪委常委带队对各乡镇纪委、各市直派驻纪检组活动进展情况进行30余次重点抽查和明察暗访，对反映集中的突出问题和问题比较集中的单位，开展专项督查，要求作出整改，确保专项治理活动的有效落实。

【监察体制改革】 完善组织保障。2016年11月17日，霍州市委成立由市委书记崔山原任组长的深化监察体制改革试点工作小组，成立领导小组、办公室工作机构，监察体制改革试点工作启动。5次组织召开试点工作小组会、4次召开市委常委会，学习上级会议精神，吃透把准文件要求，听取专题汇报，协调解决监察委员会的办公场所等问题。2017 年 3 月 17 日，召开霍州市七届人大二次全会及其常委会，选举产生霍州市监察委员会领导机构。合理配置人员。霍州市人民检察院涉改部门转隶 16 人、划转编制 14 人，占检察院机关改革前政法专项编制数的 29%。定岗定责，1 人进入监委班子、协助副书记分管执纪审查和案管工作，10 人进入纪检监察室。强化内部沟通交流，实现人心“融合化”；坚持教育培训，学纪学法，实现素质“专业化”；坚持严明纪律，健全完善内部管理，实现管理“规范化”；坚持增加投入，购置办公用品，实现办公设备“科技化”；坚持履职尽责，工作衔接不留缝隙，实现执纪监督“严肃化”；坚持严惩腐败，实现执纪审查“零突破”，各项工作开展保持良好势头。开展“两推开”。制定《霍州市开展乡（镇、街道）监察试点工作实施方案》，任命 26 个监察员，印发《乡（镇、街道）纪（工）委、监察员执纪监督监察工作制度（试行）》、制定《培训方案》，对监察员开展学习培训和理论知识测试，督促各乡（镇、街道）落实纪检监察办公场所、完成制度上墙工作，为乡镇监察员职能发挥奠定坚实基础。2017 年初，制定《派驻纪检监察机构实施方案》，完成工作全覆盖。按照山西省临汾市要求，霍州市纪委拟设立 12 个派驻纪检监察组（11 个综合派驻、1 个单独派驻），尽快健全人员编制、完善内部管理。

【制度建设】 2017 年，霍州市纪委规范工作制度。参照山西省临汾市“4 个 1 制度”，4 次修改、印制《霍州市纪委监委机关执纪监督监察工作制度》，召开 9 次专题培训会进行集中学习、讨论，明确职责、理顺流程、规范文书，强化全市纪检监察干部对“4 个 1 制度”的掌握和运用。进行 4 次办案安全工作培训，开展 2 次模拟演练，规范纪委监委工作流程。完善配合制度。政法委发挥统筹协调和指导推动作用，执行“1＋4” 10 项制度，制定《支持配合监察体制改革试行工作联席会议制度》《政法机关支持配合监察体制改革试点工作“1＋4”制度跟踪督导工作方案》《支持配合监察体制改革工作办法》、制定规范的法律文书 27 项。公检法司各部门制定配合纪委监委开展工作的相关制度，组织相关人员培训，增强协作配合意识与技能。制度转化效能。办案人员树立“以审判为中心”的取证理念，重视政法机关在审查起诉过程中就补充、完善证据方面提出的意见和建议，以“4 个 1 制度”和“1＋4” 10 项制度为基础，建立完善的联系沟通机制。确保移送案件快审快结。

【落实“两个责任”】 2017 年，霍州市纪委、监委多次提请霍州市委主要领导主持召开市委常委会议或专题会议，研究部署全市党风廉政建设工作，听取工作汇报，协调解决反腐倡廉工作中遇到的问题，以霍纪呈文件上报市委批复对 32 个党员干部的处理意见。协助市委书记崔山原对市四套班子进行年度廉政约谈，市长黄晓君就政府系统廉政建设对部分市直机关负责人和乡（镇、街道）党政一把手进行廉政约谈，确保“两个责任”落实。纪委监委班子成员分三批次，以落实“两个责任”、涉纪信访处置、“四种形态”运用、“四风”整治为重点，对乡镇纪委书记、市直部门纪检组长共 46 人进行廉政约谈，征求意见建议 76 条，对 4 个工作落实不力的纪检监察干部进行问责。按照《霍州市各级党委政府及有关部门环境保护工作职责规定（试行）》文件要求，霍州市纪委强化督导监察和问责力度。2017 年，霍州市因环保问题共问责相关责任人 26 人，其中乡科级干部问责 9 人，一般干部问责 12

人，霍州煤电集团问责5人。

【创新信访机制】 2017年，霍州市纪委针对信访量大、重复访较多的问题，建立纪委监委班子成员带队轮流到信访大厅接访的工作制度，班子成员直接面对上访人、当面倾听群众诉求，带着感情接待上访群众、稳定群众情绪、换位思考化解群众疑惑，提升信访问题处置效率，确保上访群众的思想稳定，降低重复访和越级上访量。实行纪委监委机关全体人员轮流接访工作制度和重大节日无假日接访机制，同上访群众零距离接触，体会上访群众的直接诉求和上访原因、增强工作积极性，缓解信访室工作压力、提升信访问题线索处置效率，为基层涉纪源头化解专项工作站好第一班岗。主要领导带头，要求纪委监委分管信访工作的副书记和常委、委员，对信访举报件进行细致研判，条目式列出举报项目，在线索处置会上分析研究、深入讨论，确保信访问题分析到位、处置有力。全年受理信访举报件497件，其中涉纪问题线索447件（上级转办321件，该级受理126件），业务范围外举报50件。10月，开展班子带头接访和全员接访后，累计接待上访群众351批、603人次，群众信任度、满意度持续提升，第四季度该级受理信访量环比一、二、三季度明显上升，在2017年开展监察体制改革、农村“两委”换届（针对性信访举报数量增大）相关举报数量较多的大形势下，受理信访量较2016年降低3.8%。降低大信访压力、大信访数量明显下降（较2016年批次下降32.7%，人数下降36.03%），为确保基层稳定作出贡献。

【纠正“四风”】 2017年，霍州市纪委监委注重持之以恒。盯住老问题，关注新动向，紧盯重要时间节点，加强日常监督检查，把纠正“四风”往深里抓、实里做，坚决防止反弹回潮。元旦、春节、五一、国庆等重要节点，起草印发检查通知，组织人员进行专项检查，对发现的工商质监局工作人员公车私用、人社局工作人员乔迁大操大办、国土局工作人员为父亲修寿器大操大办等问题进行严肃查处，通报曝光，释放纠正“四风”不停歇、越往后执纪越严的强烈信号。加强联动协作。制定《关于加强联动协作全面监督“四风”问题的工作方案》，加强与公安、审计、税务等职能部门协作联动，成立“四风”检查机动小组，强化小组人员的业务培训，确保召之即来、来则能战。2017年，处置山西省纪委转办的问题线索3件，处置交叉检查中蒲县纪委监委发现的问题线索4件、乡宁县纪委、监委发现的问题线索6件、隰县发现问题线索2件，霍州检查组在永和县和安泽县发现问题线索16件，向临汾市纪委、监委移交。2017年，查办违反中央八项规定精神和“四风”问题线索20件，处理35人，党纪政务处分7人，组织处理21人，其他处理7人，其中乡科级干部20人，一般人员15人。建立长效机制。牵头制定《中共霍州市委霍州市人民政府关于进一步贯彻落实中央八项规定精神的实施细则（讨论稿）》，经过讨论研究、市委常委会审议、临汾市纪委、监委审核，完成4次修改。7月，出台《关于严禁党员干部违规操办和参加“升学宴”“谢师宴”的通知》，要求全市党员干部严格遵守中央八项规定精神及廉洁自律各项规定，发挥带头表率作用，做到“六个严禁”，杜绝违规操办和参加“升学宴”“谢师宴”行为。7至9月，派出督察组到学校、饭店明察暗访16批次，遏制不良风气。开展“对照十问纠四风”大反思、大讨论、大整改活动。活动对党员干部提出“十问”，要求党员干部结合实际，对四风问题自查自纠。（“十问”即：一问贯彻落实，是否行动少、落实差？二问调查研究，是否搞形式、走过场？三问服务群众，是否摆架子、推绕拖？四问项目建设，是否脱实际、搞形象？五问召开会议，是否照搬套、虚应付？六问改进文风，是否缺调研、拼凑抄？七问责任担当，是否向上推、图安宁？八问工作实效，是否轻实绩、重包装？九问履行职责，是否往下推、求自保？十问对待问题，是否瞒实情、听任之?)，在《今日霍州》公众微信平台向党员干部提出“十问”，制定《实施方案》，要求党员领导干部对照“十问”自查自纠，做到纠正“四风”警钟长鸣。

【运用“四种形态”】 2017年，霍州市纪委、监委严格问题线索处置程序、细化处置环节，全年召开执纪监督会79次、执纪审查会4次，共集体研究处置线索431件次，形成会议要83件；向市委提交请示48人次，提高问题线索处置效率，提高总体工作效能。2017年，运用第一种形态135人，占比56%，同比增幅93%；第二种形态69人，占比29%，同比增幅38%；第三种形态30人，占比13%，同比下降6%；第四种形态4人，占比2%。给予党政纪处分100人（乡科级17人，一般干部17人，其他人员66人），组织处理11人，移送司法4人（采取留置措施1人）。给予党政纪处分100人（乡科级17人，一般干部17人，其他人员66人），组织处理11人，移送司法4人（采取留置措施1人）。其中：党纪处分90人（党内警告37人，党内严重警告23人，留党察看6人，开除党籍24人），政务处分24人（警告5人，记过11人，记大过2人，撤职3人，开除3人）。针对违纪违法问题，分析原因、找准病灶，采用源头治理、标本兼治的措施，对约谈函询效果进行有效延伸，突出“红脸出汗”阶段的治理效果。在查处住建局城市管理监察大队私设“小金库”和主要负责人等8人违反廉洁自律典型案件后，责成住建局立即召开住建系统会议作专题警示教育，相关人员做公开检查，对全系统人员进行“咬耳扯袖”，确保案件查处的政治、社会和法纪效果。

【扶贫问责】 2017年，霍州市纪委监委建立机制压责任。召开5次扶贫领域监督执纪问责工作专题会，建立委领导联系、纪检监察干部全员督导，对扶贫领域进行监督执纪问责工作机制。成立全市扶贫领域监督执纪问责工作领导小组，建立全市扶贫领域监督执纪问责“四本台账”（扶贫工作基本情况台账，问题线索台账，重点项目资金台账，典型案例台账），建立入户登记表、提醒谈话台账、问责台账，确保责任清、任务明、工作细。由纪委监委班子成员带队，成立8个联系督导组，分别联系12个乡（镇、街道），深入农村开展督导检查，了解脱贫攻坚政策推进情况，对“三支队伍”（包村干部、驻村工作队和第一书记）驻村履行职责情况、乡镇履行管理驻村工作的主体责任情况、驻村工作的考勤情况、驻村工作例会开展情况、驻村工作人员遵守纪律的情况进行监督检查，截至2017年底，走访贫困户498户。发现问题严查处。在检查中发现扶贫领域问题线索18件，查实12件（其中正科级1人、副科级2人、一般干部5人、其他人员4人），查否1件，在查5件。涉及扶贫领域危房改造2人，救灾救济4人，低保3人，形式主义1人，不作为、慢作为7人。党纪处分1人，组织处理11人。发现整改类问题9个（其中干部作风6个、政策落地2个、领导责任1个)，全部整改。注重从严从紧，加强换届风气监督。围绕村和社区组织换届工作，成立换届风气督查组，加强对“九严禁、十不准”纪律要求落实情况的督促检查。受理村“两委”换届工作相关举报21件。

【廉政宣教】 2017年，霍州市纪委强化对省级廉政教育基地——霍州署廉政文化馆的管理和维护，升级信息化系统，提升科技含量、强化直观效果；更新廉政文化一条街的全部廉政灯箱的设施、内容。再次以微信阅读“每日一故事”形式向全市纪检监察干部发送《习近平讲故事》87篇(每日更新)，机关开展各种专题学习34次，班子成员到基层讲授专题党课6次，组织全市纪检监察干部观看警示教育片《作风建设永远在路上》《打铁还需自身硬》，学习《忏悔录》，丰富纪检监察干部知识储备、提升政治觉悟和业务素养，达到“打铁还需自身硬”的目的。结合上级会议精神、融入崭新廉政文化元素，组织纪检干部编发纪检监察信息700余篇，上报市纪委监委120多篇，编写家教家风故事13篇，“两学一做”专题征文6篇，纪检人镜头12组，一周新闻直通车信息70多篇，正面倡导廉政文化新风。举办机关“讲政治、知敬畏、守规矩、扬正气”演讲比赛，展现纪检监察干部的新风采，强化廉政宣传效果。

【队伍建设】 2017年，霍州市纪委监委按照“用制度管人、用制度管事”的原则，建立责任清单制度，明确机关各科室和基层纪检监察机构的工作任务、程序、时限、标准及追责办法，通过量化指标达到干部肩上有任务、绩效考核有依据有目的，形成一级抓一级、层层抓落实的良好局面。提升干部素质，丰富学习内容、提升学习效率，推进“两学一做”学习教育常态化制度化，开展维护核心、见诸行动主题教育活动。5月、8月、11月举办4期纪检监察业务知识讲座，就案件初核、审理工作、“4个1”工作制度和“1＋4”工作机制进行详细讲解；组织纪检监察室22人分3期参加临汾市纪委组织的业务培训班；组织纪委监委班子成员9人分5期参加山西省纪委组织的纪检监察业务培训班；组织纪委书记、副书记3人分别赴清华大学、北京大学、复旦大学，就当前反腐形势进行培训。在办公电脑上全部安装“三条禁令”屏保、办公桌上摆放“三条禁令”座牌，突出强调山西省纪委监委对纪检监察干部的纪律要求；强化内控机制，完善外出报备制度、请销假制度、车辆管理制度、文件传阅制度等内部管理制度，对纪检监察干部的日常行为进行规范；机关楼道悬挂廉政宣传版面，办公区域实现制度上墙、职责公示，提醒纪检监察干部履职尽责，确保制度规定入心入脑、纪律约束无处不在。

【领导班子】

市委常委、纪委书记：
程　军(2016.08—2017.12)
监委主任：
程　军(2017.03—2017.12)
纪委副书记：
张建军(2010.07—2017.12)
杨敬奎(2016.08—2017.12)
监委副主任：
张建军(2017.03—2017.12)
杨敬奎(2017.03—2017.12)
纪委常委：
孙　华(2016.08—2017.12)
张海平(2016.08—2017.12)
监委委员：

孙　华（女，2017.03—2017.12）
张海平（2017.03—2017.12）
纪委常委：
刘成军（2016.08—2017.12）
席光明（2016.08—2017.12）
监委委员：
曹淑贞（女，2017.03—2017.12）
董　强（2017.03—2017.12）

（赵华）

宣传工作

【概况】　中共霍州市委宣传部是市委主管意识形态工作的职能部门，主要职责有：宣传党的路线、方针、政策，主抓全市理论学习和舆论宣传，协调全市通联工作，监管和研判舆情信息，负责全市精神文明创建以及广播、电视、新闻、文化、体育、文艺创作、精神文化产品等方面的工作。内设办公室、宣传科、政工科、理论科、网络中心、文明办、通讯组 7 个股室。2017 年，霍州市宣传思想文化工作，围绕“深入学习习近平总书记系列重要讲话精神及十九大精神”主线，突出重点，挑战难点，创新亮点，实现科学理论武装工作、核心价值培育工作、主流舆论引导工作、文化繁荣创新工作的提升，为实现霍州市“进军省强市、全面达小康，共建文明开放幸福美丽新霍州”总目标提供思想保证、舆论支持、精神动力和文化条件。

【理论武装】　2017 年，霍州市委宣传部深化学习习近平总书记系列重要讲话精神及党的十九大精神，构筑全市干群团结奋进的思想基础。抓住“党委中心组”龙头，创新引领学习风气。学习贯彻落实党的十九大精神及习近平总书记系列讲话重要精神，发挥市委中心组示范带动作用，深化理论学习，制定下发《霍州市委中心组 2017 年学习计划》，完善党委中心组集中学习制度、考核制度和年度学习计划，明确学习内容、学习形式、学习要求和考核方法，中共十九大召开之后，市委中心组集中学习 19 次，为全市各级党委（党组）中心组学习起到引领示范作用。下发《关于学习宣传贯彻党的十九大精神的实施方案》，围绕党的十九大提出的重大战略部署，配合协调组织山西中医药大学“百千万”师生十九大精神进基层宣讲活动，组建市委十九大精神理论骨干讲师团，深入机关、学校、企业、农村等基层进行面对面宣讲，在全市学党的十九大精神的氛围。联合市委组织部、市纪检委组成督查组，定期对各级党委（党组）中心组学习情况进行督促检查，为学习型党组织建设提供保障。抓住“党员干部”这个主体，坚持大规模培训干部。全年共举办 4 期“霍州市干部大讲坛”，邀请马种会、武卫东等知名专家学者和领导干部为全市党员干部进行授课。结合宣传思想文化系统“提高标准、提升能力、争创一流”大讨论活动、“两学一做”学习教育常态化制度化和“讲、知、守”专项治理活动，提高党员干部统筹大局的决策力和破解难题的创造力，促进工作作风的转变。抓住“机制建设”重心，把软任务变成硬约束。按照中央办公厅下发的《党委（党组）中心组学习规则》，结合霍州市实际，出台《霍州市贯彻〈中国共产党党委（党组）理论学习中心组学习规则〉实施细则》，成立中共霍州市委理论学习中心组组织机构，确定市委办、组织部、宣传部 3 个学习秘书，明确规定市委中心组理论学习目标任务、学习内容、形式、要求以及相关部门的职责分工。健全基层党组织中的学习阵地建设机制、时间保障机制、经费投入机制、学习激励机制及纪检、组织、宣传部门联合督学机制，把党员干部学习纳入年度考核重要内容。

【舆论宣传】 2017年，霍州市委宣传部根据上级营造氛围的指示精神，结合霍州市加大对内对外宣传基本要求，瞄准唱响霍州发展主旋律，打好宣传工作主动仗工作总目标，加强对内对外宣传和舆情监控，为全市经济社会发展营造舆论氛围。主题宣传声势浩大。围绕学习宣传党的十九大召开这一主题，制定下发《霍州市迎接党的十九大宣传工作方案》。电视台、《今日霍州》分别开设“砥砺奋进的五年”专栏，开展纪念中国共产党成立96周年“党在我心中”党课赛讲活动，纪念中国人民解放军建军90周年书画展及庆“八一”“改革创新、砥砺前行”文艺晚会等活动，协调组织举办“中镇霍山·华夏州署”第九届旅游月系列活动，活动期间梁衡先生携《人民日报》《北京日报》《西北文学》等高端媒体团到霍采风，利用各大媒体平台宣传霍州文化旅游资源，为推介霍州提供交流平台。7月，在霍州市助力临汾申办旅发大会场外投票活动中，完成9万票任务，为助力临汾申办山西旅游发展大会主办权贡献力量。十九大召开期间及闭幕后，霍州市电视台、《今日霍州》、主网站开设专栏，对党的十九大精神进行解读。组织开展“学好讲话、维护核心、讲好故事”主题采访活动，宣传各行业各部门学习贯彻落实党的十九大精神的实际行动和先进经验。在市区主要街道，乡镇主干道悬挂十九大精神宣传标语，在人口聚集区悬挂摆放宣传版面，各大广场电子屏滚动播放十九大相关报道，让十九大精神迅速热起来。媒体宣传保质保量。2017年，宣传部加大舆论宣传工作力度，把新闻中心、通讯组、电台、电视台等平面和立体媒体联合起来。2017年，全年播放各类新闻、消息2600余条，其中省台播发新闻30余条，临汾台播发新闻120余条，在省级以上平面媒体共发表报道35篇，其中国家级10篇，头版头条5篇，市级媒体发表255余篇，临汾日报头版头条45篇。网络媒体敢管善用。对网络舆情信息工作，按照“把握导向性、突出互动性、体现主动性”的要求，坚持正面引导的方针，建立由市委书记任组长，其他常委、副市长任副组长，有关单位为成员的网络安全和信息化领导小组；建立网络舆情处置领导小组，建立互联网信息管理机制，健全网络舆情预警机制、部门协调机制和热点跟踪机制，开展公办网站内容及关键信息基础设施网络安全检查工作，下发《关于开展全市公办网站内容及关键信息基础设施网络安全检查的通知》，使信息系安全工作规范化和制度化；坚持24小时RTX在线值班制度，组建52人网络评论员队伍，确保掌控网上舆情动态，监控出有关霍州的热点问题、敏感问题21件，加以正确引导妥善处理。组织网评65余次，上传舆情信息3350余条，掌握网络舆论宣传主动权。创新新闻宣传理念和加强队伍培训管理。在《今日霍州》微信公众平台的基础上，巩固完善网站、微信等新兴媒体的后台服务质量。坚持“请进来，走出去”，9月，召开全市通联工作暨舆情信息工作会，参会人数120余人，邀请《山西农民报》总编辑、《山西日报》高级编辑对通讯员队伍进行专题培训，党报党刊发行工作稳步推进。2017年，党报党刊征订数量同比基本持平，通过召开全市动员会部署，将任务量化分解，各单位一把手作为直接责任人，严格督查，定期通报。对于经费紧张的单位，要求其以党报党刊为主，经费宽裕的单位，则鼓励其多订党报党刊。

【精神文明建设】 2017年，霍州市委宣传部把培育和践行社会主义核心价值观作为贯穿精神文明建设的主线，以“我们的节日”“学雷锋”活动、“三关爱”志愿服务活动为重点，推进社会主义核心价值体系建设。推进核心价值观建设和宣传。以领导干部、公众人物、青少年、先进模范等人群为重点，开展诚信建设、“我们的节日”等活动。加大公益广告宣传力度，在城区主要街道广场、公园、每个村镇、社区设立公益宣传广告，电视台、新闻信息中心及微信公众平台定期定量刊播公益广告。引深文明创建工作。2017年是霍州市省级文明城市复验迎检之年，开展“学雷锋”活动、“三关爱”志愿服务活动和公民思想道德建设，加强社会公德、职业道德、家庭美德和个人品德建设，推进政务诚信、商务诚信、社会诚信和司法公信，改善城市面貌、提高市民素质、规范窗口服务、强化社区建设、优化未成年人成长环境。根据山西省、临汾市文明创建要求，把部文明长廊作为一项特色文明创建活动，提高创建工作格局和水平。市文明办加大对各级文明单位（村、乡、镇、街道）日常创建工作的指导督查力度，推进各类创建活动的规范化、常态化。组织2017年度各级文明单位（村、乡、镇、办事处）季度考评和年终考评并提出指导意见，促进各单位文明创建开展。加大“爱国主义教育基地”和“诚信示范店”的申报创建力度，临汾市爱国主义教育基地——石兰峰纪念馆成功复审并授牌，申报并授牌一个诚信示范企业——绿和祥福食品有限公司。移风易俗具体化标准化。开展“推动移风易俗、树立文明乡风”主题宣传教育活动，制定《关于开展移风易俗树立文明乡风活动的实施方案》《关于做好全市移风易俗重点工作的方案》，发挥村规民约、居民公约的约束作用；加强婚丧礼俗整治；完善基层文化服务体系，推进霍州市精神文明建设。全市所有行政村（居）均成立文明理事会，并按照“一村一策”的原则，制定具体的红白喜事操办流程和标准情况。实施农村清洁工程，突出解决“垃圾围村”等环境卫生问题，提升农民文明素质和农村文明程度。

【文化发展】 2017年，霍州市委宣传部加强文化建设。启动市全民健身中心建设。完善大张镇和南环路街道2个乡镇级全民健身工程项目，为基层配送价值10余万元文体器材，维护更新30余个广播站。组织科技、文化、卫生三下乡活动，开展“共筑中国梦·同圆兴霍情”春节系列文体活动、“文化中镇·书香霍州”读书会、“戏曲进校园”、霍州书巡回演出等一大批文体活动，全年送戏下乡180余场，送电影下乡2600余场，丰富城乡居民业余文化生活。研究曹端文化，在旅游月期间，邀请京、晋、豫三地专家学者召开“曹端文化研讨会”，编辑《曹端研究文丛》一书，为电影剧《州署廉吏》创作和拍摄奠定基础。开展全市文化产业普查工作，成立六处非遗传习所，霍州莺歌被确定为山西省非物质文化遗产保护名录。申报并审核通过一个省级党史教育基地——北顶庙中共山西临时省委扩大会议旧址，成为山西省第80个，临汾市第4个省级党史教育基地。

【干部队伍建设】 2017年，霍州市委宣传部加强宣传思想干部人才队伍建设，增强宣传思想工作战斗力和凝聚力。强化为自身建设能力。以“两提一创”大讨论学习活动为契机，宣传思想文化战线，加强理论学习，以共产党员标准严格要求每个宣传工作者，梳理汇总各自问题，落实整改，制定出台一系列规章制度，推动全市宣传思想文化战线的思想政治建设、作风建设和反腐倡廉建设，树立“提高标准、提升能力、争创一流”的工作理念。突出求真务实的工作作风。全系统坚持“三贴近”原则，开展“走、转、改”活动，以“政治责任，服务品格，大众情怀，百姓视角”为理念，将工作重点放在基层，把镜头对准普通群众。宣传思想文化系统强调“一盘棋”思想，实行“年初建账、年中查账、年底要账”责任机制，建立宣传思想文化系统联席会议制度，推进宣传思想文化工作“大宣传”工作格局，凝聚起宣传思想文化工作的强大合力。

【领导班子】

市委常委、宣传部长：

郭丽华（女，2016.08—2017.12）

副部长、文明办主任：

刘俞平（女，2011.04—2017.12）

副部长：

毋永明（2011.04—2017.12）

马耀华（2011.04—2017.12）

工委副书记：

薛四喜（2002.09—2017.12）

通讯组负责人：

杨武锁（2002.09—2017.12）

（樊春谷）

统战工作

【概况】 2017年，霍州市委统战部坚持以习近平新时代中国特色社会主义思想为指引，学习贯彻党的十九大精神，围绕中心、服务大局，履职尽责、主动作为，完成全年各项工作任务。

【凝聚共识】 2017年，霍州市统战部加强党对统战工作的领导，实行一把手负责制，落实“四个纳入”“三个带头”工作方针，制定出台《霍州市新的社会阶层人士联席会议制度》《2017年度乡（镇、街道）统战工作目标责任制考核细则》制度文件，配齐配强乡镇专职统战委员和市直部门分管副职，加强党对统一战线工作的领导。围绕学习党的十九大精神和上级统战工作部署，召开5次学习交流会、3次情况通报会、4次民营企业家座谈会，强化政治引领，凝聚思想共识，巩固共同的思想政治基础。

【健全机制】 2017年，霍州市委统战部把党外代表人士培养纳入干部培养总体规划，制定出台《霍州市委组织部、市委统战部联席会议制度》，加大党外代表人士的教育、培养、选拔和使用力度，促进党外代表人士健康成长。结合市直部门干部调整，1人主持部门工作。在工商联、民革、民建、民进换届过程中，严把程序、严肃纪律，1人提拔为部门主要领导，1人进入部门领导班子，1人当选民进主委，完成换届工作。

【发挥优势】 2017年，民建霍州支部开展“圆学子梦、助力脱贫”特色公益扶贫行动，帮扶贫困学子200余人。民进霍州支部开展“健康扶贫、我们在行动”主题实践活动，出诊50余人次，义诊200余人次，发放药品3000余元。民革支部开展“助困扶贫”公益慈善活动，为孤寡老人、老弱病残送去面粉、鸡蛋等慰问品，捐助1000余元。宗教局深化基督教私设聚会点专项治理，对全市12个乡（镇、街道）进行摸排，做到底数明确、责任到人，一点一策、连续巡察，规范聚会点11个，镇村监管聚会点11个，解散、取缔聚会点5个，促进全市和谐稳定。工商联在广播电台开播《商会之声》栏目，参加“临杭盟商·尧风霍然”招商引资推介会，宣传推介霍州的产业发展优势；鼓楼街道、李曹镇、开元街道成立商会，白龙镇、辛置镇完成商会换届；走访深圳、成都霍州籍在外企业家，确定成立深圳霍州商会、成都霍州商会的意向。统战部结合山西省万名干部大调研，深入亿能电气、山西裕鑫博康食品公司、霍州商贸城等民营企业，了解企业发展状况，协调解决经营困难，加强企业对外宣传。《霍州新能源产业领航经济转型》在新华网、山西新闻网、临汾新闻网刊发，《助力精准脱贫，争当良心企业》《树立品牌更要尽责任》在《发展导报》《山西农民》报刊发，营造重商、亲商、爱商、敬商的浓厚氛围，促进非公经济的健康发展。

【党建工作】 2017年，霍州市统战部以“两学一做”学习教育常态化制度化和“维护核心、见诸行动”主题教育活动为契机，组织广大统战成员和统战干部学习习近平总书记系列重要讲话、“7·26”重要讲话、视察山西重要讲话等。党的十九大召开后，以习近平新时代中国特色社会主义思想武装头脑，举办统战系统学习贯彻党的十九大精神暨市委七届三次全会精神专题培训。加强统战调研、宣传、信息等工作，全年撰写理论文章5篇，新闻报道13次，编发信息47篇，直言简讯12篇。《强化调研体系建设，提高参政议政水平》一文被中国经济日报出版社《辉煌五年——十八大以来中国经济社会改革发展巡礼》收录，“培育新型职业农民关键在‘精准’”议案得到临汾市采纳。

【领导班子】

市委副书记、统战部长、党校校长：

高雅铭（2016.08—2017.12）

副部长：

杨　军（2011.04—2017.12）

路　林（2012.07—2017.12）

薛学文（2012.07—2017.12）

【获奖情况】

理论文章《强化调研体系建设，提高参政议政水平》被中国经济日报出版社《辉煌五年——十八大以来中国经济社会改革发展巡礼》收录。民革主委刘光明获民革2017年全国先进个人。

（杨军）

党校工作

【概况】 中共霍州市委党校是市委的工作部门，承担全市党员干部培训、轮训任务，下设办公室、教务处、理研室、总务处、培训中心5个职能科室，截至2017年底，干部职工23人。

2017年，霍州市委党校贯彻落实《中国共产党党校工作条例》和中央、山西省、临汾市党校工作会议精神，围绕山西省、临汾市对党校办学设施标准化建设达标验收，本着“缺什么、补什么”和“高标准要求、强力度推进”的原则，党校工作都取得突破性进展，整体工作迈上新台阶。

【基础设施建设】 2017年，霍州市委党校投资20万元新购无线话筒6个、照相机1台、文化健身器械11件，投资3.5万元新购图书800册，图书近1万册。按照“三基建设”的要求，建起党员活动室，将每个人岗位职责制牌上墙。学校基础设施配套完善，校园环境优美。硬件建设和配套设施达到全省县级党校一类标准。在全市党校工作会议上市长黄晓君作《突出办管建用 聚力办好党校》的经验发言。

【队伍建设】 2017年，霍州市委党校初步形成一支规模适当、结构合理、素质较高的教师队伍。聘请上级党校和有专长的10人作为兼职教师，充实壮大党校教师队伍。在强化教研活动，开展教师说课评课、“结对子，传帮带”活动以及青年教师赛讲，加大教师进修培训力度，用于教师培训的经费14.5万元，人均1万元，平均受训时间在1个月以上。7月9至14日，10个教师参加临汾市党校系统第三期教师进修班学习，党的十九大召开后，选派10个教师赴中央党校、中国人民大学（北京班、延安班）培训学习；11月18至21日，抽调6人参加临汾市人社中心开展的临汾市党政机关、事业单位干部“三基建设”通用基本能力提升培训。采取请进来教的方式，邀请山西省委党校郑延涛、孟永华、田辉，临汾市委党校郑巨东、沈新力、崔正龙等教授为教师授课、指导，荀慧琴、段文洋、王文明3人纳入山西省干部教育培训师资库。

【干部培训】 2017年，霍州市委学校举办各类培训班，采取“走出去办班”、送教下乡等方式，抽调教师70余人次，深入乡（镇、街道）、市直单位宣讲，培训基层党员干部6000余人，提高全市党员干部的综合素质。主体班次办班情况，举办主体班6期，科级干部学习贯彻党的十八届六中全会精神培训班2期，培训703人；农村“领头雁”培训班2期，培训458人；乡镇挂职干部岗前培训班1期，培训77人；“两学一做”学习教育常态化制度化基层党组织书记培训1期，培训300余人；入党积极分子培训1期，培训350余人；市级领导学习习近平总书记视察山西主要讲话精神集中封闭培训班；举办为期3个月（其中杭州挂职培训2个月）的青年干部培训班，制定主体班学员管理制度，对课程设置进行研究，在25节主课中，理论教育课11节，占总课时的44%，党性教育课7节，占总课时的28%；对教师执行教案审核、集体备课、课前试讲、教学效果测评制度。安排学员军训、社会调查、参观学习、进行论文答辩和结业考试、学员结业鉴定、评选优秀学员等，学员收获和社会效果可谓空前。提高教学质量，在教学中借鉴近年来的实践成果，从3月开始用5个月时间，整理汇编教师的部分有参考价值的课件编辑成《党校教师课件汇编》。社会班次办班情况。在办好主体班的前提下，联合办班80余次。主要有：与非公经济工委举办“两学一做”学习教育常态化制度化，开展维护核心见诸行动主题教育培训班、与市委组织部举办“三基建设”培训班，与市纪检委举办党纪教育培训班，与市委宣传部举办干部大讲堂3次，与市武装部举办国际形势教育讲座，与市司法局举办“七五”普法骨干培训班，与市财政局举办财会人员培训班3次，与市妇联举办妇女健康知识讲座，与市食药局举办药品协管员培训班，与市残联举办农村贫困残疾人实用技术培训班等。服务基层和社会情况：教师深入乡镇、农村、社区、机关、企事业单位讲党课70余次，受训人员达6000余人次。和市委组织部联合，编印《“维护核心、见诸行动”应知应会题》，对全市在职干部进行“两学一做”学习教育常态化制度化、开展维护核心见诸行动主题教育知识测试，和市人大联合对全市人大代表进行宪法和人民代表法的考试。党校教师承担着市委中心组学习的辅导解读任务。2017年，习总书记的“7·26”讲话发表和党的十九大召开后，全市的宣讲任务基本上是由党校教师承担。

【科研工作】 2017年，霍州市委党校建立完善党校领导和教师调研工作制度，提出调查研究目标任务和奖励办法，全校教职工经常入机关、进厂矿、到农村调查研究，撰写调研文章，提供决策咨询建议在党校蔚然成风。从2008至2017年近百篇调研文章中选出42篇获过奖励的或者在有影响力的报刊上发表的文章编著成书《优秀论文及经验材料汇编》。教师撰写调研文章17篇，上报临汾党校工作信息85条，被采用59条，其中《中共霍州市委关于市委党校标准化建设的实施方案》在《临汾市委党校工作信息》第2期登载，在全市推广；《霍州市委党校主体班学员管理制度》在《临汾市委党校工作信息》第4期登载；马建文撰写的《做一个不忘初心的共产党员》刊登在《山西青年》；吴慧平为市委、市政府提供决策建议2篇，其中《关于发展农村集体经济的几点建议》被《临汾政协社情民意》第124期采用。

【三基建设】 2017年6月，霍州市委党校制定党校教职工考核办法，分科级干部、教师、行政后勤人员三种类型，用量化打分的办法对每个教职工进行考核。在学员管理方面，制定主体班学员管理制度。在管理制度中，做到具体、量化、客观、公正、公开学员名册及入学教育管理、考勤管理、学习管理、生活管理、学籍管理、廉洁自律规定、考核办法、优秀学员评选办法等、公平。学员人手一册，属于入学教育的一项内容。对于时间较短的班次，坚持“三个严格”：严格选派管理人员。每次培训，市委组织部和市委党校选派1名中层领导跟班管理，各乡（镇、街道）党（工）委、市直工委派分管领导跟班学习、管理。严格管理制度。在跟班管理，课前、课后“双考勤”的基础上，坚持“一巡视、两定位、三考勤”。“一巡视”即市委组织部和市委党校领导不定期到课堂听课巡视；“两定位”即实行学员定位上课、定位就餐；“三考勤”即对学员实行“上课、就餐、就寝”三考勤。每天上课前通报上一天的情况。对学员进行考核。每次培训结束后，从党性锻炼、遵章守纪、学习笔记、小组讨论、心得体会、考试成绩等方面，对学员培训期间的生活、学习、纪律、收获等情况进行分析、评定。为使各项规章制度落实，2017年4月编印《有关文件及管理制度汇编》。

【领导班子】

常务副校长：

胡韩平（2007.04—2017.12）

副校长：

吴慧平（2005.08—2017.12）

纪检组长：

翟晓依（2005.08—2017.12）

（段文洋　郭鹏）

信访工作

【概况】 1987年成立信访局（原为信访办公室，1970年成立），主要负责协调处理群众到市、到省和进京上访，参与解决群体性上访案件；查办重点信访案件，转办、交办信访案件及其他信访事项，协调和督促检查信访案件的处理和落实。信访局行政编制2人，其中局长1人，副局长1人。

【信访服务中心】 霍州市信访服务中

心建立于2009年11月，2015年，扩建涉法涉诉接待区，总面积480平方米。2010年，市编办批复为股级建制，归市信访局管理，2017年2月，信访服务中心规格调整为副科级，事业编制7人。霍州市信访服务中心有工作人员12人，事业编制6人，设主任1人，政府购买人员6人。信访服务中心下设接待科、综合科和联席办3个工作室。每周一为市级领导信访接待日，市级党政领导分5组每月轮流到信访服务中心接待来访群众，处理重大信访事项；利用市乡两级视频接访，12个乡（镇、街道）主要负责人与市委领导同步接待来访群众，按照就地解决、就地化解矛盾、就地稳定情绪的要求，对群众提出的合理诉求落实“首访责任制”“首办责任制”，坚持“谁接访，谁负责”和依法按政策办事的原则，力争在第一时间、第一地点一次性处理妥当，确保合理诉求最大限度解决到位，就地化解率90%，控制和减少越级上访。

【信访工作】 2017年，霍州市信访局共受理群众来访247批1489人次，同比2016年216批1711人次，批数上涨14.4%，人数下降13%；个体访188批405人次，同比2016年138批473人次，批数上涨36.2%，人数下降14.4%，集体访59批1084人次，同比2016年78批1238人次，批数下降24.3%，人数下降12.4%；其中领导接访131件化解112件，化解率85.4%；进京非访2批9人次，同比2016年9批9人次，批次下降77.8%，赴省集体，5批43人次；信访问题源头化解暨信访突出问题大整治专项行动中，上级交办5件，办结5件，办结率100%。

【“三三”信访工作机制】 2017年，霍州市信访局通过领导干部、政法部门、法律顾问“三位一体”接访形式，对群众反映的信访问题，形成接访机制。周一领导接访实行分级接待、归口办理。对市级领导接待的信访事项，逐案制定措施，落实责任，确定专人跟踪督办、协调，保证信访案件能够按期办结。全年，霍州市主要领导接待来访群众366人次，集中化解军队退役人员、城乡建设、房地产、工业企业、农业农村、非法集资等领域的突出信访问题38件。政法部门接访贯彻中央信访改革的诉访分离原则，把涉法涉诉信访导入法律程序，依法通过法定途径维护群众的合法权益。由政法委牵头，公、检、法、司各部门确定专人在社会服务管理指导中心值班接访，分别处理各自职权范围内的法定信访事项。2017年，市政法机关通过司法救助等途径化解5件涉法疑难信访案件。法律顾问接访是创新，针对部分信访人“信访不信法”“信上不信下”的情况，引入法律顾问接访机制，从政素质高、业务能力强、善于做群众工作的法律工作者或离退休老法官中聘用5个法律顾问，在信访服务中心全日值守，全程参与信访接待、为信访人提供法律咨询、答疑解惑、教育疏导情绪，引导信访人通过法定途径依法维权。启动法律顾问接访以来，5个法律顾问提供法律咨询18人次，参与案件调解12起，导入法律程序5件，在信访接待中发挥积极作用。

三级预警责任，在信访管理体制中，提出“黄、橙、红”三级预警管理体制，从信访事项的化解和重点人员的稳控两个层面，由低到高，实行黄色、橙色、红色三级预警，压实信访事项化解责任和稳控责任，推动基层依法及时就地化解信访问题。2017年，发出黄色预警2件，红色预警1件，化解单位高度重视，预警案件全部化解。

稳控预警是按照信访人越级、重复上访的情况，分层确定三级预警的情形，根据达到的层次和情形，向稳控责任单位下达黄色、橙色、红色稳控预警书，对稳控单位提出稳控措施，做好重点人员的日常稳控工作。2017年，下达黄色稳控预警1件，橙色稳控预警2件，红色稳控预警1件。

【信息网络平台】 2017年，霍州市信访局规范网上信访事项办理程序，网络操作员赴山西省、临汾培训，规范录入、转办、受理、答复、评价等网上操作流程，对乡（镇、街道）、市直单位网络操作员培训人数达50余人。实现群众足不出户就能查询网上信访事项的办理进度，使网上信访可查询、可跟踪、可评价。2017年，网上信访受理472件、网信43件、网投386件、网访12件、领导信箱21件、督办件6件，交办件4件。

【信访专项行动】 2017年，霍州市信访局开展“信访问题源头化解暨信访突出问题大整治”“矛盾纠纷大排查大化解”专项行动。组建军队退役人员、城乡建设领域、企业拖欠社保三个专项行动工作组。信访局作为重点信访问题源头化解办公室，协调各工作组案件进展。召开三次工作会议，收集各专项工作组的进展情况汇报，要求按五个责任清单推进工作。参与开展大走访，稳定信访人的情绪，把涉军重点人员稳在当地。专项活动中自查32件重点信访问题办结，化解率100%。

【信访维稳工作】 2017年，霍州市信访局在全国、山西省“两会”、中共十九大会议以及十九届三中全会等重要时期的稳控任务中，构建矛盾纠纷排查化解的长效机制，健全基层矛盾纠纷预警机制，落实信访信息的“零报告”制度，掌握信访问题底数，督促各级部门坚持常规工作定期排查，敏感时期集中排查，对群众反映强烈的热点、难点问题重点排查。十九大期间霍州市无进京上访及人员失控现象。

【党建工作】 2017年，霍州市信访局开展“两学一做”学习教育、“讲政治、知敬畏、守规矩”专项活动。制定学习计划，抓好学习教育。制定信访局支部学习活动实施方案及计划。组织信访全体干部集中时间学习、中共十九大精神、习近平总书记系列重要讲话精神、党章党规等。要求记学习笔记2万字以上，撰写心得体会3篇以上，开展4次讨论交流，开展领导班子专题民主生活会和党员组织生活，开展批评与自我批评，形成班子自查分析检查报告，提出整改措施和努力方向，为学习实践活动整改落实阶段工作打下坚实基础。推动信访基础工作，做好“三基建设”，建立岗位责任书制度，建立和完善内部工作制度和部门间的协调配合机制，规范工作计划管理。强化效能建设，推行限时办结制度和首问负责制、服务承诺制等制度。提升基层党组织活力。

【领导班子】

负责人：

韩腊丽（女，2017.08—2017.12）

副局长：

刘国平（1989.07—2017.12）

信访服务中心主任：

韩腊丽（女，2017.08—2017.12）

（闫婉琼）

机构编制管理工作

【概况】 霍州市机构编制委员会办公

室成立于2002年6月，是霍州市机构编制委员会常设办事机构，内设3个职能股室，分别为综合股、机关股、事业股。市编办行政编制8人，其中主任1人，副主任2人，工勤人员1人。编办下设霍州市事业单位登记管理局，正科级全额事业单位，事业编制8人，其中：局长1人，副局长1人。

2017年，霍州市编办创新机构编制管理，推进行政审批制度改革，完成全年各项目标任务。

【机构编制工作】 2017年，霍州市编办进行机构编制优化配置和动态调整，把机构编制资源管好用活。支持监察体制改革、群团改革、县、乡医疗机构一体化改革等重要改革。组建成立巡察办、人大法律法规调研中心等机构；理顺农发办管理体制，为行政体制改革顺利推进提供体制机制保障。核减中小学教师编制25人，差额事业编制50人，完成控编减编任务。按照实名制管理有关规定，更新机构编制台账和完善机构编制实名制数据管理系统。

【简政放权】 2017年，霍州市编办从大局出发，简政放权。精简审批事项。出台霍政发〔2017〕3号、25号文件，承接落实国务院、山西省、临汾市政府调整、取消和下放的审批事项，霍州市承接落实行政审批事项13项，其中新增9项，取消4项。动态管理“两单两图”。2017年，按照《霍州市人民政府关于印发霍州市政府部门权责清单动态管理办法的通知》，对“两单、两图”进行三轮动态调整，调整后确认10大类行政职权2904项。推进减证便民专项行动。按照临汾市减证便民专项行动和霍州市优化营商环境会议部署要求，市政府35个部门（单位）和12个乡（镇、街道）梳理行政审批事项前置申请材料、相关证照的年检和与之挂钩的政府指定培训，共梳理出行政许可、行政确认及其他具有审批性质的事项572项，涉及前置申请材料2931项，拟保留2562项，拟取消369项；涉及年检事项27项，拟全部予以保留；涉及政府指定培训事项3项，拟全部予以保留。《行政审批事项前置申请材料清单》《年审年检事项清单》《政府指定培训事项清单》已在政府网站向社会公布。

【事业单位登记管理】 2017年，霍州市编办在事业单位登记管理过程中，坚持登记办证实行网上办理，通过电子政务的便捷服务促进登记，提高工作效率和质量。办理机关和群团“统一社会信用代码证书”53家。利用电子政务的便捷服务功能进行网上登记，共办理设立登记3家，重新申领证书10家，办结变更登记19家，涉及变更事项21项。优化审批流程，缩短办理时限。为提高办事效率，变更手续由原来30日缩短至10日。

【精准扶贫】 2017年，霍州市编办扶贫工作队履行脱贫攻坚“第一责任人”责任，推进包联的开元街道东堡居委会脱贫攻坚工作。截至2017年底，所包联的3户贫困户脱贫。

【三基建设】 2017年，霍州市编办按照《关于在推进“两学一做”学习教育常态化制度化中加强“三基建设”的实施方案》和《中共霍州市委组织部关于印发〈全市“三基建设”2017年度重点工作任务清单〉的通知》精神，落实基础工作的牵头责任。全市375家单位基础工作“一目录一流程三个手册”编制工作基本完成。

【领导班子】

主　任：

白　明（2013.04—2017.12）

副主任：

时宏宇（2006.06—2017.12）

马媛梅（女，2012.06—2017.12）

事业单位登记管理局

局　长：

孙　华（2011.04—2017.12）

副局长：

黄晓珊（女，2012.07—2017.12）

（郝兰兰）

老干部工作

【概况】　中共霍州市委老干部局成立于1983年，为正科级建制，是市委主管离退休干部（不含企业退休干部）工作的职能部门，属市委组织部管理的部门管理机构。内设综合股、宣教股2个职能股室。行政编制6人，其中局长1人，副局长2人，另行核定工勤人员1人。老干部局下设霍州市老年大学、霍州市老干部活动中心、霍州市关心下一代工作委员会。

2017年，霍州市委老干部局落实山西省委、临汾市委老干部工作会议精神，以喜迎党的十九大胜利召开为主线，拓展“不忘初心　夕阳更红”主题活动，落实老干部政治、生活待遇。

【政治待遇】　对霍州市离退休干部党建工作进行调研。截至2017年底，霍州市离退休干部总数2242人，其中离休干部48人，退休干部2194人。离退休干部党员总数1057人，其中离休干部党员37人，退休干部党员1020人。全市单独建立的离退休干部党支部22个，其中乡（镇、街道）离退休干部党支部7个，农村离退休干部党支部1个，市直单位离退休干部党支部14个，离退休干部党员355人；离退休干部党员与在职人员党员合编支部165个，党员702人；社区临时离退休干部党支部8个，参与社区临时党支部活动的离退休干部党员420人。落实老干部参加重要会议、参与重大活动等制度。召开市级领导班子民主生活会、全委会报告，征求老干部的意见建议；离退休干部代表参加2017年霍州市三级干部大会、人代会和政协会议等重要会议；参加霍州市项目建设推进会并观摩重点项目建设情况；参与霍州市全民健身中心重点项目论证会。围绕离退休干部推进“两学一做”学习教育常态化制度化，开展“维护核心　见诸行动”主题教育和开展离退休干部“讲政治、知敬畏、守规矩”专项治理两项活动，建立健全离退休干部党员政治学习制度，老干部党支部“三会一课”制度，促进老干部支部工作有章可循、规范有序。开展专题学习培训。4月6日邀请市委党校教师，对离退休干部党支部书记和离退休干部进行为期3天的培训，学习党的十八届六中全会精神、山西省第十一次党代会精神和国学，参加培训的老干部和老干部工作者500人次。9月21日，组织离退休干部200余人学习习近平总书记视察山西重要讲话和“7·26”讲话精神。“七一”前夕，各涉老组织和各老干部党支部组织离退休干部在霍州市爱国教育基地—霍州市档案馆参观“风雨征程复兴路”—中共一大至十八大档案图片展。参观图片展的老干部共计800余人次。

【生活待遇】　2017年，霍州市委老干部局开展走访慰问活动。春节前夕，市级党政主要领导走访慰问实职副县级以上离退休干部30人。“七一”和重阳节前后，老干部局领导班子带队走访慰问50人离休干部。

为副县级以上离退休干部订阅《人民日报》《山西日报》《临汾日报》等党报，为所有离退休干部订阅《中国老年》《山西老年》《老同志之友》等杂志2200份。开展特困老干部帮扶工作。5月12日，老干部局召开专门会议，安排部署特殊困难老干部及遗孀帮扶工作，帮扶56个特困离退休干部及遗属，发放帮扶资金5.18万元。开展离退休干部体检工作。按照《霍州市离退休干部体检实施方案》要求，2017年，对532个符合体检条件离退休干部进行体检，投资21万元。

【阵地建设】 建设社区“四就近”示范点。2017年，霍州市委老干部局主抓新建社区和前进社区两个社区示范点建设，整合社区资源，健全完善社区“四就近”服务平台。新建社区和前进社区达到有牌子、有场所、有设施、有制度、有组织标准要求，工作规范，经常开展活动，投资300多万元新建前进社区高标准活动场所投入使用。2017年，前进社区组织老干部在5至6月举办以“两学一做”学习教育为主题的文艺演出和“维护核心 见诸行动”、纪念建党96周年文艺演出活动。新建社区开展离退休干部推进“两学一做”学习教育常态化制度化、维护核心 见诸行动主题教育座谈会。优化老年大学现有设施。霍州市委老干部为老年大学书画教室和音乐教室安装宽带，配备液晶电视机、调音台、麦克风等设备，为老干部开展学习和文体活动提供便利。新建图书阅览室。霍州市委老干部购置政治、历史、地理、文学、实用技术等各类图书500余册。为阅览室安装宽带，配备电脑，方便老干部使用网络开展学习、查阅资料。

【主题活动】 2017年，霍州市委老干部局紧扣学习宣传贯彻党的十九大精神这一中心工作，在全市2000余个离退休干部中掀起学习、主动宣讲、广泛宣传党的十九大精神热潮。

以“原味学”为基础，组织收看直播盛况。提前部署，通知各离退休干部党支部和各涉老组织老干部收听收看党的中共十九大开幕会直播，全市离退休干部原汁原味学习十九大精神。以“辅导学”为抓手，开展学习活动。以离退休干部党支部为平台，组织老干部相互学习交流心得，征集老干部盛赞十九大精神诗词12首。加强引导创造条件。引导老干部学习党的十九大精神，为老干部购买《十九大报告》单行本、《中国共产党章程》和《党的十九大报告学习辅导百问》等学习资料1900册，通过微信群媒介向老干部推送学习要点，为老干部自主学习提供便利。主动宣讲，深入基层讲解十九大精神。霍州市关工委深入赵家庄小学宣讲十九大精神，增强青少年学生的自豪感；聊新时代赋予的新使命，激发青少年学生的责任感。引导青少年学生学好本领、勇担使命。依托老年书画协会，营造宣传氛围，宣传党的十九大精神。霍州市老干部局举办乡宁县和霍州市书法交流联谊会。全国书协会员、临汾市书协副主席王敏学应邀到霍州传经送宝，展览乡宁县王敏学书法工作室师生作品100余幅。召开“喜庆十九大 欢度重阳节 耆年硕德百佳人物”畅谈会。表彰奖励“耆年硕德百佳人物”121人、老龄人才工作者36人。5人获奖老干部代表发言。开展“畅谈十八大以来变化，展望十九大胜利召开”主题征文活动。引导全市离退休干部畅谈中国共产党十八大以来霍州的新成就、新气象、新变化，凝聚广大离退休干部的思想共识。共计征集征文48篇，装订成册。开展“畅谈十八大以来变化，展望十九大胜利召开”活动和“建言十九大”活动访谈问卷调查活动。老干部局通过乡（镇、街道）、社区以及各级涉老组织向离退休干部发放问卷材料200份，收回181份。开展“一人一个小故事”征文活动。征集小故事14篇，向山西省委老干部局投稿8篇。由郝郁民、张俊耀共同投稿《25年前我给习近平写了一封信》小故事荣获全省一等奖。

【文体活动】 2017年6月30日，老年大学全体师生举办庆“七一”演唱会，市委常委、市委组织部部长牛福生参加演唱会，为老年大学师生亲自伴奏，演唱歌曲《没有共产党就没有新中国》。7月6日，霍州市委老干部局召开各涉老组织火炬手会议，对中国根·黄河魂——助力家乡、助力临汾投票活动进行动员，引导老干部参与此项活动，在有效时间内，发动最多的人参加投票，宣传临汾，助力临汾，为临汾旅游业发展贡献力量。10月12至27日，霍州市委老干部局举办第二十五届离退休干部运动会，全市18支代表队，400余老干部及老年人参加运动会，历时15天，进行门球、乒乓球、台球、象棋、麻将、沙弧球6个项目比赛。10月31日，霍州市老体协健身操队参加临汾市老年人体育健身风采活动。11月15日，霍州市老体协健身操队参加2017“春辉杯”全国健身秧歌·健身腰鼓及手拍鼓公开赛，荣获腰鼓规定套路和自选套路一等奖和二等奖。12月30日，霍州市委老干部局、市老干活动中心、新建社区主办“不忘初心　夕阳更红”—弘扬“红船精神”走在时代前列迎新联谊会。

【发挥余热】 2017年，霍州市委老干部局开展“发挥耆年力量，助推五城联创”活动。音乐爱好者围绕“五城联创”谱写歌曲《霍山脚下是我家》和晋南道情《霍州又添新变化》等曲目，举办文艺演出3场。编印《霍州市委老干部局“五城联创”活动宣传材料》之一、二，利用农村庙会，发放宣传资料1.2万余份。书画爱好者，农历二月二开始，在大张村、退沙村、辛置村、李曹村、邢家泉居委会、王庄村、白龙村、新建南路社区、前进社区等农村社区，举办书画展13场，书写条幅1000余件，展览书画作品1200余件次，诗词作品60余首。

老促会开展“迎老乡、回故乡、建家乡”活动，特邀国家新闻出版总署原副署长、《人民日报》原副总编梁衡回家乡考察，促进霍州文化、教育、旅游和精准扶贫工作。

关工委开展“红色经典”教育。依托南塔垣烈士陵园红色教育基地，组织老干部讲革命传统，宣传红色故事，为8个中小学做报告3场次，受众8000余人次。

【自身建设】 2017年，霍州市委老干部局开展“讲政治、知敬畏、守规矩”活动、推进“两学一做”学习教育常态化制度化、维护核心见诸行动主题教育活动。建立健全局机关理论学习制度和党员干部学习制度，坚持每周一次政治理论和业务集中学习，每月一次调阅学习情况，每季度一次专题研讨活动，采取集中辅导、个人自学、手抄《中国共产党章程》、诵读《中国共产党章程》等多种方式开展学习，通过定期举办培训班、邀请党校教师专题讲座，实地参观学习等形式，学习党的十九大精神，学习习近平总书记系列重要讲话精神，开展“四比四看四争”活动、“双亮双评双考”活动及“四讲四有”专题研讨，引导党员干部牢记党的宗旨，坚定理想信念，树立“四个意识”，锤炼党性，转变作风，收到较好效果。开展“争当服务先锋、争创一流业绩”主题实践活动。组织全局党员干部学习临老发10号文件，发放征求意见表，开展大讨论。建设老干部工作宣传平台，提升老干部工作影响力。结合霍州市老干部工作实际，巩固原有信息宣传阵地，创新载体，搭建平台，拓宽老干部信息宣传工作领域，老干部信息宣传工作多样化经常化、系列化、增强宣传社会效果。组建《老少之家》《霍州市老干部》《霍州市老干部管理员》微信群，全市各涉老组织也组建微信群。2017 年，在微信群发布信息 35 篇。

【精准扶贫】 霍州市委老干局帮扶对象是退沙街道王庄村 14 户贫困户（其中 11 户为低保户、3 户为五保户）。2017 年春节前夕，给贫困户送去毛毯、面、油、水壶、春联等物品。4 月 16 日，利用王庄村庙会机会，举办以“精准扶贫·文化惠民”为主题的音乐会，为王庄村父老乡亲送上文化大餐，为开展精准扶贫营造氛围，增强贫困群众脱贫致富奔小康的信心和勇气，达到帮扶贫困群众物质脱贫的同时实现精神脱贫的目的。

【领导班子】

局　长：

韦建兵（2010.04—2017.12）

书　记：

郭庆峰（2013.05—2017.12）

副局长：

卫秀琴（女，2012.06—2017.12）

郭园勤（2007.08—2017.12）

副主任科员：

郭兰凤（女，2012.07—2017.12）

（逄点点）

党史研究工作

【概况】 中共霍州市委党史研究室为正科级全额事业单位，主要职责是征集、整理、编纂市委重要党史资料，搜集、整理重要口述历史资料、重要党史人物回忆录，搜集、整理和研究有关中共地方党史的信息资料；存史，将收集的党史资料分类归档，实行科学管理；研究、编撰地方党史大事记、党史正本等党史专著；资政育人，用党史研究成果开展爱国主义和革命传统宣传教育活动。市委党史研究室内设办公室、资料征集股、编研股三个股室，核定编制 7 人，在册工作人员 6 人。领导班子配备为一正一副，股级岗位 3 个，配备 3 人。

【学习教育】 2017 年，霍州市党史研究室开展“讲政治、知敬畏、守规矩”专项治理、“两提一创”“两学一做”学习教育常态化制度化主题教育活动等。通过开展自主学习、集体学习、写心得体会、召开专题研讨会、讲党课等环节，推进“三基建设”。

【党史宣传】 2017 年，霍州市党史研究室是拓展党史教育渠道，使地方党史走进市委党校主体班次课堂。在市委党校主体培训班次开设党史专题课程。6 月 27 日，用现场教学和课堂授课两种形式，分 2 节课在党校青年干部培训班讲授《霍州革命史概述》。与市电台开办霍州党史广播讲座继续播出。全年播出党史专题节目 30 期，使社会民众多渠道学习党史。在“七一”期间为部分市直单位进行党史讲座。

【党史编研】 2017 年，霍州市党史研究室收集整理党史基础资料，编撰《2016 年党史资料选编》。收集全市相关单位文字、图片资料，编写 2016 年党史大事记述，整理市委、市政府的重要会议文件、领导讲话等材料，编印《执政霍州——党史资料选编》，为党史正本（《中国共产党霍州市历史》）编撰打好基础。推进党史正本编撰进程，在 2016 年工作的基础上，完成正本第一卷“总述”部分和目录纲要及大事记部分编制，为2018年正式出版奠定基础。

【教育基地】 2017年，霍州市党史研究室把北顶庙中共山西临时省委扩大会议旧址作为省级党史教育基地候选单位。经临汾市委党史研究室推荐和山西省委党史办反复讨论，北顶庙被批准为全省第二批党史教育基地，成为山西省内八十个（临汾市四个）省级党史教育基地之一。

【课题研究】 2017年，霍州市党史研究室完成《临汾改革开放实录》课题任务。对霍州市创建全国计生优质服务先进单位、科普示范市及干部作风建设等五个专题进行研究，完成课题研究任务，上报成果。完成《中共临汾大事记述》资料上报任务。按照县（市）资料的上报要求，挑选整理，上报霍州市2013至2015年的党史大事记等资料。完成上级党史专项课题研究任务。中央党史研究室“反对历史虚无主义”和临汾市委抗战时期党的建设两项重点课题研究任务，其中《高擎旗帜　奋斗崛起动员和领导广大人民群众夺取抗战的最后胜利——以霍州党组织在抗日战争中的发展为例》课题成果编入临汾市委成果集由中央党史出版社正式出版。

【领导班子】

主　任：

朱壮平（2008.10—2017.12）

副主任：

刘　瑞（女，2007.08—2017.12）

（刘瑞）

市直机关党工委工作

【概况】 2017年，中共霍州市直属机关工作委员会落实中央、山西省、临汾市、霍州市委的决策部署针对性在市直机关开展“双亮双评双考”活动，落实“三会一课”，建立“六簿一册一台账”，规范党的组织生活，推动“三基建设”，加强基层组织、夯实基础工作，提升基本能力，创新机关党建工作，在思想建设、组织建设、作风建设、脱贫攻坚等方面取得成绩。为“进军省强市、全面达小康，共建文明开放幸福美丽新霍州”提供组织保证。

【思想建设】 2017年，中共霍州市直属机关工作委员会以“两学一做”学习教育为基本内容，以“三会一课”为基本制度，以“双亮双评双考”为基本载体，以解决问题，发挥作用为基本目标，把机关党的建设融入日常、抓在经常。推进“两学一做”学习教育常态化制度化，开展“维护核心见诸行动”主题教育活动，增强做好机关党建工作的责任感和使命感。狠抓“两学一做”示范点，与市委组织部协同在安监局召开市直机关“两学一做”学习教育常态化制度化建设示范点观摩交流推进会，达到互学互鉴，取长补短，相互促进、相互提高的效果。开展“双亮双评双考”活动，要求全体党员主动亮明党员身份、亮明工作职责，主动履职接受群众评议、社会评价，通过建立日常考核与年终考核相结合的考核机制，增强党员的政治意识、大局意识、核心意识、看齐意识，自觉维护核心见诸行动，主动作为、履职担当，扭转市直机关党建工作“灯下黑”的实际情况。市直工委与市委党校举办市直机关党支部书记、党务干部培训班，市直单位邀请党校讲师举办辅导班35班次4500余人，实现全市机关党员十九大精神学习全覆盖。全年召开班子会议26次，系统联席会议8次，班子成员下基层调研63次。创建霍州机关党建微信平台，宣传霍州市在党建工作中涌现出的先进典型和事迹。

【组织建设】 2017年，霍州市直属机关工作委员会以“三会一课”为基本制度，落实党内政治生活。按照上级要求，给市直单位251个支部发放“六簿一册一账”，通过规范“三会一课”制度，严肃党内政治生活，增强每个党员的政治意识、大局意识、核心意识、看齐意识，发挥基层党支部的战斗堡垒作用，推动工作。要求基层党支部组织落实“三会一课”、组织生活会、民主生活会、民主评议党员、谈心谈话等制度，用足用好批评和自我批评这个武器，党的组织生活有实质内容，有实际效果。聚焦加强“三基建设”，提升推进基层组织工作。配合三基办、考核办联合转发效能建设八项制度的通知，对照市直单位三基建设重点任务目标责任，督促市直单位对照工作要求，编制本单位的一目录、一流程、三手册，加强基层组织，提升党员队伍建设水平，夯实基础工作，推行精细化管理，强化效能建设，提升基本能力，党员干部带头，主动担当做表率，履职尽责当先锋。按照新修订的发展党员工作细则，做好入党积极分子的培养、教育、考察工作，2017年，发展党员46人，审批预备党员转正74人，完成基层党组织换届工作，新成立党支部1个，撤销党支部2个。全年接转组织关系248人次，驻村党员组织关系接转152人次。完成党费收缴工作，全年上缴党费110万。举办入党积极分子培训班，培训入党积极分子123人。完成2017年度征订任务415份。

【作风建设】 2017年，霍州市直属机关工作委员会以“讲政治、知敬畏、守规矩”专项治理活动为载体，打造一个在政治上与党中央保持高度一致，能忠诚担当，履职尽责，克难攻坚的班子上下功夫，转变工作作风，创新服务载体。督促市直单位编制目录流程手册，加强基层组织，提升基本能力，转变工作作风。落实中央“八项规定”，落实党风廉政建设责任，反对“四风”，净化队伍。号召基层党组织加强对党员及入党积极分子的廉政教育。

【精准扶贫】 2017年，按照市委要求，开展扶贫工作，多次与南环路街道及包村干部沟通，研究龙口村、赤峪村的脱贫工作，深入到包联的7个贫困户家中，宣传政策，了解家庭情况，针对性协调相关部门，给贫困户以物质和精神上的支持，为龙口村贫困户高喜明妻子提供就业培训，为贫困户郭杏马、董锁子2户城市水网改造进行费用减免。

【领导班子】

书　记：

车和平（2007.08—2017.08）

师真富（2017.08—2017.12）

副书记：

赵　燕（女，2007.08—2017.12）

宋晓玲（女，2008.08—2017.12）

陈荣华（女，2008.08—2017.12）

（陈荣华）

对台工作

【概况】 2017年，中共霍州市委台湾工作办公室贯彻落实中央对台工作新的战略部署，抓住做好台海两岸人民工作主线，推动各项业务工作迈上新台阶。

【对台交流】 2017年3月，霍州市组团赴台湾高雄市参加文化旅游合作交流会。通过文化创意主题交流。把霍州的锣鼓、剪纸、门神文化、署衙文化展示到台湾，提升中华民间文化在台的影响力。引导对台交流工作走向宽领域、深层次。抓住霍州裕鑫博康果业公司在台中、桃园开辟新市场的新契机，支持该企业5月在太原、侯马海关注册，到2017年底，裕鑫博康出口创汇10多万美元，完成2017年霍州市出口创汇任务。促成台胞实现经济信息资源共享。旅欧台胞杨博清明节期间回祖籍探亲，经台办协调后，为霍州经济发展献计出力，把裕鑫博康公司产品推介到德国、奥地利，霍州特色产品“一带一路”的国家对外贸易政策，登上中欧班列，销往欧盟国家。远嫁台湾的郭芳芳回家乡办理户口签证，经台办牵线，到裕鑫博康、文冠果茶两家企业实地考察，达成在台中、桃园开设销售两家企业产品实体店的协议，近百万元货物出海到店。做好两岸电子商务引导工作。发挥霍台青年台胞台属微信群作用，提质扩容，把霍州视界、山西供销农芯乐、电子商务孵化园等微信平台链接进群，让两地青年跨海联络互动，霍州人从台湾购置茶叶、化妆品，台湾人从霍州购置荞麦、小米等土特产品。

【对台宣传】 2017年，霍州市委对台办贯彻落实党的“围绕中心、服务大局”对外宣传政策，办好“唐风元韵·臻美霍州”对台宣传网站，2017年初，按照临汾市委宣传部、临汾市公安局加强网站运行管理工作要求，投入力量对网络升级改造，购置笔记本电脑等机械设备，接受审核验收。在开展网络宣传工作中，立足全国，紧抓两岸关系新闻热点和寻根中华传统文化两个专题，坚持信息传输，每周更新，全年上稿件585篇，图片266多幅，为台湾民众解读认识幸福美丽新霍州提供第一手资料。传播中央台办、国台办的声音，3月，组织霍州籍台胞、台属集体观看中央四台直播的《“九二共识”的历史真相》等专题教育片。按照临汾市委台办统一安排，发动各方力量，在网上开展“魅力霍州”专题入岛宣传工作，制作《古霍新韵》专题片，直观介绍霍州经济社会发展的崭新风貌。7月，霍州市对台办、宣传部、旅游局等部门，做好“台湾风情美食节”进驻霍州宣传接待工作，为台湾媒体在霍采访拍摄提供服务，借助台湾媒体宣传霍州发展。9月，召开第五届“美丽家园·幸福霍州”迎中秋台胞、台属座谈会，邀请涉台乡镇、涉台企业，远嫁台湾的“霍州新娘”和公安、教育、招商等各方代表共叙两岸同胞亲情。

【对台服务】 2017年，霍州市委对台办定期向霍州市委对台工作领导小组成员通报涉台工作事项，落实《霍州市涉台突发事件应急预案》，做好各项排查预防工作。开展台胞、台属双向寻亲，接收台胞台属来信来访，落实涉台机要保密工作。3月，组织具有台属身份的2个市政协委员、5家台属代表赴霍州市瑞丰酒店、裕鑫博康食品公司、文冠果茶实业有限公司3家企业考察学习，鼓励他们拓展经商思路，学习先进经营理念，利用两岸商务往来亲情纽带，投身霍州“双创”大军。和5个霍州籍台商保持沟通联络，为他们提供霍州市最新的招商引资政策和具有投资需求行业的现状资料，动员他们投资建设霍州，为霍州发展寻找新的经济增长点。坚持中秋、春节慰问台胞、台属20多年不间断，提高慰问标准。为2家台属争取市级贫困救助，将两家台属子弟确定为宗荣禄奖学金表彰对象，新增九九重阳节探望台属老人活动，开展在台属群体中选树优秀青年代表活动，确保两岸亲情在霍台之间维系和传递。

【队伍建设】 2017年，霍州市委对台办结合抓“三基建设”，制定新的对台工作制度，突出强化阵地建设，打造一支有本领、敢担当的台办队伍。开展“两学一做”学习教育常态化制度化，维护核心见诸行动主题教育活动、“讲政治、知敬畏、守规矩”活动和“履职担当亮相”活动，坚持每周三集中学习，学习习近平总书记对台工作重要讲话精神和中央台办的有关指示精神，选调干部赴全国对台干部培训中心和山西省委台办参加培训学习，组织霍州市级领导参加临汾市委台办举办的“台海形势报告会”。利用中央电视台4套节目“海峡两岸”栏目和华夏经纬网等全国对台工作信息交流平台和省台办、临汾市台办开展联络，做到信息资源共享，接受教育领先。围绕霍州市委、市政府中心工作，鼓励、选派干部参与“两学一做”学习教育、脱贫攻坚等项工作。

【领导班子】

主　任：

张文林（2013.05—2017.12）

副主任：

李院红（2008.10—2017.12）

（李院红）

霍州市人大常委会

【概况】 霍州市七届人大常委会成立于2016年4月，选举出七届人大代表167人，常委会组成人员33人，有常委会组成31人，其中主任1人，副主任4人，委员26人。常委会有工作人员21人，内设6委1室1中心，即内务司法工作委员会、财政经济工作委员会、城建环保工作委员会、教科文卫工作委员会、农村工作委员会、人事代表工作委员会、办公室和法律法规调研中心，另有5个派出机构。

【七届人大二次会议】 七届人大二次会议于2017年3月14至17日召开，会议听取和审议人大常委会工作报告；会议听取和审议市政府工作报告、发展计划报告、财政预、决算报告；酝酿、讨论监察委员会主任职务候选人；听取和审议人民法院工作报告；听取和审议人民检察院工作报告；听取议案办理情况及建议、批评、意见汇总情况的报告；表决关于霍州市人民政府工作报告的决议草案；表决关于霍州市2016年国民经济和社会发展计划执行情况与2017年国民经济和社会发展计划的决议草案；表决关于霍州市2016年财政总预算及市本级预算执行情况和2017年财政总预算及该本级预算的决议草案；表决关于霍州市人民代表大会常务委员会工作报告的决议草案；表决关于霍州市人民法院工作报告的决议草案；表决关于霍州市人民检察院工作报告的决议草案。

【人事任免】 2017年，霍州市人大常委会依据相关法律法规任命国家机关工作人员7人，其中市监察委员会副主任2人、委员4人；任命胡文杰为霍州市环境保护局局长，免去其市人大常委会委员职务；免去杨永才的市环境保护局局长职务；免去朱文辉的南环路街道人大工作委员会主任职务；免去梁栋的退沙街道人大工作委员会主任职务。

【监督工作】 2017年，霍州市七届人大常委会成立后，面对新形势、新常态、新任务，牢记责任使命，依法履职尽责，勇于担当、务实作为，较真斗硬、追求卓越，提高人大工作水平，维护党的利益、国家利益和人民群众利益，做到“真、实、效”。听取和审议《霍州市人大常委会关于进一步加强自身建设的意见（讨论稿）》《市政府关于2018年财政预算编制草案说明》；听取市人大常委会《“三账”监督年中“查账”情况报告》《关于全市文化事业发展及文化产业发展情况的调研报告》《关于〈种子法〉执法检查情况的报告》《关于代表变动情况的审查报告》《关于〈社会治安处罚法〉执法检查情况的报告》、市人大年末“交账”检查组关于年末“交账”检查情况的汇报；听取“三账监督”部分重点单位年中工作目标完成情况汇报；听取对市七届人大二次会议八项重点建议办理情况进行满意度测评；对

“三账监督”重点监督单位进行满意度测评；审议通过《霍州市人民代表大会常务委员会关于进一步提高常委会会议质量的意见（草案）》《市人大常委会关于召开市七届人大三次会议的决定》《市人大常委会工作报告稿》《市七届人大三次会议主席团及秘书长建议名单》《市七届人大三次会议列席人员名单》《关于许可司法机关对霍州市第七届人大代表刘华华、郭红香2人采取强制措施的议案》；听取市政府《关于新建水源地规划采取保护措施落实情况的报告》《关于全民健身中心PPP项目财政支出责任纳入本级财政预算及中长期财政规划的议案》《关于2017年预算调整方案的议案》《关于2017年度环境现状及环境目标任务完成情况的报告》《关于审计查出问题整改情况的报告》《关于市七届人大二次会议代表意见建议办理情况报告》；听取“三账监督”部分重点单位年末“交账”报告；《关于计生服务及“二孩政策”落实情况的报告》《关于精准扶贫工作情况的报告》《2016年财政决算及2017年上半年预算执行情况的报告》《2016年霍州市财政部门决算编审分析报告》《关于2017年上半年本级预算调整方案的议案》《关于2016年度预算执行和其他财政收支情况的审计工作报告》《关于“一地、两园、四路”建设情况的报告》、《关于畜牧养殖工作情况的报告》；审议通过市政府《关于2017年上半年本级预算调整方案的议案》《2016年财政决算及2017年上半年预算执行情况的报告》；听取市人民法院《关于量刑规范化情况的报告》；听取市人民检察院《关于法律监督情况的报告》；交办市七届人大二次会议代表批评、意见、建议；审议市公安局《关于预防毒品犯罪工作情况的报告》。

【代表工作】 2017年，霍州市人大常委会坚持突出代表主体地位，改进代表工作方式，完善代表服务机制，搭建代表履职平台，发挥代表服务改革发展、推进民主法治的作用。加强意见建议办理。将市七届人大二次会议收集的48件代表意见建议，实行区别化梳理，确定6类8件重点建议为督办对象，通过专题汇报、实地检查等方式加强跟踪了解，掌握进展实际，在常委会上对办理情况进行满意度测评，采取现场公布结果和新闻媒体刊发的形式进行监督，调动承办单位的工作积极性，增强代表的主体活力，推动一批社会关注的热点难点焦点问题的解决。提升代表能力水平。组织市人大常委会委员、各乡（镇、街道）人大主席（工委主任）分期分批到全国人大深圳培训基地进行人大业务知识专题学习，促使参训的委员和基层人大负责人丰富专业知识，提高履职能力。订阅《人民代表报》、刊发《常委会会刊》、建立人大代表活动微信交流群，加强对人大工作基本知识和法律法规的系统学习，促使代表适应新形势、承担新任务、符合新要求。举办全省、市、县、乡四级人大代表学习十九大精神专题培训会，促使代表学习和领会习近平新时代中国特色社会主义思想的精神实质和实践要求，做到思想上高度认同，政治上坚决维护，行动上紧紧跟随。创新履职活动方式。围绕ppp项目审议、部门预算审查、特色小镇打造、古村落和历史文化古迹保护等工作，组织人大常委会委员深入湖北、四川、安徽等中西部省份学习调研成功做法和有益经验，提出各类意见建议20余条，形成高质量调研报告2篇，为市委决策部署提供重要参考；成立临汾市霍州籍人大代表活动小组，组织调研全市教育工作，了解实际情况，提出意见建议。

【议案情况】 2017年，七届人大工作会议共收到人大代表议案和建议、批评、意见66件（以议案形式提出的32件，以建议、批评、意见形式提出的34件），其中涉及城建交通方面31件，农业农村方面16件，社会事业方面11件，文物旅游方面4件，其他方面3件，涉及法院的建议和批评意见1件。根据《霍州市第七届人民代表大会关于代表议案的提出和处理办法》规定，经大会秘书处议案办理组研究审定，对10人以上代表联名提出的32件议案，全部改按建议、批评、意见处理。

【建议特点】 2017年，霍州市人大代表建议在数量、质量上均有提升。会议的议案和建议、批评、意见数量有所增加，由2016年的48件上升为2017年的66件，增长37.5%。同时，议案和建议、批评、意见的整体质量提高，对于国家政策法规的认识准确，对于全市转型发展的路线目标清晰，对于广大群众的所需所盼把握精准。城建交通和环境保护工作成为广大代表共同关注的热点。推进城市发展、治理环境污染，建设山川秀美、宜居宜业的美好家园是人民群众的共同期盼，是促进地方经济持续健康发展的重要举措。该次会议代表提出的议案和建议、批评、意见，涉及城建交通方面有31件，涉及环境保护的有8件，占总数的59.9%。乡村振兴战略受到广大代表热烈响应，社会事业、民生改善依旧是热点议题。该次会议共收到农业农村方面的议案和建议、批评、意见16件，占总数的24.2%，体现广大代表对党中央“乡村振兴战略”的高度关注和对农业农村广阔发展前景的坚强信心。收到涉及教育、文化、卫计等社会事业方面的议案和建议、批评、意见11件，占总数的16.7%。

【领导班子】

主　任：

陈占平（2016.02—2017.12）

副主任：

安志勇（2011.06—2017.12）

朱源洪（2016.08—2017.12）

张根生（2011.06—2017.12）

孟援斌（2011.06—2017.12）

办公室主任：

段永存（2017.03—2017.12）

（朱文文）

霍州市人民政府

综　述

2017年，霍州人民政府坚持以习近平新时代中国特色社会主义思想为指引，围绕“进军省强市、全面达小康，共建文明开放幸福美丽新霍州”的奋斗目标，聚力转型，砥砺奋进，经济社会发展呈现出稳中向好、稳中有进的崭新局面。

【发展质量得到新提升】 2017年，霍州市调结构、稳增长，转变经济发展方式。全市生产总值完成78.2亿元，同比增长7.4%；工业增加值完成39.9亿元，同比增长6.5%；固定资产投资完成39.9亿元；社会消费品零售总额完成35.5亿元，同比增长6.7%；城镇常住居民人均可支配收入完成28753元，同比增长6.5%；农村常住居民人均可支配收入完成12932元，同比增长6.5%。一般公共预算收入完成5.85亿元，与2016年基本持平。各项经济指标呈现出转折性、标志性变化，全市经济发展质量持续提升。

【产业转型取得新突破】 工业方面，占地20.86平方公里的省级经济技术开发区，完成各项前期申报工作，省政府批复后即可挂牌。转型载体正在夯实。“一煤两电”经济效益企稳回暖。华得宇光伏发电一期工程5个月建成并网，创造“霍州速度”；亿能新能源电动车投产并上市销售，推出“霍州制造”。装配式建筑、粉煤灰固废利用、水性油墨材料等一批新型项目推进。技术高新、绿色低碳、多元并举的现代工业体系正在形成。农业方面，持续稳固粮食、蔬菜、干鲜果种植面积，发展规模养殖，全市农业实现产值6.5亿元。文冠果油生产线建成投产。霍州核桃列入国家地理标志产品名录。枣夹核桃出口创汇。柏乐片和什林北垣1万余亩高标准农田建设全面完成。品牌响亮、特色鲜明、优质高效的现代农业生产体系正在形成。三产服务业方面，以创建全域旅游示范区为目标，成立文旅公司和文旅发展基金，开辟文旅产业发展新路径。搭建宣传平台，举办第九届“中镇霍山·华夏州署”文化旅游月，唱响“霍州声音”。推进基础设施建设，七里峪景区入口引导区全面竣工，滑雪场二期工程投入使用。霍州署游客服务中心完成改造，AAAA景区申报工作加快推进。鸣梦老粗布、地珍坊“枣夹核桃”分获中国首届特色旅游商品博览会金奖和银奖，惊艳旅游市场。推进商贸发展，鼓楼地下商业街运营质量提升。南街农贸市场、香江购物广场等商贸中心建成运营。苏宁、京东、中国网库等知名电商入驻霍州。共享汽车“鑫钜出行”运营，开创全省先河。承办“临杭盟商·尧风霍然”招商引资推介大会，亮出“霍州名片”。举办“迎老乡、游故乡、建家乡”恳谈会，增强在外人士对家乡的关切。吸引中国八达电气、天津住宅集团、高新普惠、山西建投、国电投、临汾城投等大型企业入驻霍州，培植转型发展的强大势能。全年招商引资签约项目 15 个，涉及资金 86.09 亿元。

【城乡面貌发生新变化】 2017 年，霍州市人民政府编制完成城市控规、海绵城市、地下综合管廊等一批城市规划。建成迎宾南路、桥西街、桥西新村南路、新建南路、红崖堡紫薇园等一批市政工程，实施橡胶厂棚户区、汇泽园棚户区、阳光首府等城市住房建设项目。完成霍东新区供水工程，解决城区东扩和项目落地的瓶颈。热电联产集中供热新增面积 330 万平方米，累计达到 790 万平方米，主城区覆盖率 95%；天然气扩户 3600 余户，累计 4.2 万户。启动“四好农村路”建设，推进悬泉山公路改造工程，全年建成农村道路安全生命护栏 74.07 公里。打造贾村、下马洼、许村 3 个特色文化村，提升 4 个美丽宜居示范村建设。推进采煤沉陷区治理、农村地质灾害搬迁、农村危房改造等工程，农村人居环境改善。

【生态质量实现新改善】 2017 年，霍州市人民政府以“五城联创”为统领，贯彻“八个治污”理念，开展生态攻坚。大气污染治理方面，开展散煤专项整治行动，推进全市储煤场全封闭改造和霍煤干河煤矿至白龙洗煤厂皮带运输走廊、辛置矿皮带运矸系统建设，建成区散煤销售点全部取缔。对全市 19 家“散乱污”企业采取关停或停产整治措施。完成 90 家医院、学校等行政事业单位燃煤锅炉清洁能源改造，完成大众夜市改造整治，完成建成区内 80 余家豆腐、年馍、饸饹等食品加工作坊“煤改气”，树立全省典型。水污染治理方面，推行河长制，制定“一河一策”治理方案，推进汾河流域生态治理和对竹河河道治理。完成安民路至漪汾路、对竹河、南环路污水收集管网工程，启动汾河霍州段 16 个生活污水排水口治理工程。辛置南矿区污水处理厂建成运行，新增日处理能力 1.2 万吨。土壤污染治理方面，完成辛置矿原煤矸石山高标准治理。加快推进规模养殖场标准化建设，提升农村养殖粪便污水处理能力。霍州市 PM2.5（直径小于 2.5 毫米的尘埃）、SO_2（二氧化硫）等空气主要污染物指标大幅下降，年均空气质量综合指数降幅 6.3%，降幅位居临汾市第三，环境治理成效显著。

【人民生活水平实现新提高】 2017 年，霍州市人民政府践行以人民为中心的思想，民生支出占到财政总支出 80%以上，实现发展成果人民共享。教育方面，完成市二中运动场改造、圣佛小学新校区建设，实施辛置公办中心幼儿园建设。全市中小学现代学校管理改革成为省级试点，提升教育教学质量，高考二本 B 类以上达线 1106 人，再创历史新高。爱心助学活动募集善款 128 万元，资助贫困学生 4069 名。文体方面，全民健身中心项目启动，7 个乡镇综合文化站功能完善。卫生方面，县乡医疗公立医院改革初见成效，霍州市医疗集团挂牌运营，家庭医生签约工作全面完成，覆盖率 100%。疾控中心大楼建设项目完成选址。社会救助方面，大病救助、孤儿包联、四类贫困家庭学生救助、农村 80 岁以上老人救助等多种机制完善，提升城乡低保、五保管理水平。儿童福利院主体完工。新建城乡老年人日间照料中心 2 所，累计 17 所。社会保障方面，全年新增就业人员 4600 余人，养老、医疗、失业、工伤等社会保险覆盖面和保障标准提高。建成各类保障性住房 205 套，改善困难群众居住条件。脱贫攻坚方面，建成21个扶贫光伏发电站，惠及1200余个贫困人口。累计发放小额扶贫贷款1295万元，带动600多个贫困人口脱贫增收。“三保险三救助”健康扶贫政策有效落实。全年实现脱贫1551人。安全维稳方面，抓好重点领域安全隐患排查整治，开展“5+3+1”专项整治行动，引深安全大检查、大巡查活动，全年发生各类安全事故5起，死亡5人，实现安全事故起数、死亡人数双下降，全市安全生产形势持续稳定向好。

【改革创新取得新进展】 2017年，霍州市人民政府推进“放管服效”改革，实现涉企证照“十七证合一”“一照一码”，打造“六最”营商环境。优化财税体制改革，建立政府型债务预算管理制度，推进营改增工作。推进农村产权制度改革，基本完成农村土地确权，激活农村各项生产要素。启动国有企业职工家属区“三供一业”分离工作。市场监管体制改革、农业水价综合改革、安全监管体制改革等多项改革均取得重大进展，城市综合行政执法局挂牌成立。全市发展环境优化，转型发展活力释放。

【政府自身建设得到新加强】 2017年，霍州市人民政府把全面从严治党要求贯穿政府工作始终，开展“讲政治、知敬畏、守规矩”专项治理活动，推进“两学一做”学习教育常态化制度化。贯彻落实中央八项规定精神，对照“十问”，纠正“四风”。坚持依法行政，邀请人大代表、政协委员列席政府常务会议，参与重大事项决策，严格执行人大及其常委会决议决定，接受人大、政协监督，全年办理人大代表建议48件、政协委员提案113件。“13710”信息督办系统运行良好，构建起横向到边、纵向到底的督查落实体系。受理群众的来信来访，办理省长、市长热线1584件，政府工作效率提升，群众满意度显著提高。

【领导班子】

市　长：

黄晓君（女，2016.08—2017.12）

副市长：

刘国平（2016.08—2017.12）

张伟兴（2016.08—2017.12）

张发宁（2016.07—2017.12）

晋学斌（2016.08—2017.12）

刘元建（女，2016.08—2017.12）

吕文博（2016.08—2017.12）

张　谦（2016.09—2017.12）

政府办公室主任：

张卫东（2016.10—2017.12）

（陈鹏　徐宝贵）

政府办公室工作

【概况】 2017年，霍州市政府办公室围绕市委、市政府中心工作，坚持“枢纽畅通、服务有效、责任到位、保障有力”的工作方针，转变工作作风，提高“三服务”水平，保证市政府各项工作高效运转和各项决策部署的贯彻落实。

【文秘工作】 2017年，霍州市政府办公室按照文字材料简洁、务实的要求，改进文风，做好会议报告、领导讲话、工作汇报等各类材料的起草工作，全年撰写各类讲话稿、汇报、总结等材料200余篇；立足全市中心工作、重点任务、热点问题，按照“选题准、调查深、研究透、建议实”要求，锐捕捉热点、难点问题，开展调研活动，组织开展旅游机制体制改革、优化营商环境、资源枯竭城市转型、开发区建设、民营经济发展等调研，撰写各类综合调研文章11篇，为领导科学决策提供依据。

【信息工作】 2017年，霍州市政府办公室按照准、新、快、精信息编撰要求，加强政务信息编写，全年编发政务信息46期325条，其中38条被《临政信息》《晋政信息》等政务信息平台采用，采编率提高，政务信息工作在临汾市位列前茅。推介霍州工作，在《临汾日报》《山西日报》等报刊及省市网站上发表署名文章、新闻报道10余篇。

【督查工作】 2017年，霍州市政府办公室围绕《政府工作报告》及山西省、临汾市为民办实事等决策性督查重点，对领导批示和交办的重要工作任务，全程登记，逐件分析，重点督查，确保领导决策的贯彻执行；围绕项目建设、民生实事、环境保护、安全生产等政府中心工作，深入基层，了解实情，现场督查，定期通报，促进各项工作开展，全年开展领导批示、重点工程、民生保障等各类督查40余次，上报山西省、临汾市政府各类工作自查、项目进度、政策落实等汇报27件，做到事事有落实，件件有回音，确保政令畅通、政策落地；按照“13710”督办系统工作要求，对政府常务会议、办公会议和专题会议的工作部署以及上级交办的重点事项，建立电子督办台账、及时反馈情况、跟踪督促落实、限时销号清零。全年承接临汾市交办事项55件，办结51件，其余4件为持续跟踪推进事项，办结率93%。立项交办82件，办结72项，办结率88%。全年承办市人大建议48件，市政协提案113件。

【事务工作】 2017年，霍州市政府办公室坚持部门起草、办公室核准、领导签发，执行标准公文格式，优化公文处理程序，精简文件数量，提高公文质量和运行效率。全年审核、起草、分发各类文件293件，未出现错发、误发或漏发现象。分类处理各种来文、来函、来电，准确反馈信息，上传下达，全年收到上级来文来函1232件，明电303件，涉密文件35件，从未出现延误工作现象。严守保密规定。涉密文件严格登记程序、及时呈送，公章管理严格实行先签后盖、盖后登记，未发生任何泄密事件，维护政府工作的严肃性和权威性。完善办会制度，规范会议秩序，总结分析和整理会议材料，保证各类会议的规范有序召开。全年组织各类会议100余次，从未出现失误。

【法制人防】 2017年，霍州市政府办公室坚持把完善制度建设放在首位，健全完善会务筹办、来文审批、文件印发、机要保密、应急值班等一系列办公室工作规章制度，明确职责任务，规范工作流程。推进职能转变，健全行政决策机制，对于一些重大决策问题，召开班子会议或全办干部职工大会研究决定，确保决策的科学、透明、公正。开展行政执法培训和法制宣传活动，全年共培训人员1600人。开展行政复议和行政应诉工作，办理行政复议案件5件、行政应诉案件4件，全部结案。对计生、物价、食药等12个具有行政执法职能的单位进行执法工作检查，评查处罚案卷1000卷，其中行政审批案卷200卷，执法案卷800卷，规范行政执法行为。

【政务公开】 2017年，霍州市政府办公室推进政府门户网站升级改造，完善网站页面和栏目，丰富内容，优化栏目，扩大政务信息公开面，促进政府信息公开。强化网上信访渠道的管理，规范市长热线运行，集中处理小区物业、供水供暖、工程项目、征地拆迁、政务咨询等方面的问题。全年新增公开各类政府信息3751条，拓宽政府联系群众、联系基层渠道。政务公开工作在临汾市政府办公厅综合评比中夺得首魁。

【应急管理】 2017年，霍州市政府办公室加强应急管理工作，由班子成员带头值班，办公室每天两人24小时应急值守，提高突发事件预防和处置能力。在应对重污染天气工作中，发挥应急工作的统筹协调作用，下发调度令17次，承办、转办各种预警信息、文件112份，准确上传下达，规范的传送流程，确保应对工作高效无误。

【机关建设】 2017年，霍州市政府办公室加强"三基建设"，推进"两学一做"学习教育常态化、制度化，转变工作作风，强化班子履职能力，履行从严治党主体责任。

【领导班子】

政府办公室主任、政府办党支部书记：

张卫东（2016.10—2017.12）

办公室副主任：

马建华（2011.11—2017.12）

张　斌（2011.11—2017.12）

陈　真（2011.06—2017.12）

孟援军（2011.04—2017.12）

朱文平（2016.10—2017.12）

（陈鹏　徐宝贵）

人事工作

【概况】 霍州市人力资源和社会保障局组建于2010年4月，是市级党政机关机构改革后在原市劳动和社会保障局、市人事局的基础上组建而成。到2017年底，在册干部职工395人。内设14个股室，下设25个机构。2017年，人社局按照中央、山西省、临汾市的决策部署，围绕年度工作任务目标，以创业就业、社会保障、人才管理、劳动维权为重点，明确任务，狠抓落实，各项工作取得成效，完成年初确定的任务目标。

【劳动就业】 2017年，全市新增就业人员达4606人，完成全年任务4500人的102%。失业人员再就业1486人，完成全年任务1450人的102%；扶持就业困难人员再就业368人，完成全年任务350人的105%；创业带动就业713人，完成全年任务700人的101%；转移农村劳动力3819人，完成全年任务3800人的100%；城镇登记失业率控制在4.2%的目标任务以内。前三季度城镇居民人均可支配收入增幅达到6.3%（目标任务6%）。

霍州市技工学校联合培训中心，确保创业培训、农村贫困劳动力技能培训等各项工作取得实效，截至2017年底，完成创业培训180人，完成全年目标任务180人的100%；城镇失业人员再就业、技能人才培养、农民工职业技能提升、新成长劳动力累计培训4100余人，完成任务4100人的100%；开展以"家政服务、母婴保健"为内容培训建档立卡农村贫困劳动力211人，完成全年目标任务200人的100%。

【劳动执法】 2017年，霍州市人力资源和社会保障局监察、仲裁两手抓，树立维权意识深化劳动保障监察网格化管理和劳动保障监察标准化建设，加大劳动争议仲裁调解力度。开展专项执法监察，对全市861家用人单位进行集中检查，备案856家5600人，签订劳动合同5600份，劳动合同签订率达到100%，对20家违法企业进行行政处罚，处罚金额17万元；通过举报投诉案件处理，受理举报投诉案件10件，涉及农民工138人，为农民工追回被拖欠工资125.5万元，劳动保障监察投诉举报案件结案率为100%。加强劳动人事争议仲裁效能建设，实现劳动人事争议一般案件45天内结案，复杂案件不超过60天结案。2017年，劳动人事争议仲裁院立案66件（收到劳动争议纠纷案72件，不予受理6件），调解结案42件（成功调解率为64%），依法裁决结案24件，结案率为100%。

【重点工程】 霍州市技工学校新校区建设项目，2013年1月正式批复立项，列入山西省“十二五”规划重点建设项目。2017年，教学楼建设项目总投资1560万元，建筑面积6956.43平方米，四层框架结构，分A、B座建设完工；公共实训基地建设项目总投资1796万元，建筑面积5200平方米，该项目开工建设；学生公寓楼建设项目总投资660万元，建筑面积3206.1平方米，完工；管网设施和学生运动场建设项目总投资1643.1万元，包括大门及值班室、校园道路及配套管网和运动场建设，已立项。

【社会保险】 2017年，霍州企业养老保险参保人数18754人，完成全年任务18435人的102%，征缴保费6520万元，完成全年任务6500万元的100%。机关事业单位养老保险参保职工10488人，完成年计划9000人的116%；征缴保费3.2亿元，完成任务2.8亿元的114%。失业保险参保人数12915人，完成全年任务12900人的100%，征缴保费450万元，完成全年任务450万元的100%。工伤保险参保人数18898人，完成年计划18800人的101%；基金征缴411万元，完成年计划385万元的107%。城乡居民养老保险参保人数95802人，完成全年任务91382人的104%，征缴保费1026万元，完成全年任务930万元的110%。城镇职工基本医疗保险参保人数81378人，完成全年任务81303人的100%；征缴保费26673万元，完成全年任务23200万元的115%；城乡居民基本医疗保险参保人数202469人，完成全年任务192364人的105%，征缴保费3026万元，完成全年任务2880万元的105%；生育保险参保人数62666人，完成全年任务62657人的100%，征缴保费1035万元，完成全年任务1000万元的103%。

【人才交流】 2017年，霍州市人力资源和社会保障局举办春季、秋季、贫困劳动力、退伍军人专场招聘等各类招聘会，近100余家用人单位开发就业岗位6200个，5000余人求职应聘，2000余人现场签订就业意向协议，安置退役军人32人，为采煤沉陷区劳动力提供职业介绍服务230人，提供岗位224个，另通过政府购买公益性岗位，安置零就业困难家庭、就业困难大学生、下岗失业退役士兵95人。

【人事管理】 2017年，霍州市人力资源和社会保障局完成事业单位人员年度考核工作，制定出台全市机关、事业单位2016年度工作考核方案，完成全市政府所属事业单位人员2016年度考核工作，全市政府部门所属事业单位200家，被考核人数5677人，优秀855人，合格4793人，不定等次3人，不合格26人；规范完成公务员2016年度考核工作。全市2016年度参与考核的政府机关23个，被考核人数498人，科级以下205人，优秀27人、称职169人、不定等次9人；参公单位17个，被考核人数199人，科级以下参公人数34人，优秀8人、称职22人、未考核1人、不定等次3人；

工资福利审批落实到位。对全市机关事业单位工作人员完成2017年的调资审批工作，总计6297人，其中公务员516人，参公管理人员89人，财政开支事业人员4320人，自收自支人员1372人。

【领导班子】

党组书记、局长：

侯晋川（2011.06—2017.12）

党组成员、常务副局长：

王景文（2010.04—2017.12）

党组成员、副局长：

朱予平（2010.04—2017.12）

安琳娜（女，2010.04—2017.12）

党组成员、党总支书记：

刘建平（2017.09—2017.12）

（冯涛）

经济和信息化

【概况】 霍州市经济和信息化局系政府职能部门，地处霍州市北大街35号。承担霍州市工业企业监管、商贸流通领域监管及粮食工作。2015年9月，根据上级机构改革的工作要求，原霍州市商务局（经信局）与原霍州市粮食局合并，组建霍州市经济和信息化局（挂霍州市商务粮食局牌子），正科级建制，行政编制24人，内设办公室、投资规划股、经济运行股、能源股、对外贸易股、商贸服务管理股、市场股、科技信息股、粮食办公室、政工人事股、纪检监察室、条约法律股、安全管理监督办公室13个行政科室。下设霍州市酒类流通管理办公室、霍州市节能监察大队、霍州粮食储备中心3个股级建制的事业单位，事业编制29人。

【工业经济运行】 自2013年开始，山西省工业经济下压力加大，工业企业经营困难。2017年，霍州市经信局在落实企业减负政策的基础上，开展精准帮扶、降低企业用工成本等各个方面的工作，把“入企业服务”活动贯穿工作全过程。截至12月底，全市规模以上工业企业完成工业总产值89.37亿元，同比增长21.24%；实现工业增加值39.95亿元，同比增长6.5%，临汾市排名第四。

【经济技术开发区建设】 2017年，霍州市经信局完成对开发区建设实施方案的4次大修改。从最初“四区”建设设想（即：经济技术开发区以霍东新产业聚集区、社会功能配套区、商贸物流区、文化旅游经济区为支撑），到“一区三产业、三期分步建设”的整体构想（即：经济技术开发区分三期建设，一期以装备制造产业为主导，带动高新技术、新能源汽车、商贸物流等产业发展；二期以农产品开发产业为主导，带动生物制药产业的发展；三期以新型建筑材料产业为主导，带动再生能源利用产业的发展），再到最终确定的“一园一港”的建设总体构想，以电热能源及“三废”综合利用为基础产业，重点发展新能源汽车、装备制造、节能环保三大主导产业（首位发展新能源汽车产业），配套发展现代服务产业，构建“1+3+1”的产业体系，把开发区建设成为全市经济发展的最大增长极、改革创新的先行区、转型发展的引领地、产业集聚的主战场、绿色集约的示范区、协作融合的活力源、招商引资的最前线，打造山西省资源枯竭型城市转型试验区、临汾市战略性新兴产业发展基地和霍州市改革创新先行区。

2017年7月19日，政府市长黄晓君主持召开《设立霍州经济技术开发区可行性研究报告》（初稿）评审会；7月28日，市委书记崔山原主持召开《设立霍州经济技术开发区可行性研究报告》（二稿）评审会。8月2日，召开临汾市论证会，9月，《设立霍州经济技术开发区可行性研究报告》正式提交山西省人民政府核准；11月底，《霍州经济技术开发区改革创新实施实施方案》通过临汾市政府审核，经济技术开发区的各项工作有序推进。

【粮食工作】 2017年，霍州市共有储备粮（小麦）5000吨，分别承储于李曹粮库、三教粮库及陶唐峪粮库等3个粮库。为搞好储备粮管理工作，霍州市经信局从完善县级储备粮管理制度为入手，制定出台13项管理制度，定期开展春、秋储粮安全检查，储备粮管理“三专四落实”率达100%，“一符六无”率达95%以上。投资3万余元为储粮站、库配备联网电子监控设备，提高储粮信息化及储粮安全工作的水平。为确保粮食安全，霍州市经信局成立粮食安全工作领导组，研究制定《安全工作一岗双责》，明确目标，细化责任，由上至下，分级落实，层层签定《粮食安全目标责任书》。结合霍州粮食工作实际起草拟定《霍州市粮食工作应急预案》。

【社会消费品零售总额】 社会消费品零售总额：1至12月完成17.78亿元，同比增长6.7%。

【对外贸易工作】 2017年，霍州市对外贸易经营者备案登记：1至12月，备案外贸进出口企业4家，霍州市磊源肥业有限公司、霍州市圣达实业有限公司、山西裕鑫博康食品有限公司、霍州市坤英棉织品加工厂；外贸进出口完成情况：1至12月，进出口总额131.63万元（人民币），提前超额完成年度1万美元的目标任务，实现霍州外贸进出口总额零的突破。

【成品油市场监管】 做好成品油经营企业年检工作。根据临汾市商务局《关于做好国Ⅴ油品质量升级总结及2017年成品油经营企业年检工作的通知》（临商审〔2017〕9号）要求，及时下发《关于做好成品油经营企业年检工作的通知》（霍经信发〔2017〕8号），对全市22家具有成品油零售许可证的加油站按期进行年检，审核资料，对符合年检条件的加油站年检材料进行初审。做好国六油品升级有关工作。根据临汾市政府办公厅《关于印发临市大气污染防治2017年行动计划的通知》（临政办发〔2017〕38号）要求，为做好霍州市国六油品升级工作，研究制定《关于做好国六油品升级工作的实施方案》（霍经信发〔2017〕41号文件），要求各成品油经营企业按时完成国六油品升级等相关任务，保障市场供应，按时完成国六油品升级任务。做好成品油市场监管。在日常巡查中严格按照成品油经营的相关技术规范进行检查，发现问题及时下达《责令改正通知书》。为加强成品油经营企业的安全监管，防止和减少事故发生，提高加油站经营者安全经营的意识和责任心，年初与各加油站（点）签定《加油站安全生产目标管理责任书》，规范加油站经营行为，从源头上降低安全事故发生的风险。严厉打击“黑加油点”“黑油罐车”等非法经营成品油行为，召开由成品油市场整顿领导组成员单位参加的成品油市场专项整治行动专题会议，研究制定工作方案，联合工商局、质监局、电力公司等成员单位开展5次联合行动，查处26个黑加油点。

【酒类市场监管】 2017年1至12月，完成酒类批发户年检工作，组织企业参加为酒类培训1次。为维护酒品安全，从强化宣传着手，以“3·15”消费者维权日、食品安全宣传周为契机，宣传酒类知识，散发宣传材料3000余份。落实酒类批发企业的《酒类流通随附单》申领、使用制度和酒品溯源制，严防假冒伪劣酒品进入霍州市酒类流通市场，查处手续不全的经销户。

【市场监测】 2017年，霍州市经信局加大市场监测力度，加强对消费品市场的调研分析，在节日期间，做好对商场、超市、农副产品市场等重点领域生活必需品的监测工作，关注市场供应和价格变动情况，确保市场供应稳定、维护商品价格稳定。加强信息督报，做好市场运行监测工作，2017年底，共向商务预报网站报送信息50余篇，完成市场运行监测工作。

【领导班子】

局　长：

赵　波（2010.10—2017.12）

党组书记：

蔡文辉（2015.09—2017.12）

党总支副书记：

李　刚（2011.04—2017.12）

副局长：

张　闻（2015.10—2017.12）

叶耀新（2007.07—2017.12）

乔珍珍（女，2012.07—2017.12）

薛文林（2015.10—2017.12）

成会斌（2015.10—2017.12）

张凌燕（女，2012.07—2017.12）

总经济师：

戴宏伟（2010.04—2017.12）

纪检组长：

朱建军（2012.07—2017.12）

（刘林平）

安全监督

【概况】 霍州市安全生产监督管理局（煤炭工业局）成立于2002年7月，是霍州市人民政府的职能部门，负责综合监督管理全市安全生产工作，依法行使安全生产监督管理职权，对全市煤炭工业实行行业管理，同时承担霍州市人民政府安全生产委员会办公室（简称霍州市安委办）日常工作。到2017年底，全局在册干部职工98人。内设11个股室，3个直属单位：安全生产监察大队、安全生产职业教育培训中心、煤炭综合许村服务场。2017年，霍州市安全生产监督管理局（简称霍州市安监局）围绕上级下达的各项任务指标，突出重点、综合整治、依法行政、强化监督，为全市经济和社会各项事业和谐、健康发展提供安全保障。

【安全生产控制指标】 2017年，霍州市发生安全生产事故5起，死亡5人，均为生产经营性道路交通事故；与2016年同期相比，事故起数持平，事故死亡人数下降17%；其他行业领域杜绝安全生产事故的发生。

【安全生产监督管理】 2017年，霍州市安监局加强日常安全监管力度，对煤矿、非煤矿山、危化、工贸、民爆（储存）、烟花爆竹等行业领域开展日常监督检查。煤矿方面，对处于整顿阶段的力拓煤业进行1周1次安全检查，确保安全。非煤矿山方面，督促退沙村何红马砖厂、沟口砖厂完成开采设计变更，企业安全水平得到提升；配合市政府对霍州市大张镇薛麦林砖厂、霍州市狮子洼砖厂实施关闭。职业健康方面，开展职业健康执法检查，推进职业健康基础建设活动，开展职业健康培训工作。危化方面，督促山西霍州国新液化天然气有限公司通过山西省安监局的竣工验收；监督中石化4家加油站、中石油2家加油站、社会加油站5家完成油罐双层罐改造，罐区安全得到提升。八大行业方面，邀请临汾市专家对全市机械行业进行“会诊”，解决疑难杂症。烟花爆竹方面，对霍州市日杂有限责任公司、霍州市吉庆祥烟花爆竹有限公司2家批发单位进行延期换证，督促两家企业完成安全生产标准化三级达标。霍州市安监局发挥安委办的综合指导协调作用，促进全市安全生产工作整体提升。推进工商登记在册生产经营单位安全生产挂牌责任制工作。2017年底，全市11288家工商在册生产经营单位，明确挂牌责任人。下发安委办督办函及安全规范文件。1至12月，发函21份，督办各类安全隐患整治工作。做好综合监管。对全市交通、建筑、消防、农林、水利、民爆、特种设备、旅游、教育、文体、地质灾害等行业领域安全生产工作重点督查，形成系统监管。

【安全隐患排查】 2017年，霍州市安监局开展安全生产大排查大整治、安全生产大检查、“反三违”、安全生产百日攻坚等多项活动，由各股室负责人带队，抽调局机关业务骨干，组成煤矿、非煤、危化、烟花爆竹、八大行业、职业健康6个安全检查组，按照“全覆盖、零容忍、严执法、重实效”的总要求，采取全面排查、联合检查、聘请专家的方式，重点对煤矿、非煤矿山、危险化学品等行业领域企业进行大排查大整治。针对排查出的安全隐患，建立整改责任清单，落实整改部门、整改责任人、整改时限、整改措施、整改资金，强化跟踪督办力度，做到闭环管理。各生产经营单位开展全覆盖、全方位、全过程、全员化的自查自纠，对排查出的安全隐患和问题，分类梳理，登记造册，逐一整改。2017年，全市成立排查组331个，出动人员3455余人次，排查企业612余家，查处、纠正“三违”现象550起，经济处罚53.62万元，批评教育161人，下岗学习12人，调离岗位5人，关闭取缔生产经营单位24家，限期整改11家，排查出安全隐患1601条，整改1593条，整改率达99%。

【安全宣传】 2017年，霍州市安监局以依法治安为核心，加大安全宣传教育培训力度，提升从业人员安全素质，减少事故。开辟安全专栏。联合相关职能部门，发挥主阵地作用，轮流在市电视台《安全在线》专栏播放安全生产应知应会知识。集中组织宣传。“安全咨询日”期间，市四套班子领导亲自参加，市安委会36个主要成员单位统一行动，在市中心霍州署广场举办宣传咨询活动。做好自选动作。将霍州市安监局开展的“送安全知识下基层”活动与临汾市“七进”活动有机结合，送安全健康法规知识和业务知识“进企业、进学校、进社区、进机关、进农村、进家庭、进公共场所”。实战演练。“安全生产月”期间，开展金属非金属矿山坍塌、烟花爆竹企业火灾、煤矿企业防洪、危化企业LNG储罐泄漏失压、建筑施工、道路交通管理等一系列应急救援演练，出动宣传人员280余人次，发放安全生产法律、法规及安全知识等宣传资料1.5万余份。霍州市安监局以企业主要负责人、安全管理人员、特种作业人员和从业人员为立足点，组织企业职工赴太原、临汾市参加安全生产法律法规和知识技能培训。2017年，霍州市安监局直接监管企业培训“三项”岗位人员181人，自主培训从业人员449人。

【领导班子】

局　长：

杨令平（2010.05—2017.12）

党委书记：

李　红（2011.04—2017.12）

副局长：

韩黎平（2012.07—2017.12）

李春波（2002.10—2017.12）

朱全锁（2002.10—2017.12）

工会主席：

张彦玲（女，2002.10—2017.12）

总工程师：

段来友（2012.08—2017.12）

纪检组长：

周云龙（2008.10—2017.12）

（董鹏）

地方志编纂工作

【概况】　霍州市地方志编纂委员会办公室成立于1980年8月，是政府主管的修志部门。1992年，市志、党史、档案合并为霍州史志档案馆，1998年，史志档案馆分为档案馆和史志研究室，2002年5月，市志办独立办公。到2017年底，有干部职工9人，设办公室、方志股、年鉴股。市志办的主要职责是宣传、贯彻、执行有关地方志工作的法律、法规、规章和相关政策；组织、指导、督促和检查地方志工作；拟定地方志工作规划和编纂方案；制定地方志编纂业务规范；组织编纂、审查、验收地方志文稿；组织整理旧志，征集、保存地方志文献和资源；组织开发利用地方志资源，搞好地情资料库和地情网站建设；开展地方志理论研究，培训地方志编纂人员；完成该级人民政府和上级业务部门交办的其他任务。

【二轮修志工作】　2017年，霍州市地方志编纂委员会办公室根据《全国地方志事业发展规划纲要（2015—2020年）》要求，到2020年全面完成二轮修志规划任务。霍州市一轮修志工作比较滞后，2011年，新的地方志编纂委员会成立后，启动二轮修志工作，经过精修细编，用3年时间完成续编2001至2010年10年资料的任务，通过限外辑要记录2011至2013年主要工作，于2014年提前完成二轮修志任务。

【年鉴编纂】　霍州市地方志编纂委员会办公室连续出版《霍州年鉴》4册，《霍州年鉴（2011—2012）》、《霍州年鉴（2013—2014）》为内部出版，《霍州年鉴（2016）》和《霍州年鉴（2017）》由方志出版社正式出版，霍州年鉴反映全市经济、社会发展的基本资料和发展状况，成为宣传、了解、研究霍州最具权威性的资料信息库和重要“窗口”。是信息量大，权威性、可读性强的精品年鉴，为霍州市的编史、修志工作积累客观、真实、可靠的第一手资料。《霍州年鉴（2017）》记载霍州市2016年在经济建设、政治建设、文化建设、社会建设、生态文明建设中所发生的重要事件和各行各业的重要工作，展示霍州特色和亮点。《霍州年鉴（2017）》在条目框架上，采用《2016统计报表》《霍州市2016年度工作受霍州市委、市政府奖励单位和个人情况》《霍州市委、市政府发文记录》等类目，做到门类齐全、分类科学、信息密集、资料翔实、编排有序，提高依法编鉴水平，发挥年鉴资治辅政作用。

【指导专志、村志编纂】　2017年，霍州市地方志编纂委员会办公室对《师庄村志》进行终审，指导启动《白龙村志》《陈村志》《北村志》编纂。

【“志鉴”两全目标】 2017年5月22日，临汾市政府对“志鉴”两全工作全面督查，按照会议精神要求，开展全面自查，梳理出2011至2017年工作成绩，形成“一报告，两清单”上报临汾志办。《霍州市志》于2014年9月由中华书局出版发行，总计215万余字，28编，下限为2010年底，印数6000册。霍州综合年鉴编纂已实现一年一鉴，正式出版。霍州市完成“志鉴”两全目标。

【三基建设】 2017年，在推进“三基建设”工作中，霍州市地方志编纂委员会公办室制定《一目录三手册》和工作运行流程图。对内设3个机构：办公室、方志股、年鉴股设置工作岗位，严格定岗定员定岗定责，明确各岗位的工作内容，职责、权限、标准、程序，对地方志工作进行细化和责任分工，加强内控制度建设和信息化建设。

【党建工作】 2017年，霍州市地方志编纂委员会办公室开展“两学一做”学习教育常态化制度化，维护核心见诸行动主题教育活动，开展“讲政治、知敬畏、守规矩”活动，制定学习计划、领导小组及实施方案。全体人员通过集中学习和个人自学相结合，学习党章党规，做好学习笔记，撰写学习心得，观看警示教育片，领导干部带头讲党课，开展“三会一课”，提高党员整体素质，创建学习型党组织。

【精准扶贫】 2017年，根据霍州市委部署安排，霍州市地方志编纂委员会办公室包联三教乡神半节村1户贫困户，制定帮扶计划，深入贫困户家中看望慰问，宣传党和政府好政策，宣传中国特色社会主义优越性。协助神半节村完成“两委”换届工作，该户已脱贫。

【领导班子】

主　任：

赵学惠（女，2011.04—2017.12）

副主任：

李亚平（女，2012.07—2017.12）

【获奖情况】

2017年，霍州市地方志编纂委员会办公室被山西省地方志办公室评为县级综合年鉴工作先进集体；李亚平被评为全省地方志系统先进个人；曹荣华被评为临汾市地方志系统先进个人。

（王晓英）

档案工作

【概况】 霍州市档案局（馆）是霍州市人民政府直属机构，履行行政管理和档案保管两种职能。到2017年底，在职人员22人，有高级专业技术职称1人，中级2人，初级9人。内设机构为四股一室一中心，即：档案管理股、业务指导股、编研股、法规监督股、办公室、现行文件中心。霍州档案局按照上级档案部门和霍州市委、市政府各项工作要求，围绕档案工作服从和服务全市经济社会发展，开展基础工作，促进和推动档案事业发展，加强民生档案建设、档案信息化建设和档案业务建设。

【档案移交利用】 2017年，霍州市档案馆共接收整理民政局婚姻档案、广播局文书档案、纪检委业务档案、梁衡名人档案及征集回的南下干部档案1738卷，3997件；接收资料226册；接收现行文件1778件。完成2017年档案划控工作，鉴定开放档案263卷3372件、控制档案296卷2111件；

完成霍州市人民政府（全宗号：11）等47个全宗96484条档案数据的录入；档案数字化扫描挂接完成民政局（全宗号：17）婚姻档案、霍州市委员会（全宗号：2）市委办、二轻工业局（全宗号：46）文书档案及2016年现行文件9.09幅面扫描挂接工作。做好原始数据、数据库的备份。

【档案业务及执法检查】 2017年《山西省重大活动档案管理办法》（以下简称《办法》）颁布后，霍州市档案局结合霍州工作实际，向市委、市政府提出要求、意见、建议，得到落实，政府办以“霍政办发〔2017〕3号”下发《关于贯彻落实〈山西省重大活动档案管理办法〉的通知》，向各单位对《办法》的宣传学习、机制体制建设等方面提出要求。市长黄晓君主持召开市长办公会议，对《办法》宣传贯彻执行进行专门部署。

霍州市档案局出台《重大活动档案管理工作方案》，市人民政府以“霍政函〔2017〕19号文”予以批复，将档案部门列入同级重点议事协调机构的成员单位，霍州市档案局相关人员参与“中镇霍山·华夏州署”文化旅游月重大活动，活动档案全部收集进馆并整理完毕。

霍州市档案局与霍州市“三基建设”领导小组办公室协商联合下发《关于规范档案管理和提高档案信息化水平的通知》，贯彻8号令；对霍州市重大建设项目进行调查统计，建有登记表；对工、青、妇、组织部、人大办等单位年度归档情况进行考核检查。

霍州市档案局出台《关于进一步加强档案安全体系建设的实施细则》，成立档案安全工作领导组，制定档案安全相关制度，定期开展安全检查，发现问题，督促整改，以确保档案实体和档案信息绝对安全。加强档案信息化建设工作，实现推进档案资源存量数字化、增量电子化、利用网络化，加快与信息社会融合的目标，霍州市档案局结合实际情况制定《霍州市档案信息化建设规划（2018—2022）年》；开通霍州市档案局微信平台，更新内容，通过平台发布档案工作动态，宣传档案法律法规，介绍档案馆藏精品，提供档案业务指导，展示档案文化魅力；建起影像档案阅览室，为影像档案查阅者提供便利。

霍州市档案局结合工作实际，制定《霍州市档案局2017年档案法制建设工作实施方案》。贯彻《中华人民共和国档案法》等法律法规，依法加强监督检查力度，依法查处档案违法事件，将利用3年时间对党政机关、企事业单位档案工作进行一次档案执法监督检查。2017年，安排对市委党群机关进行监督检查，10月对统战部、宣传部、组织部等15个单位贯彻落实《中华人民共和国档案法》情况进行检查。

【档案宣传】 霍州市档案局举办“6·9”国际档案日宣传及“风雨征程复兴路—中共一大至十八大”档案图片展。开展街头宣传活动。在“6·9”国际档案日”之际，霍州市档案局根据“档案—我们共同的记忆”主题订购宣传挂图及宣传手册，悬挂宣传标语，开展宣传活动，市政府副市长晋学斌和霍州市档案局全体档案工作者于6月9日上午在州署广场进行宣传，现场发放宣传资料、宣传品及档案文化鼠标垫。利用电视台、广播电台、微信平台及网络等媒介开展档案宣传。霍州市档案局注重将档案法律法规、档案业务知识、档案工作小常识、档案工作动态以及档案文化等内容，采取发微信、网络宣传以及在电视台、广播电台播放等形式把档案的声音传进千家万户，增强全民档案意识。

霍州市档案局历经3个多月筹备，在中国共产党建党96周年之际完成“风雨征程复兴路—中共一大至十八大档案图片展”23块展板及陈列柜中仿真档案、馆藏档案资料的布展。档案图片展以档案为依托，展开中国共产党波澜壮阔的历史画卷，见证中国共产党的发展史；讲述中国共产党从一大至十八大鲜为人知的故事；再现中国共产党在96年奋斗历程中的红色足迹。展览期间，全市“两学一做”学习教育常态化制度化各联络组120余个单位1400余个党员干部走进霍州市档案馆接受红色教育。

霍州市档案局与教科局联合开展“铭记党的历史·坚定理想信念”主题活动。为发挥好国家档案馆“中小学档案教育社会实践基地”作用。组织师生500余人分批在霍州市档案馆爱国主义教育基地，参观“风雨征程复兴路—中共一大至十八大档案图片展”，通过聆听讲解的方式了解中国共产党从一大至十八大的发展历程，重温党的光辉历程。霍州市档案馆向学生们发放《霍县抗战故事》，将精选出的发生在霍县抗日战争中的感人故事和英雄事迹，呈现给读者。建成霍州市南下干部纪念馆。霍州市档案局派专人远赴福州、泉州、厦门等地慰问看望中国人民解放军长江支队健在的霍州籍南下干部，进行实地取材，采集回革命一代光辉事迹的影像档案。挖掘南下干部档案资料，共征集回南下干部档案近400卷（件），其中仅实物档案就200余件。于8月建成霍州市南下干部纪念馆，发挥霍州市档案馆作为爱国主义教育基地的独特作用，截至2017年底共接待参观人员近千人。接收梁衡档案。实行集中管理、分室陈列，展出于霍州市梁衡研究会和下马洼文化园。梁衡为中国著名学者、作家、新闻理论家，霍州市档案馆早在15年前就为梁衡先生建立名人档案全宗。2017年，梁衡分6次捐赠个人珍贵档案168卷（件），其中包括创作于1983年4月的《酒与诗的联想》手稿、个人毕业证、珍贵照片等，霍州市档案馆将征集回的“梁衡档案”在霍州市梁衡研究会及下马洼文化园实行集中管理，分室陈列。7月11日，来自全国高校、文艺界、新闻单位等的专家们在霍州参加“美丽乡村·乡愁文化”研讨会，分管档案工作的副市长晋学斌将“档案收藏证”颁发给梁衡先生。

组织举办“壁上春秋·光影再现—马毅敏山西历代壁画摄影织绣作品展”。2017年7月11至15日、7月18至22日，霍州市档案馆在七里峪镇山广场与霍州市文化中心举办“壁上春秋·光影再现—马毅敏山西历代壁画摄影织绣作品展”。此次展览展出马毅敏壁画摄影织绣作品68幅，涵盖晋祠、洪洞广胜寺、稷山青龙寺、霍州娲皇庙等壁画精品。将传统的织绣与现代的摄影技术结合起来。

【领导班子】

局　长：

李国忠（2007.01—2017.12）

副局长：

张曼丽（女，2012.07—2017.12）

【获奖情况】

2017年4月，山西省人力资源和社会保障厅、山西省档案局授予霍州市档案局“山西省档案系统先进集体”。

2017年3月，临汾市妇女联合会授予霍州市档案局“巾帼建功先进集体”。

2017年3月，中共临汾市委宣传部授予霍州市档案局“临汾市爱国主义教育小型特色示范基地”。

2017年10月，中共临汾市委宣传部授予霍州市档案局“2017年度临汾市十佳爱国主义教育基地”。

（杜黎明）

行政审批工作

【概况】 霍州市政务大厅成立于2001年，是霍州市集中公开办理各类审批服务事项的重要平台和有效载体。截至2017年底，共有36家单位进驻，其中常驻窗口单位20个，并联窗口单位16个，驻厅工作人员132人，其中首席审批员28人，窗口工作人员104人。大厅一层、二层为办事窗口，设置窗口40个，办公面积约为600平方米左右。三层为首席审批员办公室，四层为行政审批中心办公室，五层为民政局婚姻登记处。

2017年，霍州市行政审批制度改革工作紧扣提升服务质量和服务效率，深化“放管服效”改革，创新审批运行机制，加强审批服务监管，政务大厅窗口功能设置完善，国土资源局的不动产登记和群团服务窗口正式进驻，并按要求建成山西省投资项目在线审批监管平台。

【党建工作】 2017年，霍州市行政审批中心组织开展“讲政治、知敬畏、守规矩”专题教育学习活动及推进“两学一做”学习教育常态化制度化、维护核心见诸行动主题教育活动。在学习习近平总书记系列重要讲话精神及党章党规等的基础上，组织全体工作人员集中收看党的十九大开幕式，对习近平总书记系列重要讲话精神进行集中学习，要求认真记好学习笔记，并结合自身实际撰写学习心得，查找问题，加强整改，加强全体工作人员的政治理论水平，加强党性修养和宗旨意识。

【效能建设】 2017年，按照《中共霍州市委关于在推进“两学一做”学习教育常态化制度化中加强“三基建设”的实施方案》要求，霍州市行政审批中心结合工作实际，制定《霍州市行政审批中心加强“三基建设”实施方案》，明确行政审批中心“三基建设”工作的目标要求、基本原则、重点任务和组织领导。9月开始，组织中心各股室骨干工作人员，参照霍州市编办印发的《关于党政群机关事业单位制定基础工作目录和工作流程图的指导意见》，结合单位职能和实际工作，梳理基础性工作，对履行职能的基础信息、工作规范、规章制度等基础性业务和管理工作进行分类界定。在梳理完善的基础上，于2017年11月底，按要求编制完成基础工作目录、工作流程图、应知应会手册、便民服务手册和管理手册，强化各项工作的精细化管理，提升工作标准和管理水平。

【作风建设】 2017年，霍州市行政审批中心狠抓作风建设，完善制度建设，确保各项制度落实到位。执行行政审批首问负责制、限时办结制、服务承诺制、请销假制度和指纹考勤制度等；加强对驻厅窗口的日常巡查。对窗口缺岗、扎堆、串岗等违规行为进行公开通报，要求违规人员作出书面检查，参加再培训学习。2017年，共对9家驻厅窗口的18个工作人员进行再培训。

【行政审批事项管理】 2017年，霍州市共完成一轮项目清理对接。年初，行政审批中心业务股工作人员参与临汾市组织的审批服务项目梳理工作，参照临汾市下发各县市的《保留的审批服务项目目录》，对霍州市的审批服务项目进行梳理后，保留各类审批服务事项369项（其中许可项目175项，服务项目 194 项），涉及 43 家单位。2017 年，霍州市政务大厅各驻厅窗口单位累计办理各类办件 6714 件，办结率 97.5%。

【行政审批制度改革】 2017 年，霍州市行政审批中心深化行政审批制度改革，业务日常办理提速，通过强化行政审批电子监察系统的监管功能，对各窗口上网办件的受理、审核、审定、告知等各个环节进行时限压缩，提高各类事项的提前办结率。各类事项提前办结率 95.6%。开展“减证便民”行动。霍州市优化营商环境办公室设在行政审批中心，在审批中心的组织协调下，35 个涉审单位参与，按照“能减尽减”的原则，精简前置申请材料、证照年检、政府指定培训，形成三个清单：保留的行政审批事项材料清单、证照年审年检清单和政府指定培训清单。推进申报材料“瘦身”工作 按照“依法、合理、便民”的原则，梳理、规范各类事项的申报材料，解决审批服务事项中因申报材料重复、繁琐、不必要性等问题造成的“办证难，办事难”现象，对 258 项审批服务事项的申报材料和流程进行清理和再造。深化建设项目并联审批工作。推行“一套材料、并联审批”“信息共享、限时办结”运行机制。实行并联审批机制后的全流程审批时限从 117 个工作日压缩至 80 个工作日，提高审批服务效率，加快推进项目前期工作进度，保障建设项目报批。办理并联审批事项 14 件。推进“企业投资项目试行承诺制实行无审批”工作。11 月上旬，接《关于加快推进全市企业投资项目试行承诺制实行无审批管理试运行工作的通知》（临企投无审批办函〔2017〕4 号）后，行政审批中心组织业务股骨干力量会同发改局及相关单位，研究制定霍州市企业投资项目实行无审批的操作规程。经过初步梳理对接，霍州市实行无审批企业投资项目，开工前涉及 28 项审批事项，确定开工前保留审批事项 6 项，取消或合并审批事项 6 项，实行承诺制 12 项，政府统一服务 4 项。承诺制无审批整个过程将实行统一联审、统一踏勘、统一公示、统一监管、统一验收，一个项目建立一套规范档案。

【“两集中、两到位”】 2017 年，霍州市行政审批中心规范首席审批员的业务办理和到岗情况。落实山西省、临汾市关于“两集中、两到位”工作督查的任务，行政审批中心督促各涉审单位的职能合并，督促未进厅的涉审单位进驻政务大厅，排查不规范办件等，对所有不规范事项进行分类通报，通知相关涉审单位采取有效措施进行整改。

【“霍州政务在线”运行】 2017 年 3 月，按照《临汾市人民政府办公厅关于印发临汾市政务服务标准化建设实施方案的通知》要求，由行政审批中心负责，建成“霍州政务在线”微信公众号，由“微首页、微服务、微互动”三部分组成，设置有中心简介、地图导航、窗口布局、窗口电话、投诉电话、办事指南、咨询查询、政策动态发布等功能。经过前期试运行和调试，8 月正式运行，全年发出信息 15 期 69 条，涵盖中央、山西省、临汾市相关政策、审批事项办理流程、审批中心工作动态等方面，为加大政策宣传、方便群众办事、提供阳光公开的办事流程打造平台。

【政务服务建设】 根据《临汾市政务服务标准化工作实施方案》和霍州市政务服务标准化建设工作安排，2017 年，霍州市政务服务标准化建设工作按期完成宣传发动阶段和培训学习阶段，进入建立体系阶段。加强组织领导，扩大宣传发动。霍州市成立由市政府副市长任组长，市政府办副主任、行政审批中心主任、工商质监局局长为副组长，各单位首席审批员为成员的政务服务标准化工作领导小组，领导、组织、协调霍州市的政务服务标准化工作。9月20日，由霍州市政府牵头召开全市政务服务标准化建设工作动员会，根据《临汾市政务服务标准化工作实施方案》要求，结合霍州市实际，制定《霍州市政务服务标准化工作实施方案》，制定各阶段的具体任务和工作计划。加强学习培训。由行政审批中心牵头，各股室参与，抽调大厅窗口15人，成立标准化骨干工作小组，就建设体系、建设内容等进行全面筹建。组织政务大厅全体工作人员进行2次培训，骨干业务人员培训20余次，各参与人员均熟悉相关基础知识、国标内容、标准化体系框架内容、具体法律法规、规章制度等，明确标准建设框架以及标准化建设实施方案，制定霍州市标准化建设的具体内容。11月14日，行政审批中心牵头组织相关股室和大厅工作人员共30余人，赴侯马市政务服务中心考察学习先进经验。强化基本能力，抓紧工作落实。2017年，行政审批中心完成霍州市政务服务标准化建设初稿目录的编制和各部门分工。编制小组成员已具备相关业务能力，其中有教科局、交运局等数名骨干业务专精，开展初步的模版编制。

【便民服务体系建设】 2017年，霍州市12个乡（镇、街道）建成便民服务中心，明确入驻部门，整合服务项目，计生、林业、民政、社保、国土、规划、信访、司法等服务项目进驻。40余个村居建成村级便民服务代办站。2017年初，为提高乡镇便民服务中心建设水平，行政审批中心为三教乡、大张村、开元街道便民服务中心、村级便民服务站配置电脑、打印机、沙发、桌椅、便民椅、电子屏、版面等设备，加强硬件建设。

【精准扶贫】 2017年，霍州市行政审批中心扶贫工作队在驻村帮扶工作期间，遵守相关管理办法，完成各项扶贫政策的宣传落实和工作要求，定期向陶唐峪乡党委汇报工作。加强与村“两委”的沟通联系，协助村“两委”核对贫困户信息，制定脱贫措施，挂好“五张图”，帮助贫困户记好“三本账”，保证各类扶贫工作档案的准确无误。工作队针对各贫困户不同的致贫原因，精准施策。在对贫困户牛天生的救助上，工作队与村支两委经过多次、多方协调，3月20日在霍州市同德医院为贫困户牛天生做横结肠肿物（直肠癌）切除手术，牛天生没有花费任何手术费用。工作队为2户贫困户赠送奶羊、为残疾贫困户领取康复器材、为因车祸去世的贫困户办理保险理赔等，按时完成脱贫任务。

【领导班子】

主　任：

孟援军（2011.04—2017.12）

副主任：

李长富（2003.07—2017.12）

伍雅娟（女，2012.07—2017.12）

高　锐（2012.07—2017.12）

【获奖情况】

霍州市行政审批中心获“临汾市2017年度政务服务目标责任考核优良单位”称号。

（成明明）

政府采购

【概况】 霍州市政府采购中心成立于2007年7月，是政府直属事业单位，正科级建制，参照公务员管理全额财政预算事业单位，到2017年底，有人员8人，其中主任1

人，副主任1人。2017年，霍州市政府采购带领中心全体干部职工，坚持“公开、公平、公正、诚信”的原则、围绕“规范、高效、廉洁”的工作目标，做好建机制、优程序、抓监督、促公开四个方面工作，重点推进党的“两学一做”学习教育常态化制度化学习教育活动，夯实中心“三基建设”。2017年，采购中心开创政采购事业发展新局面，提高政采公信力，完成各项工作任务。全年完成采购金额达5100万元，节约率11%。

【工作交流】 2017年，霍州市政府采购87号令颁布实施，为将87号令变动和新增条款与采购实务操作相结合，8月，中心副主任刘红锁带领中心2个业务骨干到临汾市财政局参加87号令专题培训会，培训结束后，将87号令变动和新增条款与政府采购监督管理工作实际相结合，重新梳理采购流程，优化采购程序，提高群众满意度。

【三基建设】 2017年，在推进“三基建设”工作中，霍州市政府采购中心注重强基固本，系统梳理基础性工作，推行精细化管理，按照上级要求，制定“霍州市政府采购中心一目录三手册”和工作运行流程图。根据政府采购工作要求对内设3个机构：综合股、采购一股、采购二股科学设置工作岗位，并严格定岗定员定岗定责，明确各岗位的工作内容，职责、权限、标准、程序，对采购工作进行细化和责任分工，以内控制度建设和信息公开为抓手，推动采购活动规范高效透明。

【政采业务管理】 2017年，霍州市政府采购中心完善《霍州市政府采购项目档案管理制度》。采购项目档案从项目审批开始建档，分开标前文件材料；开标文件材料；评审文件资料；中标（成交）和履约文件资料；其他说明材料五个部分，收集项目采购活动过程中形成的文字材料、图纸、图表及声像资料等，完善霍州市《政府采购项目档案管理制度》，规范控制采购程序。

【领导班子】

主　任：

陈　真（2007.07—2017.12）

副主任：

刘红锁（2007.07—2017.12）

（杨秀娟）

人防工作

【概况】 2017年，霍州市人防办贯彻习近平总书记系列重要讲话精神，坚持以人防建设和经济社会深度融合发展为主线，围绕年度工作目标任务，凝心聚力，奋力拼搏，人防各项工作稳步推进。

【联合防空演习】 2017年，霍州市人防办组织参加“太行－2017”省、市、县三级联合防空演习。根据山西省演习方案部署，成立2017年霍州市人民防空演习领导小组和演习工作办公室，7月中下旬至8月上旬，在霍州市人武部进行“太行－2017省、市、县三级联合防空演习”，提高霍州市人民防空指挥机构组织指挥能力和群众防空组织遂行任务能力。

【工程审批】 2017年，霍州市人防办完成人防资产资源的普查上报工作。对全市人防战备资产资源的分布地点、性质类别、质量现状、使用功能等情况进行统计，将人防工程资产按工程质量、使用现状进行分类，按照安全性能及发挥社会价值建立维护登记档案，为人防建设的合理规划打下基础。按照市政府要求，对权力清单中保留的行政职权运行流程进行标准化管理。为推进行政职权的规范化运行夯实基础。提高行政效能，对行政许可审批、工程维护、管理、质量监督等相关业务建立内部运行衔接流程，明确每个环节的工作完成时间节点及责任人，明确责任划分。做好防空地下室的审批工作。在做好行政服务中心窗口审批工作的基础上，抓好工程建设质量管理，做好工程建设每个节点监督检查，确保工程建设质量优、标准高。

【指挥宣传工作】 2017年，霍州市人防办突出对全体市民中小学生的基本常识教育，宣传人防法律法规和应急疏散常识，激发市民爱国热情，树立国防观念，提升人防素质。新增安装3台电声防空警报器，扩大全市音响覆盖率，9月18日，按山西省、临汾市部署和安排，完成防警报试鸣任务。

【安全工作】 2017年，霍州市人防办按照党中央、国务院有关安全生产工作的一系列决策部署，在全市开展防空地下室安全生产大检查工作中，坚持“安全第一、综合治理”的方针，以“全覆盖、零容忍、严执法、重实效”为总要求，对全市防空地下室安全生产进行排查，向有关单位下发“防空地下室安全管理通知”。

【机关建设】 2017年，霍州市人防办组织全办人员收听收看党的十九大召开盛况，学习十九大报告，领会精神内涵。开展学党章党规，学系列讲话，做合格党员的“两学一做”学习教育，加强廉政建设，全面落实党风廉政建设的主体责任，坚持把党风廉政建设与业务工作同部署、同检查、同落实，调动各级干部加强廉政建设的责任意识。把工作落到实处，确保不出现任何问题。搞好“讲政治、知敬畏、守规矩”专项治理活动。通过学习教育，通过抓整改落实，使每个党员干部做到政治上讲忠诚，思想上知敬畏，行动上守规矩。

【精准扶贫】 霍州市人防办按照霍州市委、市政府安排，参与精准扶贫工作，成立工作队，深入辛置镇阴底村担负扶贫任务，包联的4户已全部脱贫。

【领导班子】

主　任：

杨灵芳（女，2007.07—2017.09）

专职副主任：

董文华（2017.09—2017.12）

副主任：

张杏红（2001.07—2017.12）

陈文革（2003.02—2017.12）

【获奖情况】

2017年，霍州市人防办被山西省人民防空办公室授予“2017年度县级人民防空工作先进集体”。

（张杏红）

地震减灾工作

【概况】 霍州市地震局成立于1976年2月，位于霍州市前进街。主要职能：按照《中华人民共和国防震减灾法》等有关法律法规，监督、检查霍州市防震减灾工作，建立该市地震监测预报、震害防御和地震应急救援三大工作体系。为正科级参照公务员管理事业单位，内设办公室、抗震设防股、震害防御股三个股室。共有工作人员6人。

【目标责任管理】 2017年4月12日，召开全市防震减灾工作会议，对全市防震减灾工作进行安排部署，印发《霍州市2017年防震减灾工作要点》和《关于调整霍州市防震减灾指挥部领导成员的通知》，指导全市防震减灾工作；市政府下发防震减灾目标责任状，明确目标任务，落实责任。

【地震应急救援】 2017 年，编印《霍州市破坏性地震灾害事件应急处置流程》；组织地震志愿者队伍开展 6 次防震减灾应急救援培训，1 个救援队志愿者参加九寨沟地震救援；建立完善 10 种类型的应急物资储备库，签订应急物资储备供应合同；下发《关于开展地震应急准备和抗震设防工作检查的通知》，在全市开展地震安全隐患排查工作，重点对人员密集场所、重要基础设施和地质灾害进行排查；组织企业、学校和社区等不同地震应急疏散演练 12 场次。

【地震灾害防御】 2017 年，霍州市地震局加强抗震设防要求监督管理，对重大建设工程进行摸排，做好重大建设工程地震安全性评价工作，对 9 项建设工程进行抗震设防审批；开展地震灾害风险评估工作，通过调研，收集全市 12 个乡（镇、街道）所辖村、居、社区居民建筑和地震灾害风险数据，作出评估报告，获得山西省地震局“方案切实可行、质量标准较高、在全省具有示范推广价值”的评价；加强对农村民居抗震设防指导，新建一处农村民居安全示范工程。

【地震监测预报】 2017 年，霍州市地震局坚持 24 小时震情值班，加强震情监视和会商研判，实行周会商，月会商，落实各种宏观异常报告，执行零报告制度，制定《关于做好地震谣传应对和处置工作方案》；做好地震观测环境保护工作，保证辖区内 3 个地震台网正常运行，数据连续率 98%以上，增强应急速报和应急响应能力；加强防震减灾“三网一员”群测群防队伍建设及管理工作，开展培训教育，提高“三网一员”专业知识和工作效率，调查处置一起疑似地震声响的宏观异常事件。

【地震宣传教育】 2017 年，霍州市地震局制定下发《2017 年全市防震减灾工作要点》，对全市防震减灾宣传科普教育活动进行安排部署；通过报纸、设立咨询台、知识竞赛等多种形式对《山西省建设工程抗震设防条例》和新一代《中国地震动参数区划图》进行宣传贯彻；在霍州署广场和工商广场组织开展“5·12”“7·28”“12·4”等重点时段的防震减灾宣传，参加全市科技、文化、卫生“三下乡”活动，推进防震减灾科普知识“六进”活动，开展“平安中国”防灾宣导系列公益活动，发放《居民防震减灾手册》5000 册、科普宣传材料 2 万余份，为科普示范学校赠送防震减灾科普宣传和校园应急演练光碟 100 套；开展防震减灾示范社区和示范学校创建工作，2017 年创建省级防震减灾示范学校 2 所，增强全市广大群众防震减灾意识。

【辖区内震级与次数】 霍州市属国家级地震重点监视防御区，1 至 2 级地震次数较频繁，2017 年，该辖区发生 1 级以上地震 4 次，最大地震为 9 月 24 日 1.4 级地震。

【领导班子】

局　长：

李忠义（2011.04—2017.12）

副局长：

成川峰（2007.08—2017.12）

董玉珍（女，2008.10—2017.12）

（高涛）

政协霍州市委员会

【概况】 2017 年，霍州市政协及其常委会高举中国特色社会主义伟大旗帜，把握团结和民主两大主题，服务大局，助推发展，在传承创新中增强活力，发挥协商民主重要渠道和专门协商机构作用，2017年“政协委员调研月”活动期间，选定事关经济社会发展的热点难点和涉及民生改善的10个方面作为重点课题，全市163个政协委员，历时1个多月，深入农村、社区、厂矿企业，进行调研，形成16篇质量较高的调研报告。召开专门的议政建言会，为政府及有关部门提供120多条。完成市委统一部署的精准扶贫和“深改组”工作任务，发挥团结统战功能，激发整体履职活力，坚持聚焦中心任务，提高协商议政水平。霍州市政协常委会自觉把政协工作放到全市发展大局中去思考、谋划和推进，力求各项工作围绕中心不偏离、服务大局不缺位。2017年9月，围绕“优化营商环境”在全市政协委员中开展议政建言征集工作，将其中的19篇汇编成册，将“优化营商环境”作为常委会的专题协商议题，邀请13位政协委员作大会发言，从16个方面提出70多条意见建议。政协委员小组结合界别特点，就工业绿色转型、特色农业发展、农村电子商务、农产品品质提升、循环经济发展、特色文化小镇建设等课题通过建言献策提出有价值的意见建议。打造开放型平台，全面激发政协履职活力。霍州市政协做好团结联谊工作，促进各界人士的大团结大联合，形成服务大局、推进科学发展的合力。全年召开常委会议4次、主席会议8次、专项工作会议8次，开展各类专题调研视察、提案督办计18次，报送建议案、专项报告、调研视察报告、社情民意信息专报等25件，许多意见建议进入党政决策程序，推动相关工作开展。2017年，霍州市政协收集文史资料约50万字、图片2000多幅，出版《霍州古民居图集》《霍州抗战老兵的回忆》2本文史资料专辑，对古民居进行抢救性的拍照结集，对健在的抗战老兵回忆进行搜集整理，编辑成册。对孤本《霍州政协文史资料》第一至第十二辑进行翻印，发挥“存史、资政、团结、育人”的独特功能。推进各项工作，夯实履职基础。常委会适应新形势新任务，以改革思维、创新理念、务实举措加强和改进经常性工作，为政协履行职能提供保障。政协七届二次会议，收到提案136件，立案122件，交由32个单位办理，办复率100%，委员满意率保持较高水平。开展社情民意信息“微调研”，收集社情民意信息106条，编发上报信息62期，被临汾市政协采用15条。在制度建设上，2017年，市政协完成“三基建设”工作，完善“一目录一流程三手册”，修订学习、档案、公务接待、财务管理等20多项规章制度，提高政务服务能力和统筹协调能力。

【全体委员会议】 政协霍州市七届二次会议　2017年3月13至16日举行。该次大会应出席委员163人，实到161人，因事因病请假2人。大会议程为：听取并审议政协霍州市第七届委员会常务委员会工作报告；听取并审议政协霍州市第七届委员会常务委员会关于七届一次会议以来提案工作情况的报告；列席霍州市第七届人民代表大会第二次会议，听取并讨论《政府工作报告》和大会其他报告；审议通过政协第七届霍州市委员会第二次会议的各项决议。市政协副主席薛有生主持开幕式。市委书记崔山原代表中共霍州市委作重要讲话。

【主席会议】 七届四次主席会议　2017年2月28日召开，会议由市政协主席薛泽会主持，副主席薛有生、沈晓静、薛云彪、王英才，秘书长冯婧出席会议。会议主要议题是研究讨论市政协常委会2017年工作要点。

七届五次主席会议 2017年3月7日召开，会议由市政协主席薛泽会主持，副主席薛有生、沈晓静、薛云彪、王英才，秘书长冯婧出席会议。会议决定2017年3月9日召开市政协七届三次常委会议，审议通过七届三次常委会议议程、召开时间和地点，协商通过提交七届二次会议审议通过的有关事项，对信息工作会议进行部署安排。

七届六次主席会议 2017年3月23日召开，会议由市政协主席薛泽会主持，副主席薛有生、沈晓静、薛云彪、王英才，秘书长冯婧出席会议。会议主要议题是研究部署2017年重点工作任务。

七届七次主席会议 2017年10月9日召开，会议由市政协主席薛泽会主持，副主席薛有生、沈晓静、薛云彪、王英才，秘书长冯婧出席会议，会议决定2017年10月13日召开市政协七届七次常委会议，审议通过七届七次常委会议议程、召开时间和地点，市政协主席薛泽会讲话。

【常务委员会议】 *七届二次常委会议* 2017年1月10日召开，霍州市政协副主席薛有生、沈晓静、薛云彪、王英才，秘书长冯婧出席，市政协主席薛泽会主持会议。该次常委会的议程有三项：听取市委、市政府2016年全市经济和社会发展情况的通报，听取市纪检委、市人民法院、人民检察院、公安局2016年工作情况的通报；协商通过《关于我市天然气扩户情况的建议报告（讨论稿）》和《关于我市旅游区域协调发展的建议报告（讨论稿）》；简要回顾总结市政协2016年工作，对2017年工作部署安排。

七届三次常委会议 2017年3月9日召开，霍州市政协副主席薛有生主持会议，该次会议议程有六项：听取讨论并通过《政协第七届霍州市委员会常务委员会工作报告》（草案）；听取讨论并通过《政协第七届霍州市委员会常务委员会七届一次会议以来提案工作情况的报告》（草案）；听取并讨论《政府工作报告》（草案）；听取市委办、政府办关于提案办理情况的通报；审议通过市政协常委会2017年工作要点；协商通过市政协七届二次会议有关事项。

七届四次常委会议 2017年3月15日召开，该次常委会议是在七届二次全会期间召开，主要议题：协商讨论政协第七届霍州市委员会第二次会议政治决议（草案）及两个工作报告决议（草案）。

七届五次常委会议 2017年3月15日召开，该次常委会议是在七届二次全会期间召开，主要议题有三项：接受各讨论小组关于《政府工作报告》以及政协两个报告、政治决议和两个报告决议讨论情况的汇报；审议通过会议政治决议和两个报告的决议；审议通过政协提案征集和审查情况的报告。

七届六次常委会议 2017年6月20日召开，霍州市政协副主席薛云彪主持会议，该次会议主要议题有：由冯婧秘书长对该次“政协委员调研月”活动开展情况作简要说明；各委员活动小组组长就该小组调研课题开展情况作发言；市政府副市长讲话；市政协主席薛泽会讲话。

七届七次常委会议 2017年10月13日，市政协七届七次常委会议召开。会议召开地点市政协二楼会议室，议程四项：由市政府副市长晋学斌代表市政府介绍霍州市优化营商环境总体工作情况；委员代表发言；审议通过有关人事事项；市政协主席薛泽会讲话。

【重要活动】 *参与文卫科技“三下乡”活动* 2017年2月27日，在退沙街道什林村传统庙会上，霍州市2017年文化、科技、卫生“三下乡”启动仪式启动。市政协副主席薛云彪、秘书长冯婧带领政协部分委室主任及委员参加启动仪式。来自卫生系统的委员们为现场群众提供医疗卫生服务。

开展廉政教育活动　2017年3月16日，在中国人民政治协商会议第七届霍州市委员会第二次会议期间，通过学习讨论市委书记崔山原的讲话和市长黄晓君作的《政府工作报告》，贯彻落实全国两会精神，市政协组织全体政协委员开展廉政教育活动。

临汾市政协程明温副主席到霍调研“三基建设”工作　2017年3月23日，临汾市政协到霍州市进行“三基建设”工作调研。调研组一行由临汾市政协副主席程明温带队，在市政府市长黄晓君、市政协主席薛泽会、市委组织部部长牛福生、政协副主席王英才、秘书长冯婧的陪同下，在霍州市大张镇、贾村、行政审批大厅、教科局及鼓楼街道前进社区，对霍州市的“三基建设”工作进行实地察看，提出宝贵意见，对搞好下一步的“三基建设”工作具有推动作用。

特色文化小镇调研　2017年4月6日，在市政协主席薛泽会带领下，市政协新闻社科委员活动小组全体委员到辛置镇下马洼村，就关于建设特色文化小镇工作进行调研。调研小组一行人在文昌阁进行义务植树活动，调研小组一行人对下马洼村的东庙（关帝庙）与西庙、唐王下马处、文昌阁笔塔、梁家祠堂、梁衡旧居、南潭泉进行调研和全面了解。

特色农业调研　2017年4月28日，政协副主席薛有生及政协秘书长冯婧带领政协农业科技组委员到同兴禽业有限公司进行实地调研，公司董事长郭学义对公司的发展历程规模壮大、以及企业的养殖品种做详细的讲解。政协农业科技组委员们到大张镇五里垣村，实地调研农业科技蔬菜示范基地—霍州市芦笋协会技术培训中心。

劳动人事仲裁工作调研　2017年5月11日，在市政协社会法制委主任王春花，统宣文史委主任张红明带领下，市政协民革、民进委员活动小组全体委员到霍州市劳动人事争议仲裁院，就关于劳动人事仲裁工作进行调研。

关于“乡镇街道办卫生院运行情况”的调研　2017年5月12日，在市政协主席薛泽会、副主席薛云彪带领下，市政协教育医卫委员活动小组全体委员到霍州市卫计局，就关于“乡镇街道办卫生院运行情况”进行调研。

文冠果企业做大做强的调研　2017年5月15日，在市政协副主席薛有生带领下，市政协工商联委员活动小组全体委员到大张镇山西裕鑫博康食品有限公司，就关于文冠果企业做大做强工作进行调研。

关于干鲜果品质提升的调研　2017年5月19日，在市政协副主席薛云彪带领下，市政协无党派委员活动小组全体委员到三教乡干节村，就关于“干鲜果品质提升”进行调研。

关于电子商务的调研　2017年5月23日，在市政协副主席薛有生带领下，市政协工青妇委员活动小组全体委员到大张镇大张村一家乐村淘商城体验店，就关于“开展电子商务”进行调研。

临汾市政协杨益民副主席到霍调研“推进县域内城乡义务教育一体化”改革工作　2017年6月12日，临汾市政协到霍州市就“推进县域内城乡义务教育一体化”改革工作进行调研。

关于“三基建设”的调研　2017年8月31日，在市政协副主席王英才带领下，市政协活动小组全体委员到大张镇大张村司法所，就关于“开展三基建设”进行调研。

全域文化旅游调研　2017年9月29日，在市政协主席薛有生带领下，市政协部分委员到辛置镇段庄村、下马洼村，就关于开展全域文化旅游工作进行调研。调研小组一行人在段庄村对素有“小布达拉宫”之称的“三教庙”进行实地察看。

尧都区政协到霍学习考察文旅融合发展　2017年11月2日，尧都区政协秘书长王红宇一行10人到霍考察文旅融合发展。在市政协秘书长冯婧的陪同下，尧都区政协一行人在霍州市七里峪、霍州署，对霍州市景区的文旅融合建设工作进行实地察看。

社区管理调研　2017年11月9日，在市政协副主席薛有生带领下，到鼓楼街道前进社区、白龙镇白龙社区、开元街道新建社区进行“加强城市社区建设、提升管理服务水平”课题调研。

古村落开发调研　2017年11月17日，在市政协副主席薛云彪带领下，政协部分委员到退沙街道许村，进行“古村落”课题调研。

临汾政协到霍调研提案成果转化　2017年12月8日，临汾政协副主席杨益民一行5人到霍考察提案成果转化发展。在市政协副主席薛有生的陪同下，临汾政协一行人深入到霍州市工业园区、前进社区，对霍州市提案成果转化工作实地察看，对霍州市提案成果转化工作给予肯定。

安全生产工作调研　2017年12月14日，在市政协副主席王英才带领下，政协秘书长冯婧、各专委主任、政协委员们到赵家庄小学、兆光发电厂进行“安全生产工作”课题调研。

【重要文件】　霍州市关于加强人民政协民主监督工作的实施意见。为贯彻党中央《关于加强人民政协民主监督工作的实施意见》，为推进霍州市政协协商民主建设，现就加强和改进霍州市人民政协民主监督工作提出如下意见：一、认识加强人民政协民主监督的重要意义；二、把握人民政协民主监督的基本原则，坚持市委领导、政协主体，发挥政协各参加单位和广大政协委员的积极性；坚持围绕中心、服务大局，围绕市委、政府重大决策部署和经济社会发展的重点难点问题开展监督，努力为推动霍州市科学发展、促进社会和谐凝聚起强大的正能量；坚持反映民意、维护民利，把群众利益放在第一位，真诚倾听群众呼声，真实反映群众愿望，真情关心群众疾苦，真心维护群众合法利益，促进市委、市政府做好保障和改善民生工作；坚持发扬民主、增进团结，发扬求同存异、体谅包容、民主协商、平等议事精神，畅通参加政协的各党派团体和各界人士参与监督的渠道，切实维护政协委员的民主权利；坚持直面问题、促进工作，发扬求真务实精神，深入调查研究，客观分析问题，如实反映情况，敢于和善于提出批评意见和建议，促进问题的解决和落实。三、明确人民政协民主监督的内容和形式；四、健全人民政协民主监督的工作机制；五、加强对人民政协民主监督的领导。

【领导班子】

主　席：

薛泽会（2016.02—2017.12）

副主席

薛有生（2007.05—2017.12

沈晓静（女，2008.11—2017.12）

薛云彪（2007.05—2017.12）

王英才（2016.08—2017.12）

秘书长：

冯　婧（女，2011.04—2017.12）

（毛丽花）

民主党派

中国国民党革命委员会

【概况】 中国国民党革命委员会简称民革。中国国民党革命委员会创建于民国37年（1948）1月1日，由李济深、宋庆龄、何香凝、谭平山等中国国民党民主派和爱国民主分子创建，是中华人民共和国民主党派之一。中国国民党革命委员会具有政治联盟特点、为社会主义服务的政党，是与中国共产党通力合作的一个参政党。截至2017年底，民革霍州支部有党员40人。

【政治理论学习】 2017年，民革霍州支部组织全体党员学习习近平新时代中国特色社会主义思想和中共十九大精神，学习民革山西省、临汾市等一系列重要会议及相关文件精神，以强化参政议政工作为重点，创新工作机制，提高服务水平，加强自身建设，提升党员政治理论水平和参政意识。

【组织建设】 2017年，民革霍州支部建立严格的学习制度，为全体党员订阅团结报，以便大家了解、掌握有关信息、扩大视野，提高支部党员的政治修养和思想素质。建立科学的量化考评制度，激发支部党员踊跃参加活动、发挥积极性和主动性，提升支部工作和党员素质。

【日常工作】 2017年，民革霍州支部按照年初工作计划，召开党员大会4次，各小组学习活动8次。全体党员参加支部组织的中共十九大精神学习活动，集中学习2次，党员面对面交流会3次，每个党员都写学习笔记，撰写学习心得。

【参政议政】 2017年，民革霍州支部政协委员做好体察民情、反映民意、集中民智等工作，发挥参政议政、民主监督职能，就全市重大事项和重大决策发表意见，提出建议。参与政协组织的调研活动3次，撰写调研报告2篇。参与小组活动8次，在各级人大、政协例会中提交集体提案4件，个人提案16件，社情民意10件，提交临汾市议政发言2篇，主委刘光明代表民革临汾市委在临汾市政协会议上作议政发言。韩腊丽、成娟、韩凤琴3人反映的社情民意被民革临汾市委报送山西省政协。韩腊丽撰写的《关于利用电子商务助推我市农业发展的建议》被评为临汾市政协采纳为优秀提案。

【服务社会工作】 2017年，民革霍州支部捐助5个贫困学生，帮助解决上学困难；开展校园安全巡展活动；服务高考，高考期间为考生义务送水，组织有关专家义务指导考生填报志愿。组织开展送医送文化下乡活动；帮扶生活困难群众8户，为他们提供脱贫致富的具体办法。

【祖国统一工作】 实现祖国统一是民革肩负的重大历史使命，以和平方式实现统一，最符合包括中国台湾同胞在内的中华民族的根本利益。2017年民革霍州支部通过支部党员中的台籍亲属，向台胞宣传祖国大陆发展取得的巨大成就、巨大变化和各项方针政策，邀请他们回乡观光考察、投资兴业，做好台胞与祖国、与家乡的情感纽带，拉近他们和祖国大陆的情感距离。

【换届工作】 在民革临汾市委、中共霍州市委和市委统战部的支持下，于2017年10月31日完成换届选举工作，大会审议通过刘光明代表民革霍州支部第六届委员会所作的《工作报告》；选举产生民革霍州支部第七届委员会，通过大会政治决议。

【领导班子】

主　委：

刘光明（2004—2017.12）

副主委：

覃玉红（2017.10—2017.12）

韩腊丽（女，2017.10—2017.12）

支部委员：

高兴平（2017.10—2017.12）

成　娟（女，2017.10—2017.12）

【获奖情况】

2017年，民革霍州支部被民革临汾市委授予基层组织工作先进集体并表彰；获民革临汾市委组织的“不忘合作初心，继续携手前进——纪念民革成立70周年”知识竞赛优秀奖。

刘光明被评为民革全国组织建设工作先进个人；

韩腊丽被评为临汾市社情民意工作先进个人；

成娟被评为临汾市基层组织工作先进个人。

（成娟）

中国民主建国会霍州市委员会

【概况】 中国民主建国会是主要由经济界人士组成的、具有政治联盟特点的政党，是接受中国共产党领导，与中国共产党通力合作的中国特色社会主义参政党，简称“民建”。民建于民国34年（1945）12月16日在重庆成立，同中国共产党长期亲密合作，具有爱国、革命的光荣历史。

民建霍县支部于1988年4月成立，选举产生第一届支部委员会，郭行言当选主任，王宝山当选副主任。1993年4月召开第二次会员大会，选举产生第二届支部委员会，主任委员郭行言，副主任委员成继东、姬小平，委员荀记明、安瑞锁。2002年6月召开第三次会员大会，选举产生第三届支部委员会，主任委员胡新明，副主任委员秦曙光，委员安瑞锁、赵忠孝、张黎明、成功（女）、郭德兴。2014年4月召开第四次会员大会，选举产生第四届总支委员会，主任委员赵忠孝，副主任委员张黎明、成李杏，委员安瑞锁、成功（女）、郭德兴、苗永华。2017年10月召开民建霍州市第一次会员大会，选举产生霍州市基层委员会。委员会内设6个支部，2个专委会，会员95人。

2017年，民建霍州支部发挥密切联系经济界的特点和优势，团结依靠广大会员，围绕中共霍州市委、市政府中心工作，加强自身建设，履行参政党职能，为推进霍州社会经济发展作出贡献。

【思想建设】 2017年10月18日，民建霍州市委会在会员企业新华五交化公司会议室组织班子成员及部分会员，集中收听收看中国共产党第十九次全国代表大会开幕式盛况。11 月 12 日，民建霍州市委会召开一届二次全委（扩大）会议，专题学习贯彻中共十九大精神。传达国发 42 号文件；开展“不忘合作初心，继续携手前进”学习教育活动，谈感想与体会。会议要求班子成员及各支部负责人要自觉接受中国共产党的领导，深刻领会中共十九大报告的核心和精髓；每个支部都要组织会员学习，提高认识，统一思想，学以致用，把全体会员的思想和认识统一到中共十九大精神上来，发挥民建特色，履行职责，建言献策作出新贡献。11 月 16 日，委员会全体成员深入会员企业霍州煤电液压修配分公司宣讲党的十九大精神。

【会务工作】 2017 年 3 月 28 日，民建界别政协委员开展“崇尚科学，抵制邪教”活动。委员们利用大张农贸市场逢集的时机，设立咨询台，向过往群众和商户发放宣传材料，接受群众咨询，教育引导群众崇尚科学。5 月 9 日，委员会班子成员带领骨干会员，围绕“城乡交通一体化”赴企业调研，在霍州市城市公交有限责任公司，召开助力会员企业发展，服务城乡群众出行等课题研讨会。就“农村客运公交化”开展问卷调查活动，深入多条农村客运专线，形成调研报告，供市委、市政府决策参考。8 月 15 日，卫生支部开展防灾减灾应急救护培训。推广应急救护知识，提高民建会员防灾减灾意识和应急技能，邀请培训师为大家讲解防灾减灾应急救护知识与技能。介绍在灾害发生时如何开展现场自救与互救等相关内容，讲解何为心肺复苏抢救及怎样实施正确的心肺复苏抢救。9 月 9 日，教育支部全体会员，在霍州市辛置镇下马洼村梁衡研究会辛置分会展览馆，举行梁衡乡愁文化座谈会。会员们就梁衡乡愁文化，开发美丽乡村建设，振兴旅游事业发展等方面进行交流探讨，提出合理化意见建议。11 月 13 日，教育支部在可幻幼儿园召开师德师风建设座谈会。

【服务社会】 2017 年 8 月 25 日，四类贫困家庭学生救助暨爱心助学大会举行，在活动现场，临汾市政协委员、民建霍州市委委员、霍州市新华五交化公司总经理苗永华捐赠 1 万元。

【换届工作】 2017 年 10 月 30 日，召开民建霍州市委会员大会，选举产生新一届委员会；召开一届一次全委会，选举出新一届领导机构，完成换届工作。民建临汾市委会主委蔡志强，中共霍州市委副书记、统战部长高雅铭，民建临汾市委会副主委芦为民、杨丽青出席会议，民建尧都区委、民建侯马市委、民建洪洞县委及民建市直一总支、二总支、三总支相关负责人到会祝贺。

【领导班子】

主任委员：

赵忠孝（2014.04—2017.12）

常务副主任委员：

张黎明（2017.10—2017.12）

副主任委员：

成李杏（2014.04—2017.12）

苗永华（2017.10—2017.12）

段向党（2017.10—2017.12）

秘书长：

安瑞锁（2017.10—2017.12）

委　员：

成　功（女，2014.04—2017.12）

郭德兴（2014.04—2017.12）

郭　斌（2017.10—2017.12）

梁文龙（2017.10—2017.12）

李　毅（2017.10—2017.12）

（安瑞锁）

中国民主促进会

【概况】 中国民主促进会（简称民进），以从事教育文化，出版工作的高、中级知识分子为主，具有政治联盟性质的政党。中国民主促进会是中华人民共和国八个参政的民主党派之一，是接受中国共产党领导，同中国共产党亲密合作，致力于建设中国特色社会主义事业的参政党。2017 年底，民进霍州总支共有会员 52 人。

【自身建设】 2017 年，民进霍州总支坚持以习近平总书记系列讲话为指引，开展社会活动，5 月，开展“不忘初心，携手前行”主题教育活动。坚持集体学习与个人自学相结合，坚持集中学习与网上学习相结合，定期召开集中学习，号召会员再次学习《中国民主促进会章程》，多次组织会员到临汾市委参加会章、会史培训活动。

【会务活动】 2017 年 1 月 20 日，民进霍州总支 8 个代表参加临汾市委四届一次会议。3 月 16 日，召开六届十次全委会。总结 2016 年工作，通过 2017 年工作计划，安排两会集体提案、议案、建议、信息工作；4 月 25 日，医卫支部举行乡村庙会“送健康”下乡义诊活动；5 月 17 日，二中支部组织会员到西柏坡红色革命根据地参观学习；5 月 24 日，二中支部联合民进临汾市委教育委员会举办名师高考义务讲座活动（四科），在市二中举行，全体高三学生参加；6 月 1 日，总支举办为残疾儿童献爱心活动《托起希望》捐书、文具等；6 月 8 日，市一中支部组织老会员举行“老有所乐”活动；8 月 15 日，筹备“霍州总支七届委员会”换届领导组和机构；9 月 10 日，总支举行“中国风采”优秀教师座谈会；10 月 10 日，考察 2017 年入会积极分子乔静、张峰峰等；11 月 1 日，民进霍州总支七届委员会成立。

【参政议政】 2017 年，霍州民进政协委员发挥参政议政，民主监督职能。就霍州市经济发展，政治稳定，民生民意，社会进步，建言献策，参与政协组织调研活动 2 次。撰写调研报告 1 篇。苏建东《关于在临汾市实行公办高中段教育的建议》被地区政协采用；叶励民《关于进一步优化民营企业投资环境的建议》被霍州市政协作为大会议政发言，入选合订本；薛华斌《关于做好劳动人事争议仲裁工作的几点建议》被评为重点提案。李泽辉《打造宜居魅力城市方面的建议》被市政协采纳。2017 年，撰写提案 12 篇，社情民意 8 件。

【领导班子】

主　委：

叶励民（2017.11—2017.12）

常务副主委：

薛华斌（2017.11—2017.12）

副主委：

苏建东（2017.11—2017.12）

李泽辉（女，2017.11—2017.12）

委　员：

孙　斌（2017.11—2017.12）

翟春秀（女，2017.11—2017.12）

张安莉（女，2017.11—2017.12）

【获奖情况】

2017 年，民进二中支部被民进临汾市委评为“先进基层支部”。李泽辉、刘小洁被评为“政协先进个人”。薛华斌被民进临汾市委评为“社会服务先进个人”。

（叶励民）

群众团体

工　会

【概况】 2017年，霍州市总工会按照上级要求，推进工会改革，内设机构调整为基层组织工作部、经济技术部、权益保障部、财务资产部、办公室5个部室。有下属事业单位2个：霍州市职工服务中心和霍州市职工俱乐部。全市各类工会组织达到222个，会员32721人。2017年，霍州市总工会坚持以党的十九大精神为指导，贯彻落实临汾市总二届六次全委会和临汾市工会第三次代表大会精神，突出抓好思想政治建设、改革创新、职工建功立业、文化建设、基层组织建设、职工维权等6项重点工作，完成全年各项工作任务。

【思想政治建设】 2017年，霍州市总工会开展"两学一做"学习教育常态化制度化、维护核心见诸行动主题教育活动，每周二集体学习、个人自学，学习习近平总书记系列重要讲话精神、党的十九大报告、《中国共产党章程》，党员领导干部带头讲授"党在我心中"主题党课，参加学习教育和主题教育应知应会知识测试，开展专题研讨，全体人员坚定"四个意识"，坚定"四个自信"，增强。结合新形势下工会工作的新要求，组织全体人员学习习近平总书记关于工人阶级和工会工作的重要论述、中央山西省临汾市关于工会改革精神，学习市总二届六次全委会和市工会第三次代表大会精神，广大工会干部认识到工会工作的重要性和工会改革的紧迫性。在工会改革过程中，为确保改革要求落到实处，对工会工作基础知识进行梳理汇总，编制印发口袋书1000余册，下发到全市12个乡（镇、街道）及各基层工会组织。邀请省委群团改革办、省总工会专家到霍州，对霍州市工会改革领导组、各乡（镇、街道）及市直各部门、各条管单位工会干部380余人进行集中培训，广大工会干部准确把握工会改革的精神要求。落实中央"八项规定"，遵守党风廉政建设各项规定，健全完善机关绩效考核制度、机关干部包联困难职工制度等规章制度，去"四化"强"三性"，改进工作作风。强化工会经费"收、管、用"和经费审查工作，加大基层倾斜力度，对工会经费收支情况及专项资金进行审查，加强工会财务管理规范化建设。

【工会改革】 2017年，按照工会改革的任务要求，霍州市把改革工作作为重中之重来抓。通过试点先行、示范带动、全面推行等方式，推进全市工会改革，确保各项改革任务完成。完成市总工会改革。9月27日，召开霍州市工会第三次代表大会，选举产生新一届专兼挂班子、经审委、女工委班子。市总工会选举出工会主席1人，常务副主席1人，专职副主席2人，挂职副主席1人，兼职副主席6人。优化工会内设机构。霍州市总工会原核定机构为办公室、组宣部、生活保障部、职工帮扶维权中心。结合临汾市总工会机构改革要求和新形势下工会工作的发展需要，将内设机构调整为基层组织工作部、经济技术部、权益保障部、财务资产部、办公室，优化机构设置，激发工作活力。完成乡（镇、街道）基层工会改革。在基层工会改革中，确定大张镇、三教乡2个试点乡镇和4个试点村进行先行先试、探索经验。组织各乡镇召开现场观摩会和经验交流会，推广试点乡（镇、街道）的典型做法。全市12个乡镇于6月底前全部完成换届任务。各乡镇由乡镇班子成员兼任工会主席，确定1个专职副主席和1个专职工会干事，按照1∶3的比例配备兼挂职副主席。各乡镇还成立群团办公室，增设群团服务窗口，打通工会工作联系服务群众的“最后一公里”。

【劳动竞赛】 2017年，霍州市总工会进行“霍州工匠”选树工作。在全市开展以“新兴产业、传统产业、基础建设、传统工艺（手艺）”等行业和领域为重点的“霍州工匠”选树工作，评选出加工制造类、手工艺类、非物质文化遗产传承类的工匠8人，择优遴选出剪纸能手陈玉萍、刺绣选手陈凤娥、数控教师赵晶晶、泥塑选手杨军和供电公司申文清等5个“霍州工匠”参加“平阳工匠”的评选活动。陈玉萍荣获临汾市首届“平阳工匠”提名奖。市总工会选送的苹果种植能手段红锁在临汾市果树管理技能大赛活动中荣获优秀奖；选送的数控教师赵晶晶、陈宁在“选树平阳工匠，助力工业振兴”“华翔双创杯”职工技能大赛中荣获三等奖。开展“五小”竞赛活动，把全市境内所有企业事业单位职工、学校青年师生、农民工纳入活动范围，共评选出“优胜单位”5家，优秀成果项目带头人7人，向临汾市总工会上报企业4家。在山西省职工“五小”竞赛优秀成果精品展中，丰陶源食品公司豆浆灌装机技术改造项目荣获全省“五小”竞赛优秀成果三等奖，项目负责人刘冬梅荣记个人二等功。在临汾市“五小”竞赛优秀成果展中，裕林源苗木种植专业合作社“高产红薯种植法”项目荣获“一等奖”，专利发明人杨有锁荣获临汾市“五一”劳动奖章。提升“创新工作室”选树。在全市开展职工（劳模）创新工作室规范化建设活动，以促进技术创新，提升职工素质，增强企业竞争力为目标，规范创建标准，严格选树条件，在文冠果公司和丰陶源食品公司打造张华创新工作室和刘冬梅创新工作室等示范典型。向临汾市总工会报送刘冬梅、杨有锁2个职工创新工作室。抓劳模评选、宣传等工作，评选出107个模范个人和60个先进集体。在山西省及临汾市“五一”表彰工作中，1人受到省级表彰，1个集体、3个模范个人受到临汾市级表彰。通过电视、网络、微信平台、《今日霍州》等媒体宣传劳模爱岗敬业、无私奉献的先进事迹和精神，号召全社会向劳模学习，投身霍州经济社会发展中。加强关心关爱劳模生产生活工作，开展送温暖活动，走访慰问省级劳模和困难省级劳模21人次，发放慰问金2.26万元，在全市营造“劳动最光荣、劳动最崇高、劳动最美丽”的浓厚氛围。强化大安全监督网络建设。2017年是山西省省属企业安全监督体制改革的重要一年。山西省属煤炭企业的安全监管主体下划到县一级，山西省属企业的“三供一业”等职能全部剥离归属地方。霍州市作为山西省属煤炭企业较多的地区，变化尤其明显。山西省总工会作出“县一级工会要加强对省属企业安全监督领导和指导”的部署。按照上述精神，霍州市探索县域范围内企业的安全监督新途径、新办法，推进大安全网络建设。开展“安全生产月”宣传活动，与市安监局等部门配合，深入基层单位，宣传各类安全法律法规、普及安全生产知识，发放宣传资料3000余份。在临汾市举办的职工安全健康知识答题活动中，组织11个单位668个干部职工参加。开展“安康杯”竞赛活动，组织国新能源公司等高危企业职工广泛参与，实现工会安全监督网络化、常态化。

【文化建设】 2017年，霍州市总工会举办“霍州梦·劳动美”书画大赛，职工及农民工踊跃参与、挥毫泼墨，征集作品400余幅，获奖作品160余幅。举办职工篮球比赛，历时10天，有12支代表队参赛，丰富职工业余文体生活。在党的十九大召开前夕，举办300余人参加的“喜迎十九大马拉松表演赛”。开展“让我们的天更蓝·工会在行动”活动。6月5日，承办“绿色追梦”的环保专题晚会，宣传“绿水青山就是金山银山”的环保理念；联合市环保局等30余家单位，农村、企业、市区，开展大型环保宣传活动，通过发放宣传单、设立固定宣传点、悬挂标语横幅等方式，宣传生态文明理念和环保工作要求。

【组织建设】 2017年，霍州市总工会适应民营企业和两新组织是农民工就业新趋势等特点，探索建会入会方式，把各类职工组织到工会中来。全年新建独立工会15个，覆盖法人单位20个，新增会员1100人，超额完成组建任务。加强农村社区组织建设。在农村建立工会联络员制度。全市199个行政村每村都确定1个工会联络员，主要负责外出务工人员建档立卡、沟通联系、维权服务等工作。在城市社区打造“会员驿站”。通过现场会推进、群团共建等措施，完善全市8个社区的“会员驿站”机构建设，提升社区工会服务职工的能力。外出务工人员工会联合会建设。2017年，在对原有9个行业工会工作规范完善的基础上，重点抓以外出务工农民工为主的工会联合会建设。霍州市外出创业务工群体扩大，该群体约5万人。外出人员务工方式各不相同，有工业、商业、服务业等，有参与企业管理、成为股份拥有者。他们分布广、人员多、流动大。针对新的历史时期外出创业人员的新情况，7月1日，霍州市成立霍州籍在外创业者工会联合会。该联合会在全国12个省市设立联络点，在成都成立四川分会，在霍州筹建劳务输出公司分会。在工会会员当中启动异地帮扶救助、文化建设、法律援助等工作，开展《天南地北霍州人》征文活动。推进“互联网+”工作。设立霍州工会微信平台，建立市乡两级工会干部微信群，开展网上入会、职工维权、信息发布、文化传播、素质提升等工作，打造“互联网+工会服务职工”新模式，推进工会与职工线上、线下对接工作，为职工提供便捷化、移动式、指尖上的网上工会服务。

【职工维权】 2017年，霍州总工会常抓慰问救助活动。推进春送岗位、夏送清凉、金秋助学、冬送温暖等工作。在元旦、春节两节送温暖活动中，救助困难职工973人次，慰问困难企业1家，发放慰问金46.28万元，全年发放助学金3.2万元，发放大病补偿金19.32万元。发展爱心驿站。新增爱心驿站30家，达到全市各乡镇、市区主要街道全覆盖。爱心驿站向环卫工人、出租车司机、交通警察、城管人员和建筑工人等户外劳动者提供免费开放服务。**培训就业**。2017年与有关部门合作举办创业培训班3期，培训400余人；举办人力资源招聘会2期，提供就业岗位8300个，达成就业意向1500余人。**开展农民工维权**。开展“农民工有困难找工会，拿不到工资找工会”专项行动，全年接待农民工来访35人次，做到农民工上门有接待、电话有接听、处理有结果、权益有保障，有利维护农民工的合法权益。**深化工资集体协商持**。以一线职工工资保障机制建设为重点，按照“抓规范、提质量、出经验”的要求，组织全市11个乡镇、7个行业工会联合会开展工资集体协商活动，签订工资集体合同18份，覆盖企业916家、职工（含农民工）9798人，实现职工工资平均增幅5%，最低月工资1650元。**推进女职工工作**。在女职工组织建设方面，与工会组建“三同步”原则，全市基层工会全部建立女工组织。在法律法规宣传方面，印发《女职工劳动保护特别规定》等宣传资料3000余份，组织2000多个女职工参加健康知识竞赛。在职工权益保护方面，推进《女职工权益保护专项集体合同》签订续签工作，组织18家合同到期的单位完成续签工作。在女职工文体活动方面，举办庆“三八”妇女广场舞比赛、女职工健康知识爱心讲座等文体活动，丰富全市女职工的文化生活。**推进妈咪小屋建设**，全年共建设“妈咪小屋”4处，其中被山西省总工会授牌1处。

【领导班子】

主　席：

高雅铭（2017.09—2017.12）

主　席：

朱泽军（2017.01—2017.09）

常务副主席：

朱泽军（2017.09—2017.12）

副主席：

朱欣平（2002.05—2017.12）

张志勇（2017.09—2017.12）

挂职副主席：

朱军军（2017.09—2017.12）

兼职副主席：

薛忠虎（2017.09—2017.12）

蒲林珍（女，2017.09—2017.12）

吴国波（2017.09—2017.12）

张军丽（女，2017.09—2017.12）

张丽萍（女，2017.09—2017.12）

王雪兰（女，2017.09—2017.12）

【获奖情况】

2017年，霍州市总工会被临汾市总工会授予2017年度工会工作先进单位；被临汾市总工会授予2017年度“五小”竞赛活动优秀组织奖。

在临汾市总工会举办的“职工安全健康知识竞赛”活动中，霍州市总工会荣获优秀组织奖，朱丽静荣获“优秀选手”称号。

（杨丽丽）

共青团霍州市委

【概况】　2017年，共青团霍州市委机关在职人员9人，8个党员，下设有综合办公室、基层组织部、网络宣传部、发展联络部、少工委、X重点项目组6个部室。共青团霍州市委围绕霍州市委、市政府工作大局，坚持党建带团建，以“加强青年学习、引导青年参与、促进青年发展、做好青年事务”的思路为指引，号召全市基层团委、青年文明号成员单位和各行业青少年，立足本职岗位、开展志愿服务、树立良好形象，增强团组织吸引力、凝聚力和战斗力。

【学习教育活动】 2017年，共青团霍州市委开展“不忘初心跟党走”“我向习爷爷说句心里话”等活动，举办座谈会、入团入队意识教育、清明祭扫等活动80余场，加强对青少年政治引领和价值引领。开展“学习总书记讲话做合格共青团员”教育实践活动，组织专题学习30余场次，覆盖团员13780人，开展“怎样做一名合格团员”主题团课，教育引导广大团员青年坚定理想信念。8月15日，团市委组织30余个暑期青年志愿者们走进霍州市档案局，开展“不忘初心跟党走，青春献礼十九大”主题团日活动。9月11日，临汾市“红色护照”主题示范活动霍州市启动仪式在市实验小学举行。10月13日，是少先队建队日，团市委组织各学校少先队组织举办少先队建队日活动。10月25日，在霍州市实验小学召开“霍州市实验小学少先队改革暨红领巾监督岗启动仪式”，落实少先队改革工作。

【系列服务活动】 2017年2月27日，共青团霍州市委文化科技卫生“三下乡”活动，3月4日，开展“与低碳同行、享绿色未来”青年公益骑行活动。4至5月，团市委部署安排各基层团组织、青年志愿者服务队、全市各学校团委、少先队组织配合参与“中国根·黄河魂”助力临汾投票活动，组织50余个青年志愿者参与悬泉山桃花节活动，开展以“助力临汾旅游·相约霍山悬泉”为主题的环保志愿活动；6月5日，围绕“绿水青山就是金山银山”主题，开展环保宣传活动，共青团霍州市委组织70余个青年志愿者在鼓楼、华怡商场、高速口、高铁站、学校开展志愿服务活动；6月7至8日，组织100余个青年志愿者、40余辆爱心车加入送考队伍，协助交警维持考场外秩序；7月，组织志愿者开展“旅游月志愿服务”活动；8月8日，组织志愿者参加“霍州市全民健步走”活动，走出青年力量；9月23日，团市委带领青年志愿者们走上街头向广大青少年进行网络安全科普教育，呼吁青少年培养个人安全用网习惯，倡导良好网络素养。

【创新创优创效】 2017年1月18日，共青团霍州市委组织青年文明号集体祁临高速收费站一同前往辛置镇段庄村贫困学生家中访贫问寒；3月22日，由共青团临汾市委工青部部长马晓红带领的考核组一行莅临霍州，对霍州市申报的省级“青年文明号”单位—霍州市公安局交通警察大队城市中队进行考核验收，考核组一行按照“青年文明号”考核标准，通过听取汇报、参观现场、查阅档案、座谈发言等方式，逐项进行量化打分；6月16日，组织青年创业者赴临汾参加“尧都农商行杯”第四届“创青春”临汾青年创新创业大赛；8月29日，团市委联合青年文明号集体国税局办税服务大厅举办“与爱同行”结对助学活动；9月29日，携手青年文明号单位国税局赴李曹镇敬老院开展“牵手夕阳红，温暖老人心”活动，为老人们收拾院落，与老人一起品尝爱心月饼，传递善良有爱正能量；10月16日上午，山西霍州国新液化天然气有限公司团支部组织青年员工开展“安全生产创一流，青春建功十九大”职业青年安全生产主题团日宣誓”活动；11月14日，团市委对创建2017年度临汾市级“青年文明号”集体霍州市公安局交警大队和山西霍州国新液化天然气有限公司2家单位进行考核验收，实地查看、翻阅资料、现场询问、座谈交流对2家创建集体进行验收，并向创建集体反馈验收意见。

【树立先进典型】 2017年，共青团霍州市委参照临汾团市委机关设置，结合共青团霍州市委实际，调整优化内设机构职能。建立“5＋X”的机构设置格局，基层组织部、网络宣传部、发展联络部、学少权益部和综合办公室。X为重点工作项目组，开展的项目工作有青春助力脱贫攻坚工作组、青年就业创业工作组、青年之家项目工作组、蒲公英社团工作领导组。

在全市12个乡（镇、街道）设立群众工作部，共青团主要以青年志愿服务、团组织关系转接、青年创业就业指导、心理咨询、青少年维权等服务为载体，与工会、妇联在独立的基础上联合合作，并与综治、司法、教育、公共服务部门活动阵地、活动内容共建共享，形成群团组织抱团发展、合力推进的局面。控制团青比，制定团员发展规划，严把团员入口关，保持适当团学比例。2017年5月在发展团员工作中，将初中毕业班团员比例控制在40%以内，高中毕业班团员比例控制在65%以内。做好推优入团工作，为保证团员发展质量，推行入团先当志愿者，把学雷锋、践行志愿精神作为入团教育的重要内容，挖掘共青团员优秀事迹，树典型，选模范，保证团员先进性，增强团员的凝聚力和影响力。创新团的基层组织设置。按照青年在哪里，团组织就覆盖到哪里的原则，加强非公企业建团、企地联合建团建设模式。

【脱贫攻坚】 2017年，共青团霍州市委助力全市精准扶贫工作，团市委发挥行业优势，引导社会组织，开展公益扶贫、教育扶贫、创业扶贫等各项工作，凝聚起全市扶贫攻坚的强大合力，助力全市脱贫攻坚。团市委响应号召，坚持驻村开展精准扶贫工作，针对三教乡杜壁村包联贫困户因病因残、缺少劳动力致贫的实际情况，制定帮扶措施，组织机关全体人员为其捐款，帮其暂渡难关，变“输血”为“造血”，通过考察贫困户家庭地理位置优越，适合散养土鸡，为其提供鸡苗百余只，负责扩展土鸡蛋的销售渠道，让贫困户足不出户享受精准扶贫政策带来的实惠。

【打造品牌】 群团改革工作以来，依托市域媒体界优势，借力“互联网＋共青团”融合发展新浪潮，依靠本土各路年轻的“网络达人”和青年志愿者队伍，霍州共青团率先进入共青团e时代。2017年，团市委用8个月时间，连续创作5部“互联网＋共青团＋青年志愿者”特色工作系列微视频。7月，“青年文明号，就在你身边”青年文明号开放周活动。通过互联网先进的技术手段把共青团的信息、服务、理念、活动、品牌、资源整合在一起，畅通倾听青年的“最先一公里”，打通服务青年的“最后一公里”。

【领导班子】

书　记：

王　强（2013.04—2017.12）

副书记：

张　超（2016.12—2017.12）

原　欢（女，2016.12—2017.12）

少工委主任：

曹艳玲（女，2013.10—2017.12）

（原欢）

妇女联合会

【概况】 霍州市妇女联合会成立于1949年，至2017年12月有干部职工7人。内设机构6个，分别为办公室、组织宣传部、权益工作部、妇女发展部、家庭和儿童工作部。基层组织有12个乡（镇、街道）妇联，65个市直单位妇委会。

【思想建设】 2017年，霍州市妇联开展“巾帼心向党·扬帆新征程”主题教育活动，组织妇女干部参观档案局举办的“风雨征程复兴路”图片展，举办党的十八届六中全会精神解读和十九大精神培训班，邀请霍州市委党校和临汾讲师团教师授课；开展“两学一做”学习教育常态化制度化，维护核心见诸行动主题教育活动；开展“巾帼聚力建设大美霍州”宣传活动。利用微信公众平台、微信群等新媒体和妇女之家、家长学校等宣传阵地，采取群众喜闻乐见的形式，增强妇女的使命感和责任感，为霍州市实施三大战略、打好六大攻坚战助威助力；举办“女性文化学堂”专题讲座，举办家庭教育妈妈读书会、艺善享读书会、国学学堂近百余期，近千户家庭受益，家庭教育、家庭建设、德孝文化提升广大妇女思想道德素质，促进女性成长成才成功。

【队伍建设】 2017年，霍州市妇联组织建设和干部队伍建设把讲政治摆在首位，严肃党内政治生活，强化党内监督，自觉履行“一岗双责”，确保妇联组织风清气正，“下基层、访妇情、办实事”得到落实。举办农村妇女参选参政培训，支委换届中，199个农村党组织，妇女进入支委班子40人，当选村党支部书记2人；村委换届中，妇女进入村委班子220人，妇女当选村委主任9人、当选村委副主任10人、当选村委委员201人；社区换届中，18个社区64人妇女进入社区居委会班子，8人女性当选社区主任，23人当选社区副主任，33人女性当选社区委员，完成妇女进支村委和社区班子的选举任务。

【系统改革】 2017年，霍州市妇联按照临汾市妇联和霍州市群团改革办“七个一”工作的部署要求，多次召开专题会议研究部署，制定妇联改革实施方案，采取试点先行，全面推进，通过举办群团改革专题培训班，对改革工作观摩交流、督导检查，完成各项改革任务。组织建设：市妇联新增执委7人；乡镇妇联：乡镇妇联区域化组织建设全部完成，12个乡镇配备兼职副主席48人，辖区内机关事业单位建立妇女组织143个；村、社区：199个行政村18个社区均完成会改联工作，新增执委3135人，建立妇女小组1592个；非公经济组织建立6个妇女组织；社会组织建立妇女组织2个。通过妇联的组织链条和工作触角向全区域延伸，形成全区域女性共同参与、开放互动、全面覆盖的妇联组织建设和妇女工作新格局。阵地建设：按照市群团办安排，乡（镇、街道）统一建为“群众工作部”、村统一为“群众工作站”，群团办统一制作版面和牌匾，工、青、妇三家合署办公，按照“党建带群建”的要求，党员活动室、文化站、图书室做到资源共享。在市政务大厅增设群团工作窗口，工、青、妇轮流坐班，接受群众的诉求；各乡（镇、街道）在便民服务中心设立群团接待窗口；各村、社区在便民服务点设立群团窗口，为广大群众提供便民服务。网络建设：网上“妇女之家”建设全覆盖，市妇联微信公众号关注人数3000余人，微信工作群300余个。

【组宣工作】 2017年，霍州市妇联组织各类活动。2月14日在中镇文化广场举办“庆佳节·迎三八”广场文艺汇演，展示新时代、新女性风采，营造喜庆和谐的社会文化氛围；2月27日开展由宣传部组织的“三下乡”服务活动，为退沙街道什林村赠送

1000册图书；开展“远离雾霾，妇女在行动”宣传活动，发放倡议书800余份；3月1日，在《中华人民共和国反家庭暴力法》颁布一周年之际，市妇联同全市12个乡（镇、街道）妇联工作人员走上街头，开展《中华人民共和国反家庭暴力法》宣传活动，发放宣传资料1500余份，接受群众咨询600余人次；3月5日，在第54个学雷锋纪念日之际，霍州市妇联组织市人民医院、妇幼保健院在大张镇北张村开展“母亲健康快车”送医下乡志愿服务活动。发放宣传资料1500余份，接诊400余人；3月8日举办庆“三八”联谊会，有合唱、独唱、舞蹈及诗歌朗诵等；6月5日，开展“绿水青山就是金山银山”宣传活动，巾帼志愿者共同走上街头，向群众宣传相关环保政策，普及环保科学知识，提高公众环境意识。联合工会、团委举办“绿色追梦”环保专场文艺晚会。7月28日在旅游月期间，工青妇三家联合举办“改革创新、砥砺前行”2017年群团改革文艺晚会；8月26日市妇联联合市工会、团委和春天中介在金洲大酒店二楼宴会厅举办“浪漫七夕　鹊桥相会”相亲会，为单身青年搭建平台，有5对嘉宾幸福牵手。10月15日，联合市卫计局在现代旺宅家居装饰广场四楼会议室举办以“女性文化学堂－健康教育进企业”为主题的健康知识讲座；10月17日下午，举办女性文化学堂－女性形体礼仪专题讲座；11月10日，举办女性文化学堂—妇女参选参政专题讲座。

【发展工作】　2017年，霍州市妇联搭建平台，引领妇女创业。利用贾村庙会、旅游月在七里峪镇山广场门楼举办3期为期一个月的民间手工艺作品展，推动非遗文化的传承和霍州市手工艺制作的发展，为妇女创业搭建平台；提升妇女创业就业能力，利用各种资源加强妇女创业就业培训，举办第十三、十四、十五期母婴护理师培训班、首期护工培训，“巧娘、绣娘、厨娘”培训，把“巾帼扶贫大课堂”开设到乡镇、村，全年培训妇女1000余人次，尤其是母婴护理师的培训，经过培训的妇女在外就业500余人，每年创收3000万元以上。市妇联联合市扶贫局对贫困妇女摸底调研，动员她们参加妇联组织的各项培训，对所帮扶的两户贫困家庭通过健康扶贫、金融扶贫等政策实现脱贫，联合市人社局、工会、团委举办春季、秋季人才招聘会，搭建供需平台。春、秋季人才招聘会，发放宣传资料5000余份，提供就业岗位近20多个行业80余个工种6000余个岗位，现场达成就业意向4800多个，开展农村妇女第六轮“宫颈癌”免费筛查工作，为3000人妇女进行检查，检查出疑似病例33人，确诊12人，为5个贫困两癌患者发放5万元救助款。

【维权工作】　2017年，霍州市妇联接待上访维权案例19例，其中来信1件，来访4件、来电14件；开展“七五”普法宣传，发放宣传资料和宣传品800余份；配合市综治委开展婚姻家庭矛盾排查工作；利用霍州市妇联公众微信平台进行反家暴法的宣传；组织巾帼志愿者在“六一”期间，慰问市特教学校聋哑儿童，为孩子们带去价值3000余元的节日礼物，与全校师生共庆“六一”。

【家庭教育】　2017年，由市妇联挂职副主席蒲丽梅主抓的家庭教育妈妈读书会自2015年10月开展以来每周举办一次，举办到第63期；由家庭教育志愿者武霞组织的艺善享读书会，每周末举行1次；由郝华龙举办的国学读经班每周日举行。两个读书会一个国学读经班受益家长近万人。

【领导班子】

主　席：

李晓燕（女，2011.04—2017.12）

副主席：

成麦珍（女，2003.02—2017.12）

梁　艳（女，2012.06—2017.12）

（段月婷）

文学艺术界联合会

【概况】 霍州市文学艺术界联合会，简称霍州市文联，是霍州市委宣传部主管的群团组织，是党和政府联系全市广大文艺工作者的桥梁和纽带。霍州市文联成立于1985年5月，到2017年底，有工作人员8人，设主席1人，书记1人，副主席1人，副秘书长1人，干事4人。市文联有文学、书法、音乐、美术、舞蹈、民间文艺、戏剧、曲艺、摄影等9个艺术协会，各类会员280多人。

【刊物发行】 2017年，霍州市文联一班人及《霍山》编辑部全体人员，完成4期《霍山》编撰出版任务，刊登小说10余篇、散文20余篇、诗歌等60余篇。

【文化艺术活动】 2017年1月10至11日，霍州市文联开展“送欢乐下基层情·情系敬老院”活动，带领由音协、舞协、曲协、书协、美协会员30余人组成的慰问演出团，深入陶唐峪乡、三教乡、大张镇、李曹镇等乡镇敬老院和市福利院及扶贫包联村陶唐峪乡曲坡村慰问演出12场，义务书写春联2000余幅。组织摄影爱好者免费为老人照一版标准照；2月，开展送书法下基层活动。组织书法协会、美术协会、老年书画协会员30余人，利用乡镇庙会群众聚集时间，深入大张、退沙、许村、辛置、李曹、源头、靳壁、贾村等20余个村展出书法作品，举办书法知识讲座；2月27日，送书籍下基层，参加“三下乡”活动，为退沙街道什林村基层群众送去价值1万元的各类书籍；4月4日，为配合全市春季旅游活动，组织民间艺术家在贾村庙会期间，举办剪纸、根雕、奇石、布艺展览；4月5日组织书画名家春游霍山桃花源悬泉山开展采风活动，发动作协写桃花，美协画桃花，摄协拍桃花，推动各届人士共同创和文艺精品；5月，与团市委、教科局举办“爱我家乡共建幸福美丽新霍州”为主题的征文活动，营造风清气正的社会环境，12月底，举行颁奖仪式5月23日，在霍州市政府八楼会议室召开纪念《毛泽东在延安文艺座谈会上的讲话》发表75周年暨文学讲座，邀请山西大学教授、文学院副院长、古典文学专家牛贵琥为霍州市文学爱好者举办文学创作培训，百余名文学爱好者参加培训；6月，为配合霍州市第九届文化旅游节，在七里峪镇山博物馆举办霍州市首届工艺美术作品展和“寻缘中镇·大美霍州”书画作品展，共展出工艺美术作品500余幅、书画作品200余幅，邀请安泽、古县、洪洞3个县参加展览。

【驻村帮扶】 按照霍州市委安排，霍州市文联包联陶唐峪乡曲坡村，有6户贫困户，深入调查研究，与乡村干部制定脱贫计划。1月，送去2000多元慰问品，6月送去1000元防暑用品，组织文艺工作者慰问演出，所有贫困户完成脱贫任务。

【文化艺术交流】 2017年7月，霍州市文联邀请中国文联副主席、中国民间文艺家协会主席潘鲁生到霍州市库拔村、贾村采风；6月邀请洪洞、古县10余位书法家参加旅游月书画展；8月，邀请陕西省渭南市文联主席骆苏第到霍州市参观；11月，邀请中国书协会员、乡宁县书协主席王敏学到霍州市举办书画作品展览，宣传霍州市优美山水、厚重的人文。

【文学创作】 霍州市文联结合实际创作廉政题材的文艺作品，继2016年创作电影剧本《廉吏曹端》，蒲剧剧本《曹学正》后，2017年，创作新编霍州书《酒驾害》《大操大办害死人》《清官的家务事》《家风》等文艺作品。

【领导班子】

主　席：

安忠伟（2011.12—2017.12）

支部书记：

贺文斌（2013.12—2017.12）

副主席：

武文平（2002.05—2017.12）

副秘书长：

邢　璐（女，2012.07—2017.12）

（武文平）

科学技术协会

【概况】 霍州市科学技术协会由市级协会、乡镇科协、村科普小组组成，是中共霍州市委领导下的人民团体，霍州市科协的内设机构有办公室、普及部、青少部、咨询部。有干部职工8人，主席1人，副主席2人，秘书长1人，一般人员3人。

【科普网络建设】 2017年，霍州市科协健全12个乡（镇、街道）、199个行政村（社区）科普组织，有专人负责科普工作；7个乡镇都建有农村专业技术协会。引导、扶持科技带头人，重点培养和发展粉条加工协会、芦笋协会、丰和豆制品加工协会等10余个协会，每个协会吸引3至5个科技带头人。

【科普阵地建设】 2017年，霍州市科协建有市青少年活动中心、中镇文化广场、永和公园等综合性科普活动场所，设立永和公园科普文化长廊和6组仿古式科普画廊；在开元街安装10组科普宣传栏，建设开元“科普一条街”。实施全国科普活动站、科普宣传栏、科普员（简称“全国科普‘站栏员’”）建设，每月更换内容；城区各社区建有科普画廊。乡镇街道全部建有科普活动室（站）、科普画廊（宣传栏）等设施，配有科普宣传设备。市区中小学校建有科技活动室。培育扶持文冠果种植基地、永合特色林果种植基地、十里铺甜瓜基地、辛庄蔬菜种植基地等10余个科普示范基地。

【巩固全国科普示范市创建成果】 2017年，霍州市科协贯彻落实《中华人民共和国科学技术普及法》，推进实施《全民科学素质行动计划纲要》，加大科普投入，完善工作机制，创新活动载体，健全组织网络，形成全市共同参与科普工作的氛围，探索科普工作新思路、新举措，共谋科普“一盘棋”。

【全民科学素质】 2017年，霍州市科协贯彻落实《临汾市全民科学素质行动计划纲要实施方案（2016－2020）》，8月6日，召开全民科学素质工作会议，对全民科学素质工作领导小组进行调整，按照“政府推动、全民参与、提升素质、促进和谐”的工作方针，围绕“节能减排、保护环境、绿色发展、创新创造”这一中心，开展各类科普工作，强化领导干部、公务员、农民群众、青少年以及城镇劳动人口等各类重点人群科普素质教育，夯实科学素质基础工作，加强机制建设，改革创新，提升霍州市全民科学素质。12月12日，临汾市全民科学素质工作考核组对霍州市进行考核。考核组在鼓楼街道前进社区、市实验小学等地，通过看现场、看专题片、听汇报、查资料等方式，了解霍州市全民科学素质工作进展情况，对霍州市全民科学素质工作予以肯定。

【全国科普日活动】 2017年9月20日，霍州市科协组织教科、环保、气象等相关单位在霍州署广场开展“创新驱动发展，科学破除愚昧”为主题的“全国科普日”宣传活动，悬挂横幅、摆放展板、设立咨询台，向过往群众宣传低碳生活、生态保护、安全用电小常识等科普知识。现场发放宣传资料3500余份，接受群众咨询1000余次。

【科普惠农】 2017年，霍州市科协利用传统庙会到大张镇大张村、李曹镇李曹村、退沙街道什林村等地开展“科技三下乡”活动，为退沙街道什林村捐赠价值5000元的科普图书，为群众义务发放科普宣传资料5000余份，受理现场咨询2000余人次。开展科普进乡镇、进农村、进社区、进校园、送科技下乡、科普巡展等科普活动。

【社区益民】 2017年，霍州市科协贯彻实施《全民科学素质行动计划纲要》。加强社区科普建设，宣传科学思想，倡导科学方法，弘扬科学精神，提升社区居民精神文明和科学文化素质。利用城区优势，夯实科普基础，打造精品科普阵地，科普宣传员都由大学生村干部担任。霍州市鼓楼街道前进社区有20多个功能活动室，投影仪、音响、电脑等设备齐全，科普图书室收藏各类科普图书2万余册，共组织科普知识专题讲座6次，并定为每周六为科普图书开放日，参加阅览人数累计达2300人次。2017年12月，霍州市科协引导扶持霍州市鼓楼街道文庙社区成功申报省级社区益民计划项目，获得4万元的奖补资金，用于社区科普建设。

【青少年科技教育】 2017年，霍州市科协引导和鼓励广大青少年参与科普活动，参加科技创新大赛，从小树立良好的科学兴趣，形成学科学，爱科学、用科学的良好氛围。在2017年举办的山西省第32届青少年科技创新大赛上，霍州市共上交作品860多件。10月，参加临汾市第三届机器人大赛，霍州市有9支代表队20个队员参加，霍州市实验小学取得2项赛事（机器人轨迹赛、机器人足球赛）2个一等奖，5个二等奖，2个三等奖的优异成绩，霍州市实验小学荣获优秀组织奖。

【其他工作】 2017年，霍州市科协在市新闻中心开设《科普大篷车》栏目，在《今日霍州》设有科普专栏，在政府网站设有科普网页，在手机平台《霍州视界》设有科普专栏，更新科普知识、科普信息，使科普知识深入街头巷尾。

【领导班子】

主　席：

张文萍（女，2013.04—2017.12）

副主席：

高　霞（女，2012.08—2017.12）

杨丽霞（女，2012.08—2017.12）

秘书长：

孙俊芬（女，2007.08—2017.12）

【获奖情况】

国家级：霍州市被中国科协命名为2016－2020年度“全国科普示范市”

省级：霍州市科协被山西省科协评为2017年“全国科普日”优秀组织单位；霍州市鼓楼街道文庙社区获得省级社区益民计划奖补资金4万元，用于社区科普建设。

临汾市级：霍州市科协连续8年被临汾市科协评为综合工作先进单位。

（张文萍）

工商业联合会

【概况】 中华全国工商业联合会是中国共产党领导的面向工商界、以非公有制企业和非公有制经济人士为主体的人民团体和商会组织，是党和政府联系非公有制经济人士的桥梁纽带，是政府管理和服务非公有制经济的助手。工商联工作是中国共产党统一战线工作和经济工作的重要内容。截至2017年底，霍州市工商业联合会驻会人员5人，会员654个（其中企业会员19个，个人会员630个，团体会员5个），基层商会8个，其中乡（镇、街道）商会5个（白龙商会，辛置商会，鼓楼商会，李曹商会，开元商会），市场商会1个（唐荣商会），行业商会2个（现代装饰家具商会，烹饪餐饮饭店协会）。

2017年，霍州市工商联围绕市委、市政府发展战略，以服务非公经济人士健康成长和非公经济健康发展为目标，发挥党和政府联系非公经济人士的桥梁、纽带作用，当好政府管理非公经济的参谋助手。

【政治学习】 2017年，霍州市工商联合会集中收看党的十九大开幕式。组织召开各种会议向非公有制经济人士宣传党的十九大精神和习近平总书记视察山西重要讲话精神，宣传党和国家关于发展非公有制经济的方针政策、法律法规，围绕市委、市政府的工作思路、工作重点，把非公有制经济人士的思想统一到党的十九大精神上来，统一到市委、市政府的部署上来。2017年，组织参加市委、市政府召开市领导与企业家座谈会、召开市工商联执委会、工商联主席会、会长会等会议9次。

【工商联换届】 2017年，霍州市工商联组织召开霍州市工商业联合会第五次代表大会，选举产生新一届工商联领导班子：会议选举陈英为工商联主席，周霍龙为专职副主席，刘用渠、赵忠孝、闫惠杰、吴国波、薛麦林、魏华、闫玉龙、刘建会、张丽、薛华斌等10人为工商联兼职副主席。会议选举陈英为总商会会长，周霍龙为商会副会长，段瑛、高宝凤、赵元富、成李杏、苗永华、李红兵、焦德民、张学峰、张华、郭学义、李欠亭、鲍华明、刘振洪、王建伟14人为总商会兼职副会长。

【会员发展】 2017年，霍州市工商联成立鼓楼商会、李曹商会、开元商会、烹饪餐饮饭店协会，完成白龙商会、辛置商会的换届工作。

【服务非公经济】 2017年，霍州市工商联合会对民营企业主动进行摸底工作、组织参加山西省农博会。地珍坊产品、鸣梦粗布等闻名全国且出口到台湾等地。发挥职能作用，把招商引资放在各项工作的首位，全员上阵，广泛联络，主动出击，以商招商。5月与招商局组织“迎老乡、回故乡、建家乡”招商引资活动。引导非公有制企业，开展“关爱员工、和谐双赢”活动，坚持企业尊重和维护职工的合法权益，使企业在和谐中健康发展。工商联与霍州广播电视台联合组织《商会之声》栏目，每期选举一家有代表性的非公企业进行宣传，扩大企业影响力。

【公益事业】 2017年，霍州市工商联引导非公经济人士参加社会公益事业，帮扶困难职工，资助贫困学生等活动。工商联机关帮助大张镇五里垣村贫困户81岁的李巧莲老人办理低保，2017年底，已脱贫。通过帮助企业申请“四位一体”贷款1000多万元。8月，在金秋助学活动中，该会企业会员参与，共捐赠爱心基金60多万元。

【党风廉政建设】 2017年，霍州市工商联组织干部职工学习党的十九大相关文件精神和市委、市纪委相关会议精神，教育干部特别是党员领导干部带好班子，管好家属、子女和身边的工作人员。开展一次惩防体系制度集中学习宣传，观看一次反腐倡廉警示教育片；组织党员干部参观霍州署廉政文化馆和党性教育基地；开展一次学习座谈活动。

【参政议政】 2017年，霍州市工商联成员在人大担任职务的有常委2人，在政协担任职务的有常委8人、委员26人。围绕全市中心工作，围绕破解民营企业融资难、化解企业诉求、优化发展环境、强化人才培养等问题，开展专题调研20余次，形成高质量的调研报告8篇，推动民营经济发展，解决民营经济发展中存在问题，为帮助民营企业渡过难关、实现平稳较快发展作出贡献。发挥工商联界别政协委员和非公经济人士中人大代表、政协委员的作用，引导他们反映社情民意和利益诉求，参与政治生活和社会事务，参政议政、建言献策，提交议案、提案120件，部分议案、提案被作为重点，为市委、市政府科学决策提供重要依据。

【领导班子】

主　席：

陈　英（女，2017.03—2017.12）

专职副主席：

周霍龙（2017.03—2017.12）

（安乐　晁晶）

老区建设促进会

【概况】 老区建设促进会是党中央批准，由国家、省、市、县、乡镇各级设立的系统组织，担负着弘扬老区革命精神，促进老区经济、文化、社会发展的使命。霍州市老区建设促进会于2002年组建。

【主要工作】 2017年，霍州市老区建设促进会为实现党中央“两个一百年”的奋斗目标，在“脱贫攻坚”工作中履行监测评估的重要职责。根据市扶贫办，已识别全市贫困人口1642户，3880人。2017年进行动态调整，共有建档立卡贫困人口1025户，2380人。至年底已脱贫856户1983人．深入基层调研。市老促会深入基层对全联企业单位进行监测评估，实地调研。鸣梦老粗布有限公司董事长员春玲在辛置镇下马洼村带领梁喜明、杨庆民等8户实现脱贫。编织围巾项目实现12户产业扶贫的工作目标。山西文冠果科技有限公司总经理张华，采取土地流转、土地收益、健康扶贫、扶贫贷款等方式，实施包扶贫困户的工作目标。扶持白山村白银龙、白小亮，靳壁村王秀奇、王丹丹、王桃管等100余户贫困户脱贫。推进教育扶贫。2017年，霍州市通过“雨露计划”，补助贫困学生48人，发助学补助金13.2万元。拓展就业扶贫。霍州市为211个贫困人员免费技能培训，安置120人贫困户就业。2017年“秋季人才招聘会”上，211人贫困户签订就业意向。完成中镇文脉《文物编》系列丛书出版发行工作。完成中镇文脉《霍州通史》系列丛书编撰工作。宣传贯彻党的十九大精神，把十九大的奋斗目标，贯穿在革命老区发展的每一个环节。开展离退休老干部的文化、体育活动30余次，丰富城乡居民的文体活动内容。强化组织机构建设。新增吴国波、张华、任光福、陈富林4人为市老区建设促进会副会长，员春玲为妇委会主任。

【领导班子】

名誉会长：

崔山原　黄晓君（女）　高雅铭

牛福生　刘元建（女）　米培人

会　长：

郭思红

副会长：

肖培芳（女）　薛李珠

张明光　杨辉金　吴国波

张　华　任光福　陈福林

妇委会主任：

员春玲（女）

秘书长：

张明光（兼）

办公室主任：

胡中华

（张明光）

梁衡研究会

【概况】　2015年9月28日，霍州市梁衡研究会落户霍州市第一中学，霍州市梁衡研究会主要展示梁衡先生各个时期工作与历程，陈列梁衡先生所有作品及部分手稿，供社会各界人士进行研究学习。梁衡研究会以推进文化繁荣、服务社会主义精神文明和物质文明建设为宗旨，健全组织、扩大队伍，开展活动。2017年，有研究员40人，团体会员13家，会员90人，学员数万人，形成以研究会为中心，研究员、会员、学员遍布全国各地的良好格局。2017年，接待机关、学校、文化团体参观学习30余次。

【梁衡回乡考察】　2017年，按照霍州市委、市政府“迎老乡、回故乡、建家乡”决策，梁衡研究会特请梁衡回家乡考察，促进霍州文化、教育、旅游和精准扶贫。梁衡受聘为霍州一中名誉校长，考察“四社五村”非遗项目和下马洼村，在义旺村、下马洼村、研究会、文冠果科技公司等地召开9次座谈会；提出建设下马洼文化旅游项目的指导性意见和尽快对“红岩松”实施养护、保护措施的建议。为霍州一中梁衡文学社参加演讲比赛的学生代表颁发奖品：梁衡新作《树梢上的中国》。霍州市委书记崔山原到辛置镇下马洼村进行实地考察，查看梁氏文化祠堂、关帝庙、岳爷庙、文昌阁、文笔塔等传统文化文物景点的保护情况，与梁衡探讨梁衡文化村的建设构想，提出具体实施意见。

【梁衡杯书画展】　2017年，由梁衡研究会、霍州一中和中镇书画院举办“梁衡杯”书画展开展。霍州市领导和来自宣传、教育、文化等各界人士100余人出席开幕式。市长黄晓君宣布展会开幕。“梁衡杯”书画展征集作品130余件，参展92件，作品来自北京、上海、天津、湖南、江西、陕西、山西、新疆、江苏、青海、山东、安徽、河北、河南等15个省、市、区。

【乡愁文化】　3月29日，人民日报发表梁衡先生的文章《何处是乡愁》《南潭泉记》。市委、市政府围绕梁衡文化打造梁衡文化特色小镇，由梁衡研究会主抓推进。下马洼村在2个月内建起文化园、南潭泉公园、文官路、文官别院。竖立“夏感”“南潭泉记”“何处是乡愁”等大小石刻七处。5月6日，7000株文冠果树在下马洼村文昌阁、北京昌平下苑梁衡家院同时栽植。7月11日，梁衡在霍州市参加第九届“中镇霍山·华夏州署”旅游节开幕式、“梁衡故乡·美丽霍州系列活动暨人文辛置一日游”启动仪式。11日下午，全国首个“美丽乡村·乡愁文化”研讨会在梁衡研究会举行。来自人民日报社、人民网、光明日报社、新华社、中央电视台、中国剪报社、西北文学、咸阳职业技术学院、陕西府谷、佳县等地领导组成的25人高端媒体采风团参加。与会专家就“挖掘乡愁里的文化·留住有文化的乡愁”主题展开研讨。带领采风团成员对霍州主要旅游景点和文化名胜进行考察采风。12日，梁衡在霍州一中为全校2000多师生作题为《文章为思想而写》的讲座。9月9日上午，民建霍州市委教师节梁衡乡愁文化座谈会在山西省霍州市辛置镇下马洼村梁衡研究会辛置分会梁衡文化展馆举行。11月，霍州市档案局在梁衡研究会设立档案专柜，施行名人档案分地陈列，16日，山西省档案局到梁衡研究会观摩指导。

【会刊发行】 2017年，梁衡研究会出版《梁衡研究》会刊三期、四期，发行2000余册。研究会全年组织会员搞创作、写评论。郭思红、朱壮军、胡中华、贾王广4人论文收录在华东师范大学出版社出版的《永远的觅渡》论文集中。胡中华的《铁在烧》收录在陕西出版的《中华版图柏》一书。在由名作欣赏杂志和新作文杂志主办的《梁衡入选教材经典篇目论文大赛》中，霍州有12人11篇文章参赛，贾王广、胡中华、田晓丽3人获三等奖，霍州市教育局获优秀组织奖。传媒部编发《梁衡研究》公众号150多期、凝聚4100多名粉丝。梁衡文学社主办《霍州校园之声》公众号有3000多家长和师生订阅，传播梁衡作品。梁衡文学社2017年6月和12月举办两届中华魂读书会演讲比赛。梁衡为获奖学生授奖。通过校园广播站，全年为学生诵读梁衡散文。梁衡作品成为霍州一中语文和德育校本教材。梁衡研究会传媒部胡中华制作ppt，举办《数理化通俗演义的科普价值》和《梁衡散文德育价值》2个讲座，在40个班级巡回演讲。

【领导班子】

顾　问：

《中国剪报》创始社长，研究院院长王荣泰

《新湘评论》社长、总编郝　安

霍州市委书记崔山原

霍州市委副书记、市长黄晓君

名誉会长：

咸阳职业学院党委书记刘聪博

会　长：

郭思红（2015.09—2017.12）

常务副会长：

韩学东（2015.09—2017.12）

副会长：

史江民（2016.09—2017.12）

薛李珠（2015.09—2017.12）

李福光（2015.09—2017.12）

朱壮军（2015.09—2017.12）

李国忠（2017.03—2017.12）

梁记全（2016.09—2017.12）

贾王广（2017.12—2017.12）

胡中华（2017.12—2017.12）

秘书长：

李福光（兼）

办公室主任：

胡中华（兼）

辛置镇分会会长：

梁记全

（李福光　胡中华）

老龄人才资源开发协会

【概况】 霍州市老龄人才资源开发协会组建成立于2005年，是群众性社团组织。主要工作职能是：组织全市各类老龄人才，发挥其优势，围绕党的中心工作，开展各项活动。市老龄人才资源开发协会，与市老区建设促进会、梁衡研究会，三个组织，一套班子，统一领导，合署办公。

【活动情况】 2017年，霍州市老龄人才资源开发协会组织全市老龄人才开展各种活动，深入学校、社区、农村进行政策宣讲。市老龄人才资源开发协会南城分会、北城分会，坚持每月16日组织集中学习讨论活动，传达政策精神，畅谈感想。组织全市老年文艺爱好者，举办器乐、舞蹈、朗诵等各种文艺活动，结合全市中心工作和重大活动，深入农村基层，进行慰问演出。开展门球、象棋、太极拳、柔力球、健身操等体育活动，举办各种形式的观摩表演，参加各级组织的赛事活动。组织老年书画爱好者，开展习作培训。举办各类书画展，还开展送春联、送温暖下乡活动。协调市人民医院医务人员，对老年人开展免费义诊活动。每年腊月，对部分老同志进行关爱老同志，春节送温暖慰问活动。鼓励老年人开展思想积极健康的家教家训活动，提倡书写自传，传承优良家风。2017年，刘毓秀、陈新华等老出版《岁月足迹》《八十年间琐事杂记年谱》等个人自传。九九重阳节，市老龄人才资源开发协会举办座谈会、表彰会。2017年12月，由协会组织，曾在市广播电视台演播中心，举办《耆年硕德·百佳人物》表彰会，对全市100余各类老龄人才和老龄人才先进工作者进行表彰。

【领导班子】

名誉会长：

崔山原　黄晓君

高雅铭　牛福生

刘元建　米培人

会　长：

郭思红

副会长：

肖培芳　薛李珠　张明光

董双锁　傅瑾璧

秘书长：

董双锁（兼）

办公室主任：

胡中华（兼）

（董双锁）

老年书画家协会

【概况】 2017年，霍州市老年书画家协会，组织和带领广大老年书画诗联爱好者，开展学习研讨、联谊交流、办展参展及文化下乡活动，为霍州市“进军省强市、全面达小康，共建文明开放幸福美丽新霍州”的目标增添正能量，发挥作用，共建文明开放幸福美的新霍州，为弘扬祖国传统艺术，促进文化事业的繁荣和发展作贡献。

【基层组织建设】 2017年2月20日，霍州市老年书画家协会增补何文进为常务副主席，增补武科元、赵明、董双锁、张福元、曹曙平、宋乃坤为副主席。4月30日（农历四月初五），霍州市师庄乡书画诗联协会成立，会员35人。推选董双锁担任会长，陈福全、来国保、杨国生、陈伟锁、刘泽珍、朱光太为副会长，聘请师庄乡人大主席朱瑞华、副乡长安建华为正、副名誉会长。举办师庄乡首届书画诗联展，共展作品70余幅，诗联作品60余首（副），其中师庄乡会员中年龄最大的82岁，最小的17岁。参观干部群众3000余人（次）。4月5日和10月7日，白龙镇书画诗联协会举办例会活动，市会领导及部分会员赵子俊、张福义、晋从华、武银福、张美玉、赵培儒、刘月虎、薛兆俊、傅枫、傅立圃、来国保等应邀参加，进行诗词知识辅导，开展联谊笔会活动，促进基层书画诗联活动正常开展。11月下旬，霍州市鼓楼街道前进社区设立书画活动室，霍州市老年书画家协会和鼓楼街道分会举办书画展，展出30余人50余件书画、剪纸作品，书写条幅50余件，为社区建设增添光彩，提供正能量。截至2017年底，市老年书画家协会有会员420人，下设14个基层组织。

【书画诗联展览】 2017年元月28日至2月24日，霍州市老年书画家协会同市委老干部局、文化局、文联，在市文化活动中心联合举办“霍州市迎新春书画诗联展览”，共展出全市100余位书画诗联爱好者作品200余件，书法90余件、绘画50余件、诗联60余首（副），展览20余天，参观干部群众6000余人次。5月16日至6月10日，霍州市老年书画家协会和曲沃县老年书画家协会联合举办反腐倡廉书画展，市选送作品60余件，两市县老年书画同仁进行笔会交流。7月28日至8月25日，由中共霍州市委宣传部、霍州市人民武装部牵头，征集140余人180余件书画作品，在霍州煤电文化活动中心联合举办纪念建军90周年书画展。市四套班子领导出席开展仪式并参观展览。展览20余天，参观人数达2000余人次。7月11日至8月10日，由霍州市文联牵头，市老年书画家协会和市书协、美协筹办“人文霍山·大美霍州”书画展览，展出全市60余人的90余幅书画作品。在七里峪镇山广场中镇门二楼展厅和市文化活动中心展览15天，参观来宾及群众5000余人次。

【送展参展参赛】 2017年，霍州市老年书画家协会向全国首届精品书画大赛、中国环艺书画展、三省四市晋陕豫黄河金三角书画展、临汾市老年书画家协会成立30周年书画展等选送赵子俊、傅枫、傅立圃等50余人、80余件书画作品入选入展或入典集，诗词散文作品20余件，张福义、傅立圃、张俊耀作品获奖。会员张发元、高迎录、乔书志被全国老年书画协会吸收为会员。

【联谊交流】 2017年5月16日，霍州市老干部局和老年书画家协会应曲沃县老干部局和老年书画家协会邀请，组织全市书画诗联爱好者40余人赴曲沃参观学习。参观“晋国博物馆”“浍河水库风景”和“晋园”景区。7月5日，霍州市老年书画家协会10余人深入三教乡油盆峪，游览景区景点，并书写条幅30余件，为油盆峪景区增添文化气息，扩大景区影响。9月5日，该会邀请陕西长安国家一级美术师白军正到霍州市传授技艺，赵子俊、傅枫、傅立圃、李红富、张美玉、刘月虎、武银福等参加座谈交流，现场作画5幅、书写条幅20余件。9月6日，汾西县老年书画家协会成立20周年庆典，赵子俊、刘月虎、李红富等同志应邀参会，参观汾西县老年书画展览，进行联谊笔会活动。10月11日，应乡宁县老年书画家协会邀请，该会赵子俊、傅立圃、王斌正等同志赴乡宁县参观学习，进行联谊笔会活动。10月16日，邀请安泽县老年书画家协会12位书画同仁，在霍州市交流学习霍州市组织百余人参加座谈和交流。安泽县老年书画家协会主席孙玉成、副主席李奇峰分别介绍安泽县的社会发展和老年书画家协会活动情况，进行笔会交流，书写条幅50余件。10月31日，应白龙镇陈家庄党支部、村委会邀请，赵子俊、张福义、张美玉、傅枫、武银福、刘月虎等参加北京知青返第二故乡座谈会，座谈会上向北京知青赠诗4首、楹联3副、书画条幅20余件。11月1至2日，邀请乡宁县老年书画家协会和王敏学书画工作室一行15人到霍州市传经授艺，举办王敏学师生书法邀请展，组织全市书画爱好者百余人在市文化活动中心举行欢迎仪式，乡宁县王敏学老师介绍书法教学经验和学习书法创作的体会及途径，与会人员参观王敏学教学班师生80余幅临帖书法精品展，进行笔会交流活动，书写条幅50余件。

【送文化下乡】 2017年1月，该会组织30余位书法诗联特长会员，集中为城区离退休干部书写赠送春联，又深入市财政局、审计局、福利院和环卫队等单位，开展“写春联·送祝福”和联谊笔会活动。配合各乡（镇、街道）分会，深入全市10个乡（镇、街道）14个行政村，前后20天时间，书写春联8000余副，条幅200余件。3至5月该会老年书画诗联协会，配合全市科技、文化、卫生“三下乡”活动，联合各乡（镇、街道）基层分会，举办书画诗联和联谊笔会活动，在大张、贾村、退沙、红崖堡、圣佛，白龙、北村、义城，源头、李曹、歇马滩、师庄等村，利用庙会活动，巡回展出书画作品800余件（次），诗词楹联版面8块，作品60余首（副），现场开展联谊笔会活动，为群众义务书写条幅1000余件，发展农村新会员50余人，观赏的干部群众2万余人（次）。

【联合办学】 2017年，霍州市老年书画家协会与市老年大学联合举办书画诗联辅导班，邀请高晓华、张福义、张美玉、王斌正担任绘画、诗词、楹联、书法辅导教师，根据教学需要和学员要求，增加授课时间，由原来每周四1节增加到每周四、五2节授课时间，邀请原人大常委会副主任晋从华为学员进行家谱、村志等知识辅导培训。全年授课80余课时，学员2400余人（次）。5月，建立诗联书画网络信息平台。由张福义、傅立圃、李红富担任正、副组长，网上交流时政信息100余条、书画诗联知识及学员习作200余件、养老保健知识100余条。

【领导班子】

主　席：

孙玉安（1991—2017.12）

执行主席：

赵子俊（2010—2017.12）

常务副主席：

晋从华（2005—2017.12）

张福义（2005—2017.12）

张作文（2006—2017.12）

傅　枫（2005—2017.12）

王斌正（2005—2017.12）

韦山栋（2005—2017.12）

段新莲（女，2012—2017.12）

刘九林（2012—2017.12）

何文进（2017—2017.12）

秘书长：

张美玉（2005—2017.12）

副秘书长：

宋守宽（1991—2017.12）

武银福（2012—2017.12）

刘月虎（2005—2017.12）

赵培儒（2010—2017.12）

薛兆俊（2010—2017.12）

（张美玉　武银福）

三晋文化研究会

【概况】 霍州市三晋文化研究会成立于2010年11月，有会长1人、副会长兼秘书长1人，副秘书长5人，理事56人。

【出版书籍】 2017年，常务理事郭思红主编出版《中镇文脉（史地编）》。副会长赵利编辑出版《霍州古民居图集》。副秘书长张明光主编出版《中镇文脉（文物编）》。

【发表作品】 2017年，理事邢立山《先儒曹端》《金藏之外》发表于《中国报告文学》杂志，龙源期刊网转载《南下，南下，今安在》。理事郝华林民俗图组《斧头上的火花》获国际民俗记录奖，全世界160个国家参赛，为全球600组之一。理事李福光在临汾市《尧文化研究》杂志发表《虞舜与中镇霍山》文章。常务理事郭思红撰写的霍山文化研究论文《魅力中镇地蕴霍州》、常务理事张福义撰写的《霍山厚德　德润世代》、理事朱会明撰写的《许村之‘许’》、蒲李记撰写的《霍山文化源远流长》、高国栓撰写的《霍州话：古代的普通话》、乔毅撰写的《四社五村千年传》、张明光撰写的《中镇霍山远古文明的脊梁》、董双锁撰写的《浅谈尧文化的历史意义》、张乐撰写的《晋水、晋阳初探》《霍山在中华祭祀文化中历史地位变迁的探讨》、李福光撰写的《虞舜与中镇霍山》文章在临汾市尧文化网站发表。

【研讨会】 2017年7月20日，霍州市三晋文化研究会组织召开“霍山文化成果交流研讨会”，市委书记崔山原、宣传部部长郭丽华、副市长吕文博出席会议，市委书记崔山原致欢迎辞，临汾市三晋文化研究会副会长蔺长旺参加会议并讲话，山西省、临汾市及霍州市的专家、学者50余人参加，收回论文22篇，会议对霍山文化、尧文化、曹端文化等进行研讨。对霍山的旅游开发建设提出好的建设性意见。《山西晚报》《今日霍州》等新闻媒体作有关方面的报道。

【其他工作】 霍州市三晋文化研究会注重四个结合，三晋文化研究会的工作与霍州市委、市政府重点工作相结合；与宣传文化工作相结合；与文物旅游工作相结合，研究历史文化与现代文化相结合。按照临汾市三晋文化研究会安排，收集资料、编写《霍州市地域文化通览》。三晋文化研究会开展传统文化进校园及文化下乡等活动。理事们深入乡村，调查研究，通过摄影、写论文，宣传霍州文化，赵利、郝华林、高国栓、乔毅、朱会民等为挖掘、整理、抢救、传承霍州历史文化做大量工作，利用格图、美篇等微信平台，全年发表文章200余篇，建立霍州市三晋文化研究会工作群，在群里发表新作，交流工作。

【领导班子】

会　长：

段新莲（女，2010.11—2017.12）

副会长、秘书长：

赵利（2017.07—2017.12）

关工委

【概况】 2017年，霍州市关工委学习习近平总书记系列重要讲话精神，贯彻习近平总书记对关心下一代工作的重要指示精神，学习宣传贯彻党的十九大精神，贯彻山西省、临汾市关工委工作会议精神和工作部署，开展各项工作。

【组织建设】 2017年，霍州市关工委向市委领导汇报工作，市委明确有市委副书记高雅铭分管关工委工作并兼任关工委名誉主任，调整充实关工委班子组成人员（霍组干发〔2017〕60号），健全组织机构，为关工委开展活动提供组织保证。抓住教育系统主战场，调整充实教育关工委班子，开展青少年思想道德教育活动，健全全市各中心校及重点中小学关工委班子，开展“五好”关工委创建活动，新增10个“五好”关工委。

【“中华魂”主题教育活动】 “中华魂”主题教育活动是关心下一代工作行之有效的活动，2017年“中华魂”教育活动的主题是《辉煌与梦想》，制定活动方案，与教科局联合下发读书活动通知，订购1万册读本分发到全市中小学，开展读书活动进课堂、进家庭、进头脑，引导广大青少年深刻理解和把握践行社会主义核心价值观，编印《“中华魂”读书活动优秀演讲稿选编》发放到中小学。12月底在青少年活动中心举办霍州市“中华魂”主题教育活动演讲赛，临汾市关工委副主任王三星应邀参加，霍州市委常委、市委副书记高雅铭，市关工委主任梁红旗及关工委顾问、班子成员、教科局局长乔桂平及班子成员观看小选手们精彩演讲，评选出小学组一等奖1名、二等奖3名、三等奖5名；中学组一等奖1名、二等奖2名、三等奖3名，对优秀选手颁发奖品，对先进组织单位进行表彰。

【爱心助学】 2017年，霍州市关工委发动全社会捐资助学奉献爱心，成立爱心助学基金会，资助贫困学生。关工委参加捐资助学组织宣传活动，发动“五老”人员捐资助学。

【思想道德教育】 2017年，霍州市关工委组织“五老”骨干深入赵家庄小学、白龙中学、实验小学等十几所中小学开展巡回宣讲活动，宣传党的十九大精神，进行革命传统教育。开展“缅怀革命先烈、传承民族精神”讲故事及庆祝“六一”儿童节、“清明节”革命传统教育等多项健康有益的活动，霍州市青少年参加临汾市关工委《大手拉小手　喜迎十九大》举办的书画展览活动，霍州市12个青少年荣获优秀奖。

【宣传工作】 2017年，霍州市关工委宣传关工委工作的重要性，市委书记崔山原、市长黄晓君在《临汾日报》上发表《强化使命、把握重点、做好新时期关心下一代》的署名文章，组织“五老”撰写文章在《今日霍州》刊发，向社会宣传关心下一代工作，宣传“五老”精神等，引导全社会共同关注青少年思想道德教育，为青少年创造社会环境。

【工作会议】 2017年11月16日，霍州市召开“贯彻十九大精神　推进关心下一代工作会议”，会上特邀市委党校高级讲师荀慧琴作党的十九大精神辅导，市关工委主任梁红旗作《宣传贯彻党的十九大精神　做好关心下一代》的工作报告，市委副书记高雅铭就贯彻十九大精神做好关心下一代工作重要讲话。关工委顾问、班子成员、教育系统关工委及各基层关工委负责人100余人参加会议。

【领导班子】

主　任：

梁红旗（2015.11—2017.12）

常务副主任：

陈金宝（2017.11—2017.12）

副主任：

李德鸿（2002.05—2017.12）

杨国珍（2015.11—2017.12）

张黎明（2002.05—2017.12）

邢立山（2015.11—2017.12）

胡秀兰（女，2017.11—2017，12）

秘书长：陈金宝（兼）

办公室主任：卫秀琴（女，兼）

（卫秀琴）

军　事

霍州市人民武装部

【概况】　2017年，霍州市人民武装部学习军委国防动员部首长的讲话精神，按照“5+2”新的职能使命和新的编制体制要求，突出改革稳定主线，聚焦国防动员主业，推进军民深度融，推进年度各项工作开展。

【思想政治建设】　2017年，霍州市人民武装部开展规模结构和力量编成改革教育和改革直前准备阶段教育暨作风纪律整顿专题教育。3至6月开展“维护核心、听从指挥”四个专题教育。推进“两学一做”学习教育常态化制度化，引导官兵强化“四个意识”、践行“三个维护”。7月1日，按照新的编制体制运行后参加国防动员部的四个专题的干部任职能力培训。党的十九大召开后，把学习党的十九大精神作为主要政治任务，开展重温入党誓词，抄原文读原著和十九大知识点背记等活动。

【应急应战能力提升】　2017年，霍州市人民武装部围绕备战打仗核心使命，加强训练演练。3月29日，组织林业局、消防队、各乡镇民兵应急分队在人下部训练靶场进行森林防火誓师动员暨紧前培训演练活动，检验队伍的应急能力。6月13日、14日，协同组织部组织市直机关民兵应急骨干训练，提升参训人员纪律观念和国防观念。8月，组织参加人民防空和防震救灾指挥部演练，提高首长机关应急指挥能力。10月，组织医疗救护分队集中训练。11月，军分区在人武部组织的专下干部集训，参观退沙街道和霍州煤电集团基层营连建设情况，展现霍州市基层阵地建设成果。12月，组织对霍州市森林灭火应急分队年终考核。

【征兵工作】　2017年，霍州市人民武装部在兵役登记工作上，做到早安排、早部署、早落实，日报告、月评比，量化考核。1月，民兵整组工作与兵役登记工作同步展开，召开部署会，利用各种媒体进行宣传，协调市政府联合下发兵役登记方案，印发“兵役登记公告”700份，在高铁站、高速口、市里重要场所张贴摆放兵役登记公告，宣传到每一个行政村。利用每月专武干部例会、召开工作推进会等时机，通过听取基层汇报、通报工作进展情况等形式检查兵役登记落实情况，实现兵役登记率99.6%。在征兵工作上，采取电视台讲话，电话飘字，《今日霍州》报刊载，《今日霍州》微信平台推送，各乡镇村张贴征兵公告，悬挂征兵横幅，推动宣传车走村入户，发放传单，给3个立功受奖的现役军人送喜报和慰问金等方式开展征兵宣传。每个乡镇都悬挂“当兵不用花钱，花钱不能当兵”横幅，每名应征青年家庭发放廉洁征兵监督卡，严格按照山西省军区廉洁征兵工作规定落实公开公示和廉洁征兵监督员制度，廉洁征兵做法被分区肯定。落实体检培训会和政治考核培训会，落实封闭式体检，教育局严格核实学历，组织基层武装部走访调查，签定自愿参军保证书，落实谁考核谁签字谁负责，掌握应征青年底数，组织新兵役前训练和定兵前抽检，把好体检政审关口，确保兵员质量。完成93个新兵征集任务。

【国防教育】 2017年清明节，霍州市人民武装部组织专武干部、民兵骨干和驻霍部队到南塔烈士陵园扫墓，接受革命传统教育。4月15日是第二个全民国防安全教育日，在大张镇一中给全市中小学校长和师生就《捍卫无形的国防——文化安全》作专题讲座。5月25日、26日，举办2场《心系国防》国防教育文艺演出，霍州四套班子领导、市直机关各单位、各乡镇及社会各界人士1800余人观看演出。人武部筹划部署，开展“庆祝中国人民解放军90周年”书画展、图片展、文艺晚会等系列活动，邀请国防大学徐焰教授为全市科以上干部上干部上国防安全形势课。

【安全管控】 2017年，霍州市人武部新班子成立后，紧抓党委班子建设，落实两个责任，把作风建设摆在首位，学习违纪问题通报，全员学习军委纪委、军委政法委311号文件《关于深入学习贯彻党的十九大精神以严格执纪执法推动全员从严治党和依法治军落实的通知》，纠治基层“微腐败”和官兵身边的不正之风，落实中央军委办公厅和国防动员部下达的禁酒令和省军区超面积办公用房整治。把凝心聚力、团结奋进放在首位，围绕“三对照三查纠”开好专题民主生活会，班子战斗力明显增强，在各项工作中发挥坚强的核心领导作用。完成涉军维权、军事大事记、地质灾害治理、退伍军人就业专场招聘会等各项工作。

【依法按纲施训】 2017年，霍州市人武部为深化群众性岗位练兵成果，坚持紧贴实战、依法施训，按照基础训练、业务训练、课题训练、考核验收的步骤，落实全年50个训练日，一季度学基本理论，特别是新的军事体育训练大纲下发后，完成标准训练场地建设，利用工作日下午最后1小时时间组织体能训练，提升人武部全体人员的军事体育素质；3月底，组织法规知识普考，检验理论学习成效；网上参加山西省军区法规知识竞赛活动。二季度学基本技能，采取集中辅导、个人自学、分组轮训、统一考核的方法组织实施。12月，参加军分区组织现役干部基础训练考核，完成专武干部、职工库工和应急分队考核，合格率100%。

【国防动员】 2017年，霍州市人民武装部贯彻落实中央军委国防动员部会议精神和国防动员战略纲要精神，加强国防动员课题研究，按照《国防动员潜力统计调查指标体系》，完善潜力调查系统，5至8月，组织对全市的战备物资、交通运输、高新技术产业和动员专业队伍进行动员潜力统计，为确保此次统计数据全面、准确、翔实，人武部专门组织国动委相关办公室召开协调会议，细化相关部门分工，多次走访调研。根据山西省军区、临汾军分区关于2017人民防空演习的指示，人武部于7月17日开始，在霍州市人武部开展为期3天的人民防空演习，演练采取山西省演习导演部情况诱导的方式进行网系构建、多级单元素和多级多元素三个内容。

【安全管理】 2017年，霍州市人民武装部以“六个文件”精神和“争创安全年”方案为依据，按照“全年排查、集中整改、综合施策、标本兼治”的思路，抓好安全管理。人员管理。结合年度教育整顿和日常教育，实行“一对一”包干制度，定期谈心交心，落实条令条例和一日生活制度，强化“八小时”外和“两外三圈”管理，形成遵规守纪，按章办事的良好氛围。车辆管理。按照“八条禁令”和32条硬性措施要求，细化车辆管理使用规定，将驾驶员、车辆集中管理，定期进行检查，严格车辆派遣和登记手续，杜绝擅自驾乘公车离开辖区，公车私用等情况。枪弹管理。对兵器室监控系统进行经常性维护保养，对枪支弹药、易燃易爆物品进行彻底的清查，落实双人双锁联管，定期对武器库进行检查，严格密码设置和钥匙管控，对账物卡和值班登记进行检查，做到账物卡相符。重要目标警卫。完善财务室、保密室、档案资料室等重要库室都防盗设施；对办公楼的线路、电器等配电设施进行检修，更换消防器材等设备。排查营区营房、设施、设备安全情况，对线路进行检查，营产营具进行修缮。保密管理。加强保密教育，增强保密意识，对电脑的三重密码进行排查，对光盘、移动硬盘、U盘、地图等涉密物品指定专人负责、专柜存放，对文电接收、转发、密传电报的管理上，指定专人负责、统一编号，登记造册。

【建军90周年系列活动】 2017年是建军90周年，霍州市人武部开展纪念活动。7月26日开始，在中镇文化广场开展“铭记光辉历史、传承红色基因”为主题的为期2个月图片展，展示军队90年的发展史和近年来国防和军队建设的巨大成就；7月26日晚，人武部与霍州市工会、妇联、市团委联合举办纪念建军90周年文艺演出；9月28日，人武部联合宣传部、中镇书画院开展庆祝中国人民解放军90周年书画展，书画展展出国防和军队题材的书法和绘画作品200余幅，市四套班子领导和社会各界人士参加展会。

【就业招聘会】 2017年，霍州市人民武装部解决退伍兵安置问题，将退伍兵安置工作列入年度工作计划。12月29日，霍州武装部协调人社局在市武装部举办霍州籍退伍兵就业专场招聘会。招聘会有16家省市级公司企业参会，参加的退役士兵300余人，提供就业岗位1000余个，有100余人和用人单位达成意向。人武部协调霍州市技工学校，在学校建立退伍兵培训点，对退伍军人进行职业教育和技能培训。

【集训工作】 2017年11月12日至17日，临汾军分区专武干部轮训在霍州人武部开展。霍州市人民武装部人武部党委安排部署，组织全体人员对民兵训练基地的照明、网络、墙面、水房、卫生间、会议室等营房设施设备逐室进行清理修缮，对所需日常用品进行采购配备，制定食谱，雇佣炊事人员，准备场地，安排人员对专武干部所需个人物品进行专程采购，对人武部人员进行具体分工，区分责任，各负其责，确保各项保障有力，确保专武干部轮训工作完成。

【领导班子】

部　长：

高　峻（2017.07—2017.12）

政　委：

卢卫红（2014.12—2017.12）

副部长：

赵雷斌（2017.07—2017.12）

军事科长：

李鸣鸣（2015.07—2017.12）

后勤科长：

王晓明（2011.12—2017.12）

【获奖情况】

2017年，霍州市人民武装部被山西省军

区评为战备建设先进单位，保障科长王晓明被军分区表彰为先进人武干部。

（李鸣鸣　王晓明）

武警霍州市中队

【概况】　霍州市中队原为中国人民解放军山西省公安总队临汾专区公安大队霍县公安队；1983年，改编为中国人民武装警察部队山西省总队临汾地区支队霍县中队；2000年，改编为武警山西省总队临汾市支队霍州市中队。霍州中队位于霍州市退沙村境内，主要担负霍州市看守所看守勤务。

【政治教育】　2017年，武警霍州市中队始终把思想政治工作放到首位，发挥思想教育主阵地作用，注重教育，引导官兵写好军旅日记、撰写学习心得体会，举办板报和警营小报展评、观看红色电影、开展读书演讲、歌咏比赛等活动，使官兵增进知识，夯实思想根基。把“三个看齐”，强化“四个”意识，锤炼“四铁”精神，作为引领部队的“魂”和“纲”，贯穿全年，紧抓不放。把握习近平总书记“三个绝对”政治要求，塑造官兵理想信念坚定，思想稳定健康、纯洁可靠，文化活动丰富多彩，学习科学文化知识积极主动，大抓思想政治建设和文化建设。

【中心工作】　2017年，武警霍州市支队牢固树立“中心居中”的执勤意识，按照“执勤安全有保证，处突反恐有把握”的要求，狠抓正规执勤，深化隐患治理，组织各类勤务，推动执勤信息化建设和战备体系建设，确保以执勤、处突为中心的各项任务完成。着眼执勤战备处突实际，练活战术战法，练精执勤技能，练好协同处置，提高官兵遂行任务能力和官兵执勤能力。

【安全制度】　2017年，武警霍州市支队树立安全工作首位意识，建立健全制度和措施，加强部队安全工作。按照一切聚焦精细实涵，一切围绕安全稳定，一切紧盯末端落实的总要求，解决“人车枪弹酒、水火电毒密”，狠抓正规化建设、士官队伍建设和安全管理，强化官兵的法治意识，提高干部骨干管理能力，坚持以人为本，以安全发展为核心，树立安全管理理念，严格组织纪律，培养优良作风，解决正规化建设水平不高、精细化抓建程度不够的难题，实现“秩序正规、作风优良、纪律严明、内部和谐、安全稳定”的目标。

【后勤建设】　2017年，武警霍州市支队加强后勤建设，保障中心任务完成，服务官兵生活，健全后勤各项法规制度，建设过硬的后勤队伍，提高科学管理水平、创新工作方法、破解发展难题、改善官兵生活，增强综合保障效能，确保重大行动后勤保障任务完成，确保广大官兵生活水平稳中有升，确保后勤全面建设科学发展。协调当地政府改善官兵生活环境，对中队作战勤务值班室地板砖更换为木地板，对厕所、接待室进行改造。立足实际谋划搞好农副业生产，培养官兵艰苦奋斗精神，后勤建设稳步提升。

【领导班子】

中队长：

马玉民（2016.05—2017.12）

指导员：

杜　龙（2015.02—2017.12）

排　长：

李克亚（2016.07—2017.12）

（曹荣垒）

法　　治

政　　法

【概况】　霍州市政法委有正式工作人员25人，正科级干部9人，副科级干部5人，一般人员11人。下设6个科室，其中办公室、政工人事股、执法检查股、调研室属于内含科室，市综治办、市防范办与政法委合署办公。主要职责是对全市的政法工作做出全局性部署，组织协调全市社会稳定、社会治安综合治理工作；研究加强政法队伍建设和领导班子建设的措施，协助党委组织部门考察、管理同级政法部门的领导干部；检查政法部门执行法律、法规和方针、政策的情况，监督和支持政法各部门依法行使职权，指导和协调政法部门在依法相互制约的同时密切配合，督促、推动大案要案的查处工作，讨论、研究有争议的重大、疑难案件；组织推动全市政法战线的调查研究工作，探索政法工作改革等项工作。

【总体工作部署】　2017年，霍州市政法委贯彻党的十九大精神，以习近平总书记对政法工作的重要指示为指引，按照中央、山西省、临汾市政法工作会议和霍州市委部署要求，树立国家总体安全观，营造平安稳定社会环境，创建全国平安县市，服务保障“六大攻坚”，深化司法体制改革，打造过硬队伍，履行维护社会稳定、促进公平正义、保障人民安居乐业的职责使命，为“进军省强市、全面达小康，共建文明开放幸福美丽新霍州”创造良好社会环境和法治环境。

【服务经济发展】　霍州市七届二次全会和三级干部大会，确定2017年全市工作，霍州市委、市政府启动实施61项重点项目。项目涉及工业转型、城市开发、生态建设、民生改善等方面，在实施过程中出现各种矛盾和问题，政法机关超前介入，掌握不稳定因素，把不稳定因素化解在萌芽状态。落实便民服务措施，健全一门受理、关联审批和多证联办等模式，开展“项目落地”一站式法律服务，简化办事程序，公开办事流程，提升服务效能。防范金融风险，做好宣传预警工作，增强群众风险意识和识别能力，从源头上减少非法集资等金融案件发生。打击寻衅滋事、敲诈勒索、破坏生产经营、欺行霸市、收取“保护费”等违法犯罪行为，保护各类市场主体，为企业、商户正常经营提供安全保障。

【平安霍州建设】　平安创建活动。霍州市政法委出台《平安霍州2017年行动计划》，开展平安医院、平安村、平安社区、平安企业等基层平安创建，以点带面、整体推进，拓展创建覆盖面。推进“六网覆盖”，打造以“110”指挥中心为龙头，以派出所为平台，以巡逻干警为主体，以群防群治为基础，打防管控为一体的工作体系。全市共组建1300余人的市、乡、村（社区）三级治安巡防队，实行夜间巡逻、错时巡逻、弹性巡逻，提升巡防工作实效。实施视频监控“天眼工程”，新布建高清监控探头53个，电子警察系统8套，高清卡口系统8套，基本覆盖全市主要出入境路口，为全市平安建设提供硬件支撑。缉枪治爆专项行动。霍州市政法委开展“中镇一号”“中镇二号”民爆物品整治行动，加强危爆物品安全监管。把沿山采石场相对集中的李曹镇、历史非法开采多发的白龙镇为重点地区，严厉打击非法制造、使用爆炸物品的违法犯罪活动。2017年收缴管制刀具58把，仿真枪3支，手铐1副，收缴炸药2101公斤，雷管、土枪、气枪、手雷、枪、弩、子弹若干，消除社会安全风险隐患，保证全市治安形势。消防安全治理行动。霍州市政法委开展电气火灾综合治理、高层建筑消防安全专项整治、学校消防安全检查等工作，检查各类单位903家，发现火灾隐患1451处，督促整改火灾隐患1421处，下发行政处罚决定书24份，临时查封11家，行政拘留9人，责令三停25家。2017年，全市接警23起，直接财产损失下降38.93%。交通安全治理行动。霍州市政法委围绕“一点三段三个面”，防事故、保安全、保畅通工作重点，共查处违法行为1.64万起，行政拘留138人，排查隐患12处，发放隐患通知书15份，接处道路交通事故558起。

【法治建设】 2017年，霍州市将法治工作纳入全市发展总体规划，与经济发展目标同部署、同考核、同奖惩，推进法治建设。霍州市政法委出台《2017法治霍州重要举措工作规划》（2016－2020）《2017年法治霍州建设工作要点》。贯彻落实《党政主要负责人履行推进法治建设第一责任人职责规定》，书记、市长亲自抓法治工作，霍州市委书记崔山原多次召开专题会议研究法治工作，政法委书记田晋川就司法体制改革、执法规范化建设、普法宣传、法治队伍建设进行总体部署和安排。按照山西省、临汾市政法委要求，经编办批准，成立法治办。出台《创建法治霍州工作实施方案》，健全各项制度，使霍州市法治工作步入规范化轨道。在全市各党政机关、企事业单位全面推行法律顾问、公职律师、公司律师制度。2017年，市委、政府及乡（镇、街道）等单位聘请5个法律顾问；鼓楼街道、开元街道、工商质监局聘请3个公职律师，推进决策科学化、民主化、法治化。

【普法教育】 2017年，霍州市政法委按照“谁执法谁普法”的原则，与全市52个普法责任单位建立《普法责任清单》，使系统内普法与社会普法相统一。依托电台、电视台、《今日霍州》报和移动短信搭建“四位一体”的普法宣传平台，组织公证处、律师所、法律服务所开展“与法同行”“以案说法”“法律讲堂”等普法栏目，播出普法专题43余期，发送普法短讯3000余条次，弘扬法治精神、传播法律知识。组织全市国家工作人员3200余人参加2017年度无纸化学法用法考试工作，合格率98%以上。开展“法律六进”“送法进校园”活动，发放法律知识100问答3000余册、发放《青少年法律知识读本》4000余册，推进全民知法守法。建设永和公园法治宣传基地，制作展出民法总则、环境保护等法治宣传版面23块，法治宣传标语12条，扩大法律宣传覆盖面。

【司法改革】 2017年，霍州市政法委推进以司法责任制为主要内容的司法体制改革，提高司法质量。

做好员额法官、检察官遴选工作。2017

年，霍州市按照遴选规定，经过民主推荐、业务考核、遴选考试等程序，完成首批员额法官和检察官遴选工作，其中：法官22人、检察官15人，实现员额配置科学化、比例调整动态化、遴选常态化。

完善司法责任机制。制定法官、检察官权力清单和责任清单，打造权责明确、监督有序、制约有效的司法运行体系。霍州市人民法院按照“让审理者裁判，由裁判者负责”的要求，取消行政化的案件审批制，确立合议庭、法官办案主体地位，组建8个审判团队，建立2个员额法官+1个法官助理+2个书记员的团队审判模式。法院审判质效持续提升。市检察院按照“谁办案谁负责、谁决定谁负责”的要求，制定9个业务类别393条权力清单，构建权责明晰的检察权力运行机制。

加强执法司法规范化建设。2017年，政法各部门结合实际，开展“执法司法规范化建设年”活动。霍州市人民检察院建立办案流程、执法裁量、案件质量、执法司法权责、执法司法公开“五大标准体系”，促进规范化建设；强化涉案财物登记与保管，2017年，涉案物品入库536件，出库302件。霍州市人民法院深化以审判为中心的刑事诉讼制度改革，确保侦查、起诉、审判的案件事实证据经得起法律检验，提高司法质量、效率和公信力。霍州市公安局以建立人民警察管理制度、完善人民警察职业保障机制和探索建立主办侦查员制度为重点，优化警力资源配置。霍州市司法局推进律师制度、法律援助制度、司法鉴定管理体制、社区矫正制度等改革，提升司法行政工作水平。做好“两法衔接”，防止以罚代刑、有罪不究、渎职违纪问题的发生。

【队伍建设】 2017年，霍州市政法委开展“两学一做”学习教育常态化制度化，维护核心见诸行动主题教育活动、开展“讲政治、知敬畏、守规矩”专项治理，推进党风廉政建设和“两个责任”的落实，明确干警工作职责，促进政法队伍公正廉洁执法。*加强思想政治教育，提高广大干警政治素养*。把思想政治建设放在首要位置，引导干警树立“四个意识”。政法委党委落实“三会一课”“党员活动日”等学习制度，坚持学习人员、时间、内容三落实。霍州市司法局建立“支部+学习小组”党建模式，开展“四个一”主题党日活动；市人民检察院创新思路，开展工作调研，撰写检察理论研究和调研报告8篇。*加强技能训练，提升干警履职能力*。在“两学一做”学习教育中，结合工作实际，坚持问题导向，突出学习教育实践性，提高政法干警专业素养。市公安局把提升履职能力作为队伍建设的着眼点和落脚点，与新疆阜康市公安局结对帮扶，实行警务合作，共享反恐防暴、警务实战化经验。市检察院突出抓好体能训练，组织干警每周一、三、五进行擒拿、队列以及警械的使用训练。*加强执法监督建设，完善权力约束机制*。政法党委开展案件评查剖析和案件督办，推进执法考评和干警执法档案建设等工作，开展执法监督工作。完善岗位职权利益回避制度，严禁政法干警家属插手、经营与政法干警职务行为相关联的特种行业。落实执法办案全程公开、全程留痕制度，司法机关内部人员过问案件记录制度，办案质量终身负责和错案责任倒查问责制度，做到用制度约束和规范执法司法行为。*深化党风廉政建设，开展专项整治*。落实“两个责任”，开展廉政约谈、推行“四述两谈”，落实领导干部个人有关事项报告制度，增强廉洁自律坚定性。坚持从严治警方针，筑牢民警拒腐防变、严格执法的思想基础。围绕人民群众反映强烈的不作为、乱作为，特别是执法不严、司法不公等执法司法突出问题，把握查摆问题、严肃查处、整改落实、建章立制四个环节，高标准、严要求，形成惩处违纪违法人员的高压态势，促进干警清正、队伍清廉、司法清明，提升司法公信力。

【防范处理邪教工作】 2017年，霍州市政法委发挥职能作用，开展“防邪知识进家庭”“防邪知识进校园”活动，推进“无邪教乡镇”创建工作。对重大活动和敏感节点的社会稳定情况进行预警防范，坚持出台方案在前、细化措施在前、预防演练在前，加大对“法轮功”“全能神”等邪教组织防范力度，在加强日常监管的基础上，配合临汾市委统一行动，对基督教非法势力进行控制，对其可能渗透的途径落实监控措施，全市没有出现非法滋事现象，实现全国和全省两会等重要节点的“四个不发生”目标。

【领导班子】

市委常委、政法委书记：

田晋川（2016.08—2017.12）

副书记：

赵纪红（2007.07—2017.12）

荀三林（2011.04—2017.12）

闫建华（2012.08—2017.12）

委员：

乔建民（2002.07—2017.12）

李德恩（2002.07—2017.12）

（杨涛）

公　安

【概况】 霍州市公安局内设12个内含科（室、队），12个派出所（一级所1个、二级所3个），2个直属机构（看守所、拘留所）。其中执法勤务机构5个，分别为指挥中心、国保大队、刑警大队、交警大队、治安大队；综合管理机构4个，分别为政工监督室、法制大队、警务保障室、市纪委监委第十二派驻纪检监察组；选设机构3个，分别为户政大队、经侦大队、巡警大队。全局共有政法编制219人，在职人员376人（其中授衔民警241人，未授衔干部30人，其他105人），班子成员20人，党员347人。

【亮点工作】 2017年，霍州市公安局“三基建设”工作走在山西省前列，省、市政法、组织、宣传、公安等部门相关领导莅临霍州市公安局视察指导，临汾市各县市组织部部长到霍州市公安局考察观摩，《警方周刊》《临汾日报》、临汾电视台等媒体刊物报道推广霍州市公安局工作经验，相关兄弟单位到该局观摩学习；从优待警落实全局民警职务并级等工资1260万元；与新疆阜康市公安局签订引深警务合作机制协议书，对口援助价值10万元的信息化设备。

【政治学习】 2017年，霍州市公安局组织学习党的十九大精神，组织召开专题会议组织学习习近平总书记视察山西重要讲话精神，按照习近平总书记在脱贫攻坚座谈会上提出的8条要求，找准切入点和结合点。

【安全保卫】 2017年，霍州市公安局完成党的十九大、“一带一路”国际论坛、全国、山西省、临汾市“两会”“两委”换届选举等重大活动、重要节日和敏感节点的安保维稳任务，以最高标准、最严要求、最强措施、最佳状态、最好效果，守住“三个不发生”“七个坚决防止”的底线，确保安保工作期间全市社会治安稳定万无一失。

【三基建设】 2017年，霍州市公安局党委面对基础工作薄弱、信息化滞后、办公条件落后等困境，以山西省委“三基建设”为统领，以公安“四项建设”为抓手，紧盯“全省一流、全市领先”目标，投入2300余万元，用7个月时间，打造一个全新的公安机关，霍州公安硬件建设和作战实力取得历史性突破。完成全省一流的合成作战中心建设，建成警务信息、指挥、治安、信访、四级会议、执法办案“六大平台”，设置多功能会议室、视频调度会议室、互联网监控中心、观光电梯、中央空调；完成办案区改造升级，突出高科技智能化为一体的现代办案区，推动执法规范化建设提档升级；完成办公区改造建设，功能完善，整洁大方，军事化管理；完成信访接待室和群众报案受理中心、刑事技术用房、服务群众窗口单位等接待区改造建设。

【刑事犯罪侦查】 2017年，霍州市公安局部署开展“三大战役、四大行动、五项整治”专项行动，保持严打高压态势，全市刑事案件立案446起，其中危害严重的八类刑事案件25起，“两抢一盗”案件286起，破获各类刑事案件235起，4起命案和1起绑架案全部及时侦破，抓获犯罪嫌疑人125人，提请批准逮捕62人，移送起诉142人，抓获各类逃犯50名；受理查处治安案件425起，查处违法行为人170人。

【经济犯罪侦查】 2017年，霍州市公安局开展打击经济犯罪专项行动，破获各类经济案件14起，抓获犯罪嫌疑人16人，挽回资金损失100余万元，配合外地经侦部门办理案件2起，协查案件20起。

【禁毒工作】 2017年，霍州市公安局坚持“四禁”并举，严格执法，标本兼治的禁毒工作方针，开展禁毒人民战争、禁毒宣传、禁种铲毒等各项业务工作，遏制霍州市毒品问题的发展蔓延，打击零包贩毒，以贩养吸等犯罪，净化社会环境。全年破获涉毒刑事案件9起，刑拘12人，查获冰毒1003.84克，抓获吸毒人员50人，社区戒毒3人，社区康复2人，强制隔离戒毒6人。

【安全保卫】 2017年，霍州市公安局主动出击，广辟案源，保持严打食品药品环境类违法犯罪活动高压态势，联合相关行政部门开展检查30次，检查涉及食品药品生产、销售场所、单位150余家；破获食药犯罪案件5起，刑事拘留6人，完成山西省厅协查案件1起，查扣非正规渠道进购食盐80余吨，查扣不合格无碘食盐2.9吨。开展全市散煤专项整治行动，检查散煤储存点43处，取缔散煤储存点31处，发放宣传资料2万余份，查处行政案件4起，行政拘留3人。

【危险物品管理】 2017年，霍州市公安局开展涉爆安全隐患大排查大整治行动，明确任务目标，发现问题，彻底整改隐患，严防各类涉爆案件事故发生。全年收缴治爆原材料1.65吨，雷管57发，土枪1支，气枪1支，手雷2枚，枪支零部件2件，弩1把，铅弹100发，子弹73发，炸药5393公斤，予以销毁。

【交通安全】 2017年，霍州市公安局以防事故、保安全、保畅通为目标，以市委、市政府和广大人民群众的评价为标准，以一点三段三个面为切入点，筑牢基层基础，创新管理，打击各类严重道路交通违法行为，加强城市管理，改善城区交通环境。全年查处违法行为10.86万起，行政拘留71人；主城区施划停车位1620个，在人行道上有选择地施划非机动车停车位186处，清理占道经营摊点228余处，主城区交通秩序明显好转。接处道路交通事故1294起，立案76起，死亡9人，受伤86人，直接财产损失减少19150元。

【消防管理】 2017年，霍州市公安局在以预防重特大火灾事故为目标，改善消防安全环境，加大消防监督和执法力度，预防重特大火灾发生，为霍州市经济社会发展营造良好消防安全环境，全市99家消防安全重点单位全部建成微型消防站，建成率100%，率先在临汾市完成区域联防试点和演练工作，推动夏季消防安全检查工作的开展。全市检查单位903家，发现火灾隐患1451处，督促整改火灾隐患1421处，下发行政处罚决定书24份，临时查封11家，行政拘留9人，责令“三停”25家，罚款59.7万元。

【出入境管理】 2017年，霍州市公安局站在服务经济社会发展大局和服务人民群众的高度谋划工作，把出入境管理工作放到公安工作的大局中去认识、去把握、去部署、去推进。把握时代需求、群众需求，推出促进经济社会发展和便利群众的新举措，让人民群众得到实惠，让出入境工作科学发展，开创出入境管理工作的新局面。全年办理出入境证件5550人次，其中护照2958人次、港澳证2217人次、台湾通行证375人次。

【便民服务】 2017年，霍州市公安局贯彻“让数据多跑路、让群众少跑腿、服务群众零距离”的服务宗旨，为群众答疑解惑，提供援助。2017年，全局便民服务在线平台上线浏览群众9.41万人次，日平均访问量263人次；发布各类信息137条，市局采用92条，省厅采用9条；办理公安行政审批、服务事项和群众诉求196件，群众满意度100%。

【信访工作】 2017年，霍州市公安局深化涉法涉诉信访改革，实现信访工作过程标准化、工作场所规范化、工作制度系统化、工作流程信息化。全年按要求办结公安信访信息系统转交办案件13起，其中有公安部转办3起、交办1起、省公安厅转6起、市公安局转办3起。按规定录入局领导接访25次，信访重点人员信息系统录入87人次；日常工作中接待信访群众500人次。

【户政管理】 2017年，霍州市公安局开展“一标三实”工作，全年采集录入基础信息57.77万条，登记出租房屋2417间，采集覆盖率86.13%。2017年，霍州市实有人口309755人，其中出生3433人、死亡3245人、迁入1391人、迁出1869人；暂住人口4712人，办理居住证2633个，登记率为100%，办证率55.9%（居住登记满半年可申领居住证）。办理居民身份证28236人次，办理身份证邮政特快专递2220个，受理异地身份162个，办理身份证挂失357个，丢失招领196个。

【从优待警】 2017年，霍州市公安局做实从优待警工作，完成全局342人调资任务，67人职务职级并行，82人警衔工资，落实资金1260万元；组织600余人2次参与市公安局战时民警心理健康保护工作送教下乡活动，心理训练开展11期160人；落实民警带薪休年假制度；分23批次免费对全局所有人员体检；举行人民警察荣休仪式和文艺晚会，授予75人荣休纪念章和证书。

【领导班子】

局　长：

计军亚（2016.06—2017.12）

政　委：

关玉龙（2016.11—2017.12）

常务副局长：

王康杰（1999.11—2017.12）

副局长：

许谟平（2011.12—2017.12）

张　诚（2011.12—2017.12）

朱永忠（2011.12—2017.12）
刘雅斌（2011.12—2017.12）
朱明启（2011.12—2017.12）
纪委书记：
孙安平（2012.08—2017.12）
副政委：
周　鹏（2016.11—2017.12）
交警大队大队长：
郜崇栋（2011.12—2016.11）
党委委员、交警大队教导员：
王　力（2003.03—2017.12）
党委委员、政工监督室主任：
王　丹（2014.01—2017.12）
党委委员、法制大队大队长：
陈　平（2014.01—2017.12）
党委委员、消防大队长：
杨　宇（2016.12—2017.12）
局长助理：
杨志华（2014.01—2017.12）
薛　强（2014.01—2017.12）
贾晓明（2014.01—2017.12）
李志毅（2014.01—2017.12）
贺俊锁（2014.01—2017.12）

【获奖情况】

2017年，霍州市公安局荣获山西省公安厅集体二等功；

霍州市公安局治安检查站、巡警大队荣获临汾市公安局集体三等功；

霍州市公安局交警大队被山西省人力资源和社会保障厅、山西省公安厅交通管理局授予“山西省公安交警系统先进大队”称号；

局党委委员、交警大队大队长郜崇栋，巡警大队大队长朱辉，治安大队民爆中队中队长陶昱名，治安大队特行中队教导员牛伟等4名民警荣立临汾市公安局个人三等功。

（韩文军、段勇）

公安局交通警察大队

【概况】　霍州市公安交通警察大队机关位于城区北边，108国道退沙段，占地面积9000平方米，建筑面积3800平方米。其中：车辆业务大厅、秩序业务大厅各1个，办案区1个，会议室2个，办公室38间，宿舍16间，床位48个，机关院内设有操场1个、停车场1个，绿化面积1200平方米。机关外专用停车场1个，3000平方米。大队设立城市中队、公路巡警一中队、公路巡警二中队、辛置中队、白龙中队、什林中队、大张中队、环监中队8个中队；设办公室、宣教科、秩序科、车管所、事故中队、快处理赔服务中心、督察室、法制科、安全设施科、指挥中心和交通事故调解委员会等11个科室，2017年，有民警274人。

【硬件设施】　大队共有：智能交通综合管理平台系统1套、车辆大数据研判系统1套。功能为：①视频监控功能。设置点位41处，公路主干道17个卡口和城市干线8个路口实时监控路况。②电子警察功能。设点位36处，均为700万像素，对闯红灯、超速、逆行、不按规定车道行驶、不系安全带、接打手机、吸烟等交通违法自动识别抓拍。③卡口及信息上传功能。41处高清摄像机均实时上传卡口图片信息至大队智能交通综合管理平台后上传至集成指挥平台缉查布控系统，为交通管理和侦察破案提供强技术支持和保障，确保精准打击。④指挥调动功能。主要针对各类警情（道路拥堵、突发事件、工作指令等），快速接警登记事件，信息实时传递，处警过程动态跟踪，处置结果反馈等。⑤监控信息存储功能。各类监控资料均能前端加后台服务器自动存储。⑥录入违法行为功能。设有专用内勤室，对采集的闯红灯、超速、逆行、不按规定车道行驶、不系安全带、接打电话、吸烟等交通违法行为及时录入。移动测速设备3套，执法记录仪140台，执法记录仪数据采集站6个，呼出气体酒精含量探测器22台，录音录像机24个，公安网电脑53台，350兆数字对讲机14台，车载台1部，执法警用车11辆。

2017年，霍州市公安局交通警察大队设立党总支，下设十四、十五、十六、十七、十八共5个支部，81个党员。全市道路总里程为1910.68公里，其中：国道108线1条，19.34公里，省道桃临线1条，16.64公里。市（县）道6条111.6公里，乡道43条336.9公里，村道284条480.9公里。一级公路23.5公里，二级公路60.4公里，三级公路87.7公里，四级公路742.1公里，等级外里程31.6公里。通车里程达1910.68公里，公路密度为每平方公里0.40公里。基本框架为三纵三横网络。

2017年，霍州市公安局交警大队贯彻党的十九大和习近平总书记系列重要讲话精神，以全国、全省、临汾市公安交通管理工作会议为指导，以迎接党的十九大胜利召开为主线，以防事故、保安全、保畅通为目标，以市委、市政府和广大人民群众的评价为标准，以“一点三段三个面”为切入点，稳中求进为基调，坚持筑牢基层基础，创新管理，坚持强化“三基建设”，全面从严治党、全面从严治警，坚持制度执行落实，统筹谋划，科学安排。开展“两项整治”①、“迎接十九大、全警保平安”1+8专项行动和“三个不发生”②，创建等专项行动，打好四场交通安全整治攻坚战。全市道路交通安全形势持续好转，实现道路安全文明畅通有序和道路交通事故稳中有降的目标，营造安全、稳定、和谐的道路交通环境。

【安全工作】 2017年，霍州市公安局交通警察大队按照“全覆盖、零容忍、严执法、重实效”的总体要求，集中力量，不间断从细、从严、从实滚动排查。推动运输企业主体责任落实，推动运输企业、重点车辆和驾驶人隐患“清零”，推动全市道路路面隐患整改。2017年，深入16家企业，22个农村，3所学校。与2016年同比增加98.2%。逐车逐人排查4000余人次，与2016年同比增加97.3%。集中约谈客货运企业负责人2次70余人，与2016年同比增加100%，车辆检验率达99.92%、报废率达97.46%，重点驾驶人员培训2047人。大型旅游、公路、“营转非”客车、校车、危化品车检验率100%、注销率100%，B2以上驾驶证换证率99.52%、审验率99.57%。督促违法未处理重点车辆违法清零工作249辆。发放整改通知68份，与2016年同比增加90.88%。

【交通管理】 2017年，霍州市公安局交通警察大队查处违法行为10.86万起，与2016年同比增加63.14%。简易处罚70105起，与2016年同比增加148.66%。非现场35141起，与2016年同比持平。强制处罚3349起，与2016年同比增加56.78%。行政拘留71人。毒驾1起，与2016年同比增加100%。涉牌涉证2655起，与2016年同比增加37.42%。查处酒后驾驶403人，与2016年同比增加44.44%。主城区施划停车位1620个，与2016年同比增加89%。在人行道上有选择地施划非机动车停车位186处，与2016年同比增加31%。开具违法停车通知书6473份，与2016年同比增加15%。拖移乱停乱放机动车、非机动车1221

余辆，与 2016 年同比增加 1.38 倍。清理占道经营摊点 228 余处，与 2016 年同比增加 1.79 倍。打击各类交通违法行为，促使主城区交通秩序明显好转。接处道路交通事故 1294 起，同比减少 160 起，下降 9.09%。其中：道路交通事故立案 76 起，同比较少 29 起，下降 27.62%；死亡事故 8 起，同比减少 2 起，下降 20%；死亡 9 人，同比减少 3 人，下降 25%；受伤 86 人，同比减少 60 人、下降 41.10%；直接财产损失减少 1.92 万元，下降 48.36%。简易程序处理的交通事故 308 起，同比增加 144 起，上升 87.80%；造成 71 人受轻微伤，同比增加 37 人，上升 108.82%；直接财产损失 5.51 万元，同比增加 6667 元，上升 13.77%。

2017 年，霍州市公安局交通警察大队集中通报运输安全状况 33 次，与 2016 年同比增加 60%。集中向安监、交通运输部门通报重点营运车辆交通违法 28 次，与 2016 年同比增加 50%。集中向市政府书面报告公路安全隐患情况 1 次，与 2016 年同比增加 100%。通报相关部门，推动隐患整改。排查路面隐患 41 份，与 2016 年同比增加 70%；116 处，与 2016 年同比增加 2.3 倍；已整改 41 处，正在整改 50 处，正在督促整改 25 处；企业 27 份 62 家，整改 57 家，正在整改 5 家。以三教乡为突破，拓展重点路段、重点路口、重点景区的 32 个农村劝导站建设。与 2016 年同比增加 1 倍。32 个农村劝导站建立台账，完善工作记录，发放“两项整治”“迎接十九大、全警保平安”1＋8 专项行动、“三个不发生”创建活动和中镇霍山·华夏州署第九届旅游月挂图 50 份，与 2016 年同比增加 100%。共劝导 8 万余人，与 2016 年同比增加 80%。共悬挂标语 32 条，与 2016 年同比增加 80%。发放资料 5 万份，与 2016 年同比增加 95%。劝导各类违法车辆 268 辆次，与 2016 年同比增加 1.5 倍。七里峪风景区交通安全劝导站在临汾市蒲县现场会议上作经验介绍。

【宣传工作】　2017 年，霍州市公安局交通警察大队突出“宣传是第一生产力”的作用，创新开展交通安全宣传攻势战，城乡结合部宣传普及率 45%以上，中小学校宣传普及率 70%，居民社区宣传普及率 60%以上，企事业单位宣传普及率 70%。发布微信、微博各 1600 余条，与 2016 年同比增加 82%。开展“执法大直播”8 次，与 2016 年同比增加 100%。编发通讯报道 96 条，与 2016 年同比增加 84%。山西省级媒体采用 26 条，与 2016 年同比增加 63%。国家级媒体采用 6 条，与 2016 年同比增加 50%。发布安全警示 62 条，与 2016 年同比增加 37%。曝光 960 条，与 2016 年同比增加 21%。发布“两公布一提示”27 条，与 2016 年同比增加 80%。悬挂宣传横幅 75 条，与 2016 年同比增加 33%。国道刷写标语 8 条，与 2016 年同比增加 100%。展出宣传展板 12 块，与 2016 年同比增加 100%。张贴挂图 2000 张，与 2016 年同比增加 50%。发放宣传资料 9 万份，与 2016 年同比增加 50%。发放致全市人民、全市驾驶人员、小学生（幼儿）家长及社会各界群众的一封信各 2 万份，与 2016 年同比增加 100%。

【服务经济社会发展】　2017 年，霍州市公安局交通警察大队主动对接山西省、临汾市和霍州市《大气污染防治 2017 年行动计划》和霍州市政府《全市散煤专项整治行动实施方案》，采取“1231”工作法③，开展 2017 年初年末“铁腕治污行动工作”。截至 11 月 15 日，查处涉及道路交通环境违法

3205起，与2016年相比增加21倍多。机动车载运物行驶时遗洒飘散载运物2584起，与2016年相比增加42倍；机动车不按规定遮盖篷布208起，与2016年相比增加1.8倍；市严控区机动车违法闯禁令103起，与2016年相比增加9.3倍；涉及环保无牌无证10起，与2016年相比增加10倍；驾驶排放检验不合格的机动车上道路行驶300起，与2016年相比增加300倍；涉及道路环境的行政拘留案件8起，与2016年相比增加8倍。

【精准扶贫】 2017年，霍州市公安局交通警察大队精准扶贫工作领导组，落实师庄乡李家脑和坡底堡村精准扶贫“三联、三包、三促”[④]制度，制定帮扶方案，对16户贫困户建档立卡，实施人畜饮水维修工程，为完成精准扶贫工作奠定基础。

【文明示范公路】 2017年，霍州市公安局交通警察大队采取“4＋3×3”工作模式[⑤]，在国道108线霍州段全线创建文明示范工程，以霍州客运站至霍洪交界10公里为主，霍州客运站至霍灵交界9.342公里为辅。每1公里处为标准，安装测速卡口、电子警察、信号灯、交通诱导系统、视频监控系统等17处智能监控系统。新建指挥中心集成指挥平台，增加集成指挥平台先进设备，实现卡口、电子警察设备、高清监控点的各类监控前端的综合接入，建立图片云计算系统，满足对海量图片进行高效结构化处理、可快速检索关键车、事件信息、服务于智慧交通事务要求，实现精准化管理。

【政治建警】 2017年，霍州市公安局交通警察大队以“两学一做”学习教育常态化制度化主题教育活动为契机，把“113”工程[⑥]作为夯实党在公安交警大队的执政基础，提升全市道路交通管理水平的一项战略性工作来抓，按照霍州市委“一年解决突出问题、初见成效，2年深化拓展、显著改观，三年实现整体提升、全面进步”的总体思路，明确党建目标、任务、责任、进度，积极对标、对表、对接，大队党总支合理设置机构，划分事权，减少职能交叉重叠，撤销纪检室，将政工科合并至办公室，将三个事故中队合并为一个事故中队，将治超中队职能转变至公路巡警一中队，设立环境监察中队，首建妇委会、快处快赔中心，完善大队团总支，建立基础工作8类16项基础工作目录、工作流程、应知应会手册、便民手册。

【领导班子】

党总支书记、大队长：

郜宗栋（2016.12—2017.12）

党总支副书记、教导员：

王　力（2003.03—2017.12）

党总支委员、副大队长：

曾广平（2000.01—2017.12）

吕小环（2000.01—2017.12）

朱耀平（2009.01—2017.12）

朱　敏（2014.01—2017.12）

李玉平（2014.01—2017.12）

党总支委员、纪检组长：

薛新红（2014.01—2017.12）

【获奖情况】

2017年，霍州市公安局交通警察大队被山西省人力资源和社会保障厅、山西省公安厅交通管理局表彰为山西省交警系统先进集体。

霍州市公安局交警大队城市中队获2016年度省级“青年文明号”。

2017年，临汾市劳动竞赛委员会记霍州公安交警大队集体一等功。

2017年，临汾市公安局交警支队表彰霍州公安交警大队为优秀大队。

2017年，霍州公安交警大队获临汾市“青年文明号”单位。

2017年，临汾市公安局表彰霍州公安交警大队公路巡警一中队为“十九大安保”集体嘉奖。

2017年，临汾市公安局表彰霍州公安交警大队宣教科为“十九大安保”集体嘉奖。

2017年，临汾市公安局表彰霍州公安交警大队“三个不发生”创建办为“十九大安保”集体嘉奖。

2017年，临汾市公安局交通警察支队表彰霍州公安交警大队为“十九大安保”缉查布控先进单位。

2017年，临汾市公安局交通警察支队表彰霍州公安交警大队宣教科为“十九大安保”宣传攻坚先进集体。

2017年，临汾市公安局交通警察支队表彰霍州公安交警大队车管所为“十九大安保”隐患歼灭先进集体。

2017年，临汾市公安局交通警察支队表彰霍州公安交警大队公路巡警一中队为“十九大安保”路面防控先进集体。

2017年度山西省人力资源和社会保障厅、山西省公安厅交通管理局表彰田逢伟为先进个人。

2017年临汾市劳动竞赛委员会记张国华为个人三等功。

2017年临汾市公安局记大队长部崇栋为个人三等功。

2017年临汾市公安局表彰霍州公安交警大队“迎接十九大”战时先进个人：朱耀平、焦海燕、郝华斌、段亚萍、郭巍巍、李静、杨斌斌、高晶龙、薛胜利、李华、吕志伟、田亮、韩娜、付华、董明娥、王嘉彬、田逢伟、张明、李华兵、张鑫鑫、郭亮。

2017年临汾市公安交警支队表彰霍州公安交警“十九大安保”先进民警：冯建平、刘高生、刘亮、李志华、师红军、田涛涛、曹文虎、薛京、范文龙、蒲鑫、董泽斌、赵华、王成岗、朱建新、马建平、庞天资、刘武杏、陈志强、朱剑锋、陈军军、郭继红、郭勇。

〔名词注解〕

①“两项整治”：普通公路严重交通违法行为及城市道路交通违法行为专项整治。

②“三个不发生”：不能发生暴恐案事件、不能发生在全国有重大影响的大规模群体性事件、不能发生重大公共安全事件，其中，不发生重大公共安全事件，包括不发生重特大道路交通事故。

③“1231”工作法：“一摸”：摸清全市散煤销售点，并挂图作战。“二查”：查散煤来源，查营业执照。“三管”：一是源头管理上进行“五不准”。即，运煤车辆运载散煤时，不准运输无证散煤存储厂和散煤销售点的煤；不准原煤、散煤、煤泥、矸石及非法洁净焦炭等高污染燃料的车辆进入城市禁燃区域；不准大型货车、过境货运车和农用车进入市区；不准无牌、无证、超载、超限车辆上路；不准未遮盖或遮盖不严篷布车辆上路。“一信”：每日的工作情况，形成工作信息。

④“三联、三包、三促”：“三联”即，联系一个乡镇（师庄乡），联系一个行政村（坡底堡、李家脑），联系一户贫困户（16户）。“三包”即，大队领导包户，工作队员包户，科室所队中心负责人包户。“三促”即，促精准脱贫，促党建提升，促经济发展。

⑤“4＋3×3”工作模式：“4”即：四排查、四清单、四整顿。“3×3”即：底子、路段、堵点3清；规律、隐患、重点3知；

法规、责任、措施3明。

⑥“113”工程：1. 一个中心：以党的基层组织建设为中心，做到全面从严治党，全面从严治警；1. 制定一套科学管理机制，做到精细化管理；3. 加强民警教育，提高队伍政治能力、执法能力、为民服务能力。

（陈春洪）

公安消防大队

【概况】 霍州市公安消防大队成立于1982年，隶属于临汾市消防支队和霍州市公安局领导，营房位于霍州市退沙街道退沙村，负责全市的消防监督检查，火灾事故调查，新建、改建、扩建工程的消防设计备案和验收，灭火、抢险救援和消防宣传等工作。大队下辖1个政府专职消防队，有现役官兵7人、专职队员20人、文职人员13人，拥有水罐消防车4辆、抢险救援车1辆、多功能登高车1辆，担负着全市防火、灭火及各类抢险救援工作任务。

【灭火救援】 2017年，霍州市公安消防大队完成灭火救援任务25次，其中火灾扑灭12起，抢险救援9起，社会救助4次，出动消防车56辆次，消防官兵298人次，抢救被困人员33人，疏散人员468人，抢救财产价值31.1万元。大队官兵在战斗中展现“灭大火、救大灾”的战斗能力，完成灭火救援任务。

【部队管理】 2017年，霍州市公安消防大队落实规章管理制度，用条令条例约束官兵的行为，规范官兵的日常养成和一日生活制度。加强对士兵队伍的管理教育，采取谈心方式教育他们服从部队建设的大局。针对中级士官，大队领导通过谈心，了解其家庭情况、思想动态和工作生活中存在的困难，对存在的困难和问题给予解决，帮助他们正确处理工作角色的转换，发挥在部队建设中的骨干作用，提高士官队伍整体素质。大队在管理上“大处着眼，小处着手”，管理抓细节，教育抓养成，在确保部队中心工作和稳定的大方向不动摇的前提下，干部、班长一起跟班作业，对中队官兵在训练、作风、卫生等方面进行量化考评。拽住安全这根绳，定期召开安全例会，分析事故苗头，落实安全防事故措施。对车辆器材进行经常性维护保养，利用战勤保障资源消除安全隐患，加强对“人、车”的管理，对行政车辆和执勤车辆，以及公勤人员的八小时以为和节假日的管理，做到发现问题纠正苗头、消除隐患。

【政治教育】 2017年，霍州市公安消防大队按照上级方案要求，制定下发大队《“维护核心、听从指挥”主题教育和推进“两学一做”学习教育常态化制度化工作实施方案》，召开部署会，动员部署，引导官兵认清开展维护核心、听从指挥主题教育活动和推进“两学一做”学习教育常态化制度化的重大意义，把思想和行动统一到党中央、中央军委和公安部、部局党委、支队党委的统一部署上来，增强投身教育的坚定性和自觉性。以中央军委政治工作部印发的《维护核心、听从指挥主题教育要点》为基础，结合大队和官兵思想实际，分专题开展集中教育和学习研讨，制定集中教育学习计划表，教导员集中进行授课，开展“巨大成就是什么，取得成就靠什么、履行使命怎么办”主题大讨论活动，组织全体官兵撰写心得体会。

为做好党的十九大消防安全保卫期间思

想政治工作，大队开展“迎接十九大　忠诚保平安”主题实践活动要求，全警动员做好十九大安保期间的政治工作：加强学习，领会上级要求。围绕形势任务教育，按照上级党委的部署要求，学习习近平总书记系列重要讲话精神；激发爱党爱国爱军队的热情，增进维护核心、听从指挥的坚定性。结合“维护核心、听从指挥”主题教育和“两学一做”学习教育常态化制度化两项重大教育活动，开展全员形势任务教育和职责使命教育，引导官兵准确把握当前维护国家安全社会稳定工作面临的新形势新任务，增强做好安保工作的责任感和使命感，提升官兵的政治意识、核心意识、大局意识和看齐意识。开展思想摸排，做到了解。组织全体消防官兵、消防文员搞好摸底排查工作，做好相应排查登记，确保“全面覆盖，不漏一人”。

【练兵工作】　2017年，霍州市公安消防大队为加强官兵体能和业务技能水平，开展辖区情况“六熟悉”，对辖区重点单位、道路、水源进行熟悉。对新调整的99家重点单位灭火救援预案进行补充修订，每周开展不少于2次灭火演练，2017年，开展重点单位灭火演练83次，提升官兵实战水平。强化练兵侧重点，完善练兵责任机制，明确干部包员练兵工作责任，在大队醒目位置悬挂实战训练龙虎榜，激发官兵练兵热情和训练热潮。在鼓楼街道、鼓楼派出所、大张镇大张村建立首个街道“微型消防站”、派出所“微型消防站”、农村“微型消防站”，开展与公安消防大队联勤联动和拉动演练，提升“三知、四会、一通”灭火救援能力。

【执法工作】　2017年，霍州市公安消防大队围绕消防重点工作的各项具体要求，落实“政府统一领导、行业依法监管、单位全面负责、群众积极参与”的消防工作原则，开展各项专项整治行动，加强社会单位监管力度，督促单位责任制落实，加强单位内部自查，落实“一条高压线”和“三条铁规”。在检查中，以人员密集场所、易燃易爆等场所、文物古建筑、高层建筑、电气火灾防控工作为重点，将检查与宣传教育、现场整治、落实责任制相结合，加大对社会单位的监督力度，查处消防违法违规行为，督促整改火灾隐患。全年检查单位1141家，发现火灾隐患1844处，督促整改火灾隐患1807处，责令“三停”单位29家，罚款66万元，临时查封13处。

在全市老年人、少年儿童等人员密集区域增设独立式烟感报警器，2017年新安装419个，涉及场所55家，截至2017年底，独立式烟感报警器安装增至1093个，为提高初期火灾扑救增添保障。

【宣传工作】　2017年，霍州市公安消防大队落实“每周半天”宣传培训，促使消防宣传培训工作常态化，确保将消防宣传工作普及到广大群众中去。加大消防宣传投资，与霍州市广播电台签订协议专门进行消防定期宣传，利用媒体集中力量对市民进行消防宣传教育，利用电子屏播放消防警示标语、在广场散发传单、宣传资料等形式，向群众宣传防火、灭火和逃生自救常识，营造舆论氛围。5月22日，在霍州广播电台开设“消防天地”专栏。“消防天地”包括政策法规、消防快讯、应急救援、消防常识4个栏目，每周一期，次日重播。2017年，制作32期，播放64次，微信同步播放32次。利用微信公众号，提高消防社会关注度。针对微信具有灵活性、互动性强、跨地域广的优势，大队每日发送消防安全资讯，在五一、国庆、元旦期间发送节日期间消防安全提示，提醒广大微粉丝注意用火、防火，拉近消防宣传工作与群众的距离。“安全生产月”期间，大队在霍州署广场开展“安全生产月”消防宣传活动，助推夏季消防检查工作向纵深发展。8月，“小小消防员”暑期消防夏令营活动在霍州大队火热开启。提升社会面消防安全环境，做好秋季防火工作，预防重特大火灾事故的发生，大队走进国电霍州发电厂、李雅庄社区等场所开展上门培训和实地灭火演练活动。开展消防站对外开放，接待可幻幼儿园、阳光作文培训、回客书法教育、华语作文培训300余个师生家长参观消防队，学习消防知识。与到大队参观的蓝天救援队，相互学习救援技能。抓住夏季广场群众集中的优势，开展消防安全宣传教育。通过广场电子屏播放消防公益广告，现场发放印有消防知识的T恤、购物袋、宣传单，讲解消防安全知识等方式，让群众在纳凉、健身的同时学习消防安全知识。11月9日，组织在香江广场举办主题为“关注消防、平安你我”“119”消防月宣传活动启动仪式，公安民警、市消防安全重点单位负责人、蓝天救援队、天龙救援队、霍煤消防、消防志愿者、消防代言人代表、消防官兵及新闻媒体记者等200余人参加活动。宣传月期间大队宣传人员深入农村、企业、社区、机关、学校开展巡回宣传，采取现场示范、提问宣传方式讲解消防知识，演示初期火灾扑救和逃生基本常识等内容。全年开展大型消防宣传2次，制作悬挂宣传版面22块，悬挂条幅80余条，播放宣传公益片10部，发放宣传T恤500余件、购物袋1000个、消防宣传彩页3000余份，受教育人数2万余人。

【领导班子】

教导员：
闫瑞杰（2017.01—2017.12）
大队长：
杨　宇（2014.12—2017.12）
参谋：
杨春潮（2014.12—2017.08）
侯佳琦（2017.08—2017.12）

【获奖情况】

2017年，霍州市公安消防大队被临汾市消防支队评为先进大队、安全防事故先进单位；杨宇被临汾市消防支队授予消防宣传先进个人、消防监督执法竞赛先进个人、优秀共产党员；侯佳琦被临汾市消防支队授予安全防事故工作先进个人。

（武芳芳）

检　察

【概况】　2017年，由于司法体制改革，霍州市人民检察院机构调整为5部1中心，分别为：综合保障部、政治部、刑事检察部、民事行政检察部、检察业务管理监督部、后勤服务中心。截至2017年，全院共有干警73人，检察长1人，副检察长3人，政治处主任1人，工会主席1人，其他党组成员5人，检委会专职委员3人。从反贪污贿赂局、反渎职侵权局、职务犯罪预防科转隶至监察委员会公务员共16人，调走1人。员额检察官11人，检察官助理11人，司法警察2人，司法行政人员6人，事业编制人员2人，超编人员41人。

【刑事检察】　2017年，霍州市人民检察院受理各类刑事案件138件176人，办结116件150人，其中提起公诉案件89件108人，不起诉案件27件42人。向侦查机关发出纠正违法通知书26份，回复26份；向霍州市人民法院发出纠正审理违法通知书3份，提出抗诉案件2件，市院支持抗诉案件1件，无超期办案情况，无罪判决案件。

2017年，霍州市人民检察院共受理公安机关提请批准逮捕案件84件116人，批准逮捕53件74人，不批准逮捕31件42人，立案监督14件，侦监适时介入侦查2件2人，针对公安机关侦查活动中的违法行为，采取口头纠正和发出“纠正违法通知书”的形式予以监督，发出“纠正违法通知书”14份，针对一些经常出现的轻微违法行为，与公安机关沟通，督促改正，提高办案质量。5月19日，检察院了解到霍州盐务管理局在市场调查中发现一批“脚臭盐”，依法提前介入，在此次活动中监督盐务管理局移送涉嫌犯罪线索2件，公安机关立案2件3人，对非法贩卖食盐行为起到震慑作用，净化霍州市食盐销售市场，5月23日，组织各行政单位召开“两法衔接”工作推进会。

霍州市人民检察院在办理未成年人犯罪案件过程中，贯彻“教育、感化、挽救”的方针，坚持“教育为主、惩罚为辅”原则，运用“捕、诉、监、防”一体化的未检工作模式，加强保护未成年人的合法权益，预防未成年人犯罪。在讯问未成年犯罪嫌疑人和询问未成年被害人时，依法通知其法定代理人或其他近亲属到场，保障其合法权益不受侵害；对未成年人犯罪案件作出犯罪记录封存决定，适用于未成年特别程序12件12人。6月15日，检察院对一起拟不起诉遗弃案举行不公开听证会，听证会邀请市人大代表、政协委员、市妇联、民政局、人民监督员、律师代表、公安机关承办人等10余人参加。

霍州市人民检察院羁押必要性审查5件5人，采纳5件5人。针对工作中发现的问题，对相关部门发出纠正违法通知书，共计70份，全部回复，多次对在押人员和社区矫正人员进行谈话教育，掌握在押人员的羁押情况，预防超期羁押情况的发生。监督检查时，从规章制度方面入手，完善看守所的各项规章制度，督促看守所民警按照制度开展工作，加强对看守所的安全工作检查，发现安全隐患，及时纠正。

【案件管理】 2017年，霍州市人民检察院开展各项案件管理工作。受理流转各类案件238件297人，其中审查逮捕案件85件121人，公诉类案件138件176人，民事类案件15件，审核各类文书2448份；接待律师预约阅卷23人次。在强化涉案款物规范化管理，对涉案款物的管理上，依据《人民检察院刑事诉讼涉案财物管理规定》，严格扣押款物接收移送流程，做好对扣押或移送的涉案款物的登记工作，确保一案一卡，及时入库保管，登记涉案款项入库2.41万元，出库19.73万元，涉案物品入库536件，出库302件。开展行贿犯罪档案查询工作，提供行贿档案查询723次，实现对政府采购及工程建设领域投标企业的100%查询，2017年，公开法律文书136份，公开程序性信息185条。根据电子卷宗系统上线运行要求，完成电子卷宗制作场所的建设，采购安装高清摄像头、电子卷宗专用的高配置电脑、防磁柜、高拍仪、律师阅卷室专用电脑等设备。

2017年，霍州市人民检察院受理案件线索33件，直接答复5件，转检察院民事行政检察部4件，转刑事检察部3件，转纪检监察科5件，根据监察体制改革职能转隶工作要求，移送监察委员会16件，配合原自侦部门移送未进入诉讼环节的违法违纪线索35件，开展行贿档案查询342次。控申工作围绕市院下发的控申工作要点，提高执法能力，强化诉讼监督，解决涉及人民群众切身利益的案件，坚持严格公正执法，推进涉法涉诉信访工作改革。

由于检察院内设机构改革，未转隶人员办公用房重新分配过程中，纪检监察科按照《党风廉政建设标准》监督办公用房面积使用情况，杜绝领导干部违规变相超标使用办公用房的情况。每季度检察长与班子成员、班子成员与所分管人员进行日常约谈，2017年，检察长与班子成员约谈10次，班子成员与个别干警约谈9次。厉行勤俭节约，反对婚丧嫁娶事宜的大操大办，对于检察院干警有婚丧嫁娶事宜的情况，履行报告程序，让当事人实事求是填写报告表、申报表、公示表，派1名监督员去监督宴请情况。纪检监察公正执纪，向纪委案管中心进行案件移送，确保相关案件能得到处理，全年移送案件10件。

【民事行政检察】 2017年，民事行政检察受理各类民事监督案件33件，受理支持起诉案件11件，受理审判监督案件1件，受理执行监督案件20件，受理行政机关不当履职1件。经审查，支持起诉案件11件，法院采纳8件；发出审判监督检察建议1份，发出执行监督检察建议20份，发出督促履职检察建议1件。

加强民事行政检察宣传力度，实现对法院民事行政案件审判、执行的全程监督。全年受理审判监督案件1件，发出检察建议1份，执行监督案件20件，发出检察建议20份，回复12件。在山西省检察院开展的服务营商环境民事行政执行监督和查办虚假诉讼专项活动中，了解霍州法院办理的17件涉企合同案件进展情况，霍州法院结案10件，终结执行5件，对于剩余未结的2件案件，依法对其监督，发出检察建议，督促霍州法院采取措施，尽快将案件执结。

在开展公益诉讼专项活动中，摸排线索5条，立案行政公益诉讼案件1件，发出诉前检察建议1份，至2017年底已办结，避免国有资产流失45.96万元，保护国家利益和社会公共利益。经过线索排查，发现公益诉讼线索5条，对国土资源局在土地出让中不当履职案进行立案，发出检察建议督促其催缴土地出让金或者收回国有建设用地使用权。开展支持起诉，维护弱势群体合法权益工作。

开展“互联网＋阳光百姓工程”，组织“阳光百姓工程”30家成员单位70余个报备员进行培训，使报备员熟练掌握报备技能，报备各项涉农数据，接受群众法律咨询，做好息诉罢访工作，息诉案件3件，化解当事人的诉讼积怨，维护司法公正和司法权威。

【综合保障部工作】 霍州市人民检察院严格规范密码管理工作，截至2017年11月23日，通过一级机要通道收文203份1720页，通过三级机要通道收文463份2306页，发文57份122页，通过智能传真系统收明文244份1150页，收密文13份85页，发明文25份107页，发密文4份12页，撰写信息65篇，文件50篇。对统一业务软件中出现有关电子印章和个人签章的问题与市院机要室联系解决，做好USBKEY的解锁、重新制作、变更信息工作。

技术部门按照保密制度，定期巡视机房、涉密终端、远程视频会议设备、远程接访设备、办案区同步录音录像设备，定期去看守所检查看守所的同步录音录像设备和远程提讯设备，做到有问题能及时发现，及时上报，及时解决，确保涉密场所安全和涉密设备正常运行。

在分级保护工作方面，做好涉密信息系统分级保护测评整改工作。2017年1月，霍州市检察院按照陕西分级保护测评中心给出的整改意见，以及上级部门对该院分级保护工作要求，做好分级保护的整改工作，保证分级保护工作完成。加强与案件管理中心和各业务科室的协调配合，完成统一业务应用系统的权限配置工作，确保检察院办案系统的上线运行。在每次业务系统升级中，做好各项配置工作，确保办案系统稳定运行。涉密人员调整方面和终端变化方面，3月，检察院反贪局、反渎局、预防职务犯罪科3个部门转隶至监察委员会，在转隶过程中，与转隶人员签署离岗人员保密承诺书，回收封存涉密电脑的硬盘，保障人员调整时期的保密工作。

人民监督员办公室开展各项工作，对自侦案件的侦查开展监督，对8件案件进行监督审查，发出“五类”事项监督告知卡12份。

【政治部工作】 2017年，霍州市人民检察院推进和完善干部人事制度改革，做好干警日常管理工作，办理公务员登记工作、工作调动手续、退休手续等。为全院干警办理调资手续，为符合职级晋升的干警办理手续，为相关人员办理检察官等级套改，为优秀人才脱颖而出创造环境。4月，贯彻临汾市院培训工作安排部署，按照培训中心组织安排，组织干警赴往重庆大学学习，参加中国检察教育培训网络学习的网上专题培训学习，做好各部门干警的培训工作。

法警队响应山西省、临汾市院的文件精神，结合霍州市人民检察院实际情况，每位法警签定“安全保卫责任书”和“廉洁纪律承诺书”，在保障院内安全的前提下，4月，邀请武警支队教官对法警进行为期1个月的春季大练兵活动，组织干警每周一、三、五在院内对擒敌拳、队列以及警械的使用进行系统的训练，突出抓好体能训练；5月，3个司法警察去太原进行为期7天的山西省检察机关第七届晋（授）衔培训会议。

【后勤服务】 后勤服务中心紧扣全院工作要点，立足司法体制改革大局。在内设机构改革后对固定资产进行全面清查，从反贪污贿赂局、反渎职侵权局、职务犯罪预防科转隶至监察委员会16人，在转隶工作中予以配合，做好相关协调工作，完成转隶所涉固定资产登记工作，转隶办案设备47件，办案家具31件。根据检务保障工作的需要完成干警休息室修缮工作。按照上级部门要求，完成未检部门办案工作区建设。完成对技侦大楼楼顶防水修缮，完成对办公楼检察文化的建设，完成检察院技侦大楼消防设施修缮工作。

【领导班子】

党组书记、检察长：
王志刚（2016.06—2017.12）
党组副书记、常务副检察长：
成红福（2003.03—2017.12）
党组成员、副检察长：
朱惠林（2003.03—2017.12）
张　峰（2003.03—2017.12）
党组成员、纪检组长：
王小虎（2003.03—2017.12）
党组成员、政治处主任：
李燕燕（女，2003.03—2017.12）
党组成员：
杨福兴（2003.03—2017.12）
李　垒（2013.08—2017.12）
郭锐华（2013.08—2017.12）
乔华民（2013.08—2017.12）

工会主席：

闫　林（2003.03—2017.12）

专职委员：

董泓江（2013.08—2017.12）

王慧慧（女，2013.08—2017.12）

成晓林（女，2013.08—2017.12）

（杨军军）

法　院

【概况】　霍州市人民法院有内设机构13个：政治处、刑事审判一庭、刑事审判二庭、民事审判一庭、民事审判二庭、民事审判三庭、行政庭、立案庭、审判监督庭、执行局、办公室、监察室、法警队。派出法庭两个，即什林法庭、辛置法庭。下属事业单位1个，后勤服务中心。有干警68人。

【刑事审判】　2017年，霍州市人民法院共受理各类刑事案件107件，审结120件（含旧存），结案率95.2%，无超审限、超期羁押案件发生。审结“两抢一盗”、破坏环境、危险驾驶、交通肇事、集资诈骗等危害社会公共安全、损害群众人身权利和财产权利的犯罪案件49件，判处罪犯53人。支持配合霍州市监察委员会改革工作，推进反腐败斗争开展，依法审结贪污、贿赂等职务犯罪案件7件，判处罪犯14人。

【民事审判】　2017年，霍州市人民法院共受理各类民商事案件581件，审结622件（含旧存），结案率95.9%。审结人身损害赔偿纠纷案件98件、劳动争议案件4件，保障基本民生权益。审结买卖、借款、租赁、建设工程等合同纠纷案件407件，维护市场交易秩序。审结婚姻、继承等家事纠纷案件297件，探索建立家事案件冷静期、心理测评干预、家事案件回访等制度，建立与妇联、公安、司法、民政等部门协作机制，运用社会合力解决家事矛盾和纠纷，社会成效明显。

【行政审判】　2017年，霍州市人民法院共审查、受理行政诉讼案件19件，审结23件（含旧存），结案率92.9%。支持行政机关依法作为，办结非诉执行案件7件。配合推进行政机关负责人出庭应诉等工作，坚持依法裁判和协调化解并重，促进行政争议实质性解决。

【执行工作】　2017年，霍州市人民法院共受理各类执行案件520件，结案660件（含旧存），结案率98.5%。采取有效措施，开展拘留“老赖”春季专项行动、执行大会战、执行攻坚跨年大行动等系列专项活动，加大执行工作力度，坚持重拳惩治“老赖”，强化对被执行人的法律制裁，维护当事人合法权益。司法拘留8人，依法向社会公布失信被执行人名单95人次，在全国法院失信被执行人系统公开曝光失信被执行人383人，限制高消费3人，共执行到位案款6082万元。打击拒不执行判决、裁定行为，市法院向公安机关移送涉嫌拒执罪案件11案11人。

【立案工作】　2017年，霍州市人民法院深化诉讼服务中心建设，巩固立案登记制改革工作，实行“一站式”诉讼服务机制，强化对当事人的诉讼指导。推行院领导值班接访制度，全年接待群众2000余人次，当场化解疑难、复杂问题100余件。加大对困难群众的司法救助力度，依法为困难群众缓减免诉讼费43.9万元，让困难群众的诉讼权利实现“零障碍”。落实司法救助制度，为6案6人审核发放司法救助金17万余元，让困难群众感受到司法的关爱。

【司法公开】 2017年，霍州市人民法院适应新形势新任务需要，以公开为原则，以不公开为例外，将司法公开覆盖法院工作各领域、各环节。借助信息化手段全面实现审判流程、庭审活动、裁判文书、执行信息“四公开”，满足当事人知情权、参与权，自觉接受监督，倒逼法官提升司法能力，让人民群众以看得见的方式感受公平正义。2017年，在中国裁判文书网公开文书1796份；在中国庭审公开网，通过互联网直播庭审61件，点击观看量9378人次；录入电子卷宗962件；庭审录音录像258件。加强霍州法院微信公众号、法院网站、微博等新媒体建设，公开司法信息，让司法公正看得见，能评价，受监督。

【司法改革】 2017年，霍州市人民法院牵住司法责任制这个“牛鼻子”，统筹开展司法人员分类管理、审判权运行机制等重大基础性改革，实现改革的重点突破、以点带面、整体推进。司法人员分类管理改革基本到位。实行法官员额制后，员额法官按照单独职务序列进行管理，法官等级与行政职级脱钩，坚持“入额必办案”，遴选产生22个员额法官，选任法官助理8人，聘用书记员18人，人员配置更加合理，审判质效提升。司法责任制得到落实。落实“让审理者裁判，由裁判者负责”要求，出台《霍州市人民法院司法责任制实施细则》，按照有权必有责、有责要担当、失责必追究原则，明确审判组织权限和法官职责，法官对其履行审判职责的行为承担责任，在职责范围内对办案质量终身负责。司改后，霍州市人民法院法官减少12人，在案件新增254件情况下，清旧案、结新案、办难案，人均结案78.5件，同比上升54.4%。新型办案机制形成。探索建立新型审判权运行机制，组建以员额法官为主体8个审判团队，确立2个员额法官+1个法官助理+2个书记员的团队审判模式。取消行政化的案件审批制，确立合议庭、法官办案主体地位，提交审判委员会讨论的案件数量大幅下降，由独任法官、合议庭直接签发裁判文书的案件数量占到案件总数100%。建立院、庭长办案刚性约束和监督保障机制，出台《霍州市人民法院院、庭长办案制度》《霍州市人民法院院、庭长审判监督管理制度》等3项配套制度，院、庭长办理案件817件，占全院收案总数53.6%；结案994件（含旧存），占全院结案总数的57.6%。

【干警培训】 2017年，霍州市人民法院坚持需求导向，加强教育培训，围绕新法律法规、新知识领域和审判实务疑难问题开展培训。与国家法官学院沟通联系，分5批次对刑事、民事等业务庭室的20余名干警进行培训。选派干警30余人次，参加最高院、山西省高院、临汾市中院举办的审判业务培训，提升法官正确适用法律、解决矛盾纠纷能力。

【职业保障建设】 霍州市人民法院创建舒适整洁工作环境，解决全院干警的后顾之忧。2017年，与相关部门沟通联系，投资300余万元对信息化系统进行升级改造，为每个办公室安装空调、更换沙发、桌椅、对全院的卫生间进行改造、安装电梯。与市委组织部、市财政局、市人社局沟通协调，对全院22个员额法官的工资进行套改、补发。落实国家带薪休假相关制度，全院95%以上的干警在2017年进行休假。为促进干警身心健康，分期分批组织在编在职干警以及离退休老干部107人进行体检。

【人民陪审员工作】 2017年，霍州市人民法院深化人民陪审员制度改革，强化经费保障，扩大参审案件范围，保障参审权利。55个人民陪审员参加陪审案件881件，占一审普通程序案件的97.8%。

【队伍建设】 2017年，霍州市人民法院维护以习近平同志为核心的党中央权威和集中统一领导，开展“两学一做”学习教育制度化常态化示范点建设和“维护核心、见诸行动”主题教育活动，全体干警牢固树立“四个意识”，增强“四个自信”。落实全面从严治党“两个责任”，贯彻中央八项规定及实施细则，严守政治纪律和政治规矩。落实“四述两谈”，分层次对班子成员、审判团队及后勤科室负责人22人进行约谈。改进司法作风，严防“四风”问题反弹回潮，提高干警的拒腐防变能力。霍州市法院全年未发生违法违纪案件。

【领导班子】

院长：

任　军（2015.12—2017.12）

副院长：

荀杏红（2003.03—2017.12）

沈晓静（女，2003.05—2017.12）

纪检组长：

姚学义（2012.08—2017.12）

工会主席：

吴国庆（2003.03—2017.12）

党组成员：

秦建华（2003.03—2017.12）

朱壮平（2003.03—2017.12）

白银峰（女，2013.12—2017.12）

专职委员：

陈建斌（2013.12—2017.12）

魏武昌（2013.12—2017.12）

张燕萍（女，2013.12—2017.12）

（李兵平）

司法行政

【概况】 霍州市司法局有6个内含股（科、室），分别为办公室、政治科、宣教股、基层股、司法工作管理股、社区矫正股，有12个基层司法所。主管霍州市法律援助中心、霍州市公证处、山西秀竹律师事务所、山西星硕律师事务所、霍州市鼓楼法律服务所、白龙法律服务所、北环法律服务所和辛置法律服务所。在编人员41人，公证员2人，注册律师6人，注册基层法律服务工作者21人，党员45人。

【普法宣传】 2017年，霍州市司法局发挥普法平台作用，依托电台、电视台、《今日霍州》报和移动短信搭建“四位一体”的普法宣传平台，联合开办《与法同行》《法律讲堂》等普法节目、法制栏目，截至2017年底制作播出普法专题43余期，发送普法短讯3000多条次。开展“法律六进”活动。在重大节日、传统庙会开展送法进村活动，在人群密集处设立法律宣传咨询点，为群众发放法律宣传资料、宣传品，解答群众法律咨询，发放《农村法律知识100问》3000余册；在全市中小学校开展“送法进校园”活动，编印发放《青少年法律知识读本》4000余册。建立法治宣传基地。增强全民法律意识，提高全民法律素质，推进法治霍州建设进程，依托永和公园建立“法治文化”公园，制作展出民法总则、环境保护等法治宣传版面23块，法治宣传标语12条，扩大法律宣传覆盖面。提升依法治理工作能力。6月28日对全市市直各部门、各单位、乡（镇、街道）、村（社区）和各类企业分管普法领导和普法骨干450余人，开展以

《民法总则》、七五普法规划为主要内容的专题培训。督促指导全市 52 个普法责任单位建立《普法责任清单》；组织全市 3200 余名国家工作人员参加 2017 年度无纸化学法用法考试工作，合格率在 98%以上。

【法律服务】 2017 年，霍州市司法局推行法律顾问制度和公司律师公职律师制度。配合市委政法委、市法制办在全市各党政机关、企事业单位推行法律顾问、公职律师、公司律师制度，截至 2017 年，霍州市委及所属单位、政府及所属单位、各乡（镇、街道）集体聘用山西谦诚律师事务所 5 个律师为法律顾问；审核推荐上报鼓楼街道、开元街道、工商质监局 3 个公职律师，提高全市法治化管理水平。狠抓法律援助质量提升活动。落实法律援助便民服务措施，为局包联 33 户贫困户发放“法律援助爱心卡”；霍州市法律援助中心以“上门回访”作为法律援助案件质量提升的突破口和关键环节，安排专人，成立回访小组，对案件当事人进行家访，直接收到法律援助案件质量反馈，发现不当及时改进，提升法律服务质量；开通法律援助远程视频平台，方便基层人民群众。2017 年，全市各法律服务机构办理法律援助案件 46 件，解答法律咨询 1350 人次，办理各类公证事项 768 件，律师和基层法律工作者代理诉讼非诉讼案件 327 件，代写各类法律文书 412 份，担任法律顾问 16 家，维护当事人的合法权益。

【司法所建设】 2017 年，霍州市司法局实行司法所建设“五统一”，即统一外观标识、统一内设布局、统一设施配套、统一执法装备、统一着装形象，实现标准化建设“全覆盖”。开展“省级示范化司法所”和“省级规范化司法所”创建工作。对达到规范化司法所建设要求的司法所开展“回头看”，立足便民利民的原则，加强办公条件和基础设施的管理和维护。保障基层站所装备设施现代化。加配春秋常服、夏装和棉衣各 1 套，为基层司法行政工作开展提供基础保障。司法局要求基层干警在人民调解、社区矫正工作中全部应用录音笔、执法记录仪，做到依法公正、文明规范执法。充实司法行政基层队伍。随着司法体制改革的推进，司法行政部门承担社区矫正管理职能，基层站所人员少工作任务重成为制约队伍建设长远发展的瓶颈，实行机关工作人员派驻司法所工作制度，抽调年富力强的机关股室负责人兼任司法所长，实现“一才多用”，既破解工作发展的瓶颈，又为干部搭建科学成长的平台；协调人社部门加大对基层司法行政人员的招录，充实基层司法行政工作力量，公开招录公务员 4 人，录用公益性岗位人员 6 人，社会招聘辅警人员 14 人，基本做到消灭 1 人所，巩固 2 人所，发展 3 人所，保障基层司法行政工作正常开展。

【人民调解】 2017 年，霍州市司法局加大对人民调解员的培训力度。2017 年 4 月 18 至 20 日，在市委党校培训中心组织举办为期三天的霍州市人民调解员培训班，全市 12 个乡（镇、街道）及专业性、行业性人民调解组织的人民调解员和调解志愿者 350 余人。开展矛盾纠纷排查调处工作。2017 年，各级各类调委会调处各类矛盾纠纷 1007 起，调解成功 765 起，维护基层社会和谐稳定。

【安置帮教】 2017 年，霍州市司法局开展在监服刑人员信息核查 85 人次，接收刑满释放人员 59 人，解除社区矫正 90 人，按“一人一档”建立档案，做到底数清、情况明。

【社区矫正】 2017 年，霍州市司法局接收社区服刑人员 852 人，解矫 688 人，变更居住地9人，提请撤销缓刑12人，矫正终止11人，重新犯罪5人，在册127人，其中缓刑121人，管制3人，暂予监外执行3人。2017年开展审前社会调查评估61次、警告17人次、建议治安管理处罚2人。把好入矫关。强化社区矫正工作严肃性，由局社区矫正科组织，服刑人员本人、居住地所在村（居）委干部、家属、保证人全部到场，以及有关司法所工作人员参加，对服刑人员举行集中入矫宣告仪式，落实社区服刑人员集中宣告制度。把好监管关。自2016年5月起，全市12个司法所对社区服刑人员实行指纹面部识别签到制度，强化对社区服刑人员的日常监管；把好教育关。由社区矫正科组织，对新接收的社区服刑人员，开展为期一周的入矫学习教育，为12个司法所配置投影仪，购置学习光盘，由司法所组织对所属辖区服刑人员开展集中学习，落实学习教育制度。5月、10月组织全市社区服刑人员开展大型养殖技术、计算机、电工集中培训活动。把好劳动关。为把社区服刑人员的社区服务落到实处，司法局协调有关社区，2017年增设4个公益劳动基地。采用社区矫正科每周五定期组织公益劳动、司法所在所在辖区组织和社区服刑人员自行参加社区服务三者相结合的方式，落实公益劳动时限，推进公益劳动常态化。

【政治教育】 2017年，霍州市司法局将学习贯彻党的十九大精神作为司法行政机关首要政治任务，加强组织领导、谋划部署、贯彻落实，在全局掀起学习贯彻党的十九大精神的热潮。局领导班子当好学习“领头雁”。发挥“关键少数”示范带头作用，把党的十九大提出的新论断、新要求，转化为推动司法行政工作开展的具体举措。开辟“十九大时间”。在党的十九大召开期间，机关组织全体干部职工集中观看党的十九大开、闭幕式，在司法行政“党员之家”微信群推送十九大报告系列解读，确保大家第一时间学习领会十九大报告。实现学习全覆盖。通过局领导班子、机关党支部和律师支部、全体工作人员三个层面，组织不同范围的人员深入学习党的十九大精神。打造立体学习模式。局扶贫工作队向所驻村陶唐峪乡义旺村和刘家庄村赠送《十九大报告辅导读本》等书籍，同驻村党员一起上党课学习党的十九大报告。

【队伍建设】 2017年，霍州市司法局始终坚持周一班子例会、周二全局例会、每月15日基层站所例会“三个例会”，坚持政治理论、业务知识、廉政知识学习常态化。落实党风廉政建设“两个责任”，推行“四述两谈”制度、“清单定责”和“廉情预警”机制。开展“讲政治、知敬畏、守规矩”专项治理活动、“两学一做”学习教育常态化制度化、维护核心见诸行动主题教育活动、围绕“支部建设年”“狠抓落实年”“执法司法规范化建设年”专项活动，把学习教育同中心工作结合起来，防止“空对空，两张皮”。

【领导班子】

局　长：

郭建国（2010.09—2017.12）

副局长：

孙亚丽（女，2007.08—2017.12）

张　丽（女，2007.08—2017.12）

党组成员：

晋秀萍（女，2007.08—2017.12）

党组成员、政治科科长：

李晓琳（女，2012.08—2017.12）

【获奖情况】

2017年，霍州市司法局被临汾市司法局

评为 2016 年度法治宣传工作模范单位。

2017 年，霍州市司法局被临汾市社会治安综合治理委员会评为 2016 年度综治工作先进单位。

（张磊）

法治政府建设

【概况】 霍州市政府法制办成立于 1999 年，是政府依法行政的重要监督部门，正科级建制。前身是政府法制局，主要是担负指导、协调行政复议、行政赔偿、行政应诉、行政执法主体登记、行政执法资格确认、行政执法人员培训、行政执法证件颁发和注销、协调市内各级行政机关之间在执行法律、法规、规章的矛盾和争议、及市政府法规范性文件审查、变更、废止等工作。

【依法行政宣传】 2017 年，霍州市法制办结合“12·4”国家宪法日和第 17 个法制宣传日文件精神，制定《霍州市 2017 年依法行政宣传月活动实施方案》，组织安排 23 个行政执法单位分期、分批、分点进行上街宣传。要求横挂宣传标语、编印宣传资料、设立宣传咨询台、组织专题学习等活动。

【行政执法考核】 2017 年，霍州市法制办根据年初工作安排抽查 7 个具有依法行政执法职能的单位。对参与食品卫生监督工作单位食药局、农林委、畜牧中心、经信局、工商质监局等单位进行检查，确保依法行政程序不留纰漏。

【行政执法培训】 2017 年 9 月，霍州市法制办向全市各行政执法单位下发《关于对全市行政执法人员进行培训和考试的通知》，要求培训单位有培训计划，培训人员有笔记，确保培训有序开展。培训内容涉及《中华人民共和国行政处罚法》《中华人民共和国行政复议法》《中华人民共和国行政许可法》《山西省行政执法责任制规定》《中华人民共和国行政强制法》及各部门所执行的法律法规等。

【证件管理】 2017 年 6 月，霍州市法制办根据《山西省行政执法证件管理办法》对全市持山西省行政执法证件的人员及岗位统一编册、更新人员信息，向山西省、临汾市法制办上报。对退休、转岗、考核不合格、辞退的执法人员收回执法证件 12 件。

【行政复议和行政应诉】 2017 年，霍州市法制办办理行政复议案件 5 件，办理行政应诉案件 7 年。

【案件评查】 2017 年，霍州市法制办评查行政处罚案件 300 余件、行政许可案件 200 余件。

【规范性文件审查】 2017 年，霍州市法制办规范性文件审查 5 项、变更 3 项、废止 1 项。

【领导班子】

主　任：

成建忠（2000.04—2017.12）

副主任：

孟文会（2002.02—2017.12）

韩四元（2001.10—2017.12）

（周亚峰）

临汾市公安局霍东分局

【概况】 临汾市公安局霍东分局前身是霍州矿务局公安处，2000 年 3 月，按照国务院以国发〔1994〕19号文件批转《公安部关于企业事业单位公安机构体制改革意见的通知》精神，上划临汾市公安局，2002年1月，正式更名为临汾市公安局霍东分局。内设机构9个，治安派出所3个，政法行政编制46人，在册人员141人，其中授衔民警44人，党员91人，班子成员6人。一级派出所1个，二级派出所2个，全部为正科级派出所。

2017年，临汾市公安局霍东分局党委围绕霍州煤电集团公司工作大局，深入学习贯彻党的十九大精神，以习近平新时代中国特色社会主义思想为指引，开展“讲政治、知敬畏、守规矩”专项治理活动，推进“两学一做”学习教育常态化制度化、维护核心见诸行动主题教育活动，加强“三基建设”，贯彻落实习近平总书记提出的“对党忠诚、服务人民、执法公正、纪律严明”总要求，以“迎接十九大、全警保平安”为主线，紧盯年度目标责任，推进年度工作，推动各项公安工作再上新台阶。

【十九大安保】 2017年，霍东分局围绕为党的十九大胜利召开创造安全稳定社会环境总目标，发挥公安机关职能作用，完成十九大安保任务，实现“七个坚决防止”目标。自“1+8”行动共召开相关工作会议30多次，分局党委书记、局长葛晋洁带领局有关同志深入辖区边远矿区和总部矿区5个区域公司10个单位进行调研，在晋南矿区设立警务室1个，编辑行动简报70期，督导督察5次，下发通报5期，制定方案、规划行动路线图、建立实施细则、修订和完善应急预案及保密法规、建立“一四五十”工作机制，推进工作开展。在维护政治安全、反恐防暴、信访维稳方面均实现零事件目标；严打整治实现未发生重特大案件目标；缉枪治爆实现防打响、防炸响目标；消防安全管理实现零火灾事故目标；队伍教育专项管理实现队伍零违法违纪目标。

【维稳工作】 2017年，霍东分局各部门各警种深入辖区对影响政治稳定的因素进行摸排，上报市局国保信息138条、网安信息20条、反邪教信息42条、情报信息8条，被市局采用国保信息81条、反邪教信息8条；核查国保线索13条、网安线索4条、反邪教线索18条、情报信息2条；严密重点人稳控措施，对34个重点人落实稳控；筛查“善心汇”成员291人，劝返稳控准备进京“善心汇”成员3人、涉众性侵财案件上访人员7人，依法教育训诫重点人1人；开展“敲门行动”，敲门见面11户。网安部门上报互联网信息监控处置系统情报信息22条、网侦情报信息18条。

【反恐防暴】 2017年，霍东分局加强预警预防核查工作，实现零暴恐案事件目标。对涉恐情报进行大排查，摸排上报涉恐情报信息65条，关注群体人员、三日无轨人员落地核查31人，督导重点目标检查26次，组织反恐实战演练2次。

【信访工作】 2017年，霍东分局加强疏导教育和落地稳控，实现零上访目标。2017年，霍东分局对9个涉法涉诉信访重点人落实“五包一”稳控措施。加强信访情报搜集，搜集研判预警情报信息 38 条，核查稳控重点人 44 人次，劝阻劝返上访人员 16 人次，依法教育训诫 1 人、治安拘留 1 人。强化网络舆情管控，参与引导发帖 550 篇，上报互联网有害信息 6809 条、舆情信息 65 条、舆情导控信息 3000 多条。狠抓执法规范化建设。组织民警执法培训 4 期，健全刑事案件受立案、“两统一”工作机制，下发执法监督通报 23 期。

【严打整治】 2017 年，霍东分局开展各项打击犯罪专项行动，开展“亮剑一号”“亮剑二号”“打击偷盗煤百日行动”“1＋8 专项行动”“百日严打专项行动”等集中行动，严厉打击各类违法犯罪活动，保护人民群众的生命财产安全，分局受理刑事案件 79 起，侦破刑事案件 26 起。受理治安案件 112 起，查处 85 起，行政拘留 74 人。查处吸食毒品案件 2 起，抓获吸毒违法人员 2 人，收缴毒品 1.3 克。抓获网上逃犯 30 人。

【缉枪治爆】 2017 年，霍东分局强化措施落实见效，实现防打响、防炸响目标。霍东分局收缴销毁制式雷管 925 枚、非制式雷管 14 枚、制式炸药 0.2 公斤、索类爆炸物品 260 米，收缴非制式猎枪 2 支。查处违规销售、使用危险化学物品案件 9 起，行政处罚有关单位 9 家；查处网上购买枪支零件案件 4 起，行政拘留 4 人。

【消防安全】 2017 年，霍东分局突出安全监督检查重点，实现零火灾事故目标。对厂矿车间等部门进行消防检查，检查 794 个部位，发现隐患 2896 条，整改隐患 2792 条，通过微博、微信发送提示信息 53663 条。

【执法建设】 2017 年，霍东分局以全面建设法治公安为目标，推进执法规范化建设，狠抓执法培训，规范执法办案场所管理、使用，强化日常案件审核和执法监督考评，各项公安法制工作取得一定成效。组织 4 期全员执法培训，观看、学习执法内容 20 余场次，促进民警执法能力提升；严格案件审核，全年审核局裁行政处罚案件共 55 案 77 人，没有行政复议、行政诉讼案件以及国家赔偿案件；贯彻落实执法办案场所的管理规定，未发生执法安全问题，完善办案区的硬件设施，投资 10 余万元改造 4 个办案区的监控视频，全部更换为高清监控探头；提高案件质量，全年考评案件 15 起，发现纠正执法问题 26 个，下发巡查通报 11 期，核查警情 234 起，发现纠正执法问题 49 个，促进受立案工作的规范运行。

【队伍建设】 2017 年，霍东分局落实管理责任，实现队伍零违法违纪目标。霍东分局坚持政治建警，强化党委班子和基层党支部的学习，组织民警学习宣传贯彻党的十九大精神和习总书记视察山西重要讲话精神，推进“两学一做”学习教育。坚持从严治警，开展以贯彻落实党纪党规和公安民警纪律规定、转变工作作风为目标的工作作风养成培训，召开纪律作风整顿推进会，加强“四项整治”活动，全局民警精神面貌发生深刻变化，形成良好警风，警民关系和谐融洽，有责涉法信访、涉警有理投诉、民警违法违纪“零增长”，重大违法违纪案件“零发生”。坚持从优待警，组织民警开展2次战时心理健康辅导。坚持文化育警，投资5万余元建成羽毛球、乒乓球活动场地，开辟“读书墙”。2017年9月，经市公安局党委批准，分局启动科级干部任免程序，推荐选拔副科级实职干部13人，科级副职分领导职务4人。启动战时表彰机制，对2个先进集体和4个先进个人进行通令嘉奖。

【信息化建设】 2017年，霍东分局加大资金投入，实现五大系统建设目标。投入260万元，建成指挥中心视频监控系统、联网接访系统、网上督察系统、执法办案平台系统、派出所四级网高清会议系统“五大系统”建设，提升三级网带宽由10兆至100兆扩容。启动“雪亮工程”，完成预期目标。加强便民服务在线平台建设，群众累计访问量达64729人次。情报中心上报综合应用平台信息管理系统行动性信息19条，公安部采9条，山西省采10条，临汾市采19条；对重点人员临测布控28条；网安工作上报互联网信息监控处置系统各类情报信息47余条；上报互联网违法信息巡查处置系统有害信息6749余条；完成舆情导控2700余次；案件管理系统录入配侦案件3起，破获1起；互联网重要信息系统安全监管网站2家，完成备案2家并上报市局；网吧监管1家，备案1家并上报市局完成年审；辖区重点人员上报2人；处置辖区内涉网人员的落地及稳控7人次；上报手机有害信息4302条，上报舆情160条，处置互联网辖区内各类舆情信息23条，落地谈话2人次。

【领导班子】

局　长：

葛晋洁（2016.07—2017.12）

政　委：

王亚琦（2007.06—2017.12）

副局长：

史清龙（2014.01—2017.12）

曹云峰（2014.01—2017.12）

杨晋生（2008.01—2017.12）

政工监督室主任：

赵峰泽（2016.09—2017.12）

（赵峰泽、牛刚刚）

经济管理

发改工作

【概况】 霍州市发展和改革局内设办公室、国民经济综合股、农村经济股、工业经济股（市国民经济动员办公室）、社会发展股、固定资产投资股、政工股、物价管理办公室8个科室。下属事业单位包括信息中心、价格认证中心、农村物价管理所、城区物价管理所、招标投标监督管理办公室5个。发改局机关行政编制为20人，其中：局长1人，副局长4人，纪检组长1人，总经济师1人，股级领导职数8人，其余为一般人员。另行核定工勤人员编制2人。

【综合实力】 2017年，霍州市经济运行总体平稳，生产总值完成78.2亿元，同比增长7.4%；工业增加值完成39.9亿元，同比增长6.5%；固定资产投资完成39.9亿元；社会消费品零售总额完成35.5亿元，同比增长6.7%；城镇常住居民人均可支配收入完成28753元，同比增长6.5%；农村常住居民人均可支配收入完成12932元，同比增长6.5%；一般公共预算收入完成5.85亿元。全市新增就业4606人，年末城镇登记失业率控制在4.2%以内。

【重点领域改革】 2017年，全市推进“三去一降一补”。统筹做好化解过剩、优化结构、保障供给等工作。完成棚户区改造205套，新建商品房网签系统及存量房网签系统，全年办理抵押登记26户，商品房销售备案988件，房屋交易过户185件。落实国务院六项减税政策，释放减负红利；启动大型国有企业职工家属区“三供一业”分离工作，帮助企业减负。补齐外贸出口短板，农业品牌“枣夹核桃”远销海外，全年出口额11.8万元，霍州市磊源肥业有限公司出口额131.64万元，全市备案外贸进出口企业上升至4家。制定出台《霍州市全面深化改革领导小组2017年工作要点》，明确40类57项改革事项。深化“放管服效”改革，推行企业投资项目试行承诺制、实行无审批工作改革。推进旅游景区体制机制改革，实现七里峪景区所有权、经营权、管理权三权分离工作。成立农村产权流转交易监督管委会和农村产权交易服务中心，深化产权制度改革，农村土地确权工作即将收尾。推进市场监管体制改革、城市执法体制改革、农村水价综合改革、安全监管体制改革等多项改革。

【经济转型发展】 2017年，霍州市发改局回顾十年转型历程。落实《国务院关于支持山西省进一步深化改革促进资源型经济转型发展的意见》（国发〔2017〕42号）文件精神。开展为期4个月的“转型十年看霍州”系列宣传活动，挖掘典型经验和先进事例，撰写和出版的《霍州市资源枯竭城市转型升级工作实施情况报告》《转型十年（2007—2017年）看霍州》（画册），全方位、多角度地展示霍州市资源型经济转型成果。全市三大产业结构由2007年的2.93：76.51：20.56转变为2017年的4.9：61.2：33.9，产业结构调整成效明显，逐步呈现主动转型、创新转型、深度转型、全面转型的良好态势。产业转型成果丰硕。2017年，霍州市产业转型项目占全年项目比重50%以上。45项重点项目中产业转型项目共23项，占比51.11%；12项省、市重点项目中产业转型项目共8项，占比66.67%。产业转型项目开工率80%以上。23项产业转型项目中，新建项目13项，全部开工，开工率100%；省、市12项产业转型项目中，新建项目5项，全部开工，开工率100%。新落地亿元以上产业转型项目5个，分别是投资2.6亿元的霍州煤电集团亿能电气股份有限公司年产1万台低速电动车组装建设项目，投资2亿元的霍州市全民健身中心建设项目，投资15亿元的华得宇光伏发电项目，投资1.72亿元的霍州市南矿区集中供热工程和投资1.62亿元的霍州市城周村集中供热工程项目。

【产业结构升级】 2017年，全市农业增加值38445万元，同比增长3.1%，粮食总产量8706.63万公斤。“一园五基地”建设成效明显，扩大干鲜果、规模养殖、小杂粮、中药材产业规模，文冠果种植面积达到6000余亩，文冠果油生产线已装配完成。霍州核桃成功列入国家地理标志产品名录。工业转型再添亮点。“一煤两电”加大技改力度，优化产业结构。国电、兆光超低排放改造全面完成，华得宇光伏发电一期工程并网，亿能新能源电动车项目建成投产，获批临汾路条，上市销售。占地20.86平方公里的霍州市经济技术开发区项目（省级）成功启动，可研报告通过省级评审。“三产”服务业加快发展。设立文旅发展基金，成立霍州市文化旅游发展有限公司。七里峪景区入口引导区全面竣工，滑雪场二期工程投入使用。霍州署游客服务中心改造完成，投资1514.55万元的许村传统村落保护性修缮项目稳步推进。举办第九届“中镇霍山·华夏州署”文化旅游月。乐村淘网络、固德网络等电商平台入驻霍州，全国文冠果产业电商基地建设有序进行，增强商贸服务活力。

【项目建设】 2017年，霍州市发改局推进重点项目建设。全市实施的重点项目45项，总投资69.42亿元，当年计划投资16.75亿元，实际投资16.82亿元，完成率100.42%。其中，省级重点项目1项，市级重点项目11项，县（市）级重点项目33项。45项重点项目中，新建项目29项，全部开工；续建项目16项，全部复工。加大招商引资力度。举办回报故乡、投资霍州的“迎老乡、游故乡、建家乡”恳谈会，承办“临杭盟商·尧风霍然”招商引资推介大会，与苏州盈创、温州八达电气、山西建投集团等企业协商洽谈，基本达成投资意向。全年签约项目15个，涉及资金86.09亿元，招商引资成果丰硕。2017年，争取到上级资金20332万元，橡胶厂棚户区配套项目纬三路道路工程（经七路—经十路）争取到中央预算资金1650万元，技工学校公共实训基地建设项目争取到中央预算资金1070万元，汇泽园棚户区改造配套道路（新村南路）项目争取到中央预算资金800万元，全市退耕还林项目争取到中央预算资金512万元，南环路农贸市场棚户区改造项目争取到中央预算资金360万元，大众路东二巷旧城区城中村富世嘉华项目争取到中央预算资金240万元，争取到国家资源枯竭城市中央预算内转移支付资金 15700 万元，连续 7 年获得国家资源枯竭城市转型资金支持。

【城乡发展】 2017 年，推进全市城乡规划。完善《霍州市城乡总体规划（2014—2030）》，编制完成城市控规、海绵城市、地下综合管廊、综合交通体系、城市绿地系统等一批城市规划。完善城北区、高铁区、辛置区、什林区的控制性详细规划。完成市经济技术开发区地形图测绘，总体规划调整方案通过首轮评审。道路设施日趋完善。投资 2893 万元的迎宾路道路建设工程、投资 2700 万元的上霍线南堡一悬泉山公路改造工程、投资 1058 万元的桥西街道路改造工程、投资 1232 万元的汇泽园棚户区改造配套道路建设项目、投资 159.67 万元的高铁连接线照明工程均投入使用。增强城市功能。投资 640 万元的城市公厕及垃圾中转站建设工程完成招标 12 处，开工建设 6 处；投资 6 亿元的阳光首府建设项目、投资 2.29 亿元的南环路农贸市场改造项目、投资 2.27 亿元的大众路南路棚户区改造项目有序推进；投资 2.02 亿元的橡胶厂棚户区改造项目、投资 5643 万元的霍东新区供水工程、投资 721.6 万元的红崖堡紫薇园绿化工程业完工。开展采煤沉陷区治理。2017 年，霍州市采煤沉陷区综合治理实际治理户数为 5764 户，资金预算 69652.17 万元。截至 2017 年底 5764 户全部立项，立项率 100%，签订协议 1754 户，完工率 30.4%。国家资金到位 34688.93 万元，企业资金到位 9349.39 万元（到位率 62.46%），其余资金逐步到位。

【环境整治】 2017 年，全市大气污染防治推进。开展“一煤两电”所属煤场全封闭、霍煤干河煤矿至白龙洗煤厂皮带运输走廊、辛置矿皮带运矸系统等项目建设。按照“两断三清”要求对全市 19 家“散乱污”企业进行集中整治，对不执行重污染天气减排措施的企业采取高限经济处罚。完成建成区内 80 余家豆腐、年馍、饸饹面等食品加工坊“煤改气”工作，推进散煤专项整治行动，对 90 家行政事业单位燃煤锅炉清洁能源进行改造，以政府补贴方式完成重点区域内“清洁煤”的配给工作。水污染治理成绩显著。严格推行河长制，加快推进汾河流域生态治理工程。投资 196 万元的安民路至漪汾路污水管线工程，投资 175 万元的南坛村污水收集工程，投资 173 万元的龙口村污水收集工程，投资 165 万元南庄、红崖堡、南沟污水收集工程和投资 82 万元的对竹河污水管网收集工程年内投入使用。开展面源污染防治。编制土壤污染防治工作方案，完成辛置矿原煤矸石山高标准治理。投资 600 万元的垃圾处理厂配套完善工程如期完工，垃圾渗滤液处理系统有效升级。大众夜市改造完成，城区内露天烧烤全部取缔，全市 121 家营业性餐饮炉灶全部安装油烟净化装置并使用清洁燃料。多部门联合加强道路扬尘执法力度，全市 62 家规模养殖场加快推进标准化建设，提升农村养殖粪便污水处理能力。

【民生保障】 2017 年，全市脱贫攻坚持续加力。建成 21 个扶贫光伏发电站，惠及贫困人口 1200 余人。发放小额扶贫贷款 1295 万元，发展扶贫生态林 5600 余亩，带动 600 余个贫困群众脱贫增收。全年实现脱贫 1551 人。天然气迎峰度冬工作成效明显。解决冬季天然气供给不足问题，多方协调上游供气企业，做好天然气采购和资金拨付等储备工作，精准核实用户气量，加强巡线及设备的维护保养，做好调度调峰，保障群众温暖过冬。投资 980 万元的第二中学操场及配套工程建设项目改造完成，推进投资 1796

万元的技工学校公共实训基地建设项目和投资596万元的辛置镇中心幼儿园建设项目。推进全市中小学现代学校管理改革省级试点工作，提升教育教学质量，高考二本达线人数超千人，爱心助学活动募集善款128万元，资助贫困学生4069人。县乡医疗公立医院改革初见成效，霍州市医疗集团挂牌运营，疾控中心大楼完成选址和前期审批，启动建设。大病救助、孤儿包联、四类贫困家庭学生救助、农村80岁以上老人救助等多种机制继续完善。开展“送温暖、献爱心”活动，全市捐款13.75万元。投资975万元的儿童福利院建设项目主体完工，养老服务事业快速发展，新建城乡老年人日间照料中心2所，累计17所。

【领导班子】

局　长：

李新平（2013.04—2017.12）

书　记：

张卫东（2007.09—2017.12）

副局长：

杜文彬（2002.08—2017.12）

武维斌（2012.06—2017.12）

纪检组长：

米宝龙（2002.07—2017.12）

工会主席：

胡泽军（2002.07—2017.12）

总经济师：

史　琼（女，2012.06—2017.12）

（张琴琴）

统计工作

【概况】　霍州市统计局主要职能是贯彻实施国家和山西省制定的统计法律法规、政策和计划，组织实施国家统一的基本统计报表制度和国民经济核算体系，搜集、整理提供统计资料，并对全市国民经济、社会发展和科技进步情况进行统计调查、统计分析、统计预测、统计监督，向市委、市政府及有关部门提供统计信息和咨询建议，搜集、提供外县市的基本统计资料，同霍州市进行对比分析。定期发布全市国民经济和社会发展情况的统计公报。承担全国人口普查、农业普查和经济普查工作以及国家统计调查、地方统计调查工作任务。霍州市统计局共有干部职工20人，内设办公室、综合股、工业股、国民经济股、农业股5个股室，下属事业单位有城市社会经济调查队、农村社会经济调查队，完成全市国民经济核算、工业、交通、农业、农调、城调、物价、工业品价格、能源、商贸餐饮服务业、建筑业、固定资产投资、劳资、人口、妇女儿童监测、畜禽监测、名录库等17个专业的统计调查和统计报表任务。

【普查和重点调查】　全国人口普查、全国农业普查、全国经济普查均为重大的国情国力普查，普查工作涉及面广、情况复杂。其中经济普查为工业普查、三产普查、基本单位普查三项普查合并而成，2017年，完成第三次全国农业普查登记工作，该次普查涉及全市12个乡（镇、街道）、199个行政村，4.7万余户农户。

重点调查主要有：

乡城一体化调查调查户100户，东关、东堡、北关、建材路西居委会、北苑居委会、车站路居委会、成庄、北张、下乐坪、源头10个村及居委会，通过对每户收入消费记账调查、推算出全市居民人均收入、城乡居民人均可支配收入、农村常住居民人均可支配收入等指标，取消夏、秋两季农产量抽样调查，改由全市乡、村逐级上报。2018年调查户样本轮换从2017年4月开始抽点，新抽选的网点为：城镇点：文庙社区、北兴社区、辛置社区、辛置镇北村、大张镇西张；农村点：退沙街道退沙、大张镇上乐坪、大张镇青郎坪、李曹镇杜苏沟、陶唐峪乡偏墙。居民消费价格指数调查，对包括食品、衣着居住在内的八大类320种商品进行物价总水平调查。农业普查规模大、范围广、协调难度大，通过培训、试点工作锻炼队伍，为正式普查奠定基础。

【贯彻落实统计法】 2017年，霍州市统计工作围绕提高统计“四大工程”即：联网直报、名录库建设、统计信息化、数据采集软件系统，在统计调查数据源头上下功夫，提高统计数据质量，对全市规模以上商品批零贸易和餐饮服务业法人单位13户，个体户20户，限额以下商品批零贸易调查户40户，劳动工资定期表177户，城乡调查户100户，农产品产量调查199个行政村，规模以上畜禽养殖调查户20户，工业品出厂价格调查户4户，农业普查4.7万余户，印发《中华人民共和国统计法》《山西省统计检查监督规定》和《统计违法违规处分决定》宣传手册2000余册，发送统计调查单位和个人，利用各种普查和“12·4”法制宣传日进行普法宣传。

【统计服务】 2017年，霍州市统计局在完成常规统计任务的同时，注重经济运行分析。围绕市委、市政府年初制定的目标任务，狠抓统计数据质量和审核评估，完成农业、工业、能源、固定资产投资、建筑业、社会消费品零售业、基本单位名录库维护、综合核算等各专业年报、季报和月报任务以及国情国力调查及各种专项调查工作。统计资源来源于社会发展的各个方面，反映经济社会发展的总体水平，反映经济社会发展变化的趋势。新常态下经济发展增速放缓，改革进程加快，新兴产业、新型业态、新商业模式蓬勃发展，成为新的经济增长点。为开展“三新”统计监测，了解和掌握“三新”经济活动的特点和统计难点、应对思路和工作措施，熟悉“三新”相关统计标准、口径范围、统计原则和指标涵义，对多家新兴产业单位进行调研，现场指导企业办理入库手续、填报统计报表等。提升统计服务水平，开展各项专项调查，提高统计服务水平。各专业撰写统计分析，分析霍州市经济运行现状和存在的问题，提出可行意见和建议，2017年，在临汾统计网发布统计信息、分析35篇，按年度发布《2016年霍州市国民经济和社会发展统计公报》和年度《统计数据资料提要》；每月出一期统计资讯。

【扶贫工作】 2017年底，霍州市统计局一行3人由副局长王龙带队入驻陶唐峪乡茹村，对17户贫困户进行帮扶，通过调查走访，掌握每户的致贫原因一有针对性地对每户贫困户制定帮扶措施和计划，帮助他们尽早脱贫。

【领导班子】

局　长：

赵建荣（2007.07—2017.12）

支部书记：

郭志忠（2007.09—2017.12）

副局长：

刘姝平（女，2002.10—2017.12）

王　龙（2012.07—2017.12）

总统计师：

李　英（女，2002.10—2017.12）

【获奖情况】

2017年，霍州市统计局获农业普查全国先进集体。

三教乡、开元街道办事处获农业普查山西省先进集体。

王建军、韩红丽、薛建国、闫姿旭获农业普查山西省先进个人。

鼓楼街道办事处、李曹镇、北环路街道办事处获临汾市农业普查先进集体。

薛建国等 30 人获临汾市农业普查先进个人。

（郭建华）

物价管理

【概况】 霍州市物价办负责霍州市物价管理及价格监督检查工作，主要工作包括商品价格制定、行政事业性和经营性服务收费管理、涉案物品价格认证、价格（收费）违法行为监督检查和处理、农产品成本调查、市场价格监管、重要商品和服务成本监审。2017 年底，有干部职工 33 人，下设办公室、物价检查所、农村物价所、收费管理股、价格认证中心、成本调查队、价格举报中心共 7 个股所。

【法规宣传】 2017 年，霍州市物价办利用重大活动宣传。每年“3·15”消费者权益日之际，设立咨询台，运用电视、报刊等多媒体展开价格政策宣传。推进价格法规向基层深入。加大宣传力度，以宣传促服务、扩影响，为物价工作全面开展创造社会和舆论环境。推进普法教育活动。在机关开展学习法律业务知识活动，征订法律法规资料开展学习讲座。加强法律法规知识学习考核工作。将法律法规学习纳入干部职工综合目标考核，鼓励干部参与各项涉价业务培训，提高政策法规水平。

【调控、监测和预警机制】 2017 年，霍州市物价办落实价格监测上报制度，为上级部门价格决策提供依据。派出检查人员加大对辖区内的农贸市场、超市的巡查力度，要求超市要做好商品明码标价工作做到货真价实、货签对位，对粮、油、菜、蛋等群众生活必需品进行监测，每月按时上报监测报表，对未按规定实行提价申报销售商品的行为进行处罚，对可能引起市场价格异常波动的倾向性、苗头性问题进行预警预报，解决出现的问题，确保市场价格的基本稳定。

【收费管理】 2017 年，霍州市物价办强化收费管理，优化价费环境及时向上级物价部门上报事前事中事后监管报表。对所有收费单位实行报表制，还要求所有收费单位全部公示。

【监督检查】 2017 年，霍州市物价办围绕群众反映的热点、难点问题，做好日常工作，开展各种专项检查，打击各种价格违法行为。开展涉农收费专项检查，对各乡（镇、街道）的卫生院、药店、超市、农村幼儿园、农村中小学进行检查，查处涉费单位 33 个，对违法行为进行处罚，处罚款 19 万元。在节假日期间，对关系民生的副食品价格进行检查，以防止节日期间有扰乱市场价格的行为发生。在 2017 年检查中，根据上级文件要求，涉企收费检查、药品价格专项检查及医疗服务价格检查，发放标价签 1 万余张，协助山西省发展改革委员会价格监督检查与反垄断局对霍州市供热、供水、供气的收费情况进行检查。根据山西省发展改革委员会要求，对电力价格进行专项检查。加大重大节日价格监督检查力度，组织实施节假日价格应急工作制度，检查单位 14 个，处罚价格违法行为 2 起，实行经济制裁 8

起，上缴财政。根据临汾市价检分局要求，按时上报各类报表。

【农产品成本调查】 2017年，霍州市物价办完成临汾市局下达霍州市2017年农产品成本调查的各项工作任务。加强农本队伍建设和提高队伍素质，强化业务学习。传达学习山西省农本会议精神，熟悉和掌握“成本监审工作规程”；加强业务培训。参加山西省农本队举办的多期业务培训班，提高成本工作人员的业务素质和工作水平，为做好成本工作打下坚实的基础；做好原始数据收集工作。督促指导各农调户做好原始资料的登记，做好原始数据审核工作，避免出现错记、漏记，确保其代表性、真实性和准确性。

霍州市物价办开展农产品成本调查工作。贯彻实施山西省物价局成本调查工作计划，统筹安排农产品成本调查工作，确保在时间和工作质量上按时完成各阶段各项调查工作任务。霍州市物价办注重以成本调查服务“三农”为重点，抓住热点、难点问题，开展农本调查工作，为霍州市委、市政府调整产业结构，促地方经济发展提供参考依据，发挥参谋作用。2017年，完成农户种植意向、农户存粮、农资购买的专项调查；完成小麦和生猪的常规调查。调查后，整理汇总，分析原始成本数据，完善成本调查登记的核算办法，保证调查点数量和台账的质量。为搞好成本调查，对农调户开展培训，讲解各项指标的构成和填写要求。在汇总分析阶段，多次和农户联系、核实和了解有关情况和数据，使上报资料准确翔实。为政府制定农村经济政策、价格政策提供大量参考资料和成本数据。推进成本监审工作。学习和贯彻落实国家制定的成本监审核算办法，掌握好成本监审工作程序、原则和具体核算办法。规范管理，严格程序做好成本监审工作。

【价格认证】 2017年，霍州市物价办共完成涉案物品鉴定39起，总金额114.13万元。做好涉案物品估价鉴定工作，开拓其他服务领域。涉案物品估价涉及面广、时限性强、责任重大，霍州市物价办同司法机关密切配合，相互协作，征求委托方的意见，履行职责，依据司法解释和价格法规，坚持客观、公正、公平原则，按照鉴定程序，从接受委托到出具评估报告，每一个环节，都做到有章可依、有据可查。确保鉴证案件质量，把风险规避到最低限度。打击犯罪，为稳定社会治安，改善人民生活环境作出贡献。进行涉案物品鉴定，开展资产评估和交通事故车损鉴定。在资产评估中，做搞好价格公证，为防止国有资产流失起到重要的作用。介入在交通事故中车损鉴定，本着以调为主、调定结合的原则，加强与交警、保险部门的协调配合，扩大机动车辆及配件价格的信息搜集渠道和范围。为交警部门处理交通事故提供估价鉴定依据。

【价格举报】 2017年，霍州市物价办共受理各类价格举报咨询13件，其中：举报7件，咨询6件。办结13件，办结率100%，回复率100%，完成年度工作任务，维护群众的合法权益。举报中心加强理论业务学习，提高思想意识和工作能力。加强价格政策的学习，做到学深学透，提高办案中的答疑解惑能力，熟练掌握平台操作技能，宣传“12358”价格举报平台作用，树立价格部门为民服务的良好社会形象。加强案件办理流程管。做好价格举报案件的登记、受理及督办工作，提高办结时限和办理质量，确保办结率100%。做好价格举报统计上报工作。做好值守工作，确保重大节假日24

小时及日常工作时间，举报电话运行畅通，方便群众，服务群众。

【领导班子】

主　任：

张卫东（2013.04—2017.12）

副主任：

成明珍（女，1999.03—2017.12）

段小斌（2002.10—2017.12）

价格鉴证师：

刘红华（女，2007.07—2017.12）

（李晓东）

审计监督

【概况】　2017 年，霍州市审计局人员编制 27 人，在编 27 人。设有办公室、财金股、法制股、行事股、企业股、投资股、经济责任审计中心、监察室。

【预算执行审计】　2017 年，霍州市审计局完成 12 个部门单位的预算执行和其他财政收支审计，审计查出主要问题金额 20905.38 万元。其中：违规金额 582 万元，管理不规范金额 20308.17 万元，乱摊派金额 15.21 万元。审计处理处罚资金 910.58 万元，其中：应上缴财政 309.30 万元，应调账处理资金 328.58 万元，作出罚没处理资金 272.70 万元，收缴罚没款 2.20 万元。

【经济责任审计】　2017 年，霍州市审计局完成 23 个党政领导干部经济责任审计。完成领导干部经济责任审计 15 人，审计查出违规资金 245 万元，管理不规范金额 170 万元，审计罚款 5 万元。10 月，根据霍州市委组织部安排，对 8 个基层社区居委会主任进行经济责任审计，4 个审计小组，通过审前调查、召开审计进点会、听取述职报告、民主测评、走访座谈等，以 2015 至 2017 年财政拨付资金为重点，运用检查、查询、计算、核对等方法，完成此项工作。

【乡镇财政决算审计】　2017 年，霍州市审计局对陶唐峪乡、白龙镇、李曹镇 3 个乡镇 2015 至 2016 年度财政决算情况进行审计。通过审计查出主要问题金额 231.24 万元。其中：违规金额 151.82 万元，管理不规范金额 79.42 万元。审计处理处罚资金 232.24 万元，其中：应上缴本级财政统筹使用，盘活存量资金 130.53 万元，应归还原渠道资金 10 万元，应自行纠正 79.42 万元，应补记入账 11.29 万元，应缴罚没 1 万元。

【办学条件专项审计】　2017 年，霍州市审计局对霍州市 2014 至 2016 年改善贫困地区义务教育薄弱学校基本办学条件专项资金管理使用情况进行审计。摸清全市该项工作基本情况，发现 6 个方面的问题，分别是：规划任务未完成；实施计划外改簿工程 6 项、设备采购 3 项；自筹资金不到位；1 项采购、建设制度、标准、程序不落实；70 个项目资产验收及管理不规范；先使用资金后规划等问题。审计分析问题形成原因，提出 4 个方面的审计建议，对规范全市义务教育专项资金管理使用起到促进作用。

【住房公积金审计】　2017 年，霍州市审计局对临汾市住房公积金管理中心霍州管理部 2015 和 2016 年住房公积金缴存、使用和管理情况进行审计，从住房公积金政策落实，住房公积金归集、管理、使用情况，住房公积金提取，住房公积金贷款发放 4 个方面指出存在的问题，提出相应审计建议，规范全市住房公积金管理，提高资金使用效益。

【新农合移交审计】　2017 年，霍州市审计局对霍州市新型农村合作医疗管理中心整体移交霍州市人力资源和社会保障局进行审计，对重要事项进行必要的延伸和追溯。认定原农合机构、人员、资产情况，对农合资金进行审计，提出新农合改进管理，整体移交的 4 项建议，推进新农合机构顺利移交，业务正常开展。

【措施落实安居工程跟踪审计】 重大政策措施落实和城镇保障性安居工程跟踪审计，政策性强、覆盖面广、时间跨度长，霍州市审计局自 2015 年开始，组织专业审计小组，负责该项工作。2017 年，重大政策措施落实跟踪审计，根据上级安排的审计重点，按季度出具 4 份审计报告，分别从简政放权、民生保障、财政资金统筹管理、大众创业万众创新、放管服改革措施、行政审批中介服务清理规范等方面进行跟踪审计，对审计发现的问题督促整改，推进国家政策及时、全面落实。保障性安居工程跟踪审计，2016 至 2017 年 3 月，在长治市沁县开展审计。

【政府投资建设审计】 2017 年，霍州市审计局完成 93 项政府投资建设审计，送审金额 12511 万元，审定金额 11795 万元，核减金额 716 万元，核减率 5.72％。

【精准扶贫】 2017 年，采取五项措施，开展精准扶贫工作。开展全体审计干部献爱心活动，捐款 4700 元，为贫困户购置米、面、油等生活用品；不定期捐赠衣物，全年捐赠 30 余件（套）；实行项目帮扶，分别是：光伏发电、核桃种植、油用牡丹种植、苹果管理技术更新、贫困户技能培训，使大多数贫困户能够增强信心、自食其力、服务社会；帮助 2 人实现劳务就业，收入共计 6220 元。开展为期三年的“五位一体”金融扶贫，9 户贫困户从中受益，户均年收入 2600 元，三年 7800 元，9 户贫困户三年预计收入 7.02 万元。

【领导班子】

局　长：

朱壮军（2007.07—2017.12）

支部书记：

张文莲（女，2013.04—2017.12）

纪检组长：

韩庆华（2012.08—2017.12）

副局长：

李　明（2007.08—2017.12）

李会文（2001.08—2017.12）

范新海（2007.05—2017.12）

李宝平（2002.10—2017.12）

总审计师：

赵　芳（女，2012.06—2017.12）

【获奖情况】

2017 年，霍州市审计局被评为临汾市级“文明单位”。

（杨立）

工商和质量监督管理

【概况】 2017 年 12 月，霍州市工商和质量监督管理局机关内设股室有：办公室、政工人事股、计划财务股、法规股、行政审批股、经济检查股（队）、市场监督管理股（网络商品交易监督管理股）、企业监督管理股、商标监督管理股、广告监督管理股、特种设备监管股、标准化和计量认证管理股、产品质量监督执法股、非公有制经济组织党建工作股、监察室、党建办公室、“12315”消费者申诉举报中心。派出机构有：东城所、西城所、辛置所、什林所、白龙所、大张所、李曹所、专业市场所。共有干部职工128人。其中公务员100人，工勤人员9人，事业人员19人。

2017年，霍州市工商质监局贯彻落实市委、市政府决策部署，围绕“六大攻坚”和“三大战略布局”的工作思路，突出“八个重点”、创优“八个环境”，奋力担当，服务大局，为企业发展营造优良环境，为人民群众消费建设放心市场。

【商事改革】 2017年，霍州市工商质监局在“五证合一、一照一码”的基础上，根据商事制度改革要求，实施“十七证合一”，于9月4日颁发全市首张“十七证合一”营业执照，全年办理各类企业设立登记637户，变更登记941户，注销138户，受理群众咨询630余次，按要求将信息共享到省级交换平台。开展全程电子化工作、简化住所登记手续以及简易注销改革，办理企业简易注销3户，个体工商户简易注销263户。随着商事登记制度改革的落实，市场主体稳步增长。

2017年，为加强信用监管，做好市场主体年报工作，霍州市工商质监局加大宣传力度，强化年报督导通报，完成年报任务，企业年报率92.66%，个体户年报率97.63%，专业合作社年报率90.67%；推行“双随机”抽查，探索施行“双随机”抽查机制，“双随机”抽查4次。抽查主要涉及移出异常名录企业、工商监管事项全覆盖、农资市场、加油站油品抽检等业务。对未按规定期限公示年度报告、公示企业信息隐瞒真实情况、弄虚作假的、通过登记的住所或者经营场所无法联系的157户企业及农民专业合作社列入异常名录，对184户个体工商户列入经营异常记载状态，移出异常名录147户。

【市场监管】 2017年，霍州市工商质监局加大对无照经营的查处力度。出动执法人员126余人次，执法车辆87台次，检查各类经营户1300余户次，立案查处无照经营2户，罚没款5000元；限期办理营业执照228户；加大防范打击非法集资宣传力度，通过各所市场排查，对排查中发现的4户涉嫌非法集资或涉嫌从事非法金融活动的经营户向有关部门进行抄报（告）；加大经检力度，开展以家电、汽车用品、日用品为重点的仿冒侵权和货车非法改装专项整治行动，检查汽车维修企业16户和直销企业产品经销户7户；严查市场违法行为，联合农林委、畜牧局对农资市场进行抽查，检查农资经营户79户；对无证无照加油站经营行为进行查处取缔，霍州市24家加油站都公示加油站计量诚信承诺书；配合山西省临汾市局2次对霍州市的7家加油站的17个汽柴油样和10家加油站的30个油品样进行质量抽检，1个样品不合格；加强商标广告治理，帮助企业申请注册商标7件，申报转让商标1件，续展申报商标1件，推荐上报山西著名商标申请3件；加强对广告公司的动态监管力度，与广电、卫生、药监、教育等部门合力，整治和规范虚假违法广告。

在大气污染防治中，霍州市工商质监局依照工作职能和市政府工作安排，配合环保、煤炭、公安等部门，加大散煤整治力度，出动执法人员200余人次，排查储售煤场及散煤销售点20户，抽取33批次样品送检，对发现的问题督促整改处理。

【消费维权】 2017年，霍州市工商质监局共受理并处理消费投诉53余件，为消费者挽回经济损失6万余元，接受来电、来人咨询100余件，对不属于工商质监行政职能范围的及时告知。按照“五进”要求，新增“12315消费维权服务站”2个；举办以

"网络诚信，消费无忧"为主题的"3·15"消费者权益日宣传咨询活动；开展重点领域商品质量监管与重点商品质量抽查检验工作，对霍州市3户木地板和1户防盗门经销户的9个样品进行抽样检验；开展重点领域消费维权工作，对快递物流仓储、电线电缆、电器等产品进行监督检查，打击侵权行为，维护消费者权益。

【行政执法】 2017年，霍州市工商质监局共办理一般程序行政处罚案件29件，组织案件听证会1次，收缴罚没款48.28万元，其中违反工商行政管理类法律法规案件14件，违反产品质量监管和特种设备安全监管案件15件；对全局2016年行政处罚案卷和行政许可案卷进行自查，发现的问题进行整改；开展多种形式的法治宣传活动12余次，发放宣传资料8000余份，接受法律咨询500余人次，利用手机微信、悬挂标语、电子显示屏、送法下乡等形式对工商和质量监督管理法律法规进行宣传。

【质量强市】 2017年，霍州市工商质监局重点对霍州市环境监测站、霍州市机动车综合性能监测有限公司等5家获证实验室进行监督检查。通过检查，完善资料，规范检测，出具公正、准确的数据和规范的检验报告；对霍州市的8个环境体系认证企业进行证后监管，要求8家企业都能按照体系要求正常运行；加大标准化工作力度，做好企业产品和服务标准自我公开和监督制度试点工作。帮助霍州市11家企业68项产品标准在企业产品标准信息公共服务平台公示，实现资源共享；夯实计量基础工作，开展霍州市强制检定计量器具的登记备案工作；开展重点领域环境监测用计量器具的专项监督检查，要求相关企业进行自查，登记造册，根据自查情况进行现场监督检查；强化认证认可工作，组织开展2017年工业产品生产许可证获证企业监督检查暨获证企业年度自查工作；加强工业产品生产许可证管理，依法采集企业环境管理信息；对霍州市8家领取工业产品生产许可证的企业进行巡查。

【安全监管】 2017年，霍州市工商质监局核查底数，推行特种设备安全生产承诺制。对辖区内特种设备生产使用单位进行排查，核实特种设备底数，建立台账，掌握霍州市特种设备安全生产状况。推行特种设备安全承诺制工作，落实企业安全主体责任人；严格执法，做好特种设备安全生产监察。2017年，排查出特种设备安全隐患30余处，下达《特种设备安全监察指令书》30份，立案9起，避免特种设备安全事故的发生。开展特种设备使用单位安全隐患风险等级评定，78家使用单位全部制作风险等级评定表。对辖区内7家气瓶充装单位进行安全检查。开展10T/时以下燃煤锅炉专项整治，对全市44台锅炉使用单位转发注销文件，将名单移交市环保局，督促企业进行环保改造，重新登记使用；加大宣传，提高特种设备应急救援能力。在霍州煤电开元小区、霍州家福乐超市组织开展电梯困人和扶梯急停的应急演练，要求各行业特种设备生产使用单位现场参与、观摩演练。在霍州署广场举行大型宣传咨询活动，制作宣传版面8块，发放宣传材料1.5万余份，在霍州报社和霍州电视台都同步宣传，营造全社会关注特种设备安全的良好环境。

【非公党建】 2017年，霍州市工商质监局提升非公党建整体水平，加大助企扶企工作力度。实施"两个覆盖"提升巩固行动，推行"三联三定一争创"，开展"规范建设年"。建成党群服务中心并投入使用，开展观摩交流、交流培训，实行党建工作日志制度，开展党课赛讲促学促思促干。2017年，霍州市有非公企业325户，建立党组织69个，其中单独建33个，联合建36个。2017年，新建党组织6个，新增企业35户，注销企业2户。非公企业党的组织和工作覆盖率分别达到88%和100%，各级包联领导、党建指导员及企业党组织先后办理实事60余件，呈现出凝心聚力引领发展的良好局面。

【队伍建设】 2017年，霍州市工商质监局以推进“两学一做”学习教育常态化制度化、开展维护核心见诸行动主题教育为契机，开展“讲政治、知敬畏、守规矩”专项治理活动。坚持集中学习和自主学习相结合，组织召开交流研讨会，进行学习和思考，逐项分析确定重点任务，制定整改问题清单。强化教育培训工作，加强作风建设和队伍建设，提升干部队伍素质，解决干部问题；狠抓党风廉政建设。把党风廉政建设和反腐败工作与中心工作同研究、同规划、同部署、同落实，明确责任职责，与各股所签定“党风廉政建设责任书”，健全完善各项制度等。履行主体责任，狠抓党风廉政建设，严守党的各项纪律，严肃党内政治生活，加强党员干部日常教育管理，把“两个责任”落到实处，确保全局风清气正、廉洁高效；加强三基建设。编写完成工商质监局“三基建设”“一目录三手册”，规范相关工作机制和管理制度，明确各股室、各岗位工作职责、工作标准和工作流程，制作版面上墙。对局机关及部分基层所办公场所进行维修改造，出台卫生管理办法，进行卫生责任区划分，全局精神文明风貌焕然一新；强化自身建设。2017年，派出20余人次培训，涉及商标监管、工商法律法规、商事制度改革、广告监督、特种设备、非公党建等业务培训10余次，政治党建学习10余次，网络培训3次涉及100余人次，提高干部职工的业务知识能力和水平。加强宣传报道工作，提升稿件的质量和数量，2017年，在各级新闻媒体刊登稿件84篇。其中省级22篇，市级39篇，霍州政府网和信息网23篇。

【精准扶贫】 2017年，霍州市工商质监局领导班子高度重视扶贫工作，对建档立卡、包联的21户贫困户进行爱心捐助，给予节日的慰问关心；帮助6户贫困户享受“五位一体”的小额贷款补助每人每年2600元；对17户因病致贫的贫困户开展医疗“双签约”服务，解决贫困户看病难的问题。

【领导班子】

党组书记、局长：

李晋峰（2015.10—2017.12）

党组成员、副局长：

解永刚（2015.10—2017.12）

朱明元（2015.10—2017.12）

郭建平（女，2015.10—2017.12）

李旺民（2015.10—2017.12）

李俊杰（2015.10—2017.12）

党组成员、纪检组长：

胡建平（2015.10—2017.12）

党组成员、非公经济工委副书记：

张　丽（女，2015.10—2017.12）

党组成员：

曹小平（2015.10—2017.09）

郭润泽（2015.10—2017.12）

刘向东（2015.10—2017.12）

（刘高彦）

国土资源管理

【概况】 霍州市国土资源局担负贯彻

执行国土资源管理法律、法规，依法管理、保护和合理开发利用国土资源的重要职责。机关内设办公室、规费股、用地股、地籍股、矿管股、地环股、执法监察股、土地利用股、测绘办9个行政股室，下设9个直属事业单位和10个国土资源管理所，截至2017年12月底，有干部职工193人。2017年，霍州市国土资源局服务大局、主动作为、改革创新、攻坚克难，落实中央关于保障科学发展和保护耕地红线的重大决策部署，履行保护资源、保障发展、维护权益、服务社会的职责，推进各项国土资源管理工作。

【耕地保护和用地保障工作】 耕地保护工作。2017年，霍州市国土资源局签定县、乡、村三级耕地保护目标责任书，确保30.15万亩耕地面积不减少、质量不降低、用途不改变。基本农田划定和耕地质量分等定级工作。基本农田划定工作内外业均完成，霍州市基本农田面积为29.36万亩。启动耕地质量分等定级工作。土地整治规划工作。霍州市土地整治规划（2016－2020年）霍州市政府批准实施。编制上报霍州市土地利用总体规划调整方案和整治规划；实施2期增减挂钩项目，1000亩周转指标全部归还；申请2017年度增减挂钩项目，《实施方案》报山西省国土资源厅评审，申请指标292.55亩，可保障迎宾路、南涧河北侧100米范围内的建设项目用地需求。

【地籍管理】 土地变更调查工作。2017年，国土资源部部下发霍州市遥感监测图斑共计121个，监测总面积433.76亩，占耕地166.69亩，经过外业调查和内业汇总，共变更80宗，面积458亩，数据库及相关成果2017年5月已通过国土部数据审核并确认。《霍州市建立城镇建设用地增加规模同吸纳农业转移人口落户数量挂钩机制的实施办法》已由霍州市政府印发；大张镇靳壁村村级规划已编制完成，已由政府公布实施；两权地籍调查工作已完成成果汇交。用地规划管理工作。2017年，为霍州市七里峪景区客运站前广场及道路修复工程建设项目、霍州市南堡～悬泉山公路改造工程建设项目、霍州市霍东新区供水工程源头水源厂建设项目、霍州市昌易德科技有限公司环保水性油墨建设项目、霍州市南矿区集中供热建设项目、霍州市南通路南污水渠治理工程等9个建设项目办理土地预审手续。

【节约集约利用土地】 节约集约用地，完成中心城区初始评价工作，区域评价年度更新工作待验收。2012至2016年所供宗地开工违约比例为3.80%；开工未竣工违约比例为3.64%。土地供应工作。2017年，霍州市供应计划完成率1043%，建设用地供应总量5宗，总面积17.47公顷，为划拨用地，其中公共管理与公共服务用地3宗，面积14.67公顷，交通运输用地2宗，面积2.80公顷。办理出让土地转让308宗，办理土地抵押73宗。农转征工作。2011至2015年，霍州市农转征项目平均供地率89.25%。开发利用巡查。2009至2017年度开发利用巡查比例96.52%，坐标填报比例97.24%，根据监测霍州市未发现闲置土地，完成土地储备名录更新工作。

【地质灾害防治与搬迁】 2017年，霍州市国土资源局强化地质环境管理，召开地灾防治趋势会商会、汛期地灾防治工作会，形成纪要；印发2017年度地灾防治方案。完成2017年度114户的地质灾害搬迁任务。制定地灾培训和应急演练方案，举办3次应急演练；在汛期开展18次地灾气象风险预警，完成全市地灾详细调查工作。

完成全市202块地灾隐患点的警示牌埋设工作，地灾应急指挥平台正在建设；投入220多万元治理4处小型地质灾害隐患点。推进采煤沉陷区治理工作，配合山西省国土资源厅完成霍煤集团辛置、李雅庄、白龙、团柏4座煤矿的矿山地质环境调查；4座煤矿的采煤沉陷区治理项目勘察设计工作进入尾声。

【矿产资源管理】 2017年，霍州市国土资源局开展采矿权人开采信息公示工作，对全市29家持证矿山企业全部进行矿业权人开采信息公示，按时间要求完成信息公示工作。开展矿山储量动态监督管理工作，完成4座煤矿和1座石料厂储量年报的编制、评审和13座部、省、市级矿山企业储量审查登记表的填报工作。推进煤矿换发长期采矿证和征收资源价款工作，建立换发长期采矿证企业台账和资源价款征收台账。5座兼并重组煤矿有2座换发长期采矿许可证。征收清缴资源价款2534万元。矿产资源开发利用统计工作，对各持证矿山企业上报的2016年度固体矿产资源统计基础表进行审核，上报临汾市国土资源局。完成煤矿企业“三率”考核工作。

【执法监察】 2017年，霍州市国土资源局按照上级部门打非及安全专项行动统一安排，制定实施方案、成立领导机构，吸取事故教训。按照市政府及临汾市国土资源局统一安排，开展“2017利剑行动”“严厉打击非法违法采矿行为开展安全隐患大排查大整治专项行动”“亮剑行动”等12次专项行动。加大国土资源执法监察力度。在打击非法盗采方面，按照《国土资源执法巡查工作规范》，坚持“全覆盖、零容忍、严执法、重实效”和“依法、及时、有效”的原则，履职尽责，开展执法巡查工作。全局以国土所为单位，分为10个排查小组，逐村、逐沟进行拉网式排查，局领导带队深入一线进行督查，发现问题及时处置。全年出动巡查人员3040人次，领导带队督查120余人次，组织联合执法60人次，检查私开坑口108处（按照年度目标任务要求全年应核减12处私开坑口，全部核减，还剩108处），关闭移交矿11座（28个坑口）。通过排查，霍州市范围内未发现非法盗采矿产资源行为，非法盗采发案率一直保持为零。上报违法用地情况及违法用地台账。安全工作，树立红线意识，保持“打非治违”高压态势，健全完善监管体系，落实监管责任，建立健全执法巡查监管网络；制定包片包矿制度、定期巡查制度、突查暗访制度、严肃问责制度、督查督办制度、领导值班带班制度、目标安全责任制度、联席会议制度等日常监管制度；市委、市政府联合下发文件，建立长效监管机制。配合相关职能部门做好安全生产工作，促进霍州市安全生产形势稳定好转。土地卫片执法检查工作按上级工作要求全部完成，问责比例为2.19%，2宗违法占地已全部处罚到位，没收地上建筑物620平方米，拆除800平方米；北京督察局反馈的3宗设施农用地涉及占用基本农田，从基本农田划定中全部调为一般耕地，划定成果上报国土部；农村环境整治中涉及的4宗违法占地，已全部整改到位；2017年，临汾市国土资源局共下达15宗典型案例目标已完成，立案查处5宗，结案。

【不动产登记发证】 2017年，霍州市国土资源局颁发667本不动产权证书和1914本不动产权证明。信息平台接入增量数据汇交完成100%。存量数据整合100%，其中房产档案有18144份，土地档案共有11135份，电子化全部完成，对已电子化的房产档案进行属性提取。本着“便民为民，服务群众”原则，2017年9月21日，霍州市不动产微信公众号正式上线，公众号成为霍州市不动产政策法规宣传和群众了解办理流程的“第二窗口”。

【法规宣传】 2017年，霍州市国土资源局按时编制上报国土资源形势分析报告以及《山西国土资源综合统计指标》；抓好宣传报道工作，截至12月底，在人民网山西频道发表文章1篇，在《今日霍州》报道4期，向临汾市局报送信息120期，国土建言10期，调研报告3篇。在“4·22”地球日、“6·25”土地日、“8·29”测绘日当天向全社会宣传国土资源相关法律法规知识。开展行政执法案卷评查工作，形成自查报告上报临汾市国土资源局。对国土所工作人员进行6期业务培训。

【法制国土建设】 2017年，霍州市国土资源局制定印发《法治国土建设2017年工作要点》。成立法治国土建设工作领导组。督促法治国土工作的开展。制定《国土所建设标准实施方案》，规范国土所建设标准。

【脱贫攻坚】 2017年，霍州市国土资源局帮扶对象为三教乡6个村36户。坚持驻村工作队与包扶村一包3年，脱贫不脱钩的原则，选派工作能力强、有责任心的党员干部组成3个驻村工作队，党员干部到户帮扶。工作队及帮扶党员深入贫困户一家一户摸清帮扶贫困户情况及致贫原因，做到心中有数。驻村帮扶工作队建立脱贫攻坚工作台账，对群众反映的问题分类详细记录、制定解决方案，对所有贫困户进行建档立卡。开展为贫困户送温暖活动，为贫困户捐款捐物共计13760元。

【党风廉政建设】 2017年，霍州市国土资源局强化组织领导，全面落实党风廉政建设责任制建立健全局党组统一组织领导，纪检组监督，各股室各负其责，群众参与监督的党风廉政建设领导体制、工作机制和监督机制。制定《霍州市国土资源局2017年党风廉政建设和反腐败工作实施意见》，层层传导压力与中层负责人签定2017年党风廉政建设目标管理责任书。局党组坚持把党风廉政建设和反腐败工作纳入全局年度各项工作目标任务中。全体干部职工学习临汾市国土资源局制定下发的《临汾市国土资源系统工作人员违反纪律作风规定行为追究问责试行办法》，把党风廉政建设与业务工作一起安排部署，一起组织落实，一起检查考核。严肃督查考核，将落实党风廉政建设责任制纳入年终绩效考核和干部考核的重要内容，将考核结果作为干部职工表彰奖励、选拔任用的重要依据。落实“一岗双责”，健全基层党组织层层压实管党治党责任。落实党组主体责任、书记第一责任和班子成员“一岗双责”，建立党建工作台账，坚持把政治建设摆在首位。坚持局党组中心组学习制度，严格落实学习计划。建设高素质专业化干部队伍。坚持依法行政，强化权力监督。规范权力运行。以制度建设为重点，强化对权力运行的管理和监督。健全完善局中层干部廉政档案，执行霍州市委“约法三章”，严禁工作人员出入会所，严格执行工作人员婚丧嫁娶等事宜的报告制度以及廉政承诺情况、述职述廉等情况进行登记和备案制度。加强专项整治，改进工作作风。

【领导班子】

局　长：

杨　华（2009.10—2017.07）

党组书记、副局长、负责人：

王慧博（2017.07－2017.12）

副局长：
李月罡（2012.06—2017.12）
高怀斌：（2016.12—2017.12）
纪检组长：
李宏伟（2012.06—2017.12）
总工程师：
刘前茅（2016.12—2017.12）
主任科员：
曹明忠（2012.03—2016.12）
王　婧（女，2017.12—2017.12）
副主任科员：
陈建平（2016.12—2017.12）
执法监察大队队长：
王荣生（2012.06—2017.12）
土地收购储备中心主任：
陈　鹏（2012.08—2017.12）

【获奖情况】

2017年，霍州市国土资源局被山西省综治办评为山西省铁路联防护路先进集体。

（李陆陆）

招商工作

【概况】 2012年，根据临编发〔2012〕31号文件和霍编发〔2012〕9号文件精神，设置霍州市招商局，为市政府直属事业单位，事业编制8人。是霍州市人民政府主管全市招商引资、投资促进和对外开放的职能机构，设内含科室3个，分别是：办公室、招商室、外商投诉室。

【党风廉政建设】 2017年，霍州市招商局贯彻落实市委、市纪委党风廉政建设工作部署，履行领导责任制，开展党风廉政教育活动，通过批评与自我批评，要求机关领导和工作人员强化自律意识，做到“自重、自省、自警、自励”。严格执行领导干部“六不准”等规定。

【招商引资活动】 2017年1月10日，参加临汾市尧都区在杭州举办的2017山西省临汾市（杭州）招商引资推介会，霍州市人民政府与浙江向上创业控股集团公司签订总投资15亿元的打造以图书出版发行、旅游等文化创意产业聚集的特色小镇的项目，项目包括霍州南涧河生态治理工程、霍州浙江向上创业文化小镇建设运营、霍韵水街及薰衣草庄园旅游项目开发等；3月27日，参加侯马开发区在天津举办的2017山西省临汾市创新开放东融工程（天津）启动仪式；4月19日，参加隰县举办的2017临汾市（隰县）招商推介暨签约仪式；5月参加翼城、浮山、古县、安泽共同举办的2017山西临汾市太行山水全域旅游推介会暨2017创新驱动东融战略（安徽）推介会；5月27日，参加洪洞县在广州举办的2017山西省临汾市创新开发区发展（广州）招商引资推介会；7月，参加侯马市在上海举办的2017年山西省临汾市（上海）招商引资推介会；8月参加襄汾县在福州举办的2017山西省临汾市（福州）招商引资推介会；9月参加临汾开发区在深圳举办的2017山西省临汾市（深圳）招商引资推介会和临汾市（吉县）招商引资推介会；10月27日，霍州市在杭州G20峰会主会场举办“临杭盟商·尧风霍然”2017年山西省临汾市（杭州）发展论坛暨招商引资推介会，签约8个项目，签约资金36.32亿元。11月23日参加乡宁县在太原湖滨会堂举办的2017山西临汾市（乡宁）形象宣传展示推介会。市委、市政府主要领导、分管领导以及相关职能部门负责人参加各种推介活动，联系客商，宣传霍州，向各地企业传递“霍州机遇”。

【招商引资洽谈会】 2017 年，多家企业到霍州市考察对接。1 月 7 日，临汾市华得宇新能源有限公司到霍州洽谈 10—100 兆瓦光伏发电项目并签约；2 月 8 日，北京首创资本投资管理有限公司山西区域第二事业部、山西省改善城市人居环境 ppp 投资引导基金山西区域第二事业部刘敏董事及中景博道城市规划发展有限公司俞竞伟等 4 人到霍州洽谈七里峪投资项目。2 月 14 日，西安通用航空产业集团殷建军副总经理及办公室主任一行到霍州市与政府洽谈通用航空机场合作项目；2 月 15 日，向上创业控股集团董事长裘利兴一行 4 人到霍州，在市委党校与霍州市主要领导人进行交流，深入实地考察，为开工奠定基础；2 月 20 日，“北京海上丝绸之路投资基金管理中心”郭庆瑞一行 4 人到招商局座谈关于清洁能源小镇的建设及“娃哈哈”水源地的选址等事宜；2 月 23 日，山西临汾武圣节能环保设备有限公司总经理李文平及河北省石家庄市嘉诚环保工程有限公司经理周亮等一行 3 人到霍州市南环路街道龙口村、三教乡辛庄村霍州市生活垃圾处理厂实地考察并与政府洽谈垃圾无害化处理项目；3 月 13 日上海考察团在临汾市招商局局长周廉陪同下到霍州考察；4 月 13 日，“向上创业控股集团”董事长裘利兴带领浙江格润股权投资基金管理有限公司总经理黄蓉一行 5 人到霍州实地考察如何优质的打造、设计文化创意小镇项目，为项目顺利开工做好准备工作；4 月 21 日，原临汾机场筹建人段新风老总一行 6 人到霍洽谈建设霍州通用机场项目；4 月 22 日，温商财团副总裁林玉喜一行 3 人实地考察霍州煤电工业园区；5 月 15 日，中航农业发展江苏有限公司董事长吴强到霍州考察农产品深加工项目选址事宜；5 月 16 至 20 日，霍州市市长黄晓君带领招商等部门负责人，赴乐清市、苏州市、北京市就新能源汽车、3D 打印、电商产业化等项目考察对接八达电器、盈创科技和中国网库集团，加快项目落地步伐。新能源电动汽车落地，中国网库对接成功。5 月 31 日，中电建（天津）新能源开发有限公司副总经理兼山西省区域负责人刘万山到霍州市洽谈风力发电项目；5 月 31 日，深圳市铁汉生态环境股份有限公司投融资总监刘保君、营销总监卡特等一行 4 人到霍州市洽谈关于霍州市全域旅游经济小镇建设的项目；5 月 31 日，山西盾安新能源有限责任公司前期开发部副部长徐庆魁到霍州市洽谈新能源建设项目；6 月 1 日，风脉能源（武汉）股份有限公司项目开发总监李明山到霍州市洽谈关于规划建设 100 光瓦风力发电项目；6 月 7 日，应霍州市政府邀请，中国网库股东、高级副总裁蔡广庆、中国网库山西大区总经理梁红伟、项目经理张霞一行 3 人对霍州市农特产业集群建设情况进行综合考察；9 月 9 日，河南鹤壁市张总一行到霍州洽谈 3 万头猪场建设事宜；9 月 11 日深圳市铁汉生态环境股份有限公司一行再次到霍州实地考察并进行洽谈对接；11 月 3 日，青岛新天地旅游开发集团王剑董事长和澳大利亚著名设计师 Feie 到霍州与主要领导交流洽谈七里峪旅游小镇规划设计等相关事宜。

【签约项目】 2017 年，签约项目 15 个，签约资金 86.09 亿元，完成全年任务 130 亿元的 66.2%，签约项目分别是：投资 0.95 亿元的霍东新区供水工程；投资 1.6 亿元的霍州市热电联产集中供热项目；投资

1.2亿元的鑫钜出行；投资15亿元的临汾华得宇光伏发电项目；投资2.6亿元的亿能电气新能源汽车项目；投资1.72亿元的霍州南矿区集中供热项目；投资4.8亿元的霍州生态旅游小镇项目；投资0.5亿元的中国文冠果产业电子商务基地服务；投资10亿元的“煤改清洁能源”项目；投资12亿元的霍州市旅游文化相关产业项目；投资15亿元的霍州向上创业小镇项目；投资8亿元的分散式100光瓦风电项目；投资1.52亿元的霍州市炬能科技产业园项目；投资3.2亿元的500T/D生物质热解油气电碳资源化项目；投资8亿元的霍州市大数据开发项目。

【领导班子】

局　长：

关文旗（2011.11—2017.12）

支部书记：

董铁柱（2013.12—2017.12）

副局长：

芦　芳（女，2012.07—2017.12）

乔志峰（2012.07—2017.12）

【获奖情况】

关文旗荣获2017年度临汾市招商引资先进个人。

霍州市招商局获2017年度临汾市招商引资优秀单位。

（梁雪丽）

财政税收

财 政

【概况】 霍州市财政局是综合管理全市财政收支，实施财政监督，参与宏观经济调控的职能部门。到2017年底，有干部职工84人，下辖12个行政股室、4个事业单位和12个乡（镇、街道）财政所。2017年，财政局围绕全市经济工作会议精神，按照"保工资、保运转、保民生"总体要求，树立依法理财理念，适应经济发展新常态，以抓财政收入为主线，以细化财政管理为抓手，严格预算管理，优化支出结构，增强绩效观念，保障改善民生，完成各项财政工作任务，确保财政收入应收尽收，确保公教人员工资按时足额发放，确保法律法规规定的重点支出和民生支出，促进全市经济社会平稳较快发展。

【财政收入】 2017年，霍州市一般公共预算收入完成58548万元，为预算57430万元的101.95%，超收1118万元。其中：税收收入完成45966万元，同比增长20.79%；非税收入（不含基金）完成12582万元，同比下降38.61%。一般公共预算收入中，税收收入占比为78.5%，非税收入占比为21.5%。上级补助收入98579万元，地方政府转贷收入20300万元，2016年结转9686万元。2017年12月底，财政总收入完成187113万元。

【财政支出】 2017年，霍州市一般公共预算支出执行157922万元，为调整预算的94.5%。其中：教育支出执行29451万元，为调整预算的96.78%，同比下降13.42%；医疗卫生与计划生育支出执行18576万元，为调整预算的97.13%，同比增长1.51%；社会保障和就业支出执行20993万元，为调整预算96.10%，同比下降19.74%；文化体育与传媒支出执行2214万元，为调整预算的99.51%，同比增长8.42%；节能环保支出执行5237万元，为调整预算的96.75%，同比下降13.89%；农林水利支出执行11187万元，为调整预算的79.4%，同比下降28.73%；科学技术支出执行428万元，为调整预算的98.85%，同比增长19.89%；国土海洋气象等支出8940万元，为调整预算的92.92%，同比增长41.63%；住房保障支出执行7507万元，为调整预算的79%，同比下降13.6%；城乡社区支出执行13421万元，为调整预算的98.61%，同比增长27.15%。

其他项目支出情况：一般公共服务支出执行17020万元，为调整预算的99.78%，同比增长1.95%；公共安全支出执行13909万元，为调整预算的96.14%，同比增长38.19%；交通运输支出执行5160万元，为调整预算的95.57%，同比下降17.51%；资源勘探信息等支出1846万元，为调整预算100%，同比增长9.53%；商业服务业等支出1130元，为调整预算的98.26%，同比下降55.63%；粮油物资管理支出执行25万元，为调整预算的100%，同比下降24.24%；债务付息支出执行878万元，为调整预算的100%，同比增长150.86%。

2017年，霍州市政府性基金收入完成8240万元，为年初预算6814万元的120.93%，同比增加33.05%，增加2047万元；全市政府性基金支出9155万元，为调整预算10036万元的91.22%，同比减少16.01%，减支1745万元。地方财政总支出167077万元。

【支持教育事业】 2017年，霍州市财政局加大教育投入力度，促进教育协调发展。全年教育投入29451万元。其中：拨付家庭经济困难寄宿生生活补助141.78万元，普通高中学校助学金222.76万元，爱心助学资金140.5万元，取消高中择校费公用经费补贴167.07万元，职中免学费、助学金225.82万元；拨付霍州市一中公寓楼建设资金250万元，霍州市二中体育场建设400万元，土地补偿及农行贷款346.56万元，职教中心建设资金317.83万元，幼儿园建设资金571.98万元；拨付教育均衡发展资金561万元，拨付教师节奖励资金280万元。

【支持社会保障事业】 2017年，霍州市财政局完善社保体系建设，加大社会保障力度。2017年，拨付基本公共卫生服务经费1332万元；拨付公立医院改革财政补助资金712.7万元；推进城乡居民医疗保险制度改革，完成新农合和城乡居民医保的划转整合工作，建立统一的城乡居民基本医疗保险制度。落实城乡居民医疗人均财政补助标准由420元提高到450元，霍州市配套901万元。拨付城乡居民基本养老金3017万元；拨付就业创业资金313万元；救助“四类”困难家庭在校贫困生1952人次，发放救助金136.8万元；80岁以上高龄补助2259人，发放救助资金298.5万元；城乡低保保障人数5605人，发放城乡低保金1980万元；落实五保供养政策，五保供养对象453人，拨付供养资金329.54万元。

保障房建设专项资金投入，拨付1909.63万元。其中：城市棚户区改造补助资金1080.60万元，公共租赁住房专项资金706.27万元，拨付城镇住房保障家庭租赁补贴122.76万元。

【落实惠农惠民政策】 2017年，霍州市财政局为促进“三农”发展，安排涉农资金11187万元。其中：拨付农业支持保护补贴资金1976.77万元，农机具购置补贴资金220.39万元，低收入农户取暖用煤补贴资金1198.38万元，林业生态保护恢复资金263.72万元，新一轮退耕还林640万元。全力支持脱贫攻坚，拨付各类扶贫资金763.36万元，其中，金融扶贫贷款风险保证金310.28万元，生态扶贫195.37万元，产业扶贫239.23万元，涉及建档立卡贫困人口3697人。

落实村级公益事业“一事一议”财政奖补政策，2017年涉及28个村，30个项目，项目总投资788.28万元，拨付财政奖补资金651.77万元，项目主要为农村水渠、道路硬化、桥涵、文化活动广场、村容美化等建设。

【监督检查】 2017年，霍州市财政局开展三项监督检查工作：加强财政内控体系建设。按照“六权治本”要求，把加强财政内部控制作为从源头上推进党风廉政建设和反腐败工作的重要抓手，聚焦预算编制、预算执行、支付管理等核心业务，制定《霍州市财政局内部控制体系建设工作实施方案》和《内部控制基本制度》，建立覆盖财政资金运行全过程的监督管理机制，财政业务相关管理办法及具体操作规程正在审定中。乡镇财政资金监管工作。对师庄乡、鼓楼街道财政预决算情况进行检查，延伸检查4个村级账务，完善乡镇财政资金信息通达、公开公示等工作制度，确保乡镇财政资金安全、规范、高效运行。会计信息质量检查工作。按照2017年重点对涉及人民群众切身利益的扶贫领域资金、环境整治资金、教育资金使用情况进行监督检查的要求，对国土资源局、残疾人联合会、霍州市耀敏会计服务有限公司进行会计信息质量检查，对发现的原始凭证不规范、内部会计管理制度不完善等现象进行纠正，严肃财经纪律。

【财政改革】 2017年，霍州市财政局强化制度建设，规范财政管理。推行预算绩效管理，建立完善财政项目支出绩效运行监控管理、财政支出绩效评价制度，开展财政投资项目绩效自评工作。扩大完善财政投资评审，2017年，在进行工程类项目评审的基础上，将服务类项目和资产出租类项目纳入预算评审范围。利用财政投资评审第三方机构，对财政性投融资建设项目的工程概算、预算进行评价审查，控制财政投资项目建设资金，提高使用效益。2017年完成评审政府性投资工程项目39个，项目送审投资额23159.34万元，审定金额21233.70万元，审减资金1091.39万元，核减率4.43%，节约政府投资，提高财政资金使用效益。加强政府采购管理。做到“三个坚持”，坚持先预算后采购、先评审后采购、先公告后采购。2017年监督完成集中采购业务344笔，预算资金9021.47万元，实际采购金额8339.95万元，节约资金681.52万元，节约率7.55%。强化国有资产管理。规范国有资产出租出借行为，坚持“三个一律”，凡是国有资产出租出借一律执行审批程序，按标准确定租金水平，通过有关程序进行公开招租；收支一律缴入国库，出租、出借收入必须实行即时发生、即时上缴，全部缴入国库，纳入预算管理；违规行为一律严格处理。规范资产配置、使用、处置等各环节的管理，指导督促全市163家行政事业单位完善资产管理信息系统，完成2016年度资产管理信息系统数据上报任务。2017年新增审批备案租用办公用房单位2家；对4家单位申请报废的资产进行处置。基本对资产管理系统实施动态管理，达到摸清家底，为编报政府财务报告提供翔实的资产依据。加强政府性债务管理。完成财政部安排的地方政府债务清理甄别工作，按规定使用管理专项政府债券和一般债券，将债务收支全面纳入预算管理，防范和化解政府债务风险。

【党风廉政建设】 2017年，霍州市财政局班子贯彻党中央全面从严治党要求，多次召开落实党风廉政建设主体责任专题会议，研究制定《霍州市财政局落实党风廉政建设领导班子主体责任和纪检组监督责任的实施方案》及工作细则。完善责任体系。制定《霍州市财政局2017年度党风廉政建设实施方案》，逐级逐层分解责任，传导压力；层层签定党风廉政建设目标责任书，将党风廉政建设与“四述两谈”制度相结合。加强教育监督，提高党员干部讲规矩守纪律意识。开展“两学一做”学习教育常态化制度化，维护核心见诸行动主题教育活动。通过个人自学、集中研讨、召开专题民主生活会等方式，全局党员干部坚持问题导向，反思剖析，开展批评与自我批评，班子成员带头讲党课，整改存在问题。通过学习《中国共产党章程》《中国共产党纪律处分条例》，开展廉政法规知识测试等方式，增强党员干部的党章党规党纪意识。加大反腐倡廉宣教力度。开展廉政文化进机关活动，统一制作廉政警示标牌；结合典型案例，开展警示教育，通过观看警示教育片、参观霍州署廉政教育基地、开展烈士陵园扫墓等开展警示教育。加强日常监督管理。转变执纪理念。对信访举报、线索核查及日常工作中发现的苗头性倾向性问题和轻微违纪，在民主生活会上对照检查，开展批评和自我批评；结合“四述两谈”制度，开展廉政座谈和廉政约谈，霍州市财政局针对婚丧嫁娶问题，提前开展廉政约谈6人次；针对工作纪律问题，开展约谈13人次；针对财政业务工作问题开展约谈1人次。细化财政管理，推进财政源头治腐工作。完善机关各项规章制度，重新修订《财政局预算执行及业务程序管理办法》及《大额资金使用管理办法》，细化工作程序、明确工作责任，强化刚性约束；严格控制一般性支出，从严控制预算追加，做到“三公”经费只减不增；实行上级专项资金书面告知、政府采购备案管理等制度，精简流程审批，方便基层群众。推进政务公开和财政预决算公开，实现阳光财政。按照霍州市财政局《关于做好“三公”经费预决算编制及预决算信息公开工作的通知》，落实财政预决算、部门预决算、“三公”经费等财政信息公开工作；在涉农资金管理上，霍州市检察院协调配合，推进“阳光百姓工程”，做到涉农的每一份文件、每一笔资金都在“山西省‘阳光百姓工程’公示平台”实时公开，确保国家惠农政策落实到实处。完善财政内部控制制度，推进依法理财。制定《霍州市财政局内部控制体系建设工作实施方案》和《内部控制基本制度》，严格操作规程，提升科学理财水平。

【精准扶贫】 在精准扶贫工作中，下派3个干部驻村帮扶外，57个党员干部与白龙镇白龙村118户贫困户建立帮扶联系，春节前自发捐款1万余元购置面粉、食用油等生活必需品开展节前慰问，为贫困群众奉献爱心。

【领导班子】

局　长：

王英才（2007.07—2017.12）

书　记：

王英才（2016.08—2017.12）

副局长：

李德云（兼任农发办主任）

（2013.04—2017.12）

董燕妮（女，2002.10—2017.12）

陈建斌（2002.10—2017.12）

李玉琴（女，2007.08—2017.12）

纪检组长：

王荣安（2012.08—2017.12）

总会计师：

张芙蓉（女，2012.07—2017.12）

工会主席：

孙建斌（2003.03—2017.12）

【获奖情况】

霍州市财政局被临汾市财政局评为“2017年度全市财政工作目标责任制考核”二等奖。

（王英凤）

国　　税

【概况】 霍州市国家税务局成立于1994年，机关下设15个机构，包括12个内设科室：办公室、政策法规科、收入核算科、纳税服务科、征收管理科、人事教育科、监察室、机关党委办公室、税源管理一科、税源管理二科、税源管理三科、税源管理四科、1个事业单位（信息中心）、1个直属单位（稽查局）、1个派出单位（辛置税务分局）。到2017年12月，正式在职干部职工95人。霍州市国家税务局主要负责辖区内增值税、消费税、企业所得税、车辆购置税和出口退税的管理工作。

【管户变动】 2017年，霍州市国家税务局有管户3682户（其中，单位纳税人1589户，个体经营纳税人2059户，临时税务登记34户），总户数比2016年增加573户，增加比例18.43%，其中单位纳税人增加369户，增加比例31.32%；个体经营纳税人增加160户，增加比例8.43%。从管户分行业来看，农林牧渔业129户，采矿业25户，制造业118户，电力热力燃气及水生产供应业15户，建筑业81户，批发和零售业2221户，交通运输仓储和邮政业137户，住宿和餐饮业255户，信息传输、软件和信息技术服务业77户，金融业32户，房地产业73户，租赁和商务服务业135户，科学研究和技术服务业55户，水利、环境和公共设施管理业10户，居民服务、修理和其他服务业250户，教育19户，卫生和社会工作13户，文化、体育和娱乐业36户，公共管理、社会保障和社会组织1户。

【税收收入】 2017年，霍州国家税务局累计完成税收收入85774万元，同比增收23952万元，增幅38.74%。中央级累计44252万元，同比增收6467万元，增幅17.12%；地方级累计41522万元，同比增收17485万元，增幅72.74%。

分税种，增值税完成78628万元，同比增收4798万元，增幅35.34%。企业所得税完成5521万元，同比增收2582万元，增幅87.85%；消费税完成4万元，同比增收1万元，增幅33.33%；车辆购置税完成1621万元，同比增收837万元，增幅106.76%。

分行业，主要以3家企业为例。山西兆光发电有限公司同比减收。2017年，企业累计实现税收12457万元（含季度预缴企业所得税2862万元），较2016年同期的15936万元减少3479万元。企业年度累计上网电量60.32亿千瓦时，比2016年同期的546500万千瓦时增长5.67亿千瓦时，增幅10.37%。上网电量增长情况，企业税收收入出现下滑。减收原因：由于社会用电低迷等因素影响，企业基础发电计划连续调低，而企业总体发电量与平均电价呈逆向状态，在基础电量保持不变的情况下，总发电量越高，平均价格因大客户直供电量增高而拉低。霍州煤电集团有限责任公司实现税收大幅增收。2017年，该企业实现税收39732万元，较2016年同期的18323万元增长21049万元，增幅114.88%。增收原因：受市场因素以及行业去产能政策因素影响，企业产品累计销量同比增长6.88万吨，增幅1.84%，价格也同比增长163.74元/吨，增幅20.22%。中国国电集团公司霍州发电厂同比减收。该企业实现税收4973万元（含预缴企业所得税1362万元），较2016年同期的10756万元减少5783万元，减幅53.77%。企业基本情况类似山西兆光发电有限公司，2017年，上网电量为43.22亿千瓦时，较2016年同期40.42亿千瓦时增长2.8亿千瓦时，增幅6.93%。而煤炭价格上涨蚕食红利为主要减收原因。

【党建工作】 2017年，霍州市国家税务局落实“条主动、块为主”和“下抓两级、抓深一层”两个工作机制。夯实党建管理基础。调整党建工作领导小组成员，制发《中共霍州市国家税务局党建工作领导小组及办公室工作规则（试行）》《中共霍州市国家税务局党组工作规则》等管理办法。履行主体责任。6月底，召开党建专题工作会，听取各支部上半年党建工作汇报，查阅实证，现场对存在的问题进行点评指导。班子全员具体分工，开展精准扶贫工作，采取产业帮扶、金融帮扶、捐资助学等方式，帮助师庄乡4个行政村13户贫困户完成脱贫任务。落实两个工作机制。发挥“块为主”机制，邀请市委党校教师授课2次，参加地方组织培训3次，参与地方组织的学雷锋志愿服务、青年志愿者服务等活动。运用“抓深一层”机制。对各支部“三会一课”、民主生活会及其他党建工作开展情况进行全面检查，针对存在的问题，列出清单，开展专题辅导培训，完善基层支部党建工作手册，提升基层支部党建管理水平。

【法治税务建设】 2017年，霍州市国家税务局组织97个税务干部参加“法宣在线”学习和无纸化学法用法考试，平均成绩89分；开展“谁执法、谁普法”工作，组织税法进校园、拍摄“弘扬宪法精神、建设法治国税”主题微视频，开展“万名税干入企业”调研活动，增强社会税收法治观念；成立法律顾问办公室，外聘1名律师担任法律顾问，提升税务法治人才建设。规范税务执法，召开多次研讨会，邀请各级业务骨干开展执法培训，防范执法风险，增强税务执法能力。

【国地税合作】 2017年，霍州市国税局落实国地税征管体制改革，与市地税局制定《涉税信息采集共用管理工作方案》《单管户提取比对及核实调整工作方案》《国税、地税合作示范区建设工作实施方案》等方案，召开7次国地税联席会议，对20项合作议题进行沟通交流。2017年，联合办理设立、变更、注销税务登记4933户，实现电子报表一次采集，双方共享共用，采集15082份财务报表，与667户纳税人签定委托划缴税款协议。举办4次税收宣传，开展3次纳税人培训，培训纳税人300人次。对399户纳税人开展信用评价，评价出A级纳税人19户。为辖区内10户大企业提供个性化纳税服务。国税局代征地方税费550.49万元。协同管理非正常户，认定非正常户64户。共享双方内部涉税信息，双方共享15366条涉税信息。开展干部培训2次，培训196人次。在实施大企业税收风险管理、制定统一税务行政处罚裁量权基准、联合税务稽查等方面。

【稽查工作】 2017年，霍州市国家税务局贯彻落实山西省、临汾市局稽查工作精神，结合单位工作实际，部署各项检查工作，围绕整顿规范税收秩序主线，开展联合税务稽查，以税收违法案件查处为重点，以查促管，提升稽查工作质量和效率。2017年，对辖区内7家企业开展联合税务稽查，累计实现查补税款及滞纳金98.38万元。

【纳税服务】 2017年，霍州市国税局强化纳税服务，拓宽办税新模式。落实“一窗一人一机”办税服务模式，建立国地税联合办税大厅，国税15个窗口和地税8个窗口全部升级为国地业务通办窗口，实现“进一家门、叫一次号、办税务事”；对税务登记、税务认定等7类99项涉税业务实现省内通办。简并涉税流程和资料报送。对网上申报纳税人，实现每年报送一次纸质资料；推行涉税事项免填单服务；税收优惠实行清单式备案管理，不再报送备案资料；整合纳税人涉税事项，提供套餐服务，减少纳税人上门次数。实施“互联网＋税务”。推进网报平台应用范围，2017年，霍州市网报率为98.53％，网上代开率81.38％，网上外出证明开具率100％。引导纳税人网上办税，实现开业登记、优惠备案、申报缴税、跨区域涉税事项管理的网上办理，网上办理率95%以上。推进实名办税进程。为办税服务大厅每1个工作人员配备身份证采集机具，进行全员实名办税采集操作培训，要求纳税人携带身份证办理各项涉税事项，降低纳税人涉税风险，保障纳税人合法权益。优化纳税服务。举办“纳税人学堂”专题活动6场，对企业所得税汇算清缴、网上申报平台操作、营改增政策、国务院6项减税政策等内容进行专题培训，培训纳税人600多户次，满足不同行业不同类型纳税人需求。

【文明创建】 2017年，霍州市国家税务局坚持以培育和践行社会主义核心价值观为主题，围绕为国聚财、为民收税中心工作，以提升干部职工文明素质和税务机关文明形象为目标，把文明单位创建与加强队伍建设和塑造部门形象相结合，申创2016至2017年度省级文明单位标兵，文明创建工作再上新台阶。关注民生问题，满足干部合理诉求。寻求上级部门支持，筹措资金，基建立项，对机关大楼进行翻修，修缮食堂，升级职工宿舍，更新办公电脑设施，增设健身房，完善图书室，为基层支部开辟党员活动室，改善干部办公环境。坚持人才兴税，强化干部教育培训。2017年，落实总局素质提升“115工程”，开展“1+5”青年干部培养和“岗位大练兵、业务大比武”考试选拔，依托数字人事管理和中国税务网络在线课堂等载体，在全局树立崇实争优的良好导向，全年组织各类培训45次，邀请专家辅导学、加强培训提升学、丰富载体外出学，强化干部队伍能力建设。1个干部被国家税务总局抽调，2个干部被省国税局抽调，3个干部被临汾市局抽调。举办4次道德讲堂，开展“提升能力 甘于奉献 做合格税务人”征文活动，评选出单位先进典型人物4个，进行版面宣传，营造争学榜样良好氛围。开展“我们的节日”、青年“志愿者”服务、庆七一主题活动、精准扶贫等活动，传递正能量，树立良好国税形象。

【领导班子】

局　长：

米玉峰（2008.01—2017.12）

副局长：

马红石（2010.11—2017.12）

郭继宏（女，2010.11—2017.12）

薛武鸿（2010.11—2017.12）

张　民（2016.06—2017.12，北京挂职干部）

纪检组长：

王临纲（2010.11—2017.12）

【获奖情况】

2017年，霍州市国家税务局办税服务厅获全国“青年文明号”和全国“巾帼文明岗”荣誉称号，被山西省文明办授予“省级文明单位标兵”荣誉称号；在临汾市国税系统2017年度绩效考评中取得全市区县局第1名；国税局制作的《绩效管理在这里落地生根》获得国家税务总局领导书面批示；国税局制作的税收微电影《变化》荣获临汾市国税系统首届微电影大赛二等奖；国税局稽查局报送稽查案卷荣获临汾市国税系统优秀稽查案卷；郭旦旦被纳入总局素质提升“115”工程——专业骨干项目名单；李炎龙、李彦婷、张荣荣被纳入总局素质提升“115”工程——岗位能手项目名单；郭旦旦被国家税务总局抽调参加绩效书籍编写专项工作，获得总局表扬函；马红石和李炎龙被抽调参加山西省国税局税务志编写，获得省局通报表扬；王临纲、刘蕾、成冠平被抽调参加临汾市国税局巡察工作，获得市局通报表扬；房记珍、张展、曹娟、郭旦旦被临汾市总工会和临汾市国税局联合分别授予“岗位能手”和“爱岗敬业标兵”；王亚琴家庭当选为临汾市国税系统“最美家庭”；米玉峰、胡晓晶、高岚3人撰写的文章分别荣获临汾市国税系统数字人事征文一等奖、三等奖、鼓励奖。

（郭旦旦）

地　　税

【概况】 霍州市地方税务局成立于1994年，内设办公室、人事教育股、计划会计股、财务核算中心、征管信息股、税政管理股、规费管理股、后勤管理中心、纪检监察室、纳税服务股共10个股室，下设稽查局、直属一分局、直属二分局及第一税务所、第二税务所、第三税务所、第四税务所、辛置税务所、白龙税务所、什林税务所、大张税务所、七里峪税务所共3个直属单位、9个基层税务所。负责霍州市4171户纳税人的地方税收和残疾人就业保障金、工会经费的征收管理工作。共有干部职工133人（含退休干部），其中党员98人，占干部职工73.68%，硕士研究生3人，本科学历52人，大专学历49人，大专以上学历占干部职工78.2%。

【税收收入】 2017年，霍州市地方税务局累计完成各项收入5.02亿元，其中：税收收入4.27亿元，规费收入0.33亿元，其他非税收入0.42亿元。组织省以下公共财政预算收入3.89亿元，达年度计划2.95亿元的131.99%；组织县级财政收入2.31亿元，占计划2.3亿元的100.56%，超额完成省以下收入及县级收入两项任务。

【征收管理】 2017年，霍州市地方税务局应对税收工作新常态，创新工作理念，创建“征管夯实年”。征管基础得以巩固。加强征管指标考核，对“8+6”项征管指标进行重点考核，税务登记完整率和准确率100%。税种精细化管理成效显著。244户企业完成2017年度企业所得税汇算清缴工作，入库税款614.61万元。共受理年所得12万元以上个人所得税自行纳税申报910人，较2016年增加128人。完成114户、116人的个人所得税汇算清缴，补缴税款1509.57元。完成由财政统发工资的行政事业单位5288人的个人所得税代扣代缴工作。对2017年度“房土”两税申报入库情况进行“回头看”。开展“契耕”两税专项清理工作。完成水资源税首个征期纳税申报工作，共计20户，申报税款382万元，减免税款26.7万元。建立环保税征管准备工作组，加强与财政、环保部门的协调沟通，联合制定环保税法实施工作方案和舆情应急处理制度，完成市环保部门提供的全市43户缴费人排污费数据交接，为环境保护税开征打下基础。国、地税合作亮点纷呈。召开7次国、地税联席会议，启动“一窗一人一机”联合办税服务厅，印发信息采集共用方案，建立起“前台一家受理，后台分别处理，即时办结反馈”的工作机制，实现国、地税“一次采集，按户存储，共享共用”。联合进行单管户迁移接收和征管数据修正工作，实现国地税数据零差错。以“七个携手”活动为抓手，联合开展税法宣传活动。围绕“国务院六项减税政策”、山西省局“唱响税务好声音、共创税收好环境”“万名税干入企调研服务”和“造环境、促转型”等活动，通过《今日霍州》、纳税人学堂、微信公众号等渠道进行宣传，联合国税局开展入企调研，推动税收政策贯彻落实。

【法治地税】 2017年，霍州市地方税务局树立“依法治税是税收工作生命线”理念，推进“法治地税”建设，提高依法从政、依法治税水平。规范税收执法行为。执行规范性文件的审核备案和合法性审查工作，加强聘用律师的管理与配合。推进法治地税示范基地创建活动，开展税收执法督察工作，结合山西省局“28”条和临汾市局“60”条修订“两权”流程图册，筑牢税收执法风险防线。以“深入学习宣传党的十九大精神、推进依法治税”为主题，组织开展“国家宪法日暨全国法治宣传日”系列活动，宣传税法。规范政务管理工作。夯实“三基建设”，组织编制“一目录一流程三手册”，对重点工作、重点岗位、重点环节进行流程设定，明确股室职责、个人岗责、工作标准，汇总各类规章制度及相关政策规范 48 项。绩效考核制度。完善绩效管理制度，调整增加 1 个专职绩效管理员，务实制定考核指标，推行“三督一批一讲评”，发挥“督考合一”作用，全年开展各类督查 185 次，局长批示工作 51 次，升级运行 3.0 版电子台账，实时记录工作痕迹，推动工作落实。

【营商环境】 2017 年，霍州市地方税务局贯彻山西省局“带好队、收好税、造环境、促转型”工作思路，确保各项优惠政策落地生根。响应山西省临汾市局要求，制定实施办法，围绕五项内容，开展五项活动，组织召开基层税干和纳税人意见征求座谈会，推选亮点和典型，凝聚思想共识。“万名税干入企调研服务”活动中，入企 36 户次，其中领导带头入企 6 户，解决问题 6 条，收集建议 5 条。促进优惠落实。对照山西省局“28 条措施”和霍州市局“60 条措施”具体要求，调整“金税三期”系统中对小微企业和月销售额不超过 3 万元的个体工商户零征收率操作。落实月销售额不超过 3 万元的个体工商户个人所得税征收率为零的政策 642 户，月减免税额 44805.45 元，年减税 53.76 万元。落实房产余值执行 30%扣除标准政策，修改房源信息 900 余条。落实煤矿井下作业职工个人所得税政策，涉及 2 户企业。落实小型微利企业所得税优惠政策 28 户次，减免税款 14 万元。落实小型微利企业和个体户按季申报政策 2600 多户。落实小微企业残疾人保障金优惠“金三”备案 630 户。完善办税厅难点盲点分析制度。针对“营改增”、国地税业务合作后，办税服务厅在“金税三期”征管软件操作中遇到的共性问题、新的业务项目、税收政策界定不清或政策与实际工作有脱离等问题，直属一分局主动作为，建立办税厅难点盲点分析制度，定期召开分析讨论会，解决“三证合一”后国税办证但地税提取不出数据、同一业务国地税执行标准不一致、修理修配征收印花税等方面问题，方便纳税人。

【队伍建设】 2017 年，霍州市地方税务局将班子建设和干部能力提升作为重点，严管与厚爱相结合，加强干部队伍建设。贯彻民主集中制原则，实施党组集体议事规则、“三重一大”事项集体议事制度、大要案审理制度等，全年召开党组会集体学习 12 次、专题研讨 4 次，全部以会议纪要形式正式编号存档。加大专业教育培训力度，举办会计财务知识培训、礼仪培训、“金税三期”软件操作技能竞赛和常态化廉政教育培训。成立税收业务学习小组，建立周四上午学习和轮流讲课制度，举办以“新时代、新征程、新担当、新青年”为主题的学讲会。举办道德讲堂、“三八”诗书茶会、音乐朗诵、重阳座谈会等活动，组织开展困难职工、道德模范、退休职工春节慰问工作。锣鼓队在山西省局运动会开幕式上进行表演。完成文明单位考评验收工作，取得省级文明单位称号。霍州市地方税务局成立以薛德明副局长为队长，以各党支部书记为队员的扶贫工作队，派高源驻村帮扶，建立定期到点入户机制，对37户扶贫对象实行分级分类管理，实施金融扶贫、产业扶贫、教育扶贫、就业贫困等措施，为贫困户购买羔羊和饲料，协助签订金融扶贫协议，开展健康扶贫双签约活动，进行“四类学生”“雨露计划”帮扶和中考慰问工作，向大张镇北张村村委和小张望村村委赠送《中国共产党章程》等学习资料，全程协助、配合村“两委”换届选举工作。2017年脱贫11户21人，脱贫率62%。

【党风廉政建设】 2017年，霍州市地方税务局完善党建工作联席会议制度、签字背书制度和年度“双报告”制度，建立主体责任清单，重点整改工作态度与职责分工匹配两个方面问题。以“查问题”与“解决问题”同步推进为思路，对执行遵守党的纪律、工作纪律、税收执法、财务管理、基建工程、津贴补贴福利、后勤管理和节假日节点等方面进行常态性督查。组织“讲政治、知敬畏、守规矩”专项治理活动，加强干部八小时以外管理，开展“两学一做”学习教育专题督查，进行防止“四风”问题反弹回潮督查，进行明察暗访督察20次，紧盯关键节点时点，开展检查8次，提醒问题2个，纠正问题2个。

【领导班子】

局　长：

贺立华（2015.12—2017.12）

副局长：

薛德明（2006.09—2017.12）

王虎良（2006.09—2017.12）

王文明（2013.08—2017.12）

纪检组长：

张学军（2013.08—2017.12）

【获奖情况】

霍州市地税局被山西省精神文明建设指导委员会授予2016－2017年度山西省文明单位，在临汾市地税局2017年度绩效管理与目标责任制考核中荣获优秀等次第四名，被临汾市地税局授予2017年度税收科研成果优秀组织奖。

霍州市地税局稽查局、直属一分局被山西省青年文明号活动组委会认定为“山西省青年文明号”；任荣萍被山西省地税局授予山西省局行政管理类业务骨干并纳入总局“115工程”人才库、被临汾市总工会评为临汾市“五一巾帼标兵”，被临汾市地税局授予2017年市级业务能手、被临汾市地税局记个人三等功。

张耀华被山西省地税局授予省级业务能手称号，被临汾市地税局授予2017年市级业务能手，被临汾市地税局记个人三等功。

王虎良、刘凯琴、马振荣撰写的《霍州市主体税源对当地地税收入的影响状况分析》获山西省地税局2017年度“地税改革与发展”主题征文一等奖，获临汾市地税局2017年度优秀税收科研成果二等奖；王虎良、曹淑娟、张耀华撰写的《“纳税人销售其取得的不动产”业务的积极探索及亟待解决的问题》获山西省地税局2017年度“地税改革与发展”主题征文二等奖，获临汾市地税局2017年度优秀税收科研成果三等奖；

王虎良、曹淑娟、张耀华、沈强撰写的《浅谈完善现代化手段　提升征管质量及纳税服务的几点建议》获山西省地税局2017年度“地税改革与发展”主题征文三等奖。张书玮被临汾市地税局授予2017年市级业务能手；史文竹被临汾市地税局授予2017年市级业务能手。

（陈慧芳）

金 融

金融办

【概况】 霍州市金融工作办公室 2015 年 10 月设立，正科级建制，为霍州市人民政府工作部门。市金融工作办公室设 1 个综合股，负责处理机关日常事务和综合协调工作。机关行政编制 5 人。贯彻执行党和国家金融工作方针政策和相关法律、法规，掌握全市金融运行情况；配合国家、山西省、临汾市金融管理（监管）部门做好货币政策落实及金融监管工作；协调拟定并组织实施霍州市金融产业发展规划和政策措施；研究金融发展重大问题。

【小额贷款公司及融资性担保公司监管及年审】 2017 年，霍州市金融工作办公室对小额贷款公司及融资性担保公司进行监管及年审，引导、规范其规范经营，保证霍州市金融领域稳步发展。包括一次性告知补正材料、按规定受理或不受理；审查其项目材料的合规性，提出审核意见和建议；确定是否批准（同意）产权协议转让事项；通过验收或专项检查活动，确保其项目立项的合法合规性。

【处置非法集资】 2017 年，霍州市金融工作办公室针对房地产领域、农民合作社、金融类投资公司等进行专项排查；对互联网金融风险专项整治提出工作方案，针对 p2p 网络借贷和股权众筹、通过互联网开展资产管理及跨界从事金融、第三方支付、互联网保险等业务进行规范，排查危险并加大监管力度，运用技术手段对可疑事件进行摸底，维护互联网金融稳定；通过各大宣传平台，宣传非法集资知识。结合当前农村地区实际现状，部署农村防范和处置非法集资的宣传工作，提高人民群众的警惕性，维护人民群众的经济利益。

【专项活动】 2017 年，由霍州市人民政府牵头，协调相关政府职能部门、金融管理部门和金融机构成立专门的企业担保链风险处置工作组和打击恶意逃废金融企业债务联席会议，针对霍州市辖区内存在的担保链风险和打击恶意逃废金融企业债务风险进行处置化解，工作组及联席会议办公室下设在市金融办。

【领导班子】

主 任：

董春波（2015.10—2017.12）

（薛志娜）

中国人民银行霍州市支行

【概况】 中国人民银行霍州市支行为中国人民银行县级支行，主要任务是在上级行领导下，依法贯彻执行国家的货币政策、维护辖区金融稳定、提供金融服务、承办有关业务，支持地方经济发展。至2017年底，支行在册干部职工30人，下设四部二室：综合业务部、货币金银部、金融管理部、保卫部、综合办公室、纪检监察审计室。

【党建统领】 2017年，中国人民银行霍州市支行党组建立健全党建工作责任制，形成党组统一领导，一把手负总责，分管行领导具体负责，谁主管谁负责，一级抓一级，层层抓落实，以党建促履职，推动各项工作任务开展。开展“两学一做”学习教育，贯彻中央《关于推进“两学一做”学习教育常态化制度化的意见》要求，以“四个合格”标准建设党员队伍，推进“两学一做”学习教育常态化。规范党内生活。每季召开一次专题会议研究党建工作；制定年度“三会一课”工作计划，支部和党小组抓好组织生活日常规范，开展支部联建活动，分别与临汾中支货币金银科、调查统计科党支部联合开展主题党日等活动，引导全体党员坚定理想，发挥先锋模范作用，学习宣传贯彻党的十九大精神，组织全行干部职工学习十九大报告，开展学习党的十九大精神党课6次，邀请专家教授作学习党的十九大报告辅导讲座。改进工作作风。对照2016年度基础工作年度考核反馈结果、2016年度监督发现问题汇总清单、中支党委巡察中存在问题，寻不足、找差距、补短板，细化整改措施，明确整改方案，建立长效机制，逐条逐项的全面梳理排查，对于存在的问题进行整改。针对组长徐加爱在人民银行分支行十九大全面从严治党精神学习会上的讲话中“深刻认识全面从严治党的严峻形势，直面问题抓整改”提出的七方面的问题，支行党组从压实全面从严治党责任、财经纪律、干部监督、落实中央八项规定、监督执纪等方面入手，履行主体责任，强化政治纪律和组织纪律，带动廉洁纪律、群众纪律、工作纪律和生活纪律严起来，纠正“四风”，转变工作作风。

在人行临汾市中支2017年度考核中，有9个专业进入“A类”，其中金融稳定等三个专业荣获第一。

【贯彻货币政策】 2017年，中国人民银行霍州市支行贯彻落实稳健中性的货币政策，引导金融机构支持实体经济的合理信贷需求，促进霍州经济转型跨越发展。2017年，辖区金融机构各项存款余额128.85亿元，较年初增加5.26亿元，增幅4.26%，各项贷款余额86.1亿元，较年初增加6.3亿元，增幅7.9%，存贷比66.8%，与山西省68.7%的平均水平基本持平。开展对辖内经济金融形势调查研究，全年撰写调研文章40余篇，动态信息51条，省级以上刊物发表20篇，地级刊物发表10篇。

【普惠金融服务】 2017年，中国人民银行霍州市支行完成40个村农村金融综合服务站建设，建设农村金融综合服务站201个，实现农村金融综合服务站在霍州市所有行政村“全覆盖”。

【金融管理】 2017年，中国人民银行霍州市支行按照“两管理两综合”工作要求，按月对金融机构日常管理进行考核，按季进行通报，做好对辖内金融机构的综合评价工作。7月，对霍州农行开展综合执法检查，对发现的问题提出整改建议。并督促落实整改。

【人民币管理】 2017年，中国人民银行霍州市支行货币金银部门规范管理，确保库款安全，2017年，办理入库156笔，金额30599.5万元，其中回收残损人民币10378.5万元；出库231笔，金额119183万元；调拨出库5笔，金额10253.1万元，调拨入库6笔，金额95350万元；收缴假币348张，金额29321元，无一差错。开展反假货币工作转型升级研究，完善反假货币工作中心前移机制，与公安部门联合下发《霍州市警银联合反假货币工作要点》，成立霍州市警银联合反假货币工作领导组，建立涵盖公安部门、金融机构网点、农村金融综合服务站的人民币反假信息共享平台，通过由乡镇分管领导和村干部负责参与农村金融服务站管理工作，金融机构对农村金融服务站人员进行专业的反假知识培训，就近的派出所民警和金融服务站建立反假报警直通渠道”的三位一体的反假工作模式，基本形成警银联合反假长效机制框架。

【国库资金管理】 2017年，中国人民银行霍州市支行国库部门按照《创建县级标准化示范库实施办法》及指标评价体系，完善内控制度和岗位责任制，明确岗位职责，全年办理预算收入业务105186笔，金额156878万元；直接支付业务33156笔，金额178463万元；退库业务148笔，金额806万元；更正业务50笔，金额5513万元，未发生任何差错。

【金融知识宣传】 2017年，中国人民银行霍州市支行宣传金融知识，形成以重要节日、特色庙会为依托，以特定人群为重点，以金融机构网点和农村金融综合服务站为宣传点的综合性宣传框架，制作微视频《识别假币教您几招》，在《今日霍州》开设金融知识宣传专版。全年组织辖区金融机构开展“3·15”金融消费权益保护宣传、《存款保险条例》颁布两周年宣传、“6·14”征信宣传日、“普及金融知识，守住钱袋子”等专题活动10次。开展“金融与诚信”进课堂活动，对接建立6家红领巾金融实践基地，引导小学生走入营业网点，亲身实践操作，从小树立学金融、懂金融、知诚信的意识。

【平安建设】 2017年，中国人民银行霍州市支行探索建立安全保卫工作长效机制，通过组织全行职工开展安全教育、整理修订安全保卫制度、对职工异常行为排查、组织反恐演练、消防演练等活动，全行干部职工树立大安全、大保卫的工作意识。

【精准扶贫】 2017年，中国人民银行霍州市支行根据上级部门对金融助推脱贫攻坚工作要求，支行向霍州市委、市政府领导作专题汇报，召开相关部门协调会议，就工作中存在的贷款贴息、风险补偿等细节进行磋商，对贫困户进行评级授信。5月3日，霍州市人民政府印发《霍州市“五位一体”扶贫小额信贷实施方案》，当月发放“五位一体”扶贫小额信贷510万元，带动建档立卡贫困户102户，为全市乃至全省“五位一体”扶贫小额信贷工作推进起到引领性作用，该做法在9月5日《金融时报》予以刊登。印发《关于落实“五位一体”扶贫小额信贷工作的补充意见》，将“五位一体”调整为“四位一体”，确保扶贫小额信贷工作正常开展，全年发放扶贫小额贷款1300万元，带动建档立卡贫困户260户。

【领导班子】

行　长：

刘亚琴（女，2013.10—2017.02）

张忠民（2017.03—2017.12）

副行长：

刘文合（2008.07—2017.02）

梁亚龙（2011.09—2017.12）

申子正（2017.07—2017.12）

纪检组长：

陈京记（1992.01—2017.12）

副主任科员：
刘杏华（2011.09—2017.12）
张琳珍（女，2011.09—2017.12）

（王铁军）

中国银行业监督管理委员会临汾监管分局霍州办事处

【概况】 中国银行业监督管理委员会临汾监管分局霍州办事处（以下简称霍州监管办）位于霍州市鼓楼东大街38号，隶属于中国银行业监督管理委员会临汾监管分局。2017年，霍州监管办引领银行业促改革、防风险、强服务，维护辖内金融稳定。截至2017年12月，霍州市共有银行业金融机构服务网点44个，其中，工行5个、农行4个、中行3个、建行2个、信用联社22个、邮储银行自营网点2个、代理网点6个。全辖银行业金融机构各项存款128.85亿元，较年初增加52572万元，增长4%；各项贷款86.14亿元，较年初增加62955万元，增长7.3%。

【督导案防】 2017年，霍州监管办主任与辖区金融机构负责人签定“2017年案件防控工作目标责任书”，配合当地公安部门进行安保检查，按季派专人列席各金融机构召开的案防分析会，对发现的问题督促各机构拿出可行的整改措施进行纠改，督促各机构做好案件防控两评工作。要求各机构做实、做细评价工作，对评价得分较低的机构，提出整改意见，使案防工作落到实处。

【银税合作】 2017年11月15日，霍州监管办安排专人与霍州市国税局、地税局进行沟通，联合成立领导小组，确定以“银税互动惠企业　合作共赢促发展”为主题的宣传活动，活动时间为2017年11月15日至12月15日，制定小微企业金融服务宣传月活动方案，联合发文。2017年11月22至24日，活动领导组对辖内银行业金融机构进行实地走访。辖内各机构利用电子屏播放活动主题、宣传标语等，在营业大厅显著位置张贴海报、摆放宣传资料等多种方式进行宣传。

【普及金融知识】 霍州监管办组织辖内银行业金融机构于2017年9月在全辖范围内集中开展“金融知识进万家”宣传服务月、“打击电信网络新型违法犯罪宣传活动”“网络安全宣传周”等活动。主要开展方式有电子屏滚动播放宣传标语，以营业网点为阵地立体宣传，进行流动宣传向辖区学校派送金融大礼包、在人流密集地集中宣传、深入农村进农户流动宣传、媒体宣传等方式开展多种多样的宣传活动，让更多金融消费者了解金融知识，为群众送去与生活息息相关的知识，对2016年受非法集资危害的村民，重点讲解非法集资的危害，提高群众风险意识。

【党风廉政建设】 2017年，霍州监管办组织党员学习习近平总书记系列重要讲话精神，学习银监会、山西银监局系统和分局2017年党风廉政建设暨纪检监察工作会议精神。开展“三观、三心、三力”主题教育活动，在每一阶段都撰写心得体会。在工作中把纪律和规矩挺在前面，落实中央八项规定精神。对习近平总书记系列重要讲话精神、《中国共产党廉洁自律准则》《中国共产党党内监督条例》《中国共产党问责条例》等进行学习。按照统计信息科党支部两学一做”学习教育安排，对学习教育中的四项专题进行学习研讨，撰写心得体会。

【现场检查】 2017年，霍州监管办配合霍州市公安局开展辖内金融机构安全保卫评估检查，对发现的问题提出具体整改建议和要求。根据临汾银监分局工作安排。7月，霍州监管办对霍州联社进行风险防控督查，针对督查中发现的问题，要求限期整改。按照分局工作要求，对辖内银行业金融机构减费让利工作开展情况进行督导，辖内银行业金融机构均能按照上级机构的收费规定执行各项服务费减免政策。

【非现场监管】 2017年，霍州监管办调查研究，掌握辖区内银行业金融机构运行中存在问题，进行沟通和交流，根据实际情况作出相关提示或进行通报，向上级部门反馈各种金融信息，做好信用社监管评级，根据监管指标，按照山西省局程序从严、客观进行监管评级考核，督促信用社明确专人按时上报“1104”报表；上门座谈，对高管人员进行监管谈话和信息沟通，提示其经营管理中可能存在的风险；做好信用社监管会谈和约见会谈，年中、年末分别对农村信用社存在的问题进行通报，对产生问题的原因进行分析，提出明确的监管要求并督促其限期整改，对有可能发生违规的行为约见其高管人员，阻止违规发生，做到防患于未然；深入基层督导工作。针对互联网金融风险专线整治及非法集资工作、“村村通”惠农工作、各网点落实行政许可情况、服务小微企业宣传等深入各金融机构督导开展情况。

【领导班子】

主 任：

胡秀斌（2013.09—2017.12）

副主任：

王红斌（2013.07—2017.12）

（王红斌）

中国工商银行霍州支行

【概况】 中国工商银行股份有限公司霍州支行，隶属于中国工商银行股份有限公司临汾分行。支行下设5个网点，3个部室、1个中心。5个网点分别是支行营业室（含牡丹卡业务中心和现金业务中心）、东大街支行、开元支行、辛置支行、矿区支行。3个部室分别是：综合部、法人客户部、个人金融部。1个业务中心是个贷业务中心。到2017年底，全行在职员工110人。

【业务发展】 2017年，中国工商银行霍州支行按照上级行总体工作思路要求，坚持以“三增、三降、三优化”为引导，拓展信贷资源、精准营销客户，稳增各项存款、强化队伍建设，增强内控管理，深化经营结构和运行管理机制改革，加大对霍州市重点优势企业和中小微型企业的扶持支持力度，实现各项业务顺利、协调发展。2017年，各项存款25.7亿元，储蓄存款日均余额24亿元，较年初净增0.8亿元，完成任务的122.2%；各项贷款余额15.7亿元，其中个贷2.9亿元，完成任务的102.4%；实现票据贴现9.18亿元，完成任务的229.5%；实现拨备前利润5225万元，完成全年任务的93.7%。拓户、理财、分期、信用卡、基金、保险、贵金属等核心产品指标保持稳定增长。

【优质服务】 2017年，中国工商银行霍州支行坚持以客户为中心，改善服务态度，完善服务措施，增强服务质量。加大检查力度和频度，完善考核办法，增加考核内容，增强奖罚力度，提高员工做好服务工作的积极性和自觉性；做好网点互动机制管理，构建网点客户经理、大堂经理、柜员三者联动服务模式。发挥网点团队服务机制，提升网点核心竞争力，重点推动支行的互联网金融业务的宣传、降低柜面压力。强化客户识别，把识别优质客户作为优质客户服务流程中的首要环节和切入点，挖掘和培育高端客户资源。通过劳动组合的重新优化，提高客户引导分流力度和核心业务的营销效果，使全行服务水平上新台阶。

【制度建设和内控案防】 2017年，中国工商银行霍州支行强化内控案防制度建设，提高综合管理水平。加强组织领导，细化防范职责。坚持内控案防分析会工作制度，强化责任落实。结合“两学一做”学习教育，加强对党员干部的廉洁从政教育、职业操守教育。坚持月巡查制度，组织开展支行现场管理突击轮岗工作，对离岗人员进行离岗审计。建立健全员工行为规范主题教育的长效机制，根除风险隐患。强化制度、完善队伍，加大安全保卫工作检查力度，推进与尧都护卫联勤保卫、监督互助工作，确保支行网点工作的顺利开展。强化对全行计算机运行安全管理，加强对计算机病毒的防范和软件升级工作，确保全行计算机系统的安全运行。

【企业文化建设】 2017年，中国工商银行霍州支行加强企业文化建设和员工队伍建设，加快建设适应现代金融企业经营发展需要的员工队伍。鼓励和支持员工利用业余时间参加业务知识、专业技术的培训学习，为员工提高业务素质和专业技能提供条件。在党员干部中开展“两学一做”学习教育和“讲政治、知敬畏、懂规矩”专项治理以及社会主义价值观主题教育活动。为2017年员工高考子女送去慰问品；“三八妇女节”期间开展拔河、跳绳、踢毽子、投篮球等趣味比赛；组织2016年度支行先进工作者开展爱国主义教育等。组织员工参加分行组织的篮球、羽毛球等比赛活动和职工运动会，均取得较好成绩。

【支持地方发展】 2017年，中国工商银行霍州支行坚持做好传统优质贷款客户维护营销，巩固、拓展传统信贷业务市场，根据客户的特点和国家信贷政策，加大对霍州煤电集团有限责任公司、中国国电集团公司霍州发电厂等核心客户的供应链业务营销维护，坚持与企业同呼吸共患难，帮助企业优化融资结构，为企业加速资金周转，提高资金使用效率提供通道。2017年，全年贷款14.6亿元，帮助企业渡过难关，支持地方经济发展。把推动和促进个贷业务的持续发展作为信贷结构调整和全行信贷业务稳健发展的着力点，在加强队伍建设、提升员工素质、提高审批效率、扩大项目储备上狠下功夫。重点做好香江城、中镇国际花园、河畔丽景等重点项目工程的住房贷款按揭业务营销、服务工作，使个人贷款规模上、质量上实现新突破。2017年，个人贷款累放10315万元，为400余户个人购房户解决资金紧张问题。

【精准扶贫】 2017年，根据上级行和霍州市委、市政府的安排部署，霍州支行参与精准帮扶工作。成立驻村扶贫工作队，设立办公室，深入贫困户家中进行摸底调查和情况调研，协调联系“霍州市坤英棉织品加工厂”与辛置镇下马洼村13户贫困户（除4户因年龄超限不能与企业签订协议，有1户有贷款需求，准备贷款外）中的8户签订扶贫协议。企业每年给贫困户发放扶贫帮扶补偿款2600元，从而使贫困户基本生活得到根本性改善。传统节日，霍州支行利用职工捐款，购买粽子、鸡蛋以及米、面、油等送到贫困户家里，送去关爱和节日慰问。

【领导班子】

党支部书记、行长：

王　政（2017.05—2017.12）

副行长：

安春荣（女，2014.07—2017.12）

田国荣（2016.08—2017.12）

费　明（2017.10—2017.12）

【获奖情况】

2017年，中国工商银行霍州支行被临汾分行授予党风廉政建设和案防工作先进单位。

（崔胜远）

中国农业银行霍州市支行

【概况】　中国农业银行霍州市支行位于霍州市东大街165号。隶属于中国农业银行股份有限公司临汾分行，下辖鼓楼支行、支行营业室、大众路分理处、鑫泽分理处4个网点，内设综合办公室、财会运营部、客户部3个部室，至2017年底，全行在职员工89人。

【业务发展】　存款。至2017年底，中国农业银行霍州市支行各项存款余额达14.71亿元，较年初净增0.77亿元，其中：个人存款余额14.27亿元，较年初净增0.97亿元；对公存款余额0.44亿元，较年初下降0.20亿元。

贷款。至2017年底，全行各项贷款余额达10.91亿元，其中：个人类贷款余额0.82亿元，较年初净增0.31亿元；法人贷款余额10.07亿元，较年初净增0.01亿元；农户贷款余额200万元，较年初增加200万元。办理贴现3.52亿元。

中间业务收入和利润。2017年，实现中间业务收入411万元，拨备后利润1595万元。

资产质量。2017年底，全行不良贷款余额285万元，其中，机构类和公司类余额为264万元，个人不良贷款余额21万元，不良贷款占比0.26%。

【工作措施】　2017年，中国农业银行霍州市支行银行贯彻山西省、临汾市分行年初工作会议精神，以“专项治理搭台、业务发展唱戏”为主线，抓好五项工作：抓存款管理，增强资金实力；抓信贷管理，防范和化解经营风险；抓规范化管理，促进依法合规经营；抓队伍建设，提高全行整体素质；抓党建工作，坚持从严治党、从严治行。

【支持地方经济发展】　2017年，中国农业银行霍州市支行贯彻落实党中央、国务院赋予农行“服务三农”的历史使命，立足霍州地方经济，发挥网点多、业务品种全的优势，支持农户、小微企业的发展，按照“抓两头、带中间”的思路，坚持“抓大不放小”的原则，调整信贷结构，做优小微信贷业务，重点支持企业发展和农民进城安家贷和农户扶贫贷款。全年发放个人一手房按揭贷款，计3553万元，“四位一体”扶贫贷款40笔，计200万元，办理贴现3.52亿元。建设标准化农村金融服务站，方便村民小额存取、转账、查询等。做好市委、市政府安排的包点扶贫任务。

【企业文化建设】　中国农业银行霍州市支行重视企业文化建设，开展三八妇女专题讲座、趣味比赛、乒乓球比赛、党的知识竞赛等文体活动。采取工会救助、慰问金等形式，对全行3个困难职工、3个困难党员进行关爱帮扶，为包点扶贫户捐款。

【领导班子】

党委书记、行长：

王智勇（2014.09—2017.12）

党委副书记、副行长：

陈记平（2012.05—2017.12）

纪委书记、副行长：

郭亚玲（女，2011.01—2017.12）

党委委员、副行长：

郭江波（2015.05—2017.12）

【获奖情况】

2017年，中国农业银行霍州市支行被农行临汾分行授予“先进支行”。

（王国平）

中国建设银行霍州支行

【概况】 中国建设银行股份有限公司霍州支行是一家国有股份制商业银行，位于霍州市鼓楼西街。内设科室：综合业务部、营业部、霍州东大街支行。截至2017年底，工作人员31人。

【业务指标】 截至2017年底，中国建设银行霍州支行一般性存款余额19.93亿元，日均新增1.47亿元，霍州同业四行排名第一，系统内排名第二；对公存款日均新增1.34亿元，霍州四行同业排名第一，系统内排名第一。各项信贷资产总额49.53亿元，系统内和当地同业位居第一；回收小企业贷款1户，金额400万元，投放1户，金额400万元；个人贷款投放2420万元；签发承兑2.5亿元，票据贴现11亿元；霍州煤电集团市场化债转股资金到账30亿元，保理投放3.6亿元。

【工作措施】 2017年初，中国建设银行霍州支行班子分析支行面临的困难和差距，调整工作思路和经营策略，加强营销力量，打造营销团队，深化转型发展，增强销售能力；补短板，扬特长，加快资产业务发展，推进重大项目落地，攻坚克难，逐步走出困境，四季度实现收官；确立“走市场、访客户”活动方向，在保持存款稳定增长的情况下，带动各项产品销售，确保个人全量资产的稳步增长；部分短板业务营销稳步推进，信用卡发卡位居系统第一；开展“普惠金融”，优化资产结构，支持地方建设，个贷普惠金融新增346.35万元，小企业普惠金融新增562万元；夯实机构业务在同业中的优势地位。在上半年对公存款增长乏力的情况下，下半年抓住重大资产业务投放的机遇，全年对公存款日均实现新增1.34亿元，系统内、同业稳居第一。

【渠道建设】 中国建设银行霍州支行海量个人客户是该行存款、产品销售的重要源泉，离行式自助网点较少，对柜面接待能力提出挑战，适应“综合性、多功能、集约化”要求，服务转型发展，建行再次加大渠道建设力度。

2017年，北大街离行式自助银行已投入运行，鼓楼西街离行式自助竣工。建设完成后，网点与自助比将达到1∶3，将分流柜面业务，增加客户满意度。自助渠道和电子渠道迅速发展，支行狠抓存折换卡，智慧柜员机分流，渠道分流效果明显，缓解柜面压力，使更多的人员充实到营销队伍中去。

【关爱员工】 2017年，中国建设银行霍州支行落实上级行“关爱员工”要求，择优确定员工“生日蛋糕”“三八慰问品”“春节慰问品”供应商，确保员工满意。保障员工休息时间，在人员异常紧缺的情况下，实现周休一天半。

【党建工作】 2017年，中国建设银行霍州支行配合山西省分行巡视工作，在思想政治和廉洁自律方面，能与党中央保持高度一致，将“两学一做”学习教育常态化制度化和学习党的十九大精神与建行的工作实际相结合，落实“一岗双责”，自觉遵守中央“八项规定”和建行的各项内控制度，在工作中严格自律，杜绝风险。支部建立“战斗堡垒”微信群，全体党员、入党积极分子自觉学习党的十九大精神及其他党建学习材料，开好“三会一课”，发挥党员模范带头作用，发挥“党建引领”业务发展。

【精准扶贫】　2017 年，中国建设银行霍州支行落实精准扶贫的各项举措，深入帮扶村进行精准扶贫，确保所帮扶的 12 户贫困户中未脱贫的 6 户全部在 2018 年脱贫。

【领导班子】

行　长：

乔　煜（2014.11—2017.12）

副行长：

董玉龙（2011.05—2017.12）

副行长：

奚学勤（女，2017.04—2017.12）

副行长：

卫有忠（2017.01—2017.12）

（郭新宇）

中国银行霍州支行

【概况】　中国银行股份有限公司霍州支行位于霍州市鼓楼东大街 198 号，隶属于中国银行股份有限公司临汾市分行。霍州支行下设 2 个部门、3 个网点，2 个部门分别为综合管理部、业务发展部，3 个网点分别为营业部、鼓楼支行、辛置支行。2017 年底，全行在职员工 66 人。

【业务发展】　2017 年，中国银行霍州支行党总支贯彻总行“坚持用最好的党建引领最好银行建设”的战略部署、以“三个融入”为指引、“九个带动”为抓手、“三个一”为目标，把党的十九大精神作为助力带领全行干部员工，以经济效益为中心，以审慎经营和结构调整为主线，推进各项业务发展。资产负债：截至 2017 年底，中国银行霍州支行各项贷款余额 22.68 亿元，较年初净增 5.63 亿元；各项存款余额 19.52 亿元，较年初净增 0.79 亿元。中国银行霍州支行实现净利润 4656 万元，中间业务收入 1273 万元。

【内控制度建设】　2017 年，中国银行霍州支行加强开展内控案防工作，完善内控机制，加强过程管控，加强考核力度，保持案件防控的高压态势，做到案件防控与业务发展“两不误、两促进”，保证全年安全运营。

【企业文化建设】　2017 年，中国银行霍州支行开展送温暖活动，加快建设“职工之家”，举办三八妇女节健身活动、“六一”儿童节趣味游戏活动、秋季采摘活动等，丰富员工业余文化生活，凝聚全员向心力，增强全员主人翁意识。

【党建工作】　中国银行霍州支行组织党员学习习近平总书记系列重要讲话精神，党的十九大精神，新《中国共产党章程》，坚决维护以习近平同志为核心的党中央权威和集中统一领导，坚决执行党的国家决策部署，把党中央各项决策部署落到实处。同时以党建带团建，通过开展团员青年联谊座谈，鼓励青年员工积极投身一线锻炼，激发青年员工爱行敬业的奉献精神。

【领导班子】

行　长：

张严平（女，2015.01－2017.12）

副行长：

刘培德（男，2017.09－2017.12）

闫　峰（男，2015.11－2017.12）

【获奖情况】

2017年，中国银行霍州支行荣获中国银行山西省分行“先进基层党组织”；获中国银行临汾市分行2017年公司负债业务优胜奖、2017年个金负债业务优胜奖。

（张卫国）

邮政储蓄

【概况】 中国邮政储蓄银行霍州市支行位于霍州市开元街，2008年8月正式挂牌成立，下设“三部两支行”即：综合管理部、三农金融事业部、公司业务部、支行营业部、北环路支行。支行拥有8处网点，其中自营网点2处，代理网点6处。到2017年底，职工32人。2017年下半年支行开始组建综合客户经理团队，成立一支集营销、推介、服务等为一体的专业化营销团队，实现资源、队伍、产品和客户的整合，强化业务宣传力度，提高业务服务质量，增强业务发展的可持续性和稳定性，实现增量创收。霍州市支行连续3年被山西省分行授予“十强支行”荣誉称号。

【业务发展】 2017年，中国邮政储蓄银行霍州市支行贯彻落实上级行和监管部门要求，坚守零售银行战略，坚持“三强三抓三确保”总体思路不动摇，调结构、稳增长，抓创新、提效益，控风险、促和谐，确保全年各项业务稳步发展。2017年，全行各项存款14.5亿元，各项贷款余额0.82亿元，全年累计发放贷款0.96亿元。

【支持地方建设】 2017年，中国邮政储蓄银行霍州支行为贯彻落实党中央、国务院决策部署，服务国家发展战略，助推农业现代化、新型城镇化发展，支持农业供给侧结构性改革，履行社会责任，践行普惠金融服务，8月成立“边界清晰、权责明确、核算准确、营运高效”的三农金融事业部，丰富涉农金融业务产品体系，提升服务“三农”的专业化能力和水平，到2017年底，该行涉农贷款结余为6734.6万元。围绕政策落地、风险可控、快速推进三个维度，多次召开扶贫工作会议，执行政府主导、银行支持、企业带动、贫困户参与的四位一体、带资入股金融扶贫的模式，确保实现“输血”扶贫向“造血”扶贫转变。2017年，投放扶贫贷款42笔，金额210万元。

【企业文化建设】 2017年，中国邮政储蓄银行霍州市支行重视企业文化建设，把业余文体活动作为凝聚职工向心力、增强团队精神的大事来抓，组织员工开展踏青摄影活动、趣味运动会、健步走活动、经市分行工会批准成立支行工会委员会，建立支行图书室、荣誉墙，对职工小家进行重新布置，营造“快乐工作、快乐生活、快乐在邮储银行”氛围。在职工生日来临之际送去生日贺卡及意外保险。为党员过政治生日，重温入党誓词。每年安排员工进行体检。

【领导班子】

行　长：

李靖（2015.01—2017.12）

副行长：

张玉芳（女，2016.08—2017.12）

（郑越）

农村信用合作联社

【概况】 霍州市农村信用合作联社是

霍州市唯一一家地方性金融企业，是农村金融的主力军。联社下辖1个营业部、8个信用社、5个分社、7个储蓄所，21个营业网点。截至2017年底，在职员工253人。联社机关设职能部室13个：信贷管理部、资金市场部、电子银行部、风险管理部、计划财务部、统计信息部、人力资源管理部、稽核审计部、安全保卫部、会计运营部、综合办公室、纪检监察室、小微企业贷款中心。

【存贷款业务】 截至2017年底，霍州农村信用社各项存款余额34.51亿元，较年初净增4.04亿元，市场份额、新增份额均居霍州同业首位；各项贷款余额16.34亿元，较年初增加9400万元，其中，涉农贷款占各项贷款的90%以上。

【业务拓展】 2017年，霍州市农村信用合作联社创新适应市场需求的产品，开办商用房按揭贷款、供热收费权质押贷款、汽车消费贷款等，满足各类群体的信贷需求；重点支持南街农贸市场棚改项目、热电联产集中供热项目和集中供热管网工程等项目，体现地方主力军的责任担当；办理同业存款和投资业务，开办代销理财、保险、代收交警罚没款等中间业务，实现多元创收。

【经营成果】 2017年，霍州市农村信用合作联社实现营业收入1.79亿元，经营利润4637万元，人均经营利润18万元。

【支农工作】 2017年，霍州市农村信用合作联社简化程序、完善功能、改进作风、提高效能，加强支农支小力度，支持地方经济建设。在保证有效支持传统农业产业的基础上，重点支持规模种养、农民专业合作社、家庭农场等新型农业经营主体，小微企业贷款中心专门服务和支持小微企业和工商户。发放支农贷款6.79亿元，支持农户、现代农业经营主体4872户，支持农业基地园区4个、农民专业合作社20个、养殖大户12户。

【内控管理】 2017年，霍州市农村信用合作联社在按月召开案防分析会的基础上，组织案防研讨会、风险化解会、案防知识测试、案防知识竞赛、高管谈案防等，扎紧案防关口。定期开展防火、防抢、防爆、防自然灾害等安全演练，提升全体员工的安全防范意识和实际操作能力。按月对基层网点的安防设施进行检查，规避风险隐患。按月开展稽核检查，按季进行员工异常行为排查，对发现暴露的问题建档、销号整改，案件防控水平大幅提升。

【企业建设】 2017年，霍州市农村信用合作联社为高考、中考考生奉献农信爱心，为考上大学的职工子女发放爱心资金，参加霍州市爱心助学捐款仪式并捐款2万余元。举办“放飞激情、舞动梦想”联欢晚会、“雄鸡报春意、节日送惊喜”银行卡营销活动、“农信杯”登山比赛、职工运动会，冠名组建霍州农信足球队、霍州联社门球队，参加霍州市总工会组织的篮球比赛、书画比赛，霍州市团委组织的青年文明号创建，霍州市文化局组织的全民健步走、中镇广场消夏晚会，临汾农信“存款突破1000亿元”颁奖晚会、第二届职工运动会等。开展征信、存保、反洗钱、反假货币、科技宣传周、信用记录关爱日、金融知识万里行、金融知识进万家等宣传活动。全年对基层网点的门楣、办公、取暖等设施进行改造治理，在联社机关设立亲情栏、活动栏、文化走廊等。在北环路设立自助银行，在永康路布设新的网点，上线利农商城，推出晋享e付。

【党建工作】 2017年，霍州市农村信用合作联社宣讲“维护核心、见诸行动”主题党课，进行推进“两学一做”学习教育常态化制度化、加强“三基建设”基本能力知识测试。组织全体党员干部赴安泽进行红色拓展，举行“立足岗位做贡献、我为党旗添光彩”演讲比赛，以不同方式观看、聆听党的十九大报告，并外聘霍州党校高级讲师为全体党员进行宣讲。召开第一次党员大会，选举产生第一届委员会、第一届纪律检查委员会。

【领导班子】

党委书记、理事长：

洪海荣（女，2015.08—2017.12）

党委副书记、主任：

闫忠红（2017.11—2017.12）

纪检书记、监事长：

王建林（2015.08—2017.12）

党委委员、副主任：

牛红军（2015.10—2017.12）

郇　平（2017.11—2017.12）

（李飞飞）

人寿保险

【概况】 中国人寿保险股份有限公司2017年保费收入突破5000亿元大关，其名下的国寿投资公司资产管理规模突破3000亿元。中国人寿以975.2亿美元占据84位。在2017年度（第十四届）“世界品牌500强”中，连续11年登榜，成为国内保险业第一名。

2017年8月，中国人寿与山西省人民政府签署战略合作框架协议，2020年底前中国人寿计划向山西省提供600亿元的投资额度，未来将在基础设施建设、投融资、保险项目、医疗及健康等领域开展多层次合作。

2017年，霍州公司加大个险期交拓展力度，确保经营成果实现。在抓十年期缴保费上规模、抓团险抢阵地占领市场的同时，突出重点打好个险渠道的期交业务。2017年公司加快核心业务发展，优化业务结构，改善队伍质态，稳步推进销售转型，加快重点业务发展，巩固和扩大县域市场竞争优势，取得良好经营业绩，多项指标创上市以来新高。

中国人寿保险霍州市支公司内设综合管理部、个险销售部、团体业务部、银行保险部、客户服务中心，下辖李曹营销服务部、大张营销服务部、什林营销服务部、辛置营销服务部、陶唐营销服务部5个营销服务部，共有业务员300多人。

【业务发展】 2017年，中国人寿霍州市支公司践行“客户至上，服务至上”践行中国人寿特色寿险发展道路，实现又好又快发展。2017年，公司总保费收入1.06亿元，同比增长19.06%；涵盖生存、养老、疾病、医疗、身故、残疾等多种保障范围。中国人寿响应国家号召，与农合深入合作，为霍州市广大农民朋友进行大病救助。截至2017年底，报销金额620余万元，惠及霍州350多个家庭。

【经营管理】 中国人寿霍州市支公司按照保监会要求把“抓服务”放在突出位置，推出以网络为主的特色增值服务，提升服务质量和服务水平。落实“以客户为中心”的服务理念，把客户需求作为一切经营活动的出发点，把客户的需要、满意、方便、高兴作为衡量工作成效的一个重要标准。

【精神文明建设】 中国人寿霍州市支公司秉承“成己为人，成人达己”的企业文化核心理念，推进“创新驱动，综合经营”发展战略，增强发展动力，扩大经营布局，服务顾客为大局，加快转型升级，提质增效，以建设一流金融保险公司而努力奋斗。

【领导班子】

经　理：

翟志刚（2013.08—2017.12）

副经理：

韩灵芝（女，2015.05—2017.12）

董爱珍（女，2013.08—2017.12）

刘　坪（2016.04—2017.12）

（高玉强）

人民财产保险

【概况】　中国人民财产保险股份有限公司成立于1949年10月20日，前身是中国人民保险公司，2011年，中国人保财险晋升世界500强，在全世界财产保险排名第二，亚洲排名第一，为国有独资企业。

中国人民财产保险股份有限公司霍州支公司成立于1981年，内设8个营销团队，1个综合办公室，有工作人员40人，是霍州市最大的财产保险公。2017年，坚持秉承“以人为本、诚信服务、价值至上、永续经营”的经营理念，弘扬“求实、诚信、拼搏、创新”的企业精神，为促进改革保障经济，稳定社会，造福霍州人民提供强大的保险保障。立足霍州经济社会发展全局，坚持以市场为导向。客户为中心，引领霍州财险市场发展。公司参与和支持霍州市的各项活动，为受灾企业、农业生产和个人恢复生产生活。稳定社会秩序、发挥保险经济补偿作用作出贡献。

【业务范畴】　2017年，中国财保霍州支公司主要开办企事业单位财产险、家庭财产险、机动车辆险、货物运输险、煤矿企业险、建筑安装工程险、农业保险、责任保险、信用保险、意外伤害险、短期健康险等财产保险业务。

【业务发展】　2017年，中国财保霍州支公司稳固车险和企业财产保险，拓展新车市场和新工程新项目，抓业务数量，丢弃屡保屡亏的“垃圾”业务。确保续保业务及时回笼，要求各业务部门按月上报续保业务台帐，由经理室督促考核，要求提前介入公关。一旦出现脱报，马上在全司公布，其他人员可以参与竞争，巩固原有业务，减少业务流失，保证主要险种的市场份额占有率。与地方政府有关部门建立联系网络，提前获悉新上项目、新上工程名录，和交警部门、汽车销售商建立合作关系，帮助收集、提供新车信息，对潜在的新业务、新市场做到心中有数，把握市场主动，填补因竞争等客观原因带来的业务不稳定因素。已失业务不放弃。对2017年业务台账做到笔笔清晰，要求业务内勤把2017年展业过程中流失的业务列出明细，分解到相关部门，要求加大公关力度，找出脱保原因，确属停产企业、转卖报废车辆的，由经办人提供确切证明；属竞争流失的，主动进攻，上门听取意见和建议，改善服务手段，逐个突破，争取回流。大小齐抓，能保则保。

【经济效益】　2017年，中国财保霍州支公司机动车辆险保费1956.4万元、意外伤害保费22.4万元，农业险保费218.2万元，家庭财产险保费5.02万元，企业财产险保费822万元，货运险保费2.9万元，责任险保费238.6万元，保费收入合计3265.52万元。赔款支出1327.53万元。

【领导班子】

经　理：

成建树（2014.04—2017.12）

副经理：

师金峰（2011.04—2017.12）

经理助理：

付卫东（2014.04—2017.12）

李红明（2014.04—2017.12）

（武卫民）

太平洋人寿保险

【概况】 中国太平洋人寿保险股份有限公司霍州支公司（以下简称太平洋寿险霍州支公司），隶属于中国太平洋人寿保险股份有限公司山西分公司。公司于2002年10月开始筹备，成立于2003年10月，位于霍州市河西区中部宏佳家居建村城四至六层。经过16年创业，新保期缴业务连续三年稳居霍州市场第一，扩大业务规模，优化业务结构。公司拥有内勤员工8人，外勤营销人员1400余人。

【业务发展】 2017年，中国太平洋寿险霍州支公司遵循寿险规律，回归保险保障，发展保障型和长期储蓄型业务，拓展个人传统分红期缴业务和短期意外险等核心业务，优化业务结构，增长内含价值，2017年，标保达成22570万元，达成率132%，同比增长59.7%，全省系统排名15位，较2016年提升11位，机构成功晋级为甲AA级。2017年完成规模保费14044.44万元，市场份额占比37.90%，连续三年稳居霍州市场第一。2017年，理赔案件317件，赔付金额442万元，最大的单笔赔案赔付金额20万元，最小单笔赔案赔付金额45元。

【企业文化】 2017年，中国太平洋寿险霍州支公司以“做一家负责任的保险公司”为使命，坚持“以客户需求为导向，专注保险主业，推动和实现可持续的价值增长”的经营理念，建立跨全国的销售网络和多元化服务平台。公司致力于提供基于客户全生命周期的风险保障解决方案，覆盖人寿保险、年金保险、健康保险、意外伤害保险等多个领域。太平洋寿险霍州支公司秉承“诚信天下，稳健一生，追求卓越”的企业核心价值观，秉持“稳健经营，以效益为中心”的经营思想，开拓业务，加强基础管理，应对市场发展变化带来的新挑战，履行社会责任，遵循寿险经营规律，在业务发展、客户服务、内控管理和风险控制等方面都取得成效，为霍州经济社会发展和民生保障作出应有贡献。

【服务理念】 2017年，中国太平洋寿险霍州支公司探索和实践基于新技术应用的模式创新和流程再造，加快布局企业级移动应用，聚焦客户端，形成以“神行太保”“太平洋寿险”APP、“太平洋寿险”官微及“科技个险”四大应用平台为主要构成的企业级移动应用体系，推动销售和服务模式在业内率先转型，带给客户便捷贴心的服务体验，公司推进“以客户需求为导向”的战略转型，围绕转型三大目标，坚持问题导向，推动转型成果落地：在关注客户需求方面，实现精准销售和精细服务；在改善客户界面方面，运用新技术，确保中后台支持前端；在提升客户体验方面，推动产品创新，将优质、便捷的保险服务带到客户身边。

【领导班子】

经　理：

王延华（2013.07—2017.12）

【获奖情况】

2017年，中国太平洋寿险霍州支公司被山西省总工会金融工委·山西省保险行业协会联合授予“山西省人身保险公司县支3A级服务柜面”。

（马清林）

农　业

农业林业委员会

【概况】　霍州市农林委组建于2015年9月，是在原霍州市农业委员会、霍州市林业局的基础上组建而成。到2017年底，有在职干部职工89人，其中行政人员22人，事业人员67人。内设6个行政科室：办公室、计划发展与资金管理股、农业工作股、农村工作股、营林绿化股、资源林政股。下设事业单位17个：农业综合执法大队、农业林业技术推广站、经济作物办（西张垣园区管委会）、农村经济管理站、经济林管理站、种子种苗站、植物森林保护检疫站、土壤肥料工作站、屠宰业办公室、能源站、林业站、林权服务中心、森林派出所、森林公园管理中心、国营苗圃、森林消防大队、辛置木材检查站。独立核算的事业单位3个：畜牧兽医服务中心、农机中心、农业广播技术学校。

【农业生产】　2017年，粮食播种面积18820公顷，较2016年增加146.67公顷。粮食总产量8.33万吨。新增芦笋、秋葵等特色蔬菜2000亩，新增设施蔬菜面积1100亩，改造设施蔬菜面积430亩。全市蔬菜播种面积完成3.4万亩，总产量达15.3万吨，全市设施蔬菜面积达到1.2万亩。全市肉、蛋、奶产量分别为1.5万吨、0.9万吨、0.38万吨，畜牧业产值约为2.6亿元。全市共有养殖场（户）1763家，其中规模场60家，散养户1703家。全市林业产值2.33亿元，较2016年增长6%。各类经济林6176公顷，结果面积5131公顷，木本油料2666公顷，结果1680公顷。截至2017年底，霍州市年销售收入500万元以上农产品加工企业销售收入2.1亿元，较2016年增长0.39%，增长速度为0.9%。农林牧渔业产值为5.88亿元，较2016年增长3.8%。

【农民收入】　2017年，霍州市农村居民人均可支配收入为12995元，农民收入提高的主要措施：加强技能培训。通过科技人员下乡田间指导、集中办班等方式，对广大农民进行技能培训，提高农民科技和技能水平，促进农民增收。推进项目建设。实施粮食高产创建、经济林提质增效、新一轮退耕还林、美丽宜居乡村建设等工程，提高作物产量，增加农户收入。增加劳动力转出。联合人社部门开展各类培训，促使更多农民从传统农业中解放出来，带动更多劳动力的外出，2017年，霍州市外出务工人数和工资性收入较2016年均增加。落实各项惠农政策。落实国家粮食直补、农机具补贴、农民合作医疗等惠农政策，使农民群众减轻负担，获得实惠。

【乡村建设】　2017年，霍州市农林委成功申报大张镇小张望村和三教乡干节村2

个临汾市级美丽宜居示范村创建，完成该2个村的编制规划。市级创建村龙泉村完成全市首座公共浴室建设。集中开展全市农村环境集中整治行动。对影响农村环境卫生的不文明现象进行集中整治，规范治理农药使用、养殖废弃物处理等面源污染。涌现出秦家岭、小张望等一批坏境卫生整治典型。省级创建村贾村完成娲皇庙修复，老年人日间照料中心正式运营，村内排洪渠、污水管网全部铺设完工。省级创建村石鼻村农民文化活动中心一期、综合办公楼和日间照料中心建设完成，畜禽粪污处理池已投入使用，村内环境、群众生活改善；市级创建村龙泉村建成全市首座公共浴室，垃圾中转站建设完工。许村宜居示范工程按照古村落保护规划正常启动。

【农业行政执法】 2017年，霍州市农林委出动300人次，印发各类宣传资料1万余份，举办现场咨询培训5场次。加大宣传，严格执法，对9个生产肥料企业和1个生产农药企业进行检查，对全市50余家农资经营户经营的20多种肥料和30多个玉米种子品种进行检查，堵截假冒伪劣农资进入霍州市场的渠道。全年出动80车次，检查10个生产企业和50余家农资经营户。办理案件6起，其中督办案件5起。控制劣质农业生产资料的生产、销售，打击违法生产经营活动。

【特色产业】 2017年，霍州市完成杂粮播种面积4.03万亩，新增设施蔬菜面积1100亩，改造设施蔬菜面积430亩。开发芦笋、秋葵等露地特色蔬菜2000亩，全市蔬菜播种面积完成3.4万亩，总产量15.3万吨，全市设施蔬菜面积1.2万亩。采取果树高光效树型改造、铺设反光膜等技术，对李曹镇柏乐、上王、南堡、杜苏沟等村的4000亩苹果园进行改造，对提高霍州市苹果树产量和品质起到示范促进作用。在白龙镇陈村、师庄乡白山等地新发展油料牡丹、地黄等药材1000亩。利用农村青山绿水、农业田园风光，发展生态农业、观光农业、采摘农业、农家乐、休闲农业等新业态。围绕特色文化小镇、特色旅游小镇、文化创意小镇"三个特色小镇"建设，引导七里峪、茹村、峪里、下马洼、许村、贾村等村庄发展旅游接待、餐饮住宿、休闲娱乐等民宿民俗产业。围绕"美丽乡村"建设，发展以义城、龙泉、干节、石鼻等村庄为代表的休闲农业观光区，打造乡村旅游产品。全年休闲农业和乡村旅游实现收入2900万元。

【农业产业化】 2017年，霍州市农林委产业结构升级。贯彻落实年初"三干会"和农业农村会议精神，加快农业产业结构调整升级，提高农业综合效益，推进无公害蔬菜、特色经济林、规模养殖"三大产业"，重点建设"一园五基地"。提升西张垣现代农业生态示范园建设标准和管理水平，打造优质干鲜果基地、中药材基地、规模养殖基地、小杂粮基地、文冠果基地。盘活西张垣撂荒大棚110余亩，建立中药材种植和育苗基地，新发展文冠果4000余亩。新型经营主体壮大。培育省级示范社2个、市级示范社3个、县级示范社7个，认定113个家庭农场，建立家庭农场台账，扶持培育2个临汾市级示范性家庭农场，7个县级示范性家庭农场，霍州市新型经营主体壮大。农产品品牌竞争力增强。对4个主体完成内检员培训、场地环境检测、产品检测和认证程序，认证苹果、西红柿、黄瓜、核桃4类产品，认证面积3.9万亩。"霍州核桃"申报国家地理标志产品，填补霍州市核桃产品地理标志申报的空白，为霍州市核桃产业发展和保护奠定基础。参加山西特色农产品北京展示展销活动、第十四届中国国际农产品交易会、山西（太原）第五届特色农产品交易博览会等各类农产品会展，宣传推销霍州市主要农特产品，打出品牌，形成优势，走出霍州，增加霍州市农产品的知名度。

【土地确权】 2017年，霍州市12个乡（镇、街道），199个村需确权土地面积34.49万亩。截至12月底，完成198个行政村，284个发包方，37343户，33.41万亩，18.30万块地的合同签订、质检、扫描、合库工作，并通过第三方服务单位检查、问题修改等程序。基本完成全市土地确权工作，深化农村产权制度改革，健全农村产权流转交易市场体系。成立农村产权流转交易监督管理委员会和农村产权交易服务中心，制定管理办法，配齐办公设备，抽调农林、财政、发改等8个单位工作人员作为交易中心工作人员。12个乡（镇、街道）抽调有关工作人员，成立农村产权交易服务站，村级设立联络员，负责信息采集、现场勘查等工作。

【公益林】 2017年，霍州市农林委为健全风险保障体系，提高霍州市公益林抵御自然灾害的能力，为3.97万亩公益林购买保险，根据协议，在保险期内，由于火灾、暴风、暴雨、暴雪、洪水、泥石流、冰雹、霜冻以及病虫害等原因直接造成保险林木流失、被掩埋、主干折断、倒伏或者死亡，保险公司按照保险合同约定负责赔偿。

【退耕还林】 2017年，霍州市新一轮退耕还林工作，涉及全市7个乡（镇、街道），56个行政村，总面积1.28万亩，工程主要栽植树种为核桃、国槐、文冠果、双季槐。

【畜禽屠宰管理】 2017年，霍州市农林委开展《中华人民共和国食品安全法》《生猪屠宰管理条例》等法律法规的宣传活动，印制宣传材料3000余份。引导消费者主动选购合格肉品，自觉抵制私屠滥宰肉品，培养公众良好的生活方式和消费习惯，增强公众生猪肉食品安全意识，调动广大群众参与监督的积极性。进行常规巡查监管，开展突击执法、多环节监管、联合执法，对屠宰厂和肉品经营场所、摊点以及餐厅、饭店、机关食堂等肉品使用单位进行规范。加强对定点屠宰厂的管理，强化督查整改，推进屠宰厂改造升级。结合全国生猪定点屠宰资格审核工作，强化督促屠宰厂健全内部管理制度，完善相关台账记录，规范屠宰行为。

【护林防火】 2017年，霍州市农林委强化措施，狠抓森林防火工作，取得成效，截至2017年底，全市没有火情发生。森林派出所与12个乡（镇、街道）签定护林防火目标责任书，并要求乡镇与村（居）签定责任书，逐级分解防火任务，层层落实护林防火任务和责任，全市形成上下一心、齐抓防火氛围；印制“防火通告”粘贴到乡村，通过各类媒介宣传防火；在旅游景区入口、人口密集地区增设检查站，进行护林防火宣传教育；加强野外火源管控，完善“网络化”管理。确定19个沿山定点看护点，严格看管，杜绝火种入山入林；调整充实防火护林员，全市80余个护林员，全天候监测森林火情；安排清除2800亩重点区域农村交错区杂草，消除火患；严格实行市、乡两级护林防火24小时领导带班值班制度，做到责任明确，任务到人，不脱岗漏岗，确保上下信息畅通。

【植物保护和森林病虫害防治】 2017年，霍州市农林委组织技术人员对小麦、玉米、果树等病虫害进行调查，指导农民防治面积累计达 24 万亩。对全市 3.2 万亩果树、2000 亩蔬菜按植物产地检疫规程进行全程监控。位于大张镇靳壁村的植保田间观测场，投资 105 万元，包括应急药械库、设备及工具房、养虫网室、通透围网、购置仪器设备等，2017 年 11 月通过省级验收。该项目对推动霍州市农业有害生物监测预警、流行性调查、植物疫情处置、提高农产品质量安全、增加农民收入等各项工作具有现实意义。截至 2017 年底，全市未发生病虫害灾害，成灾率零，无公害防治率 100%，测报准确率 90%，种苗产地检验率 99%。

【职业农民培训】 2017 年，霍州市农林委新型职业农民完成下达培训任务 271 人，其中新型经营主体带头人 89 人，专业技能型 182 人。聘请山西农大牛铁荃教授、运城农学院崔琳霞教授、临汾农委研究员赵玉山等名师任教，专门购买农业部推荐教材，做到每人 2 册以上，培训结束学员经考试合格，发放培训手册。霍州市出台认定管理办法，截至 2017 年底，全市认定新型职业农民 51 人。

【脱贫攻坚】 2017 年，脱贫攻坚工作开展后，霍州市识别出贫困人口 1642 户 3874 人。经过 2017 年 12 月底动态调整后，全市建档立卡贫困人口 1588 户 3675 人。按照霍州市三年全面脱贫摘帽的总体要求，2016 年，全市实现 569 户 1346 人贫困户脱贫，2017 年，完成 686 户 1551 人贫困户脱贫。2018 年将完成剩余 333 户 778 人建档立卡贫困户的脱贫任务，实现全面脱贫目标。光伏扶贫取得新进展。2017 年，投资 294 万元在三教乡、白龙镇、南环路街道、退沙街道等乡（镇、街道）建成 16 个共计 360 千瓦小型户用光伏发电站。全市光伏电站总规模达 950 千瓦，所有电站均并网发电，产生收益。2017 年，有 603 户贫困户收到光伏发电收益款。产业扶贫取得新成效。实施新一轮退耕还林工程，带动 75 户 224 个贫困户发展文冠果、核桃等经济林 378 亩，2017 年，为 224 个贫困户发放补助金 18.9 万元。通过实施“8311”产业扶贫项目，发展经济林、油用牡丹、干果林提质增效项目，带动 137 户 390 个贫困户增收。通过发展牛、羊、猪、鸡等畜牧业养殖，带动 100 户 142 个贫困户增收。金融扶贫取得新突破。制定出台《霍州市“五位一体”扶贫小额信贷工作实施方案》，为霍州市 12 家企业发放扶贫贷款 1295 万元，向信用社、中行、邮政储蓄银行、农行等各家银行存入风险补偿金 295.625 万元，带动 259 户贫困户人口脱贫增收。

【民生保障】 2017 年，霍州市农林委通过实施“雨露计划”，补助贫困学生 48 人，发放助学补助金 13.2 万元，做到应助尽助，确保不让一个孩子因贫困而失学。落实健康扶贫“双签约”，推进“三保险三救助”相关工作，制定出台《霍州市贫困人口大病专项救助方案》《霍州市健康扶贫“双签约”工作实施方案》《霍州市农村建档立卡贫困人口医疗保障帮扶方案》《霍州市农村贫困住院患者县域内先诊疗后付费工作方案》等文件，解决“因病致贫、因病返贫”的问题。2017 年，全市建档立卡贫困人口全部实行健康扶贫“双签约”，对患有 24 种大病贫困人口实行集中救治。在人民医院开辟绿色通道和专门窗口，制定结算流程，安排专人负责，“一站式”结算服务建成并正常运转。接诊 34 个贫困户病人，有 30 人在县域内报销，4 个人县域外报销。扩大政府购买社会服务范围，引导贫困户从事生态建设、环境卫生、护林防火、家政护理等方面工作，为有劳动能力的贫困户提供更多的就业岗位。2017年，对210个建档立卡贫困人员进行家政、母婴护理等免费技能培训，安置70个贫困户就业。2017年，全市完成建档立卡贫困户危房改造29户，实现贫困户住房安全。对存在饮水问题的刘家庄、义城、南程村、蔡家沟、陶村、梨湾6个村实施新建蓄水池、机井、维修管道、铺设水网等工程，累计解决45户129个建档立卡贫困人口的农村饮水安全问题，全市全部实现饮水安全。对全市328个残疾贫困户进行上门服务，对有器具需求的贫困户进行统计，全年发放辅具53件。

【党风廉政建设】 2017年，霍州市农林委按照市委统一安排部署，推进“两学一做”学习教育常态化制度化，维护核心见诸行动主题教育活动。发挥领导示范带头作用。成立学习教育活动工作领导小组，确保“两学一做”学习教育有人抓、有人管，委党组领导带头学习，发挥模范作用；坚持学习制度。坚持学习时间保证，做到原汁原味学习，营造良好学习氛围，创新学习方式。突出特色亮点，党组成员轮流辅导学习、开展特邀专家讲座、市级领导讲党课、送学到家、重温入党誓词等活动，组织各种党日活动，调动党员参与教育活动的积极性和主动性，为党员干部投身农村经济发展、促进农林工作开展打下坚实思想基础。

【领导班子】

主　任：

张云峰（2015.09—2017.12）

党组书记：

薛文斌（2015.10—2017.12）

副主任：

张建华（2015.10—2017.12）

徐　强（2015.10—2017.12）

杨红平（2015.10—2017.12）

李宝春（2015.10—2017.12）

总农艺师：

王亚平（女，2015.10—2017.12）

纪检组长：

胡泉水（2015.10—2017.12）

党组成员：

翟春明（2015.10—2017.12）

（闫昭）

水利工作

【概况】 霍州市水利局位于霍州市汾东开发区，担负全市农田水利基本建设、农村饮水安全、防汛抗旱、水政执法、水土保持、水资源管理、河道管理等重要职责。内设办公室、规划计划股、水利与水土保持股、农村水利股4个职能股室；下辖水资办、水保站、河道站、移民办、抗旱服务队、七里峪灌区、十里铺扬水站、城郊灌区、杨家庄水库、凿井队10个基层事业单位，其中水资办、水保站为副科级建制。共有干部职工212人，其中：全额财政开支人员21人，自收自支人员191人。其中：班子成员7人，中层干部21人，党员72人。

【水资源管理】 2017年，霍州市水利局对全市水资源管理执行情况实行严格考核，强化考核结果运用。实施最严格水资源管理，提高水资源监测、监控能力，推进节水技术应用，确保水资源开发利用控制、用水效率控制和水功能区限制纳污“三条红线”落到实处，使霍州市水资源管理工作更加规范。

2017年，霍州市总取水量4800万立方米，按取水用途分生活用水 650 万立方米，生产用水 4085 万立方米（其中第一产业 2775 万立方米、第二产业 1100 万立方米，第三产业 210 万立方米，），生态用水 65 万立方米；按水源分地表水 1048 万立方米，地下水 3752 万立方米。

【农田水利工程】 2017 年，霍州市共完成农田灌溉面积 9.8 万亩，13.5 万亩次。农村饮水安全巩固提升工程。2017 年，霍州市农村饮水安全巩固提升工程总投资 102.7 万元，其中：霍州市三教乡梨湾村饮水安全工程总投资 75 万元，解决 1080 口人的饮水安全问题；三教乡山底村饮水安全工程完成投资 27.7 万元。工程建设任务完成投入使用。霍州市农田水利建设项目。霍州市农田水利建设项目分为三教乡和辛置镇 2 个项目区，总投资规模 750 万元，其中：省级资金 610 万元，县级配套资金 140 万元。项目涉及辛置镇、三教乡 2 个乡镇 3 个行政村，建设管灌面积 3500 亩。2017 年底，工程基本完工，完成工程直接投资约 650 万元，新建蓄水池 4 座，井泵房 3 座，新打机井 2 眼，平田整地 200 亩，架设高压输电线路 1 公里，铺设输水管道 30 公里。

【水土保持】 2017 年，霍州市水利局完成水土流失综合治理面积 1.5 万亩。

【防汛抗旱】 2017 年，霍州市水利局落实防汛抗旱行政首长负责制，立足“早准备、早部署、早落实”，科学应对，超强部署，加强监测，开展防汛度汛各项工作。5 月 26 日召开全市防汛工作动员部署会议，安排部署防汛检查、物资储备、应急队伍组建、安全隐患消除等各项防汛度汛工作。修定完善各类防汛应急预案，调整和充实防汛指挥部成员，提高认识，明确目标，落实责任，科学调度。加强防汛值班，坚持领导带班和 24 小时值班，关注天气趋势变化，随时掌握雨情、水情、灾情情况，确保安全度汛。

7 月 26 至 29 日，在山西省防汛应急三级响应中，霍州市主要领导坐镇指挥，做好强降雨应对及隐患排查工作，没有出现大的洪涝灾害和灾害损失。

【河道整治】 2017 年，霍州市水利局启动“河长制”各项工作。根据中央、山西省、临汾市关于全面推进河长制工作安排部署，按时完成河湖分级名录划定，确定市、乡、村三级“河长”名单，明确各成员单位职责；组建河长制办公室并挂牌；“一河一策”方案编制纳入年度预算，按照政府采购程序进行；河长制标志牌按政府采购程序公开招标，94 块标志牌安装到位。霍州市对竹河河道治理工程。霍州市对竹河河道治理工程完成投资 2531.86 万元，签订征地合同 120 亩，房屋拆迁评估 18 户；工程 1 标、3 标基本完成，完成新建堤防 5035 米，计浆砌石 5.07 万立方米；新建跌水 1 座，铅丝笼护基 4530 立方米；完成土方开挖 23.32 万立方米，土方清运 27.14 万立方米，土方回填 8.72 万立方米，河道疏浚 5.7 万立方米。霍州市汾河流域生态治理项目。估算总投资约 7.67 亿元，项目涉及汾河河道约 8 公里和南涧河段约 5 公里两侧景观绿化工程。项目拟采用 PPP 模式，通过招标采购方式选择社会资本筹措资金建设运营。该项目完成土地预审和选址意见书手续办理，项目建议书、可行性研究报告、两评议案通过专家评审，工程初步设计编制中，11 月 30 日举行项目开工仪式。

【水政执法】 2017 年，霍州市水利局贯彻落实“七五”普法工作要求，以落实最严格水资源管理制度为重点，加大宣传力度，提高水法制意识，开展执法检查、监督管理、规费收缴等工作，打击和有效制止水事违法行为，推进水行政执法工作。加强取水计量设施安装和日常监督管理，强化责任落实，加大监督检查，规范执行各项法规、制度，全年完成水利规费征收2285万元，其中：水资源费2000万元，水土保持补偿费285万元。霍州市按照上级水资源费改税有关文件精神要求，配合税务部门开展用水户摸底调查、税费申报等工作，推进水资源费改税工作。

【精准扶贫】　2017年，霍州市水利局按照市委、市政府安排和上级部门要求，脱贫攻坚工作作为全年工作重点，列入班子议事日程，确定专人负责，明确目标责任，强化工作措施，充分发挥职能，因户制宜，精准扶贫，推进扶贫攻坚工作。扶贫工作队和包联帮扶人员不定期走访贫困户，了解情况，解决问题，确保扶贫措施落到实处，确保脱贫目标完成。

【水环境整治】　2017年，霍州市水利局根据全市环境卫生百日综合整治工作安排部署，水利局围绕整治任务，制定工作方案，明确目标任务，投入人力物力，开展河道环境整治和饮用水水源地保护工作。

【党风廉政建设】　2017年，霍州市水利局加强组织领导。贯彻落实党风廉政建设责任制，与党务、业务工作一起研究、部署，定期分析党风廉政建设形势，形成一级抓一级，层层抓落实的工作格局，确保工作落实。深化作风建设，落实中央“八项规定”精神和山西省委、临汾市委有关规定要求，狠抓制度落实，注重抓早抓小，早发现、早纠正苗头性、倾向性问题。强化权力制约和监督。编制完成“三基建设”基层工作目录、流程和三个手册，明确职能职责，明晰办事流程，服务人民群众。

【领导班子】

局　长：

王林锁（2010.04—2017.12）

总支书记：

王记栓（2007.08—2017.12）

总工程师：

安五达（1998.05—2017.12）

总支副书记：

祁朝辉（2013.05—2017.12）

副局长：

乔晓东（2012.06—2017.12）

纪检组长：

刘国新（2012.08—2017.12）

水资办副主任：

李文忠（2003.02—2017.12）

水资办副主任：

樊荣平（女，2012.08—2017.12）

（安英英）

畜牧兽医服务

【概况】　2017年，霍州市生产指标是肉产量1.78万吨、蛋产量1.06万吨、奶产量0.48万吨。到2017年底，肉产量达到1.85万吨、蛋产量达到1.1万吨、奶产量达到0.485万吨。蛋鸡存栏62万只，出栏35万只；肉鸡存栏30万只，出栏150万只；猪存栏7万头，出栏8.2万头；羊存栏6万只，出栏3万只；牛存栏1900头，出栏380头。畜牧业产值约为3.2亿元，农民人均畜牧业纯收入1100元。

【重点工程】　2017年，重点工程有瑞兴养殖有限公司猪场及配套设施建设项目，该项目地处李曹镇北侯村，设计规模为生猪存栏4000余头，年生猪出栏6000余头，总投资1000万元，2017年计划投资500万元，用于厂区基础设施建设（化粪沉淀池、堆粪池、消毒池以及配套设施建设等），投资400余万元，建成猪舍3600平方米（6个）、办公区510余平方米（6间）、化粪池480立方米，相关配套到位。

【畜禽免疫】 2017年，霍州市畜牧中心采取春秋季集中免疫和日常补免相结合的方式，实施应免尽免，免疫密度均到100%，保障畜牧业稳定发展。采取行政和技术双轨责任制，市、乡镇畜牧中心（兽医）站、村级防疫员层层签定防控目标责任书，实行包干分片，责任到人，层层落实。班子成员包畜牧中心（兽医）站，站长包规模场（户），开展畜禽免疫及采样技能20余次，防疫员包所辖村（居委会）场户。按国家对动物疫病实行预防为主的方针要求，全年共免疫鸡62万羽，注射高致病性禽流感疫苗31万毫升、新城疫31万毫升；猪7万头，注射猪瘟疫苗6.5万头份、口蹄疫疫苗5.8万毫升、蓝耳病疫苗5.8万毫升；羊6万只，注射口蹄疫疫苗5.5万毫升、布病疫苗5.5万毫升、小反刍疫苗5.2万头份；牛1900头，注射口蹄疫疫苗3600毫升、布病疫苗3600毫升。化验室送检血清260份，其中高致病性禽流感血清120份，猪蓝耳病血清60份，牛口蹄疫血清40份，羊口蹄疫血清40份。经检测合格率100%。为促进畜禽科学生产，霍州市畜牧中心及时把检测结果反馈给养殖场（户），养殖场（户）接到反馈后开展补免工作，补免畜禽6万余头（只），集中免疫、及时补免、程序化检疫，确保霍州市没有发生区域性重大动物疫情。规范程序化检疫，严把产地、出境、运输检疫关，检疫猪6.1万头，鸡361万只（200余万只肉种鸡），牛43头，羊1100只；无害化处理猪1433头；严格“瘦肉精”抽检，抽检3050头；畜禽程序化检疫，病死动物无害处理，确保没有发生公共安全事件。

【畜禽粪便治理】 2017年，霍州市畜牧中心把畜禽粪污治理和资源化利用工作放在重要工作日程，采取以会代训的方式，做到一周一安排，一月一分析一汇总，并不定期培训粪污综合治理和资源化利用知识。抓好市粪污设施建设示范点。按照畜禽粪污污染条例进行落实，限期整改11家，建议关停的4家，对整改缓慢的3户养殖场（户）向环保部门函告协查，并配合环保等部门对中央环境督查组移交的案件调查处理。对60家规模养殖场进行重点督查，确保不发生直排现象。在环保部门帮助及畜牧兽医中心配合下，由市政府出台霍政办发〔2017〕74号，近期划定禁养区，对A类禁养区彻底关闭、停养；对B类禁养区内的养殖场严格监管，完善环保设施，确保正常运转，粪污资源化全部利用，杜绝排放，严格控制规模，不能扩建，不能增加养殖量，只能逐步减少直至停养、关闭。截至2017年底停养20家，关闭搬迁1家（白龙村富康猪场），完成2017年的畜牧生态发展的任务，在可养区的所有养殖场（户）要求配套有环保设施设备，达到环评要求，可以适度扩大规模，种养加一体化，做生态养殖，可持续健康发展。

【领导班子】

主　任：

杜继保（2010.10—2017.12）

副主任：

韩国华（2012.08—2017.12）

总　工：

吴舟平（2012.08—2017.12）

执法队长：

周永华（2012.07—2017.12）

农机管理

【概况】 霍州市农业机械发展中心的主要职责是对全市范围内的农业机械及其驾驶操作人员进行生产指导、安全管理、新技术新机具推广、农机具购置补贴、农机维修、农机产品质量监督管理工作。2017年，有编制22人，干部职工19人，内设机构有：农业机械安全监理站、技术推广站、技术培训站、生产经营管理站、产品质量投诉站。

全市农业机械总动力新增3000千瓦、达到9.78万千瓦、农机原值新增700万元、达到1.31亿元，农业机械拥有量3838台，其中大中型拖拉机706台；小型拖拉机2674台、联合收割机269台、其中玉米收获机新增2台，达到86台；在册驾驶员955人。全市有耕地28万亩，其中机耕作业面积达17200公顷、机播作业面积18300公顷、机收作业面积为13630公顷、2017年新增玉米机收面积4.2万亩、全年完成机械化秸秆还田面积20万亩，全市农机化综合水平率新增1个百分点、达到83%，全市农机总投入为700万元，农机经营总收入新增280万元、达到7480万元，农机纯收入新增156万元、达到3838万元。

【农机补贴】 2017年，霍州市实施农机具购置补贴政策，宣传推进惠农政策成果，提升农机化装备水平。补贴各种机具190台（件），大型拖拉机18台，中型拖拉机16台，耕整机4台，联合收割机增加5台，其中玉米联合收割机增加2台，小麦联合收割机增加3台，其他农机具增加137台（件）。全年使用国补金220万元，带动农民投资7010万元。扶持农户193户，激发农民购机热情，减轻农民作业负担，提高全市农机装备水平，使全市农机化综合作业水平提高两个百分点。

【涉农资金专项整治】 2017年，按照山西省、临汾市业务部门部署，霍州市农机中心对涉农资金进行专项整治，特别是农机具购置补贴资金，抽调专人利用1个月时间走村入户开展对农机购置补贴资金专项整治，对全市2014至2017年35马力以上大中型拖拉机及动力机械进行人机见面，逐户核查，对800份电子与纸质档案进行比对，消除安全隐患，确保机补资金的安全使用。

霍州市坚持农机服务体系建设与市场运行机制相结合的原则，尊重农民、农机户的意愿，发展农机大户、农机专业合作社等服务组织，农机社会化服务体系建设发展迅速，成效显著。

2017年，全市农机维修点97个，从业人员163人，农机经销点31个，从业人员50人，拖拉机驾驶培训机构1个。全市农机专业合作社13个，社员66人，农机专业合作社固定资产680万元。农机社会化服务体系的构架基本形成，促进农业生产的发展。

【新技术推广】 2017年，霍州市农机发展中心采取政策倾斜，措施扶持，促进新技术推广工作。为搞好2017年度农机深松整地项目，确保项目资金安全使用，新增农机深松智能监控设备11台，累计达到18台，投入使用，完成农机深松整地作业面积1.5万亩（其中补贴作业面积1.2万亩），作业质量全部达到28厘米以上。

【农机行政执法】 2017年，霍州市农机发展中心履行法律赋予的权力，开展农机行政执法活动。加强教育。利用传统集会、庙会及“3·15”消费者维权日，开展农机法规政策宣传，发放农机驾驶操作及安全知识，农机质量及投诉知识等宣传资料4000余份。深入乡村、农机作业生产第一线，开展送农机依法行政和安全知识下乡活动，对农机作业人员进行法律法规、安全操作、维护保养等相关知识教育宣传，增强农机手的守法意识。加强农机行政执法干部队伍建设。强化农机安全政策法规、业务知识和岗位技能培训，打造政治坚定、业务过硬、作风优良、清正廉洁的农机行政执法干部队伍，提高农机依法行政的水平，创建“文明执法，优质服务”的农机执法形象。严格农机安全技术检验和驾驶操作人员安全教育工作2017年，将安全检查与农机检审验相结合，严格拖拉机、联合收割机牌证的核发和年度检验。检验机车160台，新登记注册拖拉机、联合收割机76台，培训新驾驶员30人，安全教育培训农机驾驶员160人，农机职业技能鉴定10人，与农机驾驶员签定安全生产责任书160份、安全承诺书160份。健全完善农机安全监理牌证技术档案，农机安全生产检查台账和农机事故处理档案。2017年，纠正违章作业20起，车证不符2起，不按规定存放20起，消除农机安全隐患，杜绝农机事故发生。

【新型职业农民培训】 2017年，霍州市农机发展中心按照“政府推动、学校主办、部门监管、农民受益”的原则，结合国家农机购置补贴项目的实施，围绕提高农村劳动力素质，开展新型职业农民培训工作。举办新型职业农民培训班一期，培训100人。农机驾驶员的业务技术水平、法规理论素养得到提高，将安全意识贯穿于农业生产过程中，促进农机标准化管理水平提升，提高对农业安全生产的科技贡献率。

【领导班子】

主　任：

刘国斌（2017.07—2017.12）

副主任：

秦　磊（2012.08—2017.12）

工会主席：

周进华（2003.03—2017.12）

（梁安庆）

农业综合开发

【概况】 根据霍编发〔2017〕24号《关于成立霍州市农业综合开发办公室的批复》，核定编制8人。截至2017年有工作人员8人。主要职责是宣传、贯彻、执行国家农业综合开发的方针政策和法规；制定霍州市农业综合开发有关制度；组织调查霍州市农业综合开发后备资源和编制农业综合开发中长期规划；负责项目立项前考察，建立项目库，拟定申报项目；编制霍州市农业综合开发年度项目计划，组织申报、项目实施、检查验收、落实工程管护主体等；负责项目与资金的监督和管理、有偿资金的回收；负责农业综合开发人员的培训、统计、档案管理工作；协调相关单位，发挥部门优势，共同实施好农业综合开发项目建设。

【土地治理项目】 柏乐片高标准农田建设项目为2016年度国家农业综合开发土地治理项目，涉及李曹镇的杨家庄、刘家山、小涧、柏乐、上王、下王6个行政村，开发面积9000亩，计划总投资905.36万元。项目计划建设内容：新建电灌站1座；修复配套机电井8眼；架设高低压输变电线路1.45公里；新修衬砌渠道10.58公里；

埋设管道 43.44 公里；新建渠系建筑物 601 座；维修蓄水池（120 立方米）4 座，新建蓄水池（100 立方米）2 座；改良土壤 629 亩（平整土地 629 亩，机械深耕 629 亩）；新修田间路 12.84 公里。栽植农田防护林 6200 株；技术培训 500 人次；测土配方 9000 亩。项目工程建设于 2017 年 9 月底全部完成。

什林北垣高标准农田建设项目为 2015 年市级项目，涉及退沙街道什林村，开发面积 1700 亩，总投资 248.1 万元。项目计划建设内容：配套机井 1 眼（新建管理房 1 座），埋设管道 21 公里，新建蓄水池 4 座（其中：500 立方米蓄水池 2 座，200 立方米蓄水池 2 座）；新修田间砂石路 3.4 公里；农田防护林 3000 株。项目工程建设 2017 年 9 月底全部完成。

石鼻滩高标准农田建设项目为 2017 年度国家农业综合开发土地治理项目，涉及李曹镇的峪里、石鼻、范村、秦家岭、杜苏沟、南堡 6 个行政村，开发面积 4500 亩，计划投资 604.5 万元。项目计划建设内容为：修复配套机电井 7 眼，衬砌渠道 24.99 公里，埋设管道 5 公里，新建渠系建筑物 1615 座；改良土壤 81.44 亩；新修田间路 10.37 公里；农田防护林 3200 株；技术培训 360 人次。2017 年 12 月动工建设。

【产业化项目】　亚峰养殖专业合作社年出栏 900 只优质肉羊养殖基地扩建项目总投资 121.13 万元。项目建设完成的有羊舍地面硬化 1032.3 平方米，围栏修缮和更新 35 套；饲草棚地面硬化 318.69 平方米，屋顶更新 256 平方米；新增蓄水池 1 座；新建保温羔羊舍 325.97 平方米；新增玉米收储机 1 台；引进种羊 185 只。

白龙恒源养鸡专业合作社年出栏 42 万只肉鸡养殖基地配套设施建设项目总投资 123.85 万元，项目建设完成。完成：新增饲料库 840 平方米，化验室 24 平方米，消毒池 42 立方米，完善养殖设施，包括新增出粪皮带 30 条，A 型水线 5700 米，更新供热管道及散热器 1 套，鸡笼 50 组。

聚盛牧业有限公司年出栏 4000 只优质肉羊养殖基地改造项目总投资 210.68 万元。项目计划建设内容：改造羊舍 1440 平方米；出粪通道硬化 810 平方米，U 型排水渠 210 米，青贮池加固改造 1120 立方米，羊舍围栏改造 520 米，自动饮水系统改造 4320 平方米。购置秸秆打捆机 1 台，打捆机配套小型拖拉机 1 台，出粪用三轮奔马车 1 台。引进种羊 100 只。2017 年 12 月底，项目按实施计划全面完成。

祥丰养殖专业合作社新增年出栏 600 只商品羊养殖基地改扩建项目总投资 150.74 万元。项目计划建设内容：新建标准化羊舍 930 平方米，改造羊舍 160 平方米；改造羊舍地面 1250 平方米。修建干粪池 80 立方米，填沟加固围墙 2400 立方米，硬化道路 140 平方米。购置设备为拾草机 1 台，引进优种萨福克公羊 12 只。2017 年 12 月底，项目按实施计划全面完成。

【党建工作】　2017 年 5 月 22 日，农发办召开推进“两学一做”学习教育常态化制度化、开展维护核心见诸行动主题教育动员会，成立主题教育办公室，制定实施方案和学习计划。班子领导高度重视，多次召开专题会议，传达贯彻市委有关文件和会议精神，集中研究、周密部署。农发办始终坚持周一学习制度，集中学习党的十九大精神，新党章等，组织机关全体人员参与“两学一做”知识竞答活动。结合单位实际和本职工作推进“两学一做”学习教育常态化制度化，提高机关全体党员干部思想认识，党员党性得到锻炼，加强机关作风建设得到，促进各项工作开展。

【领导班子】

主　任：

李德云（2013.04—2017.12）

副主任：

成志明（2002.05—2017.12）

任淑华（2007.07—2017.12）

纪检组长：

荀建平（2003.08—2017.12）

（郭变琴）

气　　象

【概况】　霍州市气象局始建于1972年，正科级建制，内设综合管理科、防灾减灾科和直属事业单位霍州市气象台（站）。位于白龙镇白龙村北，有在编职工7人，临时工3人，退休人员4人。在编人员中，党员7人，本科学历5人，大专学历2人。霍州市气象局实行上级气象主管机构和同级人民政府双重领导，以上级气象主管机构领导为主的管理体制。主要承担该辖区内气象工作的行政管理职能，依法履行气象主管机构的各项职责，为该区域的防灾减灾、经济发展和社会稳定服务。

【气象监测】　2017年，霍州市气象局重视基础业务工作，把提高基础业务质量作为重要工作来抓，提升综合观测业务。完善业务工作制度，坚持24小时业务值守班和领导带班工作流程。添加串口服务器、天气现象仪，粉刷观测站和区域站围栏，完成三教乡赵壁村区域站骨干站升级改造。多次升级地面气象观测软件，增加降水现象自动观测。维护网络设备和供电线路，确保网络通讯畅通，气象资料上传准确及时，测报综合业务指数达到199.98%。加强区域自动气象站的巡检和维护，做到每月一次清洁仪器和清理杂草工作，保障气象仪器的正常运行，提高传输率和可用率。完成综合气象业务岗和专业气象服务岗人员的设置，做到人员到岗尽责。

霍州市气象局加强天气监测与会商，遇关键性、转折性、灾害性天气，带班领导和值班人员坚守在岗，运用综合气象监测、卫星云图、雷达拼图等气象现代化设备进行综合分析判断，作出准确的天气预报，通过MAS手机短信平台、大喇叭、微信公众号、电视台等及时发布最新天气预报。结合当地实际情况加以订正，制作各种气象灾害预警信号和重要天气专题气象服务产品，发布重要天气的预报预警服务信息。

为做好气象防灾减灾服务，推进山西省一体化气象灾害预警信息发布平台建设。预警信息通过手机、电子屏、大喇叭、微信公众号、电视、电话、传真等发布手段，展开直通式预报预警服务，信息渠道畅通。预警信息发布涉及市、乡级政府机关、涉农部门、交通部门、村级两委班子、农村种植养殖大户、地质灾害群测人等，建立县、乡、村三级数据库，预报预警信息发布对象1255人，气象信息员实现199个行政村及重点灾害区域全覆盖。在大张农业示范园和李曹镇建成标准化气象服务站，在市委、市政府、气象服务站安装气象服务终端。

【气象服务】　2017年，霍州市气象局统一思想认识、提升服务理念、改善服务方式、拓展服务领域。成立由气象台长高振朝为组长的气象服务组，以确保气象为农服务的组织领导。利用MAS平台、电视、报纸、广播、电子屏、微信公众号和手机短信等手段，为地方政府和社会公众提供准确、及时、优质、高效的气象服务，开展面向农民的新型农业经营主体的“直通式”气象服务，做好决策气象服务。气象防灾减灾已纳入城乡网格化管理。

在地面气象站和区域气象站观测的基础上，运用中国天气网、山西省业务内网、临汾气象信息网等预报指导产品，利用各种云图、雷达资料及数值预报产品做好预报预警，重点运用MAS平台、一体化预警发布平台、大喇叭、显示屏、电视广播、传真、微信公众号等途径，开展预报预警信息发布。在常规天气预报的基础上，开展强对流天气和突发气象灾害的短时临近预报预警服务。针对关键性、转折性天气和对农业生产有较大影响的灾害性天气，开展针对性的农业气象灾害预警工作。在李曹镇、辛置镇、西张农业示范园区、永和公园利用气象科普长廊或科普版面等阵地定期开展气象科普宣传。

2017年，霍州市气象局制作元旦、春节、春运、春耕春播、夏收夏种、汛期、中高考、国庆、秋收秋播、重污染服务等专题服务材料，利用乡镇电子屏、微信公众号发布各类天气预报，遇有灾害性、关键性、转折性天气通过MAS手机短信平台向市各级领导、有关部门发布长、中、短期天气预报，发布雨情、重污染天气预报，为指导农业生产、减少气象灾害、保护生活环境，起到重要作用。霍州市气象局启动2次暴雨应急响应，加强天气监测，发布降水、预警信息，对市应急办、防汛办进行传真。启动10次重污染应急响应，在霍州市城市重污染天气应急响应期间，霍州市气象局成立城市重污染天气预警应急响应领导小组，合理安排应急响应工作，要求值班人员加强值守班，监视天气变化，发布预报预警，与上级气象台进行天气会商，有重大天气及时向霍州市委、市政府有关领导汇报，和环保局沟通联系。每天8至9时、17至18时向环保局提供未来3天天气预报，通过MAS手机短信平台向市领导、市直单位一把手、重污染应急响应领导小组等发布天气预报，17至18时向环保局提供临汾市环境气象公报；具备人工增雨（雪）作业天气条件时，向重污染天气领导小组通报情况并组织实施。

霍州市气象局制作提供的服务产品为：短时临近天气预报、48小时短期天气预报、48小时乡镇天气预报、周（旬、月）天气预报、旬（月）农业气象情报、春耕春播、夏收夏种、汛期、秋收秋播、节假日及重要社会活动专题预报、重要农事季节、重大天气过程、重污染应急响应专项气象服务。全年发布地质灾害预警信息1次、各种气象灾害预警信号104期、专题服务162期次、重污染应急响应专题预报186期、重要天气报告卡6次。

开展重大活动气象服务保障，为霍州市半程马拉松比赛、霍州市2017年“绿色追梦”环保主题文艺晚会、“中镇霍山·华夏州署”第七届文化旅游月、霍州市第九届爱心助学大会等大型活动提供及时优质高效的气象服务。

确保人工影响天气的安全，霍州市气象局按照山西省、临汾市人影办的安排部署，对该单位的人影安全工作进行逐项检查，进行整改。完成人工增雨火箭架年检、人工增雨烟炉的维护工作，确保人影作业设备的可用性，2017年抓住有利天气降水过程，开展3次人工增雨作业。

【依法行政】 2017年，霍州市气象局履行气象行政管理职能，对辖区内易燃易爆危险化学品等重点行业领域开展全覆盖式防雷安全检查。配合临汾市气象局对霍州市辖区45家危化企业进行全面检查，检查单位涉及煤矿、液化气站、加油站等易燃易爆危化品行业。强化防雷装置设计审核和竣工验收等项目的行政审批综合管理，规范行政审批行为，修订行政审批项目，实行一个窗口办事、一个平台审批、一条龙服务、一站式办结，杜绝体外循环，提高行政审批服务水平。

【党风廉政建设】 2017年，霍州市气象局制定《2017年霍州市气象局党风廉政建设和反腐败工作实施意见》和《霍州市气象局2017年党风廉政建设和反腐败工作任务分解表》，制定《霍州市气象局落实党风廉政建设主体责任和监督责任实施方案》及《霍州市气象局2017年领导班子成员主体责任清单》，明确党支部及领导班子、各科室落实党风廉政建设主体责任，纪检监察员监督责任。确保责任分工到位。单位负责人贾康民分别与干部职工签定“党风廉政建设责任书”，对重点任务和工作责任分解细化、责任到人。强化权力运行监督。完善“三人决策”机制，本着谁涉及谁参与的原则，将单位职工纳入“三重一大”事项领导组，健全决策机制。形成局务纪要，细化政（局）务公开，内容涉及财务、人事、党建和精神文明建设、业务与服务等内容。全年局务公开事项共13项。开展“讲知守”专项治理活动。贯彻霍州市委、市政府会议精神，以“两学一做”学习教育为抓手，将学习贯穿始终，定期开展警示教育，开展学习教育、查找问题、整改落实各项活动。围绕党风廉政宣传教育月活动主题，开展《关于新形势下党内政治生活的若干准则》和《中国共产党党内监督条例》等专题学习。开展违反中央八项规定典型案例警示教育，与临汾市气象局联合参观霍州署廉政教育基地。推进廉政文化建设。发挥群团组织作用，号召职工参加霍州市各项活动；参与“山西好人”“道德模范”、临汾市申办全省旅游发展大会场外投票网上投票活动。开展廉政文化作品、书法比赛等活动。持之以恒反对“四风”，严格落实八项规定精神，召开专题会议，制定《霍州市气象局开展“四风”问题集中检查工作方案》。夯实基层党建基础。气象局党支部高度重视党建工作。制定“定、查、评”工作目标任务，建立《霍州市气象局党员活动日制度》《霍州市气象局联系服务群众制度》等，健全《霍州市气象局党支部工作规则》。加强市级文明单位标兵创建工作，霍州市气象局以创建市文明标兵单位为抓手，提升机关干部职工的文明素质，构建向上向善的文明环境。2017年初，成立精神文明创建领导小组，明确创建目标任务，细化工作责任要求，把创建文明建设的目标任务分解到各科室及每个干部职工，保证文明创建工作有序开展。围绕素质文化、廉政文化、职业道德文化，丰富机关文化内涵，展示机关工作人员和谐文明、团结进取、开拓创新、勇于拼搏的时代风采。开展庆“七一”重温入党誓词、主题党日、廉政警示教育等活动。

【精准扶贫】 2017年，霍州市气象局共帮扶贫困户10户，白龙镇养马岭村5户，寺庄村5户。2017年底，养马岭村5户贫困户实现脱贫。气象局驻村帮扶工作队补充完善贫困户一户一档资料；春节、中秋节对贫困户进行慰问；协助养马岭3户贫困户办理“五位一体”小额贷款手续；将贫困户纳入气象服务对象，每天为贫困户免费发布最新天气预报和气象灾害预警信息，发放气象服务资料、气象书籍，宣传气象防灾减灾常识，让贫困户了解更多的气象知识，从自身树立起气象防灾减灾意识，避免或减少气象灾害带来的损失。

【领导班子】

局　长：

贾康民（2016.02—2017.12）

副局长：

李计萍（女，2014.03—2017.12）

范亚辉（2017.10—2017.12）

气象台长：

高振朝（2014.10—2017.12）

（高振朝）

山西省农业广播电视学校霍州市分校

【概况】　霍州市农广校创建于1990年，校址位于霍州市前进街（原检察院旧址），有教职工23人，全额事业编制，办学经费列入财政预算。聘请业余教师23人，涉及专业有栽培技术及病虫害防治、栽树、农机、畜牧等。

【办学思路】　2017年，霍州市农广校围绕“三农”中心工作，按照“政府推动、学校主办、部门监督、农民受益”原则，围绕提高农村劳动力素质，举办实用技术培训。

【重点工作】　2017年初，霍州市农广校与霍州市农业综合开发办签订培训协议，在李曹镇刘家山、小涧等6个工程实施村，开展农民科技教育短期培训，专业有：苹果栽培技术及病虫害防治、配方施肥等。培训农民学员500人次，为确保培训效果，购置苹果生产疑难解答教材400本，配方施肥教材260套，笔记本、中性笔、公文袋450套。对学员个人信息进行登记，建立培训台账，确保培训效果，通过2017年9月底山西省临汾市联合验收组验收。招收农村信息管理专业21人，全部注册。

【领导班子】

副校长：

刘文平（2003.03—2017.12）

【获奖情况】

2017年，山西省农业广播电视学校霍州市分校被临汾市农林委授予“农民科技培训先进单位”。

（刘文平）

工　业

煤炭运销

【概况】 山西煤炭运销集团临汾霍州有限公司（简称：霍州煤销公司），是2009年7月由1984年成立的山西省煤炭运销总公司临汾分公司霍州市公司改制后而成立的。注册资金2000万元。经营范围：煤炭运销；煤、焦、铁化验；建筑维修服务，房屋修缮；道路普通货物运输服务（仅限分支机构经营）。2017年底，公司内设：综合工作部、财务管理部、人力资源部、业务部、安全保卫部5个部室；基层单位有物流分公司、企业公司、辛置发煤站（挂靠）3个单位。区域内三合煤焦发运站和圣佛煤焦发运站隶属于临汾聚晟能源有限责任公司，由霍州煤销公司代行两站运行、维护、管理职能。

【工作重点】 2017年，霍州市煤销公司保任务，保有序，保工资，加大旧欠清收力度，盘活闲置资产。围绕市公司煤炭贸易销售平台，抓市场、抓用户、保任务、创效益；加强贸易风险防控，优化流程，明确责任，严格事前防控和事中防范，严控经营风险；创新激励机制，培养销售队伍，激发业务团队和一线人员的主观能动性；公开市场业务，利用现代网络信息技术，运用"互联网+"思维，探索易货贸易，拓宽贸易渠道；加大债权清收力度，重点清收短期贸易货款，回笼资金，整体调配，提高资金周转率；按照集团公司要求，尽快向项目公司转型，重新定位、重新规划，找准生存和发展着力点。

【财务运行情况】 2017年底资产总额：5165.95万元。负债总额：12477.81万元。营业收入359.76万元。利润总额：－546.74万元。三项费用：863.65万元。资产负债率：209.68％。

【重点工作】 2017年，旧欠清收目标：190.8万元。全年完成清欠任务1068.18万元（钱物清欠42.05万元，账务清欠1026.13万元），其中：大同煤矿集团永济热电有限公司（原永济电厂）清回旧欠24万元；清收回个人欠款1.1万元；清回徐州天安化工有限公司旧欠1.58万元；清回霍州市晋豫兴隆商贸公司旧欠1.5万元；清收回三合站土地补偿款（账务）1014.13万元；霍州市泓源煤业有限公司清欠（账务）12万元，完成全年清欠目标是190.8万元的559.84％。2017年，完成王庄煤矿的看护工作及聚晟能源公司三合煤焦发运站和圣佛煤炭发运站的运行、维护、管理工作。公司5个原公路煤焦营业站全部完成对外租赁工作，年收入租赁费5万元。推进安全维稳工作。开展社会管理综合治理暨稳定工作，杜绝不稳定因素，调动全体党员干部和广大职工保稳定，促和谐，做推进煤销企业健康发展的典范；全年公司未发生群体性上访事件、安全生产事故、刑事案件、治安防范责任事故，确保公司各项工作有序推进。

【党风廉政建设】　2017年，霍州煤销公司党总支学习贯彻党的十九大精神和习近平总书记系列重要讲话精神，落实中央“八项规定”，狠抓作风建设，整治“四风”问题，推进“两学一做”学习教育常态化制度化，加强党风廉政建设，发挥党组织坚强的政治保障和组织保障作用，创新思路、克难攻坚，营造和谐稳定、充满活力的党建工作新局面。

【领导班子】

经　理：

郭五谋（2015.09—2017.07）

刘建刚（2017.07—2017.12）

书　记：

郭五谋（2016.09—2017.07）

刘建刚（2017.07—2017.12）

副经理：

杨水平（2015.09—2017.12）

闫淑琴（女，2017.09—2017.12）

闫斌华（2007.09—2017.12）

（蒋文军）

供　电

【概况】　国网霍州市供电公司担负着霍州市3乡4镇5街道约30万人口及工农业生产用电任务。运行110千伏变电站1座，35千伏变电站7座，10千伏开闭所3座，总容量169800千伏安。运行35千伏线路11条，线路长度88.6公里；10千伏线路37条，供电线路长度551.7公里；有公用台区646个；供电面积700多平方公里。公司成立于1960年12月，占地面积3697.5平方米，位于霍州市北环路17号。2017年，公司全体干部职工贯彻上级安排部署，提升优质服务，强化经营管理，各项工作取得新进展，完成全年的工作目标。

【供电指标】　2017年，霍州供电公司售电量完成27111.98万千瓦时，比计划多售111.98万千瓦时；综合线损率完成8.99%，比计划降低0.01%；10千伏有损完成9.68%，比计划降低2.22%；平均电价完成545.87元/千瓦时，电费回收100%。公司全年未发生影响公司安全和形象的事件。

【电网建设】　2017年，霍州供电公司配合汾西县光伏扶贫项目，新架并投运10千伏820同林线4.737公里、新架并投运10千伏821瑞林线5.303公里；10千伏东关开闭所建成投运；完成35千伏靳壁408线、372线电缆更换；完成35千伏陶什417线路杆塔大修；完成35千伏白龙站35千伏电压互感器大修；完成10千伏靳安583线路主线75—76号杆大修；10千伏龙口874线路主线13—15号杆大修，更换架空绝缘导线0.3公里，电缆0.15公里，15米钢杆4基，解决输电线路存在的故障隐患。投资2910万元进行农网升级改造，涉及寺庄中心村、小河村等17个村镇，31个台区。新增配变22台/5700千伏安，改造配变10台/3600千伏安，组立电杆388基，新建及改造10千伏线路13.3公里。机井通电工程投资815万元，涉及尉侯村等42个村、51个台区，新建及改造配变51台，容量4950千伏安。新建及改造10千伏线路15.1公里，新建及改造低压线路6.3公里。

【安全生产】 2017年，霍州供电公司落实全员大安全观，开展专项安全活动，加强设备运维管理，细化责任分解，提升公司安全管理和运维水平。开展“三强化、四提升”安全管理活动，联系公司安全生产情况，把“安全生产月”和“安全生产万里行”活动同迎峰度夏、度冬，现场反违章、两排查一整治、“反三违”、“知责履责、失职追责”、安全生产大检讨、大排查、大整顿等专项活动结合起来，构建预防为主的安全体系，提升公司本质安全水平。坚持把安全放在公司安全工作的首位，通过规范个人安全行为，力推不安全的工作坚决不干，把现场安全监督常态化、制度化。细化“风险防范执行卡”，推行现场军事化管理，从源头上予以管控，各级人员现场纠正违章行为41次，消除作业安全隐患55次，全年安全工作平稳有序。完成35千伏辛置站春检及陈村站母线绝缘包封，迎峰度夏、度冬季节性工作。完成中、高考及十九大保电工作，加强输配电线路的通道清理和防外破措施落实，全年处理线路隐患76处，砍伐树木2000余棵，加装反光防撞条1000余处。加大配网低压设备治理，消除缺陷122条。开展变电设备专业化巡视，利用红外测温成像和超声波检测技术，加强设备运维，顺利度过夏季高温大负荷对设备冲击的难关，提升人员水平。

电网负荷屡创新高，夏季高温和冬季取暖负荷达到6.3万千瓦，电网面临着新的考验，通过调整运行方式，合理分配负荷，加强设备监控等方式成功应对，保证电网可靠运行。实施调控标准化建设，加强电网的精益化调控，管控停电检修计划，发布电网预警信息。动态修编10千伏高掉闸线路“一线一案”，处理隐患缺陷，线路掉闸率大幅降低。开展保护装置核查、定值核对和电网反事故演练，提升处理应对电网故障能力。

【供电服务】 2017年，霍州供电公司服务管控创新发展。开展“一学、二访、三提升”专项活动，打造全方位一体化服务管控模式。“一学”即强化营业窗口学习力。结合上级公司“飞行检查”重点，印制窗口应知应会手册，设置专人现场拷问100％全覆盖；“二访”即建立两个回访机制。实施新装客户周回访，专人跟进落实回访问题；对智能费控协议客户实施抽查回访，履行费控协议告知义务。“三提升”即通过每日视频在线监察及班子成员深入供电所授课，提升窗口人员优质服务意识，提升人员到岗到位、着装规范水平，提升营销人员业务流程规范度。提升服务水平。建立“客户电e家”微信群100％全覆盖；先后开展“优质服务提升年”“营销服务投诉专项整治月”“工作零差错、服务零投诉”“攻坚60天、打赢翻身仗”等专题活动，整改各类问题5000余个。公司出台《窗口服务考核细则》《关于规范营销业务管理的通知》《核查费控协议及加封加锁专项活动的通知》等文件，建立从通报、督办、培训、考核全方位一体化的监督体系。

【党风廉政建设】 2017年，霍州供电公司学习宣传贯彻党的十九大精神，用习近平新时代中国特色社会主义思想武装头脑、指导实践、推动工作。树立“四个意识”，坚定“四个自信”，开展“两学一做”学习教育常态化制度化学习教育活动，以亮旗工程落实党的建设“旗帜领航·三年登高”计划，夯实党建基础。坚持党建带团建，开展“青春光明行”志愿服务。创新中心组学习模式，形成“学习一个专题、调研一个课题、解决一个问题”的学习调研模式。强化党员队伍管理，运用互联网+模式，建立“霍州供电党员微信群”，定期发布学习内容与讨论课题，评选最美笔记，设立曝光台等方式，使微信群成为一个广大党员学习、沟通与争优的平台。响应市委、市政府号召，开展精准扶贫工作，帮扶对象张望村77户已成功脱贫37户。

【教育培训】 2017年，霍州供电公司把员工培训作为提升凝聚力、战斗力的核心和灵魂。紧跟时代步伐，把学习、贯彻、落实“两学一做”和党的十九大精神等内容融入员工思想教育、精神文明建设全过程。创新全员培训方式，采取每日一题+专题讲授的培训模式，使培训能贴近职工需求，确保培训计划落地；倡导关爱企业、关爱家庭、关爱社会的道德风尚，提高员工队伍的整体思想道德素养；弘扬劳模精神、工匠精神，打造高素质团队。2个员工通过应聘被分公司录用。

【企业文化建设】 2017年，霍州供电公司关心职工身体健康，开展职工带薪疗养和全员体检；扩大职工入保范围，动员全体职工统一参加重大疾病保险；及时发放劳保用品和福利；改造单身宿舍9间，进行标准化配置，电视淋浴一应俱全；加强职工食堂管理，改善饭菜质量；开展“黎明爱心基金”金秋助学资助行动，资助社会贫困家庭学生、公司困难职工子女、公司团委“电亮梦想”工程贫困学生，共计6人；开展两节送温暖、春检慰问、暑期慰问及各类保电慰问等常规慰问工作，把企业的关怀送到一线人员手中。围绕“企业建家、和谐发展”的目标，以“职工大讲堂”、“班组微讲堂”活动为抓手，开展班组建设，投资充实和完善活动室、图书室、健身房等基础设施，组织开展瑜伽功夫每周练，庆五一登山，庆“三八”养生茶话会，欢庆重阳佳节、品味民族文化，迎新年趣味运动会等系列活动，丰富员工文化生活，增强企业凝聚力。

【领导班子】

经　理：

许　斌（2017.01—2017.12）

书　记：

张　云（2013.03—2016.12）

副经理：

段红斌（2017.02—2017.12）

樊文俊（2017.01—2017.12）

王　宇（2017.01—2017.12）

【获奖情况】

2017年，霍州市供电公司荣获分公司优质服务竞赛一等奖、调控专业比武二等奖、电力志编纂工作先进集体。

获山西省文明和谐单位。

获2017年度山西省公司安全生产先进集体。

（张彦斌）

中小企业服务

【概况】 2017年，霍州市中小企业服务中心贯彻落实国家、山西省、临汾市一系列支持中小微企业健康发展的政策措施，围绕市委、市政府总体工作部署和指导服务协调的工作职能，多措并举，提供服务，全市中小企业经济保持稳定发展的良好态势。

【主要经济指标】 2017年，霍州市中小企业服务中心坚持“需求导向、服务为本”工作理念，优化发展环境，推进小微企业创办，实施创新能力、管理素质、创业能力提升计划。

抓好国家“29条”和山西省“17条”“15条”等一系列扶持政策的宣传落实，组织班子成员和机关人员进入绿源生态农业发展有限公司、宏昌肥业科技有限公司、聚盛牧业、健峰生态农业科技发展有限公司等企业进行政策解读，将山西省、临汾市有关扶持中小微企业发展的优惠政策进行现场解读。“小升规”企业培育完成情况。临汾市下达霍州市小升规企业4户任务，就结合实际，建立小升规企业培育库，将霍州国新液化天然气有限公司、霍州煤电集团东源煤机制造有限公司、山西洪昌肥业科技有限公司、霍州市万通建材有限公司、山西圣鑫乾元环保科技有限公司、临汾华得宇新能源有限公司6户企业作为2017年小升规企业培育库。每月对小升规企业进行经济运行监测。每月根据6户企业生产情况，统计监测，了解企业的生产经营情况。深入企业调研，协调帮扶企业生产存在的困难和问题。截至2017年底，达到小升规要求的2户企业已上报临汾市，分别是霍州国新液化天然气有限公司和霍州煤电集团东源煤机制造有限公司。

存在的问题和困难：环保对企业生产影响较大，受房地产市场疲软，环保整治影响，全市中小企业停产、半停产企业较多，如：万通建材厂到月底收入只有300万元，洪昌肥业到月底收入420万元。中小企业科技创新不足，都是传统的产业，发展后劲不足。民营经济占GDP的比重已全面完成。

2017年，临汾市下达全市任务是民营经济增加值占比提高1.2个百分比。全市中小企业营业收入达到52亿元，比2016年同期增长10.7%，占全市GDP的23.3%，比2016年同期提高1.2个百分点。

【服务中小微企业】 2017年4月20日，霍州市中小企业服务中心组织市工商联以及健峰生态科技公司等5家企业20人参加临汾市《关于举办中小企业扶持政策宣讲》专题讲座。7月18日，组织北关鸣梦老粗布有限公司、文冠果茶带上公司特色产品参加临汾市“领航·创新”中小企业成果产品展。加大培训力度，提高职工素质。按照山西省、临汾市中小企业培训工作要求，7月25日，组织全市5家企业参加2017年“股份制改造和信用建设培训班”拓展视野，增长见识，达成一项合作意向。10月9至11日，组织全市5家企业，文冠果公司、绿源生态农业发展有限公司、霍州市同兴禽业、霍州市海燕农化实业有限公司、亿能电器有限公司，20余个管理人员参加山西省2017年中小企业股份制改造挂牌上市及金融知识普及培训班，提高现代企业的管理水平。进行实地了解和资料规范，认定全市11家中小微企业并推荐到市人社局，享受国家支持专业人才到小企业就业的优惠政策。

【党风廉政建设】 2017年，霍州市中小企业服务中心开展“讲政治、知敬畏、守规矩”专项治理活动，组织机关人员集中学习《习近平的七年知青岁月》《习近平总书记的成长之路》和习近平总书记系列重要讲话精神等。召开专题民主生活会和党员组织生活会，开展座谈讨论交流3次，一把手讲党课2次；深刻领会习近平总书记系列重要讲话精神，提高思想认识，转变工作作风。

【三基建设】 2017年，霍州市中小企业服务中心按照市组织部和编办要求，霍州市中小企业服务中心结合机关实际，完成“三基建设”“一目录一流程三手册”的编写工作，规范机关工作，提高工作效能。

【精准扶贫】 2017年，霍州市中小企业服务中心完成精准扶贫工作任务。工作队员深入了解贫困户实情，采取多种办法，一户一政策，截至2017年底，所联系的7户14口人已经达到脱贫标准。

【领导班子】

主　任：

赵红宏（2010.04—2017.12）

副主任：

韩保平（2011.07—2017.12）

纪检组长：

荀　敏（女，2012.08—2017.12）

霍州华润燃气有限公司

【概况】 霍州华润燃气有限公司成立于2009年9月，由华润燃气集团控股，山西天然气有限公司参股双方成立的合资公司。2009年11月，霍州市行政区域内独家经营燃气业务，包括管道燃气、压缩天然气及汽车加气站的特许经营权30年；2011年12月，成功收购霍州市煤气中心，并于2012年3月平稳过渡整合，完成市场一体化工作。截至2017年底，公司有员工124人。公司下设8部1室：总经理办公室、计划财务部、安全技术部、市场开发部、工程部、客户服务部、运行管理部、物资供应部、车用燃气事业部。

【安全生产】 霍州华润燃气公司坚持抓制度落实，完善OHSAS体系建设，开展安全检查、培训、宣传等日常安全工作，对安全隐患的整改工作实行专人负责制，围绕安全审核要求开展各类安全管理工作，加强班组安全建设，规范完善证件管理，提升持证率，降低事故发生的可能性和严重性。实现全员、全过程的安全管理模式，打造本质安全型企业。

2017年，未发生特别重大事故，未发生人身死亡和重伤事故；未发生一般事故；管网燃气泄漏自查率100%；未发生重大燃气泄漏、中毒、火灾、爆炸、停气事件；未发生第三方破坏。

【重点工作】 2017年，霍州市华润燃气公司开展“煤改气”治理。为达到治理环境污染、气化霍州的目标。为落实政府取缔家用燃煤豆腐作坊、燃煤锅炉的政策，加大建城区“煤改气”整治力度，霍州市82户豆腐作坊“煤改气”实施工程从2017年5月2日正式启动，霍州公司组织所有施工力量，由总经理亲自带队、分管副总蹲点督战，各班组加班加点，攻坚克难，实施改造工作。霍州公司抢时抢点实施工程建设工作，完成改造任务。迎峰度冬保供。保障燃气供应，加强燃气安全管理，防止发生燃气事故，根据《山西为省人民政府办公厅关于做好2017—2018年度天然气迎峰度冬工作的紧急通知》要求，结合华润公司实际情况制定《天然气保供工作实施方案》，公司高度重视冬季燃气保供工作，履行社会责任，加强组织领导，强化团队协作，按照各项服务标准，确保燃气供应安全、持续、稳定，保障天然气供应。

【基础设施】 截至2017年底，霍州华润燃气有限公司拥有门站1座、加气站1座，主城区累计铺设次高压管网2.5公里，中压管网151.48公里，低压管网501公里。

发展工业用户1户，商业用户280户，拥有天然气居民用户3.87万户，销气量1050.5万立方米。

【党建工作】 2017年，霍州华润燃气有限公司党支部开展“两学一做”学习教育，学习习近平总书记系列重要讲话精神和党的十九大精神，把握其丰富的精神内涵，内化于心，外化于行，落实到各项工作中，成立党工委纪检组，开展党风廉政建设工作。

【领导班子】

总经理：

赵　阳（2015.06—2017.12）

副总经理：

杨　潇（2017.11—2017.12）

财务总监：

郝文彬（2015.01—2017.12）

副总经理：

李　军（2014.05—2017.12）

吴　涛（2015.05—2017.12）

邱兆龙（2016.03—2017.12）

（邵明）

国电霍州发电厂

【概况】 2017年，国电霍州发电厂（以下简称霍州电厂）贯彻落实华北公司的各项决策部署，围绕企业年度目标任务，以安全生产为基础，以经济效益为中心，以改革创新为动力，以党建工作为保障，应对市场挑战，各项工作都取得成绩。

2017年，国电霍州发电厂保持安全生产稳定局面，杜绝七类安全事故；发电量完成48.25亿千瓦时，同比减少1.87亿千瓦时，比年度目标少0.35亿千瓦时；供电煤耗完成324.6克/千瓦时，同比降低0.15克/千瓦时，比年度目标高2.6克/千瓦时；综合厂用电率完成6.42%，同比升高0.28个百分点，比年度目标低0.18个百分点；入厂标煤单价（不含税）完成496.72元/吨，同比升高227.99元/吨，比年度目标高113.72元/吨；利润总额完成情况基本符合预期测算；加强党建及反腐倡廉工作，巩固和谐稳定的局面。

【安全生产】 2017年，国电霍州发电厂坚持把安全作为一切工作的前提和基础，加强安全环保工作，提高企业本质安全水平。截至2017年底，实现连续安全生产2072天。深化安全基础管理。落实安全生产责任制，推行安全风险预控管理机制，规范班组安全日活动程序，狠抓制度执行，强化过程监督，发挥安全保证体系和监督体系的作用。加强隐患排查，以开展“三反四保”、季节性安全检查为督导，突出“两票”“三措”检查重点，落实整改项目2082项，牢固安全基础。强化外委队伍管理，修定管理办法，建立评价机制，开展安全教育，确保外委队伍安全规范作业。完善应急管理机制，开展原煤场防洪防汛、氨站泄漏、火灾事故等应急演练，提高各部门协调联动和职工应急处置能力。提高政治意识，明确目标任务，细化管控措施，完成党的十九大期间的保电任务；周密部署“一学、两做、两查、四确保”专项行动，确保春节期间安全稳定。抓现场环保治理。强化绿色环保理念，健全二号煤场管理制度，加装洗车平台，通过环保局竣工验收投入使用；完成二号机组超低排放改造，环保基础设施完善。加强运维管理，掌握设备特性，环保设施投入率、排放指标、排放总量均满足规定要求。执行政府要求，推进原煤场棚化工程，在重污染天气期间，采取应急措施，降低环保考核风险。完成二号机组大修工作。总结一号机组经验，针对场地狭小、交叉作业多、人员不足等不利因素，科学制定检修项目，细化检修作业文件包，超前准备备品配件，严把安全、质量、工期控制，下发大修任务书、网络进度图，完成检修项目491项，实施节能技改项目31项，执行作业文件包82份，完成各项检修任务。实现连续长周期安全运行3888小时。提高生产运营水平。运行管理，规范“两票三制”，深化指标竞赛，背压、飞灰等指标明显改善，凝泵耗电率为0.16%，达同类型机组优秀值。按照标准化检修作业要求，完成各项计划检修、临修和日常消缺工作，统筹实施节能技改项目，机组可靠性及经济性显著提升。加强设备消缺管理，优化机组协调控制系统，提升设备综合竞争力，实现“两个细则”收益1400万元。总结现场安全文明生产标准化建设经验，牢固标准化机制，提升现场维护水平，3月26日通过集团公司达标复评。

【经营管理】　2017年，国电霍州发电厂应对市场变化，筑牢电力、煤炭、资金三道防线，坚持对标指引，深入挖潜增效，提升企业效益。开展智慧营销。坚持边际利润最大化，加强协调联动，深化量价对标，落实电量计划50.25亿千瓦时，对外转让2.2亿千瓦时，增益1290万元，利用小时在区域“五大三同”对标中排名第二。加强营销队伍建设，通过专业资质机构招聘、培训4个营销人员，提升营销能力和效果。把握政策，加强沟通协调，落实2台机组超低排放改造补贴资金1680万元、信用评价3A级奖励电量4000千瓦时等政府奖励。加强燃料管理。贯彻“优库、控价、保质”的方针，坚持阳光采购，合理调整库存，严格执行控制热值差的十二条措施，入厂标煤单价区域对标排名第二，实现控价保质。稳固直供矿关系，强化设备管理，制定应急措施，完成连续大负荷、防汛及单二号煤场运行期间的保供应任务。加强铁路煤系统的消缺维护，为择机开通铁路煤做好准备。严格财务管控。科学编制预算，明确三个重点控制领域和六项控制目标，严肃费用内控流程，做到各项费用有计划地合理支出。依托华北公司融资平台，拓宽融资渠道，办理农行法人透支账户，实施负债经营；加大电费回收力度，实现应收电费100%回收，加快资金周转，降低资金成本。基建工程取得集团公司竣工决算批复，风险管理工作机制逐步健全，防范企业风险。配合国家税务局完成税务稽查工作，未发生重大涉税问题。

【企业管理】　2017年，国电霍州发电厂开展企业改革，健全完善管理机制，推进依法治企，增强企业内生动力。完善管理机制。深化对标管理，强化指标考核，新增管理制度21个，创建粉煤灰销售、“两个细则”等9方面的管理机制，增强企业活力。强化部门间协调配合，组织召开项目管理、物资管理等专业座谈会，以及各项重点工作协调会，提高工作效率。以开展“高师带徒”“五小”竞赛等为抓手，坚持精益求精理念，推进提质增效工作，参加华北公司“优秀精益改善项目”评审活动，获得5个奖项。熟练掌握集团公司“四个集中管控”工作业务，完成111个询价项目，审核合同412份，提高工作效率。以岗位靠竞争为原则，畅通晋升渠道，新提拔中层7人、主任助理7人、值长2人，评聘3个厂级“首席师”，为企业发展提供人才支撑。推进依法治企。落实集团公司全面推进法治企业建设工作部署，制定实施方案和工作要点。坚持每季度对财务收支工作进行内部审计，并按照“一问题一清单”落实整改，规避资金风险。加强效能监察监督，重点对大修技改、物资管理、质保金管理进行监察，提出整改建议41条，按要求完成整改工作。推进“三供一业”分离移交工作，与霍州市自来水公司、住房建设管理局签订分离移交框架协议，与炬能公司签订供热合同。按集团公司要求，按时完成变更企业名称、更换营业执照等工作，完成原任厂长的离任审计工作。加强辛能公司经营管理。狠抓安全责任落实，实现无重大设备损坏，无人身伤亡，无同等责任以上交通事故的安全目标。开展提质增效工作，在保持原有业务量的基础上，拓展业务范围，提升创效能力，清理低效、无效资产，提升自主经营水平。强化思想教育，提高人员的市场意识和服务意识，在保证员工薪酬的同时，缴纳社会保险，保持员工队伍和谐稳定。

【党建及和谐企业建设】 2017年，国电霍州发电厂学习贯彻党的十九大精神、习近平总书记系列重要讲话和全国国企党建会议精神，引导广大党员干部职工树立“四个意识”，强化“四个自信”，为企业健康可持续发展提供可靠政治保障。学习宣传党的十九大精神。以“两学一做”学习教育常态化制度化为抓手，组织党员收看党的十九大会议直播，配发《中国共产党章程》《十九大报告和辅导读本》等学习资料，学习传达党的十九大精神，提升政治素养。坚持以上率下，党委中心组成员带头到各支部讲专题党课，引导党员职工学懂弄通党的十九大精神实质。开展“践行价值观，喜迎十九大”知识竞赛、十九大知识答题等活动，在全厂掀起宣传贯彻党的十九大精神的热潮。加强党建工作。强化党委委员“一岗双责”，组织中心组学习12次、专题研讨3次，召开专题民主生活会，坚持听取分管部门党建工作汇报，并每季度向党委汇报抓党建工作情况，推进各级抓党建职责有效落地。加强党支部建设，10个支部按期完成换届选举，组织召开党支部书记述职评议会议，规范和严肃组织生活纪律。强化舆论引导。制定下发《网络舆情突发事件应急处置预案》，完成对外发表稿件103篇，微信公众号推文32期，更新企业文化室展板35块，宣传企业的工作动态和成绩亮点。推动团青工作，通过开展“五四”表彰、“两学一做”学习教育等活动，激发团员活力，助力青工成长成才。推进党风廉政建设。健全完善规章制度，制定《“三重一大”决策制度实施办法》，规范决策程序，精简党风廉政建设各项制度，增强制度实用性。明确工作任务，逐级签定目标责任书和廉洁从业承诺书，选择13个重点岗位、38项危险点制作成检查卡，加强风险点管控。科学运用“四种形态”，开展任前、诫勉和警示教育谈话146人次，有效防止“四风”问题反弹，营造风清气正的从业氛围。巩固和谐稳定局面。强化民主管理，深化厂务公开，通过集体合同平等协商、职工代表巡视等方式，维护职工合法权益，激励广大职工参与企业管理。开展各类竞赛活动，促进职工成长成才。该厂参加华北公司首届“内训师”比赛，荣获第二、四名；参加临汾市“五小”竞赛，获得奖项4项；承办华北公司“庆祝十九大”朗读比赛，荣获一、二等奖；桥牌队代表集团公司参赛，获得全国第三名；威风锣鼓参加集团公司团拜会演出获得一致好评。坚持以人为本，实施棚户区改造等惠民工程 9 项，开展文体活动 15 项，帮扶困难职工 158 人次，慰问一线职工 500 余人次，金秋助学 13 人，帮助 14 个患病职工办理大病医疗费用结算事宜，推进特色“家园文化”。

【领导班子】

厂　长：

刘义新（2016.11—2017.12）

党委书记：

蔺勇奇（2014.03—2017.12）

总工程师：

刘洪志（2014.02—2017.12）

副厂长：

齐保新（2015.08—2017.12）

高新贵（2014.07—2017.12）

纪委书记、工会主席：

武丽梅（女，2014.06—2017.12）

【获奖情况】

2017 年，石鑫被山西省总工会评为“五小竞赛”省级二等奖并记个人一等功；

6 月，陈建峰被中共中国国电集团公司党组评为优秀共产党员；

9 月，苏林被山西省总工会评为工会积极分子。

《紧抓政策机遇，解决企业隐患，强化设备管理，提高“两个细则”收益》获华北公司奖励基金一等奖。

（高萍萍）

兆光电厂

【概况】　山西兆光发电有限责任公司位于山西省临汾市霍州市，地处电力网架枢纽及负荷中心，是格盟国际能源有限公司投资建设的现代化大型环保企业，装机总容量 1800 兆瓦，总投资 71 亿元。一期工程为 2×300兆瓦亚临界直接空冷机组，于 2005 年 9 月投产发电；二期工程为 2×600 兆瓦超临界双缸双排汽直接空冷机组，于 2009 年 9 月投产发电。年发电 126 亿千瓦时，可实现利税 5 亿元。

【主要经济技术指标】　2017 年，山西兆光发电有限公司发电量 64.7 亿千瓦时；机组利用小时 3594 小时；等效可用系数 89.9%；综合厂用电率 7.63%；上网电量 59.8 亿千瓦时；实现利润总额 6213 万元。

【安全生产】　2017 年，山西兆光发电有限责任公司落实安全生产责任制，强化安全监督检查，构建安全生产长效机制，截至 2017 年底，累计安全生产 4204 天，实现全年安全生产无事故。强化责任意识，规范安全管理。公司与各部门各单位签定 2017 年度安全生产责任书，落实以行政正职为安全第一责任人、行政副职对分管范围安全负责的各级安全生产责任制，建立健全公司安全生产责任体系、监督体系和制度保障体系。排查治理隐患，夯实安全基础。公司按照“全覆盖、零容忍、严执法、重实效”要求，从生产现场“反三违”、安全生产责任制落实、迎峰度夏、防洪防汛、危化品、外委工程安全管理、班组安全能力建设、应急管理等方面进行安全生产大检查、大排查、大整治，2017 年，排查各类安全隐患 1378 项，整改完成 1373 项，完成率 99.5%，无重大安全隐患。

【环境保护】　2017 年，山西兆光发电有限公司通过加大环保设施整治力度，确保除尘、脱硫、脱硝等环保设施的安全稳定运行，各项污染物排放指标均优于设计值。除尘设备运行情况：4 台机组电袋除尘器投运率为100%，除尘效率99.99%，烟尘排放总量为31吨，同比减少18.08吨。脱硫设施运行情况：4台机组脱硫系统投运率为100%，综合脱硫效率达到99.58%。年平均SO_2（二氧化硫）排放浓度为20.19毫克/标准立方米，同比减少2.66毫克/标准立方米。脱硝设施运行情况：四台机组脱硝设施投运率达到99.95%，累计综合脱硝效率达到91.55%。年平均NOx排放浓度为37.72毫克/标准立方米，同比减少0.95毫克/标准立方米。

【企业管理】 执行制度，保证机组安全稳定运行。2017年，山西兆光发电有限公司执行“两票三制”和《二十五项反措》，把好“两票”审票关、许可关、执行关、验收关；执行巡回检查制度、交接班制度、设备定期切换和试验制度，努力实现“凡事有章可循、凡事有据可查、凡事有人负责、凡事有人监督”。优化运行指标，提高机组效率。2017年，发电部锅炉专业定期进行锅炉效率、空预漏风、氧量校核、CO测量等试验，根据煤质变化情况进行燃烧调整；汽机专业每月对各台机组进行2次真空严密性试验，查找和处理真空系统泄漏点；各专业对主要用电设备的单耗及耗电率进行逐月分析，并加强现场设备运行方式的调整，杜绝机组停运而设备不停运的现象；在机组低负荷时段减少磨煤机运行台数、降低空冷电机转速；定期对风烟系统、制粉系统进行查漏、堵漏，降低引风机耗电率；定期对机侧、炉侧内漏阀门的检查；精细化调整一次风压、风速，以上一系列措施的执行，节约厂用电，提高机组运行经济性。遵守调度纪律，提升企业竞争力。运行人员在“负荷及时跟踪”和“申请免考”上开展工作，为避免人为原因造成考核，运行人员加强与调度联系，杜绝长时间偏离计划曲线接带负荷，尽量规避考核。2017年，“两个细则”实现净收入663.85万元。调整运行方式，合理安排机组检修。公司根据城市供热任务和全年电网负荷情况，继续向山西省电力调度控制中心申请，供热期间仅投运两台300兆瓦机组，在完成城市供热任务的同时，为全省供热机组腾让负荷。供热任务完成后，择机停运300兆瓦机组，适时投运600兆瓦机组完成发电任务。机组停运期间合理安排技术改造和检修，这样既保证供热和发电任务的完成，也合理安排机组检修和技术改造，为机组长周期经济运行打下良好基础。

【设备管理】 2017年，山西兆光发电有限公司4台机组通过状态检修，完成163项主要检修项目和29项技术改造。为发电和供热两项任务的完成奠定坚实基础。完成4#汽轮机本体大修。大修前，4#汽轮机存在一瓦轴振超标、高导法兰漏气等问题，通过此次大修，一瓦轴振由134微米降至118微米，高压缸效率提高2.27%，中压缸效率提高0.54%。完成4#炉空预器密封改造。通过密封改造，4#炉空预器漏风率明显降低，550兆瓦负荷下4A、4B空预漏风率由改造前的8%降低至4.4%和4.3%。完成3A、3B给水泵汽轮机解体检修。3A、3B给水泵汽轮机自2009年投产以来，一直未解体检修，运行过程中存在油挡渗油、轴封漏气等问题。在该次检修中发现通流部分结垢和锈蚀严重、汽封间隔大、在3A转子动叶汽流通道内发现有5块异物。全部检修工作于2017年12月15日完成，发现的安全隐患在该次检修中全部消除。完成3#炉一次风机、送风机大修。3#炉一次风机、送风机从2016年3月开始，连续出现调节机构故障，导致风机调节性能无法满足ACE投运要求。大修完成轮毂和轴承箱返厂检修、叶片检查、加载试验、旋转油封及液压系统检修等项目，更换叶片轴承、风机轴承等备件，提高风机整体健康水平。

【党建工作】 2017年，山西兆光发电有限公司加强领导班子建设，着力推动企业健康发展。党委履行从严治党主体责任，以党的建设为统领，推进“两学一做”学习教育常态化制度化，加强“三基建设”，构建长效机制。2017年，把党建工作写入公司章程，把党委会研究作为经理层决策重大问题的前置程序，组织全体党员学习贯彻党的十九大精神，加强党对企业的领导。强化正风肃纪，推进党风廉政建设。为全面落实好两个责任，公司党委和纪委推进党风廉政建设，综合运用监督执纪“四种形态”，标本兼治，超前预防，完善制度建设，把权力关进制度的笼子里，从源头上实现廉洁发展；公司贯彻落实中央八项规定精神，持续纠正“四风”，深化依法治企，营造风清气正的良好发展环境。*加强企业民主管理，营造风清气正氛围。*根据集团公司党委要求，公司开展年度考核和“一报告两评议”工作，强化企业选拔任用工作监督机制，提高选人用人公信度。为调动部门经理的工作积极性，提高部门经理专业知识和管理能力，达到全面发展的目的，2017年10月，公司对8个部门经理进行岗位调整。*加强员工技能培训，实施中长期发展战略。*公司采取多种培训形式，开展针对性高、实效性强的专业知识、应急演练等技能培训。为提升中层以上干部的管理能力，2017年9月，公司利用四个周三下午时间组织中层以上干部学习提升企业经营能力经典课程《管理就要贯彻到底》，并撰写学习心得。2017年12月，公司利用2台机组检修机会，聘请山西大学专业老师分2批对发电部集控运行人员进行专业知识培训。2017年，公司3人取得高级职称，29人取得中级职称。在2017年集团公司组织的第四届职工技能大赛中，公司参赛选手获得2个团体二等奖，1个团体三等奖，1个个人二等奖，1个个人三等奖的好成绩。*加强惠民工作，改善员工生活和工作环境。*为改善员工生活和办公条件，公司更换1#公寓楼54台空调和办公楼242台盘管空调，修缮二期天桥会议室、厂区食堂、值班室、卫生间和接待室等区域，在办公楼和生产区摆放600余盆绿色植物；为保障职工饮用水安全，公司在生活区和生产区安装10台纯净水机；为保障员工上下班交通安全，公司与霍州市交通管理部门联系，在东大门与一级路口安装红绿灯等惠民措施的陆续实施，改善员工生活条件和工作环境，保障员工的饮食安全和行车安全。*加强企业文化建设，推动企业和谐发展。*公司利用局域网开辟公司新闻、生产动态、学习园地等栏目；在办公楼顶层安装集团公司徽标、名称及发展思路。举办拔河、羽毛球比赛，丰富员工业余文化生活。公司组织开展三年发展规划及合理化建议征集活动，公司员工积极参与，提出许多优秀的发展规划和合理化建议，有效推动公司可持续发展。

【领导班子】

党委书记、总经理：

王全忠（2017.01—2017.06）

刘占斌（2017.07—2017.12）

党委委员、副总经理、总工程师：

林树彪（2015.07—2017.12）

杨健宏（2015.07—2017.12）

（刘毅伟）

山西霍州国新液化天然气有限公司

【概况】 山西霍州国新液化天然气有限公司是山西省国新能源发展集团有限公司山西天然气有限公司下属的全资子公司。公司按照服务低碳生产力、服务低碳消费、服务新型产业集群、服务生态文明建设和服务新型城镇化建设的“五个服务”理念，推进“气化山西”战略，推动山西省及霍州市由燃煤时代向燃气时代转型跨越。2014 年 12 月 24 日在山西省霍州市注册成立，注册资金 1 亿元，位于山西省霍州市大张镇西张村，占地面积约 80 亩，主要负责霍州液化天然气调峰储气设施项目的运营管理、霍州及其周边 LNG 加气站的建设和管理、山西区域点供项目的开展以及 LNG 物流运输业务。公司本部下设 7 个部门，为综合办公室、财务管理部、市场营销部、党群工作部、生产运行部、安全环境部和工程技术部。公司在灵石县设有分公司，洪洞县赵城镇下设子公司洪洞县通达物流有限公司。

【主要业务】 山西霍州液化天然气调峰储气设施项目是省重点建设项目及省级转型综改重大项目。项目以管道天然气为原料，经过计量稳压、净化处理、深冷液化、常压储存后得到液化天然气，可解决上游的不可抗拒因素停气或冬季用气高峰导致供气不足时向霍州市及周边地区安全平稳供气，日处理原料天然气 10 万立方米，LNG 产量约 70 吨/天。项目投产后可实现年利税 3000 余万元，年产 LNG2.8 万吨，可替代煤炭 23.56 万吨，减排氮氧化物 605.46 吨，二氧化碳 1916.2 吨、烟尘 1032 吨。

公司打造液化天然气产业链，发展业务除液化工厂外，下设 LNG 加气站两座，均位于 108 国道旁，为过往 LNG 重卡充装提供便利条件。在市场环境下，为把握新的市场机遇，霍州国新液化天然气公司在山西代县开展点供业务，改善因排放导致的环境问题。下设控股子公司洪洞县通达物流有限公司，有 10 辆 LNG 运输车辆，开展 LNG 运输业务。

【党建工作】 2017 年，山西霍州液化天然气党支部组织党员进行各种培训活动，贯彻落实党的十九大和系列全会精神，召开民主生活会，加强制度建设、强化党员管理、培养作风优良的高素质党员。党支部紧密结合公司实际，促进企业党建与生产经营、企业文化的充分结合，建立健全党员教育管理和激励机制，以推动企业发展为动力，以塑造先进文化为抓手，组织党员学习培训活动，为企业的健康发展提供精神动力和组织保证。通过党建和企业文化有机结合，提高企业的管理能力，增强企业凝聚力，推动企业文化建设。

【领导班子】

总经理、党支部副书记：

周　礼（2014.06—2017.12）

党支部书记：

房　飞（2014.10—2017.12）

副总经理、工会主席：

陈丽珍（女，2015.05—2017.12）

总工程师：

张增旭（2015.01—2017.12）

安全总监：

李　萌（2016.06—2017.12）

【获奖情况】

2017 年 5 月，霍州液化天然气公司被共青团临汾市委授予“临汾市青年安全生产示范岗”称号。

2017年11月，霍州液化天然气公司被共青团临汾市委授予“青年文明号”称号。

（罗刚）

霍州煤电集团

【概况】 霍州煤电集团有限责任公司位于国家规划的山西省三大煤炭基地之一的晋中基地，是国内少有的低硫炼焦煤基地之一，分布在临汾、吕梁、忻州、长治和运城5市所辖12个县（市）。霍州煤电集团公司前身为霍县矿务局，成立于1958年，2000年改制，2001年加入山西焦煤集团并成为其子公司。2006年签署债转股协议，于2013年完成工商登记变更为有限责任公司，注册资本金44.02亿元。有霍州本部和汾河焦煤、吕梁山煤电、晋北能化、晋南煤业、吕临能化5个区域公司及发供电、机械制造、建筑建材、物流贸易、新产业5个非煤板块，构建以煤为主，多业并举，煤—电—材为主产业链的发展格局。截至2017年底，拥有矿权井田总面积822平方公里，资源储量71.76亿吨，可采储量34.82亿吨，资产总额622.44亿元，在册职工52277人。主导产品为肥煤、1/3焦煤、焦煤、贫瘦煤等20多个高端优质品牌煤种，市场覆盖国内20多个省市，远销日本、韩国等国家。

【主要经济指标】 2017年，霍州煤电集团煤炭百万吨死亡率0.044，完成焦煤集团坚决杜绝一次2人及以上事故的指标；原煤产量2838.1万吨；精煤产量1025.5万吨；总进尺17.1万米；煤炭总销量2178.5万吨；发电量2.82亿千瓦时；销售收入206亿元；利润8000万元。

【安全管理】 2017年，霍州煤电集团实施9个方面28项具体举措；建立完善《“一通三防”岗位责任制》《防治水六条红线》等30多项制度，加强领导干部跟班带班和采掘两面、非正常作业等特殊环节的管理，细化丰峪托管紫晟、霍源通煤泥再分选等重点区域的安全责任。安全投入大幅增加。全年投入4.65亿元，增幅84.06%；完成辛置、三交河、回坡底、团柏、干河5座矿井防灭火注氮系统，庞庞塔排水、腾晖地面灌浆系统，团柏圪塔条35千伏、北矿区110千伏变电站改造等重点工程。年度计划375台（套）采掘核心装备全部到矿、投用。

【技术创新】 2017年，霍州煤电集团投入研发费用6.67亿元，以切顶卸压、保水开采等16项重点技术项目为引领，实施245项科技攻坚，增加112项。团柏“大水条件采空区下近距离煤巷支护技术研究应用”、干河“井下变电硐室及中央泵房神经网络预判维护及远程智能控制技术”“基于物联网的多功能信息矿灯的研究与应用”3项科技成果获中煤协会科学技术奖，“中厚低渗透性煤层瓦斯高效预抽成套技术研究”等2项成果获山西省科学技术奖；“锚杆锚索安装助推器”等41项技术创新获专利授权，争取焦煤科技奖补资金921万元，科技减免税上账2.8亿元。

【企业改革】 2017年，霍州煤电集团制定下发《2017年深化改革工作指导意见》，实施8类30项改革举措。凯硕文化传媒在焦煤集团完成混改，营业收入实现1000万元；制定出台《集团公司契约化管理方案》，丰峪、云厦、辛置、物业、总医院5个契约化单位减亏5385万元，云厦白龙煤炭贸易、晋北能化、印刷厂、鑫钜、霍源通、霍恒监理6个契约化单位全年增利2850万元。强化三项改革。坚持问题导向，奖优促差，完成12座生产矿井、10个非煤单位等41个单位、39个部室的考核评价；成立人力资源管理中心，构建工资分配季度督导机制，工资比例达到1∶1.7∶2.7，完成白龙矿建、团柏工贸等10批次300多个岗位公开招聘；全年转岗分流3436人。加快资产证券化，亿能完成增资扩股，2017年上半年实现“新三板”上市。厚植“双创”文化。出台《关于鼓励职工开展创新创业的通知》，成立霍煤青创工作室，“文化传媒”“青体发展”2个项目前景良好，总医院中医康复专科在霍州市繁华地段开始运行；全年有500多个职工勇闯市场，自主创业；200多人在山西省妇联、山西省就业局创新创业巾帼行动专场招聘会上签订就业意向。

【环境保护】 2017年，霍州煤电集团确定的50项环保工程开工，完成投资1.13亿元，其中39项工程完工。南矿区生活污水处理厂、三交河矿井水处理站、庞庞塔封闭储煤场、店坪筒仓建成投用；辛置、团柏、李雅庄煤场封闭和回坡底、干河、三交河“六矿九站”矿井水深度治理项目开工建设；完成金能、辛置管状皮带运煤系统2个环评批复和晋北、腾晖、薛虎沟等4个环保设施竣工验收；应用“矿井水絮凝介质联合投加”技术，节约成本520多万元；完成干河、庞庞塔等16座矸石山的治理，团柏、白龙运煤道路竣工通车。改善矿区环境。

【证照手续办理】 2017年，霍州煤电集团开展证照手续攻坚，以设计能力800万吨的谭坪一期400万吨项目取得国家能源局项目核准为标志，实现证照手续大突破；中峪项目获得山西省发改委《关于山西霍东矿区中峪煤矿产能置换方案的请示》批复；回坡底、金能、晋北、腾晖、紫晟、汾源产能置换方案取得山西省厅批复；薛虎沟取得长期采矿证，晋北、腾晖、回坡底3座矿井取得安全生产许可证，杜家沟、五星、福星、张端、回坡底5座矿井取得营业执照；完成辛置、白龙、丰峪、团柏、李雅庄、三交河、回坡底、杜家沟、店坪、木瓜、庞庞塔11座矿井的14.38亿元资源价款转增国家资本金；店坪完成下组煤竣工验收，三交河、团柏分别完成10#、11#煤增层手续变更；回坡底等3座矿井通过山西省厅竣工验收，取得产能公告。

【党建工作】 2017年，霍州煤电集团以“1138”工作部署为引领，加强党的思想、组织、队伍、干部作风、党风廉政建设、文明和谐创建“六项工作”；集团公司党委每季度专题研究安全、经营、党建、党风廉政建设工作形成常态；完成集团公司65个基层党组织换届选举；674个党组织全部晋位升级，对655个基层支部书记进行集中轮训；开展“求突破、树亮点、创品牌”党建品牌创新活动，涌现出“夺旗、创优、争牌、摘星”四赛联动工作法、晋南公司“三强化、一落实党建示范品牌”等12个创新项目。

【民生改善】 2017年，开元小区4#、5#楼分配到户，幼儿园完成工程量的90%、地下车库完成95%；集团公司、晋南公司杜家沟分别与霍州、河津签订“三供一业”移交框架协议；开展“开元小区是我家、美化绿化靠大家”主题系列活动，全年新增绿化面积238.7亩，绿化面积3782.31亩，绿化覆盖率35.3%；南矿区和团柏矿区接入市政供暖；晋北煤业新职工食堂、澡堂，干河新职工公寓建成投用，公司机关门球场、白龙社区文化中心改造完成。

【领导班子】

董事长、党委书记：

王永革

副董事长、党委常委、总经理：

戎生权

党委常委、副总经理：

张金耀

副总经理：

赵耀东

党委常委、纪委书记：

刘永洲

副总经理：

卫广生

秦雪贵

靳文虎

王寿宾

党委副书记、工会主席：

张立忠

总工程师：

李民族

总会计师：

王新奎

副总经理、安全监察局局长、安全生产监督管理局局长：

张胜云

总法律顾问：

罗　劼

总经理助理：

张随喜、胡永山

【获奖情况】

庞庞塔矿李岗入选第21届“中国五四青年奖章”候选人；干河矿李强获得“振兴杯”全国动画制作员团体赛第九名；李雅庄矿获第五届“全国文明单位”荣誉称号，成为集团公司建企以来首获该荣誉的单位；店坪矿获得省级“精神文明单位”称号；集团公司荣膺临汾市“环保卫士”荣誉称号。

（米兰）

住建　环保

住房城建

【概况】　霍州市住建局是霍州市人民政府负责住房保障和城乡规划建设管理的行政职能部门，经霍政办发〔2010〕8号文件批准，于2010年3月19日成立，办公地点在开元街政府大厦七层。主要职能：承担规范全市住房保障和城乡建设管理秩序；承担保障全市城镇低收入家庭住房的责任；指导和管理全市村镇规划、城市勘察和市政工程测量工作；对全市城市供水、节水、排水、供气、供热、城市道路、污水处理、垃圾处理、园林绿化、市容环卫等公用事业进行管理；负责指导全市城镇建设及管理工作；指导和管理全市建筑活动；贯彻执行招投标的有关法规、政策；负责全市工程建设标准定额和工程造价管理工作，组织贯彻实施工程建设国家标准、行业标准和全国统一经济定额；指导全市住宅建设和城镇住房制度改革工作，组织拟定全市住房制度改革的综合配套政策并监督实施；负责监督实施全市各类房屋建筑及其附属设施和城市市政设施建设工程的抗震技术标准及规定；指导城市地下空间的开发和利用；负责推进全市建筑节能工作；承办市人民政府交办的其他事项。内设办公室、政工人事股、计划统计股、市容建设与园林管理股、村镇建设管理股、建筑业管理股、房产住房管理股等一办六股，下辖规划局、市容管理局、房产管理局、公用事业局、园林局等5个二级局和基层企事业单位33个，共有干部职工1000余人，局党总支下设19个支部，共有党员460余人。2017年，霍州市住建局以“五城联创”为统领，以环境卫生百日综合整治暨生态环境治理攻坚行动及城乡环境集中整治为契机，推进各项重点工程和中心工作，推动住房和城乡建设事业发展。

【市容管理】　2017年，霍州市的环卫机械化清扫达到85%。除对市区主要街道全日保洁，人行道定期清洗除垢外，生活垃圾日产日清，无害化处理率达到100%。投资622万元购置2辆雾炮车、3辆洒水车、5辆清洗车，加大洒水压尘频次，减轻道路扬尘。结合住建工作实际，把鼓楼东街确定为“严管街”，会同交警部门落实创建。提高标准，规范城市其他主要街道：清理各类破损残缺的门头牌匾65块，下发整改通知单28份；清除乱贴乱画小广告2.5余万处；规范、取缔沿街占道经营500余处；对南环路、开元街、邢家泉、赵家庄4处农贸市场进行规范整治；安排专人对城市主要街路沿街沿线残垣断壁进行整治，粉刷墙面约2.8余万平方米；开展露天烧烤专项整治工作，清理取缔50余处不符合环保要求的烧烤摊点。永安大街、霍东大道两侧、汾河二台阶、滹汾路北段等垃圾杂草及城乡结合部积存垃圾清理。改造大众美食城地面、天然气及暖气管道、电路、公厕及下水道。

【城市绿化】 2017年，霍州市住建局结合环境卫生百日综合整治活动，对霍州市所有绿化地段内垃圾进行清理，并组织人员粉刷大小行道树1.7万余棵，有效防治病虫害的滋生。五一、十一前夕，对市委、市政府、广场、鼓楼周围及东门桥摆放垂吊牵牛、一品红等品种花草美化市容。推广新品种，在主要街道成功栽植树桩月季、大花月季、藤本月季，引进美国枫红、桂花树，且长势良好。结合省级园林城市创建活动，把园林技能与季节工作相结合，创办内部刊物《园林论坛》，加强职工间交流，拓宽职工知识面，提升职工技能，收到良好效果。实施霍州市红崖堡紫薇园绿化工程。全年新增开元小区、辛置矸石山、迎宾南路、中镇国际花园、星河蓝湾等城市绿化面积19余万平方米，为创建省级园林城市打下坚实基础。

【住房管理】 2017年，霍州市住建局开展整顿规范房地产开发销售中介行为检查工作，成立领导组，组织召开房地产开发销售中介行为专项检查专题会议，从4月底开始，对全市所有开发企业预售工作展开全面检查。对存在问题的企业下发整改通知书，并限期整改到位，确保房地产开发领域健康发展。加强保障性住房分配管理，全年共发放保障房资金补贴508户，其中新增121户，共核发金额约97.05万元。于2017年9月27日对237套公租房进行预分配，签订预分配协议，其中光明路204套，霍州署23套。完成农村危房改造任务95户。对全市物业服务企业进行资质年检，组织全市物业服务企业负责人多次参加《物业管理条例》学习培训。对全市有电梯的小区进行电梯安全专项检查，重点对电梯年检、维保、巡检以及应急预案等内容进行检查，提出整改意见，落实物业小区创安、维稳工作。大众南路棚户区（城中村）改造项目，制定《霍州市土地房屋征收与补偿办法》和《霍州市大众南路棚户区改造项目安置补偿实施细则》，成立大众南路棚户区改造安置拆迁指挥部，完善前期手续，完成入户丈量、登记等工作。

【城乡规划】 2017年，加快《霍州市城乡总体规划（2014—2030）》调整，按照山西省设立经济技术开发区的指导意见要求及进度安排，霍州市经济技术开发区地形图测绘、可行性研究报告报批均完成，总体规划调整方案于11月中旬完成首轮汇报。对城北区、高铁区、辛置区、什林区控制性详细规划修改完善，修改成果已完成。对控规开展回头看，进行完善和动态维护，将城市设计、专项规划、城市“双修”、绿色建筑、海绵城市等有关指标纳入控规，使控规更加符合实际、便于实施。完成“十三五”近期建设规划、海绵城市规划、城市地下综合管廊规划、污水处理设施规划、主城区消防专项规划、城镇中小学幼儿园建设规划、燃气专项规划、县域农村垃圾治理专项规划、城市停车场和停车设施专项规划、霍州市综合交通体系规划、霍州市城市绿地系统规划等专项规划的评审，修改完成，上报待批准。完成国电生活区棚户区改造修建性详细规划、霍州市全民健身中心修建性详细规划、霍州市人民医院（新医院）建设项目修建性详细规划的编制。

【城市供水】 2017年，霍州市住建局共完成有效供水量582.2万立方米，比2016年同期增长2.3％；新增用户4604户，用户总数达46660户；累计新铺设供水管道

14451米，新增水表阀门井75座，安装用户远传水表2977块、普通水表781块，安装超声波总表14块，维修水表井86座，管道故障抢修72次，改造管网698米，更换阀门69个；“供水服务热线”受理用户用水诉求2100余人次；水质综合合格率、供水管网压力合格率、管网维修及时率均保持100%。霍东新区供水工程累计完成约90%的工程量，其中主管网敷设全部完工；厂区建设部分及厂房、配电室、1#2#清水池等全部完工。

【城市排水】 2017年，霍州市住建局制定《霍州市住建局关于加强城市防汛工作的实施方案》，清挖雨水井1700余座，共清挖淤泥200余立方米。完成兴霍路、北环路、鼓楼北街、鼓楼西街、永康路、大众路、火车站广场、赵家庄、原常委家属区的清挖暗渠工作，共清挖淤泥260余立方米。备足防汛物资，确保城市安全度汛。完成安民路至�汾路污水管线工程、对竹河污水管网收集工程及南庄、红崖堡、南沟污水收集工程，龙口村污水收集工程和南坛村污水收集工程。

【城市集中供热】 2017年，霍州市住建局实施热电联产集中供热工程。其中辛置镇南矿区集中供热工程，投资约1.28亿元，敷设管网14余公里，新建和改造换热站28座，完成置换供热面积135万平方米（其中辛置镇供热面积115万平方米，霍州煤电电厂生活区及矿区供热面积20万平方米）。城周集中供热扩户工程，投资约1亿余元，新建成换热站23座，敷设管网约68公里，实现扩户约90万平方米。霍州市热电联产集中供热总面积约750万平方米，一次供热管网84.59公里，二次供热管网195.3公里，已投入运行换热站共计86座。

【城市道桥】 2017年，霍州市住建局完成霍州市迎宾路道路建设工程（南涧河桥—南下线）、霍州市橡胶厂棚户区配套项目纬三路道路工程（经七路—经十路）、桥西街道路改造工程（白龙镇人民政府—108国道）、霍州市汇泽园棚户区改造配套道路（新村南路）建设项目等多项道桥工程，提升道路通行能力，方便市民出行。

【城市燃气】 2017年，霍州市住建局规范城市燃气管理，加大对非法经营液化气的查处行动。共查处5家液化气非法经营点，扣除液化气钢瓶60余个，对这5家非法经营点进行关闭取缔；对未取得“燃气经营许可证”的2家企业下发停业通知书并粘贴封条，督促其尽快办理完善相关手续，做到合法经营。组织正中液化气站、喜龙液化气站安装使用信息管理系统，采取“一瓶一卡制”管理办法，已达标。完成天然气民用用户扩户3678户；小商业“煤改气”102户（其中豆腐作坊69户，饸饹4户，大众路夜市29户）。

【城市照明】 2017年，霍州市住建局对滨河路、开元街、北环路、桥西街、兴霍路、光明路、霍东大道等街路的路灯进行检查，维修191盏；更换永康北路、永康南路、东大街衙门口、滨河北路、桥西街白龙段等路段的损坏电缆2281米；更换一中门口、滨河北路、南环路3处高压变压器的高压开关，更换市区主要街道损坏、丢失的小型断路器120余个。共受理路灯故障电话80余次，累计完成紧急抢修40多次，对市区LED路灯进行过4次彻底大检修，确保城市亮灯率及设施完好率98%以上。实施高铁连接线照明工程（西起高速收费站十字路口，东至高铁广场，全长约4.9公里，安装太阳能路灯220盏，投资159.67万元），于2017

年9月29日竣工投入使用。

【城市公厕】 2017年，霍州市住建局共投资108.8万元，新建或改造公厕3处：建筑公司对面的公厕、后塞路市幼儿园西的公厕和贾村娲皇庙旁的公厕。

【乡村清洁工程】 2017年，霍州市住建局继续推进乡村清洁工程，共完成投资323万余元，创建乡村清洁达标村4个，建设垃圾中转站2座，制定非正规垃圾堆放点排查方案和整治方案，完成非正规垃圾堆放点排查工作，并建立工作台账。录入并上传非正规垃圾堆放点采集信息系统共4个，体积约为24645立方米，全年清理垃圾约10844立方米。

【领导班子】

局　长：

刘怀忠（2011.11—2017.12）

总支书记兼规划局长：

梁红毅（2011.04—2017.12）

副局长：

段连锁（2002.05—2017.12）

孟祥林（2013.05—2017.12）

纪检组长：

马利民（2011.04—2017.12）

总工程师：

乔鹏军（2007.08—2017.12）

总支副书记：

刘　峰（2013.04—2017.12）

市容管理局局长：

房延忠（2011.04—2017.12）

【获奖情况】

霍州市住房保障和城乡建设管理局获临汾市2017年度城乡规划工作优秀单位。

刘怀忠获山西省住房和城乡建设系统先进工作者。

（张记锁）

环　保

【概况】 霍州市环保局成立于1990年，内含股室6个：办公室、法制股、管理股、宣教股、人事股、生态股。下属单位16个：稽查队、监测站、防尘办、固体废物管理中心、排污权储备交易中心、信息中心、档案室、环境监控中心、环境监察大队、环境监察直属中队、环境监察一中队、环境监察二中队、环境监察三中队、环境监察四中队、环境监察五中队、环境监察六中队。2017年底，共有员工131人，财政开支55人，排污费开支76人；党员79人，局班子成员7人。大专以上学历110人。主要职责：贯彻执行国家、山西省、临汾市的有关环境保护方针、政策、法律、法规和规章制度；制定全市环境保护规划；负责污染防治工作，组织实施环境管理、综合整治、环境监测、环境宣传；负责生态保护、环境安全、辐射管理、技术推广等工作；负责查处环境纠纷、污染事故、生态破坏事件等查处工作；组织编制发布环境质量报告和环境状况公报。

【环境管理】 2017年，霍州市环保局推行网格化环境监管，建立市、乡、村三级环境监管网格，完善网格化监管制度。遵循服务经济发展，服务环境建设的原则，执行环境影响评价和“三同时”制度，发挥环保服务窗口的作用，优化办事程序，提高办事效率。全年办理环境影响评价审批5家，发放排污许可证24家，环保竣工验收25家，立案42起，结案38起，行政复议4起，共处罚款180余万元。

【环境治理】 南矿区生活污水处理厂

于2017年8月21日通过正式验收。该厂设计建设规模1.2万立方米/天，实际处理水量约为8000立方米/天，进水COD（化学需氧量）浓度为89.52毫克/升，出水COD（化学需氧量）浓度为17.69毫克/升；进口氨氮浓度为12.36毫克/升，出水氨氮浓度为0.79毫克/升。可处理水量为97.29万吨，可削减COD（化学需氧量）52.13吨，氨氮8.81吨。

霍州市朝阳污水净化有限公司，2017年增加城市污水管网1.4余公里，污水处理量约为686.8万吨，增加处理量为87.97万吨。可削减COD（化学需氧量）296.15吨，氨氮19.54吨。

2017年，霍州市确定1家农业源畜禽养殖企业参加减排，污染防治设施设施已建设完工，共可消减COD（化学需氧量）0.079吨，氨氮0.153吨。

山西兆光发电有限责任公司超低排放改造，提高脱硫脱硝除尘效率。2017年通过加强监管，脱硫效率提高至99%，脱硝效率提高至90%，除尘效率提高到99.98%。可消减二氧化硫3116.31吨，可消减氮氧化物2025.19吨，可消减烟尘323吨。

国电集团霍州发电厂超低排放改造，提高脱硫脱硝除尘效率。国电集团霍州发电厂1#机组2016年12月底改造完成，2017年5月通过山西省环保厅验收；2#机组2017年5月改造完成，2017年8月通过山西省厅验收。脱硫效率提高至99%，脱硝效率提高至81%，除尘效率提高至99.9%。可消减二氧化硫2206.33吨，可消减氮氧化物738.73吨，可消减烟尘152吨。

霍州市城区共取缔和改造33台燃煤锅炉，全市行政事业单位共取缔和改造90台锅炉，改造豆腐加工作坊59家，新接入天然气居民用户3600余家，新接入集中供热用户3500户。可消减二氧化硫514.79吨，可消减氮氧化物156.58吨，可消减烟粉尘176吨。

2017年，霍州市共消减二氧化硫5837.43吨，氮氧化物2920.5吨，烟尘651吨，化学需氧量348.36吨，氨氮28.5吨。

【大气环境治理】 2017年，霍州市环保局以生态环境治理攻坚行动为抓手，结合秋冬季大气污染防治攻坚行动的各项要求，全面降低污染物排放标准，完成7项重点任务。

【产业结构优化调整】 2017年，霍州市环保局加大实施重点行业的关停及淘汰。控制重污染行业的准入，坚决限制污染严重、高耗能的企业进入霍州市建成区及周边。对霍煤集团煤矸石热电厂实施错峰停产，该厂将于2018年淘汰。对全市排查出的19家“散乱污”企业下达断电通知，严格按照“两断三清”要求进行集中整治。11月10日，霍州市组织公安、环保、国土、执法、安监、供电以及乡镇等相关部门共200余人，对狮子洼砖厂、下乐坪薛麦林砖厂进行取缔，拆除生产设施，破拆窑炉主体，清理原料产品。8家“散乱污”企业完成“两断三清”，10家企业关停，正在清理现场，1家企业停产整治。

【清洁生产】 霍州市工业企业全部完成第一次清洁生产审核，兆光电厂、霍州煤电李雅庄矿、团柏煤矿、辛置煤矿、丰裕煤业、白龙洗煤厂完成第二次清洁生产审核，对低、中、高费方案进行详细论证，确定各项实施方案，为企业清洁生产奠定基础。

【企业降耗】 2017年1至11月，重点工业企业煤炭消费374万吨。其中兆光发电厂203.29万吨；国电霍州发电厂140.39万吨。2017年底，重点以上工业企业煤炭消费374万吨，增加24.4万吨。

【燃煤锅炉整治】 2017年，霍州市环保局推进冬季清洁能源取暖。实施辛置南矿区和城郊热电联产集中供热扩户工程，完成城周23座换热站和辛置辖区28座换热站及主管网的建设，全年，累计新增集中供热面积330万平方米，惠及群众2万余户，全市热电联产供热面积累计达到790万平方米，主城区供热覆盖率达98%，并逐步向各乡镇覆盖。建成区内原有的33台营业性燃煤锅炉，10台改为清洁燃料（2台“煤改气”、6台“煤改电”、2台空气能），其余23台全部淘汰取缔，实现热电联产集中供热。完成全市90家行政事业单位的91台燃煤锅炉清洁能源改造，5台完成“煤改气”、66台完成“煤改电”、1台完成“煤改生物颗粒燃料”改造、1台完成“煤改油”、18台停用接入热电联产集中供热。推进天然气扩户，2017年，完成商业改造及民用改造共2500余户。对于热电联产集中供热无法覆盖的区域，由市政府统一购置2万吨优质低硫无烟煤，对重点区域内燃煤取暖单位和居民给予补贴。

【工业大气污染综合治理】 2017年，霍州市环保局推进霍州市12家重点企业的工业企业深度治理工程，“一煤两电”的煤场封闭工程都在加快推进，霍州市沟口砖厂、退沙村何红马砖厂完成脱硫脱硝治理，全面停产，原料堆场全封闭工程正在进行设计。按照上级要求完成火电行业、水泥行业的排污许可证培训工作，并按照时间节点要求完成排污许可证的申请与核发工作，全年共核发排污许可证24个。燃煤锅炉治理。霍州煤电集团物业公司李雅庄煤矿3台共6蒸吨锅炉完成除尘脱硫改造，按照清洁供热要求该锅炉保证污染设施正常运转，严格控制燃用低硫、低灰煤质，达到有关要求。霍州市有机物治理任务不涉及工业企业，全市修车行业完成有机物治理任务，民营加油站5家油气回收任务全部完成并通过验收，设施运行良好。工业企业采暖季错峰生产。严格按照2017至2018年秋冬季大气污染防治攻坚行动中关于工业企业采暖季错峰生产的要求，兆光发电有限公司只运行2台机组保障霍州市的热电联产集中供热工作，国电霍州发电厂压减负荷运行1台机组，其余全部停止运行。对4个搅拌站和1个水泥粉磨站下发停限产通知，要求其落实错峰停限产方案以及重污染天气调度令。

【大气面源污染治理】 2017年，新购置的10台清扫车辆全部投入使用，扩大城市道路机扫、冲洗面积，加大城市道路机械化清扫、冲洗频次，累计每天出动16台次机扫车和10台次喷雾洒水车对市区及周边道路进行机扫、冲洗、抑尘作业，降低城区道路扬尘污染；将霍侯一级路纳入清扫、冲洗范围中，进行不间断清扫，保持护栏清洁卫生。强化拆迁、建筑工地扬尘污染管控，严格落实建筑工地施工围挡、物料覆盖、车辆冲洗、地面硬化、洒水抑尘6个100%措施，严禁施工、清扫过程高空抛洒残渣废土，正在施工的部分建筑工地，严格按照重污染天气应急响应的各项措施，实施全面停工。加大对城区车辆的执法检查，市区施工渣土车辆实行全封闭运输，严禁混凝土和各类散装物料运输车辆未密闭出入市区。取缔城市建成区内的所有露天烧烤摊点，市区内其他餐饮商户、摊点全部改用天然气和液化气，121家餐饮商户、行政事业单位食堂全部安装油烟净化装置。完成大众夜市的全面升级改造，在开始营业后加大管理力度，加强油烟净化装置的维护，保持清洁卫生。推进以豆腐作坊为代表的食品加工作坊“煤改气”“煤改电”改造，完成建成区内59家豆腐作坊“煤改气”改造。开展秸秆禁烧宣传工作，加强日常巡查，专人负责，对高铁、高速沿线等关键部位，遏制焚烧秸秆、垃圾的现象发生。

【机动车污染防治】 2017年，霍州环保局对国电、兆光、霍煤等大型企业运输车辆出入厂区集中区域进行重点严查，遏制大型运输车辆扬尘抛洒问题。加强日常巡查，严禁排放不达标的车辆进入市区，强化对农用车、三轮车等冒黑烟车辆的管理力度，一经发现，严厉查处，进入“冬防”期间以来，共查处老旧车、三轮车、冒黑烟车、工程车等机动车违章400余起。对辖区内的23个加油站供应的燃用柴油进行排查，杜绝劣质燃油进入霍州市。

【强化重污染天气应对】 2017年，霍州市环保局共制定下发12次重污染天气调度令，启动重污染天气预警。进入“冬防”期后，11月4至8日，11月24至28日，12月1至4日，分别根据山西省、临汾市统一要求，制定下发霍州市应对重污染天气13、14、15号调度令，启动重污染天气橙色预警二级响应，在此期间还下发2次重污染天气的预警通知。11月初，按照临汾市要求向19家涉气企业下发编制重污染天气应急减排操作方案的通知，于11月15日完成操作方案的评审及备案工作。

【环境监测】 2017年，霍州市环境监测站承担全市空气、地表水、区域噪声、交通噪声等例行监测，全年空气质量一级天数为10天，二级天数共174天，三级天数为127天，四级天数为33天，五级天数为17天，六级天数为4天。2017年，空气质量监测结果，SO_2（二氧化硫）年均值为76微克/立方米，NO_2（二氧化氮）年均值为32微克/立方米，PM10年均值为125微克/立方米，PM2.5年均值为75微克/立方米。2017年地表水COD（化学需氧量）：王庄桥南53.5毫克/升、北益昌桥南53.851毫克/升；氨氮：王庄桥南12.29毫克/升、北益昌桥南8.63毫克/升。2017年区域噪声平均值：昼间为55.7dB（A），夜间为45.1dB（A）；2017年交通噪声平均值：昼间为66.0 dB（A），夜间为53.2dB（A）。2017年4月，完成监测事权上收至省级，空气自动站由第三方运营。

【环保督查】 2017年4月28日中央环境保护督察组进驻山西，霍州市委、市政府严格履行生态环保党政主体责任，实行“党政同责、一岗双责”。将环保工作列入市委常委会、市政府常务会议事日程，多次召开专题会议，研究处理有关具体问题。下乡检查督导30余次。督察期间，制定出台文件10余件。在治理食品作坊污染问题方面，出台《霍州市食品作坊“煤改气”专项资金补贴办法》；在治理二次扬尘污染方面，出台《霍州市扬尘污染专项整治方案》；在治理小散企业方面，出台《霍州市小散乱污企业整治工作实施方案》；在推动清洁供暖方面，出台《霍州市清洁供暖方案》；在落实领导包案制度方面，出台《霍州市领导包案督办中央环保督察组移交案件方案》等等，这一系列办法和方案，为推动环保工作开展提供制度和机制保障。坚决执行环保工作一票否决制，严肃责任追究，在全市干部中树立“抓生态环保是本职，不抓是失职，抓不好是渎职”的理念。建立案件办理整改机构。领导组多次召开专题会议进行安排部署，并在党校5层设立办公室，协调、资料、现场、执法、执纪、宣传六个工作组全部入驻，24小时值守。准备实地督察现场。通过前期生态治理攻坚行动的开展，2个电力企业超低排放改造、5座矸石山治理、2个污水处理厂现场准备已全部到位。对近年环保工作的相关文件、资料进行梳理，市级政策文件、部门工作痕迹全部存档，重点企业的环保工作情况、生态治理方案全部健全。

公开案件处理进展。对中央环保督察组移交的9件环保问题的调查情况、处理情况、问责情况进行全程公开，接受群众监督。公开环保执法信息。完善环境监管执法信息公开机制，对照法律法规要求，公开环境监管执法信息，确保信息公开常态化、规范化。公开环保举报电话。通过新闻媒体对“12369”环境案件举报电话和迎接中央环保督察组办公室电话进行公开，共收到群众举报10余件案件，已全部处理回复。坚持把基础设施完善、环境卫生整治作为生态治理的着力点。加强市容环境整治，组织市住建、环保、食药、爱卫等多部门联合执法，落实门前五包责任，严格规范占道经营、乱倒乱排、乱搭乱建、乱停乱放、露天烧烤等不文明行为，彻底清除城市“脏乱差”。加强路域、河道环境卫生综合整治，以清理沿线垃圾、粉刷沿线墙壁、拆除临建违建、交通干线路面保洁为重点，整治汾河、南涧河、对竹河、高铁、高速公路、高速公路服务区、国省干道、县乡公路及铁路沿线的环境卫生。加强农村环境卫生整治，清理垃圾、粉刷墙壁、疏通渠道、拆除违建，农村环境卫生面貌大为改观，涌现出秦家岭、东王村、什林、龙泉等一批环境卫生先进典型。

【环境宣传】　2017年，“6·5”世界环境日，以“绿水青山就是金山银山”为主题，开展形式多样的环保宣传活动，市四套班子领导带头，在州署广场、东门桥广场等9个活动现场，向群众分发万余份环保资料。参加临汾市环保局组织的“6·5”知识竞赛活动。主办“绿色追梦”环保主题文艺晚会，组织环保宣传进企业、进社区、进学校、进农村、进机关等万人签名活动。“4·20”安全宣传日在霍州署活动现场，发放环境安全宣传资料。4月22日地球日，在环境保护局门口发放保护地球资料。科技卫生文化“三下乡”，在什林村送5000元环境整治经费，宣传农村环境保护知识。

【领导班子】

局　长：

胡文杰（2017.02—2017.12）

支部书记、副局长：

成周明（2002.01—2017.12）

副局长：

薛小记（2000.12—2017.12）

工会主席：

段向党（2002.06—2017.12）

党组成员：

张丽兵（女，2012.07—2017.12）

张玲丽（女，2012.07—2017.12）

副书记：

秦仰军（2013.04—2017.12）

（杨旭）

交通　邮电　通信

交　通

【概况】　霍州市交通运输局是霍州市人民政府主管公路交通的职能部门，主要负责贯彻执行国家关于交通运输的法律法规和方针政策，结合全市国民经济和社会发展需要，拟定全市交通运输发展战略建议。承担全市公路运输市场监管责任，组织制定和落实全市公路运输有关政策、准入制度、技术标准和运营规范并监督实施。负责交通运输行政执法行为的监督管理；指导城乡客运及有关设施规划与管理工作，指导出租汽车行业管理工作；指导城市公交客运的运营管理。承担公路建设市场监管责任。负责组织全市农村公路的建设、管理和养护；指导全市地方公路网络化建设以及公路行业管理；对全市农村公路建设工程实施质量监督。负责全市公路行业安全生产和应急管理工作。到2017年底，共有工作人员120人，下设办公室、政策法规股、规划投资股、公路科技与安全股、交通路政大队、道路建养中心、财务结算中心、物业租赁管理中心、交通建设工程质量监督站、规划设计室、重点办、农管办、法制办、邮政快递企业属地安监办、城市出租客运管理办公室和道路运输管理局。市国防动员委员会交通战备办公室挂靠合署办公。

【基础设施建设】　2017年，全市公路通车里程为1108.10公里，公路密度145.04公里/百平方公里。其中，行政等级里程为：国道4条70.36公里，省道1条11.58公里，县道6条111.53公里，乡道44条344.56公里，村道328条570.07公里；技术等级里程为：高速公路45.97公里，一级公路23.56公里，二级公路51.1公里，三级公路107.62公里，四级公路855.4公里，等外路24.45公里（新增公路通车里程5.07公里，新增高级路面25.62公里，高级路面占到总里程的74.06%）。全市公路桥梁132座10614.8米，其中特大桥1座2421.96米，大桥23座5185.07米，中桥26座1621.9米，小桥82座1385.87米。

【公路建设】　2017年，霍州市交通运输局加强农村公路建设，完成窄路基路面拓宽改造工程、安全生命防护工程和南堡至悬泉山公路改造工程主体工程，累计完成投资3000余万元。按期完成霍州市“四好农村路”（2017—2020年）专项规划编制备案工作。市长办公会议确定霍州市“四好农村路”建设项目采用政府与社会资本合作（PPP）模式实施。编制完成2018年、2019年“四好农村路”建设项目的工程可行性研究报告，得到霍州市发展与改革局批复立项。按时上报农村公路固定资产投资完成情况月报表、2017年新改建情况年报表、“四好农村公路”各项报表等，进行相关统计资料的分析。完成公路普查、桥梁普查、自然村公路建设需求、招投标台账等。

【公路养护】 2017年，霍州市交通局深化农村公路管理养护体制改革，建立“统一领导，分级管理，以县为主，乡村配合”的农村公路管理体制。抓好养护工程，加强日常养护管理工作。加强道班规范化管理，建立健全各项规章制度，落实岗位职责，确保道班工作正常化；将机具设备明确专人操作、保管，严格规范操作规程，定期对机械进行维修保养，确保机械设备状况良好；养管人员认真填写养管日志，每月按时上报养护月报，做到填报及时、数据准确规范；注重加强安全意识教育，养护工上路必须着安全标志服、戴安全帽，作业路段需设置明显的安全标志；对乡镇农村公路管理站工作人员及乡村养护管理员开展路基、沥青路面、水泥路面、碎石及其他粒料路面、桥涵、沿线设施养护和公路绿化等为主要内容的培训，帮助乡村公路管理养护人员掌握公路知识和养护技能。

2017年，共清理路肩、边坡垃圾4450余立方米，清理边沟淤泥、杂物6780余立方米，路肩修复2050立方米，路面坑槽修补300余平方米，维护安全标牌9处，清理遮挡、不规范标牌8处。对县道上的桥梁、道路两侧隔离墙、警示柱进行卫生整治，桥梁护栏涂刷6座，隔离墙涂刷2300余延米，警示柱涂刷480余根，农村公路达到畅、洁、舒、美、安的基本要求。2017年底，全市县乡公路优良路率为84.44%。

【安全生产】 2017年，霍州市交通运输局开展安全生产专项整治行动。严格落实企业安全主体责任、部门监管责任，做好安全从业人员“全培训”、安全防范措施“全渗透”、安全科技支撑“全覆盖”，制定《霍州市交通运输局2017年度安全生产监管执法工作计划》，在全市交通运输领域深化“反对违章指挥、违章作业和违反劳动纪律”专项行动，开展安全生产“知责履责、失职追责”活动，安全生产大检讨、大排查、大整顿专项活动，2017年“安全生产月”活动和安全生产百日攻坚行动，出动检查组32个次，出动检查人员174人次，发现33处安全隐患，纠正三违现象34起，整改率达100%。全年没有发生任何安全责任事故，保持安全生产的良好局面。

【路政执法】 2017年，霍州市交通运输局组织交通路政大队全体人员开展业务培训和封闭式军事训练，于5月开展为期一个月的“路政宣传月活动”。开展“农村公路路域环境综合整治”，在主要路口、村镇集市悬挂横幅、粘贴标语，散发宣传资料2000余份，利用新闻媒体宣传加强公路保护的重要意义，做到广泛告知。路政大队二支巡查中队，对县级公路进行巡查，确保24小时不间断路面巡查，共检查各种车辆1.3万余辆，严厉打击损坏路产路权行为。通过集中整治切实改善霍州市的农村公路路域环境，路产案件发现率、查处率、结案率达到95%以上。全年没有发生公路“三乱”现象。

【党建工作】 2017年，霍州市交通运输局党总支下设有4个党支部，即：交通运输局党支部、道路运输管理局党支部、公路段党支部、交通企业党支部。全系统共有党员197人，2017年共发展新党员4人。2017年交通系统被市委确定为推进“两学一做”学习教育常态化、制度化主题教育活动示范点，在全系统党员中开展“双亮双评双考”活动和“讲政治、知敬畏、守规矩”专项治理活动。

【交通战备】 2017年，霍州市国防动员委员会交通战备办公室利用机关电子屏、公交车电子屏以及悬挂条幅等方式，宣传自2017年1月1日起施行的《中华人民共和国国防交通法》，并撰写论文1篇。有3人2次参加上级交通干部培训，开展2次专业保障队伍封闭整训工作，配合人武部完成交通保障应急数据库。

【领导班子】

局 长：

孙杏锁（2010.04—2017.12）

总支书记：

张晓波（2011.04—2017.12）

副局长：

王 震（2007.08—2017.12）

刘 飞（2002.05—2017.12）

纪检组长：

王晓东（2013.05—2017.12）

总工程师：

韦月杏（2012.07—2017.12）

交战办主任：

张晓波（2007.08—2017.12）

交战办副主任：

李 民（2003.03—2017.12）

霍州市交通运输局2017年大事记

2017年1月12日，由统战部副部长路林带队的霍州市年度目标责任制第五考核组一行3人，对霍州市交通运输局2016年度目标任务完成情况进行年度考核。

4月12日，由临汾市交通运输局综合执法支队支队长王闫红带队的临汾市交通系统环境治理攻坚行动第七督察组一行6人，对霍州市交通运输局环境卫生百日综合整治及农村公路路域环境整治工作进行督导检查。

5月19日，在市政府八楼会议室，召开中国共产党霍州市交通运输局总支委员会党员大会和在全系统推进“两学一做”学习教育常态化制度化、开展维护核心见诸行动主题教育动员会。

6月28日，为贯彻落实“七五”普法规划，霍州市普法干部培训班在市委党校开班，交通运输局纪检组长王晓东、普法骨干孙文斌参加培训。

12月12日，由临汾市交通运输局综合执法支队长王闫红带队的“四好农村路”建设年度目标专项考核第三工作组一行7人，对霍州市“四好农村路”建设情况进行专项考核。

12月22日，霍州市交通运输局召开巡察动员会，由陈艳东组长带队的霍州市委第四巡察组一行7人，从2017年12月22日至2018年2月上旬，进驻霍州市交通运输局开展巡察工作。

（苟宝雷）

公路管理

【概况】 山西省霍州公路管理段始建于1959年，位于霍州市滨河南路62号，占地面积3083平方米，建筑面积1922.88平方米。到2017年底，有干部职工66人，其中，正式职工28人，无固定期限合同工7人，固定期限合同工4人，聘用制大学生4人，离退休职工23人。机关下设2股1室1大队：财务资产股、工程技术股；1室：综合办公室；1大队：路政大队及3个养护道班（退沙中心道班、圣佛大道班、朱杨庄道班），拥有筑养路机械设备11台（件）。主要担负霍州境内国道108线19.23千米、省道桃临线16.742千米、G108复线6.645千米，共计42.617千米的养建管工作任务。

【公路养护】 2017年，山西省霍州公路管理段以“养护管理提升年”活动和公路养护“八比八看”活动为抓手，加强普通干线公路路面巡查、清扫和管理力度，做到日常性养护经常化、预防性养护精准化、科学性养护现代化。公路养护质量：全段养护优良率达到71.36%，公路技术状况指数MQI值自检为87.50，优良路里程达到23.609公里。打造“畅、安、舒、美”的公路通行环境。养护生产完成工程量：清理边沟50360米，清理杂物1134.2平方米，清扫路面17330.4平方千米，倒杂物1203立方米，清理绿化平台16480平方米，清扫中央隔离带杂物237.6平方千米，疏通泄水孔30个，整修平台3820平方米，整修边坡15600平方米，清理涵洞5处，打灰线13050米，粉刷桥栏4305.12平方米，粉刷长城墙150米，粉刷面包石430米，整修边沟外沿20620平方米，打草3200平方米，粉刷路沿石2130平方米，粉刷边沟外沿990平方米，整修树坑363个，铲草14630平方米，整修挡墙420平方米。沉陷灌缝256米，修复面包石20米，修补长城墙2平方米，维修花池0.4立方米，贴缝3880米，灌缝3151米，刷油192.92平方米，更换道口标柱36根，更换波形护栏134米，更换波形护栏圆头（大小）41个，更换轮廓标147根，新增轮廓标：79根，维修防眩网12米，更换桥梁栏杆42米，维修限高杆7次，坑槽2427.5平方米，回填砂砾71立方米，把水毁隐患、路面病害消除在萌芽状态。绿化补植：补植侧柏553棵，卫矛球2580株，油松40棵，国槐400棵，种植紫穗槐7万株，爬山虎1万株。小修、中修工程方面：四次对介霍路K813＋900－K814＋000处退沙治超站段路面沉陷进行处理，K816＋500处沉陷跳车433平方米，介霍路波形护栏整修547米，桃临线圣佛段、辛置段砂化路面处治5915平方米。桥梁管理：完成三类桥改造提升二类桥2座。道路二次扬尘治理：完成清扫路面4.02万千平方米，出动洒水车185台班，清扫车201台班，清洗面包石428.69米，清洗防眩网12.3万米，清洗波形护栏：13.5万米，清洗防撞墩1772.45平方米，清洗桥栏30542平方米，清洗标志牌212块，清洗轮廓标499根，清洗防撞墙2213.4平方米。冬季养护：采备防滑料35立方米，扫雪打冰72600平方米，洒防滑料10立方米，撒融雪剂8吨，设施管护维修：全年对沿线设施清洗6次，刷新2次，做到沿线设施常新常亮、齐全有效。2017年，完成霍侯路、桃临线白龙至汾西界所有80根道口标柱的更换；新增400个轮廓标；488个附着式轮廓标；霍州境内全线增设波形护栏1624米；7个反光凸面镜；120个防滑料储料桶；42套交通标志。养护机械管理：截至2017年底，机械设备平均完好率达100%，利用率达85%，红旗设备率达到33%。

【财务管理】 2017年，全年计划570.81万元，支付570.81万元。工资发放376.72万元：其中在职人员200万元，离退休人员93.92万元，劳务雇工82.8万元，缴纳五险一金94.33万元。

【路政管理】 2017年，霍州市公路段保持公路建筑红线区的控制。促成团柏矿三条运煤路、兆光电厂运煤南路均实施硬化施工。国电、白龙矿等路口由企业牵头加大清扫频次。责成许村洗车排污较严重的三家经营者修建污水沉淀池。全年定点宣传5次，出动宣传车辆20台次，共散发宣传材料2000余份，张贴宣传画报100余份，悬挂粉刷宣传标语12处，清理非交标200块，下发责令整改通知书30份，与沿线门店签订爱路护路协议书20份，检查抛洒滴漏车辆300辆，查处违法车辆12辆，查处赔补偿案件12件，收回赔补偿费148810元，发现率和结案率均为100%。

【安全管理】 2017年，霍州市公路段开展“安全生产月”“大排查大整治”“反三违”“汛期安全检查”等专项行动。全年布置横幅13条，张贴标语32条，发放各类宣传材料3000多份。6月16日，在全国安全生产宣传日期间，在霍州署前设立宣传咨询台，向广大群众散发安全生产法律法规和安全生产生活常识宣传单600余份。清除违法建筑321平方米，清除障碍物1250立方米，清除摊点13个，清除非标悬挂物21块；投资60余万元，对国省干线公路安全设施进行增设、维护和更新；归并非法搭接道口2处，消除公路安全隐患34处；对境内42公里国省干线公路上18座桥梁桥下堆积物进行清理，确保桥梁安全。

【应急管理】 2017年，霍州市公路段结合公路行业自身特点，在原有各项应急预案的基础上，新增应对重污染天气应急预案，对各部门职责任务进行明确。雨季严格实行领导带班、24小时应急值班等制度，配齐应急物资，确保汛期道路行车安全。6月22日、9月14日，分别组织防汛、地质灾害应急演练，提高广大干部职工的安全意识和应急救援能力。

【工会工作】 2017年，霍州市公路段落实职工代表大会工作制度，召开八届一次职工代表大会，签订集体合同书；落实厂务公开制度，做到公开有内容、有记录；关心职工生活，开展扶贫慰问活动，为单位职工办理法律和政策规定的各类劳动保险；传统节日按照标准发放职工福利；端午节期间举办以“阅读红色经典、振奋改革精神”诗歌朗诵比赛，组织职工参加健步走、登山等活动，丰富职工的文体生活；单位内部设有图书室、活动室、职工食堂、澡堂等设施，院内建设有羽毛球场、篮球场、自行车棚，确保各类职工服务设施建设完好并正常使用；建立各类荣誉档案，及时将单位各项荣誉存入荣誉室，增强职工荣誉感。

【技术创新】 2017年，霍州市公路段完成洒水车改装成护栏清洗车的改进工作，从使用情况来看，其清洗效果显著提高，基本达到机械清洗的要求。利用废旧油桶制作120个防滑料储料桶，通过切割、刷漆、喷字后，安设在桃临线急弯陡坡路段。在储料桶里装满防滑料后再加盖原来的油桶底（顶）盖，解决散堆扬尘、袋装容易破损、堆料台不防水不防冻的问题，又解决冬季过后防滑料回收困难的问题，降低劳动强度、节约成本。

【党建工作】 2017年，霍州市公路段推进“两学一做”学习教育常态化制度化、维护核心、见诸行动主题教育活动，开展“讲政治、知敬畏、守规矩”专项治理活动。成立组织领导机构，制定下发实施方案，组织干部职工集中学习党的十九大精神、习近平总书记系列重要讲话精神和党内法规条例，全段人员学习笔记达到每人1万字以上，每人撰写8篇个人心得体会，并通过知识测试、专题研讨等方式，检验党员学习效果。组织党员到南坛村党性教育基地参观学习，进行革命先烈传统教育；到霍州署廉政教育基地参观学习。到霍州市档案局参观以“风雨征程复兴路”为主题的档案图展。加强支部规范化建设。围绕“组织健全、制度完善、工作规范、活动正常、作用明显”目标，从活动场所、工作机制、党员教育、党员管理、党员发展、台账资料等6个方面综合施策，推进支部规范化建设。严肃党内政治生活，认真落实“三会一课”、党日活动等制度，每季度组织党员集中讲党课。每月15日组织全体党员亮身份，佩戴党徽参加主题党日活动，自觉足额交纳党费。开展以维护核心、见诸行动、习总书记成长之路、中共十九大精神等为主题的党日活动。

2017年，霍州市公路段落实中央“八项规定”、省纪委“五不准”“六严禁”等规定，召开2017年度党的建设暨党风廉政建设工作会议，签定党风廉政建设目标责任书；开展“党风廉政宣传教育月”、纪律作风大整顿、廉政自查等活动，解决慵、懒、散、推、拖等突出问题。全面自查，对存在问题及时予以整改。召开专题会议，传达落实省委专项巡视及驻厅纪检组反馈意见通知精神，进行集中学习，全体党员干部对照“反馈意见”查找自身不足，分别组织召开专题民主生活会和组织生活会。段班子成员建立干部廉洁档案，严格执行日常考勤、出差管理、公务用车、公务接待、婚丧事宜申报等制度，维护公路系统风清气正、廉洁自律的良好形象。

【三基建设】 2017年，霍州市公路段把“大排查、大调研、大讨论”作为推进“三基建设”的有利契机，通过对照检查、问题排查等方式，梳理查摆出在基层基础工作经费、活动阵地、人员编制、报酬待遇等方面存在的突出问题，形成调研工作总结上报分局党工部。以“如何加大基层基础工作经费，活动阵地，人员编制，报酬待遇等保障力度”为重点课题，通过集中讨论和调研，查找出存在的问题4项，提出对策建议4项。

【脱贫攻坚】 按照霍州市“三联三包三促”干部驻村精准帮扶的要求，党支部书记薛凌霄、秦华平先后担任驻村工作队队长，深入南环路街道东湾村、圣佛村帮扶包联的37户贫困户，坚持送政策、送温暖、送技术，逐户制定帮扶措施，确保贫困户精准脱贫、稳定脱贫、不再返贫。

【精神文明建设】 2017年，霍州市公路段巩固提升“临汾市文明和谐单位标兵”创建成果，以精神文明建设“十个一”主题活动为主要内容，巩固提升精神文明创建成果。举办道德讲堂。开展以“阅读红色经典振奋改革精神”“让道德之花越开越鲜艳”“月满中秋·家国情浓”等为主题的道德讲堂活动。开展志愿服务。开展以“弘扬雷锋精神、践行核心价值、争当志愿先锋”为主题的志愿服务月活动，全体干部职工活动服务总时长达312个小时。设立善行义举榜。上榜郝贵华、廖俊波等12个道德模范，对职工在家庭美德、职业道德、社会公德、个人品德方面的良好表现，进行不定期公示，展示新时期公路人的良好精神风貌和道德风范，营造人心思进、奋发拼搏、无私奉献、互助友爱、和谐共建的浓厚氛围。开展“我们的节日”主题活动。春节期间对单位困难职工进行走访慰问。清明节期间开展以“缅怀先烈铭记历史，前事不忘后事之师”为主题的扫墓活动，进行革命传统教育，弘扬爱国主义精神。端午节期间开展以“中国梦·劳动美—喜迎党的十九大”为主题的演讲比赛活动。推进文明餐桌。深化“讲文明树新风”活动，倡导节俭用餐、文明用餐，开展“光盘”行动，引导职工在单位食堂及各种用餐场所就餐不剩饭，崇尚节约，杜绝浪费。开展文明礼仪教育。通过开展文明礼仪专题教育讲座，在楼道设立引人崇德修身、向善向上的道德宣传牌和温馨提示语，营造浓厚道德文化氛围，引导职工礼貌友善、用语文明、着装整齐、仪容整洁。加强诚信建设。加强对单位职工的诚信守法教育，引导单位职工做诚信的示范者、倡导者、践行者。倡导文明旅游。结合单位实际，把文明旅游工作拓展公路管养工作中，融入到路政文明执法、单位职工文明讲话、文明乘车、文明办事等日常工作和行为之中，扩大文明旅游的涵盖面和辐射力。网络传播文明。在机关道班新增文明宣传喷绘 12 块，条幅 15 块，版面 32 块。通过微信群、公开栏向全体干部职工发出“让我们的天更蓝”倡议书，在道班、主要交通路口、沿线村镇粘贴“环境卫生生态文明”倡议书，传播文明风尚。创建文明公路。按照“六个公路”要求，结合公路综合治理和标准化建设，打造“一级路灵石交界，二级路汾西交界”两条绿色长廊，对沿线绿化进行更新补植，展示公路文化发展水平。

【领导班子】

段　长：

秦华平（2016.03—2017.12）

党支部书记：

薛凌霄（女，2008.12—2017.06）

副段长：

王建国（2004.02—2017.12）

齐青海（2014.07—2017.12）

【获奖情况】

2017 年 3 月，霍州公路管理段被山西省公路局临汾分局评为“精神文明建设第一”单位。

2017 年 3 月，霍州公路管理段被山西省公路局临汾分局评为“先进班组”。

2017 年 4 月，秦华平荣获“五小”参展项目《洒水车改造成清洗隔离带和防眩网车》优秀成果二等奖，由临汾市总工会颁发荣誉证书。

2017 年 4 月 27 日，秦华平被临汾市劳动竞赛委员会荣记个人一等功。

2017 年 3 月，何健被临汾公路分局评为劳动模范。

（陈智华）

运输管理

【概况】　霍州市道路运输管理局，是霍州市道路运输市场的行业管理部门，担负规范、调控、培育和发展运输市场，合理配置市场资源、促进道路运输经济持续健康发展，保障广大旅客、货主和消费者合法权益的职责。管理服务范围包括道路旅客运输经营、道路货物运输经营、道路运输站（场）经营、机动车维修经营、机动车驾驶员培训、机动车综合性能检测、汽车租赁、物流服务（含搬运装卸、客运代理、货物配载、仓储理货和信息服务）、源头治超和城市公共客运经营、出租汽车经营 11 个分支行业。主要业务有道路运输经营许可、相关业务备案、道路运输管理行政执法、道路运输行业监督检查、安全管理和行政处罚。截至 2017 年，共有在编人员 190 人。

【行业管理】　客运管理：2017 年，全市共有班线客运公司 2 个，新增旅游客运公司 1 个。全市共有班线客车 105 辆、2450 座；旅游客车 20 辆、785 座；客运班线 20 条，其中省际班线 1 条、市际班线 6 条、县际班线 5 条、县内班线 8 条。日均发送旅客 2900 人次，全年客流量 205.3 万人次。霍州客运站外墙维修工程全部完工。

货运管理：2017 年，全市共有货运企业 54 个，营运货车 2051 辆、20957 吨位。

机动车维修管理：2017 年，全市共有汽车维修企业 46 个，其中，一类企业 1 个，二类企业 16 个，三类企业 29 个。具有维修救援能力的企业 2 个。

驾培管理：2017 年，共有驾校 3 所，培训驾驶人 3098 人。霍州交运驾校 C1 机动车驾驶员科目一、科目二、科目三考场建设全部完成并投入使用。

源头治超：2017 年，全市公示货运源头单位 46 个，治超巡查 14032 人次，出动巡查车辆 3672 辆次。

路域环境整治：投入车辆 200 余辆次，出动人员 600 余人次，取缔占道经营修理厂、洗车点 3 个，源头劝返不遮盖篷布货车 1200 余辆次，在启动环境污染应急响应期间监督全市维修企业停止喷漆作业，延长公交客运发班时间、收车时间。

物流管理：2017 年，备案管理物流企业 12 个。配合市公安局反恐科，对全市货运服务业、物流企业进行清理，下达违法行为通知和整改通知 75 份，12 个物流公司安全操作规范等八项制度全部上墙公示，签定承诺保证书。

城市客运管理：全市有出租汽车公司 2 个，出租汽车 350 辆、有出租车从业资格证驾驶员 392 人；城市公交公司 2 个，公交车 54 辆，其中电动公交 45 辆。6 月 7 日、8 日，80 辆出租车及城市公交公司驾驶员志愿参加“爱心送考”活动。

汽车租赁管理：霍州煤电集团鑫钜煤机装备制造有限责任公司成立，投入新能源汽车 398 辆，建设充电桩 304 个。

【安全管理】　2017 年 7 月，霍州市道路运输管理局开展道路运输行业安全生产综合应急救援演练。临汾市运管局、城市客运管理处，霍州市委主要领导及市政府分管领导亲自莅临指导，市交运局、市安监局、市交警大队、120 急救中心、霍州市消防支队及全市道路客运、城市客运、道路货运、机动车维修、驾校、综合检测站共 20 余个企业单位、500 余人参加演练。

【脱贫攻坚】　霍州市道路运输管理局驻白龙镇柏木沟村、陈家庄村、马岭村帮扶贫困户，帮贫困户出谋划策，捐赠衣物 100 余件，无偿支助小鸡 500 只。2017 年底，帮扶的 25 户贫困户、78 个贫困人员已脱贫摘帽 23 户、69 人。

【领导班子】

支部书记、局长：

成晓文（2016.10—2017.12）

副局长：

朱建文（2010.08—2017.12）

王荣华（2012.05—2017.12）

梁晓华（2014.07—2017.12）

张华栋（2014.11－2017.12）

苗永志（2016.10－2017.12）

副书记：

刘永平（2006.07－2017.12）

郭秋生（2014.03－2017.12）

工会主席：

成　华（2013.02－2017.12）

【获奖情况】

2017 年，霍州市道路运输管理局获临汾市道路运输管理优秀单位、临汾市运管系统法制建设先进单位、临汾市运管系统建制村通客车先进单位、临汾市运管系统道路运输市场整治先进单位、临汾市运管系统机动车维修管理先进单位。

（郭秋生）

治　超

【概况】 霍州市治理非法超限超载车辆办公室是正科级事业单位，于2012年1月正式成立，全额拨款事业编制人员8人，截至2017年底，共有事业编制4人，党支部成员共有5人，党支部书记1人。工作职责：负责组织、协调、指导全市的非法超限超载车辆。治超办建设总投资350余万元，采用现代化技术手段，运用高科技装备，将治超的各种信息资源进行整合、叠加，延伸功能，形成集治超监控、管理服务为一体的，基本覆盖霍州市辖区内国省道、市乡道及公示源头企业的综合性治超信息网络系统。治超办共建有监控中心指挥系统、路面监控点监测系统、磅房车辆检测系统、源头治超管理系统和安全保障系统等五大系统。

【安全管理】 2017年，霍州市治超办按照“全覆盖、零容忍、严执法、重实效”的总体要求，开展“大排查”“大管控”“大整治”三大安全行动，采取措施，筑牢安全生产这张大网，巩固和拓展安全生产检查成果，确保全市安全生产形势持续稳定。2017年，由市治超办牵头，各相关单位统一行动深夜检查执法安全15多次，召开专职驾驶员会议2次，安全例会12次。落实“党政同责、一岗双责、一票否决、齐抓共管”的安全生产机制，将安全生产责任分解落实到每个部门、每个领导、每个岗位。树立“隐患即事故”的理念，强化安全隐患整治，加强治超的安全管理，并对检查中发现的问题和事故隐患及时整改，把事故苗头、安全隐患消灭在萌芽状态，下发整改通知书2份。开展“安全生产月”等活动，抓好“中秋”“十一”等重大节日期间的安全防范工作，确保全市安全稳定运行。

【治超管理】 2017年，非法超限超载专项治理成效明显。治超工作落实“四个到位”。组织领导到位。将治超工作作为市长工程，调整充实市治超工作领导组，制定出台一系列治超措施办法，将治超工作与创建全国文明城市、中央省环保督察整改、道路扬尘污染专项整治等工作有机结合，采取联席会议研究、主要领导现场办公等措施，形成“一级抓一级、层层抓落实”的工作机制。宣传造势到位。召集全市42个源头企业负责人，开展源头治理专项培训，全面增强企业守法经营意识。在全市所有煤厂、砂厂、石料厂、搅拌站及公路沿线企业全部悬挂或书写宣传标语，印制散发宣传资料2000余份，让广大源头企业负责人和货运车辆运输者了解掌握治超有关政策新要求。建立治超举报制度，开通24小时举报电话，让全社会举报超载、监督治超。责任落实到位。霍州市政府与各乡镇、各有关部门签定“2017年治超工作责任书”，全市基本形成“政府主抓、部门联动、属地管理”的治超工作格局。执法严管到位。扭住“人”“车”“货”三个重点，从严监管，从严打击，从严处罚，把超限超载的隐患消除在萌芽状态。6月，2次开展治超专项行动，时间跨度达到100天。加强科技治超，投资50万余元，安装许村路段超载车辆监控系统及动态磅，对过往车辆进行动态管理，实时查看违规车辆，坚决做到严查严管。成立以治超办牵头，由交通局、交警队、公路段组成的联合执法队伍，全天候开展流动执法，严厉打击非法超限超载违法行为。突出“三个关键环节”，构建“无缝隙”治超工作格局。

抓住源头、短途、路面三个关键环节，加大工作力度，坚决遏制非法超限超载运输行为。突出源头治理。坚持以源头治理为突破口，采取控管结合、关口前移、部门联动、综合执法、责任倒查等措施，一手抓货物源头控制，一手抓货运源头治理，深化源头治超。对全市合法货源单位，采取电视台、政府网站公布和重点路段、敏感区域张贴名单等方式进行公示，并督促各合法源头单位建立治超工作机构，配备治超工作人员。强化属地监管，实行乡镇干部包村、包企业，村干部包养车户的包片负责方式，对辖区内所有的生产、运输企业和养车户实施源头监管。强化部门监管，由运管部门对42户合法生产、运输企业，采取监管员进驻、不定期巡查等方式进行重点监管，安监部门配合监管煤矿企业，经信部门配合监管洗煤厂，做到双控制、双监管，并严把车辆进厂、开票、装载、出厂环节，发现问题及时处置，严防超限超载车辆驶出企业。突出短途治理。2017年，短途治超任务艰巨。霍州市治超办会同施工项目单位、住建部门和所涉及镇村两级干部，共同寻找建筑原材料货源地和垃圾填埋场，规划运输路线，为施工单位提供方便，减少工程与治超的矛盾和冲突。霍州市工商局对全市非法储（售）煤场、非法改（拼）装车辆修理厂及无证无照汽车维修点等重点领域进行全方位、拉网式大排查，加大打击和取缔力度。通过采取疏堵并举的办法，解决短途非法超限超载运输问题。突出路面管控。坚持乡镇属地监管、行业部门职能监管、路政部门路面监管相结合，确保形成监管合力。各路政部门坚持24小时上路治超，落实“一超四罚”，重点加强市乡干道的路面执法力度，增加上路频次，消除监管盲点。依托市级治超流动稽查队，采取路面蹲守和路口封堵的办法，对全市境内省、市、乡三级公路的重要路段、区域实行不间断流动稽查，重点查处绕道、闯卡、聚集堵路和无固定检测站点路段的超限超载车辆，特别是加大对砂、石、煤等短途非法超限超载车辆的整治力度，严厉打击短途超限超载行为。

【内部管理】 2017年，霍州市治超办把治超管理与党风廉政、精神文明建设紧密结合，加强制度建设，严格问效问责，构建治超工作机制保障。健全工作机制。完善治超领导组各成员单位年考核制度及市乡两级联动治超机制、突击督查机制、企业公开承诺机制等行之有效的治超长效机制。按照“一超四罚”工作要求，一个执法部门对违法超限超载行为实施处罚后，将有关信息抄送其他相关部门按照有关法律法规对货运车辆、货运车辆驾驶人、运输企业、货运场所经营者实施处罚。严肃责任追究。落实《山西省治理车辆非法超限超载工作责任追究办法》《山西省治理非法超限超载车辆工作考核办法》等文件要求，加强治超工作督查，抽调专门人员进行督导检查、明查暗访，严格责任倒查，形成强有力的责任追究链，通过严格问责问效，使超限超载行为成为执法监管中不敢轻越的“高压线”，确保治超工作长效运转。强化队伍建设。加强执法队伍的学习培训。组织治超、交警、路政执法人员进行集中培训，内容涉及《中华人民共和国公路法》、省政府223、224号令等政策法规，提高执法人员的政治业务素质。

【精准扶贫】 2017年，霍州市治超办包联三教乡冯村、龙泉村，党支部多次召开专门会议，针对扶贫任务形势，研究制定精准扶贫对策、采取有效措施，做到发现问题精准、贫困人口确定精准、帮扶对策精准。党支部班子成员深入冯村、龙泉村走访调研、调查摸底，在掌握大量第一手材料的基础上，3次召开专门协调会，与村委、支部交流沟通达成共识。制定合理的每户扶贫办法，给予赵芳英2000元慰问金。通过党支部班子成员在精准扶贫工作中的表率形象与先锋引领作用，冯村、龙泉2村截至2017年底，10户贫困户全部脱贫。为防止二次返贫，治超办党支部与冯村、龙泉村党支部结成互帮对子，建立长期协作伙伴关系，发挥好驻村工作队的作用，为2村的致富奔小康继续作贡献。

【党建工作】 2017年，霍州市治超办把开展“两学一做”列为党建工作的重要内容，健全组织、强化领导，超前谋划，有序推进。坚持集中学习与个人自学结合、文件学习与辅导讲座结合、理论学习与专题讨论结合、走访征求意见与制定整改方案改进作风结合、规定动作与自选动作结合。编发专题简报5期，开展“设立党员先锋岗”“爱岗敬业，做合格党员”研讨会，发挥党员活动室的阵地建设作用组织观看《作风建设永远在路上》《腐败案警示录》等教育片，组织党员学习习总书记系列讲话与《中国共产党廉洁自律准则》《中国共产党纪律处分条例》。把学习贯彻党的十九大精神放在首位，贯穿思想政治教育和文化建设的全过程，教育引导党员领导干部践行党的十九大精神，以良好的精神状态，完成好各项工作任务。

【领导班子】

主　任：

米玉彬（2012.07—2017.12）

副主任：

赵文溢（2012.11—2017.12）

（晋华平）

邮　政

【概况】 2017年，霍州市邮政局按照“又快又好”发展总基调，坚持党建引领，加强企业管理，深化金融转型，加速寄递改革，探索渠道建设，推进文化传媒发展，通过管理质效的提升带动业务经营良性稳步发展。

【业务任务】 全年业务收入累计完成1577.27万元，完成预算目标的83.72%，总收入差307万元，未完成预算目标。机要专业完成预算目标121.08%；报刊一次性大收订完成预算目标的104.83%；储蓄专业共注册激活手机银行3155户；报刊重点私费订阅完成计划的134%。

【党建工作】 2017年，霍州市邮政局全面履行党风廉政建设主体责任，按照“四同步”“四对接”的要求，把党建工作作为一项重要日常工作常抓不懈。履行“一岗双责”，分公司领导班子带头落实党风廉政建设责任制，定期召开年度党建工作会议，通过实地调研，专项检查等形式进行调查研究，把党建工作落到实处。通过抓理论学习、整顿劳动纪律、落实“三会一课”等基本制度。落实中央八项规定，对有关制度规定进行细化学习，学习有计划有效果。加强广大党员干部对“四风”问题的认识。学习贯彻习近平总书记系列重要讲话和十九大精神，制定分公司系列学习计划，组织党员集中学习，重点学习的内容有《党的光辉历史》《中国共产党章程》《中国共产党廉洁自律准则》《国有企业领导人廉洁从业若干规定》《中国共产党纪律处分条例》等。党支部带领全体党员做到学习教育常态化、制度化，坚持理论学习和实践相结合。

【基础设施建设】 2017年，霍州市邮政局对公司大院办公楼整体改造，更新和新增邮运车辆3辆、电动三轮8辆、摩托三轮11辆，配备手持PDA4套。在业务支撑上累计布放自助设备POS机54台，建设金融服务站2个，全年新增邮乐购加盟店72个，基本完成人民银行下达的金融新增目标。社保卡发放工作得到劳动部门大力支持，截至2017年底，全部发放完毕，为金融、医保功能全部开通为金融业务发展奠定基础。

【企业发展】 2017年，霍州市邮政局初步完成经营组织架构调整，开展全员竞聘选聘上岗工作，选拔出一批年富力强的员工充实到企业关键岗位，初步构建以利润为中心的考核评价体系，通过明确底线收入调动各个层面增收增效、干事创业的积极性。2017年，共邀请11个职工代表参与企业重大决策，涉及三重一大事项7项，公开议事的决策氛围逐步形成。企业精神文明，物质文明双丰收。

【职工福祉】 2017年，霍州市邮政局保障员工年休假，维护劳动者合法权益，按照员工意愿重新选择体检医院，百分之八十的职工参加互助医疗保险，提高职工医疗风险防控。开展“送温暖”“帮贫济困”“金秋助学”等活动，“两节”期间走访慰问困难员工2人，发放救济款0.4万元，金额专业大走访职工家庭12户，行政与工会发文救助王燕丽的孩子就医，为其捐款5610元；继续做好员工大走访活动及“集体生日”工作，为员工发放节日福利，发放夏季高温补贴及防暑、防寒用品，使员工及家属充分感受到企业大家庭的温暖和关爱。

【服务管理】 2017年，霍州市邮政局履行社会责任，响应国家助农兴农号召，利用线上平台推进农产品返城寄递、自主品牌农产品开发、高质低价农产品上线推广等助农兴农工作，把助农惠农工作推向新高点。全年开展送农技下乡活动，举行讲座3场，累计邀约农户300余人，吸纳会员1912户，通过搭载邮农合作平台，为朋友提供更多的便利与实惠；7月，与创维电器联合开展“厂家零利”活动，累计发放特权卡300余张，邀请到场客户2750人，实现销售额53万元，“工业品下乡”成果丰硕。开展万人返乡、社会扶贫等公益活动。

【业务指标】

2017年业务指标及完成情况一览表

单位：万元

专业	基本目标	累计完成	完成比例
储汇	1137	1089.86	95.88%
函件	54	21.31	39.46%
报刊	121	111.06	91.78%
集邮	94	59.41	63.20%
代理保险	225	139.84	62.15%
电子商务	104	78.34	75.45%
分销	53	12.54	23.67%
机要	0	0.54	121.08%
出租	13	10.92	83.97%
快递	83	53.45	53.45%
合计	1884	1657.57	91.40%

【领导班子】

局　长：

刘晓红（2017.05—2017.06）

成长青（2017.06—2017.12）

曹保荣（2017.05—2017.12）

（黄克）

霍州车站

【概况】 霍州火车站位于山西省临汾市霍州市境内。该站铁路线路中心里程位于南同蒲线自大同站起至蒲州站之间550千米300米处，隶属大秦铁路股份有限公司侯马车务段管辖，为双线电气化区段。霍州站等级为二等站。按技术性质为中间站，按业务性质为客货运营业站。该站线路情况：站内有7条线路，2条货物线，1条待机线，1条轨道车库线。车站管辖专用线：霍州三合专用线、四七五专用线、中冶专用线、什林小线专用线。车站设有区域内燃调车机1台。

【货运完成】 2017年，霍州车站装车为3.92万车，卸车为235车，货物发送吨数为245.75万吨，运输收入为4.06亿元。旅客发送人数48.22万人。到2017年底，车站有职工117人。

【党建情况】 霍州站为党总支，上级为中共侯马车务段委员会，有党员45人。设党总支书记、副书记各1人，总支委员3人共5人。下设行车党支部、货运党支部、客运党支部。3个党支部各设书记1人。

【安全管理】 2017年，霍州车站主要卡控接发列车、穿正作业和调车作业的安全。车站制定并实施值班副组长全过程监控施工和穿正作业，除进行接发列车、穿正监控等必要的工作外，只要各专用线有作业，值班站长必须全过程对车辆的静、动态防溜进行现场监控，保证车站的安全生产。车站还逐步规范职工考勤、台账填记、文件收发、信息上报等考核制度。至2017年底，车站实现安全生产2833天。

【后勤文化生活】 2017年，霍州车站为活跃职工文化生活，每天开放文化室、健身房供职工活动。在春节、“五一”节、国庆节期间经常地开展群众性的乒乓球、台球、拔河、羽毛球等比赛活动；在“三八”节专为车站女职工举办各种趣味活动，丰富职工业余文化生活。车站完善对车站小单身、小庭院、小伙食团、小菜地、小浴池、小图书室、小文化室、小药箱的投入和管理，深化职工小家建设。

【领导班子】

站　长：

吕亚东（2016.09—2017.12）

总支书记：

王会民（2016.09—2017.12）

副站长：

李　鹏（2016.09—2017.12）

刘建明（2016.09—2017.12）

李国荣（2016.09—2017.12）

工会主席：

王欣欣（2016.11—2017.12）

【获奖情况】

2017年，霍州车站2个班组荣获车务段先进集体荣誉称号，5名职工获得车务段“建功立业”个人荣誉称号，5名职工获得车务段“优秀工会积极分子”荣誉称号，1名职工获得车务段好家属荣誉称号。

（刘红玲）

辛置车站

【概况】 辛置火车站位于山西省临汾市霍州市辛置镇境内。该站铁路线路中心里程位于南同蒲线自大同站至蒲州站之间563千米851米处，隶属大秦铁路股份有限公司侯马车务段管辖，为双线电气化区段。辛置站等级为二等站。辛置站按技术性质为中间站，按业务性质为货运营业站。辛置站站内有10条站线。该站管辖铁路专用线：辛置矿专用线、总仓库专用线、国电霍州发电厂专用线、团柏矿专用线、曹村矿专用线和货场专用线。车站设有专区域内燃调车机1台。到2017年底，车站共有职工75人。

【货运完成】 2017年，辛置车站装车为2.33万车，卸车为249车，货物发送吨数为156.58万吨，运输收入为23179.2万元。

【党建情况】 辛置火车站为党总支，上级为中共侯马车务段委员会，有党员12人。设党总支书记、副书记各1人，加总支委员3人。下设行车党支部、货运党支部。2个党支部各设书记1人。

【安全管理】 2017年，辛置车站实施重点作业的强力卡控。针对辛置矿专用线紧邻车站，作业量占全站装车的70%的实际，车站制定实行当班值班站长除进行接发通勤列车、穿正监控等必要的工作外，辛置矿专用线有作业，必须全过程对车辆的静、动态防溜。车站逐步规范职工考勤、台账填记、信息上报等考核制度。至2017年底，车站实现安全生产10012天。

【后勤文化生活】 2017年，辛置车站以创建星级“八小工程”建设为目标，不断完善对车站小单身、小庭院、小伙食团、小菜地、小浴池、小图书室、小文化室、小药箱的投入和管理，由工会主席、站长、书记共抓，该站深化职工小家建设，丰富职工业余文化生活，在春节、“五一”劳动节、国庆节期间经常开展群众性的乒乓球、台球、拔河、羽毛球、书法及摄影展出等活动。

【领导班子】

站　长：

孔繁贵（2014.12—2017.12）

书　记：

李松虎（2015.03—2017.12）

副站长：

贾红卫（2013.09—2017.12）

焦亮川（2013.10—2017.12）

工会主席：

石根平（2016.05—2017.12）

【获奖情况】

2017年，辛置车站1个班组荣获车务段“建功立业”先进班组荣誉称号。3名职工获得车务段“建功立业”个人荣誉称号、3名职工获得车务段“优秀工会积极分子”荣誉称号。

（王云）

圣佛车站

【概况】 圣佛火车站位于山西省临汾市霍州市南环路街道境内。该站铁路线路中心里程位于南同蒲线自大同站起至蒲州站之间556千米283米处，隶属大秦铁路股份有限公司侯马车务段管辖，为电气化区段。该站为三等站，按技术作业为中间站，业务性质为货运营业站。该站线路情况：站内有7条线路，正线2条，到发线4条，货物线1条。车站管辖专用线：兆光电厂专用线。管辖专用铁路：白龙洗煤厂专用铁路。到2017年底，车站有职工40人。

【货运完成】 2017年，圣佛车站装车为1.64万车，货物发送吨数为110.42万吨，运输收入为1826.37万元。

【党建工作】　圣佛车站为党总支，上级为中共侯马车务段委员会，有正式党员9人。设党总支书记1人，总支委员3人。下设行车党支部、货运党支部。2个党支部各设书记1人。

【安全管理】　2017年，圣佛车站从卡控接发列车、穿正作业和调车作业的安全抓起，专用线有作业，值班的副站长必须全过程参加对车列的调动进行全过程监控，保证车站的安全生产。车站规范职工在考勤、各种账簿的填记、车务段文件收发、各种信息上传等内容。至2017年年底，车站实现安全生产5243天。

【文化生活】　圣佛车站以创办优秀文化室、优秀职工小家为目标，活跃职工文化生活，工会经常开展群众性的乒乓球、拔河、书法竞赛等活动，共享和谐候车文化，管理和发展“八小工程”，让职工树立爱车站、爱岗位、爱铁路的敬业意识。车站加强对“八小的投入，做到“八小”管理好，职工爱站爱岗心情好，让职工感受到在车站大家庭里的和谐和团结。

【领导班子】

站　长：

訾元洲（2015.08—2017.12）

书　记：

张德贤（2015.08—2017.12）

副站长：

刘明亮（2016.11—2017.12）

闫润龙（2014.09—2017.12）

工会主席：

闫润龙（2005.07—2017.12）

【获奖情况】

2017年，圣佛车站有1个班组获得车务段“建功立业”先进集体荣誉称号，2名职工获得车务段“建功立业”个人荣誉称号，2名职工获得车务段“优秀工会积极分子”荣誉称号。

（闫润龙）

霍州东站

【概况】　霍州东高铁站位于山西省霍州市李曹镇境内，车站中心里程位于大同至西安高速线444千米521米处，隶属大秦铁路股份有限公司侯马车务段管辖。该站为三等站，按技术作业为中间站，业务性质为客运站。霍州东站（站中心K444＋521），设到发线4条（含正线2条）；设大型养路机械停留线1条；工务轨道车库线、接触网作业车库线各1条；安全线2条。设基本站台和侧式站台各1座；站台上均设风雨棚1座。车站设旅客地道1座。车站两端进站方向制动距离内均为超过6‰下坡，在太原南方向到发线接车末端设安全线作为隔开设备，西安北方向利用维修车间岔线作为隔开设备。到2017年底，车站有职工37人。

【客运完成】　2017年，霍州车站旅客发送为59.33万人，客票收入为3316.6万元。

【党建情况】　霍州东站为党总支，上级为中共侯马车务段委员会，有党员14人。设党总支书记1人，加总支委员2人。

【安全管理】　安全是高铁站一切工作的生命线。霍州车站从卡控接发客运列车作业、为旅客服务抓起，规范职工班前点名、出场接车、现场接车、班后总结的一班作业标准化作业程序，做到一切按照军队标准化为准则，不得有丝毫的麻痹大意，坚决保证高铁站安全再安全。至2017年底，车站实现安全生产1279天。

【文化生活】　2017年，霍州车站工会经常开展群众性的健球、乒乓球、拔河、书法竞赛等活动，引导职工共享和谐候车文化建设。车站较好地管理和发展“八小工程”建设，让职工树立起爱车站、爱岗位、爱铁路的敬业意识。在以创办优秀文化室、优秀职工小家活动中，活跃职工的业余文化生活，该站加大对“八小”的投入，做到“八小”管理好，丰富职工业余文化生活。

【领导班子】

站　长：

师记龙（2014.01—2017.12）

书　记：

巩小东（2014.07—2017.12）

副站长：

毛红梅（女，2015.03—2017.12）

业务主管：

程　斌（2016.06—2017.12）

工会主席：

徐文僧（2014.07—2017.12）

【获奖情况】

霍州东站荣获2017年度霍州市“五一”劳动奖状先进集体荣誉称号，1名职工获得车务段“建功立业”先进个人荣誉称号，1名职工获得车务段“优秀工会积极分子”先进个人荣誉称号。

（师记龙）

电　信

【概况】　2017年，霍州电信分公司坚持党建统领，开展党的十九大精神的“大学习、大宣传、大落实”活动，“两学一做”学习教育成为常态，“四个意识”持续增强；健全基层组织，党建工作实现全覆盖；贯彻中央八项规定精神，有效遏制“四风”反弹。加快网络设施建设步伐，精品网络基本建成；完成提速降费和通信保障任务；业务生态初具规模，并保持健康稳定发展势头；提升经营管理和服务水平，完成各项工作任务，收入市场份额提升0.9PP，全市同类县市排名第二；全年运营收入完成1210万元，较2016年增幅9%，行业排名第一。

【市场运营】　2017年，移动业务新增能力加速，质态指标改善，年新增移动用户8000户，较2016年提升31.9%；移动业务户均流量1.7G，较2016年提升约1G；宽带年新增0.45万户；宽带结构持续优化，百兆用户占比78.66%，较2016年提升9.96PP；新兴业务稳步发展。天翼高清渗透力达到40.5%，较2016年提升23.9pp；翼支付活跃用户渗透率20.87%，较2016年提升13.77pp；ICT收入61万元，完成率200%，全市排名第一。

【提速降费】　2017年，霍州电信分公司落实央企责任，网络提速降费成效显著。单位带宽价格大幅下调，百兆以上用户飞速发展，占比达到78.66%；移动宽带全面向4G迁移，手机流量单价下降81%；9月1日起，取消手机国内长途和漫游费；通信安全畅通持续加强，完成霍州的重大会议和抢险救灾等通信保障任务；开展精准扶贫工作，完成对口定点扶贫阶段性任务，并发挥网络信息优势，助力精准扶贫。

【网络建设】　2017年，为提升用户感知，为用户提供高品质的网络服务，霍州电信分公司重点加大4G网络建设，提升网络支撑能力。4G基站新增入网58个，累计160个，实现市区、乡镇区域的连续覆盖，市区、乡镇覆盖率分别达到97%和96%以上，高速及高铁覆盖率达到92%以上。提升光宽端到端能力，新建端口0.7万，FTTH端口能力达到4.5万户。加强骨干层成环保护，IP RAN设备A成环率从60%提升至73.22%，3G基站成环率达到66%，4G基站成环率72%，全市排名第二。持续优化传输网络，城域网出口带宽从200G扩容至400G。

【服务提升】 2017年，霍州电信分公司以客户满意为目标，聚焦用户需求，抓细节、重服务，强化过程监督，助力业务发展，坚持“倒三角”支撑，提升用户满意度；关注用户感知，优化维系动作，线上、线下联动，实现客户价值与满意度双提升；推进政企客户、天翼高清、营业厅等服务达标工作，通过标准引领，强化能力，将服务内化于心、外化与行、固化于制；推进互联网化服务转型，宽带保障自助服务持续提升，用户访问量占比全市前列；全面实施“当日装、当日修、慢必赔”举措，提升用户服务水平和感知。在通管局年度测评中，霍州电信分公司客户综合满意度在全市排名第二，实现固话、宽带服务、手机上网三个同城第一。

【领导班子】

经　理：

王文军（2014.06—2017.12）

（王文军）

移　动

【概况】 中国移动通信集团山西有限公司霍州市分公司成立于2002年9月，位于霍州市滨河北路。截至2017年底，共有员工59人。下设市场中心、网络中心、集团客户中心、综合部。主要经营移动电话、数据、无线电话、多媒体业务、计算机信息网络国际联网和基于移动通信业务的各类增值业务。除提供基本语音业务外，还提供数据流量、短信、彩信、宽带接入、移动办公、和飞信、和通讯录、和包支付、和生活、咪咕视频、咪咕阅读、咪咕音乐、咪咕直播、139邮箱等多种增值业务。

【运营情况】 截至2017年底，霍州移动分公司共有2个自营厅，14个移动卖场，60个代办网点。通信用户份额达82%，辖区内共有基站282座。构建1000余公里的光缆传输网，建成覆盖全市的移动通信网络，实现通达各乡（镇、街道）、各行政村及主要自然村的数据业务专线接入，4G网络基本实现行政村以上级别连续覆盖，重点景区和重要区域100%覆盖。采用SDH、OTN、PTN、PON等光通信产品构建传输网，可满足无线、集团客户、家庭客户等各类不同制式、不同带宽的业务接入，出口带宽达到100GE。作为霍州市信息化建设的主导运营商，霍州移动以在信息化领域雄厚的基础和优势，为霍州市信息化进程贡献最积极的力量。

【党建工作】 2017年，霍州移动分公司坚持以党建为统领，发挥党支部把方向、管大局、促落实的作用，夯实党建基础工作，落实全面从严治党。开展“两学一做”学习教育常态化制度化，开展维护核心见诸行动，学习贯彻党的十九大精神，推进法治建设，落实精准扶贫各项工作，开展丰富多彩的工会活动和“学雷锋”系列活动。公司全年无违纪违规、越级上访等情况发生，为公司持续稳定健康发展提供坚实的基础保障。

【领导班子】

经　理：

王延龙（2015.02—2017.06）

刘湘军（2017.07—2017.12）

副经理：

刘　俊（2013.08—2017.06）

黄朝祥（2017.07—2017.12）

薛建军（2013.08—2017.12）

【获奖情况】

2017年，霍州移动分公司荣获山西省信息业工会联合会“信息系统模范职工之家”，临汾市直工委“五星级党支部”，临汾市“五四红旗团支部”，山西省公司“先进基层党组织”，临汾市公司“先进党支部”荣誉称号。

（李芳芳）

联　通

【概况】　霍州市联通分公司全称中国联合网络通信有限公司霍州市分公司，为中国联合网络通信集团有限公司的分支机构，2017年总公司在《财富》世界500强中位列第241位。公司主要经营固定通信业务，移动通信业务，国内、国际通信设施服务业务，卫星国际专线业务、数据通信业务、网络接入业务和各类电信增值业务，与通信信息业务相关的系统集成业务等。中国联通于2009年4月28日推出全新的全业务品牌“沃”，承载联通坚持创新的服务理念，为个人客户、家庭客户、集团客户提供全面支持。

2017年，霍州联通公司有合同制员工52人，下设一部三中心以及13个基层责任单元，其中11个基层责任单元直接面向公众市场服务。公司在大张、贾村、退沙、白龙、辛置分别设立自有网点，有业务合作点45个。

【业务指标】　2017年，霍州联通公司通服收入完成2970万元。其中移网业务收入完成1573万元，固网业务收入完成1397万元。截至2017年12月，霍州移网整体用户规模达到36132户，其中4G用户达到18848户，2G用户达到16283户，3G用户达到1001户。固网用户整体规模达到28131户，其中宽带用户达到23355户，固话用户达到4776户。

【经营服务】　宽带业务：响应国资委提速降费号召，对宽带公众用户全部免费体验提速，在原来城区50M，农村20M基础上，推出100M、200M以及更高网速，协同建设部门开展宽带盲区攻坚工作，协调物业等确保资源进驻，并组织好现场咨询服务工作。力推宽带社会化合作，广大服务覆盖面，方便群众办理业务；

移网业务：针对群众日益增长的流量需求，主推高、中、低三档移网资费，即冰激凌、中镇卡、王卡，根据群众不同的消费水平主动向其推荐合适的产品。加大宣传力度，通过手单卡、跨街横幅、墙体广告、视频广告、霍州论谈、巡街广告等宣传手段，打响联通品牌，提高群众知晓度。针对老用户不想换号的情况，为老用户量身制定相应本地1元、2元流量包，确保老用户及时享受新业务优惠。

融合业务：针对同时使用联通宽带和移网的用户推出融合产品，主要分为两档，农村宽带＋中镇卡580元，城区宽带＋中镇卡680元，全部为50M网速（2018年提速到100M）。全国流量冰激凌产品送高速宽带。

互联网应用：完成电子政务外网工程，为霍州市政府打造精简、高效、廉洁、公平的政府运作模式，向社会全方位提供优质、规范、透明、符合国际水准的管理与服务提供强有力保障。

【网络资源情况】 2017年，宽带设备端口54608个，宽带线路端口达到23749线，线路总长4372.7皮长公里，2G基站86个，3G基站149个，4G基站157个，信号覆盖全市行政村。FTTB改FTTH完成建设2546线，基本完成原定FTTB区域全覆盖的工作目标，实现IPTV即网络电视功能；FTTH扩容480线；新建FTTH1048线。中心局新开3条县乡光缆。

【维护服务】 2017年，霍州联通公司为提升群众上网感知，开展光衰整治工作，合格率达到97.12%。装、移、修各项指标是全面反映一线维护人员服务水平以及群众感知的第一手数据，2017年，公司狠抓装、移、修各项指标的提升，突出基础工作，工单排障，群障管理以日常管控；强化宽带通信质量投诉跟踪、反馈、考核等。确保该类指标全部达标，且均在98%以上。完成四个核心综合接入点成环优化项目，完成四个核心综合接入点电源测试改造，稳固网络安全。完成中心局、11个综合接入网点的机房整合工作，维护工作标准化。

【综合服务】 2017年，霍州市联通分公司通过自有房屋挖潜，将公司临街原设备用房打造成商铺，联合手机经销商共同提高综合服务能力。推出闪电购，码上购，掌沃行销等新型业务办理手段，真正实现群众足不出户，坐实联通服务上门的服务理念。成立专业外呼渠道，对到期用户进行通知提醒；完善手厅功能，促进线上线下双向引流，提升精细化服务水平。完善“96169”宽带专家服务能力，实现宽带倒装。明确宽带480区域，即480区域内宽带障碍4小时修复，宽带装移机8小时完成，宽带业务零盲区受理。强化基层党建工作。响应市委市政府号召，深入帮扶南程村，探索帮扶脱贫新路子，2017在陶唐峪乡镇政府的支持下，帮扶脱贫2户。组织做好电信普通服务试点工作，助力脱贫攻坚，2017年完成师庄乡西庄村宽带建设项目申报工作。

【领导班子】

总经理：

王林杰（2016.02—2017.12）

副总经理：

岳军明（2015.04—2017.12）

刘成杰（2016.02—2017.12）

（刘文娟）

商业贸易

供销工作

【概况】 霍州市供销社是为全市农业、农村、农民提供服务的集体合作经济组织，负责全市供销社的组织、管理、服务和指导工作。其办社宗旨就是为"三农"服务。办公地址：前进街1号。内含科室有：办公室、人事股、财务股、统计股、资产管理股、监察办。到2017年底，机关工作人员16人。所属基层社、商场、公司在职职工210人。退休职工290人，所属基层供销社10个（城关社、白龙社、师庄社、阎家庄社、李曹社、大张社、下乐坪社、三教社、冯村社、辛置社）。10个市直公司或商场（农业生产资料服务中心、废旧物资回收公司、棉麻公司、盐业公司、日杂公司、果品公司、土产公司、霍州商场、新桥大楼、鼓楼商场）。主营商品：日用百货、农业生产资料、食盐、烟花爆竹等。

【惠农服务工程】 2017年，霍州市供销社开展农村社会化惠农服务工程建设，组建霍州市供销社惠农服务中心，服务中心设有仓储面积200余平方米，下设乡（镇）村级分销点仓储面积400余平方米，配置220余个农资销售联络员，服务区域基本覆盖全市199个行政村，采取直销直供方式为农民提供农业生产资料服务，主要供给各种复合肥、水溶肥、液体肥、生物有机肥、土壤调节剂、冲施肥、叶面喷施肥等品种，年销售各种化肥2600余吨。

【综合服务社】 2017年，霍州市供销社按照"强化合作、农民参与、为农服务"的模式，推动基层供销社升级改造。组建上王综合服务社。主要依托霍州市宏昌肥业有限公司、山西龙源农资有限公司、新绛日杂用品生产厂家等，为下王、韩壁、罗涧、东村等16个村提供农业生产资料、日用消费品。服务社共有日用消费品超市400余平方米，商品品种达1500余种，全年销售360万元，农资便利店150平方米，销售农资400余万元。

【食盐经营】 2017年，霍州市盐业公司针对盐业市场放开的实际，坚持市场稽查和配送上门相结合的经营理念，做到"宣传到人，稽查到点，送货上门"，打造终端服务平台，在全市各大厂矿、中小学校、综合超市等地，累计设立食盐直供网点100个，保障供给全市居民合格用盐。用盐合格率和供给率均到100%，食盐销售260余万元。

【烟花爆竹经营】 2017年，霍州市日杂公司一方面做好仓储安全管理，实行仓储、经营两分离，质检、量测两到位；另一方面，会同公安、安监、工商部门，严查无证经营，通过元旦、春节市场的集中专项整顿，坚持日常巡回检查管理。2017年，未发生1例假冒伪劣烟花爆竹安全事故，烟花爆竹销售280余万元。

【安全工作】 2017年，霍州市供销社加强安全工作，把安全责任落实到领导班子、机关科室、基层单位的每一个层面。渗透到各商场、公司、基层社和每一个零售店，制定出台安全隐患排查、安全值班、安全防汛、安全工作零报告以及重特大隐患挂牌督办制度和安全生产治理责任追究制度等，构建起行之有效的安全工作责任追究制度。实行市社领导带头值班，基层单位领导轮流值班，机关科室包片负责，重点部门、特殊岗位专人值班的四级安全响应机制，做到通信畅通、汇报及时、处置迅速，为各单位经营发展营造良好的安全生产环境。

【信访工作】 2017年，霍州市供销社把信访稳定工作贯穿于各项工作中，成立信访稳定工作领导组，建立市社、基层单位行政一把手、市社机关首问接待三道防线，把信访问题消化在源头。在霍州市民政局的政策支持下，建立动态管理、能进能出的职工最低生活保障防线。建立起以基层单位为主体，市社统一指导调剂的职工养老、医疗保险基金上交机制，为部分基层社、空壳公司超龄、待退职工办理退休手续。把全系统的病、残、弱职工，“40、50”下岗职工，纳入困难职工帮扶救助体系。

【党风廉政建设】 2017年，霍州市供销社全体党员，通过个人自学和集体学习方式，系统学习《中国共产党章程》《中国共产党廉洁自律准则》《中国共产党纪律处分条例》和党的十九大报告等，学习时间达到50小时以上，每人撰写出3万字的学习笔记，开展“党员在行动”集体活动日，开通“党员先锋号”微信平台，建立党员微信群。对照“四讲四有”结合“四对照”“四查看”，召开党员干部专题组织生活会和民主评议党员活动，全体党员的政治意识、大局意识、核心意识、看齐意识普遍得到增强。

【扶贫工作】 2017年，霍州市供销社成立扶贫工作队，帮扶对象为李曹镇鸭底村贫困户薛宝明。该贫困户为一级残疾，生活不能完全自理，丧失劳动能力，扶贫工作队依照有关政策规定，为其做以下主要工作。落实国家对残疾人的有关政策，为其申请市残联、市民政的政策性救助，申领轮椅、坐便等器具，一定程度上解决该贫困户的出行难问题；完成健康扶贫“双签约”“金融扶贫”“五位一体”小额信贷服务等帮扶政策的落实，为该贫困户提供医疗保障，并使其有年均2600元的收入，解决基本生活保障问题，对该贫困户生活给予随时关注，逢年过节对其进行慰问。

【领导班子】

主　任：

李小涛（2012.12—2017.12）

副主任：

段耀峰（2012.12—2017.12）

（索琪昌）

烟草专卖局

【概况】 霍州市烟草专卖局组建于1983年6月。下设三个股室，即：专卖股、客服股、综合股。到2017年底，全局共有干部职工32人。党员18人。具有大专学历30人，中专学历1人。霍州市烟草专卖局（营销部）在地方各职能部门的配合下，严格落实市局工作部署，强化精准营销，狠抓市场监管，突出精益管理，严格遵规守纪，在稳销量、提结构、增税利、强素质上下功夫。

【主要经济指标】 2017年，霍州市烟草专卖局销售卷烟10073箱；卷烟销售收入2.87亿元，卷烟销售条均价114.19元，同比增加14.59元。上缴地方税金2069.85万元。

【专卖管理】 2017年，霍州市烟草专卖局按照山西省局依法严管违法违规卖烟大户专项行动要求和市局“尧风”系列专项行动要求，狠抓卖烟大户、违法违规大户监管力度，突出真烟非法流通和涉烟物流寄递打击力度，严厉查处无证无照经营。建立大户管理档案。根据客服股确定销售大户名单，及时建立大户管理档案，共建立大户档案70余户，关注销售大户的卷烟库存状况及其销售动向，采取蹲点监控的方式加强监管。因违规责令暂停2户，降档降级4户，有效控制大户左右价格，扰乱市场的行为。狠抓真烟非法流动监管。加强与交管部门的联系，加大对公路、高速公路、物流贩运卷烟违法活动的查处和打击力度，重点切断违法卷烟运输渠道。狠抓规范经营。加强对管理人员、内部监管人员、客户经理、市管员日常教育管理，按照流程加强对重点岗位、重要节点的监管，确保规范经营。

2017年，共查获案件102起，网络案件1起，查扣真烟24.6件，案值达10.07万元；查扣假烟6.06件，涉案标值达2.79万元；上缴财政罚没款6771元。

【领导班子】

局长、经理：

郭文生（2014.11—2017.12）

副局长：

郭小平（2008.03—2017.12）

原海平（2015.10—2017.12）

副经理：

马　强（2012.06—2017.12）

【获奖情况】

2017年，霍州市烟草专卖局（营销部）荣获山西省“文明单位”称号。

（要双平）

石　化

【概况】 中国石化销售有限公司山西临汾霍州石油分公司隶属于中国石化销售有限公司山西临汾石油分公司，共有职工94人，其中离退休8人，内退3人，在岗83人，有党员32人，下设加油站11座，有营站9座，分别是霍山站（位于郭庄村）、东大站（位于东湾村）、城关站（位于南坛村）、中心站（位于永安大街）、博大站（位于永安大街西侧）、蓝天站（位于滨河路）、退沙站（位于霍侯一级路）、大运路站（位于朱杨庄村）、许村站（位于许村）。

【市场保供】 2017年，霍州石油公司1至12月共计销售轻油19943吨，完成年初任务19610吨的102%，同比销售19013吨，增幅5%。其中直分销任务7000吨，完成7029吨，同比销售7613吨，减幅8%；零售12914吨，完成年初任务12610吨的102%，同比销售11400吨，增幅13%。零售汽油9115吨，同期销售7496吨，同比增幅22%（其中92#销售6927吨，同期销售4838吨，同比增幅43%，95#、98#销售2187吨，同期销售2658吨，同比减幅18%），柴油3800吨，同期销售3903吨，同比减幅3%。非油销售797万元，完成年度任务410万元的194%，同期销售305万元，同比增加 492 万元，增幅 161%。2017 年，共计缴纳税金 49.51 万元。

【优质服务】 优质服务一直是中国石化销售公司山西临汾霍州石油分公司的一项重要工作内容。4 月是石化公司的优质服务月，优质服务月以“优质服务、扩销增量”为主题，以“质优量足、真诚服务”为口号，围绕“美化环境形象，完善服务功能，展示精神面貌，提供优质服务，规范内部管理”等几方面进行。

加油站从站容站貌入手，清洗卫生死角，规范物品摆放，对加油岛、内外墙壁破损进行修补、粉刷、油漆，使加油站面貌焕然一新。加油站品牌柱、便利店装饰、价格牌、顾客进站须知、洗手间标识牌、广告牌、警示牌、进出口标志牌等设施的清洁维护责任到人。加油站物品摆放实行“定置化”管理，将加油站内所有物品摆放明确定位，加油站设置便民服务台，公布服务项目，配齐服务设施，所有加油站能够为顾客提供饮用水、方便油桶、针线包、急用药品盒、手机充电，提供地图指路和道路信息、提供简易维修工具和免费为车辆加水等基本服务项目。对社会公开承诺。公开承诺内容有保证成品油市场供应和稳定、为广大消费者提供环境整洁、方便快捷的服务、“质优量足”执行中石化“每一滴油都是承诺”“奉献清洁能源，留住碧水蓝天”的社会责任等。

【惠农政策】 2017 年，为支援春耕、夏收，霍州石油公司推出六大惠农政策：在 2016 年农业用油每升优惠五分钱的基础上，2017 年每升再优惠五分钱，每升共优惠一毛钱；把全市划分为 4 个片区，公司派出 5 个“三夏”服务小分队分布到各个片区，开展送油到田间地头等活动；组织公司 20 多名党团员、先进工作者组成“服务‘三夏’志愿者”服务队，在全市农机供应加油站做好机手接待、站点指引、天气预报、油品配送等服务；实行全市统一免费客服热线，负责与农机局和客户联络，送油到田间地头；划拨专项资金，在加油站提供免费茶水、防暑降温药品、维修工具、临时休息点等；强调油品质量管理和安全，保证油品质量 100%合格，数量 100%足够，加油 100%安全快捷。

【脱贫攻坚】 2017 年 6 月 24 日，霍州市石油公司 16 个党员、5 个入党积极分子，自带清洁工具扫帚、抹布，帮助贫困户打扫卫生。带慰问品和 0# 柴油 200 升，到帮扶的 22 户村民家逐户进行慰问。分公司成立扶贫驻村小组，配备所需的食宿用品，每月 15 天坚持驻村办公，农忙时节力所能及的帮助需要帮助的孤寡老人，秋季帮助农民联系商贩推销苹果和蔬菜，为他们提供帮助。霍州石油公司扶贫工作队人员按照霍州市扶贫工作要求，深入了解各家脱贫人员的近况，了解各家致贫原因，逐户进行帮扶，对各家制定帮扶责任牌，发放各站脱贫扶贫资料。

春节前到陶唐峪乡南庄、南泉、桃花渠村入户走访慰问贫困户。

多次深入桃花渠村贫困户家走访座谈，了解他们的生活情况、春耕播种准备和播种打算，帮助联系播种物资，给予精神鼓励。

根据实际情况制定扶贫计划和帮扶措施，主要以扶志和扶智为主，实现早日脱贫，防止返贫。

【领导班子】

经　理：张　龙

书　记：严树东

副经理：孙黎明

（杨彦华）

教育科技

教育科技事业

【概况】 霍州市教育科技局是霍州市人民政府设立的行政管理部门，负责全市教育科技工作的总体规划、统筹管理；具体履行中小学教师资格的认定、招聘录用、职务评聘、培养培训、考核奖惩及技术承包、咨询、开发工作的组织、审批、登记、管理职能。

截至2017年底，霍州市共有各级各类学校99所，其中公办学校88所（普通高中3所、职业中专学校1所、初中8所、九年一贯制学校6所、小学46所、小学教学点21所，特教学校、电大、教师进修校各1所），民办学校11所。共有教师3198人，其中公办学校教师2766人，民办学校教师432人；共有学生34657人，其中：小学20291人，初中8265人，高中5265人，职中756人，特教49人。

教育工作

【教育资金投入】 2017年，霍州市财政对教育的拨款为33378.01万元，生均教育事业费，小学7071.02元、初中8783.3元，生均公用经费，小学1435.14元、初中1151.2元。

【师资队伍建设】 2017年，霍州市教科局健全完善市—乡镇—学校三级培训网络，坚持集中与分散相结合、培训与教研相结合，强化校长负责、奖惩激励、学分管理、经费保障、跟踪督导五项制度，以中青年教师群体为重点，抓好校本培训工作，完善教师培养培训体系。建立教师定期补充机制，补足壮大教师队伍。2017年，公开招聘教师44人，全部充实到农村学校和城镇薄弱学校教学一线，为全市教师队伍注入新鲜血液。加大城乡校长、教师交流力度，2017年，对4个校长和48个教师进行交流，校长教师定期交流机制已经形成，师资力量得到合理调配。加强校长教师培训力度，邀请山西省、临汾市级教育专家开展听课评课、做示范课、现场教学报告等形式多样的培训活动，对霍州市开展校本教研、课题研发、重构课堂教学新方式，提高课堂教学实效性等方面进行悉心指导，提升校长和教师队伍的整体素质。

【教育教学质量】 2017年，霍州市教科局采取走出去、请进来的办法，先后到北京、太原、临汾、孝义等地参观学习，邀请省内外专家等42人次到霍指导工作，开阔视野，丰富教研工作形式，开展一系列教学研讨交流活动。开展“一师一优课、一课一名师”评选活动，共评选出国家级优质课3节、省级优质课9节、临汾市级优质课20

节、县级优质课10节。中高考成绩连年攀升，霍州市高考2013、2014、2015、2016连续四年取得重大突破之后，2017年，全市参加高考人数2558人，比2016年减少175人。二本B类以上达线人数1106人，比2016年净增18人；达线率43.2%，比2016年净增3.4%。理工类最高分636分，文史类最高分543分。中考成绩持续巩固，2014、2015、2016、2017连续四年位居临汾市17个县市区前三名。2017年，霍州市被教育部确定为国家义务教育质量监测样本县，市教科局高度重视，积极组织，认真实施，共抽取样本校21所，于5月25日顺利进行国家义务教育质量监测工作。山西省教育厅对霍州市2017年国家义务教育质量监测工作给予高度评价。

【文明创建】 2017年，霍州市教科局把创建省级文明单位作为振奋全市教育科技系统广大干部职工精神、提升教育科技工作整体水平的一件大事来抓。定期召开专题会议研究创建工作，做到创建工作与业务工作同安排，同部署，同考核。拓宽活动载体，丰富精神文明建设工作内涵，每月开展一次道德讲堂，对干部职工进行道德教育。成立学雷锋志愿服务队，开展助残济困、助人为乐等志愿服务活动。学雷锋日活动期间，局机关党员干部到街头参加义务劳动，深入乡镇敬老院，帮助孤寡老人打扫庭院、梳头、洗脸、叠被褥等，为孤寡老人送去温暖和关怀。高度重视文化建设，注重发挥文化建设对推动各项工作的宣传、引导、熏陶作用。开展“我们的节日”主题活动，丰富机关干部职工的文化生活，展现干部职工积极乐观、活泼进取的精神风貌，开展文明校园创建活动，开展中共十九大报告精神系列宣讲、道德讲堂、诚信教育、爱心捐赠、学雷锋志愿服务、高雅艺术进校园、家校合作共育等活动，提升机关干部的道德素质。2017年12月7日，山西省文明办测评组一行对教科局省级文明单位创建工作进行细致的检查和验收。

【省级试点工作】 2017年，霍州市教育科技局统筹推进山西省县域内城乡义务教育一体化改革发展省级试点工作。霍州市承担山西省现代学校管理改革省级试点工作，该试点工作时间为2017年4月至2018年8月，落实教育部提出的《义务教育学校管理标准》，完善义务教育治理体系，在义务教育学校基本均衡的基础上向优质均衡迈进。霍州市选取40所学校为重点实验学校，实现对实验工作六项管理职责以点带面的重点突破。针对小学和初中的差异性，实行分层指导。针对区域、城乡、校际间现实的差异性，开展有针对性地分类指导。以24个重点实验课题为抓手，将课题研究贯穿于实验工作的全过程。聘请课题专家顾问，协同市教科局相关股室负责人，组成课题研究专家团队，对40所重点实验学校的课题实施方案、课题申请及开题报告进行审核，并颁发立项通知书，召开24个实验课题中期研讨交流会。邀请孝义市4个教育专家为霍州市在落实《义务教育学校管理标准》及家校共育、班主任工作方面进行专题培训。霍州市于6月在煤电二中、煤电机关小学等6所重点实验学校召开现代学校管理改革观摩推进会。10月，市教科局分批次召开全市各校推进现代学校管理改革省级试点工作阶段汇报会。

【学校安全】 2017年，霍州市教育科技局以教育发展，安全先行为理念，坚持以安全第一，预防为主的方针，做好平安校园创建的各项工作，提高广大师生的平安意识、责任意识，保障学校各项工作正常开展。坚持以防为主的方针，按照以人为本，防范严密，控制有力，全面设防的要求，全面提高人防、物防、技防的立体安全防范网络。2017年，投资1513万元对60所中小学校实施煤改电、煤改油等工程，实现全市中小学校清洁供暖。以法制教育、安全教育和职业道德、社会公德、家庭美德教育为重点，以热点难点问题的治理为突破口，构建家庭、学校、社会“三位一体”的安全教育管理机制，成立家长委员会，开展平安教育活动，提高学校安全建设能力，形成齐抓共管的教育局面，推动学校安全教育工作再上新台阶。霍州市教科系统未发生一起安全责任事故。

【素质教育】 2017年，霍州市教育科技局把中小学生的素质教育工作放在首位。清明节期间，组织全市中小学生开展“缅怀革命先烈”主题教育活动，组织城区部分学校赴南塔烈士陵园扫墓，加强学生的爱国主义教育。市教科局成功举办“四小能手”艺术创作展示、“我最敬佩的老师”朗读者比赛、“动手乐”劳动技能创新大赛等活动，展现孩子们娴熟的写作技巧和积极向上的精神风貌，为学生搭建发展兴趣、张扬个性、培养创新精神、提高综合素质的实践平台，实现校内外活动向生活化、艺术化、科学化发展，推进全市中小学社团组织建设和课外活动开展。临汾市第三十二届青少年科技创新大赛上，霍州市获奖作品453件，占临汾市获奖作品总数的27%，名列临汾市第一。

【学前教育】 2017年，霍州市共有各级各类幼儿园139所，其中公办幼儿园35所，民办园104所，在园幼儿11008人，教师1152人。2017年，启动实施第三期学前教育行动计划，完成投资596万元的辛置镇中心幼儿园建设工程，鼓励普惠性民办幼儿园发展，规范各级各类幼儿园办园行为。按照分类治理、妥善解决无证办园问题，加大对无证幼儿园的规范清理整顿工作力度，制定明确的时间表和路线图，确保逐步取缔无证园的工作目标。贯彻落实《幼儿园工作规程》和《3至6岁儿童学习与发展指南》，坚持以游戏为基本活动，保教结合，寓教于乐，防止和纠正幼儿园教育“小学化”现象，保育教育质量得到提升。

【小学教育】 2017年，霍州市共有小学67所，在校生20291人，小学入学率达100%，毕业率达100%。全市各小学校全面实行阳光招生，实施素质教育，落实《义务教育学校管理标准》，落实国家课程标准，开全课程，开足课时，开展大课间活动，落实阳光体育运动，提升教育教学质量。

【初中教育】 2017年，霍州市共有初中14所，在校生8265人，初中入学率达100%，推进全市城乡义务教育一体化改革发展。严格规范办学行为，实行“划片、免试、就近、分配”入学，均衡编班，按国家要求课程开足开全。开展城乡优质学校和薄弱学校之间帮扶活动，城乡、学校之间的差距逐步缩小。

【高中教育】 2017年，霍州市共有普通高中学校3所，在校生5296人。扩大普通高中办学规模，开展“普通高中办学条件标准化建设”，推进素质教育，实施课程改革，开展教学研究，探索多元化的发展思路，提高办学效益，提升高中教育教学质量。

【民办教育】 2017年，霍州市共有民办学校11所，在校生4270人。贯彻落实《中华人民共和国民办教育促进法》，坚持“积极鼓励、大力支持、正确引导、依法管理”的办学方针，加大对民办教育机构的检查指导力度，提升民办教育的办学档次，规范办学行为，提升标准化办学水平，全市民办教育呈现出健康、有序、快速的发展态势。

【职业教育】 2017 年，霍州市教科局围绕市委、市政府总体发展目标，开展面向农村的职业教育，增强职业教育服务社会的功能。职业中专学校瞄准市场设置专业，设立“京津学生实习就业服务中心”，创造“订单培养、对口就业、跟踪服务”的“霍州职教模式”，学生就业率达到 99%以上，职业教育步入快速发展车道。推进职教中心后续工程。

【特殊教育】 2017 年，霍州市投资 30 余万元为市特殊教育学校增添教育教学设施，开展送教上门工作，实施第二期特殊教育提升计划（2017—2020），使全市广大聋哑及智障学生能够享受到现代化的教学及康复训练。

【成人教育】 2017 年，霍州市教育科技局以建设社会主义新农村为目标，开展送科技下乡活动，顺应全市农业调产大形势，以成人学校为依托，针对性地举办农村科技培训，推动农业发展、农民增收，共开展各类技术培训 90 余次，培训 2.7 万余人。

科技工作

【科技宣传培训】 2017 年，霍州市教科局利用科技、文化、卫生“三下乡”宣传、“科技活动周”、知识产权宣传周等活动，开展科技宣传培训工作。在“三下乡”启动仪式上向退沙街道捐赠价值 5 万元的农业科技图书及文体教学仪器。3 至 4 月，在各乡镇依托各类农业合作社及科技乡土人才开展种植、养殖培训。6 月，邀请北京林科院专家开展文冠果种植方面的技术培训、讲座和咨询服务。8 至 9 月，开展科普宣传培训，在各类宣传培训活动中累计发放农业科技图书等各类科技资料共计 2 万余册（份），接受咨询 1000 多人次，现场解答技术难题 320 多个，培训群众 2000 多人次。

【产学研合作】 2017 年，霍州市教科局以强化企业的主体创新地位为目标，依托骨干企业，带动高校、科研院所和中小企业共同创新，加大研发投入，提升核心竞争力。4 月，临汾市科技局组织与中科院对接活动中，市教科局组织企业参加，成果丰硕。在十九届深圳高交会上霍煤新产业公司“尾煤泥再分选技术”参展并受到省、市领导的肯定。市教科局推进科技成果转移转化，加大企业科技创新投放力度。促成山西文冠果科技有限公司与北京林业大学自然保护区学院开展合作，共同建立科研合作基地及社会实践基地，该公司还同中国林科院在文冠果茶叶加工方面开展深度合作，同山西中医院在文冠果油中提取药用神经酸方面开展技术合作，同陕西天宝大豆研究所开展文冠果肽的研究。霍煤新源通新产业投资有限公司同煤炭科学研究总院山西煤机装备有限公司等多家科研院校和机构在新能源、生物柴油、煤机装备、种植业、养殖业和农副产品加工业开展技术合作。

【高新技术企业培育】 2017 年，霍州市教科局强化高企申报培训和辅导工作，深入企业进行摸底排查，对符合条件的主动上门走访服务，宣传高新技术企业认定意义，详细讲解申报程序及注意事项，通过面对面交流，解决各企业在申报过程中遇到的难题。2017 年，培育山西省文冠果科技有限公司、霍煤辛置实业有限公司、霍煤曹村工贸有限公司等高新技术企业。

【科技需求调查】 2017年，霍州市教科局依据《临汾市企业科技创新需求调查实施方案》，召开分管副市长出席的联席会议将责任落实到部门，对各单位承办人开展业务培训，明确时间节点、主要内容和方向，重点围绕全市畜牧业、种植业、旅游业、医疗卫生企业开展调查，全市共计完成115家企业网上填报任务，超额完成临汾市局80家目标任务，完成量位居临汾市17个县市区前列。

【知识产权工作】 2017年，霍州市教科局开展知识产权宣传培训，利用“4·26”世界知识产权宣传日、知识产权宣传周、“科普宣传周”等活动，深入镇区、企业开展知识产权宣传和现场咨询活动。工作人员现场宣传知识产权法律法规知识、接待群众咨询、发放知识产权宣传手册，提高广大市民对知识产权的认知度。开展知识产权培训。推进专利申请，重点选择装备制造、新材料、生物医药等技术产业领域，会同专利代理机构上门进行专利服务，动员企业申请专利，与企业科技人员座谈、分析，提高企业专利挖掘和保护能力。2017年，共申请专利135件，其中发明申请50件，有效发明拥有量30件，超额完成临汾市局目标任务。

【领导班子】

局　长：

乔桂平（2010.08—2017.12）

副局长：

薛云彪（2002.10—2017.12）

朱志峰（2012.08—2017.12）

董　江（女，2010.03—2017.12）

纪检组长：

李海龙（2012.08—2017.12）

督　学：

王虎广（2011.04—2017.12）

总支委员：

张　菁（女，2010.03—2017.12）

【获奖情况】

2017年，霍州市教育科技局被授予“山西省文明单位”“山西省‘中华魂’主题教育活动先进集体”“《山西教育》杂志优秀通联单位”“临汾市县市区教育行政部门考核优秀单位”“临汾市‘一师一优课，一课一名师’先进单位”等光荣称号。

2017年，薛忠虎荣获“山西省工会工作先进个人”荣誉称号；荀杰荣获山西省第二批中小学教学名师研训班优秀学员；谢仲红荣获“《山西教育·幼教》优秀通联工作者”荣誉称号；刘明星荣获“临汾市第三十二届青少年科技创新大赛先进工作者”荣誉称号；宗张荣获“临汾市政务服务先进工作者”荣誉称号。

（薛忠虎　陈燕奇）

霍州市一中

【概况】 霍州市一中校始建于民国37年（1948），其前身是霍县师范学校，1954年改为初级中学，1958年开始招收高中班成为一所完全中学。“文化大革命”后不再招收初中班。1983年更名为霍县第一中学并恢复招收初中班。1990年撤县建市后更名为霍州市第一中学，从此不再招收初中班，成为一所高级中学。至2017年，已发展成一所20轨制的省级示范高中。全校60个教学班，学生3000余人，教职工278人，其中国家级模范教师2人，省级模范教师18人；省级学科带头人 12 人，省级骨干教师 6 人；省级教学能手 6 人。全校党员共计 92 人，其中在岗党员 72 人，离退休党员 20 人。

霍州市一中于 2007 年迁入新校区，占地面积 175 亩 116500 平方米，总建筑面积 54683.36 平方米，生均建设用地 36 平方米，绿化总面积 33900 平方米，生均 10 平方米。有 400 米标准化田径场地和足球场地各 1 个，篮球场 6 个，羽毛球场 6 个，单杠 3 副，器械体操区 300 平方米。霍州市一中拥有设备资源：6 个 56＋1 的微机室；5∶5∶3 结构的理、化、生实验室；1∶1∶1 结构的理、化、生探究实验室；地理专用教室，地理探究实验室，语音实验室，60 个多媒体教室等。

【党建工作】 2017 年，霍州一中党支部坚持理论学习，学习全国“两会”精神，学习十九大报告，学习党章、党规、《中国共产党廉洁自律准则》《中国共产党纪律处分条例》等内容。组织广大党员开展专题学习研讨，加强理论武装，把理论学习作为一项重要的政治任务和工作要求来抓，并利用微博、微信、社交网络和手机多媒体平台进行研讨交流，在全校上下营造浓厚的学习宣传氛围。加强廉政建设，弘扬清风正气，严格落实“中央八项规定”，持之以恒纠正“四风”抓好党风廉政建设，学习宣传教育。建立融教育制度、监督问责一体的廉政风险防控新机制。

【政教工作】 2017 年，霍州市一中政教处主抓全校的德育工作，按照学校制定的文化引领，依法治校的方针，狠抓养成教育和理想教育，双管齐下，相得益彰。养成教育：政教处根据《中学生守则》，制定《学生行为规范量化管理方案》和《违纪违规学生处理方案》，对学生在校日常行为进行量化记录，定期公布，并根据量化结果开展个性化教育工作。发挥学生自主意识，成立学生自律委员会，在政教处指导下开展中学生校园仪容仪表、文明言行和宿舍卫生和纪律专项大检查。巩固高一年级军训成果，继续强化纪律意识和集体主义观念，集体活动做到快、静、齐，井然有序，令行禁止。学习部队内务整理，规范化摆放个人物具，养成按时作息习惯。理想教育：升国旗仪式。安排高一学生，每周一进行升国旗仪式，要求学生阵容整齐。国旗下的演讲主题突出爱党、爱国、爱社会主义；体现爱国主义、集体主义和理想教育，弘扬社会主义核心价值观。40 块文化墙集中体现传统文化中的人文精神，上面有《弟子规》图文，下面有学生手绘班级文化主题宣传栏。组建学生社团，发展学生核心素养，开发校本课程。12 月 4 日，霍州一中高一学生赴霍州人民法院参观学习。同学们听取关于审判程序的讲解，培养学法、遵法、守法的法律意识。霍州一中名誉校长梁衡先生的新作《南湖红船赋》成为学校德育校本课程内容，该校组织的相关学习活动被新华社报道，产生广泛的影响，点击率达 22 万。

【教研活动】 霍州市一中教研时间：每周周二 4：10—6：00。教研地点：各学科配置专用学科教研室（配置 70 寸超大平板电脑）

教科研内容：备课思路及框架设计，知识传授及问题设计，难题解答及思路呈现，命题分析与高考探究，时政学习与知识联系，分析问题与解决问题等。教研活动要求主题明确，计划周密，有中心发言人，记录详细，总结及时，做好教研活动记录。教研活动要有严明的纪律和要求，考勤和教研活动记录作为参加教研的依据之一，学校领导要经常到教研组参加教研活动。教研形式可以是作报告、教研论坛、看示范课录像、集体研讨、主题教研、多媒体培训等各种形式。

【课题立项】 霍州市一中学校支持教师申报教育研究课题，根据学校教育教学改革的要求和实际研究能力对广大教师申报的课题进行论证，论证的标准主要有实效性、科学性、创造性和可行性。将既有能力完成又对学校工作有较大促进作用的课题列为重点课题，给以重点支持。对立项的课题进行公示，并登记备案，分别建立研究档案，开始全过程管理。对于重点课题向上级科研管理部门申请立项。

教研活动规范有序，内涵丰富。加强顶层设计，强化组长主导，鼓励人人主讲，激发互动交流，力争取长补短。每次的活动基本包含九个环节，即确定主讲内容、精心设计讲稿、现场激情主讲、小组交流讨论、组长即时总结、部署下次内容、交回有关材料、上传电子讲稿、及时封存入档。疑难问题破解，学科素养解读、知识传授方法，能力形成路径，高考备考策略，该校的教学研究已步入机制化的轨道，研究内容正在从碎片化向系统化迈进。教研活动形式多样，教研方法创新不断，推陈出新。教师团队收获理念的更新，强化观念的改变，弥补自己的不足，体验协作的重要。化学教研组代表霍州市一中成功申报临汾市“三优工程”优秀教研团队。英语教研组申报山西省省级课题研究，即《基于信息技术对于高中英语写作的实践探究》取得成功。

【文体活动】 2017 年，霍州一中坚持“德文并举，以文载德”的育人指导方针。“德”为立德树人，“文”为文化育人。立德树人是龙头，文化育人是特色。外文内德，以文促德，以生动活泼的文化氛围和浸入灵魂的强大感染力，在培养学生文化素养的同时，寓德于乐，感化灵魂，强化世界观、人生观、价值观教育。霍州一中根据团中央和团市委统一部署，在高一年级开展以“唱团歌、跟党走、做合格团员”的歌咏比赛。10 月，霍州一中高二年级组织全员参加的以“胸怀祖国，努力成才”为主题的大型演讲活动。11 月 26 日，霍州一中高一年级语文组举办“走向辉煌”朗诵活动。12 月，为丰富校园文化生活，训练学生思维和口才，霍州一中高二年级举办有近百名学生参与的“霍州一中第三届迎新年辩论赛”。为引导学生全面发展，重视综合素养，霍州一中高二一部举办“五彩青春，激情飞扬”才艺展示活动，有独唱、合唱、舞蹈、小品、相声、舞蹈、音乐剧、魔术闪等。

【体育活动】 2017 年 1 月，霍州市举行五人制足球赛，霍州一中代表队荣获冠军，队长王文忠被评为最佳射手；4 月，霍州市举行的登山大赛中，一中体育老师韦芳芳获得女子组第一名；5 月，霍州一中代表队参加霍州市庆“五一职工篮球赛”，荣获冠军；7 月，在霍州市 HBA 篮球赛上，霍州一中学生代表队获乙组冠军。

【精准扶贫】 2017 年，霍州市一中承担三教乡杜庄村 9 户困难群众的帮扶任务。支部书记、校长韩学东带领党政班子成员多次赴杜庄村开展扶贫工作，深入到每一户困难群众家中，详细了解家庭面临困难、致贫原因等情况，并号召全校党员干部开展捐款献爱心活动，共捐款 1.8 万元。

【领导班子】

校长、党支部书记：

韩学东（2005.09—2017.12）

副校长：

陈海平（2005.09—2017.12）

成文安（2005.09—2017.12）

安国华（2005.09—2017.12）

刘光明（2013.11—2017.12）

【获奖情况】

2017年，胡中华荣获全国“梁衡经典篇目研究论文大赛”三等奖。

蒲丽梅被山西省人力资源和社会保障厅、山西省妇联授予“山西省巾帼建功标兵”荣誉称号。

贺志锋、成兴平、杨晓红荣获山西省“三优工程”二等奖。

晁泽峰、曾先会荣获临汾市“三优工程·优质高效课”称号。

李海被评为“临汾市优秀班主任”。

（李红有）

霍州市二中

【概况】 霍州市第二中学是一所12规制的全日制普通高中，创办于1986年，2002年9月迁址到建材路北科技路旁，新校区占地面积70余亩，绿化面积达1万多平方米，环境优美，设施先进，配套有高规格的实验室、计算机教室、多媒体教室、会议室、图书室、400米塑胶操场等设施，有一支业务精通、敬业奉献的教师队伍。截至2017年底，学校共有36个教学班，在校学生1780余人，拥有各类教职员工162人，其中在编教师132人，拥有中学高级职称20人，中学一级职称51人，省学科带头人2人，全校党员39人，其中退休党员2人。

【德育工作】 2017年，霍州市二中坚持“立德树人”的优良传统，强化对学生的德育教育。坚持每周一次的升国旗和国旗下的演讲活动；班主任每周坚持对学生进行一次主题班会教育活动；每逢传统节日，学校必以板报、文艺等形式开展纪念活动；清明节前，学校组织学生到霍州市爱国主义教育基地—南塔烈士陵园凭吊英烈，缅怀先辈，激励学生珍爱和平，珍惜青春；每学期，校长李林锁都要采取多种形式，或深入班级，或召开大会，或个别谈心，对学生进行正确的世界观、人生观、价值观的引导和点化教育。

【教科研工作】 2017年，霍州市二中教研室从课题研发和课堂教学两方面入手开展工作。各教研学科都有研究课题，英语、化学教研组课题研究已经结课，初见成效。课堂教学方面，学校开展新教师赛讲，骨干教师讲示范公开课。全体教师参加微课大赛等系列活动。

开展教学研究，探索多元化发展思路，既转变教师教育观念，又更新教学手段，优化课堂教学结构，提高教育教学质量。

【特色办学】 2017年，霍州市二中针对生源基础较差的校情，坚持从实际出发，抓住课改的大好机遇，调整办学思路，经过多年实践摸索，走出一条具有鲜明二中特色的健康、快速、可持续发展的多元办学之路。学校开设有音乐、体育、美术、书法、舞蹈、播音主持、影视编导、空中乘务、健美操等特长教育科目，为学生的高考和就业提供一个极为有利的发展平台。“家校携手，合作共赢”是市二中成功的又一大法宝，学校一直畅通着家长和学校的联系渠道，随时欢迎家长到校参观、听课、座谈，2017年，市二中先后召开三次全校性的家校联席大会，听取学生和家长的宝贵意见，家校携手同行，定位精准，目标明确，收到事半功倍的奇效。

【高考成绩】 2017年，霍州市二中高考达线人数143人，创历史新高。

【平安校园建设】 2017年，霍州市二中把加强学校安全工作作为一项重要任务，坚持“安全第一，综合治理”的方针，开展创建“平安校园”活动。学校强化岗位目标安全责任制，实施安全责任一票否决制。经校委会研究决定，学校把每月12日定为“安全教育日”，坚持在该天前后进行全校师生安全疏散演练，提高师生的应急自救能力。平时学校利用黑板报等形式，对学生进行交通、食品卫生、用电等安全教育。在日常管理方面，学校强化门卫管理制度，对外来人员一律实行登记准入制，平时学生进出校门实行证、条统一制度，让不法分子无隙可钻、无机可乘。学校调整停车区，师生车辆实行集中存放、分区管理、专人看护，加大巡查力度。学校安装“电子天眼”网络，实现校园安全监控的全天候、无死角，提高学校安全隐患的发现、排查能力，提高师生的校园安全系数。

【校园文化建设】 2017年，霍州市二中在教学楼前后、办公楼两侧设置40多面文化宣传版面，内容有世界名人故事、中华传统美德故事、名师风采、校园新事等，对师生进行潜移默化的文化熏陶；五四青年节前后，学校开展文艺汇演、书画展、音乐周等一系列丰富多彩的文化活动；9月开学初，学校对新生进行为期一周的军事基本技能训练，锻炼学生的意志，强化学生的集体主义观念。还成立教职工健美操队和书法学习班，丰富教职员工的业余文化生活。

【校园标准化建设】 2017年，霍州市二中投资980万元的400米标准塑胶体育场及配套设施建设工程完工。新体育场美丽舒适、优质环保，为广大师生提供理想的运动健身场所。秋季，学校投资102万元购置学生计算机56台，教室白板36套，还有部分网络监控设备，电教环境的改善，尤其是白板的使用，结束黑板加粉笔的传统教学方式，使“绿色文化”走进课堂，掀开环保教具史上绿色新篇章。

【领导班子】

校　长：

李林锁（2014.01—2017.12）

副校长：

胡泽斌（2005.08—2017.12）

李秀玲（女，2005.08—2017.12）

【获奖情况】

2017年，刘娟获得山西省级优课大奖。

（晋爱华）

霍州市职业中专

【概况】 霍州市职业中专学校创建于1987年，是国家级重点中等职业学校，山西省模范单位，山西省市级文明学校，山西省教育系统先进集体，山西省职业教育先进单位，山西省星级管理四星级学校，临汾市名校。校址位于霍州市北环路18号。校园占地面积4.5公顷，建筑面积2.2万平方米，包括综合办公楼、综合实验楼、护理机电教学楼、计算机实训楼、公寓楼、学生食堂、操场等教学设施。学校开设有计算机应用、机电技术应用、汽车运用与维修、护理、学前教育、电子商务等专业。其中，计算机应用专业、机电技术应用专业为省级示范专业，汽车运用与维修专业为临汾市示范专业，护理专业、学前教育专业、旅游服务与管理专业、电子商务专业为热门专业。学校自有驾校1所，医院1处（床位50张），为汽车运用与维修专业和护理专业学生实习基地，拥有校外实习基地25处，包括北京同仁物业、北京玛钢玮业有限公司、北京欢乐起航幼儿教育集团、国电置业公司、海信（北京）电器有限公司、北京量子伟业发展有限公司、北京汽车制造厂、北京汇智高科等等。还设有京津学生实习就业服务中心1个，负责就近跟踪服务，掌握学生实习动态，了解信息，强化指导。截至2017年底，学校共有教职员工152人，全日制在校生716人。

【办学理念】 霍州市职业中专学校坚持以“立德树人”为根本，践行“学历教育与成人教育相结合、职前教育与职后服务相结合、基础教育与技能培训相结合”的“三结合”办学思路，注重探索“长期短期互补、联合自办并存”的灵活方式，时刻恪守“以服务为宗旨，以就业为导向”的办学宗旨，开展校企合作，培养技能人才，传承工匠精神，促进就业创业，为建设人力资源强市提供人才支撑。

【党建工作】 2017年，按照市委“两学一做”学习教育常态化制度化及开展维护核心见诸行动主题教育工作的安排部署，学校利用每周二上午学习例会制度，组织全体党员进行集中学习的同时，辅助以微信平台、专题研讨、主题教育、撰写心得等等方式，实实在在地对《习近平总书记的成长之路》《习近平的七年知青岁月》、习近平总书记视察山西重要讲话精神及党的十九大精神等内容进行系统学习。激发党员干部的自我教育意识，为党员干部搭建起互动学习、提升能力的平台，将学习教育同学校管理中心工作充分结合，使学习教育充分凸显时代特征、党建特色，把“两学一做”学习教育融入日常、抓在经常，把全面从严治党落到实处，在打造“学”的基础上，推进“做”这个关键，将着眼点和落脚点更多体现在做上，学思践悟，内化于心，外化于行。创新党组织生活的内容形式、途径办法，把思想政治工作、从严教育管理党员、群众工作首先落实到支部，从而使党支部成为学习教育的阵地、团结群众的核心、攻坚克难的堡垒。学习宣传党的十九大精神，按照市委“两学一做”办开展弘扬“红船精神”主题活动，结合学校实际情况，联合市戏曲协会举办“学习贯彻落实党的十九大精神暨传统戏曲进校园”活动。

【精准扶贫】 2017年，霍州市职业中专学校按照市委脱贫攻坚工作任务及相关要求，采取校级领导包户方式，安排专人组成驻村工作队，工作队员组织关系转移至所包联的王海坪村，按一户一策一措施具体要求，制定帮扶方案，进行政策宣解，了解村民所求，在产业、健康、就业、金融、社会救助等等方面予以帮扶指导，完成“五位一体”小额金融贷款、健康双签约等扶贫政策的落实，鼓励贫困村民树立信心，争取早日脱贫。通过努力，在确保对2016年脱贫9户进行回访帮扶的基础上，2017年脱贫5户，剩余5户争取2018年底前脱贫。

【三基建设】 2017年，霍州市职业中专学校结合学校实际，责成专人，经过近两个月的收集、梳理、编撰，在征求意见、广泛讨论的基础上，对学校基础工作目录、工作流程图、管理制度、应知应会等内容进行整理汇总，在规范学校内部机构编制、职责范围，明确各岗位职责及工作标准的基础上，厘清各项管理工作流程，制定办公自动化、处室协调、考核检查等方面的相关制度，对涉及学校管理的法律法规、政策依据等基础资料和学校基本数据进行汇总整理，统一编制《基础工作目录》《管理手册》和《应知应会手册》，确保学校内部管理有章可依，保证各项基础工作有章可循。

12月，参加党政机关事业单位干部通用基本能力、专业能力及公务员职业道德培训班的通知精神，要求全体教师，制定能力提升计划，努力增强“四个意识”，坚定“四个自信”，提升政治能力、廉洁奉公能力、专业能力和职业道德能力，从信念是否坚定、为民服务水平、勤政务实能力、能否敢于担当、是否清正廉洁等方面，对照检查自己的言行，查找差距，提升基本能力，达到胜任本职工作的目的。

【科学管理】 2017年，霍州市职业中专学校在建立健全各项制度及推进执行过程中，针对新问题、新情况，认真分析，及时整改。学校修订教职工考勤制度、职称评定打分标准、绩效工资考核办法等，坚持做到用制度管人，按职责管事，对事不对人，按章不徇私；在强化校舍安全、消防安全、交通安全和学生实习安全管理工作方面，高度重视，细心对待，主动做好突发事件的应急预案及处理演练工作，加强学籍管理，严格按照国家学籍管理相关要求，对无故不到校的学生，与家长沟通，旷课超过一周的学生，一律注销学籍，提升内涵管理；重视学生会工作和班级管理，在两操管理、卫生管理、宿舍管理、社团活动中发挥学生会作用，创建文明班级活动，要求每周举行主题班会，强化班级文化建设，活跃学生学习气氛，提高学习效果。

落实中职教育免费全覆盖政策，按时组织国家助学金的发放工作。助学金评审工作，在严格评选程序的基础上，安排学生代表全程参加，阳光操作，保证助学金评选的公开、公正、公平。2017年，共免812个学生学费202.33万元，为117个学生发放国家助学金26.9万元，自筹资金1万元，为20名学生发放校贫困生补助。

【教育教学】 2017年，霍州市职业中专学校注重创新教学改革，保证教学工作顺利开展。坚持常规教学，创新德育工作，确保学生既成才又成人，针对职业学校学生的特点，严格按照《中等职业学校德育大纲》要求，对学生实施德育教育，在各专业部设置专职德育教师，通过主题班会、优秀毕业生报告、专家讲座、歌咏比赛、技能大赛、文明风采竞赛等丰富多彩的校园活动，加强对学生的德育教育工作，保证学生要成才先做人；加强师资建设，打造“双师型”教师队伍。支持教师参加各种培训，考取相关专业的高级职业资格证书。完善实训基地建设，改变学生实训难状况。学校加强实训基地建设。2017年，学校申请对新建成的省级计算机实训基地进行验收达标，学校拥有省级实训基地1个，校内实训实验室35个，电脑360台，设备价值近千万元。

【办学特色】 “订单培养，校企合作”是职业中专学校始终秉持的办学特色。2017年，学校推行订单培养、校企合作就业模式，邀请与学生专业对口、工作环境好、工资待遇高的企业到学校进行招聘，提升毕业生实习就业质量。通过坚持“订单培养、对口就业、跟踪服务”的特色办学模式，依托“两个平台，一个网络”，即依托北京商鲲教育集团和北京霍州籍同乡会2个平台，实行就业学生自主管理网络，就业工作取得满意成绩，被有关专家称为“北京——霍州职教模式”得以推广。

加强对实习及已就业学生的跟踪服务，赴北京、天津等地，了解学生工作生活情况，听取学生思想汇报及所思所求，与实习就业单位沟通，在对口就业、岗位调换、薪资待遇、工伤医疗、心理咨询等方面给予帮助。针对在校生，联系实训单位，安排实习实训，克服困难，协助办理专业资格证，共安排汽修专业7个学生参加实习，协助护理专业66个学生完成护理资格证考试报名工作。9月，新生入学军训结束后，校长、书记带领招就办负责同志先后到北京汽车技师学院、国电置业集团、北京市人大常委会、同仁医院、北京京东方集团等单位看望实习学生。

截至2017年，学校为北京、天津、太原等地输送稳定就业的学生达2900余人，就业学生涉及护理、机电、汽修、计算机、幼师等专业。毕业学生的就业率达到98%、对口率达到95%。

【对口升学】 2017年，霍州市职业中专学校开展校校合作，为学生升学创造条件。为使学生有更好的发展空间，满足学生升学愿望，学校作为山西省首批“3+2”大中专对接试点学校，已与天津冶金职业技术学院、三门峡职业技术学院、山西轻工学院、山西干部管理职业学院、太原旅游职业学院、临汾职业技术学院6所大专院校签订联合办学协议，实行“3+2”大中专对接办学模式，学生入学注册，毕业后就可免试入大专院校就读。2017年，共有73名学生直接升入对接大专院校就读。学校通过对口升学、高职自主招生，为大专院校输送40余人。

【转型培训】 2017年，霍州市职业中专学校本着拓宽培训途径、发挥职校职能的初衷，加大社会培训工作力度，面向社会广泛开展各类培训活动，共举办母婴护理师培训6期，培训312人；护理师培训3期，培训87人；电子商务培训2期，培训106人；汽车驾驶人员1500余人；全年共计培训2005人。发挥学校教育资源和培训平台的作用，为当地经济发展注入新活力。发挥优势，加大与晋淘易电子商务有限公司的合作，强化电子商务专业实训基地建设，做好电子商务人才培训工作。

【领导班子】

校　长：

车和平（2017.03—2017.12）

书　记：

张爱民（2007.07—2017.12）

副校长：

师玉平（1998.05—2017.12）

张曹喜（1999.04—2017.12）

陈国锁（1999.04—2017.12）

刘平生（2005.08—2017.12）

（安佩轩）

霍州市实验中学

【概况】 霍州市实验中学前身是霍县第二中学（完全中学），创建于1986年，1990年更名为霍州市第二中学，2005年8月，按照上级“高、初中分离办学的要求”，霍州市第二中学初中部留在原址，改名为霍州市实验中学。

霍州市实验中学是霍州市公办全日制初级中学之一，位于霍州市北环路79号，占地面积3.24公顷，校舍建筑面积16350平方米。办学规制为16轨，共有48个教学班，2459个学生（其中寄宿生121个），167个在编教师。

【安全工作】 2017年，霍州实验中学与每个班级、每个师生分别签定安全责任书。学校安全小组利用集会、课间操、班会等时机加强师生的安全教育，制定事故及时报告制度，建立突发事件应急预案和安全预警机制，落实校舍安全检查制度，发现安全隐患，及时处置，在校园醒目位置设置安全警示标志，配置必要的安全设施，各楼层灭火器按标准配备，在每个楼层的出口更新“紧急疏散示意图”和安全警示语。配备安全保卫巡视员，负责处理校园内的突发事件。学校每天安排3个行政人员全天候值班，挂牌上岗，早、中、晚在校门口维持秩序并督查保安工作情况，遏制校园突发事件发生。2017年，实验中学加强对师生《初中学生防灾安全守则》《中小学公共安全教育》的宣传教育工作，教给学生必要的安全知识，定期开展安全自救演练活动。学校向学生发放安全教育宣传单。寒暑假及节假日期间，学校安全小组均向每个学生家长发一封公开信，通过校迅通、微信家长群、实验中学微信公众号平台发布相关信息，提议家长教育孩子在假期注意各方面安全。学校加强门卫责任意识，对进出校园的校外人员全部按相关要求进行登记、询查。全年学校未出现一起安全责任事故。

【名师工作室】 2017年，霍州市实验中学名师工作室以稳妥推进课堂教学改革为基点，强化目标引领与过程管理，力求师资培训效果。内强素质，主动适应课改新常态；外树形象，营造教育新亮点。团队工作室，以“立德树人”为目标，以“名师、学科带头人、骨干教师、教学能手”为主体，发挥名师示范、引领、辐射作用，形成骨干教师团队和专家型研究群体，推进教师队伍建设，提升教育教学质量。

团队理念：务实、创新、发展。

团队品质：相互谦让不争抢，相互理解不埋怨；相互帮助不刁难，相互提携不赌气；相互支持不拆台，相互团结不指责。

团队格言：不忘初心，相互激励，本我真心，努力前行；正气于胸，和气于心，喜气于面，锐气于身。

团队机构设置：总负责人：都福平，分管领导：安海峰，主任：刘玲玲，副主任：刘淑萍，成员：实验中学省功勋教师、省学科带头人、省骨干教师、省教学能手、临汾市学科带头人、临汾市骨干教师、临汾市教学能手，共计14人。

团队声誉：名师工作室是一支“师德表率、育人楷模、教学能手、教研专家”团队，有较强的理论修养、先进的教育理念和改革创新意识，在霍州市教育领域具有一定知名度。

团队制度：专家教师和指导教师颁发证书，聘期一学年。每学期对青年教师教科研活动至少指导5次。每学年进行1次全校性公开课或专题讲座。同等条件下，优先派出学习进修、评优、评模、晋升职称。每周参加1次名师工作室例会。

团队工作措施：示范引领辐射，师德培养、理论学习，外聘专家引领，科研创新、教研反思，搭建成员个人成长平台，分析存在问题，进行课题研究，培养青年教师，多元化学习交流。

团队工作：语文作文大赛和英语书面表达大赛　2017年12月13至14日，霍州市实验中学举行教师类首次“英语书面表达大赛”和“语文作文大赛”。全校英语教师29人、语文教师26人参加大赛。该次写作大赛，选取中考作文题目，请外校语文、英语名师阅卷。大赛分别设有一等奖4人，二等奖6人，三等奖8人。微课大赛　检验实验中学教师的教学基本功，调动教师教学积极性，促进教师钻研教材、探讨教学方法和实践多媒体教学手段，提升教师业务素质及教学水平，提高课堂效率和教学质量，适应新时代下教育发展需要，结合学校实际，2017年重在教师微课个性化训练。

【养成教育】 2017年，霍州市实验中学根据初中学生特点，抓学生养成教育，注重学生品德修养。开展“主要节日”教育、绿色环保教育、革命传统教育、爱路护路教育及“英雄、榜样”系列教育等5项活动，以“主题教育”促养成。强化学生习惯培养，规范学生仪容仪表，规范学生行为；以“两个规范”促养成。实施“国学”诵读制度，完善“综合评价”机制，把“行为评价”经常化，结合“课改”促养成；坚持校内、校外教育相结合，通过“家长会”、开放周、关工委、送法进校园、教师家访等途径，“健全教育网络”促养成。

【优势特色】 2017年，霍州市实验中学加强校园文化建设，优化校园绿化、美化、亮化效果，提升硬件建设水平，为师生创建优美的工作和学习环境。构建富有浓郁文化气息的墙壁、走廊、楼梯、教室、办公室、舞台文化，彰显人文内涵。加强心理活动室和心理咨询室建设，把心理健康教育辐射到每个班级和每个学生，使学生达到心理健康化；以快乐大课间、多彩的活动课为平台，助推学生全面发展。开展丰富多彩的社团活动，凝聚集体智慧，展示学校实力。

【《管理标准》实验】 2017年，霍州市实验中学以《义务教育学校管理标准》省级实验工作为抓手，以校园文化建设、社团活动、档案建设、课题研究四大块为阵地，以《霍州市实施〈义务教育学校管理标准〉督导考核评估细则》为标杆，以“走出去，请进来”“学榜样，重创新”“勤分析，多总结”为方法，学校推动“实验工作”不断深入。

【中考成绩】 2017年，霍州市实验中学参考人数836人，最高分680.5分，600分以上118人。达临汾一中统招线6人，该校临汾一中定向分为642.5；达霍州一中录取线以上351人，占参考人数的42%；达霍州二中录取线以上520人，占参考人数的62.2%。

【领导班子】

校长、支部书记：

都福平（2014.01—2017.12）

副校长：

王耀全（2005.08—2017.12）

安海峰（2005.08—2017.12）

副书记：

刘秋平（2005.10—2017.12）

【获奖情况】

2017年，霍州市实验中学“名师工作室”获得临汾市首届“三优工程”优秀教研团队荣誉称号；关雅、晁晓霞获得临汾市首届“优质高效课”选手；杜建兵获得首届临汾市“优秀班主任”。

（成连生）

文化旅游

文　化

【概况】 根据《中共临汾市委、临汾市人民政府关于印发〈霍州市人民政府职能转变和机构改革方案〉的通知》（临字〔2014〕18号）的文件精神，设立霍州市文化局正科级建制，将原市文体广电新闻出版局的职责划入市文化局，不再保留市文体广电新闻出版局。下设办公室、文化股、体育股、广电新闻出版股4个股室。下属单位有：文化市场行政综合执法大队（副科建制），图书馆、群艺馆、少年儿童业余体校4个事业单位及影剧院有限责任公司、演艺有限责任公司和电影放映发行有限责任公司3个企业单位。局机关行政编制为10人，其中局长1人，副局长3人，纪检组长1名，总工程师1人，股级职数4人。工勤人员1人。其主要职能有：贯彻执行上级有关文化艺术、体育、广播电视、新闻出版事业有关方面的法律、法规和方针、政策以及国家有关非遗保护和文化产业方面的政策，拟定并组织实施全市文化事业的发展规划和年度执行计划，促进全市文化事业的蓬勃发展。

【产业完成情况】 2017年，霍州市文化产业增加值为1.46亿元，比2016年（1.32亿元）增长10.6%，超额完成山西省定目标责任考核任务。

【文化活动】 2017年春节、元宵节期间，霍州市文化局组织举办“共筑中国梦·同圆兴霍情”系列文体活动，有元宵节红火表演、广场舞展示、元宵节灯展、书画摄影展、电影放映、戏曲汇演、霍州书演出、音乐朗诵大赛、羽毛球比赛、门球比赛等。

春节期间，霍州市文化局组织举办“迎新春”书画展，共展出300余幅画；参与协调、指导各乡镇组织举办2017年春节系列文体活动，参演单位共计100余个，观众人数达5万余人；组织举办全民阅读“同筑中国梦·共度书香年”音乐朗诵大赛；开展“扫码看书·百城共读”活动；组织举办30次“文化中镇·书香霍州”读书会活动。3至5月，开展乡（镇、街道）综合文化站“两转四查三提升”专项行动，对照建设标准和服务内容进行自查自纠。7月，组织举办“壁上春秋　光影再现”壁画摄影织绣作品展、“寻缘中镇　大美霍州”书画展。8月，组织锣鼓队参加“山西文化艺术节锣鼓大赛”。12月，组织霍州书《对花》参加“临汾市2018年非遗精品展示元旦文艺晚会”。资助建设辛置镇乡村文化记忆展示馆，打造文化旅游精品，购置配送阅览设施、体育健身器材等。免费开展二胡、广场舞（共四期）、水兵舞（共三期），冬季公益性艺术培训班等，累计参加学员400余人。2017年，霍州市文化局指导基层开展文体活动60

余次，参与人数达1.8万余人；为基层配送文体器材，价值20余万元。

【体育活动】 2017年3月，霍州市文化局为基层发放并安装体育健身器材。4月12日，在悬泉山举办“农信杯”——春游霍山赏桃花登山比赛，共有来自社会各界的500余人参赛。4月18日，组织举办第九套广播体操培训，共有来自各乡（镇、街道）、市直各单位的300余人参加，发放三级社会体育指导员证书145个。4月28日，在永和公园门球场举办“五一”职工门球赛。6月18日，由临汾市文化局主办、临汾市杨氏太极拳协会和霍州市文化局联合承办的国家二、三级社会体育指导员培训班，该次培训为期3天，共有来自各乡（镇、街道）、各体育协会的151人参加，发放二级社会体育指导员培训合格证106个。7月，组织举办第十三届HBA篮球赛。8月1日，在霍州东站举办首届自行车比赛，共有200余自行车爱好者参赛。8月8日，组织举办全民健身日系列活动暨“强健体魄·阳光生活·共享青运”健步走活动。8月13日，举办首届游泳比赛，共有来自社会各界的200余人参赛。11月15日，组队参加福建省厦门市举办的2017“春辉杯”全国健身秧歌健身腰鼓手拍鼓公开赛，获腰鼓规定套路、自选套路一等奖和二等奖。

2017年，霍州市文化局为基层配送健身路径100件，乒乓桌球10张，篮球架4副。成立霍州市长跑协会和游泳协会，体育协会总数达到18个。

【新闻出版市场管理】 2017年，霍州市文化局对霍州市辖区内文化市场进行整治检查，共检查各文化经营单位90余家次，其中对未按规定登记身份证的网吧立案并依法进行处罚，警告文化经营场所40家次，并对各文化场所负责人进行法制教育。开展3批有害出版物的清查及“护苗”“清源”“净网”“秋风”“固边”“清朗”等“扫黄打非”专项行动。3月，在“全国文化市场监督与服务平台”上对全市各文化经营单位进行审核换证，并通过新开设的4家互联网上网服务场所的申请。4月，对网吧经营单位安装“文网卫士”软件，并对全市100余家文化经营单位进行安全培训与检查。5月，规范指导各乡（镇、街道）成立“扫黄打非”基层工作站。8月，与各经营户签定安全目标责任书。五一、暑期、十一期间，组织执法力量对霍州市的高危性文化体育经营场所进行安全检查，将安全生产大检查文件精神传达到各文化体育市场经营单位，要求各文化经营单位、场所开展自查自纠工作。在全市范围内先后组织开展“3·15”法制宣传周、“4·26”知识产权保护等宣传活动。完善行政审批“两集中、两到位”工作长效机制。

【文化下乡】 2017年2月27日，在霍州市退沙街道什林村文体广场，由市委宣传部牵头，组织启动霍州市2017年文化、科技、卫生“三下乡”活动。霍州市文化局资助退沙街道文化站活动经费5万元，用于开展各项文体活动；赠送什林村农家书屋价值1万元的书柜、阅览桌椅和图书。2017年，免费送戏下乡55场，送电影下乡2600余场，霍州书表演队巡回在全市农村社区演出30余场。

【非物质文化遗产】 2017年，霍州市文化局搜集整理非物质文化遗产项目，成立6处非遗产场所，分别为：霍州面塑、霍州粗布、霍州威风锣鼓、霍州通背拳（4处）；5月，向临汾申报霍州非遗文化产业霍州威风锣鼓、霍州面塑等5个项目。6月10日，组织举办庆祝中国首个“文化和自然遗产日”宣传活动。在中镇文化广场及文化活动中心举办以“非物质文化遗产和乡村记忆”为主题的图片展，现场发放宣传材料5000余份，深入到街道、社区、学校等人口密集区开展宣传和咨询活动。11月，在辛置、白龙、师庄3个乡镇，开展乡村文化记忆工程普查，对所辖区域66个行政村进行摸底调查、计算机登录及建档上报等工作。霍州面塑、霍州莺歌被确定为临汾市级非物质文化遗产保护名录，霍州莺歌被确定为山西省非物质文化遗产保护名录。

【重点项目】 霍州市全民健身中心位于霍东新区，总占地195.6亩，采用PPP模式运作，投资2亿元，包括训练馆、篮球馆、游泳馆、会议中心等，2017年11月30日举行工程奠基仪式。基层全民健身中心。9月中旬，大张镇农民体育工程（投资50万元）和南环街道社区多功能运动场地（投资30万元）项目建成并投入使用。

【领导班子】

局　长：

张建民（2010.11—2017.12）

总支书记：

王海平（2010.04—2017.12）

副局长：

关志红（2012.05—2017.12）

庞天授（2010.04—2017.12）

薛晓波（2012.07—2017.12）

纪检组长：

闫学文（2012.08—2017.12）

【获奖情况】

霍州市文化局获2017年山西文化艺术节锣鼓大赛优秀奖，获临汾市2017年度“全民健身”先进单位，获临汾市2017年度“文化工作”优秀奖。

（张艳峰）

广播电视

【概况】 霍州市广播电视服务中心担负着全市广播、电视的宣传和事业的发展、规划、管理、服务等职能。下设办公室、总编室、新闻部、播出部、审片室、人事科、广告部、财务室、政工科、技术部、网络中心、广电网站、电台13个部门，共有干部职工100人。2017年，霍州市广电中心围绕全市工作大局，学习贯彻党的十九大精神，宣传市委、市政府决策部署，展示霍州市经济发展成果，深入反映群众呼声，为“进军省强市、全面达小康，共建文明开放幸福美丽新霍州”营造良好舆论氛围。

【“两提一创”】 2017年，霍州市广播电视中心在“两提一创”大讨论活动中，注重学习讨论不走过场，结合工作实际创新工作成果，紧扣舆论引导主阵地，以“三学三比三提升”为载体，推进“两提一创”活动，促进全中心整体工作上台阶创新高。霍州市广播电视中心从班子成员到普通干部职工，自上而下有明显变化。从理论高度、思想深度和精神深层对“两提一创”大讨论活动有全新认识，增强做好新闻舆论宣传引导工作的自觉性，形成创新理念、创新方法、弘扬主旋律、传播正能量的氛围。

【党建工作】 2017年，霍州市广播电视中心坚持从严治党，尊崇党章，落实《中国共产党廉洁自律准则》和《中国共产党纪律处分条例》等党纪党规，落实党建工作责任制，严肃党内生活，加强思想政治建设，坚持党的建设与业务建设同部署、同推进、同考核。落实主体责任和监督责任，推进源头治理，建立健全规章制度，开展“三基建设”，坚决整治各种违规行为和干部身边的“四风”苗头。

霍州市广电中心党支部组织全体党员集中收看党的十九大开幕式，贯彻落实山西省委、临汾市委《关于全面贯彻〈中共中央关于认真学习宣传贯彻党的十九大精神的决定〉的通知》，结合广电工作实际，制定具体贯彻落实方案，开展党的十九大精神专题研讨，确保党的十九大精神入脑入心，指导工作实践。支部组织全体党员学习习近平总书记视察山西重要讲话精神，《习近平总书记成长之路》《习近平的七年知青岁月》，集中收看《总书记在山西》专题片。

推进“两学一做”学习教育常态化制度化，维护核心见诸行动主题教育活动。按照市委推进“两学一做”学习教育常态化制度化工作安排，广电中心支部严格关键环节，确保“两学一做”学习教育常态化制度化以及维护核心、见诸行动主题教育收到实效。开展“讲政治、知敬畏、守规矩”专项整治活动。根据市委安排，对“讲政治、知敬畏、守规矩”专项整治活动进行安排部署，要求全体干部职工以高度负责的精神，实事求是的态度，统筹兼顾、科学安排、注重实效、全面推进。抓实基层党支部建设。广电中心支部贯彻落实中共霍州市委《关于在推进“两学一做”学习教育常态化制度化中抓实基层党支部的意见》，推动全面从严治党向基层延伸，强化党的一切工作到支部的鲜明导向，建好建实建强党支部，使党支部成为教育党员的学校，团结群众的核心，攻坚克难的堡垒。

【节目宣传】 2017 年，霍州市广播电视中心对《霍州新闻》节目进行全面改版升级，改版后分重大主题宣传板块、时政板块、一般动态消息板块、时事咨询简讯板块、新闻舆论监督板块（新闻眼）。开辟各类专栏 10 个，其中《社会主义核心价值观》专栏播出 25 期，《“两学一做”》专栏播出 10 期，《砥砺奋进的五年》播出 10 期，《环境整治在行动》播出 30 期。制作专题 8 部，完成全市三级干部大会、人代会、第九届文化旅游月开幕式等 10 多场现场直播，现场录制环境保护晚会。中心高度重视迎接十九大、宣传十九大精神各项工作，在《砥砺奋进的五年》专栏中，制作党建、经济发展、民生改善、重点工程、脱贫攻坚等方面典型报道，营造喜迎十九大的良好氛围。党的十九大胜利召开后，广电中心开辟《认真学习贯彻十九大精神，努力谱写新时代霍州发展新篇章》专栏全方位、多角度地报道全市各级党组织、各行各业。

在办好《霍州新闻》基础上，中心创新工作思维，开办“霍州市广播电视台”微信平台，发布霍州时事新闻，提升新闻时效性，拓宽群众获取新闻资讯、了解身边热点事件的渠道。

2017 年，霍州市广播电视中心坚持“三贴近”的工作原则，在继续做好做精《倾听 107 之文化霍州》《与法同行》《卫计专栏》《健康指南》《霍州党史记述》《国学经典诵读》《牧业天地》等自办节目的基础上，创新思维，新开辟《消防天地》《一路阳光》2 档消防类和交通类节目，致力于打造贴近群众实际生活，传播科普知识和传统文化，讲述霍州故事的精品栏目。制作播出涉及环境卫生、森林防火、食品安全、安全用气、消防安全、交通安全等 10 余条公益广告，为弘扬社会主义核心价值观，建设和谐、有序、平安、整洁的新霍州提供强有力的舆论支持。

2017年《霍州新闻》节目中，共播发消息2800余条，电视台在山西省台发稿30余条，临汾台发稿130余条。广播电台在临汾台播出170余条，为宣传推介霍州发挥作用。

【事业建设】 2017年，霍州市广播电视中心适应市场需求变化，在实现保用户目标的基础上向前发展，学习先进数字电视技术知识，提高业务能力。在上级统一安排部署下，利用国家资金对发射台基础设施进行建设。利用国家资金，完成中央广播电视节目无线数字化覆盖工程。根据山西省财政厅、山西省委宣传部、山西省文化厅的安排，完成有线网络资产评估和清产核资工作。

霍州广播电视中心加强硬件建设，更换音频制作设备，在市区及周边维护更新并安装近200余个广播，为市民提供优质的广播服务，基本满足听众的收听需求。

【安全播出】 2017年，霍州市广电中心狠抓安全生产和隐患排查工作，组织安全播出小组成员和相关技术人员对全中心安全播出责任部门和安全播出、安全生产各个环节、部位进行彻底的排查隐患，包括有线电视前端，北山发射塔、电台、新闻制作室，以及全台防火、防盗、防水等做到不留死角，不漏部位，对各片区进行定期不定期的网络故障大排查，解决所发现的问题。为确保党的十九大召开期间网络传输的安全高效，在做好日常维护工作基础上，加强对线路的巡查力度，确保党的十九大召开期间电视播出的信号稳定，使党和政府的声音安全畅通传输到千家万户。2017年，争取财政资金，对演播厅进行维修改造，消除安全隐患，提高使用率。全年，霍州市广播电视中心没有发生安全责任事故。

【领导班子】

主　任：

张志坚（2013.04—2017.12）

书　记：

叶革新（2013.04—2017.12）

电视台总编辑：

朱朝晖（2013.04—2017.12）

副主任：

薛晋骊（女，2003.02—2017.12）

杨治红（女，2007.06—2017.12）

副总编辑：

刘彦俊（2003.02—2017.12）

杨燕华（女，2007.06—2017.12）

总工程师：

张韦韦（女，2012.07—2017.12）

【获奖情况】

2017年，《霍州新闻》获临汾市“十佳电视栏目”，朱朝晖获临汾市“五四优秀青年”称号，马聪获得临汾市“优秀新闻工作者”荣誉。

（段志芳）

新闻信息中心

【概况】 霍州市新闻信息中心，正科级建制。内设机构有办公室、编辑部、网络部、通联部。全额事业单位，编制15人，在岗人数16人。领导职数1正3副。出版市委、市政府主办的连续资料《今日霍州》，宣传党的路线、方针、政策，国家法律、法规，政府的政令和行政规章。报道市委、市政府的决策和重大工作部署，围绕市委、市政府的中心工作，搞好新闻宣传，推进决策实行；利用网站、公众微信平台、手机客户端等新兴媒体发布全市政治经济和社会各方面新人新事新经验、新气象，反映人民群众的意见、建议和要求。传播科技知识，发送经济信息，活跃城乡文化，培养新闻写作人才，提升霍州对外新形象。

【报刊发行】 2017年，霍州市新闻信息中心以习近平总书记在党的新闻舆论工作座谈会上的重要讲话为根本遵循，贯彻落实党的十九大精神，坚持“团结尚学、创新敬业”的团队精神和“政治责任，服务品格，大众情怀、百姓视角”的办报理念，加大传统媒体与新兴媒体的纵深融合力度，坚持“三贴近”原则，开展“走转改”活动，强化新闻策划，创新报道方法，注重新闻质量，突出栏目特色，表现出报道主题鲜明，高潮迭起，完成市委、市政府交给的宣传报道任务。截至2017年底，共出版发行《今日霍州》58期，编发微信1000余条，完成年初制定的任务计划，为霍州市各项事业发展提供强大的精神动力和思想保证。

【宣传报道】 2017年，霍州市新闻信息中心围绕“两学一做”学习教育常态化制度化、学习教育工作，组织中心党员干部学习规定篇目，开展研讨活动，撰写心得体会，引导党员干部结合工作和思想深入思考，使大家学有所获思有所得。坚持“三贴近”原则和“走转改”活动，深入基层一线，多采写一些有思想、有温度、有品质的新闻作品，让一些“沾泥土”“带露珠”“冒热气”的好文章呈现给广大读者，学习贯彻习近平总书记在党的新闻舆论工作座谈会上的重要讲话精神，采取“请进来、走出去”的办法，聘请《山西日报》《临汾日报》等资深编辑、记者为全体人员讲授编排技术、网络运用和写作技巧。提高业务能力，努力成为全媒型、专家型人才。做到张口能讲且群众喜欢听、提笔能写且群众喜欢看，有深厚理论功底和扎实业务功底的行家里手，做党的政策主张的传播者、时代风云的记录者、社会进步的推动者、公平正义的守望者，讲好霍州故事，传播正能量。

【宣传典型】 2017年，《今日霍州》开设“五城联创在行动”“讲政治、知敬畏、守规矩”“安全生产”“精准扶贫”“杭州挂职锻炼”“全域旅游”“众志成城、保护环境”“学习党的十九大精神、建设美丽新霍州”“风清气正搞换届”等专栏。组织精干力量，开设“砥砺奋进的五年”“十九大时光”栏目，通过宣传霍州各行各业，展示霍州近几年的经济社会发展变化。在《今日霍州》《今日霍州公众微信》《今日霍州信息网》开设特色栏目，内容包含食药专栏、地税动态、文化专栏、霍州消防、供热资讯、天阜霍州·醉美中华、环境保护知识、交警之窗、安全出行等，推进霍州市文化旅游产业发展，更好地服务广大人民群众。

为加大传统媒体与新兴媒体的融合力度，霍州市新闻信息中心在《今日霍州》电子版成功运行的基础上，正式注册运行《今日霍州》“微信公众平台”，该平台定期发布全市最新新闻、政策动向、应急信息等。广大读者可以扫描《今日霍州》二维码或搜索订阅号“今日霍州”加关注，就可以及时收看霍州市最权威、最流行的新闻资讯。完善新华社霍州手机客户端和《今日霍州》信息网，《今日霍州》已形成报纸、信息网、公众微信、新华社手机客户端、《今日霍州》电子版等“五位一体”全新宣传格局。2017年，巩固完善网站、微信等新兴媒体的后台服务质量，全面优化，合理设置《今日霍州》各个宣传平台的页面布局，做到第一时间以最新颖的方式向广大读者发布党的路线方针政策、国家法律法规，政府的政令和行政规章以及霍州市的最新动态，让广大读者及时掌握国家及霍州市的各方面的最新信息。

【领导班子】

负责人：

杨武锁（2016.10—2017.12）

副主任：

陈雪琴（女，1998.05—2017.12）

梁建峰（2012.08—2017.12）

杨　华（2012.07—2017.12）

【获奖情况】

2017年，《今日霍州》获全省县市报协会版面设计银奖；杨武锁荣获“十佳通讯员”称号；拜建霞获“优秀通讯员”称号；关莉获临汾市优秀新闻工作者荣誉称号；刘琴琴获全市五一劳动奖章荣誉称号。

（刘琴琴）

文　物

【概况】　霍州市文物管理局行使全市境内各级各类（地上、地下）文物工作依法行政、保护管理、科学研究及合理利用的职能。2001年1月，成立霍州市文物管理局，为市政府直属事业单位。到2017年底，共有干部职工50人，领导班子5人，专业技术人员11人。下设8个科室，分别为办公室、文物科、安督科、文物稽查队、霍州署博物馆、鼓楼文物管理所、娲皇庙文物管理所、观音庙文物管理所。全市共有文物保护单位558处，其中国家级重点保护单位4处（霍州署博物馆、陈村遗址、贾村娲皇庙、赵家庄观音庙），省级重点保护单位3处（霍州鼓楼、上寺祝圣寺、韩壁遗址），临汾市级重点保护单位2处；市级文物保护单位95处，其余为一般文物保护单位。

【党建工作】　2017年，霍州市文物管理局开展“两学一做”学习教育常态化制度化，维护核心见诸行动主题教育活动。党员干部通过对党章党规、习近平总书记系列重要讲话精神的深入学习，坚定理想信念，自觉维护核心，在思想上、政治上、行动上同党中央保持高度一致，敢担当善作为，自觉干好本职工作。开展“讲政治、知敬畏、守规矩”专项治理活动，通过活动使该局全体干部职工做到政治上讲忠诚、思想上知敬畏、行动上守规矩。自觉树立起大局意识、政治意识、核心意识、看齐意识。工作中都能严格要求自己，改进工作作风，提高工作能力，心存敬畏，依法行使职权，做到对党忠诚、廉洁自律、敢于担当、乐于奉献，做到心中有党、心中有民、心中有责、心中有戒，工作作风取得明显改善，促进各项工作的开展。党支部落实“三会一课”，严格按照组织要求开展党员组织生活，严格按照规范组织政治学习，规范党员党内政治生活。全局党员完成由组织部安排的在“山西干部在线学院”学习任务，提升党员干部的理论素养。

【文物安全管理】　2017年，霍州市文物局成立安全生产监督领导小组，与霍州署博物馆、观音庙、娲皇庙、鼓楼、祝圣寺、陈村遗址等文保单位安全管理员签定2017年安全责任书，明确安全责任，落实安全责任管理，取得较好效果。对县级以上文物保护单位，每半年进行一次安全大排查，发现问题，督促安全责任人及时进行整改，并及时向上级文物部门汇报文物单位安全状况排查情况。在汛期来临前、保护单位举行庙会活动、重大节假日来临时，文物局都要进行重点部署、重点检查，并在文物安全重点防范区派人进行蹲点安全值守。制定霍州署监控室、消防蓄水池等重点地点的安全值班管理制度，明确各重点地点的安全值班人员，落实安全责任。制定霍州署博物馆安全生产消防应急预案，每季度对安全管理员进行一次安全知识培训学习，每半年组织单位人员进行一次安全应急演练。多次迎接上级部门对文物保护单位的安全督查，对发现的问题均及时进行整改完善，消除安全隐患。整理完善文物安全管理档案。

【文物保护】 2017 年，霍州市文物局启动实施娲皇庙文化布展工程，经过多处考察论证，多次开会研究讨论，严格选择专业队伍，精心打造，完成东西厢房的泥塑（6大 12 小）及部分彩绘工程；编制完成西配殿伏羲功德殿、东配殿娲皇功德殿文化布展设计构思并组织贾村有关人士论证通过，伏羲功德殿文化布展已完成 70%的施工量。通过用泥塑、悬塑、壁画、彩绘等方式，将伏羲功德用多个场景一一呈现出来。启动娲皇圣母主殿清代壁画的修复工程。聘请山西文物保护技术中心编制抢救性保护方案并组织专家论证通过，上报国家文物局申请立项。实施段庄三教庙泥塑、彩绘、壁画等文化布展工程。通过同村干部外出考察，选择出技术高的施工队伍，精心施工，布展已完成，文化布展工程质量合格且优秀。实施霍州署、鼓楼、观音庙、娲皇庙文物建筑日常保养工程。对霍州署二堂进行揭瓦维护，对霍州署内宅、静怡轩、绿云山庄、大堂、东西耳房、东西客房屋面全部进行清扫与勾抿，对谯楼二层地面长期渗水问题进行重新铺墁，重新规划出水口，消除重大安全隐患；对鼓楼一层、二层进行重新铺墁，解决雨水难以排泄问题，消除重大安全隐患，更换损坏或不配套的翼角兽套；对娲皇庙屋面进行清扫、勾抿，特别是对垛殿缺失脊兽进行补修。对霍州鼓楼进行美好亮化。通过设置轮廓光带，各层安装多个射灯，使鼓楼在夜幕中更美。实施对全部蜡像人物进行清洗、化妆保养。

【创建 A 级景区】 2017 年，霍州市文物局为把文物旅游提高到战略高度，发展旅游业，实施全域旅游新理念，布局市文物旅游新战略，进行霍州署创 A 级景区建设，促进文物旅游新发展，在补齐发展短板上下功夫，在挖掘文化内涵、提升服务质量上做文章，在吃住行游购娱上出实招。围绕霍州署创 A 活动，进行一系列提升建设。对陈公祠进行文化布展，布展基本完成；完成游客服务中心改造，并成立霍州署旅游洽谈服务接待中心；对霍州署旅游洽谈服务接待中心匾牌夜间发光字幕进行安装；对霍州署谯楼进行美化亮化；完成接待食宿中心的初步改造。开展营销活动，扩大霍州署宣传。深挖民俗文化、官衙文化，成功拍摄古装微电影《州官嫁女》《州官审案》，举办霍州署首届美食节，扩大宣传，提高知名度，激发游客参与热情，搞活文物旅游。节假日文艺演出常态化、多样化，丰富旅游文化内涵。节假日期间，实现大型场景剧《圣谕广训》演出常态化，实现传统霍州书、蒲剧表演、歌舞表演、威风锣鼓演出、太极表演等多样化穿插演出。弘扬优秀传统文化，丰富游客旅游活动内容。利用“5·18”国际博物馆日，“5·19”中国旅游日，“6·10”自然与文化遗产日，上街宣传相关文物知识，举行文艺演出，免费为游客开放霍州署博物馆。

【脱贫攻坚】 2017 年，霍州市文物局班子多次研究精准扶贫工作，驻村工作队深入到帮扶对象家中，了解他们的身体及生活状况及所需所求，帮助他们落实扶贫政策和增收措施，实现脱贫后还能不断增收。工作队配合村干部为李新有办理低保；配合医疗部门落实签订健康扶贫“双签约”服务协议书，宣传健康扶贫有关政策，确保贫困群众“就医有保障，报销有人管”；帮助三个建档立卡贫困户在市医保中心办理新农合医保相关手续。

【党风廉政建设】 2017年，霍州市文物局通过对工作人员严守党纪国法、保持廉洁自律方面知识的学习教育，加之纪检部门的有效监督管理，杜绝大操大办婚丧事宜，防范违规事件的发生，工作人员转变工作作风，都能自觉遵守党纪国法，时刻保持廉洁自律，提高服务意识与担当精神，推动单位各项工作开展。签定党风廉政建设责任书。通过认真梳理，完善党风廉政责任清单，明确廉政责任，局纪检组同班子成员及各股室办负责人签定党风廉政建设责任书。定期召开党风廉政建设专题会。对单位工作人员进行党风廉政教育，使工作人员强化廉政意识，做到依法行使权力，自觉遵守党纪国法，自觉转变作风严守纪律，思想上、行动上同党中央保持高度一致。进行廉政约谈。通过一把手和班子成员约谈，班子成员对分管股室负责人约谈，达到监管下级、教育同志、预防腐败的目的。紧盯关键节点及个人重大事项，提早预防预警，防止违反“中央八项规定”和“四风”问题的出现。

【领导班子】

局　长：

薛有生（2007.07—2017.12）

书　记：

孙　炳（2013.04—2017.12）

副局长：

成笃文（2012.07—2017.12）

工会主席：

刘树伟（2002.09—2017.12）

（刘涛）

新华书店

【概况】 山西新华书店集团临汾有限公司霍州分公司隶属于山西新华书店集团临汾有限公司，设有3个科室，分为业务科、财务科、图书超市。2017年，围绕“一个坚持、两个并重、三个转变”的发展战略，干事创业、争先创优。

【业务指标】 2017年，霍州市共发行图书81.88万册，总码洋1026.26万元，人均购书36元。其中哲学、社会科学13450册，码洋9.80万元；文化教育3205册，码洋8.79万元；文学艺术3809册，码洋9.91万元；自然科学技术912册，码洋4.91万元；少儿读物6613册，码洋9.05万元；中小学课本及教参135120册，码洋170.85万元；教辅读物64.02万册，码洋775.07万元；其他类15496册，码洋37.88万元。

【倡导全民阅读】 2017年，霍州市新华书店开展全民阅读系列活动，在霍州市掀起全民阅读热潮。发挥党的宣传阵地和国有企业的优势，从创“三优”门市宣传购买阅读的场所开始，机关、单位、学校、社区、军营、农村的全民阅读活动，发挥好行业特色，提倡全民阅读活动，促进文明建设，推动霍州市图书发行事业稳步健康发展。

【提升服务水平】 2017年，霍州市新华书店提升服务理念展示“新华”风采。新华书店是服务社会、服务群众，推销精神产品的“窗口”行业，服务态度的好坏，直接影响到书店的形象和声誉，把加强员工学习、提高员工素质当作树立书店整体形象的主要工作来抓。

【党风廉政建设】 2017年，霍州市新华书店开展“两学一做”学习教育，着重抓岗位和权力运行的关键环节，制约权力运行，促进廉洁为民。坚持标本兼治、综合治理的方针，推进书店廉政风险建设工作，根据《2017年山西新华书店集团临汾有限公司霍州分公司党风廉政建设工作目标责任书》，履行书店经理作为第一责任人的职责，并结合书店工作实际，明确责任范围，在任务分解方面，根据党风廉政建设的具体要求，细化、量化各项工作任务，并按照各科室的工作职责，落实到人，避免违法违规行为的发生，保证党风廉政建设责任制在该书店的贯彻落实，发挥制度在党风廉政建设中的保障作用，使图书发行管理工作与时俱进。

【领导班子】

经　理：

申　兵（2016.12—2017.12）

（王建勇）

旅　　游

【概况】 霍州市外事旅游局成立于2001年，是霍州市政府直属事业单位，正科级建制，是行使旅游行业行政管理职能，负责该行政区域旅游行业监督管理工作的职能部门。霍州市外事旅游局全额事业编制数为17人，其中局长1人，副局长2人，纪检组长1人，股级领导职数3人。内设机构有办公室、行业督查股、综合开发股。主要职责有：贯彻实施有关旅游的法律、法规；编制并组织实施旅游发展规划和年度计划；指导、协调旅游资源开发、利用、保护和旅游设施建设；组织旅游宣传，开发国内外旅游客源市场；会同有关部门协调旅游交通运输、改善投资环境，指导旅游商品市场开发和旅游安全工作；监督管理旅游经营活动，受理旅游投诉，查处或者参与查处侵害旅游者和旅游经营者合法权益的行为；组织、管理和指导旅游行业人员的教育培训；促进旅游行业发展的其他工作。

【全域旅游示范区建设】 2017年，创建全域旅游示范区是霍州市“五城联创”的重要一环和主要落脚点，发挥旅游业的拉动力和融合能力，整合旅游资源，带动农民致富。2017年作为创建活动的开局之年，重点放在引导上。概念的引导。以做好“旅游＋”的文章为引领，“旅游＋互联网”“旅游＋文化”“旅游＋美丽乡村”“旅游＋体育”等等，为相关产业和领域的发展插上腾飞的翅膀。活动的引导。主要通过“悬泉桃花会”“贾村古会”“霍山骑行赛”“辛置一日游”等活动激活市场，以市场带动产业的发展。理念的引导。全域旅游涉及全行业、全区域、全受众的方方面面，是一个系统性的从上而下的工程，2017年重点任务是引导政府部门和部门从业者的理念转变。时间的引导。过去旅游经营时间局限到夏秋两季，提出“春游霍山桃花源，夏享中镇清凉境，秋赏太岳无限景，冬访神山几处仙”的四季旅游概念，按时间节点依次举办“逛庙会、赏桃花、享清凉、品红叶、看冰瀑”等活动，把各种项目和活动串起来，力求实现“四季无淡季、有内涵”。宣传的引导。在网络、电视、报纸等各种媒体进行全域旅游概念的宣传，通过霍东大道、东环路等主要路段宣传版面加深民众印象，出版《品鉴霍州》系列画册挖掘文旅融合潜力，扶持威风锣鼓产业化发展，树立发展标杆，引导全域旅游的深入渗透和持续发力。

【体制改革】 2017年，霍州市外事旅游局把改革工作作为释放旅游产业发展活力，增强旅游行业竞争力的重要抓手，推进各项具体改革事项。加快旅发委改制。重点明确旅游主管部门负责该行政区域旅游业的统筹协调、行业指导、公共服务、产业发展、市场监管、旅游安全和旅游形象推广等工作的协调职能。加快七里峪景区改制。作为临汾市十大重点改革创新旅游景区，通过与原有合作方霍煤集团霍源通旅游开发公司、临汾钢铁集团公司协商沟通，理顺旅游局、霍山风景区管委会、七里峪旅游开发公司等利益主体之间的关系，实现所有权、管理权、经营权三权分离。加大招商引资力度。针对景区景点开发资金投入不够、品牌影响力不强等问题，霍州市外事旅游局推进体制机制改革，加大景区景点的招商引资力度，与山西经贸集团、上海博雅方略、深圳民族村、港中旅、香港中旅投、浙江元成绿化、慕尚集团及深圳铁汉生态等企业进行洽谈协商，最终与山西高新普惠、临汾投资集团达成协议，共同发起设立20亿元的霍州文化旅游产业基金，注册成立霍州文化旅游发展有限公司。已进入实质操作阶段。

【旅游融合】 2017年，霍州市实施“旅游＋文化”发展战略，挖掘丰富的历史文化资源，充实旅游景点的文化内涵，让各类霍州文化元素融入到各个旅游环节和旅游业发展全过程，以文旅融合推动旅游产业发展。围绕镇山文化、锣鼓文化、官衙文化、廉政文化、状元文化、民俗文化等独特的人文资源，创作推出祈福状元、州官嫁女、唐王祭中镇等具有霍州文化特色的实景演出和情景体验剧目；组建成立以国家非物质文化遗产霍州威风锣鼓为主的霍山文化传媒有限公司，扶持非遗传承的市场化和产品化打造；引导成立剪纸、年画、面塑、演艺、霍山文化等多个协会，整合奠定基础；结合全市文化资源，开发和包装一批诸如食品、剪纸、编织、刺绣、霍窑瓷器等民族旅游产品。已成功开发出鸣梦老粗布系列、地珍坊枣夹核桃系列、文冠果茶系列、桃木门神系列、霍州馍系列等特色文旅产品，其中鸣梦老粗布和地珍坊枣夹核桃代表霍州市参加首届全国民族旅游商品大赛，分别获一金一银佳绩。与此同时，完成“州里街”文化步行街区建设，展现古霍风貌，唤起霍州记忆；实施梁衡文化古村一期开发，完成下马洼“乡村记忆”“梁衡文化”2处展馆布展；挖掘城市文化，形成成果，整理编印《品鉴霍州——山、署、风》《中镇之韵》《霍山》等系列书刊画册；举办“中镇霍山·华夏州署”第九届文化旅游月和“中镇霍山·华夏州署”全年全域霍州游2个大项17个小项的节事节庆活动，取得宣传营销效果，展示霍州市的对外整体形象，树立旅游品牌，提升旅游知名度。

【领导班子】

局　长：

董　娟（女，2010.12—2017.12）

党支部书记：

梁学军（2013.12—2017.12）

副局长：

董文莲（女，2002.10—2017.12）

朱军华（2012.06—2017.12）

刘学军（2012.06—2017.12）

纪检组长：

苗新胜（2002.09—2017.12）

（梁衡）

霍山风景区管理委员会

【概况】 根据临编办发〔2011〕221号文件精神，2011年9月28日霍州市编办以霍编发〔2011〕15号文件设立霍州市霍山风景区管理委员会，正科级建制，隶属市政府办公室管理，核定领导职数1正1副，财政拨款事业编制6人。

【开发建设情况】 2017年，七里峪景区完善基础设施，加快提升服务功能，申报国家AAAA级景区。实施七里峪景区入口引导区二期开发，即景区入口生态停车场建设项目，该项目总投资1800余万元，总面积3万余平方米，其中星级厕所2个，游客应急服务中心1处，停车位500余个，绿化面积1.3万余平方米。项目于4月开工，年底完成。该项目的建成与一期开发有机结合，提升景区服务质量，取得良好的社会效益。2017年7月11日，中镇霍山华夏州署第九届旅游节开幕式举办。

【领导班子】

主　任：

杜中平（2013.04—2017.12）

支部书记：

王小明（2013.04—2017.12）

副主任：

范振宇（2012.07—2017.12）

（杜中平）

医药卫生

卫生计生

【概况】 霍州市卫生和计划生育局，承担全市医疗卫生、预防保健、计划生育、卫生行政执法、健康教育等行政管理工作。2017年，卫生计生工作围绕县乡一体化改革、推进计划生育政策服务、规范基本公共卫生服务等重点工作，加强组织领导，增加财政投入，推动各项工作，开创全市卫生计生事业改革发展新局面。

【医疗机构改革】 2017年，霍州市卫计局推进霍州市医疗集团建设，霍州市医疗集团于8月25日挂牌成立，14个基层医疗机构实行一体化管理，妇幼、疾控、中医院根据各自职能与专业，与医疗集团建立联盟，成立管委会，聘用医疗集团院长，并进行法人登记。召开集团理事会，完成理事长、常务理事、理事的聘任，通过医疗集团章程的审定及集团各项工作的机构建设。巩固完善基层运行新机制，实行院长聘任制，实行绩效考核。通过落实奖励性绩效工资制度，强化绩效考核，调动基层医务人员积极性，提升基层医疗服务能力。

【基本公共卫生服务】 霍州市卫计局以贯彻落实2017第三版基本公共卫生服务规范标准为重点，做好国家基本公共卫生服务项目工作，与财政局牵头组织，市妇幼院、疾控中心、监督所以及医政股、基药管理等相关专业机构人员对全市乡镇卫生院、社区服务中心共计16家从事基本公共卫生服务的基层医疗机构及社区服务站、村卫生室（按要求抽查）进行基本公共卫生绩效考核，并将考核结果进行评分排名。通过考核，及时准确掌握基层医疗单位的工作情况、对存在问题与不足及时下发考核意见书，督促落实整改措施并上报整改报告，从而推进基本公共卫生服务的开展。2017年，基本公共卫生服务经费财政补助标准人均50元。截至2017年底，基本公共卫生服务经费到位1385.69万元。农村60岁以上老年人健康体检完成2.64万人，完成率达到80%。

【健康扶贫】 2017年，霍州市卫计局开展健康扶贫家庭医生签约服务，服务率与签约率均达到100%。全市“先诊疗、后付费”、一站式服务工作按照山西省临汾市文件要求，制定出台实施方案，同人社、民政等相关部门密切合作。在市人民医院开辟绿色通道，按相关政策开展诊疗活动。2017年，接收各类贫困家庭、低保、五保病人32人，出院32人。贫困人口享受各种政策报销率达到90%以上。

【妇幼保健】 2017年，霍州市卫计局以创建新一轮全国计划生育优质服务先进单位和全国妇幼保健优质服务示范单位为目标，加强妇幼健康和计划生育服务体系建设。开展母婴保健技术规范管理年活动，完成妇幼保健和计划生育服务资源深度融合。开展免费产前检查，任务数为2000例，完成758例。开展农村妇女宫颈癌免费筛查，任务为3000例，完成3069人，超额完成任务。阻断艾滋病、乙肝、梅毒母婴传播，孕期抗体检测住院分娩孕妇抗体检测2056人。落实计划生育免费基本技术服务，加强再生育咨询服务和技术指导，规范完善计生药具的发放、使用、随访工作，加强免费计生药具的质量检测及监察工作。做好优生优育全程服务，促进儿童早期发展，加强出生缺陷综合防治，加强病残儿的申请、初步确认和上报工作。实现国家免费孕前优生健康检查项目全覆盖，提高出生人口素质。农村孕产妇女增补叶酸预防神经管缺陷项目，农村2600人次，服用2050人，完成率79%，城镇980人次，服用928人次，完成率95%。

【现代医院管理】 现代管理制度要求破除以药养医，以管理体制、运行机制、服务价格调整、人事薪酬、医保支付等为重点，全面推开。市人民医院全面启动医改，取消药品加成，实行药品零差价销售，差价由市财政按一定比例给予补偿；调整部分医疗服务价格，医用耗材实行“阳光采购”。所有药品实行零差价销售，开展网上采购高值耗材阳光采购。2017年，累计采购326万元，药品采购1471万元，基药470万元，占比32.13%。财政补偿121万元。在山西省物价局、山西省卫生厅规定的现行价格（山西省医疗服务收费标准二类）基础上，结合霍州市实际，将诊查费、治疗费、护理费、手术费四类费用上调13%、床位费上调35%，大型设备检查和检验费用下调15%。医疗改革取得初步成绩，改革后的门诊、急诊、住院、手术、体检人次和业务总收入较改革前均有所增加；而门诊均次费用、出院人均费用、平均住院天数和药品收入占总收入比例都有一定程度下降，初步取得“业务量上升、均次费用下降、药占比下降”的预期效果。开展眼科、口腔科、肿瘤科等学科建设，对68个病种开展临床路径管理。

【综合监督执法】 2017年，霍州市卫计局以打击非法行医专项行动为重点，以卫生监督所为主体，建立卫生计生综合监督执法队伍。加强市、乡、村三级监督协管队伍和网络建设。制定下发专项行动工作方案，发布打击非法行医通报，宣传深入发动，开展打击非法行医专项行动，推行医疗服务联合执法检查，推进医疗执法违法违规责任人、主管责任、领导责任追究惩戒体系，整治规范医疗秩序和医疗行为。查处无证诊所165户，其中，取缔无证诊所100余户，行政处罚43户次。出动执法人员800余人次，执法车辆200余台次。为全市人民群众营造一个良好的就医环境。

【健康教育】 2017年，霍州市卫计局落实“五城联创”卫生计生职责，多渠道、多方式、多途径开展健康教育工作，推进“全民健康生活方式行动”和“全民健康素养促进行动”。通过新闻媒体开设“卫计之声”宣传栏目，二级公立医院开设健康教育讲堂，开展健康教育“六进”（进家庭、进农村、进学校、进医院、进单位、进公共场所）活动。制定下发工作方案，开展创建幸福家庭、关爱女孩活动，流动人口及农村留守儿童的关怀关爱活动，推进公共场所控烟工作，提高人民群众健康素养，提升医疗卫生服务率。

【安全工作】 2017年，霍州市卫计局树立“大安全、大健康”的理念，明确安全生产工作目标，制定下发“反三违”专项治理和隐患排查工作方案。基层各单位认真排查，实行隐患排查日报表。整治期间排查整治各类安全隐患28项，特别是个别项目工程，工地无人值守施工围栏不标准，警示标志不明显，存在不同程度的安全隐患，经排查立即整改。通过安全隐患大排查大整治活动，对发现的各类安全隐患，挂图作战，整改消号确保安全万无一失。强化平安建设，落实人防、技防、物防等防范措施，提升医院安全防范能力；同时开展医疗质量安全管理专项整治，重点对医疗质量安全核心制度落实、医疗技术和医院感染管理情况进行自查自纠，杜绝院内感染，避免因管理不当引起的医疗纠纷；各单位加强电梯、锅炉、压力容器、氧气房（瓶）以及水、电、气、热等系统的安全管控和维护保养，杜绝违章操作、危房现象和伤人、火灾等事故发生。

【领导班子】

局　长：

贾亚龙（2015.09—2017.12）

党组书记：

邱彩花（女，2015.09—2017.08）

副局长：

武燕平（2015.09—2017.12）

张　铭（2015.09—2017.12）

李红梅（女，2015.09—2017.12）

范淑芳（女，2015.09—2017.09）

纪检组长：

段晓琴（女，2015.09—2017.12）

人民医院

【概况】　霍州市人民医院始建于民国26年（1947年），是一所集医疗、教学、科研、预防、保健和康复为一体的二级甲等综合公立医院；是全市基本医疗保险和各种商业保险定点医院；是交通事故绿色通道定点医院。全院开放床位220张，2017年，年门急诊近10万人次，住院1万余人次。

2017年，医院有职工386人，中共党员109人，专业技术人员314人，其中高级职称29人，中级职称115人。拥有，飞利浦1.5T核磁共振、德国西门子螺旋CT、美国GE新一代双能DR成像系统、双能骨密度仪、美国飞利浦四维彩超、奥林巴斯CV-290消化内镜操作系统、美国史塞克数字HD高清晰腔镜手术系统、德国WOLF电切镜和钬激光碎石系统、血液透析机、法国梅里埃微生物诊断系统等大型设备，基本满足临床需求。

医院开设一、二级临床学科（专业组）及医技科室36个。其中心血管内科、神经内科为山西省首批县级临床重点专科，骨科为临汾市级重点学科，神经外科、妇产科为县级重点专科，引领医院学科发展。冠心病监护病房（CCU）、重症监护室（ICU）、神经内科康复室快速发展，成为霍州市最具规模和特色的科室之一。腹腔镜、宫腔镜、输卵管镜、输尿管镜、关节镜、消化内镜、内镜逆行胰胆管造影及胆道取石、腹腔镜和十二指肠镜双镜联合等系列微创技术的开展，使普外科、泌尿外科、骨科、妇产科、消化内科的技术水平迅速提升，跃居该区域前列。

2017年，霍州市人民医院通过二甲复审，创建临汾市文明单位，巩固平安医院、爱婴医院、无烟医院建设成果，牵手14家兄弟单位组建医疗集团，社会影响力、感召力、增强凝聚力。

【业务工作】　2017年，全院门急诊94382

人次，同比增长21.8%。其中，门诊86371人次，预约诊疗服务20131人次，急诊8011人次。出院10013人次，同比增长7.3%，其中，参保参合人员8501人次，占84.9%。手术2719人次，较2016年增长7.85%。门诊手术864人次，住院患者手术1855人次；腔镜手术54台次，占2.9%，较2016年降低26%；消化科内镜下治疗244人次；急诊手术1245人次，占67.1%；择期手术609人次，占32.9%。收治危重病人592人次，占出院人次的6%，抢救274人次，成功243人次，抢救成功率88.7%。医疗业务工作基本达到年初目标。全年业务收入6848万元，同比增长6.7%；医疗收入4041万元，占59%，较2016年增长1.4%。全院药占比41%，同比降低1.9%。业务支出8032万元，较2016年降低0.4%，其中，人员经费支出2667万元，较2016年增长0.3%；人员经费占业务收入39.5%，占医疗收入66%，占医疗服务收入234%。继续教育培训费用18万元，占业务支出0.2%。收支结构调整渐显成效。

【优质护理服务】 2017年，霍州市人民医院提升优质护理服务。坚持把优质护理服务作为一把手工程，全年组织召开4次联席会议，从大流程到小细节，从宣传指导到执行落实、监督管理，以“具体、可行、方便、不出错”为标准，梳理改进，规范住院病人标本留取、废弃物收集管理、门诊患者注射、灌肠等服务流程。神内、心内病区护理站专门为新入院的急性脑梗、心梗患者准备好一次性水杯和温开水，让患者进入病区即可享受到口服“一包药”的紧急救治。为需要低盐饮食的患者精心特制食盐量杯，方便按量使用，彰显以患者为中心、急患者所急的优质服务理念。尝试开展治疗室6S管理，增加药品置物篮，做到物品放置整齐，标志清晰醒目，环境整洁有序。加强护理质控工作，落实护理会诊，利用鱼骨图对护理不良事件进行分析，明确根本原因，制定整改措施，效果明显；完善转科、转院药品交接制度；规范各科室危重病人观察要点；配合开展肿瘤病人化疗护理、缺血性脑卒中时间窗内溶栓治疗护理。

【科研培训】 2017年，霍州市人民医院开辟技术引学路径。申请国家级研究课题2项，开展维生素A、E水平与儿童呼吸道感染、孕期子痫前期的相关性研究。启动中华预防医学会慢病管理领航项目，开展慢病互联网管理。申办4次市级继续教育项目培训453人次。组织26次院内培训1300余人次，外出培训405人次，网络在线培训5次，培训百余人，累计培训2200余人次。4人完成三甲医院进修任务，开展临床工作。引进医学考试与评价系统，探索职工培训考核信息化管理。在职中高级职称卫技人员继续教育培训合格率70%。

【质量安全】 2017年，霍州市人民医院引深全面质量管理。完善十八项核心制度，编印成册，开展“核心制度学习贯彻月活动”，采取灵活多样的方式强化学习落实，做到人人知晓，人人掌握，人人做到。重点加强危重病人、特殊病人管理，多维度评估，多角度监管，集多方力量及时为患者确定最佳的个体化诊疗方案，杜绝安全隐患。2017年，共计发现和规范处置危急值1005例次，共收治危重病人592人次，同比增加350人次，占出院人次的6%，均收到较好效果，无重大医疗失误和医疗事故。鼓励临床医师对出院病人进行随访，指导患者院外用药、康复及健康生活方式，提高患者满意度及忠诚度。实施过程干预，提高病历质量。通过医疗夜查房，科主任、质控员检查，院级质控员每月抽查，病案首页专项检查等方式，加强对运行病历、终末病历，手术、输血、疑难、危重、死亡、新技术等重点病历的督查，严格考核，促进整改提高。2017年，甲级病案率97.1%，无丙级病历，首页填写完整率99.9%，诊断完整率96.7%，主诊断正确率97.6%。出院病历7日回收率90.1%，3日回收率21.8%。促进临床合理用药。坚持“一把手”亲自抓，开展合理用药专项整治活动，成立领导组，召开全院临床医师动员大会，医生及科室代表表态发言，签定合理用药责任状，明确科主任是科室合理用药第一责任人。建立合理用药监督管理体系，各科室职责明确，分级管理，逐级负责，多部门协作。重点监控辅助类用药和抗菌药物的销售、使用情况，从源头治理，日常统计，医嘱、处方点评，督导考核，整改反馈实施全流程综合管理，对中药注射剂、质子泵抑制剂、营养类等辅助用药及抗菌药物、激素、孕产妇及儿童用药开展专项点评；对临床用量较大的脑代谢药物、活血化瘀等中药注射剂实行动态监控、限量管理，医务处反馈、考核，促进临床合理用药。至12月，医嘱点评合理率82.4%，处方点评合格率95.1%，全部达到年初目标。规范临床用血管理，坚持做到用血评估标准化，关键环节制度化，严格按照输血指征输血，用血行为科学合理规范。根据临床供血协议，为霍州市及周边8个医疗单位提供临床用血和急救用血，全年共储备发放红细胞2632U、血浆9.9万毫升、血小板91个治疗量、冷沉淀12U、去白全血4000毫升，未出现输血医疗差错事故。院内临床用血221人次，输注去白悬浮红细胞973U、血浆35275毫升、血小板33U，冷沉淀10U。发生输血不良反应3人次，均未造成严重后果。强化推行临床路径管理。临床路径规范医疗行为，促进同病同质、标准化，为医保单病种付费和总额打包付费奠定科学管理的基础。全年共有13个专业组开展临床路径，新增30个病种，累计开展84个病种，符合路径病例4847例；入组4353例，入组率89.8%，占总住院人次的44.3%；较2016年增加1828例，增长72.4%；完成4149例，完成率95.3%，按路径出院病例占出院病人总数的42.4%。

感控意识日益增强，群体行为更加规范。修定完善医院感染管理制度，工作重心继续下沉，加大岗位督查力度，解决问题在一线。采用“互联网+”方式开展工作，利用微信平台定期宣教，参训学习达千人次。全面落实“清洁的手　呵护健康”和“安全注射”2个行动方案，手卫生依从率73.3%，正确率95%。安全注射行为依从率59%，安全注射知识知晓率74%，达到要求。各项监控指标合格，医院感染发病率0.26%，无漏报病例。多重耐药菌（耐碳青霉烯鲍曼不动杆菌）感染发现率0.01%，I类切口手术部位感染率0.24%。开展医疗废物专项自查，改建医疗废物暂存处，规范处理流程，医疗废物交接更加具体详尽可追溯。改造供应室清洁物品通道，流程更加科学、合理、规范。

【学科建设】　2017年，霍州市人民医院精神科门诊、康复医学科、肿瘤内科作为新学科，完成人才培训、设备购置、场地准备等系列建设工作，公开亮相并启动运行。消化内镜专业保持较好的发展态势，完成息肉切除术236例，异物取出8例。头颅及血管、椎体、盆腔、关节、腹部等部位的磁共振检查和诊断技术成熟，检查2855人次，直接经济收入超过200万元，影像报告合格率100％。

【就医环境】 2017年，霍州市人民医院增加医疗业务用房。集中建成职能部门办公区域，规范临床科室门诊诊室设置。合理划分和布局功能服务区域，挂号、门诊、住院收费室联合办公，各类医保窗口整合在“收费大厅”，实现入出院结算一站式服务。互联互通便捷就医。接入健康山西平台，与山西省人民医院、临汾市人民医院搭建远程会诊链接，远程心电让市级专家面对面实时诊断；检验系统全面升级，与山西省人民医院结果互认成为现实。趣医网、区域平台、医保接口助力区域信息实时共享，网上预约挂号、线上线下支付友好互动。完善信息化建设，加快实现让“信息多跑路、百姓少跑腿”的承诺。

【指令性任务】 2017年，霍州市人民医院120出车1604次，接回病人1314人次。开通绿色通道21人次。推进“警医联建”，完成霍州市看守所365×24小时值班任务。配合教育局、武装部完成1621人次高考体检、304人次征兵体检。100％完成政府指令性任务40余项。

【关注弱势群体】 2017年，霍州市人民医院“健康扶贫”助力“精准扶贫”。精挑细选48个专科医务人员组成6支医疗队，涵盖各学科，作为健康扶贫的前锋哨队，“双签约”12个乡镇3187个贫困人口，累计入户服务63人次。对农村贫困人口实行“先诊疗后付费”“一站式”服务，为建档立卡贫困人口救助对象服务43人次，垫付医疗费用33.9万余元。组织下乡巡回医疗16次，义诊400余人次，上门评残14人次，有效释放健康红利，惠及贫困群众。

【预防保健工作】 2017年，霍州市人民医院定期开展健康大讲堂，院内糖尿病知识公益性讲座4次，病区开展健康教育讲堂36次，发放健康宣教资料5000余份。全年共报告传染病786例，无甲类传染病，乙类传染病460例，丙类传染病326例，无重大传染病疫情发生，传染病漏报率为零。“疟疾”筛查150例，均为阴性。新生儿首针“两苗”安全接种1498例，接种率100％。乙肝阳性产妇所生婴儿注射乙肝免疫球蛋白49支，为5例梅毒产妇及所生婴儿免费注射苄星青霉素。执行“三网”监测及死亡病例报告制度，漏报率为零。全年共筛查孕妇3576例，发现胎儿畸形8例。加强食品安全监测工作，全年食源性疾病上报174例。规范结核病定点防治。结核病门诊初诊登记420人次，同比增加292人次；初诊患者查痰305人次，同比增加258人次，查痰率72.6％；新涂阳7例，痰培养3例，阳性1例。确诊肺结核患者127例。无漏登、漏报。

【精益管理】 2017年，霍州市人民医院强化精益管理，完善组织架构，建立健全以医院质量与安全管理委员会为统领的委员会管理体系，成立医院质量管理办公室，科学划分职责，实施全面质量安全管理，发挥各委员会在质量管理中的决策、监督、指导作用。推进标准化、制度化、规范化管理。各部门、业务科室上下联动共进退，左右协同齐步走，在规章制度、诊疗常规、技术规范、操作规程上精雕细琢下功夫，做实、做好基础工作，系统梳理，全面修订，分装成册，做到事事有章可循，有据可依，有方可查，增强全院自我管理能力。推进质量管理广度和深度。落实以行政早交班、医疗夜查房、总值班、周例会、月考核、季总结等为基础的时间轴管理，“大部制、扁平化”管理机制促进融合，提高效率；各项管理工作下沉，质量管理真正落地科室，形成常态，养成习惯，全员参与渐成现实。经过反复学习培训、实践探索，医务处、护理部等职能部门、各临床科室质控员熟悉并掌握部分常见的管理工具，运用于具体工作，使管理队伍发现问题、分析问题、处理问题、解决问题能力增强。

【技术创新】 2017 年，霍州市人民医院着眼临床需求和专业发展方向，开发各种渠道，利用医联体对口支援、外出学习培训、技术协作等各种方式引进、推广适宜技术，开展屈肌腱损伤改良 kesser 缝合，食管癌内镜下支架植入术，注射用阿替普酶溶栓治疗脑卒中，咪达唑仑治疗癫痫持续状态，依那普利叶酸片治疗 H 型高血压，托伐普坦治疗心力衰竭伴低钠血症体液潴留，消化系统肿瘤化疗等 7 项临床新技术百余例，均取得疗效，患者满意率达 99%。降钙素原 POCT 检测为临床危重症感染快速诊断提供可靠依据，新增眼底超声检查、角膜曲率检测、眼底照相等眼科技术，为上千例患者提供规范诊疗手段，直接经济收入 7 万余元，为新技术项目的开发奠定基础，也为基本学科和弱小学科的发展迈出探索的一步。

【公立医院改革】 2017 年，霍州市人民医院严格落实公立医院改革要求降药比。药占比是医院管理中的“老大难”，起起落落长期不达标。医院针对问题，专门召开药品遴选会议，去除中西药品 172 种，从源头治理。加强医嘱、处方点评，每月通报辅助类药品销售排名、科室辅助类用药排名，强化考核。自 2017 年 8 月起，住院部药占比已降至 30%以下，至 12 月住院部药占比 28.81%，全院药占比降至 36.5%，同比降低 6.34%。精准施策管卫材。卫材占比持续较高，工作中普遍存在管理不善和过期浪费现象。从制定领用计划入手，逐一规范领用、保管、使用、清点等程序，做到账物清晰，使用得当。破解难题控费用。按照国家政策和收费标准，理清项目，准确解读，严格落实，严把费用质控关，杜绝错报、漏报，主动维护医、保、患三方权益。

【人才培养】 2017 年，霍州市人民医院在加强在岗职工继续医学教育的同时，加强新人招聘工作，充实技术队伍。2017 年新招聘临床专业 3 人，药学专业 1 人，麻醉专业 1 人，影像专业 5 人，梯队建设渐趋合理。

【文化建设】 2017 年，霍州市人民医院开展文明单位创建活动，通过临汾市文明单位测评。践行以德为先、全面育人的培养观。重视道德教育，开设道德讲堂，开展医学人文道德培训，更新院内宣传版面，重塑楼道文化，开辟廉政文化长廊，提升整体文化内涵，让社会主义价值观融入“以病人为中心”、仁爱奉献团结创新的医院文化。完成全院 368 个职工健康体检，举办庆“五一”职工文体活动，为职工办实事、解难题，及时组织慰问患病困难职工，做好职工及直系亲属丧葬抚恤工作。以院刊、微信平台、微信群为载体，加强沟通宣传，打造自身文化。

【资源整合】 2017 年，霍州市人民医院分级诊疗逐步启动，上联三甲，与山西省人民医院、山西省肿瘤医院、山西省心血管病医院、临汾市人民医院、临汾市中心医院等三甲医院建立医联体和专科联盟。牵手 14 家乡镇卫生院、卫生站、社区服务中心共同组建霍州市医疗集团，成立集团理事会，选举 35 个理事，11 个常务理事。该院成为上下联动的中枢。

【党风廉政建设】 2017年，霍州市人民医院以“两学一做”学习教育常态化制度化、开展维护核心见诸行动主题教育为契机，落实“三会一课”，加强领导班子自身建设、医护队伍素质建设、医院文化建设和党风廉政建设。教育全院干部职工牢固树立“红线”意识和“底线”思维，抓好重点领域、重点科室的风险防范。坚持党务院务分开，发扬党内民主，落实医德考评。组织参观石兰峰纪念馆、霍州署廉政教育基地，观看《仁医胡佩兰》，学习贯彻党的十九大精神，结合医院实际，强化责任意识，切实增强本领，把握新时代新要求。

落实党风廉政建设主体责任制，履行“一岗双责”。贯彻落实医疗卫生行风“九不准”规定，加强医疗行风监管工作，做到党风廉政建设与业务工作“两手抓、两不误”。完成重点科室、重点岗位管理人员全面轮岗。院内药品、设备等物资实行网上阳光采购，确保公开、公平、公正。推行药品购销“两票制”，执行《落实〈2017年纠正医药购销领域和医疗服务中不正之风专项治理工作要点〉行动计划》，完善药品采购机制，强化购销行为监管，加大对突出问题的整治力度，严肃纪律，突出重点，狠抓源头，力求在推行“三合理”、规范服务、强化控费、完善纠风工作长效机制方面取得成效。

【领导班子】

院　长：

乔亚明（2012.08—2017.12）

书　记：

张春生（2012.08—2017.12）

院长助理：

张军丽（女，2015.01—2017.12）

【获奖情况】

2017年，霍州市人民医院获山西省临床检验室间质量评价优秀单位，获临汾市人民医院医联体急救工作先进单位。

（张周龙）

中医院

【概况】 霍州市中医院建成于1986年10月。医院设内儿科、外科、妇科、五官科、皮肤科、康复科、烧伤科及辅助科室，开设病床50张，至2017年底，共有正式职工68人，其中卫生专业技术人员63人，中级以上职称21人，是一所集医疗、科研、急救、预防和康复为一体的中医医院，承担着霍州市周边10余万人民群众的预防保健、常见病诊疗、大病预约、转诊及手术病愈后的康复，护理等职能。中医院从1987年开始接诊病人，诊疗原则为“突出中医特色，中西医结合”。

【中医院迁建】 霍州市中医院旧址位于霍州市桥西街46号。由于院内房屋年久失修，裂缝滴漏，破烂不堪，早已成为危房；2010年，上级部门批准新建霍州市中医院门诊住院楼，该项目是中央预算内工程项目，共投资1650万元，其中国家专项资金1300万元，地方配套350万元，新中医院位于霍东新区经五路东侧、开元小区南侧，占地13亩，该项目为地上四层（局部五层），框架结构，建筑总面积6400平方米。2011年11月动工，2013年底主体工程完工，2017年完善新医院二期工程各项手续。

【人才培养】 2017年，霍州市中医院根据医院学科建设的要求，派出各个专业人员去上级医院进修学习，使员工开阔视野，增长知识，掌握发展趋势，明确行业要求，学习先进技能，逐步缩小同行业差距，提高整体业务素质。为中医院新院开业奠定基础。

【党风廉政建设】 2017 年，霍州市中医院领导带头廉洁自律、厉行节约，执行中央八项规定和山西省、临汾市有关廉洁自律规定和要求，落实党风廉政建设责任制，推进党风廉政建设，确保医院的和谐、稳定、健康发展。

【发展规划】 中医事业事关未来，功在千秋。由于历史原因，医院起步较晚、底子薄，专业技术人员匮乏，加之近年医院停运，医院面临着前所未有的挑战和机遇。医院的管理者必须锐意改革，与时俱进。要利用中医药实践，提升在国内和国际的地位和影响力，必须找准切入点，针对患者所需，开发医学新领域，满足不同层次患者的医疗需求。要走专科专病之路。利用传统的中医药治疗方法，结合现代医学技术，走出一条专科专病模式，以点带面，发展壮大自己，并引进新技术、新项目，促进专科的全面发展。要依靠服务治疗竞争发展自己，树立品牌意识，为广大患者提供优质、安全、温馨、便捷的服务。通过在基层培训中医药适宜技术，培训中医人才等活动，获得市场份额，取得社会效益和经济效益。霍州市中医院要始终遵循“发挥中医药特色，中西医结合”的建院方针，结合霍州市的发展水平，因地制宜探索出一条适合自己的路，为建设和谐健康霍州作出贡献。

【领导班子】

院　长：

王雅琳（女，2012.08—2017.12）

书　记：

马国平（2003—2017.12）

副院长：

孔生福（1993—2017.12）

王海林（1993—2017.12）

（王雅琳）

爱国卫生工作

【概况】 霍州市爱国卫生运动委员会办公室是霍州市爱国卫生运动委员会的办事机构（简称爱卫办），正科级建制，共有干部职工 9 人（其中正科级 2 人，副科级 3 人），主要职责是：负责全市爱国卫生工作的组织协调、监督指导、检查评比、表彰奖励等，开展环境治理、除害防病、农村改厕为重点的群众性爱国卫生运动。2017 年以创建国家卫生城市为中心，发挥协调职能，做好基础工作，以创建国家卫生城市标准为要求进行摸底调查，列出问题清单，划分责任区，狠抓薄弱环节进行集中整治，开展市容环境卫生、食品药品卫生、环境保护、公共场所卫生整治，开展全民健康教育、传染病防治工作、爱国卫生组织管理、病媒生物防治工作。

【环境整治】 2017 年 3 月 8 日，在全市开展环境卫生百日综合整治活动，实施大气环境、水体质量、城乡清洁、生态治理、交通秩序“五大提升工程”，制定下发《霍州市环境卫生百日综合整治活动实施方案》《关于开展全市路域、河道环境卫生集中整治工作的通知》《霍州市食品加工小作坊环境卫生标准》等一系列文件。6 月，在全市环境卫生百日综合整治活动的基础上，制定下发《霍州市城乡环境集中整治行动实施方案》，实施以市容市貌集中整治、农村环境集中整治、道路交通集中整治、工矿企业环境集中整治和旅游景区景点集中整治为主要内容的“五大”整治。

【爱国卫生月】 2017年，霍州市爱国卫生运动委员会开展以“历史与展望——为了人民健康的65年”为主题的第29个爱国卫生月活动。制定下发《关于开展第二十九个爱国卫生月活动的实施方案》，利用电视台、电台、报刊、微信公众平台等媒体开设爱国卫生专栏，宣传爱国卫生内容，在主要路口设置大型户外宣传牌匾16块，悬挂条幅70条；用多种形式广泛开展爱国卫生宣传教育活动。

【农村改厕】 2017年，霍州市爱国卫生运动委员会把农村改厕工作纳入爱国卫生工作的重点，制定下发《霍州市2017年农村改厕工作实施方案》，利用庙会、检查等机会深入各乡（镇、街道）宣传无害化卫生厕所好处。

【除四害】 2017年，霍州市爱国卫生运动委员会下发《关于开展消杀活动的通知》，在全市开展“除四害”消杀活动。并从山西省消杀站购回“除四害”药物，免费发放，对重点单位进行密度监测，预防和减少病媒传播疾病的发生和蔓延。

【领导班子】

主　任：

武　翔（2011.04—2017.12）

党支部书记：

李　涛（2013.12—2017.12）

副主任：

毋历华（2002.05—2017.12）

朱志华（2002.12—2017.12）

李　毅（2007.08—2017.12）

（李毅）

医药管理

【概况】 霍州市医药有限公司始建于1956年7月，2006年10月由原山西省霍州市医药药材公司改制而成，是一个具有独立法人资格的医药商业骨干企业。注册地址：霍州市鼓楼东街146号。经济性质为：有限责任公司。公司机构设置为“六部一室”：即财务部、质管部、采购部、储运部、销售部、信息部和办公室。并独家投资设立山西德顺源大药房连锁有限公司，旗下有连锁门店21家。2个公司为同一法人，实行人力资源共享，统一管理。截至2017年底，共有药品从业人员150人。经营范围为中药材、中成药、中药饮片、化学药制剂、抗生素、生化药品、生物制品（除疫苗）、精神药品（限二类）、蛋白同化制剂及肽类激素、医疗器械、保健食品12大类共计5800余个品规的医药商品，担负着霍州市、霍州煤电集团、铁路职工、居民及门诊大额疾病医保刷卡，霍州、汾西、洪洞等地基药配送及全市30万群众防病治病、康复保健、抢险救灾药品供应任务。

【经济指标】 2017年，霍州市医药有限公司商品销售实际完成11707.62万元，占年计划10541.5万元的111.06%，与2016年同期的13740.72万元相比降低14.80%。实现利润实际完成396.91万元，占年计划300万元的132.30%，与2016年同期的304.83万元相比提高30.20%，净增绝对额92.08万元。上缴税金：实际上缴480.55万元，占年计划450万元的106.79%，与2016年同期的476.07万元相比提高 0.94%，净增绝对额 4.48 万元。

说明：2017 年度商品销售收入统计口径因企业内部改革按两个公司计算，含霍州医药销售给德顺源的 3698.43 万元，实际纯销售净额为 8009.19 万元。

【企业管理】 2017 年，霍州市医药公司提出向管理要效益的决策。优化监管手段，借助互联网平台，先后投资 36.8 万元安装能够覆盖所有网点的监控设施，做到实时信息传输与监督，提升企业监管水平；强化团队管理。树立典型，鞭策后进，率先在第二连锁药店推行做早操和召开班前会的做法，扩大德顺源大药房在霍州市的影响力，对个别管理不善的单位负责人采取领导约谈和对全体员工进行集体约谈的形式提出警告，有效遏制不良行为的蔓延；细化经营管理，优化品类结构，坚持从源头治理入手，层层落实责任，经过摸底排查，基本理清板蓝根、阿莫西林、六味丸等 10 余个品种“家族”的关系，对一些非知名厂家的产品作出停购、退货和淘汰出局的决定。针对国家在医疗机构药品采购中强推“两票制”造成个别品种积压的问题，业务、采购部门提前介入，主动出击，有效化解经营风险，批发库存从高峰期的 1200 万元降到 800 余万元，加速资金周转，减少财务费用支出；加大监督力度，规范票据管理，实行责任追究。针对存在的问题，结合“金税三期”工程的实施，及时修订票据传递流程，加大增值税专用发票的跟踪监管力度，做到交接有登记，一票一签字的管理，遏制票据传递中丢失现象的发生。通过采取这些行之有效的措施，规范企业管理工作。

【经营策略】 2017 年，霍州市医药公司随着两票制、零加成在医疗机构的重磅落地以及零售连锁竞争的日益加剧，经营工作陷入低迷状态。面对现状，顺势而为，寻求对策，合力突围。采购部主动出击，寻求与业界供货商谈判，争取两票制货源的配送权；两大仓库主动担负起供给侧改革中去库存、调结构、甩包袱的重任；四大中心强力驱动，共同发力，扭住年度奋斗目标不放松。

连锁销售中心：霍州市医药公司以“八加一”门店为支撑，遏降幅、抓增量，采取措施拉动销售业绩整体回升。适时推出各种促销活动，尤以第三届惊蛰期间安宫牛黄丸促销和“双十一”“双十二”打折让利收效最佳。强化会员管理，极力培养顾客忠诚度。全年 18 家门店共计开展会员日活动 1296 天，打折让利金额达 54.68 万元，使会员得到实惠。引入竞争机制，创新营销模式。鼓励员工走出店门，变坐商为行商，利用各种社会资源开展增量品种的营销工作。走专业化发展之路，实施医药联动，推进“药店＋诊所”经营模式。在第一连锁药店筹办德顺源国医馆。打好增网布点攻坚战役，提高市场占有份额，为城乡居民医保刷卡全线启动作准备。在河西新区、团柏矿区和赵家庄社区增设三处网点，为开辟新市场，拉动零售业务回升增添新的引擎。

医院销售中心：霍州市医药抓住霍州市人民医院、霍州煤电集团总院两大客户不放松，疏通民营医院销售渠道，实行跟踪对接服务，密切战略合作关系，提高市场占有份额。2017 年 1 至 7 月销售金额为 1673.37 万元，与 2016 年同期的 1465.19 万元相比，提高 14.21%，净增绝对额 208.18 万元。8 月，由于受药品采购“两票制”的影响，医院供货严重受阻，销售占比所剩无几。一方面寻找“两票制”供货资源，另一方面从小事做起，从临床所需急救药品备案供货开始，供货品种由起初的20余种增加到60多种，月供货金额也由起初的不足20万元增加到50万元左右。

基药销售中心：霍州市医药公司以调整受政策影响形成的积压、滞销商品为突破口，实施霍州、洪洞、汾西全覆盖。在解决积压、滞销商品工作中，细化目标，责任到人，凭借多年与客户建立的伙伴关系，致使一批濒临有效期的药品化险为夷，得以消化，为公司挽回一定的经济损失。全年基药配送金额达1151.64万元，其中：霍州战区完成600.01万元，汾西战区完成202.06万元，洪洞战区完成349.57万元。

外埠销售中心：霍州市医药推进总代理战略的实施，凭借江西汇仁、山东东阿、先声药业、李时珍药业的主打品牌优势，通过晋临医药联盟平台，走出临汾，面向全省，开发祁县阳光、晋中天城等一批优质新客户，全年销售金额达325.8万元。

【惠民医保】 2017年，霍州市医药公司在强化管理上做文章，在自我监督上下功夫，在规范运作上出举措，在业务服务上拓范围，提升医保工作整体水平。在医保工作实行“一把手”负责制的前提下，发挥“两长一员”的职能作用，形成齐抓共管的新机制。坚持内部自查和接受医保经办机构督查相结合，及时发现医保工作运行中存在的不足，制定相应的整改措施。建立处方核对，价格公布，药师责任，药品分类等管理制度，使之更加符合要求，更具有约束性，从各个方面促进规范运作进程。拓展医保服务新领域，在做好市城镇职工门诊大额疾病服务的同时，2017年，霍州市医药公司在第二药店、辛置、民康三家连锁药店中启动霍煤集团门诊大额疾病刷卡业务，截至12月25日门诊大额疾病服务达6728人次。加快医保定点药店建设，搭建服务全民医保平台。

【质量管理】 霍州市医药公司质量管理必须做到标准不降，力度不减，全方位、规范化。增强全员质量意识，落实岗位质量职责。严格质量管理流程，注重质量现场管理，公司所属各单位统一与市食药局签定质量安全责任书，为确保责任书的落实，配套制定事前作预警，事中重跟踪，事后细评审的实施方案，使质量管理工作责任明确，措施可行，落实到位。慎重对待飞行检查，立行整改促进完善。在2017年山西省、临汾市药监部门对永康路仓库和鼓楼药庄连锁店开展的飞行检查中均受到专家们一致好评。对各种质量管理档案进行重新整理归类，加强质量档案管理；对空调、冷藏柜，阴凉柜等设施设备进行维修保养，保证设施设备的正常使用；根据药品储存实际需要，给永康路仓库增加除湿机、加湿机各3台，冷风机2台，空调、冰柜各1台，增强温湿度的调控能力，有效保障药品储存期间的安全性。加强特殊药品管理。按要求申请加入“特药”信息报告系统，全程监控特殊管理药品购、销、存情况，确保此类药品经营更加符合要求，更加规范。在药监部门取消药品电子监管扫码工作的情况下，保持扫码上传工作，确保质量追溯跟踪到位，确保药品购进有来路，销售有去向，给经营者一个清白，送消费者一个放心。经过全面质量管理的实施，提高公司质量管理水平。

【人才战略】 2017年，霍州市医药公司采取“请进来，走出去”的方式，开展员工培训教育工作。借助战略合作资源平台，先后与汤臣倍健、太极集团、三九药业等厂商联合举办14期药品知识、营销策略和服务技巧的培训，选派50个业务精英赴太原、西安、山东参观学习，提升自身素质。采取内部培养和招贤纳士并举的模式，加快人才队伍建设。2017年有4个员工取得执业药师资格证书，从社会上招聘回执业药师9人，解决技术力量不足的问题。经过考评，与14个临时聘用人员签订有固定期限的劳动合同，并足额缴纳各种社会保险费；在管理层大胆尝试班组长担负部门管理职责的重任，给员工锻炼和成长提供平台，给人才培养开辟新途径。优化员工培训模式，增强团队凝聚力。携手仁和中方成功举办为期2天的封闭式培训活动，参加集训的员工达70余人。“五一”期间由工会牵头，开展“我的霍药情、我爱德顺源”主题征文活动，共有68个员工参加。

【助力扶贫】 2017年，霍州医药公司抽调精兵强将组成扶贫工作队，深入扶贫包联点退沙街道许村，采取“输血”与“造血”相结合的方式。配合许村“两委”班子，开发扶贫项目，壮大集体经济，启动古村落复原和光伏发电两大项目。因户施策，因人施策，分别对包联的10户贫困户进行针对性扶贫，送去价值7200元的棉被、面粉、食用油和保健器材等慰问品，为贫困户朱艳华在公司提供就业岗位，为其子女申请助学贷款。七一期间组织一次送医送药下乡扶贫活动，共计义诊89人次，免费为近百名群众发放健康手册和药品，价值金额8236元。

【基础设施建设】 2017年，霍州市医药公司着眼企业长远发展规划，加大固定资产投资力度。经过反复考察论证，由企业自筹资金，在桥西街宏佳家居建材城购置一套上下三层的临街商铺；在赵家庄居委会门楼内购置建筑面积108平方米的商铺。经过精心设计，合理布局，全部进行装修，并配置一流的栏柜、货架和中药柜等设施设备，已投入使用。更新门店设施，改善门店环境。对第三药店、大众、国药苑等7家连锁店进行重新装修，更新栏柜、货架等基础设施，使门店面貌焕然一新。消除安全隐患，创优工作环境，对公司部分设施进行妥善维修。

【领导班子】

董事长、总经理：

张国新（2006.10—2017.12）

董事、副总经理：

张海杏（2006.10—2017.12）

李成文（2015.03—2017.12）

总经理助理：

宋永利（2017.02—2017.12）

刘世保（2017.02—2017.12）

（孔睿）

食品药品监督管理

【概况】 根据霍州市人民政府《关于霍州市食品药品监督管理体制改革的实施意见》（霍政发〔2013〕41号）和霍州市人民政府办公室《关于印发霍州市食品药品监督管理局主要职责内设机构和人员编制规定的通知》（霍政办发〔2013〕46号）文件精神，2013年12月成立霍州市食品药品监督管理局。霍州市食药监局位于霍州市开元街开元盛典A1座6单元301。内设5个机构、1个稽查队和6个乡镇监管站。共有行政人员19人，事业人员21人，工勤人员2人。

【主题教育活动】 2017年，霍州市食药监局开展“讲政治、知敬畏、守规矩”专项治理活动。按照市委关于开展“讲学习、知敬畏、守规矩”专项治理活动的统一部署和要求，开展党章党规、系列讲话学习，筑牢党员干部“四个意识”，教育引导党员干部严守党的政治纪律和政治规矩，为开展食品药品监管工作提供政治保障。提升政治素质，转变工作作风，严明工作纪律。推进“两学一做”学习教育常态化制度化，开展维护核心见诸行动主题教育活动。食药监局领导班子增强政治自觉和行动自觉，5月22日，召开推进“两学一做”学习教育常态化制度化、开展维护核心见诸行动主题教育动员会。全体党员干部开展学习，学思践悟，融会贯通，自觉用习近平总书记系列重要讲话精神武装头脑、指导实践。学习宣传贯彻党的十九大精神，10月18日，组织全体党员干部集体观看中国共产党第十九次全国代表大会开幕式，聆听习近平总书记代表十八届中央委员会向大会作的报告。利用党日活动时间组织党员干部学习宣传贯彻党的十九大精神，学习习近平新时代中国特色社会主义思想，筑牢树立“四个意识”，增强“四个自信”，提高政治素质。

【食品药品宣传】 2017年，霍州市食药监局主动把食品药品法律法规和安全知识传递到基层、输送给群众，增强全社会对食品药品安全的认同感、参与感，利用各种宣传日开展集中宣传，贴近群众，贴近实际，贴近生活，发放宣传资料，接受群众咨询，增强基层群众食品药品安全意识；主题宣传。建立15个公交站点宣传栏，发展3个基层科普宣传站，制作悬挂农村、社区、学校宣传版面，固化宣传内容，体现宣传特色，更好地为基层群众提供服务。结合霍州市省级文明城市创建活动，制作公益宣传画、食品安全桌牌、信息公示栏、工衣，免费向全市餐饮服务单位发放，提升餐饮行业文明水平；媒体宣传。通过霍州市官方新闻媒体开辟宣传专栏，播放公益广告，介绍工作动态，讲解法律法规，延伸宣传触角。

【食品药品许可】 2017年，霍州市食药监局成立行政审批股，依法履行食品药品许可工作职责，实现行政许可进驻行政审批中心统一办理，实行行政许可事项网上申请申报，严格许可标准，严格现场验收，把好准入关口。完善制度，强化约束，坚持公开、公平、公正的原则，公开许可内容、许可程序、许可时限，优化许可流程，缩短许可时限，提升服务水平和许可效率，树立良好的窗口形象。2017年，核发“食品生产加工小作坊许可证”27份；核发流通类“食品经营许可证”136份、餐饮服务类“食品经营许可证”66份，办理“餐饮服务类食品生产加工小作坊许可证”313份。配合临汾市局核发“食品生产许可证”1份、“药品经营许可证”5份、“医疗器械经营企业许可证”5份。

【食品药品监管】 2017年，霍州市食药监局同全市食品药品生产经营企业签定安全责任书，明确具体要求，落实主体责任，消除安全隐患，规范生产经营，提升企业安全管理水平。6个监管站每月通过现场指导、教育培训、隐患排查等方式检查规范3至5家企业，领导班子适时督查，一级抓一级，层层抓落实，提升企业规范化水平。通过山西省局信息系统及时录入食品生产经营企业基本信息和日常监管信息，留存工作痕迹，实现动态监管。实行“一店一档”，建立食品生产经营企业诚信档案，方便监管工作开展。指导餐饮服务单位加强硬件建设，完善设施设备，将食品加工制作全过程向消费者公开展示，接受消费者监督。2017年，共有21家餐饮服务单位完成“明厨亮灶”工作。

【食品药品培训】 2017年，霍州市食药监局强化食品药品从业人员培训教育，科学制定培训计划，精心遴选培训内容，免费发放培训资料，有计划、有重点组织开展集中培训，增强从业人员法律意识、安全意识、规范意识。全年共开展各类培训15次，培训各类从业人员450人次。

【食品药品安全】 2017年，保障霍州市七届人大二次会议、政协霍州市七届二次会议及高考、中考期间的食品药品安全。明确责任，细化措施，开展现场监督、集中检查、重点驻守，消除安全隐患，保证重大活动顺利开展。

【违法案件查处】 2017年，霍州市食药监局重点围绕无证经营、超范围经营、生产经营假冒伪劣产品开展市场稽查，发现食品药品领域存在的违法违规问题和线索，依法打击，坚决取缔，净化市场秩序，加强案件管理，规范文书制作，确保实体公正和程序公正。全年共立案51起，结案51起，处罚人民币19.33万元。强化投诉举报，运用“12331”投诉举报平台，主动接受群众投诉举报，坚持有报必接、有接必查、有查必复，做好登记，迅速开展核查，准确定性，依法处置，及时回应，维护人民群众合法权益。全年共受理投诉举报25起，处理25起。

【餐饮业油烟净化专项整治】 2017年，霍州市食药监局按照全市环境卫生综合整治的工作要求，结合工作实际制定具体实施方案，明确工作目标、工作任务、实施步骤和保障措施，成立领导机构。各职能股、各监管站各司其职，各负其责，开展摸底调查，明确各自需要完成的工作任务和重点，主动投入到油烟净化工作中。组织各乡镇监管站进行全面摸底排查，逐户进行登记，及时向上级报送，为开展油烟净化工作提供第一手资料。加强宣传引导，印发《关于开展餐饮服务单位油烟净化工作的通知》，主动向餐饮服务单位宣传开展油烟净化专项整治的重大意义，强化责任担当，抓好整改完善，营造良好氛围。该局组织工作人员开展监督检查，督促具备条件的餐饮服务单位按规定安装油烟净化设备，投入正常使用。对管理不规范、行动不积极、存在较大安全隐患的餐饮服务单位下达责令改正意见书，对个别存在严重安全隐患的单位责令关停。全市共有122家餐饮服务单位完成油烟净化设备安装工作，责令关停13家。

【食品领域专项整治】 2017年，霍州市食药监局进行食品领域专项整治。开展婴幼儿配方乳粉专项整治，重点检查经营者的主体资质、经营台账和进货发票、标签标志、存储条件、生产日期和保质期。检查24家经营企业，责令整改5家。开展食用农产品批发市场专项检查。督促市场开办者建立健全食用农产品安全管理制度，履行日常管理责任，加强入场审查；督促经营者建立台账，严格履行进货查验和查验记录制度，完善索证索票制度，实现农产品质量可追溯，把好市场准入关。开展学校食堂、单位食堂、建筑工地食堂、旅游景区餐饮单位进行专项整治。以原料采购、人员健康管理、餐饮具清洗消毒、食品留样为重点开展监督检查，消除安全隐患，提升安全水平。共检查学校食堂85家，单位食堂、建筑工地食堂36家，旅游景区餐饮单位20家。开展保健食品流通领域违法经营行为专项整治。对全市71家保健食品经营企业进行全面检查，重点检查产品购进渠道是否合法、索证索票是否齐全、台账记录是否完整、标签说明书是否符合要求，纠正存在问题，消除安全隐患，提升保健食品经营管理水平。

【食品药品检验】 2017年，霍州市食药监局委托谱尼测试集团股份有限公司抽检食用农产品242批次；配合临汾市局开展药品抽检，深入6家经营企业和医疗机构抽取样品25个品种；配合临汾市局抽检保健食品2个品种、化妆品5个品种；加强快检能力建设，组织各监管站开展快检160个品种；组织食品生产企业送检纯净水、小麦粉、食用油、糕点、豆腐5个品种，强化监管工作的技术支撑。

【精准扶贫】 霍州市食药监局帮扶白龙镇陈村、燕南庄、柳树腰3个村，共有贫困户38户113人。成立帮扶工作队，由党支部书记、副局长崔世娟任队长，推进各项惠民政策和帮扶措施的落实。帮扶工作队多次集中深入38户贫困户家中开展入户调查，面对面同贫困户进行沟通交流，对各贫困户家庭情况、生活来源、子女就学、疾病就医等基本情况进行详细调查，并做好工作日志。在了解贫困户基本情况的基础上，制作帮扶牌并为贫困户逐一悬挂，明确帮扶责任。针对不同贫困户的家庭实际和生活困难，制定“一户一策”并及时付诸实施，增加贫困户的收入。落实各项惠民政策，让贫困群众得到实惠。宣传落实健康扶贫双签约政策。8月1至9日，工作队深入3个帮扶村宣传健康扶贫双签约政策，38户贫困户全部签定健康扶贫“双签约”服务协议书。宣传落实“五位一体”金融扶贫政策。5月、11月，工作队深入3个帮扶村向贫困群众宣传讲解“五位一体”扶贫小额信贷政策的有关内容和具体要求，共有24户分别与文冠果公司、坤英棉织品加工厂、元瑞养殖公司签订“五位一体”金融扶贫协议。其中，柳树腰村李红彦已获得1000元收益。宣传落实教育扶贫政策。宣传“雨露计划”“四类学生”补助等教育扶贫政策，帮助贫困家庭学生完成学业，共有8个学生享受教育扶贫政策。落实光伏扶贫政策。柳树腰村建成100千伏光伏电站，陈村建成30千伏光伏电站，两个电站均已并网发电，取得稳定收益。落实社会兜底政策。对由于病残等原因丧失劳动力、无生活来源的贫困群众加大帮扶力度，通过社会兜底政策帮扶其脱贫。共有20户享受低保补助，2户享受五保补助。开展“十个一”活动，真诚服务群众。食药局宣传活动，利用农村庙会，有针对性地开展食品药品安全宣传。开展政策宣讲，向贫困群众宣讲产业扶贫、健康扶贫、教育扶贫、兜底扶贫政策，让贫困群众感受到党和政府精准帮扶的决心和信心。解决实际困难。组织同德医院医生到柳树腰村开展扶贫义诊，进行常规身体检查，为贫困群众免费赠送20多种眼科、骨科常用药品。帮助杨忠明家购买奶羊1只。工作队员朱金金给柳树腰村贫困户捐赠衣物10余件。开展义务劳动，帮助年老病弱的贫困户打扫庭院，收拾房屋，共进农家饭。到柳树腰村李红彦家同吃农家饭，共话脱贫策。助力换届工作，强化基层组织。帮扶工作队配合三个帮扶村按时按质完成党支部、村委会换届选举工作。

【党风廉政建设】 2017年，霍州市食药监局以廉洁机关建设为目标，落实党风廉政建设主体责任和监督责任。强化廉政教育。定期组织干部职工集中学习党章党规党纪，学习中纪委全会精神，自觉接受廉政教育，筑牢拒腐防变思想防线。落实“两个责任”，明确责任要求，加强分工协作，形成党风廉政建设常抓常管、严抓严管的良好格局。抓住“关键少数”，执行领导干部个人有关事项报告制度，定期向党组织如实报告个人事项，确保领导干部红色基因不变。开展廉情预警，强化日常监督，勤“扯袖子”，常“咬耳朵”，针对苗头性、倾向性问题按照廉政风险等级启动廉情预警，及时消除廉政隐患。开展“四述两谈”，使党风廉政建设言之有据、抓之有效，提升党风廉政建设工作水平。

【领导班子】

局　长：

张凤梅（女，2013.04—2017.12）

支部书记、副局长：

崔世娟（女，2013.04—2017.12）

副局长：

高琴玲（女，2012.06—2017.12）

纪检组长：

高晓华（2012.08—2017.12）

（高亮）

山西省霍州市红十字会

【概况】　中国红十字会是中华人民共和国统一的红十字组织，是从事人道主义工作的社会救助团体，是国际红十字运动的成员。中国红十字会以发扬人道、博爱、奉献精神，保护人的生命和健康，促进人类和平进步事业为宗旨。霍州市红十字会成立于1990年9月，为原霍州市卫生局下属单位，副科级建制，内设办公室和赈灾救济股两个科室。2017年底，有工作人员4人，其中3人参照公务员管理，1人为事业人员。红十字会会长由市政府分管领导兼任。

【业务工作】　2017年，根据《中华人民共和国红十字会法》，开展备灾救灾的准备工作及募捐救助工作。霍州市红十字会被纳入霍州市政府应急预案体系，建立各类红十字应急救援队伍；依法向全社会开展募捐工作，面向困难群众开展人道救助工作，开展“博爱助医”“博爱助学”“博爱助困”等公益项目。在2017年元旦、春节期间开展“博爱送万家”活动，救助贫困家庭，改善城乡居民的生产及生活条件。开展卫生救护培训工作。霍州市红十字会开展防灾减灾应急救护培训，普及重点行业、重点人群的培训工作，推进应急救护知识进乡镇、进社区、进学校、进企业、进机关，提高人民群众应对突发事件的反应能力和现场自救互救能力。全年培训300余人，专门培训红十字志愿者60余人，组建红十字志愿者队伍并开展社会服务工作。管理好石兰峰墓园和石兰峰纪念馆。石兰峰墓园和石兰峰纪念馆是霍州市的爱国主义教育基地，位于霍州市李曹镇李曹村。清明节期间，免费对全社会开放，由红十字会负责组织好全市人民群众特别是当地学校、机关、亲属，卫计系统各单位的参观学习及扫墓活动，发放宣传资料，做好讲解工作，接待参观人员。2017年6月30日，霍州市委宣传部、卫计局、红十字会在李曹中心卫生院石兰峰纪念馆举行“临汾市爱国主义教育示范基地”揭牌仪式，霍州市委宣传部部长郭丽华，市政府副市长、红十字会会长刘元建、卫计局局长贾亚龙、卫计系统党员干部参加揭牌仪式。开展无偿献血、造血干细胞捐献、遗体及人体器官捐献工作，搭建爱心奉献平台。开展国际与地区间的交流合作，发挥红十字民间外交作用。

【精准扶贫】　根据《霍州市干部驻村精准帮扶“三联三包三促”实施方案》，霍州市红十字会负责帮扶李曹镇张家楼村和罗涧村11户贫困户脱贫工作，成立驻村帮扶工作队，经常进村入户，宣传党的惠民政策，对贫困户进行摸底排查，了解贫困户的基本信息及致贫原因，对贫困户进行心理疏导，树立信心，制定合理的帮扶工作实施方案。2017年，工作队全程参与罗涧、张家楼两委换届工作。开展节日慰问，在春节、端午节、国庆节，开展献爱心、送温暖活动，送去米、面、油、棉衣等慰问品，让贫困家庭感受到党和政府的温暖与关怀。在罗涧村，工作队配合村两委班子联合全村种植户组成核桃专业合作社，继续扩大种植规模。联系农科院专家定期指导种植技术，嫁接新品种，提高品质，增加产量，指导采摘、贮存等技术，联系核桃商及时推销。在张家楼村，发展养殖业，提高养殖技术，扩大养殖规模，达到脱贫致富。

【领导班子】

政府副市长、会长：

刘元建（女，2016.09—2017.12）

专职副会长：

薛　炜（2015.04—2017.12）

副会长：

田向东（2007.08—2017.12）

（薛炜）

检验检测中心

【概况】　霍州市检验检测中心成立于2015年3月，是霍州市政府直属事业单位，正科建制，承担全市的计量检定、食品、药品、农产品等各类检验检测任务。到2017年底，中心编制20人，内设5个科室：办公室、业务室、食品检验股、计量检定测试股、产（商）品检验股。2017年，霍州市检验检测中心围绕“进军省强市、全面达小康，共建文明开放幸福美丽新霍州”的奋斗目标，履职尽责、开拓进取，为全市的经济发展和社会稳定提供技术保障。

【队伍建设】　2017年，霍州市检验检测中心坚持以“建设一流队伍，争创一流业绩”为目标，加强自身建设，提升综合服务能力。完成10个检测项目的计量标准考核及取证工作，提升中心的综合服务能力。根据市编办文件精神，完成中心内部股室设置，对基础性业务和管理工作优化分类，确保达到审批最少，流程最优，体制最顺，机制最活，效率最高，服务最好的目标。通过“请进来，走出去”的方式，安排人员培训学习，增强一线业务人员的工作技能，保证检定检测工作的准确可靠。

【计量检定】　2017年，霍州市检验检测中心对全市强制检定计量器具进行全面摸排登记，制定《强检计量器具检定受理流程图》，做到转变职能，简化流程，方便企业。全年共检定压力表1100块，电子汽车衡25台，小衡器306台，加油机232枪，燃气表4100块，血压计116台。从服务霍州产业出发。帮助企业建立强检计量器具登记台账，完善计量管理制度，健全计量管理体系。企业生产车间、实验室，严控计量环节，对企业在用计量器具开展检定校准服务。对企业计量人员进行业务培训，提高企业计量人员的综合业务素质。

【拓展检测】　2017年，霍州市检验检测中心根据社会需求，新配置“心电图机”“B超”和“氧气吸入器”等医疗卫生器具检定装置，筹划开展新的检验检测项目。争取政府资金投入，完善实验室基础设施建设，逐步开展食品、农产品、药品等检验检测项目。

【党建工作】　2017年，霍州市检验检测中心在狠抓检验检测工作的同时不放松党风廉政建设工作，做到两手抓，两手都要硬。开展“讲政治、知敬畏、守规矩”学习教育活动，组织全体党员干部观看警示教育片，参观霍州署廉政教育基地，突出问题导向，促使党员干部真正做到政治上讲忠诚、思想上知敬畏、行动上守规矩。组织干部职工学习党的十九大会议精神，开展维护核心，见诸行动主题教育活动，推进“两学一做”学习教育常态化制度化，引导党员干部增强“四个意识”，坚定“四个自信”，争做政治合格、品德合格、执行纪律合格、发挥作用合格的优秀党员。巩固落实中央八项规定精神，严格整治“四风”问题，坚决反对特权思想和特权现象，牢记作风建设永远在路上的要求，完善作风建设的制度体系建设，制定《考勤管理制度》《请销假制度》《关于操办婚丧喜庆事宜的管理办法》《党风廉政建设责任清单》等系列制度。强化责任落实，落实一岗双责，用制度规范党员干部的教育管理，完善“廉情预警”和“责任定单”机制，开展“四述两谈”，落实“13710”工作法和“定、查、评”工作法，强化监督检查。

【宣传工作】 2017年，霍州市检验检测中心在“5·20世界计量日”和“食品安全周”期间，开展形式多样的宣传活动，发放宣传资料1000余份，设立服务咨询台为群众解答《中华人民共和国计量法》和《中华人民共和国食品安全法》等相关疑惑，提高广大人民群众的法律意识。

【精准扶贫】 2017年，霍州市检验检测中心承担辛置镇后河底村3户贫困户的帮扶任务。解决该村贫困户的实际困难，中心成立扶贫领导机构，派3个干部驻村帮扶，深入帮扶对象家中进行实地调查研究，制定详细的帮扶计划和脱贫措施，按照“六个精准”“五个一批”的要求，因人施单，因户施单多措并举，逐一落实到位，确保贫困户精准脱贫、不再返贫。

【领导班子】

主　任：

朱全锁（2015.03—2017.12）

（慕华）

妇幼保健

【概况】 霍州市妇幼保健院成立于1976年，是政府设立的公共卫生事业机构，以贯彻落实《中华人民共和国母婴保健法》《中国儿童发展纲要》《中国妇女发展纲要》为主线，以开展群体保健为中心，促进妇女儿童健康为主题，面向群体、面向基层、预防为主的妇幼卫生工作方针，从而降低孕产妇死亡率、婴儿死亡率及出生缺陷发生率，以为妇女儿童服务为宗旨，提高出生人口素质为重点，全院共有干部职工34人，专业技术人员33人，共设六科一室，即妇保科、儿保科、健教科、功能科、信息科、财务科和办公室。主要仪器有B超、阴道镜、视力筛查仪、血球分析仪、心电图机等。

【卫生项目】 2017年，霍州市妇幼保健院为保护广大妇女儿童身心健康，降低孕产妇死亡率、儿童死亡率，提高住院分娩率，2009年启动“降消”项目，农村孕产妇住院分娩与新农合相结合，对在定点医疗助产机构住院分娩的农村孕产妇进行补助，2017年，农村孕产妇住院分娩共补助956人，补助金额28.68万元，对所有农村待孕妇女（包括流动人口）实行增补叶酸预防神经管缺陷项目，免费发放小剂量叶酸，减少出生缺陷的发生，提高出生人口素质。2017

年，共发放叶酸16858瓶，服用2978人，知晓率达97%。开展预防孕产妇艾滋病乙肝梅毒母婴传播项目服务，负责全市预防艾滋病、梅毒和乙肝母婴传播工作的日常管理、技术培训和业务监督指导，结合孕产期保健服务，为孕产妇提供预防艾滋病、梅毒和乙肝母婴传播的健康咨询和检测工作，并为阳性孕产妇及所生儿童提供干预措施。

【宫颈癌筛查】 2017年，霍州市妇幼保健院对全市35至64岁的农村适龄妇女进行宫颈癌免费筛查，共发放宣传材料2万余份，印制相关表册2.8万余份，体检3069人次，确诊34例，疑似68例，并进行有效治疗及跟踪随访。

【新生儿疾病筛查】 新生儿疾病筛查工作启动后，霍州市妇幼保健院根据新生儿疾病筛查实施方案的要求，宣传新筛的重要性和迫切性，使广大家长在知情基础上自愿进行筛查。2017年，共筛查3435例，筛查率98%。

【出生医学证明管理】 根据《母婴保健法》和《山西省出生医学证明管理办法》的要求，出生医学证明实行微机化管理，专人专管，证章分开，严格分级按权限管理。空白证依号码顺序发放，落实“两锁三铁”的存储要求，依规规范开展首次签发、换发和补发，严格废证管理，做好登记、上报等工作。

【健康教育】 2017年，霍州市妇幼保健院通过制定详细的工作计划，采取进村入户，媒体宣传、举办孕妇学校、预防艾滋病、梅毒和乙肝母婴传播工作，母乳喂养宣传周宣传，健康快车，媒体宣讲及发放资料等方式和活动，提高全民健康教育知识的知晓率。

【三网监测】 2017年，霍州市妇幼保健院以县、乡、村三级网络为依托，加强信息统计、上报、反馈、核实工作，实行每月例会制度，进行培训，提高基层妇幼人员的整体素质，使妇幼信息做到及时、准确、科学，为政府制定政策提供科学依据。

【领导班子】

院　长：

刘华新（2013.04—2017.12）

书　记：

陈　静（女，2002.08—2017.07）

（成如珍）

疾控中心

【概况】 霍州市疾病预防控制中心是市政府设立的公共卫生事业机构。其前身是霍县卫生防疫站，创建于1974年，2002年正式更名。到2017年底，霍州市疾控中心共有干部职工31人，专业人员22人。其中，高级职称1人，中级职称11人，初级职称10人，其他人员9人。专业人员当中年龄50岁以上的人员7人，40岁以上人员11人，临近退休人员1人。疾控中心分门诊检验、疾病控制、行管后勤三大系列，内设办公室、计划免疫科、结防科、性病艾滋病科、应急科、传染病科、检验科、门诊部、财务科、慢病科、地病科共计11个科室。拥有原子吸收分光光度计、酶标仪、生物安全柜、200毫安X光机等检验及诊断仪器设备20余台（套）。能开展HIV检测、碘盐监测、消毒效果检测、水质常规9项检测、布病检测。

【项目建设】 2017年3月7日，霍州人民政府市长黄晓君主持召开市政府第十四次常务会议，决定划拨原色织厂西南角约5亩地异地新建市疾控中心，实施疾控中心业务楼建设项目，总建筑用地面积2776.26平方米，建筑面积为4507.8平方米，地上5层，框架结构。项目建成后将成为集实验用房、业务用房、保障用房、行政用房为一体的设施齐全，功能先进的疾病预防控制中心。

【计划免疫】 2017年，免疫规划工作除白龙镇和大张镇基本实现二级接种，对保证疫苗安全和儿童接种的规范化有大幅度的提高。提高儿童预防接种信息化管理水平，儿童接种信息录入及时率稳步提升。全市新出生儿童2158人，基本已全部录入金苗系统。严格按照《预防接种工作规范》要求，全市报告疫苗接种率保持90%以上。新生儿乙肝和卡介苗接种率95%以上。按季度对全市16个接种单位开展免疫规划相关工作情况进行督导，发现问题并及时纠正。疾控中心联合市教科局下发霍卫计联发〔2017〕7号文件，对全市新入学、入托儿童进行接种证查验工作。共计查验儿童1.38万余人。对缺针、漏种儿童及时进行补种。按照霍州市卫生和计划生育局〔2017〕11号文件通知，于11月14日基本完成对全市2000年以后出生的儿童进行麻疹疫苗摸底补种工作。共发放知情同意书43973张。摸底出来的应接种人次为2464人，并进行补种。按照监测方案要求，对2所市直医疗机构分别开展36次AFP病例、36次疑似麻疹等病例的主动搜索工作，完成相关采样、送样工作，并做好个案表调查等纸质记录，提升监测的敏感指标。严格按照国家免疫规划程序开展日常接种工作，采取各种措施加强宣传，增强全民接种意识，提高适龄儿童接种率。

【传染病防治】 2017年，霍州市无甲类传染病病例发生，无重大传染病暴发流行，全市传染病疫情网络直报工作，网络报告覆盖率、及时率、审核率等均达到100%。截至12月31日，共报告各类传染病例1487例，其中，病毒性肝炎707例，肺结核111例，梅毒32例，猩红热32例，痢疾26例，布病9例，淋病4例，伤寒＋副伤寒2例，艾滋病5例，百日咳1例，疟疾1例，手足口病147例，流行性腮腺炎127例，其他感染性腹泻病182例，流行性感冒99例，急性出血性结膜炎5例，风疹1例。做好重点传染病防治工作。按照上级要求，结合霍州市实际情况，疾控中心把非典、人禽流感、甲流、艾滋病、狂犬病、乙脑、流感等纳入重点传染病防治，做好传染病疫情报告、个案调查，及时处理疫点，防止疫情扩散。及时开展健康教育，发放宣传资料，防止疫情暴发流行。

【结核病防治】 2017年12月30日，霍州市非结防机构共上报79例可疑似患者，其中重报患者25例，出院患者3例，转诊1例，追踪56例，追踪到位55例，追踪到位率98.21%。痰检处置有效规范，2017年1至12月共接诊343例患者，查痰241例，痰标本共计723份，随访病人139人，痰标本278份。2017年12月，定点医院开展痰培养，提高病人阳性检出率。药物管理规范有序，对结核免费药品实行日清月结，每月根据病人数量，预算库存量，调整计划，以保证病人用药安全、供应及时，加强药品管理，防止流失、变质、过期检查有无缺货现象出现。加强药品账目管理，专柜专放、专人管理，每周对药品进行盘库，做到出入库相符，杜绝失效浪费和差错事故发生。

【艾滋病防治】 2017年，霍州市疾控中心加强艾滋病疫情管理工作，对霍州市5

例新增病例进行随访转介工作，对既往感染者进行个案随访工作，对其密切接触者实行流调和HIV抗体检测，定期随访；建立健全科学规范档案；加强艾滋病综合防治信息数据管理系统的管理工作。截至2017年底，对看守所200个新人所监管人员进行常规HIV抗体检测，结果均为阴性，进行艾滋病防治和相关知识健康教育，检测结果及时上报临汾市疾控中心。开展自愿咨询和检测工作，建立健全规范化档案及个案登记，咨询检测152人，结果均为阴性，并将结果上报临汾市疾控中心。规范抗病毒治疗，扩大抗病毒治疗的覆盖面，对所管理的免费抗病毒治疗的艾滋病病人的定期随访领药、CD4检测、病载检测、临床检验、心理关怀、支持与干预，并将结果及时上报专报系统。对霍州市高危场所进行摸底，并选择人群密集场所开展宣传教育、安全套推广等活动，加大100%安全套推广使用的工作力度，提高高危人群对防治艾滋病知识的知晓度，完成干预105人次，检测105人，发放宣传资料3万余份，发放安全套4000只。性病系统信息及时上报，按时于每月10日前进行网络直报，5日前完成季报。根据上级要求，对看守所干警、干预人员26人进行培训；按时参加上级业务部门的业务培训，提高自身业务素质。

【慢性病防治】 2017年，霍州市疾控中心共收到医疗机构上报的死亡报告卡1279张，审核1279张，报告死亡率为435.38/10万，距离临汾市要求的500/10万还有差距。妇幼、卫计、公安、民政、人社部门每季度将其死亡信息上报该中心，之后下发各乡镇、社区进行比对核实，把漏报的死亡人员在系统中进行补报，共补报159人。对各直报单位人员进行新的死亡报告系统的培训，从而使新系统正常运行。慢性病管理工作，每月上报老年人管理报表，收集整理数据，对基层老年人慢病管理进行4次督导，利用2周对所有乡镇第一季度的基本公共卫生工作进行基本调查和考核。严重精神障碍工作，截至2017年底，系统在管患者897人，非在管7人，检出率2.82%，全年进行严重精神障碍患者筛查工作，精神病疑似64人，确诊38人。

【生物制品管理】 2017年，霍州市生物制品的安全使用工作，同时根据上级对疫苗新的管理方法和要求，建立健全各级规章制度，完善生物制品安全使用各环节工作秩序，以中心示范化的建设推动全市各接种门诊向规范化发展。完善科室工作程序，2017年生物制品管理按照国家要求二类疫苗实行网上阳光采购，有验收记录，检验合格证明，有资质。各类疫苗出入库及分发记录完善。冷链设备的运转与管理是开展疫苗质量管理的最重要环节，定期开展对冷藏设备的检修，8月，安装1台发电机，准保冷库不间断用电，年底上级配发疫苗冷藏运转车，使疫苗从购进、贮藏、运转使用各个环节实行规范化运行，确保疫苗的质量要求。开展对全市各接种点生物制品安全使用管理的督导检查工作，加强几层冷链设备的监测，规范疫苗使用管理。

【地方病防治】 霍州市疾控中心完成2016年度中央转移支付项目碘盐监测工作。疾控中心按东西南北中划分5个抽样片区，每个片区各随机抽取1个乡（镇、街道），每个乡（镇、街道）随机抽取4个行政村，对于市场上出现的不合格碘盐及非碘盐，经过反复试验及确认，采用现场半量与实验室定量监测相结合的方法，通过检测比较真实地反映霍州市碘盐供应现状及居民食用碘盐含量状况。共监测样品300份，其中，合格碘盐209份，不合格碘盐27份，非碘盐64份。合格碘盐率69.7%，碘盐覆盖率78.7%，碘盐合格率88.6%，盐碘中位数22.05mg/kg（毫克/千克）。采集代销店盐样25份，其中海藻盐15份，深井碘盐6份，天然深井盐2份，精制食用盐和深井海藻盐各1份，碘盐22份，非碘盐3份，与多部门合作开展“5·15碘缺乏防治宣传日”活动，发放宣传资料，接待咨询500以上人次，提高公民对食用碘盐防治碘缺乏病的意识。将完成的监测结果上报至市疾控中心。水碘监测，199个行政村共206份水，大于10ug/L（微克/升）的26份，布病新发病例7例，均进行流行病学调查。中心地病科完成大骨节病监测采样工作，共进行临床调查和X线检查55人，未发现大骨节病病例。疟疾防治工作，主要是每月对开展“三热”病人血检医疗机构的血涂片镜检质量进行抽查复核。截至2017年，市级人民医院镜检数153份，复核19份，符合率100%，均为阴性。每月均按要求上报疟疾复核汇总表，建立健全疟疾资料管理，收集完整、真实，记录清晰、准确的各类疟疾资料，立卷归档，妥善保存。电子文档形式的资料信息及时备份，确保数据安全。

【检验检测】 2017年，中央财政安排专项资金，疾控中心开展城市和农村饮用水水质卫生监测。4月和8月分2次对城市6个监测点、农村15个监测点和4所“十二五”期间所建的学校进行出厂水和末梢水的检测，丰水期和枯水期2次采集水样50份，检测项目34项。中心检验科积极配合地病科及性艾科等科室工作，完成碘盐监测工作300份，合格碘盐209份，不合格27份，非碘盐64份，合格碘盐食用率69.7%，碘盐合格率88.6%。

【领导班子】

主　任：

孙建勇（2013.04—2017.12）

副主任：

王温良（2002.10—2017.12）

马晓丽（女，2007.08—2017.12）

（陈炜政）

社会生活

民政工作

【概况】 霍州市民政局是主管社会行政事务的政府职能部门。内设办公室、社会股、社会组织党建股、社会组织管理股、优抚安置股、基层政权和社区建设股6个股室，下辖低保中心、救助站、福利中心、地名办、有奖募捐发行站、婚姻登记处6个事业单位，有工作人员32人。

【城乡低保】 2017年，霍州市民政局依据《霍州市城乡居民最低生活保障操作规程（试行）》（霍政民发〔2014〕29号）文件，推进霍州市农村低保各项工作，农村低保标准逐年提高。根据《临汾市民政局临汾市财政局关于提高城乡低保保障标准的通知》（临市民发〔2016〕44号），从2017年1月1日起，农村低保标准由原来的3180元/人/年提升至3540元/人年，已超过国家扶贫标准3200元/人/年。

对农村低保户，根据《山西省农村最低生活保障制度与扶贫政策有效衔接实施方案》和《霍州市人民政府办公室关于印发霍州市农村最低生活保障制度与扶贫开发政策有效衔接实施方案的通知》（霍政民发〔2017〕76号），按照家庭人均收入与霍州市现行低保标准的差额发放低保金，并对农村低保家庭中的70岁以上老年人、重大疾病患者等在补差发放的基础上按照不低于20%的比例实施分类施保，做到应保尽保。截至2017年12月底，全市共有低保对象4419户2659人。其中农村建档立卡户617户，1473人，发放救助金383.89万元。

根据《山西省最低生活保障审核审批办法（试行）》（晋民发〔2013〕72号）文件精神，将建档立卡贫困户中符合低保条件的丧失或部分丧失劳动力的对象及时纳入低保范围实现政府兜底保障，确保其正常生活。截至2017年12月底，全市建档立卡贫困户共有3675人，在保低保人为1473人。

【特困供养】 2017年，霍州市民政局完善落实特困人员救助供养制度，健全特困人员救助供养的对象认定、申请审核、标准制度、服务管理等机制，加强特困人员供养服务机构标准化建设，提高生活不能自理的特困人员供养服务机构托底保障集中供养能力。探索并开展养老机构星级评定活动。12月底，全市农村集中供养标准为7200元/人/年；分散供养标准为6600元/人/年；共有特困供养453户，458人，其中分散供养348人，集中供养110人。其中建档立卡户167户，171人，发放救助金114.12万元。

【医疗救助】 2017年，霍州市民政局将城乡低保对象、特困供养人员和在乡不享受公费医疗待遇的重点优抚对象、社会散居孤儿弃婴作为医疗救助的重点救助对象。对特困供养人员、社会散居孤儿弃婴、低保对象，在乡不享受医疗待遇的重点优抚对象及建档立卡贫困户，按照规定分别给予全额资助或补贴。2016至2017年，共资助“参合”3058人，发放“参合”金45.87万元；对特困供养人员或社会散居孤儿，经各类保险报销补助后，个人负担的合规医疗费用在年度救助限额内，全部予以救助。低保对象、低收入家庭、建档立卡贫困户等，在基本医疗保险、城乡居民大病保险等报销补助后，分别按照最高70%最低30%比例救助。2017年共计救助485人，发放救助金329.1万元；对患有恶性肿瘤、尿毒症、重症肝炎等24种重大疾病，病情处于晚期，经患者或家属申请，给予一次性不超过5000元的大病关怀救助。其中建档立卡户中医疗救助12人，“一站式”救助9人，共发放救助金11.91万元。

【临时救助】 2017年，霍州市民政局整合各类资源，健全和完善临时救助工作长效机制，推进临时救助工作的开展。针对遭遇突发事件、意外伤害、重大疾病或其他原因导致基本生活陷入困境，其他社会救助制度暂时无法覆盖或救助之后基本生活暂时仍有困难的家庭或个人，采取临时救助给予应急性、过渡性的救助。2017年，救急难共救助308人，发放救助金99.5万元；四类学生共救助2979人次，发放救助金175.35万元；大学生救助425人次；发放救助金85.45万元；重病重残救助369人次，发放救助金14.44万元。

【优抚安置】 2017年，霍州市民政局加强优抚对象服务工作，全面推行优抚政务公开，按时足额发放优抚补助、抚恤金，严格执行优抚经费打卡直发制度。全年优抚对象共计1089人，发放优抚金765万元。对重点优抚对象503人，发放农合补助7.55万元；对重点优抚对象519人，发放门诊补助金8.86万元；对重点优抚对象63人，发放医疗救助20.32万元。对全市2000至2017年符合政府安置条件的退役士兵371人发放待安置期间的生活补助金259万元。开展军队退役人员“源头化解”专项行动。开展双拥创建工作。对现役立功军人家属，送喜报到家，按每户500元的标准发放慰问金；对在职参战参试的退役军人进行逐户慰问，并按照每人200元的标准发放慰问金；“八一”期间对霍州市重点优抚对象979人发放慰问金19.58万元。对全市所有现役军人、退役军人、烈士遗属，分别发放“光荣军属、光荣之家、光荣烈属”的光荣牌匾1万余块。

【基层政权】 2017年，霍州市民政局抓好社会事务和基层换届工作。开展申报示范社区工作，通过摸排筛选，5月上报申请李雅庄社区、前进社区、白龙社区3个社区省级补助项目资金，山西省民政厅已进行验收。开展村委换届选举工作情况。成立市村（社区）换届选举工作领导小组，出台印发《霍州市第十一届村民委员会换届选举工作方案》，制定村“两委”换届选举市级领导包联重点、难点村制度和专门工作预案，对全市确定的21个难点、重点村全部由市级领导包联，市直单位驻点监督，做到“一村一策”。10月25日，召开全市村（社区）“两委”换届选举工作动员会，要求全市11月底完成村委会（社区居委会）党组织换届选举工作，12月底，完成村委会（社区居委会）换届选举工作。制定村党组织换届选举工作操作流程图，下发到每个村，确保各个环节、每个步骤无缝衔接、有序推进。截至12月底，全部行政村和社区已经完成村

（居）委换届工作，村委会和社区居委会都全部完成村（居）务交接，村委换届中“一肩挑”的村数是12个，社区居委会换届中“一肩挑”的社区数是10个。

【社会组织管理】 2017年，霍州市民政局根据《社会团体管理条例》和《民办非企业单位登记管理暂行条例》文件精神，对全市社会组织进行规范性的登记。共登记社会组织25家，其中社团5家，民办非企业20家，接受年检单位94家；建立社会组织党组织示范点1个，申请建立社会组织党组织的单位54家，（其中单独成立37家，联合成立17家）按时完成上级部门交办的新社会组织党建工作任务。

【防灾救灾】 2017年，霍州市民政局抓好防灾减灾救灾工作。做好防灾减灾的信息员录入工作。对全市12个乡（镇、街道）及各村的灾害信息员录入报灾系统，提高灾情上报效率。做好灾情的上报工作。全市遭遇旱灾、风暴、涝灾等自然灾害天气，受灾人口达1.4万人，造成经济损失约332.73万元，在灾情发生24小时内，向临汾市救灾科进行上报灾情，并在报灾系统中进行灾情初报核报工作。10月底，与财政局联合行文，申请救灾资金，确保受灾群众基本生活不受影响。开展冬春困难群众缺粮排查及冬春救助物质的摸底工作。物资储备情况为：帐篷75顶，棉被633条，棉褥800条，棉衣裤199套，棉大衣311件，为防灾减灾工作奠定基础。制定全市救灾应急预案。

【婚姻登记】 2017年，霍州市民政局按照申请审批程序及申办时限开展行政审批工作严格审查申请材料，确保申请材料准确无误。向有关股室传送有关申请材料，严守各项工作制度，对待申请者做到一次性告知。每月受理各种申请300余人次。抓好婚姻、收养登记工作。5月，进入行政审批大厅，严格规范审批工作。全市共办理结婚登记2039对，办理离婚登记452对；补领结婚登记证429对，补领离婚证13个；补录婚姻档案39269份，做到婚姻登记合格率为100%。

【社会救助】 2017年，霍州市民政局做好社会救助工作。做好困难残疾人生活补贴。出台《霍州市人民政府办公室关于印发霍州市困难残疾人生活补贴和重度残疾人护理补贴实施办法的通知》（霍政办发〔2016〕25号），对城乡低保家庭和建档立卡贫困户中的残疾人进行重点排查，未发现应补未补的问题。严格按照规定按标按时发放，确保补贴资金及时到达困难残疾人手中。年底，全市共有低保家庭中的残疾人为746人，部分新增人员正在进行审报审核中。其中323人是建档立卡贫困户。

做好经济困难高龄老年人补贴工作。出台《霍州市人民政府办公室关于经济困难的高龄与失能老人及百岁以上老年人补贴实施办法》（霍政办发〔2016〕26号），高龄老人实行按季度社会化发放。2017年，城乡低保家庭中80周岁（含）至90周岁（含）的高龄老年人共38人，按照每人每月补贴30元，累计发放金额3.77万元。

做好经济困难的失能老年人补贴。出台《霍市人民政府办公室关于经济困难的高龄与失能老人及百岁以上老年人补贴实施办法》（霍政办发〔2016〕26号），失能老人实行按季度社会化发放。

做好分散供养孤儿弃婴基本生活保障工作。对霍州市符合条件的孤儿弃婴，实行分散供养，社会化发放，每人每月补贴630元。2017年12月底全市共有70人，累计发放金额54.05万元。

【社会事务】 2017年，霍州市以民政局牵头其他部门配合开展第二次地名普查工作。地名普查工作进入复审上报阶段，共采集地名信息3955条，其中包括13个行政区域；225个村民自治组织；58个非行政区域；601个居民点；284个交通运输设施；638个水利电力通信设施；217个纪念地旅游景点；175个建筑物；1561个单位；40个陆地水系；143个陆地地形。已入库的地名词条3955条，刻入光盘上报。在流浪乞讨救助工作方面，民政局联合公安、城管、卫生等部门，加强对城区内重点地区、地下通道、繁华地段等区域的巡查力度，扩大救助范围。发现对象及时救助，积极劝导流浪乞讨人员接受救助。共救助145人，其中遣送返乡5人，接回返乡12人，救助总金额4.91万元，做到应救尽救，保障流浪乞讨人员的基本权益。对不愿来站接受救助的人员，给予发放棉衣、棉被、食品、饮料、药品等救助物资。开展养老服务质量提升专项治理。根据有关部门对安全的要求，加大检查力度，制定《霍州市民政系统2017年夏季消防安全设施检查实施方案》（霍政民发〔2017〕17号），组织人员深入福利中心及各个养老院，根据“养老院服务质量大检查指南”，从23个大项、115个小项逐条主项进行对照检查，把安全隐患消除在萌芽状态，做到以人为本，安全为天。2017年，新建2所养老院。为建立健全以居家养老为主导，社区养老为依托，机构养老为补充的社会养老服务体系提供基础保障。

【领导班子】

党组书记、局长：

张全红（2016.10—2017.12）

支部书记、副局长：

李建平（2007.08—2017.12）

副局长：

李红平（1998.04—2017.12）

纪检组长：

张燕珍（女，2015.11—2017.12）

（谢丽华）

残疾人事业

【概况】 霍州市残疾人联合会是代表残疾人利益，维护残疾人合法权益，团结教育残疾人，为残疾人服务，管理和发展残疾人事业的人民团体。主要职责：宣传贯彻《中华人民共和国残疾人保障法》，维护残疾人权益，开展各项业务和活动为残疾人服务，承担政府委托的部分行政职能，管理和发放“中华人民共和国残疾人证”，管理和指导各类残疾人群众组织，培养残疾人工作者，发展和管理残疾人事业。到2017年底，共有工作人员9人，内设综合股、组织宣传文体股、康复股、维权股4个股室。下设残疾人综合服务中心、残疾人就业服务所2个事业单位，其中残疾人综合服务中心编制5人，在编人员3人。

【组织建设】 2017年，霍州市残联配合做好因人事变动调整充实残工委成员单位的工作。做好考核工作，及时调整村残协专职委员。组织各乡（镇、街道）残联理事和村残疾人专职委员参加业务培训。派出工作人员分别到太原、运城、忻州、朔州、临汾参加山西省、临汾市残联举办的各种业务培训。利用网络平台发布残联相关信息推动各项工作落实。

【残疾证办理】 2017年，霍州市残联结合残疾人精准康复服务行动要求，在加强政务大厅办证服务水平的基础上，协调市人民医院对部分行动严重不便的疑似残疾人进行上门办证服务，确保符合条件的残疾人及时享受国家各项优惠政策。2017 年，累计核发二代残疾人证 559 件，截至年底，全市共有持证残疾人 5572 人。

【康复工作】 2017 年，霍州市残联与市卫计局共同协商，拟定《霍州市残疾人精准康复服务行动实施方案（2016—2020 年）》，组织开展全市精准康复服务培训。同市卫计局联合出台《关于做好 2017 年度省政府民生实事 0 至 6 岁儿童残疾筛查和诊断项目工作的通知》并召开培训会、推进会，开展对 0 至 6 岁残疾儿童筛查工作。邀请临汾市残疾人康复医院医生开展残疾儿童矫治手术义诊活动，共对 5 个肢体残疾儿童进行诊断，检查出 3 个符合矫治手术对象，对患者进行免费手术治疗。做好辅助器具发放工作，对建档立卡贫困户、城乡就业就学贫困残疾人优先发放，全年共发放各类辅助器具 354 件。开展假肢安装筛查取型活动。邀请临汾市辅助器具服务中心工作人员为截肢残疾人开展安装假肢筛查取型工作，为 19 个贫困截肢患者制作模型。普及残疾预防知识、加强组织和宣传。协调电视台、报刊等媒体，组织开展“爱耳日”“爱眼日”“残疾预防日”等节日宣传活动，8 月 25 日是第一次全国“残疾预防日”，根据山西省、临汾市残联工作要求，霍州市残联围绕“推进残疾预防、建设健康中国”，邀请市人民医院专家对来自北涧河社区的 50 余个群众进行残疾预防知识普及讲座，设立宣传点、咨询台，为过往行人发放宣传资料，宣讲普及残疾预防知识。

【就业工作】 2017 年，霍州市残联按要求完成“残疾人就业与职业培训实名制统计系统”录入工作。加大残疾人职业技能和农村实用技术培训力度，2017 年为山西省、临汾市输送 5 个职业技能培训人员。9 月 24 至 25 日在霍州市委党校举办残疾人农村实用技术培训班，对来自各乡镇的 50 名有就业愿望的残疾人开展免费农村实用技术培训，主要内容是番茄优质高产栽培技术、秋葵栽培技术和电子商务知识。

【维权工作】 2017 年，霍州市残联做好残疾人接待工作，没有一起上访案件。为 25 个肢体残疾人足额发放机动轮椅车燃油补贴，录入机动轮椅车燃油补贴系统。开展残疾人法律援助街头宣传。5 月 21 日，霍州市残联联合市司法局法律援助中心、卫计局医疗部门工作人员在工商广场开展法律援助宣传活动，向市民发放宣传材料，现场还就残疾人法律援助政策进行解答。

【社会保障工作】 2017 年，霍州市残联按照市、乡两级标准和程序进行审核和审批，经与人社、民政、老龄委对接审核后，最后确定全市 1850 个重度残疾人享受护理补贴，共计发放 104.45 万元。落实政府重度残疾人养老保险补贴，落实 1000 余人。

【宣传文体工作】 2017 年，霍州市残联利用电台、报纸及街头宣传等形式开展宣传活动。撰写信息 18 篇，利用信息网络平台发出各种短信 30 余条。通过电视台播出残疾人新闻节目 10 余条。爱耳日和助残日及科技文化“三下乡”期间，组织残联志愿者服务队深入残疾人家中和什林村开展系列活动，发放各种宣传资料 1 万余份，现场捐助相关辅具。开展残疾预防专题讲座，霍州市残联围绕第 27 次全国助残日主题“推进残疾预防　健康成就小康”，特邀请人民医院医师韦志君为群众讲解相关健康知识。开辟微信宣传平台，发布相关政策及各项惠民措施。

2017年，霍州市残联开展送文化进家庭"五个一"系列活动。8月，选送2个残疾人参加临汾市残联举办的残疾人乒乓球、象棋比赛，象棋比赛取得第二名的优异成绩。10月，霍州市残联推荐郭攀奇、赵大鹏、张德奇3个残疾人参加临汾市"最美残疾人"评选。

【教育工作】 2017年，霍州市残联加强残疾儿童的入学受教育工作，经过残联和教科局的共同努力，全市残疾儿童入学率达到90%以上。实施市政府出台的重度残疾学生和重度残疾人子女就学救助政策，共救助残疾学生和重度残疾人子女100余人。落实山西省彩票公益金助学项目，上报在校残疾人子女大学生5人，残疾人大学生1人，上报3至8周岁残疾儿童助学18人。

【精准扶贫】 根据2016年《关于印发〈"农村基层党组织助残扶贫工程"实施办法〉的通知》精神，结合实际制定实施方案，2017年经过调查确定15个帮扶对象，根据各个帮扶对象的实际情况，各村党支部从实际出发，分别为15个家庭选择脱贫项目，确定能人党员作为帮扶人，签定责任书和协议书，根据上级安排，为每个帮扶对象提供3000元的帮扶资金。根据市下乡办的安排，做好驻村帮扶工作。

【数据动态更新】 2017年，霍州市残联根据临汾市残工委《关于做好全国残疾人基本服务状况和需求信息数据动态更新工作的通知》精神，召开专题会议，传达学习精神，成立工作领导组，制定工作方案，明确工作目标。抽调专人组成高素质的数据动态更新调查队伍，举办为期2天的培训会，就数据动态更新工作的具体要求和操作细则进行讲解、培训。采取多种宣传方式，通过宣传提高广大残疾人和亲属的知晓率和参与积极性。入户调查详尽细致，面对5435个调查对象，基本做到乡不漏村，村不漏人。调查结束后，由残联班子成员包乡镇督查，高标准验收，发现问题，再次入户。录入工作准确高效，通过严格培训，经试操作后，正式录入准确高效，2017年，12个乡（镇、街道）共调查残疾人5435人，准确录入信息5276条，运用好数据系统，抓好各项工作的落实。

【领导班子】

理事长：

闫记红（2010.11—2017.12）

党支部书记：

郭伟华（2014.01—2017.12）

副理事长：

朱文华（2003.02—2017.12）

何广文（2007.08—2017.12）

秘书长兼理事：

高　荣（女，2003.02—2017.12）

理　事：

何东红（2003.07—2017.12）

【获奖情况】

霍州市残联被山西省残联授予2017年度全省残疾人工作先进单位；被临汾市残工委授予2017年度全市残疾人工作优秀单位。

（杨泽艳）

民族宗教

【概况】 霍州市民族宗教事务局担负霍州市民族宗教事务的工作，内设民族宗教股和办公室，行政编制4人。主要职能是依法履行民族宗教管理职能，保护公民宗教信仰自由和正常的宗教活动，促进民族宗教团结、稳定和谐发展。2017年，霍州市民族宗教事务局落实党和国家的民族宗教政策，学习贯彻中央民族工作会议、全国及山西省、临汾市宗教工作会议精神，依法管理民族宗教事务，夯实民族宗教工作基础，促进民族团结、宗教和睦、社会稳定。

【工作基础】 2017年，霍州市召开全市宗教工作会议，调整宗教工作领导组，与乡（镇、街道）签定《2017年民族宗教工作目标责任书》，各乡（镇、街道）成立以党委书记为第一责任人的民族宗教工作领导小组，健全三级民族宗教工作网络和乡村两级责任制。

【安全维稳工作】 2017年，霍州市民族宗教事务局开展民族宗教隐患大排查大整治活动。多次深入场所排查，对存在安全隐患和薄弱环节的场所提出整改意见，责令限期改正。召开宗教活动场所安全会议，签定安全文明创建责任书。在党的十九大召开期间，联合乡镇、村等开展安全隐患排查，确保十九大期间民族宗教安全稳定。

【民族团结创建】 2017年，霍州市民族宗教事务局开展民族团结创建活动。出台《霍州市关于加强和改进少数民族流动人口服务管理工作的意见》，研究制定《霍州市少数民族群众服务管理工作制度》；走进学校，以主题班会、板报等形式宣传党的民族政策和法律法规；开展少数民族流动人口调查研究，更新少数民族流动人口数据，掌握其基本情况及生活现状，提供关心与帮助，依法维护少数民族的合法权益。

【清真食品监管】 2017年，霍州市民族宗教局开展清真食品安全专项检查，实地检查并发放《山西省清真食品管理条例》，协调2家清真食品饭店办理清真食品许可证，发放清真食品标志牌。

【法治化建设】 2017年，霍州市民族宗教事务局开展“民族宗教政策法规学习月”活动，利用宣传单、标语等形式，印发多种宣传资料。开展新修订《宗教事务条例》学习培训，召开乡（镇、街道）民族宗教工作例会民族宗教联席会，对基层干部、宗教界人士培训，在宗教界政协委员中进行专题辅导。在霍州市农村两委干部培训班宗教专题课中，邀请临汾市民族宗教局局长杨兵就《如何做好新形势下农村宗教工作》作专题讲解。对政务大厅保留的民族宗教审批服务项目进行清理，完善行政审批事中、事后配套制度；逐步完善“13710”工作制度，对“双随机一公开”工作统一细化。制定单位学法计划及普法责任清单，加强工作人员业务学习，强化责任意识和服务意识。

【和谐寺观创建】 2017年，霍州市民族宗教事务局以“规范”为主题，以财务管理规范为重点，以培育社会主义核心价值观为引领，推进和谐寺观创建活动。细化创建标准，以财务管理规范为重点，以相关政策为依据，明确场所开立银行公户，做到财务公开透明、民主管理。要求宗教场所悬挂社会主义核心价值观标语或横幅，并以讲经讲道为抓手，引导宗教界坚持中国化方向。

【宗教公益慈善】 2017年，霍州市民族宗教事务局支持鼓励民族宗教界开展各种公益慈善活动，发扬宗教界济世利人、扶危助困的优良传统，开展“宗教慈善周”活动，基督教信教群参与辖区环境卫生整治、植树造林、义务修路等工作，看望慰问孤寡老人，捐款捐物；天主教同德医院为贫困患者进行爱心捐赠、心理关怀、免费手术等，为家庭贫困视力低下的学生免费配眼镜；在霍州市经商的维吾尔族青年居麦尼亚孜·阿依排在全市爱心助学活动中，向贫困学生爱心捐赠5000元，为赤峪村十几户贫困群众送去面粉、食用油等。

【依法治教】 2017年，霍州市民族宗教事务局坚持依法治理基督教私设聚会点。召开4次基督教私设聚会点专项治理推进会，与各乡（镇、街道）签定《私设聚会点治理转化工作目标责任书》；按照“四个一”批要求，完成对20个私设点的分类治理和近510个信教群众的教育转化工作，对个别场所向未成年儿童传教行为进行劝阻。对依法治理的活动场所和点进行备案监管。帮助部分以堂带点和合并的场所建立健全各项规章制度，对佛道教假僧假道、违法违规设立功德箱等借教敛财行为进行专项治理，对霍州市大型露天宗教造像进行摸底排查，倡导文明敬香，维护佛教道教正常秩序。

【领导班子】

局　长：

晋学清（女，2013.04—2017.12）

（马璐）

住房公积金

【概况】 临汾市住房公积金管理中心霍州管理部隶属于临汾市住房公积金管理中心。属事业单位，共有9个工作人员。

【业务指标】 截至2017年底，霍州市住房公积金缴存单位246个，缴存职工11150人。全年共归集公积金10388万元，较2016年同期增产32.8%，增产2566万元。提取公积金4314.86万元，其中非销户提取643人，2385.08万元，销户提取450人，1929.78万元。较2016年增长42.35%。增长1283.86万元。全年发放贷款74笔，发放2113万元。全年共回收贷款1815.1万元。

【便民服务】 2017年，住房公积金霍州管理部按照住建部和住建厅住房公积金“双惯标”工作要求，规范和整合公积金基础数据，优化业务流程，建成一套资金管控能力强、核算效率高、操作便捷、服务高效的业务系统。

【三基建设】 2017年，住房公积金霍州管理部加强基层组织建设，落实党支部“三会一课”主题党日活动，规范使用“三簿一册一台账”。支部集体学习制度坚持正常开展。注重基本能力提升。加强全员培训，先后开展贷款、归集实际操作业务等方面的培训，提高工作人员的责任意识和业务水平。营造良好氛围。坚持物质文明和精神文明“两手抓”“两手硬”。

【党风廉政建设】 2017年，市住房公积金霍州管理部把党风廉政建设抓在经常、抓在日常。加强廉政教育，注重利用身边事教育身边人，在“讲政治、知敬畏、守规矩”专项治理活动中，以案说法、以案说纪，强化对职工的廉政教育，并能形成常态坚持下去。贯彻“八项规定”。把中央“八项规定”和省市关于改进工作作风，密切联系群众的要求，作为作风建设的重要任务。开展巡查整改自行“回头看”。根据上级要求，围绕全面彻底肃清流毒影响，开展反思剖析，对列出的问题清单，制定详细具体的整改方案，做到各类问题整改到位。

【领导班子】

主　任：

王　平（2014.01—2017.12）

（王海香）

乡镇工作

三教乡

【概况】 霍州市三教乡地处霍州市东北隅，北靠晋中市灵石县，东邻长治市沁源县，西接师庄乡，南连大张镇、李曹镇，总面积156平方公里，辖32个行政村，57个自然村，总人口2.2万人，耕地6.8万亩，乡人民政府驻地为下三教村。乡党委、政府机关内设党建办、综合办、社会事务办、经济发展办4个办公室，设农村服务中心、综合便民中心、计划生育中心、服务管理中心、经济发展中心5个办事机构。2017年，三教乡围绕“打造现代农业基地，建设幸福美丽三教”的奋斗目标，坚持科学发展，推进“强党建、兴产业、优环境、创文明、深治理、惠民生”等各项工作，全乡经济社会发展实现稳中向好。

【产业建设】 2017年，霍州市三教乡按照“一心三轴三片区一山区”的发展布局，初步形成“特色林果、无公害蔬菜、精品杂粮、规模养殖、乡村旅游”五大产业。规模企业引领发展。引进培育发展祥丰种养示范基地、中益茂养殖、歇马滩生态农牧园等一批规模企业，形成“企业＋农户”经营模式，带动周边种、养产业的发展。特色种植连片成型。形成梨湾小米、李垣苗木、辛庄芦笋、龙泉苹果、干节核桃、健峰巴旦木、鑫隆甜玉米等一大批种植基地，实现规模聚集、作业统一、高产高效。完成新一轮退耕还林3951亩，推广种植文冠果、核桃等经济作物。截至2017年底，全乡农作物耕种5.7万亩，发展苹果4300余亩，核桃1.1万余亩，景观苗木4000余亩，无公害蔬菜2200余亩，精品杂粮3500余亩，拥有猪存栏1万余头，羊1.1万只，驴、牛等大牲畜500余头，各种禽类2.5万只。利用黄河新闻网、土豆视频、微信公众号等媒体宣传推介油盆峪、旋风峪、原霍县抗日民主政府所在地等旅游资源，培育发展观光农业、康养农庄等休闲观光产业，鑫森源生态园区和油盆峪避暑山庄投入运营，初步奠定三教旅游新兴产业“繁荣乡村、富裕农民”的发展基础。

【精准扶贫】 霍州市三教乡贫困户157户413人，已实现脱贫139户377人，其中，2017年实现脱贫26户77人。9户贫困户实施新一轮退耕还林，发展经济林增收；实施“雨露计划”资助2个贫困学生；宣传引导贫困户参与“五位一体”金融扶贫项目，直接带动43户贫困户增收；为38个贫困人员推荐、提供就业岗位；建成10座总装机容量160千瓦分布式屋顶光伏扶贫电站，当年实现收益8.5万元，为脱贫工作提供坚强支撑。

【社会保障】 2017年，霍州市三教乡严格落实最低生活保障、四类贫困家庭学生、农村80岁以上老人等弱势群体的帮扶救助政策，完成各季度城乡低保复核等工作，全年大病救助22人，临时救助44人，小额救助11人。完成农村低保户84户，217人支出62万元，农村五保户集中供养11人，分散供养53人，支出42万元，农村80岁以上老人298人支出39万元，救助“四类”贫困家庭学生111人。全乡参加养老保险6000余人，筹集养老保险资金91万元，参保率98%。其中60岁以上享受新型农村养老保险的2890人，享受率100%。全乡医疗农合参合17802人，参合率达97%，筹资达270万元。完成低收入农户取暖用煤货币补贴6700余户的任务。

【文教计卫】 2017年，霍州市三教乡秉持“立足基层，服务大众”的文化建设理念，在文明创建上求突破。培育和践行社会主义核心价值观。鼓励和扶持农民创作内容健康、体现时代特征的自编节目，元宵节举办多场文艺汇演，群众自发演出活动50余场；组织乡广场舞队伍，参加霍州市举办的广场舞展演；组织农村“巧娘”制作手工艺品，在旅游节进行展览；成立三教乡书法协会，举办首届书画展览，为书画爱好者提供交流学习的平台；推进文化强乡建设。深挖三教“儒释道”文化，搜集歇马滩、战马沟、马刨泉、千里径等唐王遗迹，展示三教深厚文化底蕴；弘扬红色文化，加强原霍县抗日政府所在地爱国主义教育基地的保护和管理；加大库拔、安乐等古村落保护力度，完成传统古村落申报工作；连续七年成功创建省级文明乡镇。

2017年，三教乡把教育工作纳入乡党委、政府工作重要议事日程，实行干部联系学校制度。巩固和提升义务教育均衡发展水平，提高辖区内各学校教育教学质量。幼儿学前三年入园率达到85%，小学、初中适龄学生入学率达100%。加大教育投入，对李涧幼儿园屋顶、库拔小学围墙实施安全维修改造；表彰25个市乡模范教师，激励教师投入基层教育事业。

三教乡全年完成孕前优检夫妻157对，动员500余个妇女查环、查孕、查病，新增国家奖扶5人，独生子女办证11份，利用庙会等活动发放计生药品400余件、宣传资料1800余份。

2017年，三教乡共有各级各类医疗卫生机构34个，其中，卫生院2所，农村卫生站32个，病床20张。专业卫生人员15人，其中，执业医师11人，执业助理医师1人，注册护士3人。

【综合治理】 2017年，霍州市三教乡按照“建立一个网络、铺好两条路子、打造三支队伍”的“123”工作思路，全年信访矛盾排查60例，解决59例；开展“安全生产月”活动，利用各村庙会等，联合相关部门进行安全宣传工作，发放宣传资料2000余份。开展安全生产大检查活动，累计排查、整治安全隐患100余条。加大森林防火工作力度，在山口、峪口等重要地段设立警示牌、检查站，专人值守，做到山有人看、林有人护，全年无发生一起森林火灾事故。强化应急队伍建设，确保第一时间排险、除险。确保群众居住安全，完成涉及6个村47户农户的地质灾害搬迁治理工程以及8户危房改造。

【环境整治】 2017年，霍州市三教乡开展环境卫生百日综合整治、城乡环境集中整治等系列活动。突出“治乱”。集中拆除违章建筑共计8处，清理残垣断壁50余处，清运建筑垃圾45吨，整治乱搭乱建9处，清理“四堆”300余处。各村对沿线树木涂红刷白，墙壁粉刷一新，粉刷墙壁3.2万平方米。乡政府对高铁、高速、霍冯等交通沿线2.5万余平方米房屋墙壁统一粉刷，对100余户1.5万余平方米屋顶环境进行美化。各村栽植苗木6000余株，新建花池140余个，新增绿化面积2000平方米。突出“治垃圾”。全乡88处垃圾倾倒点、41处垃圾填埋点、35辆清运车辆全部运行正常。清理村庄周围、道路两旁陈旧性垃圾4800余方，解决累积多年的“垃圾围村、垃圾沿路”问题。建立“政府购买服务、乡村合力监管”的工作机制，做好道路日常保洁，支出13万元，将霍冯线日常保洁推向市场，确保该路段路面整洁，路渠通畅。强化“小散乱污”企业整治，对符合产业政策的正规企业，进行重点规范整治；对不符合产业政策的6家企业，坚决按照“两断三清”予以取缔。强化“农业面污染源”治理，规范辖区内8家养殖企业和73家养殖户的畜禽粪便收储清运，做到病死畜禽无害化处置。完成高铁沿线村庄无烟煤清洁能源置换工作。建立专项巡查队伍，划分巡查区域，加大秸秆露天焚烧管控力度，加强秸秆还田利用。

【项目建设】 2017年，霍州市三教乡发扬“钉钉子”精神，实施杜庄、库拔和李润的文化广场建设工程；完成上辛庄2000余米防渗渠建设工程；配合交通局实施11公里道路完善提质工程；完成投资140万元油盆峪至龙泉5.5公里路面加宽工程；完成投资110万元8.3公里的道路安全防护工程；实施投资100余万元涉及梨湾、山底的水网改造工程，解决380余户人畜饮水问题。

【党建工作】 2017年，霍州市三教乡按照“一带一联互促十建”工作思路，发挥乡党委龙头带动作用，开展“两学一做”学习教育常态化制度化，维护核心、见诸行动主题教育活动，学习宣传贯彻落实党的十九大精神和习近平总书记系列重要讲话精神。在全市率先完成“基础工作目录、工作流程和科室管理手册、应知应会手册以及便民服务手册的编制任务，建设移动公共服务平台，推进“三基建设”工程；组织“七一颂党恩、书记讲党课”“对标看齐党建观摩”“三簿一册一台账”专项检查等活动；落实“三会一课”“四议两公开”“党日活动五个一”等制度，组织开展软弱涣散党组织整顿、书记面对面述职以及“评、定”工作等，完成集体经济示范引领以及全乡100项“两定”目标任务。规范开展党员干部管理培训、双十工程创建、农村挂职第一书记、乡镇挂职干部管理使用以及发展党员、农村“两委”换届等工作，代表市委组织部接受临汾市委组织部的党建年终考核验收。实施周转房改造和配套“五小”设施改造工程，全方位改善机关工作环境。强化党风廉政建设，开展“讲、知、守”专项活动，纠正“四风”，净化乡村政治生态，推动干部作风持续好转，提升党建工作实现。

【领导班子】

党委书记：

郭丽华（女，2012.08—2017.08）

马魁东（2017.08—2017.12）

党委副书记、乡长：

马魁东（2013.03—2017.12）

人大主席：

赵　琛（女，2016.05—2017.12）

党委副书记：

杨华伟（2016.04—2017.12）

纪检书记：

朱慧峰（2016.04—2017.12）

组宣委员：

蒋成丽（女，2014.05—2017.12）

副乡长：

要　将（2016.05—2017.12）

邢媛媛（女，2016.05—2017.12）

【获奖情况】

2017年，三教乡被临汾市科学技术学会授予“科普工作先进集体”光荣称号。

（王怀忠　杨智平）

师庄乡

【概况】　霍州市师庄乡位于霍州市北部，东与三教乡接壤，西南与退沙街道毗邻，北与晋中市灵石县交界，属温带大陆性气候，总占地面积90.4平方公里，耕地2.3万亩，全乡共有31个行政村，46个自然村，总户数5241户，总人口13396人，下辖32个农村支部，5个机关企事业支部，共有党员798人。师庄乡人民政府驻师庄村，全乡机关人员32人，公务员16人，事业单位16人。乡机关包含科室主要有：党建办、综合办、社会事业办、农业服务办，下设计生所、民政办、林业站、工青妇等组织。2017年，师庄乡党委、政府围绕“推进人口城镇化，建设和谐新师庄”这一目标，扭住“安全生产和信访稳定”两个重点，完成各项目标任务，推动全乡经济社会平稳较快发展，为“进军省强市、全面达小康，共建文明开放幸福美丽新霍州”作出贡献。

【民生工作】　2017年，霍州市师庄乡完成106人的脱贫任务。推进农村土地确权，共计完成确权登记3962户，48707亩。全乡新农合参合率连年保持在96%以上，新型农村社会养老保险参保率达到92%。落实最低生活保障制度，为92户、186人办理最低生活保障，实现应保尽保。享受80岁及以上补贴的老人226人，享受四类贫困学生补贴的90人。全乡五保户集中供养率达到60%。为32个村4420户发放低收入群众冬季用煤补贴，发放补贴金101.6万元。计卫工作方面，甄别出享受国家奖扶政策25人、享受独生子女奖扶政策341人、享受农村主动放弃生育二孩家庭奖扶政策1人，兑现率达100%。

【项目建设】　2017年，霍州市师庄乡以农民增收为目标，推动现代农业发展，“三农”工作呈现新格局。落实各项惠民政策措施，遴选培育60户小麦科技示范户。完成新一轮退耕还林6749.32亩，新增文冠果种植面积1600亩，基地达到3000亩。畜牧业稳步增长，除传统的散养羊始终稳定在万只以上外，新发展各类养殖合作社7家。韩家岭、成王庄、陶村等6个村利用一事一议完成水、电、路、阵地等基础设施建设工程。完成全乡涉及17个村的采煤沉陷区共2214户的摸底调查登记。

【环境卫生】　2017年，霍州市师庄乡坚持依法铁腕治理环境污染，落实治污降霾各项措施，改善生态环境质量。发放宣传单3000余张，禁烧通告100余份，张贴公告50余份。在全乡范围内开展环境卫生综合整治，成立乡领导包村、村委主任直接负责的乡村清洁工程工作领导组，多次召开专题工作会议。建立环卫队，并根据各村实际情况划分责任片区，责任到人。制定相关卫生保洁运行制度、村规民约、日常自查制度、督查巡查工作机制。针对公路沿线的“脏、乱、差”现象，坚持全民参与和专业队伍相结合，加大日常保洁力度，完善各村垃圾池等配套设施建设。清理垃圾千余吨，墙体刷白3000余平方米，刷写标语130余条，粉刷树木2.2万余株，清除林带杂草500余亩，清除四堆900余处，村容村貌明显改观，人居环境日益好转，乡村容貌焕然一新。对发现的2处违法占地的情况，进行整改。

【安全发展】 2017年，安全生产，信访维稳始终是师庄乡一切工作的重中之重。“常”抓安全。按照党政同责、一岗双责、齐抓共管、失职追责的总要求，责任到人，认真排查，全面整治。抓私开矿，师庄乡所有的私开矿全部关闭。对经雨水冲刷或自然塌陷致坑口开漏的情况，一经发现，立即封堵填埋，实行常态化巡查，杜绝私开矿的死灰复燃。抓防火，护林防火期间，采取专业队巡查和群防群治的方法，发现火情，及时扑灭，全年没有发生一起火情事故。抓防汛，针对师庄乡旧房多，危房多的实际情况，进行防汛演练，认真排查，发放躲迁通知书，该搬的搬出，该加固的加固，从根本上保证住房安全。抓道路交通、食品药品、学校、易燃易爆品等安全工作，排除隐患30余处，全年没有发生安全责任事故，确保人民群众生命财产安全。依法保护国土资源，贯彻落实土地政策法规，辖区内耕地保有量和基本农田保护面积全部符合上级要求；加强耕地保护力度，严厉打击私搭乱建、非法采砂、违法批建等非法占地行为，确保耕地保有量和基本农田面积。“稳”抓信访。在发挥乡矛盾纠纷排查调处中心和村民调委员会作用的基础上，坚持乡领导班子轮流接访制度，特别是重视下访，主要领导亲自深入一线，实地了解情况，找准问题症结，有的放矢，对症下药。对历史遗留或新出现的问题，不等不靠、不推不拖，敢于面对，化解沉陷区治理、地质灾害等复杂历史遗留问题，为全乡的平稳发展打下坚实基础。全年信访大幅度减少，没有发生大的集体或越级上访案件，信访形势持续好转。“强”抓治安。提升辖区网格化管理，各村网格长、网格员登记规范，都能及时上报信息，深入村民开展服务，与市乡两级综治部门沟通联系，为群众解决具体问题。党员干部带头移风易俗，倡导新风，显现改革成效。

【基层党建】 2017年，霍州市师庄乡党委开展“两学一做”学习教育常态化制度化，维护核心见诸行动教育活动。乡班子成员带头集体学习，带头讲党课，带头开展专题研讨，带头列出问题清单，并逐项整改落实，以上率下，作好表率。出台机关党员干部学习制度，每月组织机关党员干部进行集中学习，开展基层党组织书记党课赛讲“党在我心中”主题党课活动，举办习近平总书记系列重要讲话精神交流会，组织机关全体党员参观“风雨征程复兴路”档案图片展，召开组织生活会，把规定动作做到位、把自选动作做好，确保主题教育活动取得实效。推进“三基建设”，夯实执政基础。建成“三基”便民服务中心，设立便民服务窗口，为群众提供一条龙服务、一站式办公，做到服务“下沉”“窗口”前移。2017年，接待群众咨询150人次，为群众办理、代办事项25件，办结23件，办结率92%。配齐配强基层组织带头人，完成全乡32个村“两委”换届工作。因村制宜发展壮大村集体经济，各村集体经济均有不同程度增长，郝家腰村购置多部农机具，提高农业机械化水平，既方便村民又服务周边，增加村集体收入10万元。加强软弱涣散党组织集中整顿，坚持一村一策，针对性采取整顿措施，3个月后进党组织实现晋位升级目标。落实乡村书记抓基层党建“面对面”述评，落实党建第一责任人制度、党员承诺评议制度、“一课三会”“四议两公开”等制度，完善基层组织民主管理、民主监督等制度，以制度规范行为，以制度保障工作，以制度促进作风。落实“定、查、评”和“四议两公开”工作法，年初确定的113件乡村两级惠民实事全部完成。加大资金保障力度，上级安排的基层党建工作经费、服务群众专项经费全部足额及时拨付至各村。夯实基础工作。编制完成“一目录、一流程、三手册”，细化目标任务，厘清岗位职责；推行限时办结制度和首问责任制、服务承诺制、AB岗制、一次性告知制、离岗告示制、“13710”工作督办等制度，机关效能建设明显提升。完成干部周转房建设。选派骨干参加全市党政机关事业单位干部通用基本能力、专业能力及公务员职业道德建设示范培训班，组织全员培训。在全面提升所有党员干部整体能力素质的基础上，重点加强3个农村第一书记的管理工作，制定第一书记到村任职管理考核办法，定期开展第一书记“面对面”谈话，促进第一书记履职尽责、发挥作用。加强廉政建设，严管党员队伍。加强党员干部的教育培训，健全完善各级党组织学法、守法、用法的相关制度，增强党员干部的政治纪律和规矩意识。严肃党内政治生活，以习近平新时代中国特色社会主义思想武装头脑，教育引导广大党员增强“四个意识”，树立“四个自信”，在各自的岗位上发挥先进模范带头作用。遵守中央八项规定，持之以恒纠“四风”。

【领导班子】

党委书记：
张文轩（2013.03—2017.12）
党委副书记、乡长：
闫会滨（2013.03—2017.12）
人大主席：
朱瑞华（2013.04—2017.12）
党委副书记：
刘景娟（女，2014.01—2017.12）
纪委书记：
王志俊（2012.08—2017.12）
副乡长：
李建国（2012.06—2017.12）
闫娴蓉（女，2014.03—2017.12）
安建华（2016.04—2017.12）
党委委员、武装部长：
韩光兵（2012.08—2017.12）
党委委员、组织委员：
刘惠娜（女，2014.03—2017.12）

（刘惠娜）

陶唐峪乡

【概况】 霍州市陶唐峪乡地处霍州市东南部，霍山脚下，东南与洪洞县接壤，西南与辛置镇毗邻，北与李曹镇相邻，总面积64平方公里。下辖25个农村党支部，27个行政村，36个自然村，耕地面积3.6万余亩，林地面积17万亩，人口20736人，5300余户。陶唐峪乡主导产业为种植业和养殖业，种植业以粮食、苹果为主，干果和中草药为辅，养殖业以养猪、养羊为主，养鸡为辅，重要的农副产品加工企业有聚盛牧业有限公司和丰陶源食品有限公司，服装外贸加工企业有晋颐兴服饰有限公司。

【党建工作】 2017年，霍州市陶唐峪乡贯彻市委党建总体要求和“8+5”项目清单，以“两学一做”学习教育常态化制度化为抓手，按照“1253”党建工作思路，促进全乡党建工作水平的整体提升。加强学习教育。“两学一做”学习教育常态化制度化、维护核心见诸行动主题教育开展，全乡各党组织层层动员部署、精心组织安排、狠抓责任落实，开展学习教育活动。确定“两学一做”学习教育示范点3个，组织全乡党员干部开展学习习总书记系列重要讲话精神交流研讨会3次，组织党员干部集中收看《永远在路上》《打铁还需自身硬》《将改革进行到底》《总书记在山西》等专题片；参加霍州市基层党组织书记讲党课活动，观堆村支部书记荣获二等奖；发动党员群众参与“两学一做”知识竞答，累计发动党员2000余人次，占全乡党员数70%；党的十九大召开后，陶唐峪乡迅速向各基层组织传达学习要求，大面积、全方位的宣传、学习、贯彻党的十九大会议精神，各支部组织党员干部集中学习5次，开展交流研讨2次。加强队伍建设。健全完善班子各项规章制度，强化“民主、团结”之风，坚持民主集中制，协调好和班子成员之间的工作关系，打造一个团结的、有战斗力的领导班子。修订完善学习制度、廉洁自律制度、农村干部考核管理等工作制度，鼓舞村干部的工作积极性。在党员队伍建设方面，邀请市委党校老师对全乡村级“两委”班子开展“学习十九大会议精神”专题培训，使广大党员干部丰富知识，开阔视野，洗涤思想，更新观念。做好党员发展工作，规范发展党员的程序和流程，全年发展党员11人。各支部常态化开展“五个一”主题党日活动，从严落实“三会一课”、民主生活会和组织生活会等制度，保证各支部党内政治生活的制度化、规范化。加强“三基”建设。在基层组织建设方面，重点完成25个农村支部、村委换届，采取班子成员包片、干事包村、扶贫工作队全程参与的方式，提前摸清实情、化解矛盾、理顺思路、完善程序，于11月18日前完成支部换届，12月17日前完成村委会换届选举工作；在基础工作建设方面，重点实施干部周转房建设工程。工程预计投资130余万元，总建筑面积1000余平方米，项目主体已建设完成，从根本上解决周转干部工作生活住宿问题，在周转房建设中设计完善乡“五小设施”基础设施建设，解决陶唐峪乡“五小设施”滞后不完善的问题，改善干部工作生活条件，提升基础工作水平。按照市“三基建设”工作要求，编制基础工作目录、制定工作运行流程图和“三个手册”，明确基础工作的目标任务、工作重点，为推动基础工作全面进步提供保障；在基本能力建设方面，重点是投资8万元建成乡级“三基建设”便民服务中心，农村25个支部也都建成“三基建设”便民服务站，为服务群众搭建综合性服务平台，发挥便民服务的政治功能、服务功能，最大限度地方便群众办事，提高办事效率。

【乡村旅游发展】 陶唐峪景区实施建设旅游步道、景区公厕、栈道修复等项目，启动山下“江南水乡”实景项目建设。“民俗馆”基础设施建设已经完成。投资200余万元新建义坪线至蝴蝶谷柏油路，全长2500米，宽6米，方便群众生产生活以及游客的出行。

【“三大基地”提升】 以辛庄大棚为中心的设施蔬菜种植基地日光节能温室达到80余棚。在成家庄、沙窝、观堆、南杜壁等村实施退耕还林干果项目，新发展优质核桃1000余亩，将核桃种植面积扩展至4000余亩，培育形成干果林基地。孔涧村发展种植油牡丹140余亩，扩大南李庄聚盛牧业羊场的养殖规模，实现科学饲养，2017年，出栏育肥羊5000余只，扶持聚盛牧业等农产品加工龙头企业做大做强。农业龙头企业带动农村经济增长、转移农村剩余劳动力、改善生态环境的作用凸显。

【环境综合治理】 按照从源头抓起，从基础抓起，严格控制，重点治理的总体要求，推进环保工作。通过发放宣传资料、制作宣传标语等方式做好宣传工作，加大环境污染源排查整治力度，共排查治理污染问题20余件。清理整治小散乱污企业，对7家企业证件不全的石料厂、砂厂、砖厂、搅拌站全部关停，大沟石料厂成功转型发展双孢菇大棚种植。实施中小学、乡卫生院、乡机关取暖“煤改电”工程，对照上级政策向高铁沿线各村发放无烟煤。启动重污染天气应急预警机制，按照网格化要求，严格排查秸秆焚烧、垃圾焚烧、经营性锅炉冒黑烟等环境污染问题，做到及时发现、及时制止。

【民营企业发展】 在“大众创业，万众创新”的引导下，观堆村晋颐兴服饰有限公司联系劳动部门，引进服装加工机器100余台，进行外贸加工，解决100余人的就业问题。辛庄村投资300余万元创办山西丰陶源食品有限公司。在农村基层党组织的引导支持下，陶唐峪乡民营企业迅猛发展，为农村集体经济“破零”奠定基础，为全乡经济社会发展注入持久动力。以发展规模化、标准化、产业化农业为目标，扶持有志向、有实力、有能力的农村创业带头人发展农业合作组织，扩大产业规模，提升技术水平，实现联产联营。共发展养殖、种植专业合作社25家，覆盖农户300余户，扩大农产品种植规模，提升农业产业化水平。

【民生改善】 2017年，霍州市陶唐峪乡党委、政府将民生改善作为一切工作出发点和落脚点，坚持发展为民的总方向，倾力抓扶贫，倾心抓民生，倾情抓社保，提高全乡群众的幸福指数，推进脱贫攻坚。协调扶贫工作队和第一书记深入一线、精准扶贫，取得成效。实施政府兜底扶贫。在筛查摸底、征求意见的基础上，确定扶贫对象27户，采取低保、五保等形式，解决他们的生活困难问题；实施项目扶贫。通过向上级部门争取，在孔涧村建成100千瓦的光伏发电项目，已移交乡政府管理，全年累计发电16万千瓦时，电费入账1.2万元，所获收益将全部用于贫困户脱贫；在辛庄村建成30千瓦的光伏发电项目，惠及贫困户7户24人；实施贫困户自主脱贫。通过引导扶持贫困户发展小型企业、农家乐和外出务工，使他们增强造血功能，实现自主脱贫。发动群众，实施“金融扶贫”、健康“双签约”扶贫等项目，坚持每月10号召开扶贫工作例会，总结分析、查找问题、整改落实，并要求所有班子成员必须有三分之一的精力放在包联村的扶贫工作上。全年脱贫147户405人。实施民生工程。推进采煤沉陷区治理工作，按照霍州市采煤沉陷区综合治理工作方案要求，采取先易后难、分类实施、整体推进的方式贯彻落实此项工作，对愿意搬迁拆除的危房户进行入户统计，为下一阶段开展工作打好基础；在水利建设方面，投资500余万元，分2期完成36台变压器以及高压线的更换工作。在南程村更换人畜饮水管道2000余米，在义城村新建50立方米集体水窖，配备变压器等电力设施；在集体经济发展壮大方面，2017年集体经济收入1至5万元的村有16个，5至10万元的村8个，10万元以上的村3个，完成集体经济发展壮大40%的任务。

【社会事业】 做好城乡最低生活保障工作。加强低保工作规范化管理，严格把握标准和低保审批程序，坚持动态管理，做到应保尽保、超标退保。全乡共有低保户154户363人，其中农村低保户112户295人，城市低保户42户68人。强化农村五保和敬老院管理工作。全乡共有68户五保户，其中分散供养59人，集中供养9人。按照上级要求定期对敬老院进行安全隐患大排查，及时消除安全隐患。做好优抚工作。全面落实优抚政策，成立陶唐峪乡军队退役人员服务站，对全乡退役军人进行基本情况摸底，发放“光荣牌匾”331块。对79个重点优抚对象足额发放优抚金。加强救灾、救济工作。严格实行24小时报灾工作机制，按时核查、上报各类灾情。对上级下拨的救灾款物，坚持“专款专用，重点使用”的原则，严格发放程序，使救灾物资完完全全用于需要救助的困难户，做好临时救助、医疗救助工作。全乡共有80周岁及以上高龄老人223人，按照每人每月110元的标准及时足额发放。全乡共有四类家庭学生120人，爱心助学金按时发放，难救助8人。对于罹患重大疾病的低收入家庭，2017年共救助56人。为全乡130个一、二级重度残疾人发放护理补贴，按照每人每月50元的标准实行社会化发放。对残疾人进行数据动态更新和精准康复需求调查，通过入户走访和电话了解的方式对全乡423个残疾人进行调查，其中255人有精准康复需求；发放残疾人辅助器具12件。宣传民生保障政策，全乡新农合参合人数达到1.64万人，参合率连年保持在98%以上。新型农村社会养老保险参保人数达到9260人，达到90%。通过严格程序，甄别出享受国家奖扶政策14人、享受独生子女奖扶政策396人、享受农村主动放弃生育二孩家庭奖扶政策3人，兑现率达100%。

【社会治理】 2017年，霍州市陶唐峪乡党委、乡政府创新社会事业管理方法，坚持和谐安民的总导向，抓治安、保稳定、强安全、治环境，社会秩序更加和谐稳定。“狠”抓治安。开展平安陶唐建设，打击和遏制各类违法犯罪活动和邪教组织，人民群众的社会安全感和满意度不断提高。开展普法教育活动，推行网格化管理，对民爆物品、学校周边、村民聚集区等区域进行专项整治，强化对刑满释放人员等特殊人群的教育帮助，维护辖区社会政治稳定大局。“稳”抓信访。树立“信访稳定无小事”“信访稳定人人有责”的理念，围绕“事要解决”的原则，履行领导班子接访、包案制度，把问题解决在当地、把矛盾化解在内部、把隐患消除在萌芽状态，实现全年无越级上访的目标。“常”抓安全。坚持“安全第一，预防为主，综合治理”的方针，精心组织，周密安排，做到不走过场，严密排查，全面覆盖，不留死角，排查出的问题即时整改，不出纰漏，不出事故。建立以包村领导为主要责任人、村支两委干部为第一责任人的安全生产责任机制，落实安全生产八项制度、隐患排查治理报告制度，开展“安全生产大检查”“安全生产百日攻坚行动”等，摸清存在的隐患，落实整改措施和责任，实现源头防范和长效管理。在“保两节、保两会”行动中，召开专题会议4次，出动检查20余次，取缔辖区内2家非法售油点。为确保防汛安全，制定防汛应急预案，组建应急抢险队伍，坚持汛期24小时值班，提高陶唐峪乡群众防御山洪灾害的应对能力，确保防汛防灾安全。在地质灾害防治方面，制定防灾方案及地灾群测群防网络，通过各种形式普及防灾知识。“强”抓环境。响应霍州市“五城联创”工作要求，建立乡领导包村、村委主任直接负责的乡村清洁工程工作领导组，组建环卫队，划分责任片区，责任到人。制定相关卫生保洁运行制度、村规民约、日常自查制度、督查巡查工作机制。针对公路沿线的“脏、乱、差”现象，悬挂宣传标语150条，包村领导、村党员干部深入农户发放宣传资料1万余份。坚持全民参与和专业队伍相结合，加大日常保洁力度，完善各村垃圾池等配套设施建设。2017年，投资50余万元，1000余人次参与环境卫生整理，新建垃圾池10个，刷白树木6万余株并圈红，涂刷墙壁5万余平方米，清理垃圾8000余立方米。配备垃圾清运车辆16辆，垃圾桶3700个。

【领导班子】

党委书记：

张　斌（2013.03—2017.12）

党委副书记、乡长：

张　伟（2013.03—2017.12）

人大主席：

王丰奇（2013.05—2017.12）

党委副书记：

李建华（2014.01—2017.12）

纪委书记：

黄华君（2015.11—2017.12）

武装部长：

安宝山（2014.05—2017.12）

副乡长：

武晓伟（2013.03—2017.12）

朱三桂（女，2014.05—2017.12）

郭　飞（2016.05—2017.12）

张记华（2016.05—2017.12）

组织委员：

李晓丽（女，2016.05—2017.12）

（李政）

大张镇

【概况】　霍州市大张镇地处霍州市东郊，总面积36平方公里，耕地面积28078亩，镇辖14个行政村，有29549人，下设18个基层党组织，有党员975人，镇党委、镇政府内设综合办公室、党建办公室、经济发展办公室和社会事务办公室，设农业服务中心、文化服务中心、企业服务中心、计生服务站、国土资源所、财政所6个事业机构。

2017年，全镇经济总收入8.2亿元，同比增长8%，农民人均纯收入14329元，同比增长6%。大张镇总体自然结构是“一滩六垣两河”（大张～靳壁～下乐坪滩，靳壁垣、北张垣、张望垣、上乐坪垣、青郎坪垣、西张垣，北涧河、南涧河）。大张镇产业结构以种植业、养殖业、加工业和商贸服务业为主。大张镇党委、镇政府带领全镇党员干部和广大群众，把服务全市重点项目作为全镇工作的主线，拼搏进取，奋力争先，统筹推进经济、政治、文化、社会、生态文明等各项事业发展，全镇呈现出党建全面加强、经济平稳运行、环境治理有力、改革推进有序、民生持续改善、社会和谐稳定的良好局面。

【经济发展】　2017年，霍州市大张镇推动经济发展的主导产业是种植业、养殖业、加工业和商贸服务业。种植业方面，打造西张垣设施蔬菜和优质核桃、青郎坪无公害大葱、五里垣千亩芦笋等特色品牌，鼓励引导群众发展有机蔬菜、花卉、药材等经济作物，开拓经营领域，占领市场份额，提高经济收益。养殖业方面，发挥同兴种鸡、向阳蛋鸡、上乐坪鸡场等基地的辐射带动作用，壮大已有规模，扶持新的企业，促进网络式发展，做到村村都有新典型。加工业方面，以大张“薛师傅”玉米面条、上乐坪年馍、贾村状元馍等传统加工业为基础，培育发展枣夹核桃、文冠果茶等农副产品加工龙头企业，重点在产品包装、销售服务、品牌打造上下功夫，提升农副产品加工企业的规模和效益。商贸服务业方面，随着霍州市城市东扩，全市商贸服务重心东移，农村合作经济组织、农产品质检机构、专业合作社、服务公司、中介机构等发展迅速，第三产业和劳动力市场快速发展。

【基础设施建设】 2017年，霍州市大张镇与城市规划有效衔接，美丽乡村建设规划完善，机构健全，依托全国重点镇建设，全镇加快城镇化建设步伐。青郎坪新建出村桥1座，解决村民过河难问题。张望村日间照料中心的建成，为全村60岁以上的老人提供膳食供应、个人照顾、保健康复、休闲娱乐等日间托养服务。张望村日间照料中心是全镇继北张、贾村之后的第三处日照中心。在狮子洼村、贾孟村高标准新建2座灯光塑胶篮球场。

【扶贫工作】 2017年，霍州市大张镇建档立卡贫困户238户496人，通过镇村干部及下派工作队的精准帮扶，制定并采取产业扶持、政府兜底、推荐就业等精准帮扶计划与措施，全年完成67户139人。

【林业及水利】 2017年，霍州市大张镇加强林地保护，严格护林防火，辖区内无林地放牧、偷砍伐、挖砂采石、乱占林地行为，林地无火灾发生；全镇14个村都完成饮水安全工程，大张、下乐坪、贾村、西张、靳壁5个村接入城市供水，落实“河长制”，加强境内河道管理，完成人畜饮水、农田灌溉、生态治理、防汛抗旱及山洪灾害防治预警平台建设任务。

【教科工作】 2017年，霍州市大张镇将教育工作纳入全镇重要工作和发展规划体系，建立责任制，全镇幼儿学前、小学、初中入学率及在校生保留率均达100%。多名教师在山西省、临汾讲授公开课，名师塑造有声有色；推进科技兴农，开展科普宣传和培训工作，推广应用科技成果，及时报送科技动态信息，培育科技产业化示范基地、示范村、示范户和科技带头人。

【基层文化建设】 2017年，霍州市大张镇发挥镇文化站和村级文体设施的作用，组织引导群众开展丰富多彩的文体活动，狮子洼村、贾孟村新建塑胶灯光篮球场，旅游月期间在贾村举办“人祖娲皇、祈福状元”系列文体活动，山西省电视台和临汾市电视台专题作宣传。

【卫生计生工作】 2017年，霍州市大张镇加强领导，健全网络，强化服务，落实政策，镇卫生院达标改造，计生服务站和村级卫生所全部达标，符合政策生育率、老年人体检率、免疫接种率、农民参合率均达要求，为全镇贫困户进行免费体检，70%的五保户在镇敬老院集中供养，提升人民群众的健康水平，提升群众幸福感和舒适度。

【安全发展】 2017年，霍州市大张镇树立安全意识，建立健全安全工作领导机构，落实人员、责任、设施，对煤矿、非煤企业、交通运输、学校、食品卫生、地质灾害、民爆物品、气象、防汛、建筑、消防、危化、森林防火、秸秆焚烧、防震减灾等工作进行排查治理，落实责任，健全各项制度，制定应急预案，开展应急演练，加强安全巡查，消除隐患，全镇没有发生安全事故。在大张村建立微型消防站，先后组织山洪灾害及防汛演练和消防应急疏散演练。推行网格化管理，开展普法活动、宗教管理、反邪教宣传和平安创建，净化校园及周边环境，加强治保、民调、联防、禁毒等基层综治组织的整顿和培训，提高防范和打击效能，维护稳定的社会治安秩序，辖区无发生重大刑事案件。坚持依法行政，落实《土地管理法》《矿产资源法》和《中华人民共和国城乡建设规划法》，严格规划审批和执法监察，规范征地行为，解决遗留多年的政法大厦征地问题，纬三路、经二路北段等市级项目也有序推进。严厉打击各种违法占地、违章建设和非法采矿行为，加强地质灾害防治工作，依法拆除大张、西张、上乐坪、靳壁村30多处违法建筑，无证非法采矿查处率达100%，为建设文明和谐新大张创造良好的社会环境。

【信访稳定】 2017年，霍州市大张镇落实信访工作制度，明确责任，限时处理，主动解决各类矛盾和问题；推行信访服务中心工作模式，新建高标准信访服务大厅，坚持领导接访。建立信访网络，实行“一站式”服务，开展网上办案和分类办理，化解各类矛盾纠纷，办结上级及网上交办案件，遏制越级上访、集体上访、重复上访、非正常上访的发生，杜绝重大群体访事件。各村及相关站所，立足大局，不讲条件，迎难而上，重要节日和关键节点多次赴省进京值班，快速反应，果断处置，实现全国“两会”、十九大零上访，从根本上扭转大张镇过去因征地拆迁引发上访的被动局面，信访工作向制度化、规范化和法治化轨道迈进。

【环境卫生】 霍州市大张镇地处城乡结合部，环境保护和卫生整治任务较重。2017年，开展“创卫”活动。镇、村都达到“组织机构、工作方案、责任人员、具体任务、专项经费”的“五明确”。广泛宣传，健全制度，签定环境保护和秸秆禁烧责任书，实行网格化管理；探索政府购买服务的新路子，与有资质的环卫公司签订环卫协议，划分责任区，配备环卫设施，加强督促检查，实行严格考核，在全镇形成环境卫生常抓不懈、常整常新的长效机制。特别是针对重污染天气的严峻形势，开展环境治理，实施乡村清洁工程，落实煤改电、煤改气、集中供热、供气扩户等环境保护的各项措施，全镇环境状况变化明显。

【项目建设】 2017年，霍州市大张镇完成或开工的重点项目主要有9项：干部周转房。建设面积630平方米，投资100余万元，在12个乡镇率先建成投入使用。阳光首府。该项目位于霍东大道转盘北，占地108余亩，总投资5.88亿元，设计建设面积78290平方米，建成一期2栋4层商业楼、4栋18层住宅楼、1栋3层住宅楼。贾村娲皇庙修缮。该项目为文物保护及旅游开发项目，总投资800万元，主要修缮国保文物娲皇庙东西厢房、西角楼及彩绘布展。在全市旅游月期间举办以“人祖娲皇、祈福状元”为主题的系列文化活动。道路提质工程。该工程涉及下乐坪村，总投资400余万元，里程1.7公里，解决村中道路毁坏严重、村民出行难的问题。灯光塑胶篮球场。投资40余万元，占地约1000平方米，在狮子洼村、贾孟村高标准新建2座灯光塑胶篮球场，为村民健身娱乐提供好去处。青郎坪出村桥。青郎坪村地势较高，下山必经河道，一遇涨水就无法出行。2016年投资17万元新建出村桥1座，解决村民过河难问题。下乐坪生态休闲农场。该项目是发展壮大农村集体经济的示范引领项目，地处霍东工业园区对面，一期规划40余亩，投资35万元，以无公害蔬菜为主，建设生态休闲采摘园，一期建成投入使用。全民健身中心。该项目位于霍东大道北侧，占地195亩，投资2亿元，是全市重点项目，于2017年11月30日举行开工仪式。大张镇村两级做好遗留问题解决和协调服务项目实施的各项工作。该项目完工后将成为一个集文化体育、赛事演出、商务会展、健身休闲为一体的多功能综合性场馆，惠及全市30万人民，成为霍东新区的新地标。

【基层党建】 2017年，霍州市大张镇强化党建工作的主业意识、从严意识、引领意识，坚持“突出一个龙头，夯实两个基础，形成三个常态”的“123”党建工作思路，即：突出“两学一做”学习教育常态化制度化这个党建龙头，夯实基层党建工作的组织基础、经济基础，形成党员干部队伍建设常态化、党建工作制度建设常态化、干部思想纪律作风建设常态化，建强基层组织、夯实基础工作、提升基本能力。发挥党组织的核心领导作用。把党建工作作为最大政绩和第一主业，狠抓两项教育，把党的政治建设摆在首位。突出“两学一做”学习教育常态化制度化这个龙头。坚持把学习教育融入经常、抓在日常，总结提升在“两学一做”中的好经验、好做法，制定《关于推进“两学一做”学习教育常态化制度化的实施方案》，开展“五个一”和“三倡导三促进”两个主题活动。借力“维护核心、见诸行动”主题教育这个载体，学习贯彻十九大精神这条主线，按照“六个好”“三个阶段”的要求，组织集中学习、交流习近平总书记系列重要讲话学习心得、讲好“七一”党课、学习贯彻十九大精神、专题组织生活会等5项重点任务。推进“三基建设”，促进基层治理水平现代化。大张镇制定“三基建设”的实施方案，成立领导组，召开专题会议进行安排部署，在各基层党组织中开展“五好”“红旗”“明星”支部创建工程，培育贾孟村1个五好支部，狮子洼村、北张村2个红旗支部，贾村、下乐坪村、大张村3个明星支部。对照党内政治生活《准则》，落实好“三会一课”、党日活动、民主评议党员、谈心谈话等制度，抓好“五个一”主题党日活动，树立党员为民务实清廉形象。推行工作精细化管理，编制基础工作目录，制定13项工作的运行流程图和管理手册、应知应会手册、便民服务手册。建立岗位责任制、服务承诺制、首问负责制、限时办结制、AB岗制、一次性告知制、工作计划规范管理制度、“13710”工作制度等8项制度，提高办事效率。建成便民服务中心，镇机关全面整合基层站所职能，投资35万元，建成120平方米的便民服务中心，打造便民惠民的综合性服务平台。保障基层经费，按照“两个不低于”标准，足额下拨党建工作经费。全镇2017年新发展党员14人。党风廉政建设常抓不懈，落实党风廉政建设责任制和各项廉政制度，履行主体责任和“一岗双责”，实行“四述两谈”，开展反腐倡廉教育，整顿纪律作风，强化监督检查，狠刹不正之风，在全镇营造健康文明风尚，被临汾市文明办评为市级文明乡镇。

【领导班子】

党委书记：

段小刚（2016.04—2017.12）

党委副书记、镇长：

周霍津（2013.03—2017.12）

党委委员、人大主席：

马　丽（女，2013.04—2017.12）

党委副书记：

荀会龙（2014.01—2017.12）

党委委员、纪检书记：

庞瑞林（2014.01—2017.12）

党委委员、武装部部长：
刘会才（1999.03—2017.12）
党委委员、副镇长：
冯艳萍（女，2012.06—2017.12）
副镇长：
焦国军（2016.04—2017.12）
杨燕霞（女，201604—2017.12）
党委委员、组织委员：
高艳华（女，2014.05—2017.12）

（郝基惟）

白龙镇

【概况】 霍州市白龙镇位于霍州市城区西郊，霍侯一级公路纵贯南北，交通便利，人杰地灵。全镇辖14个行政村，26个自然村：白龙、寺庄、陈村、涧北、牛腰、前柏木沟、后柏木沟、韩南庄（辖涧庄、马岭、养马岭）、燕南庄（辖贾垣）、虎头山（辖师家庄、琵琶垣、蔡家庄、前沟、葫芦把）、柳树腰（辖郑家庄、孟家庄、风子垣）、陈家庄（辖耿家庄）。人口23240多人，其中常住农业人口18619人，下设2个党总支，21个党支部，党员871名。全镇耕地总面积866公顷，其中水地124.67公顷。共有国有、省属企业3个：霍州煤电集团下属的白龙煤矿、团柏煤矿和兆光发电厂，规模较大的民营企业30余家。

【重点项目】 投资8280万元的华得宇光伏发电项目一期建设，占地26.67公顷，安装光伏组件10MWp，2017年7月并网发电，投入运营。白龙村新建30千瓦光伏发电基站3座，陈村新建30千瓦光伏发电基站1座，均并网发电，每年可为全镇注入80余万元的扶贫资金。桥西街改造工程2017年8月底竣工通车，道路两侧植树栽花，绿化美化亮化，对整个桥西街两侧店铺进行整治，广告牌匾统一标准，实行卫生门前三包，保持店面整洁，将桥西街打造成全市的卫生样板街。三基建设干部周转房顺利完工，建筑面积588.9平方米，集便民大厅、餐厅、宿舍、厨房、卫浴、图书室等功能一体，建成后将解决机关干部的食宿问题，改善职工基本生活条件。光伏发电扶贫项目顺利实施，用好光伏扶贫政策，投资7000万元的隆旺佳豆制品加工项目进入施工阶段。

【转型发展】 2017年，霍州市白龙镇以“四大产业”为依托，布局装备制造、电商物流、农副产品加工、新材料制造等新型产业，构建多元稳固、低碳高效的现代产业体系。现代农业提质增效。陈村药用牡丹种植100公顷项目上报市农林委立项；后柏核桃挂果见效，促进农民增收。元瑞、浩瀚、恒源养殖等规模养殖企业实现粪便处理环保达标，健康运营。虎头山470亩退耕还林项目如期完成，造福于民。新型工业改造升级。加强对辖区内兆光发电、霍煤云厦、团柏矿等大型国有企业协调服务工作，为企业发展创造宽松环境，构建和谐工农关系。商贸服务业多元发展。强化永安街各类洗浴、餐饮、娱乐门店的规范管理，提升服务品质，将永安街打造成全市餐饮娱乐一条街。扶持培育现代物流企业，扶持老鸿运物流、福顺鑫等物流企业，扩大规模。加快电子商务发展步伐，扶持乐村淘等电商平台发展壮大。以星时代家居广场、东明装饰城、白龙综合商贸城为依托，发展家居、建材、装饰等产业，形成优势产业。文化产业做大做强。发展威风锣鼓和“千年鼓”文化产业，打造精品文化名片，扩大市场影响，拓宽演出渠道。弘扬传统武术、摔跤等文化精髓，扶持发展各类武术、摔跤等各类特色文化培训机构培养后备人才。

【环境整治】 2017 年，霍州市白龙镇重点抓好“一河”（对竹河）生态修复、“两街”（桥西街、永安街）道路改造、“两气”（天然气、暖气）扩户、“五路”深度污染治理、农村通道绿化、农村清洁示范“六大工程”。推进对竹河治理，完成一二三四标段施工任务，做好后续扫尾工作。桥西街道路改造工程已完成。永安大街全面治理私搭乱建，店铺卫生门前“三包”，提升环境质量。铺油硬化团柏矿运煤路和白龙洗煤厂矸石山道路，配备雾炮车，降低粉尘污染。兆光电厂运煤路、运灰路配备专门清扫车辆，及时清扫，定期洒水，环境整治效果明显。白龙矿区公路采取出厂车辆清洗车轮、遮盖篷布等措施治理粉尘污染，收效良好。全镇通道绿化工程实施有力，村内见缝插绿，拆墙布绿，扩大村庄绿化面积。推进农村清洁示范工程，涧北村、陈村、陈家庄等村粉刷墙壁，街道植绿，文化上墙。白龙村整治桃临线道路卫生，清理四堆，隔离护栏。寺庄致力绿色村庄建设，沿街植绿，庭院布绿，提升农民居住环境。实施大气污染治理工程。狠抓锅炉整治，取缔机关、事业单位、学校等自用和营业性锅炉。推进全镇“热电联产”“煤改气”“煤改电”等清洁能源改造工作。狠抓面源污染，杜绝焚烧秸秆、杂草、垃圾，群众环保意识增强。暖气、天然气“两气”扩户工程进展有序。陈家庄新村、后湾等村协调工作已经结束，进入具体实施阶段。镇机关接通大暖，实现集中供暖。白龙、寺庄暖气换热站已经建成，一网已就绪，二网建设即将展开。

【社会管理】 2017 年，霍州市白龙镇实施平安创建工程，加强安全监管。落实安全责任，排查安全隐患，抓好非煤矿山、道路交通、食品药品、建筑施工、中小学校等领域的安全工作。信访工作实施周一党委书记、镇长及村两委主干坐班值守制度，镇机关干部经常深入基层，了解情况，做好民情日记，开展矛盾纠纷排查调处活动，努力把问题解决在基层，化解在萌芽状态。发挥村级组织维护社会稳定的第一道防线作用，强化治保民调力量，化解邻里纠纷，避免恶性事件的发生。强化安全发展理念，加强社会治安综合治理，坚决打击刑事犯罪和“法轮功”邪教组织的非法活动，保障一方安定。

【民生改善】 2017 年，霍州市白龙镇推进脱贫攻坚，实行镇村干部、驻村工作队包户全覆盖，落实光伏产业脱贫、生态脱贫、就业脱贫、教育脱贫、金融脱贫等扶贫措施。霍州市财政局联合所包白龙村西山扶贫植树 3000 余株。陈村、白龙 4 个 30 千瓦太阳能扶贫发电项目完工，实现并网发电。为 6264 户低收入农户发放低供煤补助，完成土地确权扫尾工作，全面签订合同书。完成 533 户沉陷区农户入户普查工作，79 户低收入非农户入住公租房，发放农村危房改造资金 44 万余元，完成白龙、陈村两村绿色村庄申报。做好扶弱济困。做好农村低保待遇落实等民政优抚工作，帮扶老弱病残等弱势群体，做好“四类学生”临时救助，做好新农合和养老保险征缴工作，覆盖率达到 95％以上。持续推进科教文卫。完成乡村文化记忆工程普查工作。加强计生工作，提供优质生育服务。强化教师队伍管理，净化校园周边环境，提升白龙镇教育水平。加强文化建设，开展以威风锣鼓、武术体操等为主要内容的全民健身活动和“五好家庭”评选活动，在全镇凝聚正能量。组织适龄青年进行兵役登记，增强群众国防观念。规范“三资”管理，严格实行村务公开，依法行政，公开透明。

【党建工作】 2017年，霍州市白龙镇实行农村党员“551”工作法管理，设立增收致富、民事调解、治安应急、红白理事、文化生活5个党小组（岗位）。每月1日党日活动完成5项任务：总结部署一次工作，缴纳一次党费，组织一次学习，开展一次义务劳动，做一件好人好事。党支部每月评选一次红旗党小组和月模范党员，并在支部大院设光荣榜展示，促进农村党员发挥先锋模范作用，为群众提供更加优质服务。坚持严字当头，真管真严，从严治党，做到“五个抓好”。抓好支部班子这个核心，严把程序关，完成农村两委换届选举工作，抓好服务型党组织建设，搞好集中服务，发挥便民服务中心、信访接待中心、镇村巡逻队“一队两中心”职能作用，热心接待群众，一站式服务，发现问题现场及时处理，给群众以便利，搞好上门服务，开展以“宣讲一条政策、解决一个问题、带回一条意见、结交一个朋友、拿回一个考分”为内容的机关干部进村赶考“五个一”活动，送服务上门，让群众在家就能享受到便捷服务，搞好岗位服务，执行党员联户制度，所有党员全部设岗定责，分成增收致富、民事调解、治安应急、红白理事、文化生活等5类服务群众党小组，为党员作用发挥搭建新的平台，搞好网格服务，各村加强大网格建设，合理分区，责任到人，调动每个村组干部和广大党员的主观能动性，让党员干部在安全、信访、环保、违建、卫生、突发事件处置等广大的区域发挥积极作用，为民办事，替民解忧，抓好党内政治生活不规范这个短板，推进反腐倡廉建设。贯彻落实中央、国务院出台的一系列作风禁令，加强全镇广大党员干部的思想作风建设，加大监督检查力度。围绕“四风”问题，“讲政治、知敬畏、守规矩”，抓好监督检查，以干部作风的好转促政风、带民风，营造风清气正的良好氛围。

【领导班子】

党委书记：

郭惠民（2012.08—2017.12）

党委副书记、镇长：

王建华（2013.03—2017.12）

人大主席：

靳　华（2013.06—2017.12）

党委副书记：

王云平（2013.12—2017.12）

纪委书记：

叶伟新（2013.12—2017.12）

副镇长：

李志华（2002.09—2017.12）

朱建文（2012.08—2017.12）

郭文俊（2016.05—2017.12）

晋明华（2014.05—2017.12）

武装部部长：

胡泉河（2016.04—2017.12）

组织委员：

朱晓斐（女，2016.04—2017.12）

（闫志坚）

李曹镇

【概况】 霍州市李曹镇地处霍州市东部，距市区10公里，东临古县，和长治市的沁源，南临陶唐峪乡，西连大张，北接三教乡，南北约13公里，东西宽23公里，总面积275平方公里，其中山区占75.6%，丘陵占24.4%，辖32个行政村，人口约29230人，为霍州市面积最大乡镇之一。李曹镇人民政府驻李曹村，全镇机关人数34人。镇机关包含科室主要有：综合办、党建办、社会事务办、农业服务办，下设计生所、民政办、林业站、工、青、妇等组织。2017年，李曹镇党委、政府打造“生态农业大镇、旅游休闲名镇、新兴产业强镇、幸福美丽新镇”，加快转型跨越、率先发展，全镇经济总收入6.18亿元，增长6.1%，农民人均纯收入达到11124元，增长8%。

【重点工程】 2017年，霍州市李曹镇完成投资1819万元的七里峪山门广场三期建设；投资910余万元的镇山文化博物馆对外开放；投资3000万元的七里峪客运站等项目竣工，投资500万元的七里峪滑雪场二期投入运营，确保各项重点工程的顺利推进。

【项目建设】 2017年，霍州市李曹镇投资4000余万元开发七里峪漂流项目，投资3000万元建设七里峪客运站，投资500万元建设七里峪滑雪场二期工程，投资2500万元进行东片农业综合开发，投资560万元开发绿园养殖观光项目，投资300万元建设高铁站前大道拓宽工程，投资150万元建设源头至板节道路硬化工程，投资300万元用于石鼻、驹沟、秦家岭等村的广场建设，投资1000万元的安家庄、沟东、驹沟、杨枣循环公路，投资600万元的南堡、罗涧、秦家岭、杜苏沟、峪里等村的新农村建设。2017年底，项目工程全部完成，完善基础设施，推动产业升级，为全镇发展积蓄后劲。

2017年，李曹镇布局六大产业，一片一主业，一业一龙头，加快农业转型步伐。北片畜牧，依托绿源乳业石鼻村万头猪场和机械化养鸡厂，扶持北片畜牧业发展壮大，新建千头猪场1处，规模养殖户已发展到15家。南片果业，大面积推广红王将、将军王、富士王等新品种，全面普及套袋、微肥等新技术，示范带动苹果产业大发展，全镇苹果种植面积达到5000亩，提高种植效益。沿山干果，以罗涧为中心的核桃基地，新增种植面积1000亩，为农民持续增收提供稳定支撑。沿线苗木，以霍东花卉苗木基地为中心，在旅游路沿线发展苗木种植，总规模近1800亩，成为村民增收的另一渠道。广场商贸，依托大西高铁广场和七里峪镇山广场，扶持“绿和祥福”、七里峪等系列品牌，提升李曹镇农副产品的知名度。

【环境卫生】 2017年，霍州市李曹镇在全镇上下提出“打好环境百日攻坚战、建设宜居宜业新李曹”的战斗动员，揭开全镇环境卫生整治攻坚战的序幕。把“三路一线”为整治的重点，在全镇范围内开展环境卫生整治，各村都建设垃圾倾倒点，村内主要街道都设有专人保洁，在各村实行“门前三包”，清理整治街巷两旁的“三堆”，整治陈旧垃圾和污水横流旧貌旧习，拆除违法乱搭乱建棚屋。全镇投入200余万元，动用劳动力5000人次，动用机械7000余台次，建成垃圾池100余个，设立集中垃圾处理点5个、垃圾中转站1个、污水处理厂1个；清运垃圾3万多立方米，粉刷树木10万株，整修残垣断壁15万平方米，对辖区内3条河道进行疏通，清理河道垃圾1000余立方米，填埋采沙坑10余处，确保河道整洁，泄洪畅通，提升环境质量。打造秦家岭、石鼻2个样板示范村。

【环保工作】 2017年，霍州市李曹镇开展铁腕治污行动，强力整治采洗砂石厂、燃煤锅炉、秸秆焚烧、二次扬尘等污染源，严厉打击环境违法行为，推广无烟煤、煤改电、煤改油等环保政策，提升环境保护整体水平。对辖区17家采、洗砂石厂进行整治，取缔关停8家无证洗砂厂，对证照不全企业进行停电、停产、停业整顿，做到从源头治理，不达标不生产。向村民宣传环保政策，采购无烟煤1300余吨，率先在机关、学校等企事业单位推行煤改电、煤改油环保项目，将全镇划分为32个网格，由网格长带队进行日常燃煤锅炉、秸秆焚烧、二次扬尘的管理整治，做到划分明确责任到人。为彻底整治垃圾乱堆、污水乱排、秸秆焚烧等难题，建立长效机制，提升环境质量。

【民生工作】 2017年，霍州市李曹镇在多层次、多领域征求意见的基础上，完成11.6公里的农村公路完善提质工程；完成20公里防渗渠改造；改造荒山荒坡400亩，启动东片农田水渠建设等工程；完成18户危房改造；加快下王、小涧、罗涧三个村的“一村一品”发展。引深文明创建活动，组建文艺宣传队、老年秧歌队、中年人柔力球队、青年篮球队、乒乓球队，各村组建红白理事会，取缔不文明殡葬行为，净化社会风气。配齐农业科技推广站的相关设施，建成以源头为中心的畜牧养殖基地和小麦示范基地，以下王、柏乐为中心的苹果示范基地，提高群众的生产生活水平。落实惠民政策，扩大社会保障覆盖面，144个四类家庭学生和311名80岁以上老人的固定救助；新型农村养老保险参保率达到96%、新农合参合率达到98%；28户50人享受城镇低保，136户298人享受农村低保；158个优扶对象的抚恤补助优待经费及时足额发放；83个五保户中，有意愿的35人全部集中供养；35人享受到大病救助；38人享受到救急难救助，建成驹沟、石鼻、下王老年人日间照料中心，集老年人日常休闲、娱乐、健身服务于一体，形成特色品牌，普通群众的生活有更多保障。加强中心校和各学校管理，新建3所幼儿园，全镇幼儿园总数达到11所，520名幼儿入学，学前三年入园率达到90%，小学、初中入学率达到100%，改善办学条件。邀请60多个“五老”同志，建成覆盖镇、村、校、企的关工委组织网络，促进下一代健康成长。

【信访维稳】 2017年，霍州市李曹镇实现全年赴省进京“零上访”的目标。实行网格化管理，将全镇划分为32个网格，配备网格长和信息员，逐门入户开展信息采集工作，做到全面覆盖辖区，“平安李曹”建设深得民心，确保社会秩序的和谐稳定。

【党建工作】 2017年，霍州市李曹镇党委开展“两学一做”学习教育常态化制度化，维护核心见诸行动主题教育活动，带头深入学习、讲好党课、专题研讨、查摆问题、整改落实，带动全镇党员干部参与、深入学习。落实“定、查、评”工作法，征集到群众意见128条，确定年度“定、查、评”目标任务105项，督促按进度完成年度目标任务。抢抓上级集体经济“破零”的政策机遇，出台镇班子成员分片包干、蹲点指导，推动32个行政村全部完成“破零”任务，12个村收入突破5万元。为改善机关工作人员的工作和生活环境，投资90余万元的周转房已投入使用。镇党委多措并举，抓好党建推动精准脱贫，全镇共核实贫困户47户124人，采取市级领导定点包联、镇班子成员分片包联、机关工作人员到户包联，对每户贫困户走访到位、关心到位、宣传政策到位、解决致贫问题到位，实现47户124人脱贫，完成目标任务，实实在在推进脱贫攻坚工作。加紧对全镇32个活动场所升级改造步伐，取得初步成效。严把党员入口关，制定发展党员流程图、发展党员简要程序、责任追究办法等，新发展11个党员，推进发展党员工作规范化。推行党务公开、政务公开、财务公开，加强对不良风气的监督和制止，做到人人高效率、事事快节奏、件件求实效，凝聚起推动发展的强大合力。

【领导班子】

党委书记：

荀彦龙（2013.03—2017.12）

党委副书记、镇长：

房　鹏（2013.03—2017.12）

人大主席：

孙　峰（2013.05—2017.12）

党委副书记：

郭　斌（2014.01—2017.12）

副镇长：

武丽华（女，2012.06—2017.12）

曹耀华（2012.06—2017.12）

王保平（2014.03—2017.12）

王艳萍（女，2016.04—2017.12）

组织委员：

张丽霞（女，2016.04—2017.12）

（刘柳）

辛置镇

【概况】 霍州市辛置镇位于霍州市南部，距城区10公里，东与陶唐峪乡交界，西与汾西县毗邻，南与洪洞县接壤，北与南环路街道相连，地理方位东经111.14°，北纬36.26°。总面积46.6平方公里，下辖20个行政村，全镇总人口7.8万人，其中农业人口5293户，19507人，耕地面积2464.47公顷。辛置镇内设党政综合办公室、经济发展办公室和社会事务办公室，设农村综合便民服务中心和计划生育服务站2个直属事业机构，市直派驻事业机构设农业服务中心站和辛置财政所。辛置镇行政公务员编制共37人、实有28人；事业编制24人，实有10人。2017年，全镇农村经济总收入达到20.77亿元，同比增长6.8%，农民人均纯收入达13670元，同比增长7%，粮食产量稳定在4500吨，辛置村、北村、辛庄村率先达小康水平，为建设“环境优美、经济繁荣、和谐文明”的幸福靓丽新辛置开创良好局面。

【党建工作】 2017年，霍州市辛置镇贯彻落实党的十九大精神及习近平新时代中国特色社会主义思想，研究部署2017年党建工作目标、推进“两学一做”学习教育常态化制度化、开展维护核心见诸行动主题教育活动；延伸领头雁计划培训活动；落实“定、查、评”工作法；清查党员档案；完成农村两委换届，选强配齐农村两委班子；整顿软弱涣散党支部、解决党建基础薄弱问题，落实全镇各项工作任务。

【新农村建设】 2017年，霍州市辛置镇推进新农村建设，成果显著。辛置村投资2000万元的鼎和小区一期、二期工程已建成，完成装修，一号楼已有部分居民入住；南下庄村投资3000万元的安居小区4栋楼配套设施基本完善，已售100余套；总投资2150万元的北村新农村住宅小区一期工程，2栋住宅楼主体完成装修，水、电、暖配套设施基本完善，入住率达70%；塔底怡园小区配套建设基本完工，入住率达到90%。

【重点项目建设】 2017年，辛置镇千方百计引项目，上下联动争项目，齐心协力建项目。天然气扩户工程投资1.6亿元，已有1.9万户成功接入，下马洼村、辛置村、段庄村、下曹村主管道已铺设完工，完成天然气入户1000余户；投资1.2亿元的集中供热项目与太原巨能公司签订合作协议，完成前期准备工作；投资7933万元二处南矿区污水处理站工程已完工并投入使用。

【全域旅游】 2017年，霍州市辛置镇以“资源枯竭、产业转型”为契机，以“五城联创”活动为抓手，依托镇区文物古迹、亭台庙宇、现代农业示范基地和自然风光，打造一条以郭庄村“千佛崖”为起点、连接辛置村的魁星楼，白依阁庙宇，辛置旧车站遗址、塔底村东岳庙以及段庄村集佛教、儒教、道教于一处规模较大的三教庙，以文化底蕴浓厚的梁衡文化村—下马洼为终点的“锦绣辛置 文化之旅”辛置一日游线路，形成初具规模的旅游产业体系和旅游扶贫产业带。加强对北村二郎庙、宋庄关帝庙、北益昌娲皇圣母庙、阴底村鼓楼、南东村龙王庙、辛置车站抗日游击战革命遗址、十里铺休闲甜瓜采摘园、前河底村休闲文化广场、后河底村龙泽源泉水、董家庄马王庙、南下庄民居、曹村懒王爷庙、北泉村酸枣灵木等景点进行适度开发和保护，以发展乡村旅游为主形，整合全镇旅游资源和相关产业要素，完善旅游基础服务设施，改善生态人文环境，提升旅游品牌，拓宽营销渠道，做到乡村旅游、红色旅游、生态旅游及历史文化旅游融合发展。

【环境整治】 2017年，霍州市辛置镇完成一处、二处道路美化、绿化、亮化等配套设施建设；联合市住建、工商、公安、交警等单位对一处市场、二处市场进行集中整治，重点治理车辆乱停乱放、“黑车”运营、流动摊点占道经营、生活垃圾随意抛洒，规范摊贩入驻二处农贸市场及北村农贸市场并集中管理，实现“摊点入市、商铺规范、车辆有序”，从根本上解决小摊小贩占道经营；同霍煤集团物业公司、辛置矿洗煤厂、炬能公司及交警大队联合行动，开展配备环卫清扫车辆、建设皮带运矸系统、南矿区热电联产集中供热、霍侯一级路货车管理等工作。

【精准脱贫】 2017年，霍州市辛置镇脱贫任务180户398人。经镇党委、镇政府研究，辛置镇采取包联帮扶、政府兜底、光伏脱贫、政策脱贫、劳务脱贫、地搬迁脱贫“六项措施”超额完成全年脱贫任务。

【社会保障】 2017年，夏收期间，辛置村两委班子联系收割机，免费为全村村民收割小麦500亩，免费为村民伏耕和秋耕各500亩，每年给达线二本线以上的学生每人1000元奖励；前河底村每年给每位村民补贴电费60元；北村每年给达二本线以上的学生每人1000元奖励；郭庄村免费为村民深耕农田400亩。辛置镇扩大农村合作医疗覆盖面，全镇参合率达到95%以上；全镇享受低保救助达256户568人，做到应保尽保；每年发放11.2万元现役军人优待金；危房改造加大排查、监督和补偿力度；土地承包经营权确权登记基础工作全部结束。

【文教卫计】 2017年，全镇各项社会事业推进。文化事业，开展村级文体活动；提升计生服务水平；增加教育投入，整合教育资源，加快学校标准化建设步伐；全镇所有小学及幼儿园均实行强化教学质量目标管理和教育质量分管领导负责制，提高教学质量稳步。

【信访、综治、安全】 2017年，霍州市辛置镇信访工作开展，矛盾调解及时到位，便民服务平台和便民服务中心正常运行，累计接待群众30人，化解纠纷20余起；安全工作万无一失，通过扩大宣传，强化监管，定期巡查，严厉打击，全年无一例重大安全事故发生；综治工作稳步推进，全镇无一例重大治安案件和刑事案件发生。

【领导班子】

党委书记：

房文斌（2012.08—2017.12）

党委副书记、镇长：

张　浩（2013.03—2017.12）

人大主席：

赵利娟（女，2013.04—2017.12）

党委副书记：

闫万林（2003.01—2017.12）

纪检书记：

李旺龙（2014.01—2017.12）

武装部长：

马奎军（2001.06—2017.12）

副镇长：

万瑞萍（女，1990.07—2017.12）

杨卫华（2012.06—2017.12）

成彩梅（女，2012.06—2017.12）

杨红上（2016.04—2017.12）

党委委员、组织委员：

刘　燕（女，2016.04—2017.12）

（张秀灵）

南环路街道

【概况】　霍州市南环路街道位于霍州市城南，是霍州市区的南大门，地处南涧河下游城区南部，东和大张镇衔接，西与白龙镇隔汾河相望，南与辛置镇接壤，北靠南涧河与鼓楼街道、开元街道为邻，驻地南坛村，距霍州市城区500米，总面积15平方公里。南环路街道前身为城南乡（城南乡于1995年1月1日由原城关镇改制而成），2001年撤乡并镇后更名为南环路街道。既保持原来的农村格局，又有城市功能。

境内大部分为丘陵，地势为东北向西南倾斜。位于内陆高原区，属北温带，为典型的大陆性气候，春季干旱多风，夏季雨量集中，秋季温和凉爽，冬季干冷少雪。全年气候温和，四季分明，土地肥沃。境内有南涧河，由东向西注入汾河，境内河道长2千米，是唯一的一条常年性河流。境内矿产资源主要为煤炭，集中分布在东湾村、赤峪村。种植作物以粮食和蔬菜为主。小麦、玉米均两季轮作。畜牧业以养殖业为主，养殖品种以猪、牛、羊、鸡为主。

2017年，全处实现经济总收入5.17亿元；农民人均纯收入达13355元，经济社会呈现出长足发展的良好态势。

【党建工作】　2017年，霍州市南环路街道党工委全面加强从严治党，提升党建工作水平。突出学习成效，开展学习教育工作。按照市委“两学一做”学习教育常态化制度化，维护核心见诸行动总体安排，做到“三个坚持”，推进学习教育成效。从“一课三会”抓起，建立班子成员参加所包支部党日活动制度，所有班子成员每月参加所包支村的党日活动，共同学习、议事、决策。把学习教育和农村工作需求紧密结合，注重学习效果强化，集中开展三个党日活动：“烈士陵园党性教育”党日活动、“维护核心，在行动”党日活动、“弘扬红船精神，谋划乡村发展”党日活动，锁定基层党建重点任务，促进各项工作落实。三基建设，处、村便民服务中心（站）建设完成，运行正常，手册制度、职责流程建立健全，办结党建、计生、民政、安全、环保等惠民事项300余件，涉及村民群众400余人。

【脱贫攻坚】 坚持明确“四层包联”，按照“六个精准”“五个一批”逐级分解，推进产业帮扶、教育扶贫、就业帮扶、医疗健康帮扶、光伏帮扶、金融帮扶等措施的，全街道58户115人全部达到脱贫标准，按期脱贫。基层组织换届，强化换届工作领导，严把时间关、程序关、人员关、纪律关，11月8日前完成8个基层支部的换届工作，12月11日前完成1个社区，8个村委的换届工作，村、社区“两委”换届工作位居全市第一。1月12日，邀请市党校教师、经管站站长，由南环路街道分管纪检、组织领导专门对新任干部进行履职培训。壮大集体经济，坚持因地制宜，因村施策，通过租赁及发展红崖堡村光伏项目等，截至2017年底，实现增收20余万元。围绕常态长效，落实基层党建各项制度。推行“定、查、评”工作法，69项“两定”目标全部完成。从严落实基层党建第一责任人、党员承诺评议、“四议两公开”等各项制度。结合南环实际，围绕常态长效，制定完善基层支部民主生活会、组织生活会及“三会一课”制度；研究出台村干部工作绩效考核办法；完善村级民主议事、民主决策、民主监督、民主理财、三务公开等各项民主管理制度；从严落实《南环办村级管理十项制度》，推动基层党建的规范化制度化。坚持高压态势，推进党风廉政建设。南环路街道党工委以新修订的《中国共产党章程》《中国共产党廉洁自律准则》《中国共产党纪律处分条例》等党内法规为重点，开展反腐倡廉形势教育、示范教育、警示教育和岗位廉政教育活动。落实党风廉政建设制度，推行“四述两谈”“清单定责”“约法三章”，执行“三重一大”“一案双查”等制度。按照“四种形态”，严肃案件查处，遏制违法违纪事项的发生，保持党风政风的风清气正。对市委巡查组巡查反馈提出的8个方面意见和问题，全部完成落实整改，并通过举一反三，建立健全相关长效机制，保证良好的政治生态环境。

【民生改善】 2017年，霍州市南环路街道党工委办事处落实惠民政策，推进民生幸福工程。加强民生保障。落实中央、省、市各类政策性资金。发放粮食补贴31.26万元；发放采煤深陷区治理贫困户补贴108.72万元；审核上报低收入农户低供煤补贴50.4万元；通过办理低保审核、重病重残救助、四类学生救助为348人办理救助30余万元；新增贫困家庭廉租房5家，完成危房改造2户，发放危房改造户补助资金9.8万元。新型农村合作医疗参合人数7631人，筹资136.44万元，参合率达98%；农村养老保险参保人数3320人，总额52万元，参保率达80%。推进基础设施建设。2017年，3个村完成城市大水改造，2个村接入天然气，5个村实施城市供暖工程，南环路沿线5村实现城市大水、集中供热、天然气的贯通接入。2个村实施排洪排污管网铺设工程。3个村完成道路硬化4公里。涉及三村四处的地质灾害治理全部完成。地质灾害困难户危房改造2户，地质灾害危房户治理搬迁9家，采煤沉陷区治理搬迁29户。8个村集中推进“五城联创”及环境卫生集中整治，南环路街道人居环境得到改善提升。在全市率先完成农村土地确权任务，为推进农村产权制度改革奠定基础。

【社会事业发展】 规范辖区内的中、小学、幼儿园管理，取缔无证幼儿园3家；开展校园安全整顿，确保学校师生安全。完善村级卫生所软硬件建设，提高医疗服务水平和服务质量。实施全面二孩政策，开展孕前优生健康检查、宫颈癌筛查，为计生贫困家庭大学生发放生育关怀救助。完成民兵整组兵役登记工作。召开一年一度的文化工作暨业务培训会。建成南环社区健身场所文体广场，新组建红崖堡、圣佛两大锣鼓队，组建南沟、汾东花苑社区2支文艺队，组织开展传统文化活动，丰富人民群众的精神文化生活，倡导积极向上的良好道德风尚。突出基础设施建设，推进新农村集中建设工程。按照南环路街道新农村建设总体规划及年度实施计划，以突出抓好各村道路、水、电、气、暖等基础设施建设为重点，每年一个重点村，重点打造，5年实现5个村的全面提升，3个村的整体推进。2017年重点推进龙口村，巩固红崖堡、南坛村。龙口村完成党员活动室、龙曹线上排洪渠、环卫设施的整修，完成城市自来水和天然气接入，集中供热接入200户。红崖堡村实施南山绿化，栽植树木2000余株，发展光伏30千瓦，紫薇园建设工程全部完工。南坛村完成1公里的道路硬化，改造村民文化广场，建成日间照料中心，已投入使用，受到群众欢迎。东湾村完成团柏路2.3公里硬化工程，完成30千瓦太阳能光伏项目建设。圣佛村完成道路硬化1公里，完成地质灾害治理1处。南沟村完成排洪渠清理300余米，完成城市大水和城市大暖接入工程。赤峪村新建村民下水排污管道200余米，对田间道路进行了修补。南庄村清理和修缮浇地渠1500余米，对村民浇地水泵、进村道路及桥面进行修缮。通过实施道路、水、电、气、暖等基础设施建设工程，提升新农村建设实现，提高群众满意度和获得感。

【环境卫生整治】 2017年，霍州市南环路街道党工委办事处咬定生态绿化工程，对标实施全面整治，环境保护实现质的提升。以改善人居环境、推进生态文明、建设美丽南环为出发点，开展生态保护。全面实施环境整治。以“一线四路八干道”（一线即汾河沿线；四路即一级路、桃临路、南环路、龙曹路；八干道即八个村的进村主干道）为重点，集中展开环境卫生百日整治。各村加大环卫整治资金投入，集中开展以清理“四堆”、粉刷墙壁、铲除杂草、修补残垣断壁、修建垃圾池、新建文化墙为主要任务的环境卫生百日大整治，取得显著成效。持续推进生态绿化。组织党员干部、村民群众，到东湾村、圣佛村、红崖堡村南山开展一年一度的义务植树活动，共栽植柏树2300余株。推进生态绿化工程，开展“为人民植树，为城市添绿”义务植树活动，栽植树木达万余株，绿化面积达200余亩，逐年提高南山绿化覆盖率，实现南山逐步成林、逐步成景的目标。实施霍永高速路两侧320亩的荒山绿化项目。完成红崖堡村庄绿化工程。完善东湾村庄绿化，以小游园为依托，栽植新的苗木品种，做好沿河坝区的绿化，使之成为村民休闲健身的绿色长廊。集中推进生态治理。对8家小散乱污企业进行清理整顿。对影响环境污染的沙堆、石堆覆盖绿网。对南环路、桃临线沿线使用散煤锅炉情况进行专项整治，对引起环境污染的企业，责令停业整顿。完成集中供热800余户。完成红崖堡村、南坛村2座豆腐坊的改造，全部置换天然气新能源，从源头上减少对生态环境的污染。

【产业发展】 2017年，霍州市南环路街道党工委办事处咬定产业提升工程，整体促进扩规增效，产业转型发展提速推进。按照“农业巩固三大产业，企业建设两个集聚区，商贸打造三大片区”的产业发展总体思路，因地制宜，搭建平台，改善环境，促进发展，增强全处经济基础。农业三大产业发展，引导养殖、种植和农产品加工业上规模、上档次，打造南坛花卉、龙口大葱、康泉酱蛋、龙口鲜肉等本土品牌，实现效益提升，利用互联网+，发展网络促销售平台，扩大市场占有率。企业两个集聚区发展，在巩固原有企业稳步发展的同时，扩大招商引资，发展壮大红崖堡碗托、东湾无纺布、欣荣厨具、圣佛服装加工等一系列小型加工项目，打造南环品牌，扩大市场效应。商贸三大片区发展，以霍侯一级路和南环路为中心规划设计的商贸服务区，发展商贸物流、货物运输、汽修服务等产业。整合以南沟焦化厂为辐射的物流企业，提高管理和服务水平，努力向仓储物流集群发展。投资300万元建筑面积1200平方米的圣佛村社区市场主体已完工。帮助辖区内的汽车服务企业做大做强，逐渐向市域一流汽车专业服务带发展，增强南环路街道发展的后劲与活力。

【平安创建】 2017年，霍州市南环路街道党工委办事处树立“没有安全，就没有发展”的理念，抓好安全生产、信访稳定和综合治理工作，确保全处的和谐稳定。推进平安创建，打击各类犯罪活动和各类邪教组织的非法活动。开展安全整治和教育整顿，对各企业集中进行安全知识培训。7月7日，在红崖堡村组织200余人，开展以突降暴雨、发生大面积山体滑坡、村民生命财产安全受到威胁为背景的地质灾害应急演练，通过演练增强广大村民应对突发性自然灾害的防范避险意识和自救互救能力。坚持每月至少进行3次安全隐患排查，全年共出动150余人次，开展60余次大检查，下发整改通知书30余份，落实整改30余件，停业整顿8家存在安全隐患的企业，查封关停不达标企业3处，清理储煤场2处，对辖区内5处违法建设工地作出停工处理，取缔无证砂场2处，对违法乱建房屋拆除2处。做好防火、防汛、防震减灾工作，确保全年全处范围内没发生一起安全事故。始终把信访作为最大的民生工程，完善信访工作机制，落实“红橙黄”三级预警，发挥矛盾纠纷调解室、信访服务站的积极作用，处理圣佛村生态治理占地纠纷，圣佛矿区小学工农关系的协调等5件信访突出问题，实现十九大期间及重大节庆日零上访的目标，维护和谐稳定。

【领导班子】

党工委书记：

闫会波（2013.03—2017.12）

党工委副书记、办事处主任：

徐水林（2013.03—2017.12）

纪工委书记：

李学玲（女，2014.01—2017.12）

党工委委员、武装部长：

黄建斌（2001.05—2017.12）

办事处副主任：

荀大燕（女，2012.07—2017.12）

杨京瑾（2013.03—2017.12）

赵保平（2014.05—2017.12）

【获奖情况】

山西省地震局授予南环路街道“省级示范社区”称号。

临汾市科学技术协会授予南环路街道“科普工作先进集体”称号。

国务院防范和处理邪教问题办公室授予南环路街道“创建无邪教示范村（社区）”称号。

（刘佳佳）

鼓楼街道

【概况】 霍州市鼓楼街道位于霍州市

中心城区，总面积5.1平方公里，东与开元街道相连，西与白龙镇接壤，南与南环路街道交界，北与北环路街道相望。海拔标高500米左右，辖区内平川占98%。霍州市鼓楼街道下辖南街、西街、北街、北峰4个农村居委会和前进、文庙、永新、滨河4个城市社区，总人口22253人，其中农业人口11441人，非农业人口10812人。耕地面积948亩。街道党工委下设12个党支部，共有党员334名。

霍州市鼓楼街道有得天独厚的人文地理条件。鼓楼东街、西街纵贯东西，鼓楼南街、鼓楼北街横穿南北，东临南同蒲铁路，西接霍侯一级公路，汾河横贯辖区。辖区内既有华怡商场、泰昌商场、唐荣市场、现代家具装饰广场等大型购物中心，又有重点文物保护单位霍州署、鼓楼等历史遗迹。鼓楼街道历史悠久、人文荟萃、物华天宝、人杰地灵，是霍州市政治、经济、文化中心。

【党建工作】 2017年，霍州市鼓楼街道党工委以习近平新时代中国特色社会主义思想为指导，推进“两学一做”学习教育常态化制度化，维护核心见诸行动主题教育活动，各项学习制度健全，从根本上筑牢基层党员干部思想基础，干部队伍建设成效显著。2017年，鼓楼街道党工委开展“履职担当亮相”活动，纠正“四风”问题，推动干部作风持续好转，提高服务效能。完成农村和社区“两委”班子换届，在基层班子建设、干部日益监督管理和人才工作等方面，取得较好成绩。狠抓农村党组织带头人队伍建设。培育“领头雁”，结合“两学一做”学习教育常态化制度化，狠抓党员特别是“两委”干部的教育培训，增强其抓党建、促发展的能力和水平。落实党风廉政建设“两个责任”，加强党纪党规教育，把握运用监督执纪“四种形态”，为转型发展提供坚强的政治和纪律保证。加强“三基建设”，发展壮大村集体经济按照一居一特色，一区一亮点的工作思路，分类施策，稳步推进，4个居委会都形成各具特色的集体经济主导产业。强化三基便民服务中心（站）建设，实现全覆盖。推进社区“三有一化”建设，将4个社区活动场所建设列为重点，2017年，高标准打造前进社区党群服务中心建设。基层组织力显著提升。落实各项工作制度，加强党风廉政建设、开展统战宗教工作。坚持抓机制打基础，提升统战工作科学化水平。夯实组织基础。成立统战工作领导小组，配备专职统战干部。建立联席会议制度，动员引导统战成员进企业、进社区、进农村，服务发展；坚持抓稳定促和谐，做好宗教工作。把宗教工作纳入目标管理，做到宗教工作层层有人抓、有人管。建立健全宗教工作机制，完善两级宗教工作网络；坚持抓体系创示范，强化民族工作。建立工作网络体系。完善街道、社区（居委会）“两级网络”民族工作体系，形成统一领导，各司其职，通力协作的民族宗教工作局面。

【土地确权】 2017年，霍州市鼓楼街道党工委、办事处土地确权工作由办事处主任牵头，分管领导专职负责，强化宣传，严格操作，突出重点，各项工作在12月底之前全部按计划完成。在工作中，鼓楼街道坚持问题导向，办居两级成立调解小组，共调解各类纠纷12件，共计完成确权登记1009户，1087.7亩。

【美丽乡村建设】 2017年，霍州市鼓楼街道和居委会两级明确工作思路，编制详细的美丽乡村建设规划，成立专门工作机构，由专人负责统筹指导各居委会的美丽乡村建设。各居委会全年累计投入资金60余万元，在环境整治、道路改造等方面都实施工程项目，美丽乡村建设初见成效。

【脱贫攻坚】 霍州市鼓楼街道党工委、办事处把精准扶贫作为民生工作的头号工程，坚决打赢脱贫攻坚战。全办2017年累计完成17户33人的脱贫任务。

【科教工作】 2017年，霍州市鼓楼街道党工委、办事处重视学校建设，将辖区3所小学、18所幼儿园的管理纳入重要议程，建立健全领导机构，明确工作机制，安排专人负责，每个学校都设置2人以上的安保联络员。组织召开学校建设联席会，对教育工作安排部署。开展净化校园及学校周边环境整治活动，2017年，进行专项检查43次，对发现的问题全部下达整改通知书，完成整改，未出现一起学校周围200米以内开设网吧、游戏厅的事件。没有侵占学校资产、土地、道路的情况。强化对学校的治安管理，杜绝治安案件发生，确保师生人身安全。所辖各学校全年未发生一起安全责任事故，未发生一起治安案件，未出现一起上访事件。发挥先进科技在现代农业发展中的带动作用，加大科技宣传力度，全年组织开展科技培训2000余人次，在4个社区设置科普示范宣传栏，培育南街畜牧产业协会、北峰草莓协会等产业化科技示范基地。

【文化建设】 2017年，霍州市鼓楼街道党工委、办事处制定专门的文化建设方案，将原有的资源整合利用，在前进社区专门划出40余平方米的活动场所，成立街道文化站，实现专人管理，配套设备齐全，正常开放。各社区、居委会的体育健身场所，农家书屋等都达到设施齐全、制度完善、免费开放、管理有序。

【安全生产】 2017年，霍州市鼓楼街道党工委、办事处成立安全工作领导机构，明确1个副主任专门分管安全工作，每个社区、居委会都配备专门的安全办公场所和安全员。年初，办事处和各居委会签定安全生产目标责任书，将各项安全任务全部落实到人。在工作中，落实人员、责任、设施设备，推行安全例会、隐患排查、责任事故约谈、重大危险源监控、安全监管人员奖惩、安全教育培训、安全督办检查等工作制度。制定安全应急救援方案，完善安全防范长效机制，严格落实隐患排查治理报告制度，建立安全工作台账，按时向市安委会报送《隐患排查登记表》。开展“六打六治”、安全生产大检查、安全生产月、汛期危房排查、“打非治违”等活动，全面排查商户门店、道路交通、食品药品、建筑工地、中小学校等行业和领域的安全隐患，制定应急预案并开展安全演练。全年共组织安全应急演练2次，开展安全专项检查80余次，排查出各类安全隐患40余起，全部制定并落实整改措施。

【国土资源】 2017年，霍州市鼓楼街道党工委、办事处贯彻落实土地政策法规，辖区内耕地保有量和基本农田保护面积全部符合上级要求：加强耕地保护力度，严厉打击私搭乱建、非法采砂、违法批建等非法占地行为，确保耕地保有量和基本农田面积。2017年未发生一起国土资源纠纷案件。

【地灾防治】 2017年，霍州市鼓楼街道党工委、办事处制定年度地灾防治方案和制度，完善群测群防网络。各社区、居委会利用宣传栏、标语、喇叭等形式宣传普及防灾减灾知识，出台地质灾害应急预案。建立专人巡查制度，地灾防治工作取得明显成效。

【综治工作】 2017年，霍州市鼓楼街道党工委、办事处与各社区、居委会、基层站所签定目标责任书，明确分工，责任到人。推进各居委会、社区的法治建设。投资30余万元，高标准建成两级社会服务管理中心，配备办公设施，制度版面上墙，档案资料完善；推进网格化管理，全街道56个网格，全部配备专职网格长、网格员。各网格管理人员能够发挥作用，发现问题及时与上级综治部门联系；办居两级全部建立综治办，办事处组建专门巡逻队，在重大节日、重要“节点”，与派出所穿插对重点区域进行巡逻。各居委会也建立巡逻队，对辖区进行巡逻，发现问题及时处理，不能处理的及时上报上级处理，构建点面结合、专群联防、灵活多样的社会治安防控体系，有效提升社会管理水平；办事处综治办每月报送信息300余条，2017年累计报送2466条。辖区内全年未发生一起有影响的刑事案件，未发现“法轮功”等邪教组织、人员活动的情况。2017年，鼓楼街道按照“法治霍州”建设的要求，推进“六权治本”，贯彻市委、市政府“六权治本”各项决策部署，成立专门机构，制定工作方案，构建起科学、严密的权力运行制度体系。加快推进法治建设，推进职能转变，健全行政决策机制，做到依法行政。开展法治社会建设，普法工作机构健全，法治宣传和法治创建活动有特色、有亮点、有成效。办居两级全部建立起矛调中心，维权维稳相结合，化解矛盾机制健全，全年累计调解各类矛盾纠纷50余起。

【食药安全】 2017年，霍州市鼓楼街道和市食品安全委员会签定食品安全责任年度目标责任书。办事处明确专人分管食药安全工作，各社区、居委会有专职食药协管员，做到专人管理，定期巡查，重点上报，规范管理。全年累计开展食品药品专项巡查15次，上报监控大型人员聚会聚餐20余起，确保辖区内的食品药品安全。

【气象安全】 2017年，霍州市鼓楼街道党工委、办事处成立气象灾害防御领导组，办事处设有专门的气象服务站，科普宣传到位，档案资料齐全，应急管理规范。

【护林防火】 2017年，霍州市鼓楼街道办事处成立由办事处主任任组长的森林防火领导组，落实工作制度，履行防火职责，辖区内全年未发生一起森林火灾事故。推进林地保护，明确专人，落实专职巡查员，辖区内全年未发生林地放牧、损毁树木、偷砍滥伐、挖砂采石、乱占林地的现象。

【水利河道管理】 2017年，霍州市鼓楼街道党工委、办事处建立健全防汛组织机构，制定防汛工作方案，落实防汛工作首长负责制，明确防汛责任人。加强汛期值班工作，深入防汛一线，坚持24小时轮流值班，随时掌握汛情。对市防汛指挥部下达的险工险段及时进行自查整改，对河道私挖乱采、倾倒垃圾等行为进行严厉打击，消除安全隐患，确保汛期安全，全年组织排查60余次，设置安全警示标志23处。强化对水利工程的管理，按照市水利局的工作要求，各居委会都成立水利工程管理机构，实现专人管理、档案齐全、制度规范、机制到位、运行正常。建立抗旱工作组织机构，班子成员按包村分片抓抗旱，上级下达的抗旱灌溉面积及浇灌亩次全部超额完成，确保粮食产量稳步提高。

【信访工作】 2017年，霍州市鼓楼街道党工委、办事处把信访工作上升到与经济发展同等重要的位置，做到大会讲、小会谈、平时问、有人管。按照属地管理，谁主管、谁负责的原则，办事处和各社区、居委会都成立信访调解工作领导机构。设立信访服务中心，明确专职人员，24小时有人值班，工作机制健全，书记、主任每周一轮流接访雷打不动，班子成员值班接访形成常态，实行重点时段信访零报告制度，对领导批示件、上级交办件及时处理，鼓楼街道接到上级网络交办件3件，全部办结，受理群众来访登记15起，全部处理。做到件件有答复，事事有结果。严格落实市信访中心值班、信访首问、信访领办、领导包案、矛盾纠纷排查等多项工作制度，领导一包到底，协调联动处理，及时化解矛盾。建立信访隐患排查机制，对一些信访苗头及早介入，做到早预测、早调查、早处理。对一些突发集体上访，反映快速，处置到位，做到抓早、抓细、抓小、抓具体。按照“各司其职、各负其责、依法治访、齐抓共管”的原则，构建主要领导负总责，分管领导具体抓，有关领导协同抓，一级抓一级，层层抓落实的信访工作网络。加强信访档案的管理，对信访案件及时登记，并对处理过程和结果进行记录。全年未发生一起非正常上访、越级上访现象，结案率达到100%。

【环境整治】 2017年，霍州市鼓楼街道党工委、办事处成立专门的环境卫生整治办公室、环卫公司，充实设备和人员，制定出台《环境卫生整治细则》《环境卫生考核办法》《保洁人员工作职责》《卫生公约》等规章制度，聘用43个专职保洁人员，配备专门保洁车、清扫工具及服装，购置15辆垃圾清运车，形成有机构、有人员、有制度、无死角的“三有一无”工作机制。2017年初，鼓楼街道组织召开专门的环境卫生工作会议，与各居委会、社区签定环境卫生目标责任书，层层落实工作任务。办事处环卫公司负责全街道43条背街小巷的清扫，在工作中，克服人员少、任务重、缺资金等不利因素，实行分段负责，定岗到人，末位淘汰等办法，确保垃圾日清日结，无三堆、无杂物。2017年，全办累计投入环境卫生整治资金80余万元，清运垃圾1300余吨，粉刷墙壁5万余平方米，新增垃圾池50余个。全市“五城联创”工作启动以后，鼓楼街道党工委、办事处举全办之力创建国家级卫生城市。集中一个月时间，开展环境卫生专项整治，投资40余万元，印发倡议书等宣传资料3万余份，悬挂条幅100余条，清理卫生死角30余处，安装围栏设施200余米，打造西街桥西新区、北峰旧108线、后塞路、南街新区、光明路等亮点区。按照霍州市重污染天气应对和大气污染防治工作的要求，成立专门机构，投资30余万元，加强生态环境保护，按区域划分31个网格；严防死守，昼夜巡查，对秸秆焚烧、畜禽养殖污染、农村面源污染等重点工作，明确专人负责，制定工作制度，切实抓好落实。加大环境监管力度，对辖区内的石材加工、土小锅炉等实施监管，对露天建筑工地全部绿网覆盖，确保不出现违规排放情况。

【项目建设】 2017年，霍州市鼓楼街道总投资3亿元的南环路农贸市场建设项目，是霍州市近年来投资最大的农副产品市场建设项目，2017年，该项目已完成一期主体工程，即将陆续投入使用，该项目是一所集农副产品，古玩、字画、服装等销售为一体的大型综合性市场，可辐射洪洞、灵石、汾西等周边县市，解决就业岗位300余人；总投资5.3亿元的西街城中村改造项目是一项集城镇化建设、旧城改造、公益建设为一体的旧城改造工程。总投资12亿元的霍州署文化产业示范园建设项目，是霍州市重点推进的市级重点项目，在项目实施过程中，安排专人负责协调配合，确保写字楼、广场等拆迁工作，为项目推进提供保障。

【领导班子】

党工委书记：

杜　明（2011.09—2017.12）

党工委副书记、办事处主任：

尚海虹（2013.04—2017.12）

人大工委主任：

马四玲（女，2013.04—2017.12）

党工委副书记：

曹记芳（女，2001.05—2017.12）

纪工委书记：

李丽霞（女，2015.11—2017.12）

党工委委员：

张少民（2001.04—2017.12）

郝保平（2014.05—2017.12）

办事处副主任：

乔玉川（2007.07—2017.12）

（朱江华）

北环路街道

【概况】　霍州市北环路街道位于霍州城区，东至大张镇，西至铁路，南与原北涧河河道接壤，北与师庄乡和退沙街道相望，下辖北关、邢家泉、永合、三合、沟口5个农村居委会和永泉、北兴2个社区居委会，辖区面积6.8万平方公里，有耕地1445亩，总人口16535人，其中农业人口5555人。

2017年，霍州市北环路街道围绕“进军省强市、全面达小康，共建文明开放幸福美丽新霍州”的目标，坚持以巩固扩大“两学一做”学习教育和以党的十九大精神学习教育为主线，强化安全稳定这个保障，推进项目建设、环境整治、民生改善、社会管理、党的建设、安全稳定6个方面的工作，实现建设幸福美丽北环的目标，推进辖区经济和社会事业健康发展。2017年，北环路街道农村经济总收入达7亿元，同比增长6.94%；农村人口人均可支配收入达13146元，同比增长6.6%。

【项目建设】　2017年，霍州市北环路街道党工委、办事处以环保政策和产业政策为标准，做好全市重点项目工程的排障、协调、配合工作。投资1200万元的市二中运动场改造项目完成主体工程建设；投资3000万元的北关铁路家属区棚户区改造工程有序推进；全年完成固定资产投资2.2亿元，完成市政府下达的指标任务；完成投资1200万元的原韶钢铁路专运线利用项目；完成投资1000万元的霍州驾校在沟口建设项目等。

【基础设施建设】　2017年，霍州市北环路街道党工委、办事处按照上级安排，规范建设便民服务，建起街道“三基建设”便民服务中心和永合、沟口“三基建设”便民服务站。完成北关、永泉、邢家泉2794户集中供热扩户工程，供热面积扩大40万平方米以上，集中供热覆盖率达95%以上。

【安全工作】　2017年，霍州市北环路街道党工委、办事处落实“党政同责、一岗双责、齐抓共管”的安全责任制度，确保人员、责任、设施“三到位”，年初街居两级签定《2017年安全生产目标管理责任书》，出台《北环办突发事件应急管理办法》。结合环境整治，辖区内的土小散乱污企业全部关停，确保全年无任何安全事故发生。投资近40万元对永和公园古堡茶社南原堡门洞口的安全隐患进行根治。

【食药安全】　2017年，霍州市北环路街道党工委、办事处确定1个班子成员分管食药安全，配合市药监局全年对4家从事熟食加工的小作坊实施“煤改气”，临街47家饭店安装油烟净化器。

【信访维稳】 2017年，霍州市北环路党工委、办事处落实信访首问责任制，变上访为下访及时化解各类矛盾，做好“两会”“十九大”期间维稳工作，实行“五包一”台账，采取稳控措施，全年共受理各类信访案件15起，调处14起，调处率达90%以上。

【换届选举工作】 2017年10至12月底，北环路街道完成2个社区、5个农村居委会的党支部、居委会换届选举。农村党支部换届、第十一届居民委员会选举，共选举村“两委”干部41人，交叉任职4人，其中35岁以下7人；社区党支部换届、第六届居民委员会选举，共选举社区“两委”干部12人，交叉任职4人，35岁以下3人。

【巡察工作】 2017年，北环路街道党工委、办事处接受霍州市委第三巡察组脱贫攻坚专项巡察和市委第一巡察组“回头看”专项检查。8月下旬至10月下旬对北环路街道脱贫攻坚进行为期2个月的专项巡察，通过查阅资料，走访调查，在北关入户39户，邢家泉入户23户，要求健全脱贫攻坚各项制度，完善对工作队档案资料、工作日志等做到立行立改。通过专项巡察，深入纠正“四风”问题，推进街居两级干部作风持续好转。12月20日，霍州市委第一巡察组以翟立龙为组长一行7人针对2016年巡察反馈意见的整改落实情况对北环路街道进行历时2个月的“回头看”专项检查，通过召开动员会、听取报告、查阅资料、谈心谈话、视察调研、接待群众来信来访，采取“三查”“两评”的方式进行检查。北环路街道党工委高度重视，按照要求进行整改。

【环境整治】 2017年，霍州市北环路街道党工委、办事处狠抓环境卫生综合整治、小散乱企业整治和大气环境整治3个重点。实施投资10万余元进行路沟口段环境卫生综合治理工程，培育“四个一”绿化示范点，全年街居两级用于环境卫生整治的投资达195万元。对辖区内13家小散乱污企业全部关停、查封，并定期巡查，取缔4家储煤场，没收散煤700余吨。宏旺建材、沟口砖厂分别安装防尘抑尘、脱硫除尘设备，实施供热扩户工程，建起换热站3个，通过源头上抓治理、制度上补漏洞、措施上抓落实，辖区内的环境和空气治理明显改善。

【综合治理】 2017年，霍州市北环路街道党工委、办事处创新社会管理，街道办和北关、北兴综治中心进行标准化建设，网络上报各类信息1852条，开展禁毒、法治、反邪教、公民道德宣传活动。

【脱贫攻坚】 2017年，霍州北环路街道党工委、办事处开展精准扶贫工作，通过街居两级干部、驻村工作队，金融扶贫、社会兜底帮扶，最终建档立卡贫困户63户，106人，除3户，3人（1人因病死亡）因危房原因外，其余60户，102人全部脱贫。

【民生工作】 2017年，霍州市北环路街道党工委、办事处对213户，536人的城市低保和78户，129人的农村低保严格复核做到应保尽保，对91个残疾人员办理护理补贴，对27名学生和51个80岁以上老人进行救助，为30个重大疾病患者办理医疗救助，给1550户低收入家庭发放低供煤货币补贴。

【卫生计生】 2017年，霍州市北环路街道党工委、办事处新型农村合作医疗参合率达到97%以上。贯彻计生国策，开展新一轮计生优质服务活动，利用“5·29”计生协会日等进行人口计生宣传，共计发放宣传资料2800余份。

【宣传文化】 2017年，霍州市北环路街道党工委、办事处坚持把意识形态领域方面的工作作为宣传思想文化建设的主要内容，举办“共筑中国梦·同圆兴霍情”中镇广场元宵节文艺汇演、“党在我心中”为主题的演讲会、“维护核心，我们在行动”永和公园文艺汇演。

【武装工作】 2017年，霍州北环路街道党工委、办事处利用节假日进行国防教育兵役法等宣传；进行民兵整组，组建民兵应急排30人，完成237人的网络兵役登记工作，输送6个优秀青年应征入伍；发放现役军人和退伍军人光荣军属牌匾，共408块。

【教育科技】 2017年，霍州北环路街道党工委、办事处实施科教兴办战略，规范辖区内的3所公办小学、2所民办学校和15所民办幼儿园管理，提高教育教学质量。开展科普进农村、进社区、进校园活动，北兴社区的科普工作作为全市先进单位，接受国家、山西省、临汾市的检查验收。

【党建工作】 2017年，霍州市北环路街道党工委、办事处坚持以学习教育、主题教育为契机，加强党的基层组织建设。开展主题活动，推进“两学一做”学习教育常态化制度化。开展“维护核心，见诸行动”专题教育活动，开展“履职担当亮相”活动，培育沟口、永合2个支部为全市“两学一做”学习教育示范点。着眼于建强基层组织、加强基础工作、提升基本能力，推进“三基建设”，建起街道“三基建设”便民服务中心和沟口、永合2个“三基建设”便民服务站。建立健全党费收缴、流动党员管理、“三会一课”等12项基层支部管理制度，实现基层支部党日活动正常、党费收缴按时、流动党员管理规范。组织新当选的农村、社区“两委”班子成员和机关干部进行党风党纪培训，邀请党校教师讲解党的十九大精神，通过培训学习和党员的教育管理提高街居干部思想认识，强化理论武装，为北环路街道经济社会发展提供坚强的政治保证和纪律保证。

【领导班子】

党工委书记：

白　亮（2011.11—2017.12）

党工委副书记、办事处主任：

郭国彪（2013.03—2017.12）

人大工委主任：

陈菊菊（女，2013.05—2017.12）

党工委副书记：

杜银全（2001.04—2017.12）

党工委委员、纪工委书记：

杨　峰（2012.09—2017.11）

党工委委员、武装部长：

刘向龙（2003.02—2017.12）

党工委委员、组织委员：

朱燕燕（女，2014.05—2017.12）

办事处副主任：

杨燕燕（女，2001.04—2017.12）

杨平锁（2001.07—2017.12）

李　军（2003.02—2017.12）

【获奖情况】

邢家泉居委会被授予国家级“创建无邪教示范村”，北环路街道连续三年被临汾市授予平安创建先进单位。

北环路街道被评为2017年度临汾市级计生基层群众自治示范单位。

北环路街道被临汾市授予科普工作先进单位，北兴社区被授予2017年度省级科普工作先进单位。

（杜小娟）

开元街道

【概况】 霍州市开元街道位于霍州市东城区，东邻大张镇，西接鼓楼街道，南望南外环，北靠北环路。下辖东堡、东关、赵家庄、李诠庄4个农村居委会和新建、永康2个社区，以及煤电集团城市居委会。辖区总面积4平方公里，其中耕地面积1021亩，总人口1.57万人，其中农业5700人，非农9986人。开元街道办事处驻永康路南段，全办机关人数27人，公务员11人，事业单位16人。办事处机关内含科室包括：综合办、党建办、社会事务服务中心，下设计生所、民政、林业、妇联和共青团委等组织。

2017年，开元街道学习领会党的十九大精神及习近平视察山西讲话精神，围绕“建设文明幸福美丽新开元”的总体目标，统一思想，转变工作作风，把握工作重点，强化任务落实，实现全办经济社会转型跨越发展。

【民生改善】 2017年，霍州市开元街道党工委、办事处发展民生各项事业。社会化事业有新进步。落实农村最低生活保障、四类困难家庭学生、80岁以上老人、残疾人等弱势群体的帮扶救助政策，实施好事关群众生产生活的教育、医疗、卫生、社保等工作，落实好粮食补贴、农机补贴等惠农政策。新型农村合作医疗参合率达到98%。开展全民登记参保工作，实行动态管理，做到应保尽保。按照全省统一部署，完成辖区1866户低收入农户冬季取暖用煤补贴的发放工作。完成“两癌”筛查工作任务。扶贫工作有新成效。开元街道将集体经济破零和精准扶贫工作与党建工作紧密结合起来，与帮扶部门沟通，落实帮扶相关措施，明确各片扶贫责任人，确保扶贫工作责任到人，针对贫困户致贫的原因不同，对症施策，完成开元街道22户贫困户59人的脱贫任务。人武工作有所创新。开展民兵整组训练和征兵宣传工作。在征兵宣传工作中，创新性采用微信宣传的方式，对辖区内的适龄青年进行兵役登记。李诠庄被霍州市人武部确定为霍州市唯一的国防教育示范基地。推进土地确权工作。按照上级要求，开元街道成立领导组，调解委员会领导组及居委会调解小组，对工作人员进行培训，派出工作组指导工作。截至2017年底，共确权土地面积1142.3亩。计生工作有新提高。按照创建国家级计生优质服务示范市的要求，落实计生家庭奖励扶助政策，开展上环、查环、查孕等日常服务。生育一孩71人，生育二孩54人，无政策外多孩出生，孕前检查54人，参检人员24人。全年新增独生子女奖扶人员6人。开展计划生育妇幼保健优质服务，完成免费孕前优生健康体检。教育工作有新成果。将教育工作纳入开元街道的重要议事日程和干部管理目标，学校建设纳入发展规划。召开第33个教师节表彰会，对优秀教师和先进单位进行表彰，树立典型，带动教育教学质量的提高。赵家庄小学人行天桥投入使用，确保赵家庄小学学生的通行安全。李诠庄公办幼儿园和赵家庄幼儿园的规范、有序发展，缓解周边适龄儿童“入园难”问题，促进学前教育的蓬勃发展。文体工作有新变化。参加各项文化活动，组织完成市里安排的春节正月十五的文艺汇演和旅游节在七里峪广场的锣鼓表演，参加各类文艺节目及“三八”妇女节在中镇广场的表演。文化站对各村庙会的友情演出。精神文明建设有新成效。开展文明创建，弘扬社会主义核心价值观，开展“树立文明新风、争做文明开元人”活动。新建社区依托社区活动场所，和退休老干部一起举办“学习贯彻十九大精神元旦联欢会”等多台晚会，丰富群众的文化生活，促进精神文明创建活动。*档案工作有新进展*。开元街道档案工作由专人负责，添置若干档案盒，将文字资料、影像资料等分类归档，提高档案的完整性和规范性。服务行业成效显著。开元街道地处城区，商业发展繁荣，经济活跃，随着项目建设的推进，闲置劳动力逐渐增多，与部分小区物业沟通协商，提供劳动就业岗位约200个，解决450多人的就业问题，为农民增加收入。建立开元办商会，健全完善商会的各项制度和运作机制，搭建服务平台，促进非公经济的快速发展。

【安全生产】 2017年，霍州市开元街道党工委、办事处抓好辖区内各行业和领域的安全生产工作，落实社会治安综合治理各项措施，开展矛盾纠纷排查，解决群众信访难题，维护和谐稳定的发展局面。*加强安全生产*。坚持“安全第一、预防为主、综合治理”的方针，严格执行生产安全事故报告制度，成立领导组，制定应急预案，每月召开安全例会，实行挂图作战，不定时开展有针对性的安全生产大检查、汛期危房排查等活动，对辖区的酒店、超市、商铺、锅炉、居民区等进行全面排查、彻底整改，确保人民群众生命财产安全。广泛宣传消防安全有关知识，增强广大干部群众的消防安全意识，保障人民群众的生命财产安全。*维护信访稳定*。把维护社会稳定工作摆在突出位置，强化各项措施的落实，实行领导干部固定接访、带案下访制度，落实好在信访服务中心和重点结点的值班制度，预防和妥善处理各类苗头性、倾向性事件，做到信访苗头早发现、早处理、早化解，一批重大疑难信访案件都得到有效化解，无一例赴省进京越级上访事件，全办上下信访隐患基本消除，信访形势持续好转。强化综合治理。发挥网格长和网格员的作用，开展居民服务，为群众解决具体问题，构建点面结合、专群联防，灵活多样的社会综合治安防控体系，提升社会管理水平。

【环境整治】 2017年，霍州市开元街道党工委、办事处把环境卫生整治工作摆在突出位置，建立环境卫生整治长效机制，配备专业队伍，规定工作职责和时间，加大垃圾清理力度，对辖区大街小巷进行清扫，做到垃圾日产日清、随产随清。制定卫生公约责任牌，明确卫生责任人，配备监管员，确保环境卫生天天有人抓，日日有人管。粉刷墙壁3万平方米，倾倒垃圾1.5万余立方米，维修垃圾池25处，清理排水渠近1000米。在豆腐加工户燃料改造工作中，建立班子成员、机关干部和居委会干部包联制度，按照“先大户后小户”、先易后难得原则，倒排工期，一日一报，对症下药，完成辖区57户豆腐加工户的燃料改造工作。李诠庄结合发展壮大集体经济及解决违建户改造问题，成立李诠庄豆腐加工合作社，投资370万元建成豆腐集中加工点，实现集中加工，规模化经营。对永康南路违法建筑依法强制拆除，共拆除违建户8户，1130平方米。完成辖区内1266户的供暖改造，促进开元街道环境整治工作，改善居住环境。

【党建工作】 2017年，霍州市开元街道党工委、办事处开展“两学一做”学习教育常态化制度化、维护核心见诸行动主题教育活动。以上率下，层层落实，分层分类开展教育活动，确保学到位做到位，推动全面从严治党向基层延伸，解决党员队伍在思想、组织、作风、纪律等方面存在的问题。

通过多种形式开展党员党日活动，健全“三基建设”便民服务中心（站）。建设完成1个“三基”便民服务中心和6个便民服务站，制作“三基”便民服务站宣传版面、工作流程等，设立党群、卫计、民政、人社、国土5个窗口，为群众提供一站式服务，提高工作效率。党员管理规范化。党费收缴足额完成。实施农村集体经济“破零”工程。通过深入调研，立足开元街道地处城区，区位优势明显的特点，将集体经济破零工作与基层党建工作紧密结合，建立起破零工作台账，明确时间表、责任人，主要从项目建设、特色产业着手，培育农村新兴集体经营主体，争取上级发展产业项目的扶持政策，增强村集体经济自身“造血功能”，使该辖区内的赵家庄、李诠庄居委会集体收入达到5万元，东关、东堡居委会的集体收入达到3万元。完成“两委”换届工作。按照市“两委”换届动员会精神，完成辖区内4个居委会、3个社区的换届选举工作。夯实党风廉政建设“两个责任”。围绕市委、市纪委的部署要求，完善“两个责任”清单管理制度，根据六个对照开展自查，规范干部行为，把从严治党落到实处；根据霍州市深化监察体制改革试点工作要求，开展街道监察试点工作，突出加强对“精准扶贫”“环境整治”“安全生产”“四风”等工作的监督，针对豆腐加工户的煤改气工作，对4个村干部进行廉政提醒谈话；加大扶贫领域的监督执纪问责力度，共召开集体约谈会2次，个人约谈42人次；加大对信访件的核查力度，做到严肃执纪，又履行保护职能，及时澄清不实举报，共查办案件1起，信访了结；开展党风廉政建设宣传教育。

【重点工程】 2017年，霍州市开元街道党工委、办事处以项目建设为载体，把新建南路、大众南路棚户区改造项目等一批重点项目建设作为推动发展的强大引擎，完善基础设施建设。2017年，新建南路二期主体全部完工，已完成188户还迁户的安置工作。

【领导班子】

党工委书记：

薛国平（2017.04—2017.12）

党工委副书记、办事处主任：

刘亚明（2013.03—2017.12）

人大工委主任：

乔宝山（2013.04—2017.12）

党工委副书记：

朱江鹏（2001.04—2017.12）

陈华斌（2011.04—2017.12）

纪工委书记：

成安梅（女，2013.12—2017.12）

党工委委员、武装部长：

石立山（2001.04—2017.12）

党工委委员：

陈文华（2001.04—2017.12）

张保平（2001.04—2017.12）

办事处副主任：

杨吉良（女，2001.04—2017.12）

刘晋惠（女，2001.08—2017.12）

组宣委员：

肖明霞（女，2014.03—2017.12）

（刘若瑜）

退沙街道

【概况】 霍州市退沙街道位于东经111°14′，北纬36°38′，辖8个行政村，地处霍州市西北部，东与师庄乡、大张镇接壤，西和汾西县永安镇为邻，南与北环路街道衔接，北和灵石县南关镇毗邻。街道办事处机关驻什林村，距霍州市区8千米。下辖退沙、什林、王庄、许村、朱杨庄、枣洼、坡底、姚村8个村民委员会及李雅庄生活社区。辖区总人口4万人，其中农村人口14082人。共有职工20人，设综合办、党建办、社会事务办、经济事务办4个科室。2017年，退沙街道围绕全市“进军省强市、全面达小康，共建文明开放幸福美丽新霍州”的总体部署，主动作为，奋力突破，各项工作取得突破，位居全市前列。

【党建工作】 2017年，霍州市退沙街道党工委开展“两学一做”学习教育常态化制度化，维护核心见诸行动主题教育。推行“入党推优”和“党员联户”制度，推进“三基建设”工作，落实“定、查、评”工作法，以党建带动全办各项工作。开展“两学一做”学习教育活动，抓住“学”不放松。通过集中学、个人学、辅导学、交流学、评比学等形式，深入学习习近平总书记系列重要讲话精神和党的十九大精神，以点带面，激发全体党员的学习劲头。立足“做”见行动。树立示范引领做，什林村党支部书记在建党96周年之际被评为全省优秀基层党支部书记，起到模范带头作用。抓好日常规范做，明确主题党日的活动内容，即：安排部署一次工作，足额缴纳一次党费，参加一次义务劳动，为民办一件好事，进行一次优秀评比。通过党性教育、理论知识测试、党员联户等形式，做好一名合格党员。狠抓“改”促落实。整顿纪律作风，提升机关效能，立说立行立改，完善12个方面的工作长效机制。紧贴工作实际，下基层，访民情，形成领导干部常下基层走访调研的工作习惯。推行“党员联户”制度。按照居住相近便利包联、双方自愿双向选择、根据能力分类联户三种模式，将各村农户按“网格化”分成若干个小组，由政治素质高、致富能力强的党员确定3至5户左右的农户作为联户对象，要求联户党员在包联中履行：政策法规宣传员、社情信息收集员、安全维稳管理员、矛盾纠纷调解员、环境卫生监督员、文明新风示范员、发家致富指导员和急难险重突击员“八大员”的职责。党员在每月25日党日活动中，对自己“八大员”作用发挥情况和服务群众的实事好事进行报告，接受组织监督。截至2017年底，全街道共有260余个农村党员联系群众1500余户。累计走访农户3000多人次，帮助群众解决生产生活难题400多个，开展各类政策宣传3400余人次，受理各类群众诉求100多个，调处矛盾纠纷120余起，为民办实事200余件。实行“入党推优”制度。为纯洁党员队伍，严把党员入口关，2017年，通过推优新发展党员7人。落实“定、查、评”工作法。街道党工委、各村党支部把当年所办的事项和解决的问题一件件“定”在年初、“查”在年中、“评”在年底。2017年，全街道共制定“两定工作”目标8个，年底已经完成8个。推进“三基建设”工作。2017年，退沙村党支部结合自身情况，投资100余万元，新建900余平方米的村级活动场所；投资100万元，完成李雅庄社区1000余平方米的活动场所改造扩建工程。为推进“三基建设”工作，制定基础工作目录、办事工作流程图，完善工作人员应知应会手册和便民服务手册，成立高标准的便民服务中心，8个农村支部都建立便民服务站，全面投入使用。退沙村、什林村、许村服务站成为全市农村便民服务的先进典型。

【产业发展】 2017年，霍州市退沙街道党工委、办事处致力于优化产业结构，改造提升传统产业，培育壮大新兴产业，发展第三产业，形成新的产业格局。一产特色种植形成新基础。一产重点发展特色种植，特色种植主要是覆盖3个垣面，什林垣面、许村垣面优质核桃种植基地已经形成，退沙垣面于2017年进行1000亩的土地流转，成为霍州又一处小杂粮种植基地。二产肥业发展走出新路子。在化工公司因市场原因退出经营的情况下，退沙街道扶持推动复合肥、生物肥企业发展。许村宏昌肥业、溢丰肥业、晋丰肥业、王庄益友肥业发展壮大，使退沙街道成为临汾北部重要的生物肥生产基地。姚村新上圣鑫乾元环保科技项目，华北地区仅此1家，填补发展空白。三产商贸物流形成新优势。规范发展退沙餐饮一条街，朱杨庄物流一条街，许村货运装备一条街。三次产业协调推进，促进农民增收。

【环卫工作】 2017年，霍州市退沙街道党工委、办事处按照市委、市政府环境卫生综合整治工作要求，高度重视，强化城乡环境卫生综合整治力度，坚持全方位、立体化推进环保工作。组织办事处机关全体和支、村两委主干到侯马参观学习环境整治工作先进经验，并落实到工作当中，全办的环境卫生得到改善，人民群众的生产生活环境有改善。*企业治污*。对土小企业全部进行关停取缔。对9个证照不全的企业已实施断电措施，变压器、加工设备都已拆除，料堆全部遮盖，杜绝粉尘污染。*村庄治脏*。对村庄内坚持空中整线，墙上除癣，地上治脏、治乱、治差，渠中治污、治堵。整理线路2000米，清理积存垃圾2万余立方米，拆除小广告多处，填埋黄土7000余立方米，刷树8000株，涂墙1万平方米，植树5000余株。*通道治尘*。辖区内有6条重要通道，玉霍线通往师庄、坡姚线通往李雅庄矿、原108国道退沙至许村段横贯全境、新108国道纵向而过、许汾路通往汾西、什化路直达什林，对通道两侧的树木全部刷白套红，对沿途的垃圾进行清理。对过往车辆加强检查，对不遮盖篷布、沿途抛洒的行为进行严厉查处。*门店治差*。组织住建所、派出所对沿途的店外经营进行整顿，整顿门店100余家，对沿途洗车、排水不畅的洗车点进行整顿，关停不合格的洗车点10家。*田间治烟*。在全街道8个村组织一支20人的巡查队伍，全部佩戴红袖章，统一服装，定范围、定时间在各村的各条沟、各个垣面进行巡查，对放羊的、收拾秸秆的、进山套兔子的等重点人群进行宣传，通过巡查和宣传2条措施，遏制田间冒烟。沟渠治堵。疏通排洪渠8条，3公里，对其中的淤泥、垃圾进行清理，保持河道畅通。

【项目建设】 2017年，霍州市退沙街道党工委、办事处实施12大项目建设，完成投资8000余万元，带动全街道经济社会加速发展。

圣鑫乾元烟气脱硝项目达产达效。总投资4126万元，占地总面积1.65万平方米。项目已通过山西省临汾市各环保部门的验收，属于环保型、创新性项目，完成配套设备安装和附属设施建设，开始投产运行。

文冠果油脂厂建设工程主体完成。投资600万元，建成文冠果油脂厂1座，厂房建筑面积700平方米。该公司利用山西中医药大学的先进技术，成功去除文冠果油中的介酸，是国内首家拥有该技术的企业。建成后年产量达到5000吨，年销售额8亿元，每年税收可达到1.36亿元，解决100余人就业问题。项目建成对霍州市文冠果种植和植物油加工发展将起到推动作用。

退沙鑫晟储煤场改造扩建工程启动建设。投资1000余万元，环保投资700余万元，对鑫晟储煤场进行改造扩建，占地面积2公顷，年销售煤炭30余万吨。项目建设过程中严格执行环保五条规定，即：防尘抑尘网、地面硬化、全面封闭、与主公路连接硬化、喷淋设施等，到达环保要求。

原108国道（退沙—许村段）景观大道建设工程取得成效。投资500万元，内容包括人行道铺装和绿化带建设两部分，人行道已铺设完工，绿化池土建完工。

许村传统古村落修缮工程推进。投资924万元，许村传统古村落保护性修缮工程中，朱家祠堂已经完工，朱家大院上院主体瓦面、墙面挖补已全部完成，朱家花园部分完成，总工程量完成65％左右。

许村传统古村落环境污染防治工程进展顺利。投资367万元，许村环境污染防治工程中，108国道两侧排洪上下水水渠已经全部完成，街道复古砖铺设基本完工。

许村幼儿园配套完成投入使用。投资136万元，建筑面积500多平方米，各项配套设施均已完成，2017年9月开始招收第一批幼儿入园。

什林垣农业综合开发工程启动实施。投资260万元，修建蓄水池4个，灌溉管网3公里，完成田间道路硬化3.5公里，路旁植树3000余株，为实施特色养殖、种植做好准备。各村“一事一议”工程高效完成。2017年，申请“一事一议”财政奖补资金达到289万元，退沙村广场—电厂村级道路维修工程总投资150余万元，财政奖补105万元；道路绿化总投资32万元，财政奖补22万元；什林村修建文化广场1800平方米，总投资27万元，财政奖补19万元；王庄村一期上下水石腰沟，六组改造工程总投资61万元，财政奖补43万元；许村道路硬化及排水渠工程总投资114万元，财政奖补100万元。在实施过程中，全街道规范议事程序，体现大家事、大家议、大家定。

村级组织活动场所改造扩建项目。投资200余万元，新建退沙村级活动场所1处，建筑面积900余平方米，并完成配套建设投入使用。改造李雅庄社区活动场所1处，面积1280平方米，功能完备，全面提升。姚村党支部活动阵地进行了配套完善。全街道8个村和1个社区的活动阵地都进行新建改造，党员活动阵地建设得到提升。

光伏扶贫发电项目投入使用。投资90万元，在什林村、许村等5个行政村安装建设120KW（千瓦）的光伏发电项目，基础设施建设已全部完成，已全部并网发电调试，收益全部用于贫困户。

坡底垣林地建设顺利完工。投资30余万元，对坡底村的垃圾场进行填埋，清理垃圾1.6万立方米，铺设新土6000余立方米，栽植经济林双季槐5000余株，环境面貌焕然一新，生态环境得到改善。

【民生工作】 2017年，霍州市退沙街道党工委、办事处发展各项发生事业。建设民生设施。退沙街道以“路水电校、日间照料”为主要内容，完成许村幼儿园新建、什林垣农业综合开发建设、108景观大道建设等工程。对4个日间照料中心加强管理，提高服务质量水平。落实各项惠农政策。保证粮食直补、良种补贴、农机具补贴、低供煤补贴等专项补贴，民政救助资金及时足额到位。什林、退沙、许村、王庄等村对考入重点高中、重点大学的学生予以奖励。什林、王庄、姚村、朱杨庄等村为村民免费浇地，退沙村对60岁以上老人每月发放高龄补贴等，增加群众实惠，全街道各村自行出台的惠民政策资助群众达200多万元。推进贫困户危房改造。落实上级政策，将居住在危房的五保户、低保户、残疾人家庭、其他贫困户确定为危改对象。严格坚持农户申请、村级初审、办事处审查的审批程序，推进危房改造工作，完成改造任务 23 户。实施扶贫攻坚。全街道共有贫困户 80 户 192 人，落实扶贫攻坚一把手责任制，成立扶贫领导机构，制定精准脱贫措施，按照“六个精准”“五个一批”的要求，逐级分解，落实到村、到户、到人。针对因病致贫、因残致贫、因劳动力缺少致贫、收入低等诸多致贫因素，实行工作队精准结对帮扶、党员联户帮扶、生产技能服务帮扶、完善医疗保健服务、政策性保障兜底等办法，因人施策、因户施策，多措并举，到 2017 年底全部脱贫，120KW（千瓦）的光伏发电扶贫项目投入使用，按计划要求完成脱贫攻坚任务。

【安全工作】 2017 年，霍州市退沙街道党工委、办事处树立隐患即事故安全理念，落实各项安全制度，确保辖区内不发生安全事故。抓好公共安全，成立由 4 个精干人员组成的综治巡查队，定期对辖区内的非煤矿山、民爆物品、食品药品、危险化学品、加油站、建筑工地、道路交通、娱乐场所、人口密集区域等重点领域进行认真巡查，并建立详细巡查档案，对巡查中发现的隐患问题建立台账、明确责任、制定措施、限期整改、严格验收。严厉打击私挖滥采，制定打击非法开采“345”工作制度，即组建三支巡查队伍（村委、国土所、办事处），设立四条报告线（村委、企业、线人、有奖举报），实施五项处罚措施（抓人、扣机械、没收非法矿产品、重罚、追责）。对境内非法开采重点区域、重点部位进行不间断巡查，无缝隙排查，对非法开采行为始终保持高压态势，一旦发现，从快从严从重处罚，决不姑息，坚决杜绝非法开采行为，为全街道经济社会发展提供安全保障。做好国土资源保护工作，依法履行用地报批程序，杜绝新搭滥建等非法占地行为发生，确保耕地保有量 2.1 万亩和基本农田 8504 亩红线不越过。依法维护矿业秩序，无证非法采矿查处率达 100%，依法调处 2017 年国土资源纠纷案件达 100%。做好森林防火工作，对辖区内护岸林、水保林等重要区域和放牧人员、聋哑智障等重点人员登记注册，建立台账，并明确专人看管。做好校园安全工作，对全街道 7 所中小学及 3 所幼儿园校门外设立警示牌或安装减速带。11 月，对学校煤改电使用情况和学校食堂进行检验。做好防汛及河道管理工作，按照市防洪指挥部的要求，组织和承办全市大型防洪防汛演练活动。制定防汛方案，检查整改险工险段并及时处理。8 月，对许村南北渠道、姚村和坡底村渠道、什林村南北渠道、退沙村西渠道的淤泥杂物及时清理，严禁汾河河道采砂和倾倒垃圾的行为发生。做好地灾防治工作，汛期期间，排查出危房 20 多家，强制人员搬离，并将损害房屋等受灾情况上报市民政局和市住建局，确保汛期期间人员安全。

【信访工作】 2017 年，霍州市退沙街道及各村建立健全三级信访网络，各村都有专人负责，各尽其责，各履其职，看好自己的门，管好自己的人，办好自己的事，矛盾自己化解，漏洞自己堵塞，争取小事不出村，大事不出办事处。同时坚持党政一把手开门接访制度，共调处信访案件 46 起，调处率达 100%。

【平安创建】 2017 年，霍州市退沙街道以建设“平安退沙”为目标，开展平安创建活动，推进综治网格化管理，发挥全办 28 个网格长的作用，各村相应成立巡逻队、治安联防队、民调小组，抓好平安村镇、平安企业、平安校园建设，引深平安退沙创建活动，努力构建和谐退沙。

【文明创建】 2017年，霍州市退沙街道党工委、办事处通过以文化促进发展，以文化振奋人心，以文化凝聚人气，推动全办文明创建提质提效。打造高端文化平台。坚持从最基础的地方做起，健全完善文化管理的长效机制。开展文化宣传工作。通过临汾台宣传退沙街道传统的元宵社火活动，组织人员参加省文博会。完善文化基础设施。各村都达到“三个一”的标准，即建有一个农民文体广场、一个农家书屋、一条文化街道，建立专门的文化站，退沙村、许村还设立特色文化展示室，集中展示村民的书画作品等。打造优秀文化团队。培育一批本土化的农村文体队伍，推动农村文化传承创新，注入强大生命力。调动文艺骨干和文化乡贤的积极性。发挥“特色文化家庭”的示范作用。全街道共发展培养特色文化家庭30多家。组建特色文体活动队伍。全街道共组建女子健身操队伍、篮球队、锣鼓队等各类文体队伍22支，带动全街道各项文化活动开展。开展特色文化活动。2017年，组织策划一系列的活动，公共文化活动好戏连台，形成渗透性很强的文化影响力。精心组织“元宵节文艺汇演活动”。创新举办第三届“美丽退沙乡村行”系列消夏文艺汇演。全街道共举办6场，表演近200个节目，参与群众超过3000人次。举办第7届许村农民篮球邀请赛，许村第三届美食节。在全市庆“五一”职工篮球赛中，退沙街道代表队获亚军。培育精品文化品牌。2017年，退沙街道培育一批精品文化品牌。培育“七色服务”品牌活动。全街道320个志愿者开展服务群众活动1000多人次，形成文明助人、共建和谐的新风尚。培育评选“退沙好人”品牌活动。共评选敬老孝亲好人、见义勇为好人等60人。培育“清洁退沙”品牌活动。以“六治”为主要内容，在全街道开展全方位、立体化的环境卫生集中整治。保护文化遗存。退沙街道把传统文化的保护、整理、弘扬作为文化建设一项重要工作。启动许村传统古村落保护性修缮工程。编创许村古村婚俗节目。继许村申报中国传统村落成功后，退沙村也开始申报第五批中国传统村落，已通过第一轮评审。许村编创完善《古村婚俗》节目，历史文化遗存和传统文化得到挖掘整理和保护修缮。

【领导班子】

党工委书记：

樊记虎（2016.06—2017.12）

党工委副书记、办事处主任：

樊记虎（2010.12—2017.12）

党工委副书记：

刘泽兵（2014.01—2017.12）

纪工委书记：

冯振平（2012.08—2017.12）

党工委委员：

刘会忠（2012.08—2017.12）

刘羽飞（2014.05—2017.12）

办事处副主任：

闫姿旭（女，2013.03—2017.12）

吴合香（女，2014.05—2017.12）

武装部长：

成黎明（2014.05—2017.12）

【获奖情况】

2017年，退沙街道被评为临汾市精神文明和谐单位。

刘羽飞被评为临汾市爱国卫生先进个人。

成黎明被评为山西省感动山西国防人物。

王立伟被评为临汾市农经工作先进个人。

（赵文生）

驻霍州单位

四七五处

【概况】 四七五处隶属于国家发展和改革委员会，是国家物资储备局事业单位，1967年选址，1968年开工建设，1970年投入使用。主要承担着“服务国防建设，应对突发事件，参与宏观调控，维护国家安全”的重要任务。全处分为五个区域：库区、行政区、转运站、驻库武警营区、家属区。

四七五处编制110人，截至2017年底，共有职工145人，其中在职职工66人、离休2人、退休77人。机构设置为“六科两室”：处长办公室、党委办公室、物资管理科、安全保卫科、财务科、行政科、劳动人事科、国有资产管理科。

2017年，四七五处党委贯彻落实山西储备物资管理局党组工作部署和会议精神，以年初工作会议确定任务为目标，以全年重点工作任务为抓手，以绩效考核责任书为指标，夯实基础，加强落实，完成全年工作任务，推动全处高质量发展。

【物资管理】 2017年，四七五处推进标杆仓库创建，实现固本强基。加强物资管理队伍学习和培训，提升整体素质。坚持周学习、月培训、季考评，全年坚持组织人员业务学习50余次。加大投入更新物资管理设施设备，为物资管理人员按时配备劳动防护用具和劳动保护用品，严格落实《国家储备物资管理办法实施细则》，按照“保质、保量、保安全、保急需”的要求，严格执行三级检查制度，确保国储物资质清量准，物资管理达到物证账卡图五相符，实现物资管理的五个100%，即：物证账卡图相符率达100%；温湿度合格率达100%；出入库准确率达100%；设施设备完好率达100%；标杆库率达100%。

【安全保卫】 2017年，四七五处强化全员教育和综合治理，优化安全发展环境。落实安全生产主体责任，狠抓全员安全教育培训，推进专项工作落实，严格内部治安管理，强化安全检查和隐患整改，严守安全红线，确保全处安全。强化安全责任制落实。坚持“谁主管、谁负责”和安全工作“一票否决制”的原则，严格落实安全生产“党政同则、一岗双责、齐抓共管、失职追责”的责任要求，处与各分管处领导、各科室主要负责人，科室与各岗位层层签定安全责任书，确保安全责任制有效落实。强化安全管理基础。开展以“知责、履责、尽责、追责”为主要内容的全员安全教育培训活动。加强组织领导，强化制度保障，创新培训机制，实现领导、人员、责任、宣传“四到位”。深化“三共”活动，每月定期召开联席会议，提高全员安全意识和安全生产工作能力。强化专项工作推进。落实高建民常务副省长批示精神，解决转运站安全距离重大隐患问题。经过霍州市政府组织市安监、国土、住建、商务、乡（镇、街道）、企业等相关部门多次召开专题会议研究，国土部门对转运站周边安全距离内存的在企业、商户、住宅、建筑、人口进行统计，最终形成相关解决意见，于6月和11月对四七五处库区和转运站重大危险源以及安全生产应急预案在市安监局办理备案手续。强化安全检查和隐患整改。坚持定期检查，兼顾重点检查，发现整改安全问题隐患，严格制定管控措施，确保各类作业现场安全。党的十九大期间坚持每日巡查、每日上报值班情况，严格实行安全生产零报告制度，坚决杜绝各类事故、案件发生，确保党的十九大期间安全维稳。加大安全资金投入，加强安全设施维护与维修，筹集资金建立安全警示教育室。

2017年，传达上级决策部署，专题研究安全工作20余次，召开重大危险源安全专题会4次，思想政治教育和法治宣传教育12次，重大节假日、敏感时期安全教育7次，黑板报和电子显示屏安全宣传教育5次。单位负责人全年进库区检查50余次，分管领导检查60余次，组织安全检查12次，防火检查130余次，共发现安全问题隐患64项，落实整改60项，进行复查。对于4项难以整改的问题隐患，制定相应的隐患管控措施，确保隐患得到控制，杜绝各类事故、案件的发生。深化“三共”活动，每月定期召开一次联席会议，与驻警进行反恐演练1次，防火演练2次，防洪演练1次，物资倒垛桌面推演1次，提高全员安全意识和安全生产工作能力。

【资产管理】 2017年，四七五处强化国有资产管理与运营，发展基础。处党委以推进国有资产转型升级和提质增效为目标，坚持对内实行精细化管理，摸清家底，优化存量，管好国有资产；对外开拓市场，挖掘专用线经营潜力，激活增量，发挥资产效益最大化。资产管理更加精细。对新增固定资产及时办理验收、登记手续，及时进行财务处理。对办公楼所有设施、设备进行全面、彻底清查，建立国有资产分账和固定资产使用卡片，明确资产责任人、使用人。对现有固定资产进行粘贴标签。全年对实物资产进行两次清点，做到账账、账卡、账实相符。管理机制更加规范。成立国有资产管理领导小组和领导小组办公室，机构和职责更加清晰；严格执行《行政事业单位内部控制规范（试行）》，在资产管理岗位设置、权责分配、业务流程等方面建立决策、执行和监督相互分离、相互制约、相互监督的机制，权责更加明确，资产档案和相关资料的保存和管理更加规范。

【内控体系建设】 2017年，四七五处内控体系成效明显，优化流程运行。在山西储备物资管理局内部控制工作办公室指导下，四七五处被列为山西储备物资管理局内部控制体系建设试点单位，并在开展的视频集中评审中，取得第一名的优异成绩。以内部控制建设工作为契机，优化单位预算及收支管理。

【党建工作】 2017年，四七五处以习近平新时代中国特色社会主义思想为指导，重点突出“两学一做”学习教育常态化制度化和党支部工作规范化标准化建设，深化党风廉政建设，深化精神文明创建，强化“四个意识”，提高党建工作科学化、规范化水平。

开展“两学一做”学习教育常态化制度化，维护核心见诸行动主题教育活动，全年组织党委中心组理论学习14次，处领导带头参加双重组织生活会，班子成员按要求讲党课6次，学习宣传贯彻党的十九大精神，组织单位职工观看十九大开幕式、闭幕式实况，各党支部组织党员集中学习十九大精神，推进党支部规范化建设。建立党员活动室和荣誉室，配备相关设施设备，完善活动室资料；建立宣传阵地，展示党员风采、学习园地、光荣榜、党务公开等内容，主题鲜明，图文并茂；加强党支部制度建设，修订完善相关制度，装订成册；落实“三会一课”制度，定期召开党支部委员会、支部党员大会、党小组会议和党课教育，对上级的重要文件、指示、精神进行传达学习；规范党员管理工作，建立党组织和党员基本信息库，建立党费收缴台账，对调出、调入党员组织关系进行转接；加强对入党积极分子培养教育，以增强党性、提高素质为重点，开展分类教育培训和在职学习。落实党风廉政建设责任制，履行好“两个责任”。制定《四七五处党风廉政建设责任制实施细则》，处党委、纪委与班子成员、各科室负责人签定党风廉政建设责任书。通过采取集中学习、组织测试、廉政党课、集体廉政谈话、案例警示教育、开展信访苗头性、倾向性问题分析等形式，开展廉政教育月活动，单位负责人与中层干部集体廉政谈话16人次，对发现的苗头和倾向问题早打招呼、早提醒、早防范，对群众信访举报问题线索及影响安全稳定的苗头性、倾向性问题进行全面梳理排查，综合分析、深入研判，厘清脉络、分析原因、提出对策。深化精神文明创建工作，推进储备文化建设。收集整理精神文明创建档案资料，继续申报精神文明单位，以党支部、党小组、青年先锋队为主力军，依托工作动态、黑板报、宣传栏、电子屏以及各类会议等载体，宣传新亮点，弘扬正能量。利用各种节日举办文体活动，丰富职工文化生活，增强单位的向心力和凝聚力。

【领导班子】

副处长（主持工作）：

陈　钰（2016.03—2017.12）

副处长：

闫　杰（2017.09—2017.12）

霍志强（2017.09—2017.12）

杜长英（2017.09—2017.12）

工会主席：

张福生（2013—2017.12）

【获奖情况】

2017年，四七五处被临汾市社会治安综合治理委员会办公室、临汾市公安局授予“平安单位”称号，2017年度，被山西省直工委授予“省直文明和谐单位”称号。

（林婷芳）

附　　录

附表 1

2017 年中共霍州市委员会文件

月	日	发文号	文　件　标　题
		1	关于在全市开展“讲政治、知敬畏、守规矩”专项治理活动的实施方案
1	5	3	关于推荐山西省出席党的十九大代表候选人初步人选的情况报告
1	17	4	关于印发《霍州市推进旅游景区（景点）体制机制改革创新实施方案》的通知
1	20	5	关于印发《霍州市推进七里峪景区体制机制改革创新实施方案》的通知
2	4	6	关于确定霍州市监察委员会班子初步人选的请示
2	7	7	关于环保部约谈即霍州市环境突出问题整改工作实施方案
3	1	8	关于霍州市监察委员会副主任、委员初步人选的请示
3	1	9	关于霍州市监察委员会副主任的初步人选的请示
3	1	10	关于霍州市监察委员会委员的初步人选的请示
3	3	11	关于报送 2016—2017 年度省级各类文明创建先进典型的申报名单
3	10	12	关于表彰农村明星、红旗、五好党组织的决定
4	17	13	关于印发霍州市深化监察体制改革试点实施方案的通知
4	28	15	关于霍州市扬尘污染整治工作阶段的总结报告
5	4	16	中共霍州市委群团工作改革方案
5	4	17	关于成立霍州市委群团工作改革领导组的通知
6	17	18	关于组织开展庆祝建党 96 周年“八个”系列活动的通知
6	27	19	关于进一步做好建立和落实党风廉政建设责任清单工作的通知
7	11	20	关于在推进“两学一做”学习教育常态化制度化中加强“三基建设”的实施方案
7	14	21	关于给予高林福留党察看二年处分的批复
7	14	22	关于武文科留党察看一年处分的批复
7	21	23	关于进一步加强全市各级领导班子思想政治建设的实施意见
8	2	24	关于成立中央霍州市委网络安全信息化领导小组，意识形态工作领导小组等的通知

续表

月	日	发文号	文 件 标 题
8	9	25	关于市管干部2016年度考核等级建议报告
8	9	26	关于2017年浙江杭州—山西临汾创新发展招商会方案
8	21	27	关于深入学习贯彻习近平总书记视察山西重要讲话精神方案
9	7	28	关于给予晁广锁开除党籍处分的批复
9	13	29	关于加强和改进新形势下宗教工作的实施意见
9	26	30	关于印发《关于推进“两学一做”学习教育常态化制度化中进一步抓实基层党支部的意见（试行）》的通知
10	30	31	关于临汾市委第三巡察组教育卫生专项巡察反馈意见的整改情况报告
		32	关于临汾市委第三巡察组脱贫攻坚专项巡察反馈意见的整改情况报告
11	3	33	印发《关于进一步贯彻落实中央八项规定精神的实施细则》的通知
11	9	34	中共霍州市委关于成立开展乡镇（街道）监察工作试点工作的通知
11	10	35	中共霍州市委关于印发开展扶贫领域不正之风腐败问题专项治理的工作方案》的通知
11	15	36	关于认真学习宣传党的十九大精神的通知
11	17	37	关于确定张峰同志为副县级领导干部人选考察对象报告
11	29	38	关于推荐高峻等同志任免职的请示
12	11	39	关于霍州市农村土地承包经营权确权登记领证工作完成情况的专项报告
12	20	40	关于深化人才发展体制机制改革的实施办法
12	20	41	关于支持检察机关依法开展公益诉讼工作推进法治霍州建设的意见

附表2　**2017年中共霍州市委员会办公室文件**

月	日	发文号	文 件 标 题
1	9	2	关于2017年春节访寒活动安排的通知
1	10	3	关于调整霍州市“双拥”工作领导小组成员的通知
2	16	4	关于成立霍州市农村集体“三资”管理规范化建设工作领导组的通知
2	16	5	关于印发霍州市农村集体“三资”管理规范性建设工作方案
3	2	6	关于确定胡文杰同志为正科人选考察对象的报告
3	2	7	关于胡文杰同志的廉政鉴定意见
3	9	8	关于开展“重点信访问题源头化解”专项行动实施方案

续表

月	日	发文号	文　件　标　题
3	17	9	关于做好《霍州年鉴》（2017）编纂工作的通知
3	21	10	关于调整霍州市劳动竞赛委员会成员的通知
3	21	11	关于转发临汾市规范机关事业单位福利发放等事项试行办法的通知
3	29	12	关于调整霍州市委农村工作领导组的通知
4	17	13	关于印发《2017 年霍州市四套班子领导包联重点项目一览表》的通知
4	20	14	印发《关于深入推进“两学一做”学习教育常态化制度化系统建设工作的指导意见》的通知
5	4	15	关于印发霍州市工会改革实施方案的通知
5	4	16	关于印发共青团霍州市委改革实施方案的通知
5	4	17	关于印发妇联改革实施方案的的通知
5	18	18	关于成立市委维护核心见诸行动主题教育办公室的通知
6	1	19	关于进一步做好建立和落实党风廉政建设责任清单工作的通知
6	20	20	关于进一步加强“三支队伍管理凝聚脱贫攻坚合力”的通知
6	14	21	关于印发霍州市全面推行河长制实施方案
6	16	22	关于印发进一步加强孤儿关心帮扶工作实施方案
6	20	23	关于乡（镇、街道）商务组建（换届）工作的实施方案
6	20	24	关于印发《霍州市城乡环境集中整治实施方案》的通知
6	29	25	关于调整霍州市环境保护领导小组的通知
7	4	26	关于做好市申办全市能力大会指导工作的通知
7	4	27	霍州市开展巡视巡察整改自行“回头看”工作的实施方案
7	11	28	关于 2017 年度省定、临汾市定目标责任考核
7	21	32	关于进一步贯彻落实《党委（党组）意识形态工作责任制实施细则》的通知
7	21	33	霍州市贯彻《中国共产党党委（党组）理论学习中心组学习规划实施细则和中共霍州市委理论学习中心组组织机构及职责分工
8	2	34	关于进一步深入开展“重点信访问题源头化解和暨信访突出问题大整治”行动的实施方案
8	3	35	关于霍州市爱心助学基金会组成人员调整的通知
8	7	36	中共霍州市委办公室霍州市人民政府办公室关于县乡医疗机构一体化改革的实施意见

续表

月	日	发文号	文 件 标 题
8	7	37	关于组建霍州市医疗集团的意见
8	7	38	关于组建霍州市医疗集团实施方案
8	21	39	霍州市2017年开展优化营商环境专项活动工作方案
9	1	40	关于进一步做好当前安全稳定工作的通知
9	5	41	霍州市取缔“散乱污”企业实施方案
9	5	42	关于确定张志勇同志为副科级考察对象建议
9	5	43	关于张志勇同志的廉政鉴定意见
9	11	44	印发《关于学习贯彻新修改的〈中国共产党巡视工作条例〉的实施方案》的通知
9	12	45	关于印发《法治霍州建设重要举措工作规划2016—2020年》的通知
9	13	46	关于转发中共山西省委办公厅、山西省政府支持山西进一步深化改革促进资源型经济型发展
9	18	47	关于印发《中共霍州市委全面深化改革领导小组2017年工作要点及责任分工》的通知
9	21	48	关于成立霍州市市场监督管理体制改革试点工作领导小组的通知
9	28	49	关于做好国庆节、中秋节和十九大召开期间应急值守工作的通知
10	11	50	霍州市招商引资优惠政策
10	12	51	霍州市2017—2018年秋冬大气污染综合治理攻坚行动方案
10	31	57	关于印发《霍州市年度目标责任考核工作规定》的通知
11	1	58	中共霍州市委办公室关于聘任霍州市委法律顾问的通知
11	18	59	印发《关于开展全市市级领导干部大调研的工作方案》的通知
11	21	60	关于切实做好2018年度党报党刊征订工作的通知
21	1	61	关于开展“送温暖　献爱心”社会捐助活动的通知
12	20	62	关于公务员登记公示结果的报告
12	28	63	关于做好2018年元旦、春节期间有关工作的通知

附表3　**2017年霍州市政府文件**

月	日	发文号	文 件 标 题
1	9	2	关于进一步做好兵役登记工作的通知
1	17	3	关于落实和承接临汾市政府下放一批行政职权事项通知

续表

月	日	发文号	文 件 标 题
1	23	4	关于调整霍州市城乡总体规划的请示
2	17	5	关于将大众南路等6个棚户区（城中村）改造项目列入2017年小产区改造计划的请示
3	2	6	关于调整政府机构设置的请示报告
3	9	7	关于提请研究约定出台新能源电动汽车管理办法的请示
4	25	8	关于大张镇贾村申请省级健康村的请示
5	21	10	霍州市2016年以来资源枯竭城市转型工作情况汇报
6	5	11	霍州市白龙镇部分失地农民因失地保险问题围堵霍永高速霍州西收费站的情况报告
6	6	12	关于成立霍州市扶贫开发投资有限公司的通知
6	14	13	关于霍州煤电集团团柏焦煤分公司地质环境治理项目调查的请示
6	28	15	关于设立霍州市经济技术开发区的请示
9	1	16	关于兆光2×300mw的供热机组冬季供热期间运行方式变更的申请
9	1	17	关于兆光2×300mw的供热机组冬季供热期间运行方式变更的申请
9	4	18	关于2018年退耕还林计划任务
9	12	19	关于申请追加新增建设用地流量指标的请示
9	13	20	霍州市文化旅游发展有限公司及授权履行出资人职责机构的通知
10	9	21	关于霍州市市场监管体制改革试点实施方案的请示
10	13	22	郭庄泉域重点保护区内煤矿开采整改工作中需上级协调解决问题的请示
10	17	23	关于实施东荣阁建设项目的决定
10	17	24	关于协调解决霍永高速霍州段失地农民失地保险赔付有关问题的请示
10	19	25	关于落实国务院省政府临汾市政府取消中央指定地方实施行政许可事项的通知
10	23	26	关于调整霍州市大众南路棚户区改造项目总投资的请示
11	3	27	关于郭庄泉域重点保护区划分建设的通知
11	10	28	关于提请审查《霍州市土地利用总体规划（2006—2020）调整方案》的报告
11	14	29	关于实施北关居委会城中村暨铁路家属区棚户区改造项目的决定
11	16	30	关于做好第二次全国污染源普查的通知
11	16	31	霍州市土壤污染防治工作方案
11	16	32	关于协调解决干河——白龙选煤厂储装运系统环保综合治理项目建设的请示

续表

月	日	发文号	文件标题
11	17	33	关于印发城乡医疗救助实施细则的通知
11	17	34	关于印发城乡居民临时困难救助实施细则的通知
11	17	35	霍州市“十三五”加快残疾人小康进程发展规划
11	27	36	关于提请审批《霍州市关于深化综合行政执法体制改革的实施方案》的请示
11	28	37	关于报送《霍州经济技术开发区改革创新发展实施方案》的请示
11	29	38	关于拟定永久性生态公益面积的报告
12	11	39	关于印发霍州市儿童发展“十三五”规划的通知
12	14	40	霍州市妇女发展“十三五”规划的通知
1	18	41	关于对创建新一轮计划生育优质服务先进单位申请验收的请示
1	18	42	霍州市国有企业分离为社会职能的通知

附表 4 **2016 年霍州市政府办公室文件**

月	日	发文号	文件标题
1	11	2	关于 2017 年春节期间烟花爆竹销售经营安全检查工作的通知
1	12	3	关于贯彻落实《山西省重大活动档案管理办法》的通知
1	23	4	关于开展危险化学品安全大检查通知
1	23	5	关于印发霍州市严厉打击非法盗采矿产资源“2017 利剑行动”实施方案
3	6	6	霍州市 2016 年度工地矿产生活执法监督检查工作方案
3	13	7	霍州市生态环境实发问题自查自纠工作方案的通知
3	17	8	霍州市医疗卫生服务体系规划（2016—2020 年）的通知
3	22	9	霍州市市直机关政府购买服务实施办法的通知
3	23	10	关于印发《霍州市一事一议财政奖补美丽乡村项目实施方案》通知
3	24	11	霍州市严厉打击非法行医专项行动实施方案
3	27	12	霍州市霍东新区经二路北段、纬三路东段、经十路北段、迎宾南路道路建设项目土地拆迁工作方案
4	7	13	霍州市主要交通干线货运站场及工业园区道路二次扬尘污染专项整治实施方案
4	17	14	霍州市畜禽养殖限养区划定方案的通知
4	18	15	印发霍州市 2017 年度地质灾害防治方案的通知
4	28	16	关于做好“五一”期间安全工作的通知

续表

月	日	发文号	文件标题
5	3	17	霍州市“五位一体”扶贫小额信贷实施方案的通知
5	3	18	霍州市扬尘污染专项整治行动实施方案
5	9	19	关于印发霍州市农村妇女宫颈癌检查项目实施方案的通知
5	11	20	关于推进商事制度改革做好“双债机　一公开”监管工作的通知
5	17	21	霍州市污水处理费征收管理办法的通知
5	23	22	霍州市实施全面两孩政策各有关部门和单位职责任务分解方案
5	23	23	霍州市开展健康教育“六进”活动实施方案
5	27	24	关于贯彻落实全省固定资产投资统计改革精神进一步做好我市投资统计工作的通知
5	31	25	关于印发加快推进市政府部门行政许可标准化建设工作方案的通知
6	12	26	关于印发霍州市中镇广场紧急避难场所建设实施方案的通知
6	12	27	关于对整治取缔“土制锅炉”及“土制压力容器”专项行动“回头看”紧急通知
6	14	28	霍州市残疾人精准康复服务行动实施方案（2016—2017 年）
6	16	29	霍州市大气污染防治工作 2017 年行动计划的通知
6	20	30	关于印发霍州市大气污染防治 2017 年行动计划的通知
6	26	31	霍州市在建工程项目无障碍施工专项行动工作方案
6	29	32	开展 2017 年养老院年服务质量建设专项行动实施方案
7	4	33	关于建立全市服务企业常态化机制的通知
7	5	34	霍州市煤炭公路体制改革“回头看”煤炭生产运销秩序专项治理行动实施方案
7	6	35	关于印发《国家土地督察北京局对我市 2017 年土地例行督察反馈问题整改方案》的通知
7	10	36	关于印发《霍州市南堡——悬泉山公路改造》通知
7	10	37	印发霍州市 2017 年农村公路路基路面拓宽改造工程实施方案
7	10	38	关于印发《霍州市 2017 年农村公路安全防护工程实施方案》通知
7	17	39	关于印发霍州市进一步清理整治无证幼儿园实施方案的通知
7	17	40	关于印发霍州市建档立卡农村贫困人口健康扶贫“双签约”活动实施方案的通知
7	20	41	霍州市危险化学品安全综合治理活动实施方案的通知
7	26	42	霍州市推行行政执法公示制度执法点记程记录制度重大执法决定法制审核制度工作方案的通知

续表

月	日	发文号	文　件　标　题
7	31	43	关于印发霍州市全民科学素质行动计划纲要实施方案（2016—2020年）的通知
8	1	44	霍州市全面推进政务公开工作实施方案2017年政务公开工作要点的通知
8	21	45	建档立卡农村贫困劳动力免费职业培训方案
8	25	46	印发霍州市政务服务标准化建议实施方案的通知
8	25	47	关于霍州市光伏扶贫巩固管理暂行办法
8	29	48	霍州市城市建成区旧城区道路集中供热扩户实施方案
8	29	49	霍州市地表水环境综合整治方案
8	29	50	关于印发霍州市散懒专项整治行动实施方案的通知
8	29	52	关于印发《霍州市清收处置农村信用社不良贷款专项行动实施方案》通知
8	31	53	关于做好应急值班值守工作的紧急通知
9	4	54	加强儿童医疗卫生服务改革与发展的实施意见
9	4	55	霍州市走好农村路建议实施方案的通知
9	6	56	霍州市水污染防治2017年行动计划
9	6	57	霍州市地表水环境综合政治实施方案（2017—2020）
9	7	58	关于集中整治全市露天采矿的实施意见
9	11	59	做好2018年度城乡居民医保等证明的通知
9	17	60	开展政府系统单位负责人领导调研活动的通知
9	20	61	霍州市煤电油运安全协调应急预案的通知
9	20	62	关于认真做好住户调查样本轮换工作的通知
9	28	63	关于印发霍州市推进工业投资实施方案的通知
9	30	64	霍州市2017年农机深松整地作业补助项目实施方案
10	11	65	霍州市重污染天气应急预案的通知
10	13	66	在全市开展全覆盖排查整治“问题地图”专项行动工作方案
10	13	67	霍州市十九大期间安全生产工作实施方案
10	19	68	霍州市2017—2018年秋冬季大气污染综合性治理攻坚行动宣传报道方案
10	19	69	霍州市建立城镇建设用地增加规模同吸纳农业转移人口落户数量挂钩机制的实施办法的通知
10	23	70	霍州市土地房屋征收补偿办法的通知
10	23	71	霍州市大众南路棚户区改造项目安置补偿实施细则

续表

月	日	发文号	文件标题
10	24	72	关于霍州市企业投资项目试行承诺制实行无审批管理工作实施方案的通知
10	30	73	霍州市电梯安全远程监控平台项目建设工作实施方案
11	2	74	关于印发霍州市粮食应急预案的通知
11	3	75	霍州市 2017 年低收入农户冬季取暖用煤货币化补贴实施方案
11	7	76	霍州市畜禽养殖繁养区划定方案
11	8	77	关于加强部门协作做好土地税收征收管理工作的通知
11	17	78	关于印发霍州市农村最低生活保障制度与扶贫开发区有效衔接实施方案的通知
11	21	79	关于调整市政府部门权责清单行政职权事项的通知
11	23	80	关于印发霍州市打击非法违法采矿行为“亮剑行动”实施方案的通知
11	23	81	关于印发霍州市推进农业水价综合改革实施方案的通知
11	17	82	霍州市成品油市场专项整治行动工作方案
12	12	83	霍州市消防安全专项整治行动方案的通知
12	26	84	霍州市国有企业职工家属区“三供一业”分离移交工作实施方案
12	28	85	关于印发霍州市天然气（煤层气）迎峰度冬保供应急预案通知
1	11	86	霍州市天然气（煤层气）迎峰度冬应急保供实施方案（2017—2018 年度）通知
12	29	87	关于印发霍州市自然灾害救助应急预案的通知
12	31	88	霍州市推动非城镇户籍人口在城市落户实施方案的通知

2017 年度霍州市受上级表彰情况

一、获得省、国家部委表彰

1. 霍州市被中国科学技术协会评为“2016—2020 年全国科普示范县（市、区）”；

2. 2018 年 1 月，霍州市被山西省爱国卫生运动委员会命名为“2017—2019 周期省卫生城市”；

3. 2018 年 1 月，霍州市三教乡被山西省爱国卫生运动委员会命名为“2017—2019 周期省卫生乡镇”；

4. 2018 年 1 月，霍州市大张镇被山西省爱国卫生运动委员会命名为“2017—2019 周期省卫生乡镇”；

5. 霍州市被山西省精神文明建设指导委员会评为“2016—2017 年度山西省文明城市”；

6.2017年3月，霍州市北环办邢家泉居委会被国务院防范和处理邪教问题办公室评为“创建无邪教示范村（社区）”。

二、获得临汾市、省厅局级表彰

1.2017年5月，霍州市人民政府被临汾市粮食安全责任制考核领导小组办公室评为“优秀单位”；

2.2017年3月，霍州被临汾市委党校评为“一类”；

3.2017年12月，霍州被临汾市防震减灾领导组评为“地震应急工作先进单位”；

4.2017年12月，霍州被临汾市防震减灾领导组评为“震害防御工作先进单位”；

5.2017年3月，霍州市人民武装部被临汾市人民政府、临汾军分区评为“战备训练先进单位”；

6.2017年3月，霍州市人民武装部被临汾市人民政府、临汾军分区评为“先进人民武装部”；

7.2017年3月，霍州市人民武装部被临汾市人民政府、临汾军分区评为“国防教育先进单位”；

8.2017年2月，霍州市委统战部被临汾市委统战部评为“2016年度统战理论研究工作先进单位”；

9.2017年2月，霍州市委统战部被临汾市委统战部评为“2016年度统战信息工作先进单位”；

10.2017年2月，霍州市委统战部被临汾市委统战部评为“2016年度民族宗教工作先进单位”；

11.2017年3月，霍州市人民法院什林法庭被临汾市妇联评为“维权先进集体”；

12.2017年9月，霍州市人民法院执行局被临汾市中级人民法院评为“全市法院执行工作先进集体”；

13.2017年2月，霍州市人民检察院被临汾市中级人民检察院评为“先进检察院”；

14.2018年1月，霍州市消防大队被临汾市公安局消防支队评为“2017年度防火监督工作先进大队”；

15.2017年1月，霍州团市委被临汾团市委评为“临汾市青少年法制教育宣传月活动先进县（市、区）团委”；

16.2017年3月，霍州市科协被山西省科协评为“2017年全国科普日暨第十四届科普三晋系列活动优秀组织单位”；

17.2017年3月，霍州市科协被临汾市科协评为“青少年科技教育工作先进集体”；

18.2017年3月，霍州市科协被临汾市科协评为“科协综合工作先进集体”；

19.2017年3月，霍州市科协被临汾市科协评为“科普工作先进集体”；

20.2017年3月，霍州市残联被临汾市残联评为“2016年度全市残疾人工作县级残联先进单位”；

21.2017 年 3 月，霍州市财政局被临汾市社会治安综合治理委员会评为“2016 年度综治工作先进单位”；

22.2017 年 1 月，霍州市财政局被临汾市财政局评为“2016 年度财政工作综合考评优秀奖”；

23.2017 年 3 月，霍州市人社局被临汾市人社局评为“2016 年度机关事业养老保险经办管理优秀单位”；

24.2017 年 3 月，霍州市人社局被临汾市人社局、临汾市档案馆评为“临汾市社会保险业务档案管理合格单位”；

25.2017 年 3 月，霍州市司法局被临汾市社会治安综合治理委员会评为“2016 年度综治工作先进单位”；

26.2017 年 2 月，霍州市司法局被临汾市司法局评为“2016 年度法制宣传工作模范单位”；

27.2017 年 3 月，霍州市民族宗教事务局被临汾市民族宗教事务局评为“2016 年度全市民族宗教工作目标责任完成先进单位”；

28.2017 年 3 月，霍州市民族宗教事务局被临汾市民族宗教事务局评为“2016 年度全市民族宗教工作特色奖”；

29.2017 年 3 月，霍州市民族宗教事务局被临汾市民族宗教事务局评为“2016 年度全市民族宗教信息报送工作先进单位”；

30.2017 年 3 月，霍州市民族宗教事务局被临汾市民族宗教事务局评为“2016 年度全市民族宗教领域攻坚克难项目完成先进单位”；

31.2017 年 1 月，霍州市地方志编撰委员会办公室被山西省地方志办公室评为“2016 年度县级综合年鉴工作先进单位”；

32.2017 年 3 月，霍州市文化局被临汾市文化局评为“2016 年度全民健身先进单位”；

33.2017 年 3 月，霍州市道路运输管理局被临汾市道路运输管理局评为“2016 年度工作目标责任完成优秀单位”；

34.2017 年 1 月，霍州市规划局被临汾市规划局评为“2016 年度全市城乡规划工作先进单位”；

35.2017 年 4 月，霍州市档案局被省人社厅、省档案局评为“山西省档案工作先进集体”；

36.2017 年 3 月，霍州市档案局被临汾市妇联评为“巾帼建功先进集体”；

37.2017 年 8 月，霍州市农机中心被临汾市农机局评为“临汾市第二届农机操作手技能大赛暨五征杯第四届中国农机手大赛临汾选拔赛优秀组织奖”；

38.2017 年 3 月，霍州市供销社被临汾市供销社评为“2016 年度农业社会化服务先进单位”；

39.2017 年 3 月，霍州市老年人体育协会被临汾市老年人体育协会评为“2016 年度媒体信息宣传工作先进单位”；

40.2017 年 2 月，霍州市食品药品监督管理局被山西省食品药品监督管理局评为“2016 年度食品安全监督抽检工作先进单位”；

41.2017年11月，霍州市交警大队被临汾市公安局交通警察支队评为“迎接十九大、全警保平安优秀大队”；

42.2017年11月，霍州市交警大队被临汾市公安局交通警察支队评为“迎接十九大、全警保平安隐患歼灭先进集体”；

43.2017年11月，霍州市交警大队被临汾市公安局交通警察支队评为“迎接十九大、全警保平安稽查布控先进单位”；

44.2017年11月，霍州市交警大队被临汾市公安局交通警察支队评为“迎接十九大、全警保平安宣传攻坚先进集体”；

45.2017年11月，霍州市交警大队被临汾市公安局交通警察支队评为“迎接十九大、全警保平安路面防控先进集体”。